A PRACTICAL GUIDE

RESEARCH METHODS FOR LEISURE AND TOURISM

여가 · 관광 연구방법론

Research Methods For Leisure Tourism

PEARSON

한올출판사

머리말

자연적, 사회적 그리고 경제적인 환경에 대한 정보, 지식과 이해는 동시대의 사회와 경제의 문화적 · 물질적 발전의 근간이 되었다. 정보와 지식이 어떻게 생성되고 활용되는지에 대한 이해와, 연구를 통해 그 정보와 지식에 이바지하는 능력은 모든 산업 분야의 경영자들이 갖춰야 할 중요한 기술이며, 현대 전문가 교육의 중요 요소이다. 연구는 실체가 없는 무형의 기능들의 집합만은 아니며 실존하는 방법이고 다양한 사회적, 정치적, 경제적 상황 내에서 실행되어지고 있다. 본 서적의 취지는 산업으로써의 여가 · 관광 분야를 배경으로 공공 정책 관련 사항과 학술적 탐구와 반영하여, 사회 연구의 기초를 제시하는 것이다. 연구의 실시, 현존하는 이론 · 실용적 연구의 이해, 그리고 정책입안 및 여가 · 관광산업의 계획과 경영의 과정에서의 연구의 역할을 인식하고, 지침을 제시하는 것이 목적이다. 그러므로 이 첫 장은 연구란 무엇이며, 왜 해야 하며, 누가 해야 하는가에 대한 사전 질문에 초점을 맞춰 보겠다.

이 책의 초점은 여가와 관광이다. 여가 · 관광분야를 포함하는 다양한 영역에서 연구 방법에 대해 볼 수 있으며, 그 본연의 방법론적 중요성과 경험의 실체를 발전시켜왔다. 연구의 어떤 분야에서는 과학 연구실험들이 일반적이지만, 다른 쪽에서는 사회 연구들이 더욱 일반적이다. 연구 원칙들이 보편적일 때, 본문처럼 전문화된 책은 전통과 실전을 반영하고 나아가 방법론 적용의 예와 그 적용 안에서 일어나는 특정한 문제와 이슈에 주목하게 된다.

여가 · 관광분야는 개인 · 집단적 인간 활동을 폭 넓게 아우르는 큰 분야이다. 정의(定義)의 문제들로 가득하며, 예를 들면 어떤 상황에서는 레크리에이션과 여가(레저 · Leisure)가 동의어로 취급되지만, 다른 데에선 레크리에이션을 여가의 한정적 부분으로나 다르게, 혹은 여가와는 별개로 본다. 몇몇 나라들에서는 '자유 시간'이라는 용어를 '여가'보다 선호하여 쓴다. 어떤 의미에서는 관광이 출장도 포함하지만, 제외되는 상황도 있다. 어떤 정의에서는 관광에 당일치기 여행도 포함되는가 하면, 어떤 때는 제외되기도 한다. 이 책에서의 목표는 배타적이기보다는 되도록 포괄적이고자 한다. 여가는 레크리에이션, 놀이, 게임, 구경꾼 · 관람객 혹은 참가자로써의 스포츠와 예술 참여, 전자 혹은 인쇄 매체의 이용, 실황 공연, 취미, 사교, 음주, 도박, 유람, 공원 · 시골 · 해안 방문, D. I. Y.(do it yourself: 손수하기), 미술이나 조각활동, 재택 · 비재택 활동, 상업적 · 비상업적 활동, 별다른 일 하지 않기 등의 활동 등을 아우른다. 관광은 본래 주거지에서 다른 곳으로 여행을 떠나는 등의 여가 활동으로 인식되지만, 만약 여행의 주요 동기가 되는 활동에 더해 출장, 컨벤션 참석, 친구나 친지 방문 등의 활동들이 변함없이 여가 활동에 관련되기 때문에 다른 이유가 없다면 또한 그 활동들을 포함한다. 이 책은 여가와 관광을 다루기에, 관광의 한 부분으로 당일치기를 포함한다. 여가와 관광은 개인과 단체가 참여하는 활동들로 여겨지지만, 공공 부문, 비영리 · 영리적 단체를 포함하는 서비스 산업으로도 여겨진다.

이 책의 대부분은 연구를 어떻게 계획하고 진행하는가에 관한 내용으로 가급적 복잡한 그림이나 통계학적 수식을 최소화 하였다. 사회학적 관점에서 여가 · 관광분야는 대부분의 학생들이 수학적인 배경이 약한 것은 어쩌면 자연스러운 현상이다. 그렇다고 해서 몰라도 된다는 의미는 아니다. 다만 우리들이 학습하는 특성 자체가 어떠한 현상이나 이슈를 다루고 그것을 연구하기에 빚어지는 자연스러운 현상이란 것이다. 가장이상적인 연구방법론의 학습은 두 개 분야로 분할하여 첫 번째 부분에서는 연구의 계획과 진행전반에 관하여 학습하고 이것을 완성한 다음 통계적 알고리즘을 이해하는 것이 효과적일 것이다. 이 책의 목표는 첫 번째 부분에 해당하는 것으로 연구를 어떻게 수행하는가에 대한 전반적인 내용이다. 또한 이 서문의 특징은 연구방법론에 대하여 편안하게 읽으면서 익힐 수 있도록 쉽고 상세하게 설명하였다. 끝으로 이 책에서 조사와 연구라는 말을 혼용하여 사용하였다. 엄밀히 보면 두말의 미묘한 차이가 존재하지만 편의와 어감상 동의어로 취급하여 이해해주길 바란다.

2009. 8

차 례

2. 여가와 관광 연구로의 접근 21

4. 연구 방식의 범위 111

8. 정성적 연구 방법 225

9. 설문조사 269

11. 설문 조사 분석 353

12. 통계분석 391

1 연구의 기초: 무엇을, 왜, 그리고 누가?

연구란 무엇인가?

연구의 정의

연구란 무엇인가? 사회학자 노베르트 엘리아스는 목적이란 견지에서 연구에 대해 다음과 같이 정의했다.

> 내가 아는 한, 모든 학문에서의 목적은 같다. 간단하고 피상적으로 말하자면, 목적이란 곧 인류에게 이전까지 알려지지 않았던 것을 알리는 것이다. 인류의 지식을 발전시키기 위해, 더욱 확실하게 혹은 더 알맞게 만들기 위해… 목적은…발견이다.
>
> (엘리아스 1986:20)

발견(이전까지 알려지지 않았던 것을 알리는 것)이란, 예를 들면 기자들이나 형사들의 일 같은 여러 활동들을 아우를 수 있다. 그러나 엘리아스는 연구는 학문의 도구이며 그 목적은 인류의 지식을 발전시키는 것(연구를 다른 연구적 활동들과 구별하는 특징)이라고 지적한다.

학문적 연구

학문적 연구란 학문의 규정과 관습 안에서 실시된 연구를 말한다. 이는 곧 연구가 논리와 이유 그리고 규칙적인 증거의 검토에 근거한다는 의미이다. 이상적으로는, 학문적 모형 내에서는, 연구가 동일한 혹은 다른 연구자들에 의해 복제되거나 유사한 결론이(항상 가능하거나 실용적이지는 않더라도) 나올 수 있어야 한다. 또한 주제나 분야에 대한 지식의 누적에 기여해야 한다. 이런 학문적 연구의 모형은 물리학이나 화학 등의 물리적 혹은 자연적 학문들에 가장 적절하게 적용된다. 사회적 존재와 공동체의 구성원으로서의 사람들을 다루는 사회과학의 분야에서, 학문적 모형은 개조되고 수정되어야 하며, 경우에 따라 대량으로 유기되어야 한다.

사회과학 연구

사회과학 연구는 사회과학의 방식과 전통을 이용해 펼쳐진다. 사회과학은 인간과 그 사회적 행동을 다루고 인간 이외의 현상들보다 더욱 예측하기 어렵다는 점에서 물리 혹은 자연과학과 구분된다. 사람들은 자신들에게 연구가 실시되어진다는 것을 인지할 수 있고 그렇기에 완전히 영향을 받지 않는 연구대상은 아니다. 연구의 결과에 반응하여 자신의 행동을 그에 맞게 바꿀 수 있다. 세계의 다른 장소들에 살고 다른 시대에 살면 다르게 행동한다. 사회적 세계는 지속적으로 변화하고 있기에, 다른 시대나 다른 장소에서 연구를 모방하고 유사한 결과를 얻는 것은 드물다.

연구의 세 가지 유형

엘리아스의 용어 '발견' 은 첫째, 간단하게 찾아내는 과정으로 볼 수 있으며, 그러므로 연구는 존재하는 것을 그저 묘사할 수 있다. 그러나 인류의 지식을 발전시키고 더욱 확실하며 더 알맞게 만들기 위해선 정보나 사실의 축적 그 이상이 필요하다. 목적은 또한 '왜 어떤 것들은 지금 같이 되어 있는지', '어떻게 될 수 있는지' 에 대한 설명을 제시하는 것이다.

이 책에서, 우리는 연구의 제 3의 기능인 평가(정책이나 계획의 성공 혹은 가치를 판단함)에 대해서도 관심을 가져볼 것이다. 연구의 세 가지 유형은 표 1.1에서 보듯이 세 기능들에 상응하여 증명될 수 있다. 경우에 따라서 특정 연구 프로젝트는 이들 중 단 하나에만 집중하겠지만, 종종 한 연구 프로젝트에 두 가지 혹은 그 이상의 접근법이 포함된다.

1. 기술적 연구

기술적 연구는 여가 · 관광 분야에서 매우 일반적인데, 분야의 새로움, 연구되고 있는 현상들의 변화하는 본질, 그리고 빈번하게 발생하는 연구와 실행 사이의 분리라는 세 가지 이유 때문이다.

여가 · 관광이 연구에 있어 비교적 새로운 분야이기 때문에, 그 영역을 표시할 필요가 있다. 기술적 연구 분야의 많은 부분은 그러므로 '탐험적(이전까지 연구되지 않았던 분야나 활동에서의 행동 양식을 발견, 기술 혹은 묘사하기 위해 노력함)' 이라고 기술될 수 있다. 어떤 것이 발견, 기술 혹은 묘사되었는지에 대한 설명은 종종 다른 연구자들에게나, 나중으로 남겨진다.

여가 · 관광 현상들은 지속적인 변화를 수반한다. 예를 들면, 세월에 걸쳐, 여러 여가 활동의 대중성이 변하고, 여러 사회 집단(예를 들어 젊은 세대나 여성들)의 여가 기호가 바뀌며, 여러 관광 목적지의 상대적 대중성이 변화한다. 그리하여 각 분야에서 연구의 많은 노력은 기본 행동 양식을 추적(tracking), 혹은 감시(monitoring) 하는데 기울여진다. 이런 변화하는 양식들의 완전한 이해와 설명이 될 수 있다면 이상적이겠지만, 여가 · 관광 서비스 제공자들은 시장 조건이 충분히 설명되고 이해되지 않더라도 변화하는 시장 조건에 대해 필히 인지하고 반응해야 한다. 그렇기 때문에 최근의 정보를 마련하기 위해 기술적 연구의 흐름에 의지하는 것이다.

연구 프로젝트와 정책의 계획 혹은 경영 활동 간에는 종종 연구의 분리현상이 생겨날 수있는데, 예를 들어 한 회사가 시장 분석표 연구를, 혹은 지방 자치단체가 레크리에이션 수요 연구를 한 연구 팀에 의뢰할 수 있지만, 마케팅이나 계획 단계에서

■ 표 1.1 연구의 유형

1. 기술적 연구
   어떤 것인지 찾아내고 기술함
2. 설명적 연구
   현실의 현상이 어떻게 혹은 왜 지금 같은지에 대해 설명함(이를 이용하여 예측함)
3. 평가적 연구
   정책과 계획의 평가

연구 결과의 실제적 사용은 연구 팀이 관계된 부분과는 별개의 과제이다(연구 팀은 단순히 기술적 연구를 생산하기 위해 필요한 것일 수 있다).

2. 설명적 연구

설명적 연구는 관측된 양식과 추세를 설명할 수 있도록 기술적 연구의 범위를 넘어서 움직인다. 왜 특정 활동이나 목적지 유형은 인기가 떨어지는가? 어떻게 특정 관광 개발은 지역사회의 바람에 반하면서 승인을 받을 수 있는가? 왜 예술은 몇몇 사회집단에게선 후원받고 다른 곳에선 받지 않는가? 이런 질문들은 인과관계(예를 들면 A가 상승한 것은 B가 대응하여 하락했기 때문이라고 말할 수 있는 것이 목표이다)라는 어려운 논쟁점을 상기시킨다. B가 하락하는 동안 A가 상승했음을 발견하는 것도 좋지만, 보통 A의 상승은 B의 하락으로 인해 유발되었다고 성립되는 쪽이 훨씬 자주 요구되는 과제이다. 인과관계 혹은 그 비슷한 것을 성립하기 위해선, 연구자로 하여금 정보의 수집, 분석과 해석에 있어 엄격함을 요구한다. 또한 일반적으로 더 넓은 사회적, 경제적, 정치적 연구 현상들과 연관있는 몇몇의 이론적 구조를 요구하기도 한다. 연구에 있어서 인과관계에 대한 문제와 이론의 역할에 대해서는 뒤의 단원들에서 더 논하도록 하겠다.

원인들이 이해되었다면, 지식은 예측을 위해 이용될 수 있다. 이는 물리 과학에서 이미 입증되었으며, 우리는 열이 금속을 팽창하게 만드는 것을 안다(설명). 그러므로 우리는 만약 어떤 금속 막대에 특정양의 열을 가한다면 금속은 특정양만큼 팽창할 것임을 안다(예측). 생물학이나 의학에서도 이 과정은 같으나, 정밀함은 떨어진다. 만약 특정 치료를 특정 질병을 가진 환자들에게 시행하면 특정 부분만큼 치유될 수도 있다. 사회과학에서도 이런 접근이 사용되지만, 정밀함은 더욱 떨어진다. 예를 들어, 경제학자들은 여가 · 관광 상품과 서비스를 포함한 상품과 서비스에 대한 수요는 가격 수준에 반응하며, 만약 상품이나 서비스의 가격이 인하되면 매출은 점차적으로 상승한다는 것을 알아냈다. 그러나 품질이나 경쟁업체의 움직임 등 다른 관련 요인들이 너무나 많기 때문에, 이런 일은 언제나 일어나진 않는다. 인간은 자기 자신 스스로 결정을 내리며 인간 이외의 현상들에 비해 예측하기 매우 어렵다. 그럼에도 불구하고, 여가 · 관광의 분야에서 행해지는 연구의 대부분의 중요 목적은 '예측' 이다.

3. 평가적 연구

평가적 연구는 정책이나 계획의 성공 혹은 유효성에 대해 판단할 필요에서 발생한다. 예를 들어 특정 여가 시설 · 과정이 성과 기준에 도달하고 있는지, 혹은 특정 관광 홍보전의 비용 효율이 높았는가의 여부 등이 있다. 평가적 연구는 교육 등의 공공정책에는 고도로 발달되어 있지만, 여가 · 관광 분야에서는 덜 발달되어 있다 (Shadish et al., 1991). 평가적 연구자들에 대한 문제 또한 뒤의 단원들, 특히 3장과 14장에서 더 논하도록 하겠다.

왜 연구를 하는가?

일반적으로

왜 연구를 하는가? 연구와 연구 방법은 표 1.2에서 나타난 것처럼 다양한 이유들로 인해 연구될 수 있다. 먼저, 학술적 혹은 전문적 지식에서 나온 연구 보고서나 기사를 이해하고 평가하는데 있어 유용하게 사용될 수 있다. 그러므로 보고서나 기사들의 근본을 이해하는 것은 장점이 될 수 있다. 둘째, 이 책의 많은 독자들은 논문 등 지식 추구를 위해 연구를 연구로써 실행하거나, 학술적 환경에서 연구에 관여할 수 있다. 셋째, 경영자 등의 다수의 독자들은 전문적인 이유로 연구를 실시하거나 의뢰할 것이다. 그러므로 정책입안, 계획과 경영 과정에서의 연구의 역할을 고려하는 것은 각별히 중요하다.

정책입안, 계획과 경영 과정에서의 연구

여가 · 관광의 모든 단체들은 각자의 목표를 달성하기 위해 정책입안, 계획과 자

■ 표 1.2 왜 연구하는가?

1. 연구 보고서 등을 이해하기
2. 학술적 연구 프로젝트
3. 정책입안, 계획, 경영에서의 관리 도구

원의 관리에 관여한다. 이 부분에서는 다양한 용어들이 사용되며 용어들의 의미는 사용자나 상황에 따라 달라진다. 이 책에서는 다음과 같다.

- 정책이란 한 단체의 원칙, 의도와 의무의 성명으로 간주한다.
- 계획이란 일정 기간에 걸쳐 특정한 방법으로 정책에 효력을 주도록 만들어진 자세한 전략이다.
- 경영이란 정책과 계획에 효력을 주는 과정으로 본다.

계획은 보통 민심과 국가, 지역, 지방 정부 단체들과 연관되어 있으며, 또한 민영 부문에 의해 시행되기도 하다. 극장 체인이나 휴양 리조트 개발자들 혹은 스포츠 프로모터 등의 단체들은 모두 계획과 관련되어 있지만, 이들의 계획 활동은 정부 단체보다 덜 대중적이다(Henry and Spink, 1990). 민영 단체들은 보통 그들 스스로의 활동에만 관여하지만, 정부 단체들은 많은 공공, 민영단체들의 활동을 위한 계획의 테두리를 제시하기 위해 보통 더 넓은 책임감을 갖고 있다. 여가 · 관광 배경의 정책, 계획과 경영 활동의 예는 표 1.3에 설명되어져 있다.

정책과 계획 양쪽 다 세부사항이나 복잡성, 절차에 따라 크게 달라질 수 있다. 여기에선 연구가 수행한 부분을 조명하기 위해 그 과정이 간단하게만 참작되었다. 현존하는 정책입안, 계획, 경영과정의 많은 모형 중, 그림 1.1에서 그려진 합리-포괄적 모형(the rational-comprehensive model)이 가장 전통적이며 '이상적'인 모형이라고 할 수 있다. 현실적 의사 결정을 더욱 정밀하게 반영할 수 있을만한 많은 대안 모형들을 논하는 것은 이 책의 범위를 넘어서는 일이지만, 이 문제의 이후 범위에 대한 길잡이는 단원 말미에 설명되어져 있다. 지금은 일단 이 대안 모형들이 보통 합리-포괄적 모형의 일정 부분을 강조하거나 다른 부분을 경시, 또는 삭제한

단계	여가 센터	관광객 위원회	예술 센터	국립공원
정책	모든 연령대의 사용 극대화	성수기의 연장	현대 작곡가들에 대한 장려	정부 외 수입 증대
계획	장년층 방문 50% 증가를 위한 2개년 계획	새로운 축제의 주최를 통한 성수기 전 방문 증가를 위한 3개년 계획	현대 작곡가들의 새로운 작품 의뢰를 위한 3개년 계획	이용자 납부 계획에 효력을 주기 위한 3개년 계획
경영	장년층을 위한 매일 아침 체형관리 모임의 발효	축제의 테마를 정하고 실행하기	작곡가 선정과 의뢰 및 작품 제작	이용자 납부 계획 발효

■ 표 1.3 정책, 계획과 경영의 예

■ 그림 1.1 계획/경영의 합리-포괄적 모형 (The rational-comprehensive model of planning/management)

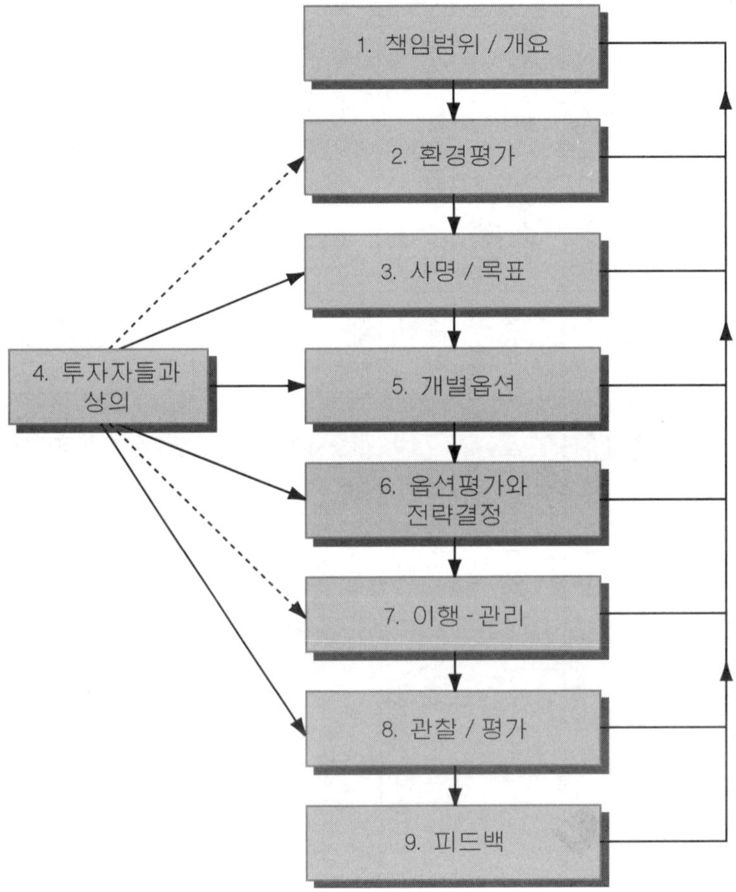

축소판이라고만 말해두자. 따라서 대안 정책들을 평가함에 있어 완전히 포괄적이기는 실질적으로 불가능하다는 견해를 갖는 사람들도 있고, 정치적 이해관계가 종종 '합리적' 혹은 '객관적' 의사결정이 만들어지는데 개입한다는 사실을 이야기하는 사람들도 있으며, 지역 사회 협의회를 지원 역할에서 중심 역할로 격상시키는 사람들도 있다. 거의 모든 상황마다 모형들은 합리-포괄적 모형의 대안으로써 제안되었고, 설사 기각되었더라도 후자는 보편적 참조 기준으로 남아 있다.

이들 모형의 대다수에 연구 역할이(가끔은 감소하고 가끔은 증대되어) 남아있으며, 현실에서는 여기 보인 이 아홉 단계 모두 지켜지는 것은 매우 드물다. 그리고 밑에 설명된 모든 방법대로 그 과정을 알리게 하는 것도 드물다. 그림 1.1에서 묘사된 아홉 단계들은 정책입안, 계획, 경영 과정들 안에서 연구의 많은 역할들을 제시한다. 여가 · 관광 환경에서 그 과정들이 어떻게 전개될 수 있는지의 두 예가 표 1.4에 나와 있다.

계획/경영 과정의 단계 (그림 1.4 참조)	지역커뮤니티의 스포츠 그리고 젊은층		관광목적지 내의 지속가능한 관광	
	정책/계획/경영	관련연구	정책/계획/경영	관련연구
1. 책임범위/개요	젊은 층의 스포츠 참여율증가	이전 연구에 의하면 참여율은 40%를 나타냄	지역 지속가능한 관광전략 개발	물리적 연구에 의하면 도로 수용력 도달
2.환경평가	현재의 수요-공급 고려	현재 시설물 및 프로그램이 꽉참	현재의 환경적 평가와 미래의 시나리오 연구	확장된 물리적 연구(교통+다른 환경적 이슈+미래 관광수요계획의 개발)
3.사명/목표 설정	5년이내에 참여율 60%로 증자	–	수용할만한 환경효과와 함께 10년이내에 관광크기를 60% 증가하는 정책개발	관광수요를 10년이내에 증가하는 연구
4.투자자들과 상의	젊은층, 학교, 스포츠클럽와 상의	실행가능하며, 모든 단체를 지원할 수 있는 연구	커뮤니티와 관광산업체와 상의	연구+커뮤니티와 산업체와 상의
5.개발옵션	1. 대중캠페인 2. 무료쿠폰 3. 커뮤니티시설 건출 4. 클럽/학교 지원제공 5. 리더/코치/선생 교육	출간된 연구와 보고를 토대로 다른 지역의 각 옵션의 경험 검토	1. 길-빌딩/교통 경영 프로그램 2. 지역 대중교통해결책 3. 대안적인 숙박시설 개발전략	유사한 관광지 순환단계에 있는 관광지의 경험 검토
6.옵션 평가/전략결정	옵션 1-5의 검토 옵션 3,4 적용	각 옵션의 비용: 각 옵션이 비용-효율성을 고려한 비용책정 옵션 3과 4 참조	옵션3의 범위안에서의 옵션 1,2평가 평가연구에 의한 옵션 선택	옵션 1,2의 비용과 숙박시설 개발전략(3)의 평가 효율성에 의한 옵션 서열책정과 환경효과 입수
7.이행-관리	옵션 3,4의 이행	–	대중 교통수단과 3성숙박시설 옵션 이행	–
8.관찰/평가	참여율 증가의 성공여부 평가	연구에 의하면 1년후에 45%로 증가하나 코치/리더의 부족	교통혼잡과 관광의 성공 평가	관광객 수와 교통상화의 연간연구 끊임없는 피크 대중휴일 혼잡문제 발견
9.피드백	지속적 프로그램: 코치/리더의 교육 자원 증가	–	피크 대중휴일의 교통경영 계획 개발	–

■ 표 1.4 계획/경영 업무와 관련 연구의 예 (Examples of planning/management tasks and associated research)

1. *책임 범위/개요:* 특정 계획이나 경영 직무를 위한 '책임 범위' 혹은 '개요'는 실행의 범위와 목적을 설정한다. 연구는 책임 범위를 설정하는데 예를 들면, 현존하는 지역 사회의 스포츠 참여도에 대한 연구는 스포츠 참여도에 영향을 주기 위한 정부 정책 발안의 결과를 초래 할 수 있고, 관광업 성장의 환경적 효과에 대한 연구는 정부로 하여금 지속될 수 있는 관광 계획을 개발하도록 촉구할 수 있다.

2. *환경 평가:* 환경 평가는 당면 과제의 정황에 대한 모든 정보의 수집을 포함한다. 정보는 조직의 내부적 진행상황이나 실질적 혹은 잠재적 의뢰인을 포함한 외부 세계와, 정부 · 경쟁자들의 활동 및 물리적 자원들과 관련이 있을 수 있다. 이와 같은 정보는 손쉽게 바로 쓸 수 있거나 대조가 필요할 수 있으며, 혹은 대대적인 연구를 필요로 할 수 있다.

3. *사명/목표:* 조직의 사명이나 목표의 성명은 당면과제가 상대적으로 미미하다면 부적합하겠지만, 만약 조직 전체의 전략 계획 개발 등의 큰 사업이라면, 사명 및 목표의 성명에 대한 개발도 관련될 수 있다. 사명 · 목표를 결정하는 것은 조직(위원회 혹은 의회 등)의 의사결정체의 직무라 할 수 있으며, 다음 4단계에서 논의된 것처럼 많은 수의 주주들과 상의가 되었다면 연구가 직접적으로 관련될 수 있다.

4. *투자자들과의 상의:* 모든 조직에 있어 '투자자들'과의 상의는 극히 중대하게 인식되어 있으며, 실제로, 공공 부문 계획의 여러 부문에서 요구되어져 왔다. 투자자들에는 직원, 의뢰인, 일반 대중, 위원회 · 의회 회원 그리고 인접한 혹은 상호보완적 조직이 포함된다. 연구는 이런 상의에 있어 매우 중요한 특징이 될 수 있는데, 특히 많은 수의 개인 및 조직들이 관련되어 있을 때 더욱 그러하다.

5. *개발 옵션:* 어떤 계획이나 전략을 개발하기 위해선, 조직의 목표를 추구하는데 어떤 정책 옵션이 가능한지의 여부, 실행 가능성, 목표 성취에 대한 적당한 공헌과 그것을 실행할 최선의 방법에 대한 고려가 있어야 한다. 연구는 대안적 정책이나 계획 옵션을 증명하는 과정을 수반할 수 있는데, 예를 들면, 문제들의 범위나 투자자의 선호도에 대한 정보를 제공하는 등이 있다.

6. *옵션 평가와 전략 결정:* 전략 결정은 증명된 모든 옵션들 중의 실행 노선에 대한 선택을 수반한다. 이 선택 과정은 대안을 *평가*하기 위해 연구를 요구하는 복잡한 과정을 수반할 수 있다. 전형적인 정식 평가 기술에는 비용 편익 분석, 경제적 영향 분석과 환경 · 사회적 영향 분석(Shadish et al., 1991; Veal, 2002; 185–210), 그리고 *중요 실행* 기술(Martilla and James, 1977; Haper and Balmer, 1989) 혹은 *연대 분석*(Claxton, 1994)의 사용이 포함된다.

7. *이행 – 관리:* 경영 분야에서의 계획 혹은 전략의 이행 – 연구는 전개되는 자원들과 경영 과정에 대한 지속적인 피드백을 제공하는데, 이는 발전된 방법을 연구함에 있어 고객 설문조사의 형태 등으로 매일 매일의 경영에 수반될 수 있다. 그렇지만, 이런 연구와 관찰, 평가 과정 사이의 경계를 짓기란 어렵다.

8. *관찰/평가:* 전략의 이행에 대한 관찰 진행과 평가는 연구가 수반된다.

9. *피드백:* 모든 과정은 피드백 단계에 와서야 완전한 원을 이룬다. 관찰/평가 단계에서의 자료는 계획/경영 단계로 다시 피드백 되어 어떤 혹은 모든 사전 의사 결정의 과정으로 이어질 수 있다. 관찰/평가 과정은 완벽한 성공을 보고할 수 있으며, 채택된 정책과 계획의 세부적인 부분에 경미한 변화를 제안할 수 있고, 혹은 밑그림을 다시 그려야 할 만큼 근본적인 재고를 초래할 수도 있다.

다른 배경에서의 연구 형식

여가 및 관광 계획/경영의 연구는 많은 유형과 방식에서 나타난다. 이 중 몇은 표 1.5에 열거되어 있으며 하단에 간단하게 거론되어 있다. 모든 형식들이 상호 배타적이

■ 표 1.5 연구 보고 양식

- 위치통보
- 시장 윤곽
- 시장 연구
- 시장분할/생활양식
- 타당성 연구
- 예측 연구
- 여가/레크레이션 수요 연구
- 관광전략/관광 마케팅 계획

지는 않으며, 이 중 상당수는 단일 연구 프로젝트에서 다양한 양상으로 발생할 수 있다.

*위치 통보*는 앞서 거론한 *환경적 평가*와 비슷하다. 이들은 주제 혹은 관련 사안에 관한 현 상황에 대한 정보의 수집물이며, 의사결정자들이 주제나 현안에 대해, 그리고 현 정책, 조항 수준과 요구에 대해 파악할 수 있게 의도되었다. 예를 들어 만약 지방 자치단체가 지역 내의 문화유산 보존을 위한 새로운 정책들을 개발하려고 한다면, 위치 통보는 어떤 문화유산이 현존하는지, 소유자는 누구인지, 특성은 어떤지, 보존 상태와 환경은 어떤지, 현존하는 정책은 무엇인지, 규정과 법규 그리고 사용 유형에 대해 열거할 준비가 되어있을 수 있다.

*시장 윤곽*은 위치 통보와 비슷하지만, 구체적으로는 *시장*에, 특히 실질적 · 잠재적 소비자들, 그러나 제조업자들과도 역시 관계있다. 만약 한 단체가 특정 관광 · 여가 시장에서 사업을 시작하고자 한다면, 보통 해당 시장 분야의 '프로필'을 필요로 할 것이다. 시장은 얼마나 큰가? 그 성장 가망성은 어떻게 되는가? 고객은 누구인가? 어떤 분야인가? 수익성은 어떤가? 현재의 공급자는 누구인가? 이런 윤곽은 보편적으로 상당한 연구를 필요로 할 것이며 시장 조사의 폭 넓은 활동 중 하나의 요소로 볼 수 있다.

*시장 조사*는 좀 더 포괄적인 일이다. 어떤 서비스에 대한 실질적 · 잠재적 시장에 대한 연구는 서비스가 시작되기 전에, 그러나 또한 해당 작업의 실행에 대한 지속적인 관찰의 한 부분으로도 이행될 수 있다. 시장 조사는 시장(제품이나 서비스를 사용하는 혹은 사용할 만한 사람의 수와 그 성향)의 규모와 성질, 그리고 소비자의 필요나 사고방식(제품이나 서비스의 사용자 혹은 잠재적 사용자의 특정 요구나 기호)을 입증하도록 모색한다.

*시장 분할/생활양식 연구*는 *심지적* 연구로도 불려진다. 관습적으로 시장담당자(marketer)들은 연령, 성별, 직업과 소득 등의 특성을 기준으로 소비자들을 하위 시장 혹은 구획으로 분류하려는 시도를 해왔다. 이후 그들은 이런 배경의 사회적 · 경제적 특성뿐만 아니라 여가 활동과 휴일 행동양식을 포함한 사고방식, 가치 및 습성을 통해 사람들을 분류하도록 했다. 이런 연구 중 가장 널리 알려진 VALS 유형학(Values, Attitudes and Life Styles; 가치관 및 생활양식 세분화 – Mitchell, 1985)은 미국인들을 다음 아홉 가지의 생활양식으로 구분하였다: 극빈자, 생계 유지자, 중산층, 경쟁자, 성취자, '나는 나', 경험적, 사회적으로 의식적인, 통합적. 이 체계는 관광업 연구(예 – Shih, 1986)를 포함하여 시장 조사에서 광범위하게 사용되었다. 여타

생활양식 '체계'에는 영국에서 인구연구를 기반으로 개발한 *아콘*(ACORN – Shaw, 1984)과 호주(Australian) 연령 생활양식 유형학(The age, 1982)이 포함된다.

*타당성 연구*는 시장 윤곽에서처럼 현 소비자의 특성과 수요만이 아니라 미래의 수요, 그리고 제안된 개발이나 투자 사업의 재정적 실행 가능성과 환경적 영향력 등의 측면도 연구한다. 새로운 여가 시설의 건설 여부나 새로운 관광 상품의 출시에 대한 결정은 주로 타당성 연구를 토대로 한다(Kelsey and Gray, 1986b).

*여가/레크리에이션 수요 조사*는 여가 계획 연구의 흔한 유형이다. 이는 주로 지방 의회에 의해 행해지는, 공급과 시설 및 서비스의 사용 수준, 여가 활동에의 참여 수준, 여가 공급에 관련한 대중의 견해와 열망을 진단하는 포괄적인 연구이다. 때때로 '수요' 조사는 미래의 공급에 대한 권장을 하는 여가 혹은 레크리에이션 '계획' 또한 포함한다(이외의 때엔 그 계획은 별도의 문서이다).

*관광 전략/관광 마케팅 계획*은 관광업에서의 레크리에이션 수요 연구와 같은 의미이다. 레크리에이션과 여가의 수요 연구는 종종 공공 분야의 강조와 함께 지역 내에서 대부분 이루어지는 지방 주민의 요구조건을 참고한다. 관광 전략이나 마케팅 계획은 관광업 수요를 참고하며, 잠재적으로 광범위한 지역 안에서 생성되고 공 · 사 부문 공급자들의 혼합으로 인해 진행지역 및 목표 지역 내에서 이뤄진다. 이런 관광 연구들은 숙박, 교통, 실질적 · 잠재적 관광지들과 환경적 영향 면에서 증가하는 관광객의 수요를 충족하기 위해 지역의 수용력을 주로 고려한다.

*예측 연구*는 많은 계획들에 있어 중요한 정보가 된다. 예를 들어, 특정 여가 활동 수요나 십년 이상의 기간 동안의 관광객 숙박의 특정 유형에 대한 예상을 제공할 수 있는 것이다. 예측이란 본질적으로 연구를 기반으로 하며 기술의 개발이나 소득수준의 변화, 기호 변화의 효과, 미래 인구 증가와 변화에 가능한 영향 예측을 수반할 수 있다. 여가 · 관광 예측은 당당히 연구의 기본적인 분야가 되었다(Veal, 2002: 154-84; Archer, 1994).

연구는 누가 하는가?

이 책은 연구를 어떻게 진행하는가에 대해 주로 초점이 맞혀있지만, 또한 독자로 하여금 다른 이들에 의해 실행된 연구에 대해 식견이 있고 비평할 수 있는 소비자가

■ 표 1.6 연구는 누가 하는가?

- 연구의 전체적 기초
- 교육기관
- 학생
- 정부 그리고 영리단체
- 컨설턴트
- 경영자

될 수 있게 돕도록 연구 과정의 이해를 제공하고자 한다. 연구 보고서나 기사를 읽는 데 있어, 왜 이 연구가 수행되었는지 명심하는 것이 유익하고 누가 의뢰하여 누가 연구를 수행했는지가 크게 영향을 미친다. 여가 · 관광 연구는 표 1.6에 나타난대로 다양하고 광범위한 개개인과 교육기관, 학생들, 정부와 상업적 연구단체, 여가 · 관광 시설과 서비스의 경영자와 컨설턴트를 포함한 단체들에 의해 수행된다. 연구자의 각각의 역할은 하단에 차례대로 거론되어 있다.

교육기관

교육기관, 교육시설의 유급 교육 직원은 교수, 강사, 조교와 연구부 직원, 미국식 어법으로 '교직원들' (the faculty)을 포함한다. 대부분의 교육 시설에서는 고용 계약대로 교수와 강사들이 연구와 강의 모두를 하도록 되어있는데, 대표적으로 1/4 혹은 1/3 만큼의 교육자의 시간은 연구와 저술로 쓰일 수 있다. 고용 보장은 조금은(혹자는 크게라고 하겠지만) 출판된 연구에 대한 만족스런 실적의 달성에 달렸다. 출판물은 심사 간행물, 비심사 간행물(전문 잡지 등), 책, 보고서/논문(교육시설이나 여타 기관에서 발표된)과 학회지 등 다양한 형식을 포함한다.

심사 간행물 내의 연구 발표는 '상호 검토(peer review)' 의 요소로 인해 학술적 관점에서 가장 고급스런 형식으로 여겨진다. 이런 간행물에 제출된 글은 편집자들을 포함하여 각 분야의 전문가 두세 명에게 익명 평가(심사)를 받는다. 편집활동은 해당 분야의 전문가 협회에 의해 감찰된다. 여가 · 관광계의 주요 심사 간행물들은 *여가 연구 저널(Journal of Leisure Research – USA), 관광 연구 연보(Annals of Tourism Research – UK), 여가 과학(Leisure Sciences – USA), 관광 경영(Tourism Management – UK), 여가 연구(Leisure Studies – UK), 여행 연구 저널(Journal of Travel Research – USA), 사회와 여가(Society and Leisure – Canada)* 등 이다.

교육기관에서 실시되는 몇몇 연구, 예를 들면 이론적 연구나 학생들을 대상으로 하는 많은 연구들은 교육기관의 기본 봉급이나 그 이상의 특정 재정적 자원을 대부분 혹은 전혀 요구하지 않는다. 그러나 대부분의 연구는 전임 · 시간제 연구원의 임금 지불, 설문자의 수고비 지급, 시장 조사 단체의 설문 수행업무 비용 지급, 혹은 교통비나 장비 관련 비용의 지급을 위해 추가적 재정 지원을 요구한다. 투자의 주요 자원은 대학교/대학 재단 기금, 정부 연구 위원회, 신용평가기관/재단, 정부 부서 혹은 기관, 상업 회사, 그리고 비영리 단체 등이다.

대학교들은 자체적 기금을 이용해 교수진에 의해 시작되었거나, 혹은 '지식의 발전'이 주요 동기인 연구를 지원하려 한다. 대부분의 대학교나 대학들은 학교의 교수진이 쓸 수 있는 연구 기금을 갖고 있다. 정부는 주로 학술적 연구를 지원하기 위해 단체를 설립한다. 영국 사회 경제 연구 협의회(UK Social and Economic Research Council) 혹은 호주 연구 협의회(Australian Research Council)등이 그 예다. 포드 재단(the Ford Foundation)이나 레버험 트러스트(Leverhulme Trust) 등의 많은 사립 트러스트나 재단 역시 연구 지원을 한다. 기금은 정부 부서 혹은 기관, 상업 회사 혹은 스포츠 구단 이사회 등의 '실용적 세계'에서 나올 수 있다. 이런 경우 연구는 좀 더 실용 지향적이게 된다. 정부 기관들과 상업적 · 비영리적 단체들은 특정 문제를 해결하거나 자신들의 이해관계에 따라 특정 사안들에 대해 알리기 위해 연구에 기금을 지원한다.

일반적으로 교육기관들은 관련 기관들과 서로 이해관계가 들어맞을 때 기금을 지원받는 실용적 노선의 연구에 참여하게 된다. 예를 들어 한 교육기관이 대중들로 하여금 특정 야외 레크리에이션 활동에 참여하게 하는 동기를 측정하는 방식들에 대해 연구하려 할 때, 외부 레크리에이션 기관의 마케팅 전략 개선을 위한 연구의 필요성과 부합할 수 있는 것이다. 어떤 교육기관들은 마케팅이나 계획 등 실용 분야에 있어 전문적이며, 그리하여 이들은 '실용적 세계'로부터 기금을 지원받는데 있어 종종 좋은 위치를 차지하고 있다. 교육기관은 기금을 이용해 한 명 혹은 그 이상의 고학력(보통 박사 학위) 연구원을 고용할 수 있다. 이는 곧 2차 공급원, 즉 학생들로 이어진다.

학생들

박사 및 석사 과정의 학생들은 연구에 있어 매우 큰 공헌자들이다. 간행물들은 정기적으로 일반논문과 각 분야의 학위 논문들을 게재한다(Van Doren and Stubbles, 1976; Van Doren and Solans, 1979; Jafari and Aaser, 1988). 미국과 영국 소재 대학교들의 테제 목록들은 마이크로피쉬(microfiche, 서적 등의 여러 페이지 분을 수록하는 마이크로 필름 카드)에서, 그리고 점증적으로 온라인에서도 찾을 수 있다. 과학 분야에서 연구 학생들은 특정 연구 프로그램 내에서 각각의 학생이 어떤 주제의 연구를 할 것인지를 결정하는 감독관의 관리 하에 종종 팀의 한 부분으로 일한다. 사회과학에서는 이런 식의 접근은 드물며, 학생들에게는 연구 주제의 선택이 더 자유롭다.

박사 학위 논문들은 학생 연구의 가장 중요한 형식이나, 석사, 학사, 그리고 재학생에 의해 실시된 연구 역시도 지식 공헌에 있어 매우 유용할 수 있다. 여가 · 관광업은 일반적으로 연구 기금이 원활하게 기증되지 않으며, 더구나 한 예로 특정 여가 활동에 대해서나 특정 지역에 대해 학부생들의 집단이 수행한 작은 설문조사, 혹은 학술 분야에 대한 면밀한 검토는 매우 쓸모 있거나 다른 이들에게 유익할 수 있다.

정부 그리고 영리 단체

정부 그리고 영리 단체들은 그들의 자체적인 연구 단체를 종종 가지고 있다. 영국의 국립 통계청(the Office of National Statistics), 호주의 전(前) 관광 연구국(former Bureau of Tourism Research) 그리고 미국 산림청 시험장(US Forest Service Experiment Stations) 등이 그 예다. 설비 제조업체들은, 예를 들어 스포츠 업계에서, 제품 개발을 위한 그들의 자체적인 과학적 연구를 수행할 수 있는데 반해, 여가 · 관광업의 영리 단체들은 그들의 사회적, 경제적, 그리고 시장 조사를 컨설턴트에게 의지하는 경향이 있다.

영리적 단체들에 의해 수행된 연구는 보통 기밀이지만, 정부 부서에 의해 수행된 연구는 일반적으로 공개되어 있다. 이 단체들로부터의 연구 보고는 그리하여 지식의 중요한 원천이 될 수 있으며, 보다 실용적인 성격에는 특히 그렇다. 예를 들어, 선진국들의 거의 대부분에서는 특정 정부 단체가 관광 형태와 여가 활동 비율(Cushman et al, 2005a)의 전국적 설문조사의 수행을 맡고 있다. 이는 그 어떤 다른 단체도 착수할 자원이 없는 기술적 연구이다.

컨설턴트

컨설턴트들은 여가 · 관광산업에 그들의 연구와 고문 업무를 제공하기 위해 존재한다. 어떤 컨설턴트 회사들은 일반적으로 회계, 경영 그리고 자산 개발 상담에 종사하는 대규모의 다국적 회사이며, 여가 · 관광 분야를 아우르는 전문적 업장을 세운다. 쿠퍼스 앤 라이브랜드(Coopers and Lybrand) 그리고 프라이스 워터하우스(Price Waterhouse)가 그 예이다. 그러나 컨설턴트 분야에는 그 외에도 많은 다른 작은 특화된 단체들이 있다. 어떤 교육기관들은 특정 분야에 대한 학술적 이유 혹은 부수적 수입 때문에, 혹은 그 두 가지 이유 모두로 인해 '부업'으로 컨설턴트 회사를 운영하기도 한다. 자가 경영 컨설턴트 회사에서의 활동은 여가 · 관광산업에서 일찌감치 은퇴한 업계 종사자들 간에는 흔한 일이다.

경영자

경영 과정의 전체를 인지하고 있는 여가 · 관광업의 경영자들은 연구를 그들의 의무의 한 부분으로 인식해야만 한다. 경영자들은 표 1.7에 나타난 대로 주제 유형의 범위에 대해 이 연구들을 수행하고 있음을 깨달을 수 있을 것이다. 이 책의 독자들 대다수가 실제 경영자 혹은 경영 수업을 받고 있는 이들이기에, 이것은 깨달아야 할 가장 중요한 요점이다.

성공적 경영은 좋은 정보에 달렸다. 매출액 같은 많은 정보는 어떤 경로로든 경영자에게 입수될 수 있으며 연구를 필요로 하지 않는다. 그러나 시장 흐름 조성 등을 위한 정보의 창조적 활용은 연구를 필요로 할 수 있다. 정보의 다른 유형들은 오직 특정 연구 프로젝트의 수단을 통해 얻어질 수 있다. 여가 · 관광업 경영의 어떤 분야들에서는 가장 기본적인 정보까지도 연구를 통해 도출되어져야 한다. 예를 들어, 극장이나 리조트의 경영자가 일상적으로 그 시설의 사용 수준에 대한 정보를 매

■ 표 1.7
경영자와 연구

- 고객 연구
- 잠재고객 연구
- 직원 연구
- 업무연구
- 경쟁자 연구
- 상품 연구

출액이나 예약을 통해 입수한다면, 이는 도심 공원이나 해수욕장의 경영자가 해당되는 경우는 아닌 것이다. 이런 유형의 시설의 이용자 수에 대한 정보를 얻기 위해서는 특정 자료 수집 활동의 수행이 필요하다. 이런 자료의 수집은 그다지 어렵지 않을 수 있으며 어떤 이들은 경영 정보 체계의 한 부분에 불과한 이것이 연구냐고 말할 수도 있으나, 무언가를 알아내고, 때때로 설명해야 한다는 측면에서 본다면, 이는 이 책의 목적을 위해서는 충분히 연구라고 할 만한 것이다.

만약 대다수의 경영자들이 이용자들이나 고객의 정보, 예를 들어 그 출신지나(시설의 관할 구역) 사회경제적 특성 등의 정보를 원한다면 그들은 연구를 수행(혹은 의뢰)해야 한다. 연구는 또한 시설이나 서비스에 대한 고객들의 평가를 알아내는 수단이다. 경영자들은 언제든 컨설턴트에게 연구를 의뢰할 수 있기 때문에 그들 자신이 연구 능력을 필요로 하지 않는다는 데에는 논쟁의 여지가 있을 수 있다. 그러나 경영자들 자신이 연구 과정과 친밀하다면 보다 나은 연구와 평가를 의뢰할 수 있을 것이다. 모든 연구를 의뢰할 기금이 존재하는 이상적인 세계에서 일하는 것은 여가 · 관광업의 소수 경영자들만이 원하는 것이다. 종종 경영자들이 연구를 수행해 낼 단 하나의 방법은 바로 자체적으로 해내는 것 이다.

교육기관과 실용적 세계: 계획과 경영에 대한 연구발표의 관련성

누가 연구를 하느냐는, 수행되는 연구의 본질에 영향을 미치며 향후 여가 · 관광을 공부하는 학생들이 흡수해야 하는 지식의 바탕을 구성하는 데와 여가 · 관광업 경영자들이 도출해내는 것에 큰 영향력을 가지므로 중요하다고 할 수 있다.

학술적 연구와 발표는, 대부분은, '폐쇄적 체계' 로 이루어져 있다. 교육기관들은 여타 교육기관들의 영리적 저작권 신청을 심의한다. 그들은 곧 심사 간행물들의 편집자들이며 그들의 편집 고문 위원회와 심의 위원회에서 일한다. 그리하여 그들은 어떤 연구가 발표에 적합한지를 결정한다. 업계 종사자들은 그 결과 매우 자주 그들의 필요와는 관련이 없는 학술적 연구의 발표를 보게 된다. 이는 그 대부분이 업계 종사자들을 위해서가 아니라 학계를 위해 기획된 것이기 때문에 결코 놀라운 일이 아니다. 여가 · 관광 분야에서 전문적인 종사자가 되고자 수업중인 학생은 그러므로 여가 · 관광에 대해 정책, 계획 그리고 경영의 실용적 용도와는 어울리지 않는 학자적인 글쓰기를 경험함에 있어 놀라지 않아야 한다. 이것은 꼭 관계가 아예 없다는 뜻은 아니지만, 단순히 당면한 실용적 문제에 대해 노골적으로 집중할 수 없을지도 모른다는 의미이다.

몇몇 연구는 학술적 이유로 인해 시발되며 어떤 연구는 여가 · 관광 서비스의 제공자들이 당면한 문제로 인해 시발된다. 많은 학술적 연구발표들은 여가 · 관광업계의 일상적인 관심사와는 일치할 수도 불일치할 수도 있는 사회학, 경제학 혹은 심리학 등의 여러 이론적 학문들에 의해 좌우되는 경향이 있다. 사실 학술적 연구의 역할 중 한 부분은 세상의 모든 다른 부분에서 고립하여, 결정적일 수 있으며 업계에서 종사하는 이들에 의해 특별히 협력적으로 보이지 않는 특정 사심 없는 분석을 제공하기 위함이다. 그러나 일부에서 과도하게 결정적이며 비협조적으로, 혹은 부적절하다고 보는 것을, 다른 이들은 통찰력 있고 건설적으로 볼 수 있는 것이다.

그렇더라도 거기에는 계획, 경영, 마케팅 혹은 재무 관리 등 정책, 계획과 경영 과정의 요소들에 특히 초점을 맞춰 적용되는 분야들이 있다. 이 분야들의 학술적 연구가 또한 즉각적으로 도움이 되기보다 결정적일 수 있는 동안에는, 업계에 관련한 문제의 의해 의도된 가능성이 높다. 이런 이론적이고 실용적인 분야들 하나하나에는 여가 · 관광 연구 특유의 바탕이 있다. 추가적으로 하나 이상의 분야를 도출하는(다중전문분야) 연구도 있으며 둘 혹은 그 이상의 분야 가운데 어디쯤의 틈새를 차지하는(교차전문분야) 연구도 있다.

더 나아가서, *여가 연구*와 *관광 연구*의 영역에서는 분야 충성도가 발견되지 않는 연구도 있다. 여가 · 관광 연구의 분야 요소는 2장에서 조명되었다.

● 요 약

이 단원은 연구 개념의 정의와 소개에서 연구의 '무엇?' 부분을 언급하며 이 책이 관심을 가지는 연구의 세 유형, 즉 기술적 연구, 설명적 연구 그리고 평가적 연구를 기술한다. 연구의 '왜?' 부분은 이 책의 이용자 중 다수가 주로 직업적 자격을 취득하기 위해 공부하는 학생들이기 때문에 정책 제정, 계획과 경영의 문맥에서 다뤄진다. 연구 그리고 정책 제정, 계획과 경영의 여러 단계들 간의 연관성은 합리-포괄적 모형(the rational-comprehensive model)을 뼈대로 이용하여 논의되었고, 경영환경에서 연구 보고서가 가질 수 있는 다양한 형태에 주목하였다. *누가* 연구를 수행하는지는 중요하나 연구에서 종종 경시되는 요소이다. 이 단원에서는 교육기관, 학생, 정부와 영리 단체, 컨설턴트와 경영자 등의 연구 역할이 언급되어 있다.

Test question

1. 연구와 저널리즘의 차이점은 무엇인가?
2. 기술적, 설명적 그리고 평가적 연구의 차이점은 무엇인가?
3. 이 장에서 설명하고 있는 정책 결정, 계획 그리고 경영의 가장 큰 차이점은 무엇인가?
4. 정책결정/계획/경영의 합리-포괄적 모형 9 단계 중 3가지의 잠재적 역할에 대해 요약하시오.
5. 연구보고서가 취해야 할 6형식 중 3가지를 말하고 그 기본기능을 설명하시오.
6. 연구 수행시 고려해야할 6토픽 중 3가지를 설명하시오.
7. 왜 학술연구는 종종 사용자의 요구에 부적절하게 보여지는가?

Exercise

1. 레저와 관광조직 중 하나를 선택하고 연구가 필요한 목적을 설명하시오.
2. 레저와 관광조직 중 하나를 선택하고 그 연구활동을 연구하시오. 연구에 사용되는 예산의 비율을 어떠한가? 어떤 연구들이 수행되어져 왔는가? 조직이나 다른 사용자들에게 있어 연구결과는 어떻게 사용되어지는가?
3. Leisure Studies나 Annals of Tourism Research 등과 같은 레저나 관광의 저널을 보고 왜 연구가 이루어졌는지? 투자는 어떻게 받았는지? 이 연구의 결과로 인해 이익을 얻는 단체나 조직은 어디인지를 알아보시오.
4. 레저와 관광분야를 벗어난 분야에 대해 3번 과정을 반복하시오. (예: 사회/심리 분야)
5. 4번에서 사용한 저널을 사용하여 해당 연구가 기술적/설명적/평가적 연구인지를 알아보시오.

Memo

2 여가와 관광 연구로의 접근

소 개

이 단원의 목표는 여가와 관광 연구가 수행되는 데의 규범과 패러다임의 범위를 소개하는 것이다. 이 단원은 다음을 고찰한다.

- *학문 분야 관례:* 다수의 학문 분야들에 대한 검토와 여가 · 관광 연구로의 그 접근, 그리고 사회학, 경제학, 지리학, 심리학, 사회심리학, 역사와 철학을 포함.
- *교차학문적 영역(Cross-disciplinary dimensions):* 다수의 이분법적 연구 의제들에 대한 검토 및 다음을 포함:
  - 이론적, 실용적 연구
  - 이론적, 경험적 연구
  - 귀납법, 연역법
  - 기술적, 설명적 연구
  - 실험적, 비실험적 방법
  - 실증적, 해석적 접근

- 정량적, 정성적 방법
- 1차적, 2차적 자료와 자가 보고 및 관찰 자료

여가 · 관광 연구의 학문 분야 관례

소 개

여가 · 관광 연구의 대부분은 여가 · 관광산업의 필요가 아닌 특정 학문 분야에 헌신하는 학술기관의 필요에 의해 시발되었다. 여기서 우리는 아주 잠깐 여가 · 관광 연구에 학술기관의 학과들이 특정 분야에 특히 이바지한 그 공헌을 검토한다.

학문 분야는 그 세계의 관련 특정 요소 혹은 영역, 그들이 설명을 위해 개발하는 이론들 그리고 연구에 사용하는 기술들에 의해 특징지어진다. 여가 · 관광 연구는 하나의, 그리고 여러 다른 연구 분야에 걸친 학문 분야이다.

- *다학문(Multi-disciplinary)*이란 많은 분야로부터의 연구가 사용되었다는 뜻이다. 여가 · 관광의 경제학 그리고 여가 · 관광의 사회학이 그 예다.
- *교차학문(Cross-disciplinary)*이란 하나 이상의 분야에 익숙한 문제, 이론, 개념과 방법이 관련되었다는 뜻이다. 위에 열거된 교차 분야 영역이 그 예며 이 단원의 후반부에서 다루겠다.
- *간학문(Inter-disciplinary)*이란 특정 학문으로 적절히 끼워 맞춰지지 않는 연구의 하위분야가 관련되었다는 뜻이다.
  예 time-budget 연구

간학문적 틀

그림 2.1은 여가 · 관광이 존재하는 세계에 대해, 그리고 대상에 여러 학문적 접근들을 배치하는데 도움이 되는 아주 간단한 간학문적, 개념적 표현을 제공한다. 다음의 다섯 가지 주요 구성 요소들로 구성된다.

■ 그림 2.1
여가/관광
연구의 틀

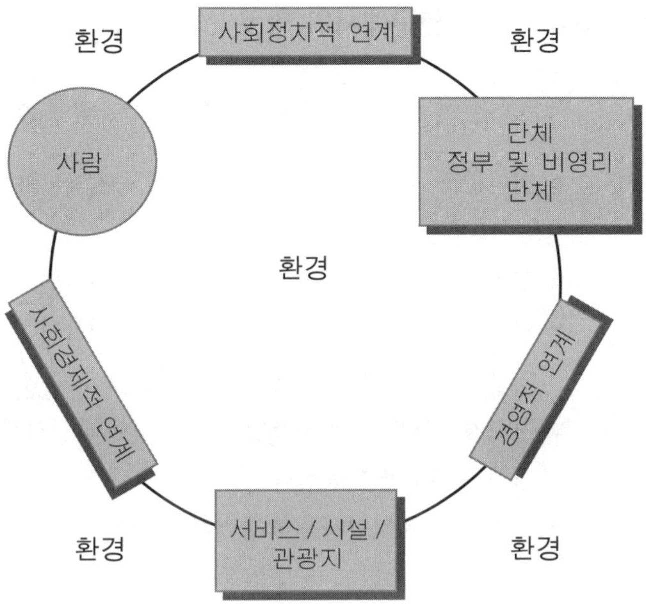

- 사람
- 단체
- 서비스/시설/관광지
- 위 세 가지의 연계성
- 모든 요소들이 실행되는 물리적 환경

사람, 단체 그리고 서비스/시설/관광지의 연계성은 다음과 같은 과정들로 구성된다.

- 연계 A – 시장 조사와 정치적 활동
- 연계 B – 마케팅, 구매, 판매, 고용, 방문/사용 서비스
- 연계 C – 계획과 투자

(물리적)환경은 전반적 파급과 영향이라고 할 수 있으며, 여러 방법으로 다른 요소들에 의해 영향을 받는다. 요소들을 포함하는 박스들은 그 요소들이 밀폐 용접되어 보이지 않는듯 신중히 묘사되어야 하며, 실제로 단체를 이루는 동일 인물들은 동시에 서비스/시설/관광지의 사용자에 포함되므로, 대다수의 사람들이 시스템의 구성 요소 중 하나 이상에서 각자 역할을 맡고 움직인다.

여가 · 관광 연구에서의 학문

학문들은 이 시스템 내에서 그들의 주요 초점에 따라 다양해진다.

- 심리학과 사회심리학은 인간요소에 중점을 두며 그림 2.1의 연계 A와 B를 부분 고려한다.
- 정치학은 조직에 중점을 두며 인간에 대한 연계 A에도 초점을 둔다.
- 역사는 전체적인 시스템을 포괄할 수 있으나 여가 연구에서의 다수의 역사적 연구들은 정치학이 가졌던 것과 같은 초점을 갖고 있다.
- 거시경제학은 전체 시스템에 관여하며 미시경제학은 시장 과정이 이루어지는 연계 B 주위에 위치한다.
- 사회학은 주로 인간들에 관여하며 연계 A와 단체들에도 관여한다.
- 계획, 경영 그리고 마케팅 등의 실용 학문들은 단체들에 바탕을 두며, 연계 A 및 C와 함께 시스템의 다른 구성요소들로 이동한다.
- 지리학의 기초는 시스템의 인간 부분과 환경 사이의 상호작용이다.
- 마르크시즘이나 자유주의 등 포괄적인 사회적, 경제적 그리고 정치적 사상의 시스템은 전체의 시스템을 아우른다.

이 중 많은 부분이 뻔해 보일 수 있겠지만, 학문적 문헌에서 언제나 노골적으로 나타나 있진 않기에, 연구는 그 학문적 시야를 벗어난 현상들을 외면한다는 이유로 종종 부당히 비난받는다. 상기의 틀은 시스템 모형의 예, 특히 관광 연구에서 사용되어 온 간학문적 모형의 한 형태로 보일 수 있으며 다음에 더욱 자세히 논의되어 있다.

학문 전체를 이해하지 못한 상태에서 연구의 공헌과 학문적 방식에 대해 충분한 감사를 얻는 것은 당연히 불가능하다. 여가 · 관광을 공부하는 학생들은 이 분야에 대한 넓은 범위의 학문적 공헌이라는 드센 도전에 직면한다. 사회학, 지리학, 경제학, 심리학과 사회심리학, 역사와 인류학 그리고 정치학 등의 이론적 학문들과 연관되어있는 이하의 논의들은 그러므로 필연적으로 어느 정도 피상적이고, 어떤 부분은 다른 부분들에 비해 더욱 그러하다.

사회학

다음과 같은 질의를 생각해 보자. 왜 남자들은 여자들보다 스포츠를 많이 하는가? 서부의 부유한 관광객들과 관광지의 빈곤한 주민들과의 관계성은 어떻게 해석되어야 하는가? 왜 중산층의 고학력자들은 예술 시설들과 야외 오락장의 소비를 다른 계층에 비해 많이 하는가? 어느 범위까지 사람들은 여가 활동과 휴양지를 자유롭게 선택하며 어느 범위까지 그들의 선택이 경제적 · 사회적 제약이나 상업적 시장에 의해 제한되는가? 지역에서 여가나 관광 투자에 대한 주요 결정을 내릴 때 누가 관련되었고 누가 제외되었는가? 왜 사회의 몇몇 단체들은 비상식적이고 반사회적으로 비춰질 수 있는 여가활동에 관여하며 이런 활동들은 어떡하여 비상식적이고 반사회적으로 비춰지게 되는가? 이런 것들이 여가 · 관광 분야에서 사회학적 연구가 대답하고자 하는 종류의 질문들이다.

사회학자들은 여가 연구 분야에 있어 아마도 가장 중요한 공헌자들이었으나, 관광 연구의 특정 분야에는 보다 덜 중요하게 여겨지고 있다. 두 분야 간에 어느 정도 겹쳐지는 부분도 있지만, 이하에는 개별적으로 논의되었으며 여가의 사회학은 세 부문(첫째, 설문조사와 정량적 모형들의 경험적 전통, 둘째, 비 정량적 이론화에 대한 첫 파문, 그리고 셋째, 결정적 전통)에 걸쳐 논의되었다.

여가의 사회학 1: 사회적 설문조사와 정량적 모형

'사회학적' 으로 보이는 여가에 대한 많은 옛 연구들과 몇몇 요즘의 연구들은 사실 그 학문을 공부한 사회학자들에 의해 실행되어 온 것이 아니다. 예를 들어, 참여의 형식(Cushman et al, 1996; 2005a)에 대한 기본적 정보의 많은 부분을 주요 여가 참여 설문조사를 제공되어져 왔다고 볼 수 있다. 종종 정식으로 학문을 공부한 사회학자들이 보기에 이론적 틀에서 부족하므로 보다 명백히 사회학적 연구는 *사회* 연구로 불릴 수 있다.

사회학은 사회적 행태를 설명하기 혹은 이해하기, 특히 집단의 행동이나 인간의 부류들에 관련되어 있다. 1960년대부터의 여가 참여에 대한 초기의 설문조사는 일반적으로 기술적이었으며(예: BTA/Keele University, 1967; Sillitoe, 1969), 그 목표는 1장 '발견' 에 인용된 Elias의 말에 나타나 있다. 이 초기의 발견들 중 몇몇은 그럼에도 불구하고 공공 정책 토론들로 이어져왔다. 만약 스포츠의 참여도가 낮으면 그에 대해 무엇을 해야 하는가? 만약 특정 여가 활동이 주로 사회의 유복한 집단에 의해 참여되었다면 덜 부유한 이들을 위한 노력이 이루어져야 하는 것은 아닌가? 급격히 증가하는 인구의 배경에는, 미래를 위한 계획에 대한 참여도 있었던 것이다.

여가 행태의 어떤 부분들은 사실상 사회의 모든 부문에 걸쳐 동일한 특징(예를 들어, 재택 여가의 중요성)을 나타내는 동안, 다른 부분들(예를 들어, 예술이나 스포츠에의 참여)은 가족사항, 나이, 성별, 교육수준 및 출신 민족 등의 사회적 특성에 의존하여 지역 공동체의 다른 집단 사이에서 상당히 변화했으며, 그로 인해 설문조사들은 이 정책 과정에 공헌할 수 있었다.

이런 문제들이 여가 연구들에서 외면되어 왔다는 몇몇 논평자들에 의한 주장에도 불구하고, 사실 이들은 멀리 미국의 1930년대(Lundberg et al., 1934: 92-3)나 영국의 1960년대(Sillitoe, 1969: 42-50)부터 초기 여가 연구의 중심에 있었다. 연구자들은 만약 이 관계들이 명확히 증명될 수만 있다면, 그리고 시간이 지나도 안정적일 수 있다는 보장이 있다면, 다른 사회적 집단들의 참여 양식을 '예측'하는데 사용될 수 있는 여가 행태의 모형을 개발하는 것이 가능하다는 생각을 하게 되었다.

이러한 연구의 접근은 정량적이었고, 매우 통계적이었으며 주로 참여자와 방문의 수를 예측하는데 주력했다. 여기에는 일반적으로 인간 행동의 수학적 모형의 구성(Christensen, 1988)이, 여가 참여와 원인적 변수(나이, 성별 그리고 소득 등)의 관계를 대표하는데 사용되는 회귀 등식과 함께 포함되었다. 연구는 사회학에서 사회적 체계 안의 요소들이 체계의 구성과 그에 따른 여러 상호작용하는 요소들의 기능의 관점에서 연구될 수 있다는 전제 하에 *기능학파*의 한 부분으로 여겨질 수 있다. 공공 정책 과정에서 크게 포함되었다는 부분에서 이는 또한 *규범적*이며, 시행된 연구는 공공 분야가 제공한 스포츠, 야외 오락이나 예술 등의 여가 활동의 종류들에 대한 계획의 과정을 돕기 위해 설계되었다. 초기 미국 연구들이 취한 대다수의 입장들은, 이런 구조적-기능학파-규범적 상태에서는, 다수가 정량적/모형 유형이었다는 것이다. 하지만 영국에서 매우 정량적인 접근은 보다 적은 동요가 있었는데 예를 들면, Stanley Parker(1971)의 일과 여가 사이의 관계에 대한 초기의 영향력 있는 경험적 작업들은 두드러지게 정량적이지 않았으며 정량적 모형을 수반하지 않았다.

모형/예측 접근 방식은 곧 많은 사회학자들로부터 거부당했는데, 주된 이유는 그 의도대로 잘 되지 않았기 때문이다. 미국에서 John Kelly(1980)가 지적한 대로, 모형들은 제대로 역할을 수행하지 못했고, 영국에서는 이보단 성공적이었다(Settle, 1977; Veal, 1987: 152-4). 그러나 후세의 사회학적 비평가들의 주된 관심은 그 접근에 사회학적 이론의 틀이 결여되어 있었다는 것이며, 이는 지나치게 실용적이고 가끔은 핵심 질문에 답하는 데 실패했다.

여가의 사회학 2: 이유 설명하기

방법론적으로 '설문조사와 모형' 접근은 정량적 모형과 예측에는 흥미가 없으나 대신 정량적 증거만큼 정성적 증거의 사용과 보다 사회학적인 이론의 가치를 신봉하는 사회학자들에 의해 시도되었다. 그들은 사람들이 여가시간을 이용해 *무엇*을 하는지 뿐만 아니라 *왜*, 그리고 어떤 여가가, 또한 여가의 부재가 그들에게 어떤 의미인지 알고자 했다. 이런 보다 실용적이고 선택적인 접근들은 여가 연구에 있어 언제나 존재해 왔지만, 정량적 추세에 의해 어느 정도 가려져 있었다. 이들이 1970년대와 1980년대에 전면에 드러나고 후에 하단에 논의된 비평적 경향에 의해 가려지는 동안, 이들은 여가 연구에서 중요한 요소로 줄곧 머물러져왔다.

미국에서 John Kelly(1983)에 의해 이 변화가 옹호되는 동안, 영국에서는 Rhona와 Robert Rapoport가 이 변화를 좀 더 정량적이고 설명적인 접근으로 요약했다. Rapoport 부부는 고작 삼십 명 남짓한 사람들의 심층 취재에 바탕을 둔 그들의 저서 '여가와 가족생활 주기'(Leisure and the Family Life Cycle, Rapoport and Rapoport, 1975)에서 새로운 경향을 나타냈으며, 개인의 동기와 감정에 대한 세부적인 사례 연구를 보고했다. 실제로, 이들의 연구는 매우 개인 지향적이어서 사회 심리학의 범주와 겹쳐지기도 했다.

미국에서는, 여가에 대한 실존적 접근, 국민보험 접근 및 여가 제약 등 기타 분야들도 개척되었다. John Kelly(1987a, 1994)의 실존적 상징적 상호작용 접근 방식은 여가를 개인적, 사회적, 공동체 및 전문적 관계, 의무와 유대감 등 개인에 의한 협상의 과정으로 탐구했다. *국민보험* 연구는 보험 효과의 극대화를 위해 여가 서비스의 계획과 제공에 대한 정보로 개인과 공동체가 여가로부터 얻는 만족감을 판별하고 평가하며 정량화하려 했다(Drever et al, 1991; Driver and Bruns, 1999). 제약 연구는 개인으로 하여금 여가 보험에의 접근을 차단한 사회적, 물리적, 심리적 그리고 경제적 요인에 중점을 두었다(Jackson and Scott, 1999). 경험적으로 이 접근법들은 상대적으로 작은 규모의 사회적 설문조사에 의해, 그리고 종종 심리학적 면에서 뒷받침되었다.

하단에 논의된 비평적 발전사항의 다수와, 역시 하단에 논의된, 심리학에서 파생된 보다 실험적인 몇몇 관점(Roberts, 1999: 153–5)에 대항한 여가 연구에서의 실용적 전승의 지속적 가치는 Kenneth Roberts(1999: 221–6)에 의해 옹호되었다.

여가의 사회학 3: 비평적 접근

1980년대의 시점까지 발전되어 온 연구 관례는 John Clarke와 Chas Critcher(1985)의 *악마가 일을 만든다: 자본주의 영국에서의 여가(The Devil Makes Work: Leisure in Capitalist Britain)*로 대표되는 비평적 네오-마르크스주의자의 견지에서 공격당했다. 이 작업은 한편으로 더 폭넓은, 역사적 기반의, 사회 분석에 의존했으며 다른 한편으로는 문화적 연구의 분야로부터 파생된 민족적인 유형의 연구가 발견한 것들에 깊이 의존했다. 그리고 보통 청소년 갱단의 단원들, 소수인종 집단들이나 젊은 노동계급의 어머니들 등 종종 비주류의 개인들로 이루어진 작은 집단들과의 깊은 상호작용을 수반했다. 네오-마르크스주의자들의 지적 진보는 동시대의 경험적 기반이 어떤 관점에서는 편협했음에도 불구하고 초기 이론가들에 비해 폭넓었다.

네오-마르크스주의적 연구는 기관/구조 토론을 여가 연구에 도입했는데, 이는 개인들이 *자유계약 대상자*이고, 여가 선택을 포함한 그들의 삶에서 자유로운 선택을 내리는 범위에 대한 질문이며, 또한 그 선택이 개인의 제어 한계를 넘어선(Rojek, 1989) 자본주의자나 경제적 · 정치적 *구조*에 의해 제한되고 조작되는지의 범위에 대한 질문이다. 사회에서 상대적으로 불리한 집단에 대한 경험적 연구는 이 집단들이 체계에 의해 어떻게 착취당하고 비 주류화 되었으나 종종 그 자신들은 그런 경향에 저항하려 했는지, 그리하여 깊이 분리된 사회의 네오-마르크스주의적 이론에 대한 증명을 보여주려 했다.

비평적 접근은 또한 동시대적 사회에서의 주(정부와 그 관련 기관들)의 역할에 대한 문제들을 드러냈다. 관례적으로 여가 연구는 정부와 그 관련기관들의 민주적 요구에 대한 응답으로 제공된 여가 서비스가 사람들의 필요를 만족시켰으며 이 과정은 이전에 언급된 규범적 관례의 경우처럼 지원되고 조력되어야 한다는 관점을 반영했다. 대안적 관점은, 주(州)가 자본주의 체계에서 단지 도구에 지나지 않으며, 수익성은 없지만 문명화된 사회에 필요한 서비스들을 제공함으로써, 받아들일만한 'human face' 을 가지고 그것을 제공한다는 것이다. 그러므로 연구는 체계의 이런 모순을 밝혀내는데 비평적으로 중점을 둬야 한다. 이 토론은 정책입안자들과의 면접, 정부의 정책 성명과 입법의 분석, 개별 도시들의 정책 입안의 사례연구 등을 수반하며, 여가에 있어 주와 공공 정책에 대한 연구에서 상당한 성장으로 이어졌다(Coalter, 1988, 1990; Moorhouse, 1989; Henry, 1993; Bramham et al, 1993). 여가 연구에서 네오-마르크스주의적 접근의 노골적인 비평들은 많지 않았지만(Moorhouse, 1989; Veal, 1989a), 세계에서 정치적 영향력으로서의 마르크스주의의 쇠퇴와 함께 1990년대가 진행되는 동안 유행에서 멀어졌다.

1980년대에는, 당시까지의 경험적 연구의 많은 부분이 남성 표본을 토대로 진행되었으며, 직업과 업무/여가간의 상관관계 같은 요소들에 주목함에 있어 여성의 일상적 경험이나, 육아 및 무보수 가사 노동 등 주부로써의 전통적 책임이 외면되었다는 공격을 여권주의 사회학자들로부터 당했다. 더욱이, 당시의 최신 여가 연구가 여가에서의 선택의 자유가 존재함을 등한시했으며 그로 인해 일부 집단, 특히 여성의 선택범위를 제한하거나 부정하는 사회의 권력 관계를 무시했다고 주장하였다(Anderson, 1975; Deem, 1986; Wimbush and Talbot, 1988; Henderson et al, 1989; Green et al, 1990; Scraton, 1994). 전부는 아니지만, 여권주의의 공헌에 버팀목이 되어주던 많은 경험적 연구는 정성적 성격을 갖고 있었으며, 여성들의 여가 경험과 의미를 연구하는데 관심을 기울였다.

여가 사회학에서 비평적 관점은 요 몇 년 동안 포스트모더니즘(Rojek, 1995)과 후기 구조주의(poststructuralism; Aitchison, 2000)의 사상에 의해 나타났다. 서구 문명의 근대시기는 과학, 합리성과 인류발달 사상이, 전통적이며 상당한 종교 지배적 가치를 대체한 17세기로부터 시작되었다. 포스트모던주의자들은 가치들이 불확실해지고 근대적 발달사상이 더 이상 유효해 보이지 않을 때 서구 사회가, 그리고 사실 세계의 다른 대부분의 지역들이, 새로운 시대로 진입하고 있다고 주장했다. 근대 경제의 기초와 동시대적 문화는 찰나에 의해, 그리고 빠른 전개에 의해, 전자적 통신 매체의 세계와 그들이 조달하는 문화적 '상품들' 에 의해 차츰 지배되어지고 있다. 이의 한 의미는, 자선 달리기 대회(Wilson, 1995), 암벽등반(Morgan, 1994)이나 사회사(Seaton, 1994)처럼 광범위한 여러 세계 연구에 '포스트모던' 이라는 용어를 덧붙이려는 경향 또한 있기는 하지만, 이것이 텔레비전(O' Connor and Boyle, 1993)이나 Disney(Rojek, 1993)의 세상처럼 대중 문화적 유형을 연구하기 위한 여가 사회학에 대한 초점의 변형이다. 이런 경향의 효과는 여가 사회학의 일부를 인류 접근에 가까이 가져가기 위한 것이며 사람들보다, 책, 혹은 문화적 산물이 경험적 중점이 되는 것이다. *문화적 비평*과 *논리적 해석법*(책의 해석들)은 전략적으로 배치된 연구 기술이라고 할 수 있는데, (예: Hultsman and Harper, 1992). 이 접근에 관련된 경험적 연구는 그리하여 일반적으로 정성적 연구를 수반하며, 면접, 관찰 그리고 '책들' 의 분석과 인류 과제에의 참여를 포함한다.

더욱이 최근엔, 사회의 구조적 이론을 거부하는 기능주의자, 비평가, 네오 마르크스주의자 혹은 여권주의자 등 후기구조주의 사상을 받아들이기 위해 여가 사회학에 대한 수요가 있어 왔으나 사회 환경과 권력 관계를 만들기 위해 개인과 집단이 상호작용하는 방법과 인간 존재의 미시적 수준에 초점을 맞추려고 하였다 (Aitchison, 2000; Kelly, 1997; Wearing, 1998).

공간은 Robert Stebbins의 착상인 진지한 여가(Stebbins, 1992), Elias와 Dunning에 의해 제기된 *'형태사회학'* 의 잠재력(1986; see Maquire, 1988), 연구와 이론화를 위한 초점으로서의 유희에의 재방문(Hamilton-Smith, 1994; Rojek, 1995, ch.9) 그리고 라이프스타일의 개념(Veal, 1993a) 등 다수의 여타 여가 사회학적인 개발 사항들의 연구를 배제한다.

여가 사회학의 짧은 역사 중 절정기는 Rojek(1985)이 곧 대안적이고, 세상을 다른 방법으로 바라보며 전통과 경쟁하는 *다중전형경쟁(multi-paradigmatic rivalry)*이라고 언급하였다. 그리고 광범위한 사회적 혹은 사회학적 연구에 의해 이 분야가 특정지어졌다. 추가적으로 연구 접근의 커다란 범위는 여가를 연구하는 사회학자들에 의해 전개된다. 정량적 방법이 아직 사용되며(American *Journal of Leisure Research*의 아무 버전을 보라), 주요 설문조사는 지속적으로 시행되고(주로 정부/정책 목적을 위해 - Cushman et al, 2005b를 보라), 다양한 정성적 · 실험적 방법들이 또한 사용된다. 간단히 말해, 모든 것이 통용된다고 할 수 있다.

관광 사회학

여가가 '휴일에 떠나는' 주요 관광 행태를 포함하더라도, 일반적인 여가 문헌들이 특정 관광이나 휴일 여행에 대해 드물게 언급되어 진다는 것을 알 수 있다. 여가/관광 연구 전통의 또 다른 의문점은 주로 실외 오락에 관련된 여가에 대한 북아메리카의 연구 대부분이 실질적으로 집에서 멀리 떨어져 있는, 국립공원 등의 주요 관광지를 구경하러 갈 때 종종 캠핑하는 사람들에 대한 연구를 수반한다. 그리하여 북아메리카에서 대부분의 소위 *레크리에이션 연구*라고 알려진 것은 사실 *관광 연구*와 동등하게 여겨질 수 있으나 이는 아주 드물게 인정된다. 그래서 관광 사회학에 대한 연구는 인습적으로 *여가 사회학*에 대한 연구와는 별개로 여겨진다.

Dann과 Cohen(1991:157)은 '관광업에는 사회학이 없다' 고 지적했으며, 대신 '많은 이론적 관점들에서 벗어나서 관광업의 각각의 요소들을 사회학적으로 이해하기 위한 몇 번의 시도들은 있었다' 고 말했다. 그들은 여가가 관광업이 연구되는 단 하나의 문맥이라고 표현했고 이는 이주 사회학의 문맥과 여행에 대한 연구의 문맥에서도 나타났다. 관광업 연구는 여가에 관한 연구에 비해 업계의 독립적인 수요에 의해 더 크게 확장되도록 주도되었고 그 결과 관광업 연구는 사회학적 연구보다 경제와 마케팅의 탁월함과 그에 관련된 심리학적 연구에 의해 특징지어졌다. 실제로, John Urry는 '관광 사회학에는 비교적 적은 알맹이만 있다' 고 논평했다(Urry, 1990: 7).

Erik Cohen(1984)은 관광에 대한 사회학적 연구를 관광객, 관광객과 지역주민 간의 관계, 관광객 체계의 구조와 기능, 그리고 관광의 사회 · 환경적 대가의 네 가지 '이슈 분야' 로 나눈다. 그는 여가 연구에서의 상황을 반영하며 1980년에 이렇게 결론지었다.

> 복잡하고 각양각색인 관광의 현상들을 연구하기 위한 때로는 흥미를 자아내는 개념적 이론적 접근법이 다양하게 등장했지만 정밀한 경험주의 실험을 넘어서지는 못했다. 현지연구는 급격히 늘었으나 명백하고도 이론적인 태도가 부족한 경우가 대다수라서 이론을 구축하는 데에 별다른 기여를 하지 못 한다. (Cohen, 1980: 388)

관광을 '진정성의 추구' 로 본 Dean MacCannell(1976)의 세미나 연구는 관광학 연구를 기호언어학과 연계시켰는데 이것은 John Urry(1990)의 '관광객의 시선' 에 반영되어 있다. 이런 연구들은 관광을 낯선 장소로 여행하여 '구경' 하는 것에 초점을 두어 국내 혹은 인접국(예를 들어 북유럽인들이 코스타 데 솔에 가는 것)으로 '모래, 바다와 섹스' 를 위해 가는 다수의 관광과는 대조된다. 사회학에서 포스트모더니즘의 도래는 여가 활동 연구 전반적으로 그러했듯이 관광학 연구에 영향을 미쳤다. 이러한 영향은 9장에서 논의되는 것과 같이 예전에는 인문학의 관할이었던 영역으로 방향을 트는 것과 관련이 있다.

관광에 대한 이론적, 사회학적 글이 부족했는데, 근래 Graham Dann(2002)이 편집한 논문집, '사회의 은유로서 관광객' 과 애드리언 프랭클린의 '관광학 입문' 으로 개선되었다. 이론의 발전과 함께 방법론을 포함하기 위해 경험학적 연구의 발전이 이루어졌는데, 여기서 방법론이란 매우 양적이며 연역적인 것부터 질적, 귀납적 접근까지 포함한다.

관광 사회학의 경험학적 연구가 다루는 주요 관심사 중 하나는 관광객과 관광 공동체의 사회적 상호작용과 그 효과이다. (Ryan, 1991) 요 근래 몇 년간 집단으로 이루어지는 관광에서 보다 소규모로 '특화된 관광,' 가령 친환경 관광과 활동을 중심으로 한 휴가를 하는 그룹들의 행태와 동기를 관찰하는 것으로 바뀌는 추세이기도 하다. (Weiler and Hall, 1992)

지리학

사람들이 사는 곳과 여가시설에 대한 접근도, 그리고 그들이 여가활동에 참가하는 패턴은 어떤 관계를 가질까? 사람들이 서로 다른 풍경에 대해 가지는 성향과 감상이 어떻게 그들이 여행하는 행태에 영향을 미칠까? 한 지역의 여가와 관광여행 수요는 그 지역 내에서 어떻게 수용하고 배분되는가? 사람들은 실외 레크리에이션 시설을 어떻게 사용하는가, 그들은 인파를 어떻게 해석하는가? 다양한 환경들이 각각 어느 정도의 방문객들을 수용할 수 있겠는가? 지리학적 여가 및 관광 연구가 다루는 질문들은 대충 이렇다.

여가에 대한 연구에서 지리학자들의 활동이 매우 두드러지는데(Coppock, 1982) 대개의 경우 그들은 관심사를 자신들의 학문 분야에 국한시키지 않았는데, 예를 들어, 에딘버러 대학교의 관광학과 레크리에이션 연구단은 그 대학의 지리학과에서 설립했으며 위에서 설명한 사회학적으로 논의된 모형화 기술의 발전을 주도했다 (Coppock and Duffield, 1975). '사회적 모형' 은 '공간적 모형' 으로 확대되었는데 전반적인 활동에 대한 참가가 증가하는 정도뿐만 아니라 특정 관광지로 여행 가는 정도까지 예측하는 것을 목표로 삼았다.

지리학자들은 우선적으로 공간과 환경 문제, 그리고 해안선, 인간, 장대한 스케일의 자연과 인공적 현상에 대해 걱정하리라 예측할 수 있을 것이다. 물론 지리학은 레이저 연구의 이러한 측면에서 많은 기여를 하였다. 가령 서로 다른 종류의 여가시설의 담당구역에 대해 상당한 연구가 이뤄졌는데 즉, 사람들에게 시설을 이용하기 위해 얼마나 여행을 하는지 설문조사를 하여 그 시설이 관할하는 영역을 확인할 수 있었다. 이러한 연구가 관광지를 포함하는 경우도 많았으며, 전통적으로 지리학자들은 도심의 공원이나 국립공원과 같은 '푸른' 영역의 레크리에이션에 초점을 맞췄지만 Williams(1995)가 지은 '야외 레크리에이션과 도시 환경' 은 동시대 지리학자들의 관심분야가 가정 정원, 도시 가도, 놀이터, 공원, 그리고 스포츠시설 등 다양한 시설들로 확대되었다는 점을 나타낸다.

물론 관광은 본질적으로 지리학적 현상이며 지리학은 이 분야의 연구에 크게 기여했다. 그 예로 '중력 모형(gravity model)' 을 바탕으로 한 여행 패턴들과 모형 연구들, 관광/ 레크리에이션 수용력 연구들과 지역개발 연구들이 있다.

Cara Aitchison et al. (2000) '레저와 관광에 대한 전망' (2000)과 David Crouch (1999)가 편집한 '레저/관광 지리학' 에서 볼 수 있듯이, 최근 지리학자들은 포스트모던과 후기 구조주의적 관점을 받아들였다. 이런 연구들은 사회학과 중복되며 레저와 관광 사이의 간극을 잇는다. 이런 연구들은 이 분야에도 사회학처럼 질적 양적 연구방법이 전적으로 도입되는 것을 의미하기도 한다.

지리학자들은 다양한 관찰연구를 이끌어왔다. (Burch, 1964; Tourism and Recreation Research Unit (TRRU), 1983). 그들은 특히 레크리에이션 자원들과 이용의 공간적 분배를 연구하는 데에 항공사진의 이용을 도입했으며 방문객들이 공원들처럼 분산된 휴양지를 이용하는 방법을 살펴보았다. 지리학자들은 생활양식의 개념을 인구연구와 연계시켜 인근의 일반적인 사회적 특성을 기초로 한 '생활양식 지도' 를 창안하였다. 이와 같은 특성들은 레저 행태와 밀접한 연관성을 지닌다. (Bickmore et al., 1980; Shaw, 1984) 지리학과 심리학을 조합한 연구는 다량의 '경치 관점(landscape perception)' 에 대한 연구, 즉 사람들이 서로 다른 경치를 선호하는 것에 관한 연구를 창출하는 데에 영향을 미쳤다. (Patmore, 1983; 212)

경제학

수입증가가 레저에 대한 지출과 행태에 어떻게 영향을 미치는가? 오페라 회사 또는 스포츠 센터에 연 1천만 파운드의 보조금을 지급하는 것을 정당화할 수 있겠는가? 올림픽과 같은 행사가 기업 매출과 직업에 어떤 영향을 미치는가? 미술이나 스포츠 관광이 각각의 경제에 얼마나 큰 의미를 가지는가? 환율변동이 국제 관광객의 입국에 어떻게 영향을 미칠 것인가? 레저와 관광에 관한 경제학적 연구는 이러한 질문들을 탐구한다.

경제학은 '경쟁자들 간의 희소자원 배분'에 관련된 질서라고 할 수 있다. 즉, 어느 사회가 생산한 자원을 배분할 때 누가 무엇을 가지느냐의 문제인 것이다. 레저 · 관광 상품과 서비스는 현대 서구사회의 소비자 지출의 2~30%를 차지하고 있으므로 레저와 관광 경제의 중요성은 커지고 있다. 그러나 대부분의 레저 경제는 경제에서 중시하는 자유시장의 세력들이 압박을 당하거나 기능을 하지 못하는 공공부문과 관련이 높다(Veal, 1989b). 관광학의 경우, 경제학자들은 경제적 산출, 상승효과, 실업, 국제무역 등을 포함하여 경제를 전체적으로 다루는 거시경제학을 많이 이용해왔다.

레저경제학은 공공부문, 그 중 전원적 야외 레크리에이션과 미술 부문을 가장 중점적으로 연구해왔다. 이 분야 연구에서 주된 논점 중 하나가 입장료가 무료이거나 보조금이 지급되는 공공 휴양지들과 미개지들 또는 미술시설들의 휴양적, 자연적, 그리고 미적 가치를 경제적으로 산정하는 것이었다. 따라서 체험에 대한 평가로서 이용자들이 금액을 지불할 의사가 있는지 여부 등에 관한 내용이었다. 말하자면 디즈니랜드와 같은 상업적 시설과는 달리 바로 입수하기 힘들기 때문이다. 이것은 이 정부산하 시설들의 사회 전체에 대한 비용과 편익을 모두 가늠하는 비용편익분석에 관한 많은 연구를 낳았다.

1980년대에 보수파들이 정권을 잡고 공공사업의 많은 부문에 대한 비용절감 또는 민영화를 염두에 두고 연구에 착수하였는데 이때 '경제적 효과' 연구가 갑자기 등장했다. 경제학자들이 미술(Myerscough, 1988; Casey et al., 1996) 또는 스포츠(Henley Centre for Forecasting, 1986; DASETT, 1988a, 1988b)의 경제학적 중요성을 확립하는 것에 관여하기 시작한 것이다. 전반적인 정치경제적 환경은 수요에 따른 가격책정의 효과에 대한 연구를 불러일으켰다(Coalter, 1993; GRatton and Taylor, 1995, 2000).

레저에 대한 경제학적 연구 중 부각된 다른 영역으로 프로스포츠의 경제에 관한 연구가 있다. 경제학자들에게 프로스포츠는 '특이하고' 흥미진진한 분야인데 그 이유는 경쟁의 성격이 다른 산업분야와 다르기 때문이다(Cairns et al., 1986).

Martin and Mason, 스포츠 산업 연구센터(연간), 그리고 Henry Centre(분기별)와 같은 예측 전문가들은 보다 실용적인 연구를 추구하였다. 그들은 레저 상품과 서비스들, 예컨대 레저산업을 위한 서비스에 대한 소비자지출에 대해 정기적으로 예측 결과를 내놓았다. 수요 예측은 지금까지도 관광 연구의 주요 관심사이다(Fadington and Redman, 1991). 대다수의 국가들에는 국내외 관광객 여행에 대한 예상을 산출하기 위한 기구가 적어도 하나 이상 존재하는데 예상은 대부분 주로 경제학적 모델에 기초한다(Archer, 1987). 경제학자들은 가정방문과 관광지 인터뷰 등 다른 사회과학자들과 비슷한 연구방법을 써왔지만 그들은 소비자지출과 같은 정부의 자료에 더 쉽게 접근할 수 있기 때문에 회귀분석과 같이 양적 방법을 쓰는 경향이 있다.

심리학 / 사회심리학

사람들은 여가활동으로부터 어떤 만족을 얻는가? 관광지에 대한 사람들의 인식이 그들이 여행을 경정하는 데에 어떤 영향을 미치는가? 사람은 무슨 동기로 특정 여가활동을 선택하는가? 사람의 가족과 친구와의 관계가 그들의 레저행태에 어떤 영향을 주는가? 심리학적, 사회심리학적 연구는 이와 같은 문제를 다룬다.

사회학적 연구에 대해 논의할 때 우리는 이미 Rapoports and Kelly의 연구가 사회심리학적인 특성을 갖는 점을 주목했다. 그 연구는 개인들의 사회적 상호작용뿐만 아니라 숨은 동기를 이해하려는 노력을 바탕으로 이루어졌기 때문이다.

레저연구에 대한 심리학의 기여를 다룬 리뷰에서 Roger Ingham(1986)은 본문을 네 가지 카테고리로 구분하였다: 동기와 필요('개인들은 그렇게 행동하는 이유'), 만족('특정 레저 행태와 체험이 다른 만족도를 가져온다'는 생각), 정신상태로서의 레저(Csikszentmihalyi의 'flow' 개념을 포함), 그리고 개인적 차이(성별, 나이, 성격과 문화적 차이를 포함). 이 분야는 두 가지 일반적인 접근법으로 나누어지는데, Neulinger와 Csikszentimihayli의 경험적 접근과 알려진 동기, 만족, 그리고 아이소-아홀라(Iso-Ahola)가 분류한 특성들을 다루는 보다 넓은 접근을 의미한다. Ingham은 다음과 같이 지적한다.

> 지금까지 심리학적 연구는 자기보고 형식의 설문지로부터 얻은 자료에 의지해왔다. 대안이 되는 방법론적 접근은 상대적으로 희귀하다: 이러한 접근은 상세한 사례연구, 직접적인 생리학적 기록, 자유로운 자가보고, 현장실험, 그리고 각각 다른 환경에서 나타나는 행태에 대한 조심스러운 관찰과 분석을 포함할 수 있다. (Ingham, 1986: 258)

Ingham은 리뷰의 두번째 부문에서 Kelly(1983)의 사회심리학적 연구를 미래에 본받을 것을 권한다. 그 연구에서 Kelly는 레저를 개인들이 자신의 정체성, 스타일과 사회적 역할을 발전시키는 매체로 본다.

Pearce and Stringer(1991)는 관광분야의 심리학적 연구를 다섯 타입으로 나눴다. 생리학 적이며 인간 환경공학적(예: 시차에 의한 피로와 여행자의 건강문제)인지 (예: 지도 사용과 관광객의 방문한 지역에 대한 '주의') 개인차 접근 (예: 개인의 성격과 원하는 관광체험의 관계, 동기, 사이코그래픽스(psychographics), 필요와의 연결) 사회심리학 (개인 내부, 개인간, 그리고 단체의 작용 포함) 그리고 환경적 연구 (예: 인파에 대한 인식). Pearce and Stringer는 관광심리학이 잘 발달하지 못했으나 '관광학에 심리학이 넓게 관여하지 못한 대신 지리학자들, 사회학자들, 그리고 레저와 레크리에이션 연구자들이 근본적으로 심리학적인 연구를 많이 하고 있다' (Pearce and Stringer, 1991: 150)고 주장했다.

피어스의 책, "The Ulysses Facter(1988)은 놀이공원, 박물관과 자연환경 등 다양한 환경에서 방문자 행태와 태도에 대한 방대한 논문을 포함하고 있다. Ryan의 (1995) '관광객의 만족 연구' 는 시장조사의 관점에서 관광객의 심리를 다룬다. 그는 자신의 이론적인 리뷰에서 관광객 태도와 만족은 Maslow, Csikszentmihayli, 아이소-아홀라의 연구들을 포함한 레저연구와 같은 심리학적 토대에서 광범위하게 끌어낸다고 밝혔다.

심리학, 소비자 연구와 시장조사 사이에 명백한 연관성이 있는데, 이것은 특히 성장하고 있는 관광 시장들과 마케팅에 대한 연구에 반영되어 있다. 논문 두 권으로 이루어진 Woodside et al. (1999)와 Mazanec et al. (2001) 편저 '관광, 접객과 레저에 대한 소비자 심리학' 이 그 예이다.

레저와 관광심리학에 관련된 연구방법은 소규모로 스스로 작성하게끔 하는 설문조사로 점철되어 있다. 현장의 관광객들 혹은 학생들과 같은 '포획' 집단을 대상으로 하고 대부분 리커트 척도(Likert scales) (10장 참조)를 사용한다. 심리학의 영향을 받는다는 것은 연구의 다른 영역보다 기초 연구 모델이 전통적으로 긍정적이며 연역적인 경우가 많다는 것을 의미한다.

역사와 인류학

현대 레저와 관광과 관련된 관례, 태도와 제도의 역사적 뿌리는 무엇인가? 산업사회 이전부터 지금까지 여가시간이 얼마나 늘어났는가? 변화는 과거 행동과 사건의 영향으로 얼마나 큰 제약을 받는가? 역사학자들은 이런 문제를 다루면서 레저 연구의 발전에 영향을 미쳐왔다. 일례로 호이징가의 걸작 '호모 루덴스(1955)' 는 역사를 많이 반영하고 있으며 영과 윌못의 '대칭적인 가족(1973)' 연구와 클라크와 크리쳐의 '악마가 일을 만든다 (1985)' 는 역사에 대한 분석을 기반으로 둔다. 좀 더 최근에 역사학자들과 이론가들은 특히 19세기(Cunningham, 1980; Bailey, 1978)를 중점적으로 레저의 역사를 집필하였다. 이로써 당시 레저가 서구 자본주의 사회에서 문화와 경제가 발전하는 데에 있어서 얼마나 필수적인 부분이었는지 알 수 있다. 사실 1980년대에 한 초기 레저 연구의 비평가는 레저와 역사와 관계없거나 적어도 역사의식이 때묻지 않았다고 주장했다.

그러나 레저에 대한 포괄적인 역사는 아직 숙제로 남아있다. 현재 입수할 수 있는 역사 기록은 고대 그리스에서 시작하여 Bahktin이 설명했듯이 중세 유럽에서 '카나발' 의 개념을 들여다보았다가(Rojek, 1985: 85) 바로 유럽의 산업혁명으로 건너뛴다. 유럽과 북미외의 역사에 관한 영문학 자료는 별로 없다. 그리고 음악, 춤, 미술, 스포츠, 도박과 음주와 같은 대다수의 레저 형식은 선사시대 이전에 기원했음이 분명한데도 1000 BC 이전의 시기에 대한 언급은 사실상 존재하지 않는다. 살린스의 '석기시대 경제학' (1972)와 같은 연구에서 레저 또는 놀이관련 자료가 풍족한데도 인류학은 전반적으로 레저 연구에서 도외시되었다.

관광학에 관한 대다수의 교과서들은(예: Burkart and Medlik, 1981) 여행과 관광의 발달 역사를 개괄적으로 다룬다. 관광은 고대 그리스 로마시대로 거슬러 올라가서 17, 18세기의 대여행(grand tour)의 도래, 그리고 스파와 리조트의 발달로 이어진다.

영국에서 역사적 연구는 사회학자들에 의해 제기된 사회구조와 변화의 이론적 문제를 다루었지만(Urry, 1990) 미국은 보다 기술적인 사례연구가 많았다(Towner and Wall, 1991).

역사적인 의미에서 관광인류학이 조명을 받으면서 관광의 역사는 고대 그리스시대 이전까지 거슬러 올라갔다(Nash and Smith, 1991). 그러나 '관광인류학' 은 관광의 결과로서(자주 충돌하는)문화 간 관계를 연구할 때에 특정 인류학적 접근 방식을 사용한다는 점에서 보다 현대적인 의미에서 받아들여지기도 한다(Graburn and Moore, 1994). 역사가 레저와 관광 연구에 기여한 바를 다룬 리뷰는 기술은 논하지 않는데, 사실 역사적 분석의 주요 공헌사항 중 하나는 일기, 공식적인 기록과 보고서와 신문기사와 같은 2차 자료출처의 사용을 설명해줬다는 점이다. 그러나 인류학적 연구 방식은 '문화 연구' 와 같은 영역에서 8장의 질적 방식으로 다뤄질 민족지학적 형식으로 나타난다.

정치과학

레저와 관광에 있어서 공공정책은 중요하나 문제의 정치적 차원은 수년간 방치되었다. 중요한 공헌은 1980~90년대에 이루어졌는데 레저 전반에 관해서는 Bramham and Henry(1985), Wilson(1988), Coalter(1990), 그리고 Henry (1993, 2001)의 연구가, 관광에 관해 Richter(1989, 1994)의 연구가 그 예이다. 최근 몇 년간 지역 의사결정 정치에 대한 사례연구들이 이 분야에 있어서 중요한 공헌을 하였다(예: Henry and Parmion Salcines, 1998; Long, 2000; Jenkins and Stolk, 2003). 레저 연구가 정치적 이데올로기와 레저 정책간의 관계에 집중되어 있었다면 관광의 경우 초점은 덜 이데올로기적이며 정치적 행태에 있어서 관광의 역할에 보다 집중해 있다(Matthews and Richter, 1991). 전형적으로 레저와 관광 정치학 영역의 어떠한 경험적 연구는 역사적 기록에 바탕을 두는 경향이 있다. 그러나 최근 역사에 관련되었기 때문에 연구들은 증인인 정치적 인물과의 인터뷰로 보충되곤 한다.

접근과 범위

레저와 관광 연구에 대한 대안적인 접근방식과 범위는 여러 학문적 영역을 지난다. 어떤 것들은 표 2.1에 나열되었듯이 여기서 분열의 형식으로 논의된다. 이것은 연구의 문헌과 담화에 되풀이되는 용어와 아이디어들이다. 문헌과 담화를 이해하기 위해서 기본적으로 이들을 이해해야 한다. 일반적으로 이 주제들은 X와 Y 쌍으로 나타나는데 많은 논문들에서 그들은 X 대 Y로 표현된다. 그러나 X와 Y는 항상 서로에게 반대되는 것이 아니며 상보적인 경우도 자주 있기 때문에 여기서는 X와 Y 혹은 X/Y가 사용된다.

■ 표 2.1 접근/범위/관련사항

- 이론적/실용적 연구
- 실험적 연구/실험적이지 않은 연구
- 귀납법/연역법
- 기술적/설명적 연구
- 실증주의(positivist)/해석방법론(interpretive research)
- 실험적 방법/비실험적 방법론
- 1차(Primary)자료/2차(Secondary) 자료
- 자가 보고 자료/관찰 자료
- 정성적/정량적 연구법

이론적, 실용적 연구

이론적인 연구는 연구하는 현상에 대한 일반적인 결론을 내리는 것을 추구한다. 그러나 실용적 연구는 상대적으로 범위가 좁다. 반드시 세상에 대한 완전히 새로운 지식을 창조하는 것이 아니라 현존하는 이론적 지식을 특정한 문제나 이슈에 적용하는 것을 추구한다. 이러한 문제나 이슈는 특정한 정책, 계획 또는 관리 상황에 인해 일어날 수 있다. 정책 연구, 계획과 관리는 그 자체로서 하나의 이론체계를 발전

시킨 학술분야이다. 그들이 경험적 분야와 관련이 있기 때문에 '실용적 학문'이라고 할 수 있으며, 따라서 이러한 학문분야에서는 '실용이론'(applied theory)이 존재할 수 있는 것이다. 그림 1.1의 이성적이며 포괄적인 관리 모형은 적용이론의 한 예이다. 모형을 일반적으로 발전시키거나 다듬고자 하는 연구는 이론적인 것이며 모형을 단순히 특정 기관의 문제를 연구하는 기초로 사용하는 경우는 실용적이라 할 수 있다.

실험적 연구와 실험적이지 않은 연구

이분법은 완전한 실험적 연구(그런 것이 존재한다면)와 완전한 이론적 연구 사이에 있어야 할 것이다. 경험적 연구는 정보의 수집과(혹은) 분석(양적 혹은 질적인, 일차적인 혹은 이차적인)을 포함한다. 연구는 '실제 세계'의 관찰이나 정보로부터 제공된다. 그러나 완전한 이론적 연구는 어떤 프로젝트에서도 드물다. 많은 경우 다른 이론이나 개념 (conceptual framework, 3장 참고)으로부터 연구 주제가 제공되기 때문이다.

자료와 분석들에만 집중하고, 의의 있는 연구가 되기 위한 이론을 잊을 가능성도 있다. 그런 경우를 비난하는 개념으로 '무념 실험주의(mindless-empiricism)'라고 칭하기도 한다. 마찬가지로, '실제 세계'의 정보에 관한 진술이 없는 이론적 연구의 가치 또한 한정된다. 전형적으로 – 그리고 이상적으로 – 이론적인 그리고 실험적인 연구는 공존하며 서로를 강화시킨다. 대부분의 연구 프로젝트는 이론적이며 동시에 실험적인 요소를 갖춘다.

레저와 관광 저널에 관한 리뷰를 한, 두 편 읽어보면 앞의 두 요소의 존재와 각각이 형성하는 공헌이 무엇인지 알 수 있을 것이다. 경험적 연구가 연구와 지식의 블록을 쌓는 데에 커다란 공헌을 하는 반면, 경험적이지 않은 연구는 아이디어를 재조명하고 다듬고, 경험적 연구를 학문적 맥락에 편입시키기 위해 필요하다.

이 책처럼, 실험적 연구에 부득이하게 큰 공간을 할애하는 이유는 실험적 연구가 설명하거나 가르치는 데에 보다 명확하고 기술적인 과정을 포함하기 때문이다. 하지만 이것의 장점을 지나치게 강조할 수 없다. 문헌에 대한 좋은 리뷰나, 사물에 대한 통찰적이고 깊은 생각으로부터 온 사려 깊은 글은 천 개의 생각 없는 연구보다 가치 있기 때문이다.

■ 그림 2.2
연구과정의
순환모형

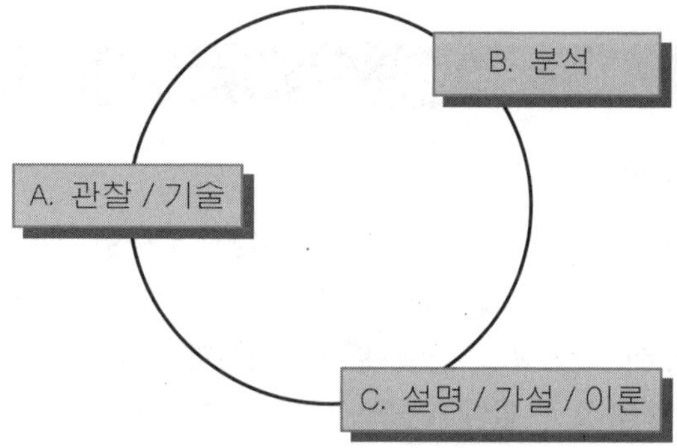

귀납법과 연역법

귀납법과 연역법은 연구에 대한 대안적인 설명으로 여겨진다. 이것은 '찾아내기'와 '설명하기'를 포함한 연구로 알려져 있다. '찾아내기'는 연구과정의 '무엇?'에 해당한다. 무엇이 일어나고 있는가? 이 상황은 무엇인가? '설명하기'는 연구의 '어떻게?'와 '왜?'이다. 어떻게 이 일이 일어났을까? 왜 이런 식으로 일어나는 것일까? 각각의 사건들의 원인은 무엇인가?

'찾아내기'는 정보의 서술적 묘사와 채집을 포함한다. 또한 모아진 정보들을 이해하려는 시도이기도 하다: 그러므로 단순한 기술보다 월등하다. 연구 방법은 이러한 과정들을 용이하게 한다. 기술과 설명은 그림2.2의 원형 모델의 일부이다.

연구 과정은 두 방향으로 진행된다.

귀납적

- A에서 시작, 관찰/기술
- B로 진전, 분석
- C에 도착, 설명

연역적

- 가설과 함께 C에서 시작
- A로 진전, 관찰/기술, 가설을 뒷받침하는 정보를 채집
- B로 진전, 정보를 통해 가설을 분석

가설은 대상이 어떻게 작동하며 행동하는가에 대한 명제(proposition)이자, 뒷받

사례연구

2.1 … 테니스 VS 골프: 귀납법과 연역법적 접근

귀납법

테니스와 골프의 인기에 대한 설명과 연구에 대한 귀납적 접근은 다음과 같다. 귀납적 연구는 골프를 즐기는 사람에 비해 테니스를 즐기는 사람이 많다는 것을 보여준다. 이 것은 정보의 일부분에 불과하다: 우리는 이 것을 추가적인 정보와 연구 없이는 설명을 할 수 없다. 만약 연구를 통해 골프를 즐기는 것이 테니스를 즐기는 것에 비해 가격이 비싸다면 인기와 관련이 있다는 것을 알 수 있다. 그러나 연구를 통한 질적인 정보는 더 많은 사람들이 골프를 즐기는 것을 좋아하는 것보다 테니스를 즐기는 것을 더 좋아한다는 것을 나타낼 수도 있다. 이 것은 본질적으로 골프를 즐기는 것보다 테니스를 즐기는 것을 사람들이 더 좋아한다는 것을 나타낼 수 있으며, 이는 가격 때문에 테니스가 더 인기가 있는 것이 아니라 본질적인 즐거움 때문에 인기가 있다고 할 수 있다.

반면에 연구를 통해 골프를 즐길 수 있는 시설물보다 테니스 코트가 지역 내에 더 많이 있기 때문에 이용을 많이 한다고 할 수 있으며, 이 것은 시설물의 이용이 인기와 연관이 있다고 할 수 있다.

이 예를 보면 가능한 설명은 자료를 통해 귀납적으로 이루어졌다. 이론의 설명을 이 것은 설명이 되었으며, 이 경우 스포츠 참여율에 대한 이론은 참여율의 정도와 참여의 가격, 본질적 만족 그리고 시설물의 공급, 활동과 시설물에 대한 지각된 매력 등과 관련하여 발전될 수 있다.

연역법

주제에 대한 연역적인 접근은 다음과 같다. 일반적으로 레저활동에 대한 기존의 이론과 문헌을 보면 두 개의 가설에 의해 설명되어진다.

- 가설: 1 만약 스포츠 A가 스포츠 B에 비해 즐기기에 가격이 비싸다면, 스포츠 B가 스포츠 A에 비해 더 인기가 있을 것이다.
- 가설: 2 만약 스포츠 A에 비해 스포츠 B가 더 많은 이용시설물이 있다면, 스포츠 A에 비해 스포츠 B가 더 인기가 있을 것이다.

위의 두 가설을 시험해보기 위해서는 다음의 정보를 얻어야 한다.

a. 두 스포츠의 참여율 – 테니스 와 골프
b. 두 스포츠의 참여비용

c. 연구지역 내 두 스포츠의 시설 이용성

얻어진 자료를 통하여 두 가설은 분석되어질 수 있으며, 가설에 의하여 자료의 습득 등은 제한되어 질 수 있다. 귀납적 접근에서 설명되어진 '본질적 동기'는 이예에서 사용되어지지 않았다. 이 사례에는 두 개의 가설에 의하여 연구가 시작되었으며, 그 과정은 연역적이다.

침하는 정보 혹은 상세하고 엄격한 토론이 없을 수도 있는 설명이다.

*가설*은 정보 관찰과 연구자의 경험 혹은 기존의 문헌을 연구하는데서 발생할 수 있다. *이론*이라는 용어는 또한 C에도 포함되었는데, 보다 복잡한 가설들이나 혹은 밀접한 관계의 가설들이 관련되었을 때, 이론이라는 용어가 사용될 수 있다. 명제로서의 이론은 가설과 비슷할 수 있으며, 혹은 자료에 맞서 실험하는 경험적 입증에 종속되어왔을 수 있다.

연구 프로젝트는 과정의 한 갈래 길 혹은 여러 갈래 길을 갈 수 있으며, 양쪽 동시도 가능하다. 만약 연구 과정이 A에서 기술로 시작하고 설명으로 간다면, 이 과정은 귀납적이라 할 수 있다. 설명은 자료로부터 귀납되는데, 자료가 먼저이고 설명이 나중이다. 만약 이 과정이 C에서 시작한다면 이는 연역적이다. 이는 과정이 기존 논리적 추론을 기반으로 한 연역을 수반한다.

실제로 자료가 머릿속의 설명적 모델 없이 수집되는 일은 드물다. 그게 아니라면 우리가 어떤 자료를 수집해야 할지 어떻게 알겠는가? 그래서 어떤 연구에도 언제나 추론적 원리가 있다. 그리고 아무리 비공식적으로 획득한 정보라 할지라도, 주제와 관련된 초반 정보가 주어지지 않는 이상 가설과 이론을 개발하는 것은 불가능하다. 귀납적인 요소는 언제나 있다. 따라서 모든 연구는 부분적으로 귀납적이며 또한 부분적으로 추론적이다.

설명을 동반한 가설과 이론은 연구 프로젝트의 초반에 언급될 때도, 또, 자료 분석의 결과로서 드러날 때에도 모두 연구 프로세스의 주요 창조적인 부분을 나타낸다. 자료 수집과 분석은 상당히 기술적일 수도 있으나 자료 해석과 해설 전개는 최소한 창조성, 그리고 최선으로는 영감을 필요로 한다.

기술적, 설명적 연구

1단원에서는 기술적 연구와 설명적 연구의 차이에 대해 논의하였다. 이제 이 주제에 대해 다시 한번 이야기해보도록 하겠다. 기술적 연구는 무엇인지에 대해 최대한으로 기술하는 것을 목표로 하며, 설명하는 것이 초점이 아니다. 관찰되거나 보고된 자료의 패턴을 설명하는 것은 주로 한 현상이 다른 하나를 야기하였다는 것을 확립하는 것을 포함한다. 예를 들어, 기술적 연구는 어느 관광지가 시장지배력을 잃어가고 있는 것을 보여줄 수 있다. 설명적 연구는 이것이 예를 들어 가격변화 혹은 비효율적인 마케팅에 기인한 것인지 확립하는 것을 추구할 것이다. 이것은 A가 B에 의한 것인지 여부, 즉 인과관계의 문제로 귀결된다. Labovitz와 Hagendorn(1971: 4)는 인과관계를 확립하는 데에 널리 인정된 과학적 기준이 적어도 네 가지 존재한다고 주장한다. 그 기준들은 연계, 시간적 우선순위, 위조되지 않은 관계와 이론적 근거이다.

연계는 인과관계를 위한 필요조건이다. 예를 들어 B가 감소할 때 A가 증가한다는 식으로 A와 B는 어떤 방식으로든 연결되어 있어야 한다.

> 연계는 두 가지 특성을 지니고 있는데 일반적으로 한 변수가 적어도 다른 변수의 부분적인 원인이라는 결론을 강화시켜주는 첫 번째는 규모로 연계의 크기나 강도를 의미하며 … 두 번째는 … 지속성이다. 만약 관계가 다양한 조건 아래에 하나의 연구에서 다음 연구까지 지속된다면, 관계의 인과적 성격에 대한 확신이 커진다.

시간적 우선순위는 A가 B의 원인이기 위해서는 A가 B보다 먼저 일어나야 한다는 것이다.

위조되지 않은 관계(Nonspurious relationships)는 '세 번째 변수에 의해 설명될 수 없는' 두 변수간의 연계로 정의된다. (Labovitz and Hagendorn, 1971: 9). A와 B 모두에 영향을 미치는 세 번째 인자 C가 존재하지 않는 다는 것이 확립되어야 함을 의미한다.

이론적 근거는 통계학적이나 다른 근거는 충분치 않다는 것을 의미한다. A가 B를 일으킨다는 결론은 관찰된 관계를 바탕으로 간단하게 정당화할 수 없다는 것이다. A와 B간의 현상이 어떻게 일어났는지 이론적이거나 논리적인 설명을 통해 입증해야 한다. 이것은 3장과 13장에서 다시 다룰 것이다.

실증주의(Positivist)와 해석방법론(Interpretative research)

실증주의/해석방법론(positive/interpretative) 양분법은 생각 또는 전통의 계보, 혹은 사회학적으로 이야기 할 때 패러다임이라고 할 만한 것들을 의미한다. Positivism은 자연과학자들의 택한 방법과 비슷한 연구방법론으로써, 연구자는 사람들을 외부에서 관찰하여야 하는 현상으로 파악하며, 그들의 행동은 연구자에 의하여 수집된 사실과 관찰에 근거하여 연구자들에 의하여 개발된 모델과 이론으로 분석되게 된다. 몇 명의 사회학자들은 자연과학적인 연구법을 활용하여 사회학적인 연구를 진행하는 것에 대하여 강한 의문을 표하기도 한다(e.g. Rojek, 1989; 70). 그들은 인간의 행동의 원인과 동기를 자연과학에서 사용되는 종류의 증거에 근거하여 결론 내리는 것이 부적절하다고 생각한다. 사회학에서는 'positivist' 라는 용어는 거의 안 좋은 의미로 사용되게 되었다(Giddens, 1974; 2).

그에 비하여 해석적(interpretative)인 방법은 관찰대상이 그들의 상황이나 행동에 대하여 해명하는 것에 더 의지하는 편이다. 해석적인 연구자는 그러므로 연구대상의 '속으로' 들어가서 그들의 관점으로 세상을 바라보려고 한다. 이러한 방법은 당연히 자료수집에 있어서 더 유연한 접근 방법을 의미하고, 정성적(qualitative)인 방법이나 귀납적인 (inductive) 접근을 의미하게 된다.

1990년대에는 수많은 논평자들은 더 해석적이거나 정성적인 방법을 요구하면서, 자주 실증주의(positivist) 방법론이 여가나 관광 연구에 지배적으로 나타난다고 하였다(e.g. Godbey and Scott, 1990; Howe 1991; Hultsman and Harper, 1992; Glancy, 1993; Hemingway, 1995; Wearing, 1998). 1990년대 이후로는 학회에 보고된 연구들에서 더 다양한 방법론들이 등장하였고, 특히 이러한 경향은 북미 이외의 지역에서 두드러졌으며, 이러한 경향으로 인하여 앞의 주장은 뒷받침하기 더 어려워졌다(Veal, 1994).

실험적 방법과 비 실험적 방법론

과학자에 대한 대중적인 이미지는 하얀 연구복을 입고 연구실에서 실험을 하는 사람이다. 실험적인 방법은 과학자들이 연구대상의 환경을 조절하고 이러한 조정된 변화로 나타나는 결과를 기록하는 것이다. 실험적인 방법으로 얻어진 지식은 실험실의 조정된 환경에 있어서 A에게 일어나는 어떠한 변화는, 나머지 요소들이 변경되지 않고 일정하게 유지되었기 때문에, B의 변화에 의하여 일어난 것이 라는 가정으로 의미를 지니게 된다. 연구자는 그러므로 위에서 말한 상황을 만들기 위하여 노력할 것이다.

사회과학자들이 연구하는 인간세상에서는, 무생물체나 동물을 다루는 과학자들과 다르게 실험할 수 있는 변수들이 적다. 소수의 경우에 여가나 관광의 영역에 있어서는 실험을 할 수 있는 경우도 존재하기는 한다. 예를 들자면 아이들이 노는 장난감을 변화하는 실험을 하는 것은 가능하다; 이러한 실험은 동의한 실험대상을 대하여 수행하는 것이 가능하며; 또한 여가나 관광사업에서 가격을 변경하거나 광고전략을 바꾸는 등의 경영적인 상황에서의 실험 또한 가능하다. 그러나 여가나 관광에 관련된 많은 흥미로운 분야에서 환경을 통제하는 실험이 불가능하다.

예를 들자면, 수입에 따라 달라지는 사람들의 행동에 흥미를 가진 연구자가 한 집단의 사람들을 모집하여 수입이 여가선용이나 관광 행위에 미치는 영향을 관찰하기 위하여 수입을 변경하기 어렵다 – 무엇보다 임원직의 월급을 받던 사람으로서 연구를 위하여 고학생 수입을 가지고 일년을 살겠다고 동의하는 사람을 찾기란 매우 어려운 일일 것이다! 또한, 실험용 생쥐를 가지고 연구하는 과학자들과 다르게, 수입 외의 모든 상황이 동일한 두 집단의 사람을 찾기란 불가능하다. 더 근본적으로, 사람의 사회적인 지위나 인종을 변경하기란 불가능한 일이다. 이러한 현상을 연구하기 위해서는 비실험적인 방법을 사용해야 한다. 다시 말하자면 이미 존재하는 사람들 간의 차이를 비교해야 한다는 것이다.

그러므로 예를 들자면, 수입이 여가 선용에 미치는 영향이나 관광 행동을 연구하기 위해서는 다양한 수준의 수입을 가진 사람들의 여가 사용법이나 관광 행동에 관한 자료를 모으는 것이 필요하게 된다. 그러나 사람들은 수많은 다른 점을 가지고 있고, 어떠한 행위는 수입과 연관되어 있고 어떠한 것은 전혀 연관이 없을 수도 있다. 말하자면 같은 수입을 가지고 있는 두 사람이라도 성격적으로나 가정환경에서나 건강 같은 면에서 등등 수많은 차이를 가지고 있을 수도 있다. 이러다 보면 두 그룹의 사람을 비교할 때에 어떠한 것이 수입의 차이로 인하여 발생된 차이이고 어떠한 것이 다른 차이로 인한 것인지 구분하기가 어려워진다. 이러한 연구로 얻어진 결과는 실험실에서 통제된 환경 하에서 얻어진 결과보다 당연히 덜 정확할 수밖에 없게 된다.

여가와 관광에 관련된 연구의 영역에서 몇몇의 영역들은 실험적인 연구가 가능하다. 이러한 영역은 자연과학과 가장 밀접하게 맞닿아 있는 영역들인데, 이름하야 심리학과 운동연구에서 인간 움직임에 관한 연구이다. 그러므로 심리학적인 연구에서, 사람들이 '자극'에 노출되는 실험(예를 들자면 사람들이 사진이나 비디오를 보는 것)을 하여 그 반응을 연구하는 것이 가능하다. 인간 행동연구의 경우에는, 연구대상들에게 특정한 운동을 하는 것을 요구하고 그들의 신체적 심리학적 반응을 측량하는 것이 가능하다. 이 책에서 나오는 몇몇의 테크닉과 접근법들이 실험적인 방법이나 비실험적인 방법 전반에 적용가능하지만, 실험적인 방법에 대해서는 따로 다루지는 않을 것이다.

1차(Primary) 자료와 2차(Secondary) 자료

연구를 계획함에 있어서 새로운 자료를(1차자료(직접자료), 즉 연구자가 첫 번째 사용자가 되는 자료) 수집하는 비용을 들이는 것이 마땅한지, 아니면 이미 존재하는 자료(2차자료(간접자료), 연구자가 처음 사용한 사람이 아닌 자료)로 충분할지 고려해봐야 한다. 가끔은 그 주제 혹은 연관된 주제에 관련된 연구 자료로 존재하기도 하고, 어떤 때는 행정관청과 같은 비연구적인 근거로 존재하기도 한다. 그러므로 모든 연구의 초석은 이미 존재하는 출간되거나 출간되지 않은 정보를 뒤져서 연관된 연구를 찾아내는 것이다. 이미 존재하는 연구가 진행하고자 하는 연구를 무효로 만들지 않겠지만, 진행하고자 하는 연구에 있어서 흥미로운 시야와 비교해 볼만한 사항을 제공해줄 수도 있을 것이다.

연구기획이 새로운 자료에 주로 근거하게 되더라도, 정부가 발표한 통계자료나 여가와 관광 사업의 재무자료와 같은 이미 존재하는 다른 자료를 활용할 필요는 있을 것이다. 이러한 자료들은 보통 2차자료라고 불리며, 그에 반하여 기획된 연구에서 수집된 자료는 1차자료라고 불리게 된다. 2차자료에 대한 내용은 6장에서 다루도록 하겠다.

자가 보고 자료 및 관찰 자료

개인의 여가선용과 관광활동에 대한 최고의, 그리고 유일한 자료는 그 개인의 자기보고뿐일 경우가 많다. 그러므로 많은 여가와 관광에 대한 연구는 개인에게 그들의 과거의 행위와 태도와 욕망에 대하여 물어보게 되고, 인터뷰나 질문지를 활용하게 된다. 이러한 연구법에는 상당한 위험이 따르는데, 주된 위험은 연구자로써는 연구대상이 얼마나 정확하고 진실하게 답변하고 있는지 알 수가 없다는 점이다. 어떠한 경우에는 연구대상은 의도적으로 답변을 '왜곡' 할 수도 있다. 예를 들자면 실제의 술을 마시는 것보다 더 적게 마신다고 하거나 실제보다 더 많이 운동한다고 주장하는 것 같은 경우이다. 다른 경우에는 기억력에 문제가 있을 수도 있는데, 몇 달 전, 혹은 어제라고 할지라도 다녀온 휴가여행에서 얼마만큼의 돈을 사용하였는지에 대해서 기억하지 못할 수 있다는 것이다.

연구자로써 사람들이 자신의 행위에 대하여 보고하는 것 외의 방법으로는 다른 증거를 사용하는 방법이 있다. 예를 들자면, 아이들이 놀이터를 어떻게 사용하는지 혹은 어른들이 리조트나 공원을 어떻게 활용하는지 연구하기 위해서는 그들에게 물어보는 것보다는 관찰하는 것이 더 나은 방법일수도 있는 것이다. 움직임의 모양과 모이는 형태는 관찰될 수 있다. 어떤 때는 사람들이 자신들의 행위의 증거를 남기기도 한다. 박물관의 가장 인기 있는 전시물은 카펫이 가장 많이 닳은 곳일 것이고, 가장 인기 있는 해변가는 가장 많은 쓰레기가 버려진 곳일 것이다. 이러한 연구 방법은 주로 '관찰적' 혹은 '눈에 띄지 않는' 관찰법이라고 일컬어지고 이에 관하여서는 7장에서 더 자세하게 논하겠다.

정성적 그리고 정량적 연구법

여가와 관광에 대한 많은 연구는 통계적인 자료의 수집과 분석과 제시를 포함한다. 가끔은 그러한 정보들은 본질적으로 정량적이다. 일년에 몇 명의 사람들이 여가활동을 즐기는지에 대한 것이라든가 어떠한 관광지에 오는 사람의 수, 한 집단의 사람들의 평균 수입등과 같은 자료가 그것이다. 어떠한 경우에는 정성적 성격을 가진 자료가 정량적인 외향으로 제시되는 경우도 있다. 예를 들자면 어떠한 서비스에 대한 만족도를 '1' 을 '매우 만족' 으로 표시하고 '5' 를 ' 매우 불만족' 으로 표시하게 해서 하나의 숫자를 얻게 하는 방법 등이다.

정량적 연구는 통계적인 분석을 필요로 한다. 이러한 연구는 결론을 내리거나 가설을 증명함에 있어서 수적인 증거에 의지한다. 결과의 정확성을 기하기 위해서는 많은 수의 사람을 연구하거나 얻어진 자료를 컴퓨터가 분석하게 할 것이 종종 요구된다. 자료는 설문조사를 통해 얻어지거나 수를 포함하는 관찰에 근거하거나 2차자료일 수도 있다.

사실 정량적 연구에는 두 가지 접근법이 있을 수 있으며 우리는 이것을 A타입과 B타입으로 나누도록 하겠다. A타입의 경우에는 13장에 나오는 방식으로 통계적인 방법과 실험을 활용한다. B타입도 수적인 자료를 활용하지만, 통계적인 방법은 거의 활용하지 않는데, 이 방식의 가장 발전된 형태의 통계적인 분석은 백분율 정도이다. B타입은 영국전통의 여가와 관광연구에서 가장 흔하다. 예를 들자면, 영국의 저널인 'Leisure studies'를 읽는다면, 많은 논문이 수적인 자료를 제시하고 있지만 오직 소수만이 13장에서 제시되는 카이제곱(chi-square)이나 t-test, 분산, 상관분석(correlation), 회귀분석(regression)을 한다는 것을 발견하게 될 것이다. 이것은 미국의 유명한 'Journal of Leisure Research'와 대조를 이루는데, 이 저널에서는 대부분의 논문들이 위의 분석 방법을 활용하고 있다. B타입의 연구는 A타입에 비하여 훨씬 비공식적(informal)이고 질적인 연구에 더 가깝다.

정성적 연구는 보통 표본크기와 상관없다. 이것은 보통 소수의 사람에 관한 방대한 자료를 수집하는 것을 목적으로 하며 다수의 사람에 관한 적은 정보를 수집하는 것과 대조된다. 수집된 자료는 보통 수적으로 제시되기 어렵다. 이러한 연구는 몇몇 개인의 여가와 관광에 대한 태도에 대한 전반적인 이해가 그들이 아무리 '비 전형적'이라고 할지라도, 많은 수의 '대표적인' 집단에 대한 제한적인 자료보다 필요할 때 활용된다.

정성적 자료를 수집하기 위한 방법으로는 관찰, 자유로운 분위기에서 깊이 있는 인터뷰 진행, 참여 관찰(participant observation) 등이 있다. 한 집단의 사람들을 정량적이지 않은 방식과 인류학적인 방법을 활용하여 관찰하는 방법을 민족지학이나 민족지학적인 현장답사라고 부른다. 이러한 방식은 워낙 인류학자들에 의하여 발달된 방법이며 사회학자들이 자신들의 연구를 위하여 수용한 방법이다. 정성적인 연구방법은 8장에 더 나와 있다.

정량적 방법론과 정성적 방법론을 지지하는 사람들 간의 논의가 꽤 맹목적이 될 수 있지만, 현재로써는 두 가지 방법들이 상호 보완적이라는 사실이 널리 받아들여지고 있다(Bryman and Bell, 2003). 그러므로 정량적 연구는 보통 정성적 연구를 바탕으로 진행된다. 8장에서 보여주듯이, 컴퓨터에 의하여 정성적 자료가 분석되는 현재에 와서는 이 두 가지 연구 방식이 더욱 비슷해지고 있다고 할 수도 있을 것이다(Miles and Weitzman, 1994; Richards and Richards, 1994).

유효성(Validity) 과 신뢰성(Reliability)

유효성은 연구자에 의하여 수집된 자료가 연구되는 현상을 얼마나 정확하게 반영하는 정도이다. 여가와 관광 연구는 이 분야에 대하여서는 많은 어려움을 겪고 있다. 주된 이유는 경험적인(empirical) 연구는 사람들의 행동이나 태도에 대하여 연구하는데, 이러한 연구의 자료를 얻기 위해서는 연구자들은 보통 대상자들의 자기 보고식 질문지의 답변과 인터뷰에 근거하게 되기 때문이다. 이러한 연구법은 여러 가지 부정확성을 안고 있을 수 밖에 없고, 이것은 곧 여가와 관광연구의 자료들이 자연과학의 자료만큼 확실하기는 어렵다는 것을 의미한다. 예를 들자면, 지난달 적어도 한번 어떠한 활동에 참여한 사람의 숫자에 관한 자료(여가 연구에 있어서 매우 흔한 종류의 계량방법)는 매일 두 시간씩 참여하는 사람에게서 우연히 몇 분 동안만 참여한 사람까지, 매우 상이한 종류의 참여를 포함하게 된다. 그러므로 '참여자' 의 의미는 복잡해질 수 있다. 이러한 복잡성을 제거하기 위한 더 정확한 질문들은 다수를 상대로 연구할 때 매우 값비싸질 수 있다.

신뢰성은 같은 연구가 훗날 다른 사람들 혹은 더 많은 인원을 대상으로 하여 진행되었을 때 같은 결과를 나타날 것인가에 관한 문제이다. 자연과학적인 연구에서는 물론 실험환경이 적절하게 통제되었다면 동일한 실험의 반복이 언제나 어디서나 같은 결과를 나타낼 것이다. 그러나 사회과학적인 연구에서는 그러한 경우가 오히려 드물다. 이것은 인간과 항상 변화하는 인간사회를 대상으로 하는 사회과학의 결과이다. 한 개인의 개별적인 행동에 대한 보고가 정확하다고 하더라도, 다른 사람들의 정보와 같이 수합되었을 때, 이것은 한 집단의 사람들에 대한 스냅샷을 제공하고, 이러한 장면은 시간의 흐름에 따라 변화하게 되는데, 이것은 집단에 속한 사람들이 바뀌어서 그럴 수도 있으며, 또는 시간이 흘러서 그 그룹에 속한 사람들이 행동 패턴을 변화하면서 일어나기도 한다. 또한, 같은 질문을 같은 나라 같은 지방이지만 다른 지역의 사람들에게 물어보면 사회적 환경적으로 다른 위치에 있기 때문에 다른 대답이 나오기도 한다. 결론적으로 여가와 관광을 연구하는 연구자들을 포함해서, 사회학자들은 경험적인 연구를 근거로 해서 전반적이고(general) 이론적인 결론(theoretical)을 내리는 것을 주의하여야 한다. 일반화를 담보하기 위한 수단들이 존재하나 정확하게 말하자면 어떠한 연구도 그 연구가 실행된 시간과 때에, 연구에 참여한 대상에 한정된 결과일 뿐이다.

● 요 약

이 단원의 목적은 학문적 문맥으로의 기초와 여가 · 관광 연구의 전통을 제공하며 사회 과학 연구의 일반적 관점을 소개하는 것이다. 여가 · 관광을 전체적으로 연구함에 있어 개념적 틀로 시작하며 각 학문들의 부분적 관점 내에서 이들이 배치될 수 있었다. 뒤를 이어 여가 · 관광 연구에의 각 학문의 공헌에 대한 간단한 종합적 개요가 뒤따랐으며, 사회학, 지리학, 경제학, 심리학/사회심리학, 역사 그리고 인류학과 정치학을 다루었다. 여가 · 관광 연구에 공헌하는 대다수의 학문들은 이제 연구 방법의 다양성을 매우 유용하게 이용하게 되었음을 검토로 인해 알게 되었다. 단원의 마지막 부분은 여가 · 관광 연구자들이 익숙할 만한 총체적 범위, 양분된 사회 과학 이슈들을 다룬다. 이들은: 이론적, 실용적 연구; 경험적, 비 경험적 연구; 귀납법과 연역법; 기술적, 설명적 연구; 실증주의와 해석방법론; 실험적, 비 실험적 연구; 1차, 2차 자료; 자가 보고 자료와 관찰 자료; 정성적, 정량적 연구; 그리고 유효성과 신뢰성이다.

●● Test question

1. 이론적 연구와 실용적 연구의 기본적인 차이점은 무엇인가?
2. 실험적 연구와 실험적이지 않은 연구의 기본적인 차이점은 무엇인가?
3. 귀납법과 연역법의 기본적인 차이점은 무엇인가?
4. 기술적연구와 설명적 연구의 기본적인 차이점은 무엇인가?
5. 실증주의와 해석방법론 접근의 기본적인 차이점은 무엇인가?
6. 실험적 방법과 비실험적 방법의 기본적인 차이점은 무엇인가?
7. 1차(Primary)자료와 2차(Secondary) 자료의 기본적인 차이점은 무엇인가?
8. 자가 보고 자료와 관찰 자료의 기본적인 차이점은 무엇인가?
9. 정성적연구와 정량적 연구의 기본적인 차이점은 무엇인가?
10. 신뢰성과 타당성은 무엇인가?

Exercise

1. Leisure Studies나 Annals of Tourism Research중 논문집을 골라 논문들을 학문영역으로 분류하시오. 각각의 논문들이 나타내고 있는 키워드를 대조하시오.

2. 1번에서 사용한 같은 저널의 논문집을 사용하여 그 논문이 각각 어떤 논문인지를 설명하시오 : a. 실험적 연구/비실험적 연구 b. 귀납적 연구/연역적 연구 c. 실증적 연구/해석적 연구

3. Leisure Studies나 Annals of Tourism Research을 사용하여 10-12년간 2년 주기로 어떠한 주제로 연구되어져 왔는지와 어떠한 방법을 사용하여 연구되어져 왔는지를 요약하시오.

4. 다음의 주제중 하나를 선택하여 3개의 다른 시각으로서 연구하시오.

a. 공동사회에서의 관광의 효과
b. 스포츠 참여율의 불균형
c. 예술분야의 참여율 불균형
d. 특별관심여행의 증가
e. 레크레이션/관광의 환경에 미치는 영향
f. 도시환경에서의 관광/레저의 역할

3 착수: 연구 계획과 제안

소개 : 연구 과정

이 장은 다음의 내용을 연구한다.

- 연구 기획 입안의 단계
- 연구 제안, 신청의 제출과 형식화

연구 기획 입안

연구 계획이나 제안은 반드시 연구 기획이 전체적으로 어떻게 수행되는지를 요약해야 하고, 결과로서 계획이나 제안의 준비는 시작부터 끝까지의 모든 연구 과정을 고찰하게 된다. 그러므로 이 장에서는 후반 부분의 장들을 어느 정도 앞뒤로 참조하는 것이 요구되는데, 그 부분에서 그 과정의 요소들이 자세하게 다루어지기 때문이다.

연구 과정은 수많은 방법으로 그려질 수 있지만, 이 장에서의 논의 목적을 위해,

그림 3.1에 나타나듯 9가지 주요소들로 나눌 수 있다. 연구에 대한 방대한 양의 접근법들은 모든 연구 기획들이 정확하게 같은 순서를 따르지 않는 것을 시사한다. 특히, 설명된 처음의 네 가지 요소들(주제 선정, 문헌 검토, 개념 구조 고안, 주요 연구문제 결정)은 번호로 매겨진 순서들이 암시하는 직접적이고 직선적인 방법으로 일어나는 경우는 드물다. 일반적으로 요소들 사이에서는 수많은 순서의 섞임('to-ing and fro-ing')이 생긴다. 그러므로, 그림 3.1에서는, 이 요소들이 원형으로 되어 있고, 그것은 요소 5로 나아가기 전에 많은 회전이 필수적이라는 것을 암시한다. 그림 3.1의 각 9가지 요소들은 아래에서 차례차례 논의된다.

시행에서의 과정을 설명하기 위해, 이 장에는 세 가지 사례 연구들이 첨부되어

■ 그림 3.1
연구 과정의
요소들

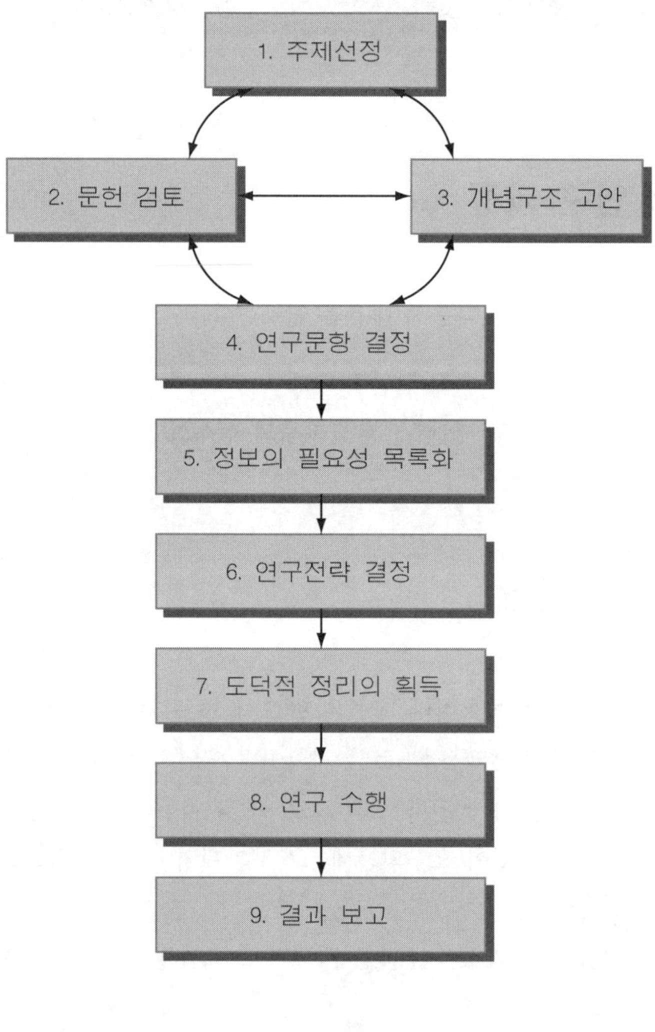

있다. 1장에서 소개된 개념들을 사용하여 사례 연구 3.1은 평가적인 특징을 지닌 설명적 연구이고, 가설적인 운용 문제로부터 발생하며, 여가와 관광 시설로의 방문객 수 감소에 대한 설명을 찾고자 한다. 사례 연구 3.2는 여가 활동으로서 휴가의 역할을 다루고, 기술적 연구와 설명적 연구의 사이에 놓여 있다. 사례 연구 3.3은 특성상 평가적이고, 지방 자치제의 레져 서비스에 대한 목적과 그 수행이 어떻게 평가되어야 하는지의 관계를 고찰하고 있다. 사례 연구들은 그림 3.1에 나타나는 과정의 첫 6가지 요소들을 다룬다. 공간 제약의 이유로 그것들은 다소 생략된 형식으로 보이지만, 필수적인 과정은 설명되어 있다.

1. 주제 선정

연구 주제는 어떻게 발생되는가? 그것들은 광범위한 원천으로부터 발생하는데, 연구자의 개인적 관심, 연구 문헌 독서의 결과에 의한 쟁점들, 정책이나 운영 문제, 사회적 관심의 쟁점, 대중적 혹은 매스컴의 쟁점, 출간된 연구안, 브레인스토밍 등을 포함하며, 연구의 주제는 이 원천들에서 많이 유인될 것이다. 이러한 원천들에서 발생한 주제들의 예는 표 3.1에 나타나 있다.

개인적 관심

개인적 관심은 여러 가지 방법으로 연구 기획을 일으킬 수 있다. 예를 들면, 연구자는 스포츠나 다른 여가 활동에 개인적으로 포함될 수 있고, 성 · 민족성 · 직업에 기초하여 특정 사회집단의 구성원이 될 수도 있고, 특정 관광지에 살거나 방문했을 수도 있어서 개인적으로 지역적인 쟁점이나 문제들을 인지할 수도 있다. 그 이점은 연구자가 이미 경험한 현상의 앎, 정보의 원천이나 주요 개체에 대한 접근의 가능성, 연구자에게 유발될 수 있는 높은 수준의 동기에 있다. 불이익은 연구자가 과도하게 치우칠 수 있고, '객관적으로' 상황을 보지 못할 수도 있으며, 연구 주제에 대한 친밀함이 너무 과도하게 몰입하는 것을 당연하게 생각하도록 유발하여 연구자가 '숲을 위한 나무' 를 볼 수 없게 할 수도 있다.

개인적 관심은 일반적으로 주제 선정의 시발점일 뿐이다. 선정된 주제 분야가 처음에 다소 광범위하면, 연구를 위한 특정한 초점을 결정하는 것이 대개 뒤에 논의되는 다른 네 가지 원천들의 하나 이상의 고려에 의존할 것이다.

주제의 원천	주제의 예
a. 개인적 관심 (보통 b–f의 하나 이상과 결부됨)	■ 특정 스포츠 – 경향, 동기, 만족 ■ 여가 접근성과 특정 인종 혹은 연령대의 필요 ■ 특정 지역에서의 관광 대립 ■ 특정 전문가 집단 – 그 윤리성, 역사, 미래
b. 문헌	■ Csikzentmihayli(1990)의 '흐름'에 대한 생각이 X라는 스포츠나 Y라는 여행지로의 여행에 적용되는가? ■ MacCannell(1976)의 '표지'라는 생각이 유람 휴가에 반하여 '해, 바다, 모래, 섹스' 휴가와 어떻게 관련되는가? ■ 여행지를 선정하는 활동에 반하여 '휴가 갖기'의 여가 활동에 대해 무엇이 알려져 있는가?
c. 정책/운영	■ 여가 시설 X로의 방문이 왜 감소하는가? ■ 스포츠 X, 예술의 장소 Y, 여행지 Z를 촉진하려는 전략 개발에 어떤 시장 분할이 이용되어야 하는가? ■ 공동체 X의 여가 욕구는 무엇인가?
d. 사회적 관심사	■ 지역 환경에의 관광 성장의 영향 ■ 독거 부모의 여가 욕구 ■ 제 3세계 집단에서의 스포츠의 역할
e. 대중지/매스컴	■ 기분전환의 약들이 해로운가? ■ 이전보다 도시의 길들이 덜 안전한가? ■ 떠들썩한 파티에는 누가 가고, 그들은 무엇을 얻는가?
f. 출간된 연구안	뒤따르는 모든 사례들은 광범위한 잠재 연구 주제를 수반한다. ■ 호주의 여가 연구안(Lynch and Brown, 1995) ■ '관광 연구: 1990년대 이후의 정책과 운영적 우선 사항'(Ritchie, 1994)
g. 브레인스토밍	■ 위 주제/원천들의 어느 것에 대한 '브레인스토밍' 단계의 수행 – a–f의 잠재적 가능성 탐색의 수단

■ 표 3.1 다른 원천들로부터의 연구 주제들의 예

연구 주제에서의 특정한 개인적 관심이 연구 기획을 작성하는 것을 참조할 수도 있는 반면(대개 논문의 본문보다는 머리말이나 서언에서), 연구의 공식 보고서에는 종종 언급되지 않는다. 따라서 개인적 관심은 연구 주제를 선정하는 과정에서의 구성 요소가 될 수 있지만, 그 혼자서 일반적으로 충분한 이론적 설명이나 연구 기획에 대한 초점을 제공하지는 않는다. 아래에서 논의될 다른 원천들 중에서부터 특정한 주제를 선정하기 위한 추가적 기준이 개발될 필요가 있다.

연구 문헌

연구 문헌은 학술적 연구의 주제로 가장 흔한 원천이다. 문헌 독서로부터 유래된 연구 가능한 주제는 다양한 형식을 취할 수 있다. 그것은 주제에서 관심을 자극하는 문헌의 비공식적 발췌에서 유발될 수도 있고, 더욱 비판적이고 집중된 독서에서부터 유발될 수도 있다. 많이 보고된 연구는 시간과 공간에 매우 특수해서, 심지어 광범위하게 수용된 이론도 나아가 검사되어지고 탐색될 필요가 있을 수 있다. 그러므로 어떤 이론이나 이론적 제안이 실증적으로 검사된 적이 없을 수도 있고, 표 3.2에 나타나듯이 다양한 이유로 더 나아간 실증적 검사를 할 수도 있다.

그렇지만 주제는 이론으로가 아니라, 문헌으로부터의 다른 요소들에 의해 영감을 받는다. 예를 들어, 특별한 연구 기술에 관심이 있을 수 있고, 그러면 그 목적은 그 기술의 이용을 찾아내기 위해 적절한 환경을 찾는 것이다. 역사적인 근거는 연구자로 하여금 어떤 집단의 사람들이나 활동 혹은 지역의 역사를 찾도록 고무시킬 수 있다.

그러므로 분명히 문헌으로부터 주제를 찾는 것은 연구 문헌을 읽는데 특별한 질문·설명적 접근법을 필요로 한다. 그 목적은 그 문헌이 말하고자 하는 것을 확인하기 위함뿐만이 아니라, 또한 그것이 정말로 말하고자 하는 것이나 기존의 주장의 근거도 확인하기 위함이다. 문헌을 비판적으로 검토하는 과정은 문헌 검토와 5장에서

원 인	이론/제안/관찰 유래	예
지리적	한 나라/지역에서만 검사되었을 것임	– 미국 자료를 사용하여 확립된 이론이 다른 나라에서도 검사될 수 있음 – 도회지 거주자들의 행동 양식 – 시골 지역에서 모방되는지?
사회적	한 사회적 집단의 경험에만 기초하여 수립되었을 것임	– 남자들의 경험에 기초한 이론 – 여자들에게도 적용되는지? – 중류계급의 주제에 검사된 이론 – 노동계급의 사람들에게도 적용되는지?
일시적	구식일 수도 있음	1960년대에 수립된 젊은이들의 문화에 대한 이론 – 여전히 타당한지?
맥락적	여가/관광이 아닌 분야에도 수립되었을 수 있음	Foucault(1979)의 전력에 대한 이론들이 병원에서의 연구들에 기초함 – 그것들이 관광 산업에서도 타당한지?
방법론적	한 가지 방법론만을 사용하여 검사되었을 것임	정성적 연구로부터의 결론들이 정량적으로 검사될 수 있음

■ 표 3.2 재방문 이론/제안/문헌으로부터의 관찰에 대한 이유

더욱 논의된다. 연구 문헌이 연구 주제를 위한 생각의 주요 원천이라면, 연구 과정의 첫 두 가지 요소(1. 주제 선정, 2. 문헌 검토)는 효과적으로 결합된다.

정책이나 운영 쟁점/문제

정책이나 운영의 주제들은 종종 여가나 관광 기구에 의해 상술되지만, 정책이나 운영 쟁점들에 관심이 있는 학생들이나 연구생들도 그러한 주제들을 찾을 수 있다. 예를 들면, 관광 예측은 정부와 상업적 관광 기구들의 목적에 의해서만이 아니라 학자들에 의해서도 시행될 수 있고, 여가나 관광 시설들의 사용자들에 대한 연구나 프로그램들과 기획들의 비용-편익 분석들도 레져 서비스 기구들뿐만 아니라 관심 있는 학자들에 의해서 수행될 수 있다. 차이점은 학술적 연구의 결과들이 종종 공개된다는 것과 일반적으로 연구되고 있는 프로그램이나 시설에 특별히 적용되는 것보다 그들의 더 일반적인 연관 관계를 강조하기 위해 나타내지고, 그 실질적인 결과들이 연구의 방법론과 관련이 있을 것이라는 것이다. 산업 기구를 위해 혹은 그것에 의해 수행된 연구는 반면, 종종 비공개되는데, 연구의 더 광범위한 연관 관계들은 연구되지 않을 것이다. 그리고 그 방법론은 확실해야 하는 반면, 종종 후원하는 기구에 대해 별로 관심의 대상이 되지는 못한다. 정부 기구들에 의해 후원되는 연구는 다음의 두 가지 상황 사이 어디쯤에 놓여 있는데, 그 연구의 결과들은 매우 명확하지만, 종종 신뢰받지는 못한다.

상담 기획이나 투자된 연구는 한 조직에 의해 정책이나 운영 주제들이 간략하거나 일련의 참조의 개념으로 그려지는 것은 흔한 일이다. 연구 기구들(대개 상담 고문들)은 기획을 수행하기 위한 감시인의 형식으로 초대된다. 이 형식의 과정은 고유의 경험과 관례를 가지는데, 이 장의 반응적 제안(의뢰인과 감시인)에서 나중에 논의된다.

사회적 관심사

사회적 관심사는 광범위한 연구 주제를 야기할 수 있다. 예를 들어, 사회에서 혜택 받지 못하거나 간과된 집단들에 대한 관심은 여가 욕구나 그러한 집단 구성원들의 행동 특성에 대한 연구로 이끌 수 있다. 환경에 대한 관심은 민감한 지역들의 관광의 환경적 영향에 대한 연구를 끌어낼 수 있다. 종종 그러한 연구는 정책이나 운영 쟁점들과 밀접한 관계가 있지만, 그 연구는 반드시 해결책을 고안하려고 하는 것보다 문제점들을 강조하기 위해 다소 제한된 역할을 지닐 것이다.

대중지/매스컴

대중적 쟁점은 대중적인 신념들이나 개념들을 찾아내려고 하는 연구에 영감을 줄 수 있는데, 특히 그것은 이러한 것들이 부정확하거나 논쟁의 여지가 있을 수 있다고 의심되는 것들이다. '묘사'는 대개 '매스컴에서 묘사된 것처럼'을 의미한다. 예로, 이것은 군중 폭력과 '소외된 젊음'이나 혹은 주요 논쟁이나 관광 개발과 같은 현상들의 매스컴 묘사에 대한 많은 연구들에 대한 동기로 보일 수 있다.

출간된 연구안

때때로 대중 매체, 전문 기구들, 혹은 개별 학자들은 '연구안'을 종종 위원회에 의해 만들어진 평가에 기초하여 끌어낸다. Lynch와 Brown(1999)는 북미와 호주, 영국의 여가/관광을 위한 안건들의 요약과 논평을 제공하고, Ritchie(1993)와 Faukner et al. (2003)는 관광 분야에 대한 안건들을 제시하였다. 종종 시작 부분의 목적은 그 출간된 연구안 자체를 수행하기 위함이지만, 다른 경우 그 안건은 학생들을 포함하여 일반적으로 그 분야의 연구자들로 하여금 그들의 연구를 위한 안건의 주제를 채택함으로써 반응하기 위함이다. '타당한' 연구 주제들을 찾으려는 학생들은 그들의 주제들이 그러한 출간 목록에서부터 선정된다면, 결과에 관심있는 사람들이 있을 것이라는 것을 안다.

브레인스토밍

브레인스토밍은 문제의 해결이나 착상의 목적으로 토론에서 각자 생각들을 끌어내는 두 명 이상의 사람들을 수반한다. 전형적으로 이것은 떠오르는 생각들을 적기 위한 '메모지(butcher's paper)'나 위원회의 도움으로 행해지곤 한다. 그것은 연구 주제에 대한 생각들의 개별 원천이나 위에서 논의된 모든 원천들로부터 생각들을 다듬는 방법으로 보일 수 있다.

주제 선정

무엇이 기준에 맞는 연구 주제를 만드는가? 이 물음에 간단하거나 유일한 답은 없다. 일반적으로 '좋다' 혹은 '나쁘다'는 주제 자체가 아니라 그 연구가 개념화된 방법이고(요소 3, 개념 구조 고안 참조), 그 연구 문제가 어떻게 고안되었는지이다

(요소 4, 연구 문제 선정 참조). 주요 문제는 주제가 다른 누군가에 의해 이미 연구 되었는가 이다(따라서 요소 2, 문헌 검토에서 논의 되었듯이, 문헌의 검토가 필요하다). 하지만 주제가 이미 연구 되었을 때에도 변함없이 그 이상의 연구의 여지가 있는데, 때때로 이것은 최초 연구자에 의해 지적된다. 그러므로 연구 과정의 처음 네 가지 요소들(주제 선정, 문헌 검토, 개념화, 연구 문제 정의)은 종종 '번잡한' 반복 과정을 형성하며, 그것은 항시 어렵고, 도전적이며, 힘겹다. 그러나 이 단계를 바로 하는 것은 필수적이며, 그렇지 않으면 남은 연구 노력이 헛되게 될 것이다.

연구 목적

연구 기획의 목적은 주제 선정과 차후 연구 설계를 구체화할 수 있다. 세 종류의 목적이 여기에서 논의되는데, 말하자면 그 자체를 위한 지식 · 이데올로기적/정치적 목적, 그리고 정책/운영 목적이다. 그 주요 특징은 표 3.3에 요약되어 있다. 연구를 위한 이러한 목적이나 동기들은 종종 분명하게 진술되지 않으며, 일반적으로 함축적이다. 연구 목적은 주제 선정과 전반적인 연구 과정의 구체화에 영향을 미친다.

목적/동기의 종류	특 징
그 자체를 위한 지식 추구	학술적/ 과학적 기준 – 그러나 아래 다른 것들과 결부됨
이데올로기적 유래	
– 보수주의자	– 현상의 방어/수용
– 개혁가	
– 예: 사회–민주주의적	– 더욱 인류 평등주의적 사회
– 예: 환경적	– 지속가능성
– 급진적/비판적	
– 예: 신자유주의적	– 시장의 방어/확장
– 예: 신공산주의적	– 계급 충돌/개발의 설명
– 예: 급진여성주의자	– 가장제/여성 억압의 설명
– 예: 반세계화주의자	– 세계 시장 추세의 바람직하지 않은 특징 설명
정책/운영 :	
– 비판적	– 현 정책/운영의 비판(위의 급진적/비판적 위치를 하나 이상 반영할 수 있음)
– 기계적	– 연구되고 있는 조직상 환경의 광범위한 철학 수용

■ 표 3.3 연구 목적

그 자체를 위한 지식

연구의 전형적인 목적은 그 자체를 위해 '지식에 더하기' 위함이거나, 연구자에 의해 판단되는 일반적인 이득을 위해서이다. 어떤 연구자들은 그들의 연구의 일부나 모두에서 이 목적에 의해 의도되고, 추구될 수 있는 제도적 환경에서 일한다. 학자들에 의해 그들만의 시간에 수행되는 많은 '자금을 지원받지 못한' 연구는 이러한 특성을 지닌다. 그러나 그러한 '순수한' 상황에서, 비록 불필요하게 불법적이라고 하더라도, 다른 목적들이 수반되기도 하는데, 예를 들면 개인적인 승진이 그것이다.

이데올로기적/정치적

많은 학술적 연구자들은 전적으로나 부분적으로 정치적이거나 이데올로기적인 안건에 의해 자극받는다. 그것은 모두가 그렇게 자극받을 수 있고, 사회 과학의 어떤 분야에서도 이것이 타당하다고 말할 수 있다. 많은 사회 과학자들은 개혁가라고 묘사될 것이고, 거기에서 그들은 '더욱 공정한 사회'를 위한 추구에 의해 자극받으며, 그들의 연구는 중심적으로 그것과 관여되지 않으면 적어도 그러한 목적에 일관되는 경향이 있을 것이다. 그러므로 예를 들면, 많은 여가 연구는 여가 기회에의 접근의 공정성과 불평등과 관련되어 있고, 많은 관광 연구는 주최 집단의 부당한 이용과 관련되어 있다. 유사하게, 각 분야에서, 환경적 보호와 지속가능성은 종종 함축적이며, 혹은 뚜렷한 관심사이다. 이러한 관심사들이 모두 명백하지 않지만, 그 연구가 사회적 쟁점들을 다루고 있다면, 함축적 자세는 보수적으로서 취해질 것인데, 정치적, 사회적, 경제적 환경과 만족함을 암시한다. 반대로 어떤 연구자들은 사회에서의 근본적인 변화를 찾는 수많은 이데올로기적 입장에 의해 유도되고, 급진적 혹은 비판적으로 묘사될 것이다. 정치적 범위의 오른편에는 급진적인 '신우익' 사상이 있는데, 그것은 시장의 과정들에 찬성하고 그것들의 확장을 추구하며, 신자유주의로 명명될 것이다. 비록 관광 개발과 관련된 몇몇 관광 연구에서는 함축적이지만, 이러한 시각에서의 여가 연구는 상대적으로 적다. 반면, 예로 신공산주의 신념의 사람들은 가장의 힘의 효과를 설명하려는 급진적인 여성주의자들과 시장 체계에 반대한다. 그러므로 신공산주의자 John Clarke와 Chas Critcher는 '그 자체를 위한 여가 연구는 … 부적절하다. 사회적 질서의 어떤 특정한 요소를 연구하는 목적은 …

한 특정 요소가 다른 구조에 의해 구체화되는 방법을 이해하기 위함이다…' (Clarke and Critcher, 1985: x iii)라고 언급했고, 그들의 책에서의 맺음말에서 어떻게 '운동으로서의 사회주의가 여가의 능동적인 이해로부터 이익을 얻을 것인가' 를 논의한다. 여성주의자 Betsy Wearing은 여가의 개념을 '저항을 위한 가능성 있는 장소와 패권을 잡은 남성의 전복' (Wearing, 1998: x vi)으로서 발전시키려고 한다.

정책/운영

정책이나 운영에 관련된 연구의 목적은 정책 혹은 운영 문제를 다루기에 충분히 명확해 보인다. 하지만 적용된 입장은 다양할 수 있고, 위에서 개괄된 이데올로기적 견지에 의해 영향을 받을 수 있다. 몇몇 연구는 비판적으로 보일 수 있으며, 그런 경우 연구되고 있는 개인적 영역의 조직이나 대중의 경영 환경 혹은 정책 외적으로 나아가, 어떤 정책이나 경영 관례의 부당한 결과를 설명하고자 하거나 '관리정책 신봉자' 혹은 민영화와 같은 과정들을 비판할 시 개혁가나 좌파적 관점을 채용한다. 개인적 영역의 운용들을 더욱 효율적이거나 이윤을 남기도록 만들고자 하며, 연구되고 있는 영역의 광범위한 철학적 자세를 수용하는 연구는 기계적으로 보일 수 있다.

2. 문헌 검토

머리말

현존하는 연구 문헌의 검토 과정은 이 책의 5장을 완성하는데 중요하다. '문헌 검토' 는 관심이 있는 주제에 타당한 이미 출간된 연구를 확인하고 그와 관련되는 과정을 언급하는 다소 학술적인 개념이다. 그 과정은 표 3.4에 나열되어 있듯이 수많은 역할을 할 수 있고, 5장에서 더 논의된다.

■ 표 3.4 연구에서의 문헌의 역할

- 연구의 전체적 기반
- 연구 주제에 대한 생각의 원천
- 다른 사람들에 의해 이미 행해진 연구에 대한 정보의 원천
- 방법론적 혹은 이론적 생각의 원천
- 비교의 근본
- 연구의 필수적/보완적 부분인 정보의 원천

다수의 경우, 기획의 시작에서 시간이 항상 철저한 문헌 검토가 이루지도록 허용하지는 않기 때문에, 연구의 초기 단계에서 행해진 검토는 '예비적' 혹은 '임시적' 문헌 검토로서만 보여야 한다. 연구 예정 자체는 문헌 그 이상을 찾고자 함일 것이다. 가능한 한 철저하게 문헌을 연구한다 할지라도, 연구안을 진행하는 데 있어서는 모든 요소들이 확인되어야 한다는 것이 대개 필수적이다. 문헌의 탐색은 보통 기획 기간 동안 지속될 것이다. 연구자들은 그들이 막 완성하려고 하는 그들의 작업을 과소평가하게 하거나 완전히 부인하는 동시대의 출간물이나 몇몇 이전의 것들을 우연히 마주하게 될 위험을 갖는다. 하지만 그것이 연구의 자극적인 부분이다. 사실, 자연 과학에서의 상황과 다르게, 여가와 관광 분야에서는 연구들이 정확히 모방될 수 있는 것은 드물기 때문에 이것이 발생할 위험이 미미하다. 예를 들어, California에서 수행된 자연 과학 연구는, 말하자면, London에서 수행된 연구의 결과들을 정확하게 묘사할 수 있다. 그러나 여가와 관광 연구에서는 그 경우가 통용되지 않는데, California의 거주자들과 관련하여 수행된 일련의 연구 과정은 London, 혹은 심지어 New York에서 수행된 동일한 과정으로부터 매우 다른 결과들을 일으키도록 기대할 수 있으며, 단순히 여가와 관광 연구는 다양한 사회적 환경 속에서 독특한 사람들과 연관되기 때문이다.

검토 수행

가능한 곳에서는, 문헌과 같은 출간된 연구뿐만 아니라 출간되지 않았거나 진행 중인 연구도 탐색되어야 하는 노력이 있어야 한다. 이 과정은 상당히 '마구잡이' 식이라고 할 수 있는데 어떤 연구가 진행 중이고, 완료되었지만 출간되지 않은 연구들을 아는 것은, 비록 어떤 기구들이 진행 중인 연구의 목록을 만들어내기도 하지만, 보통 사적인 정보망에 대한 접근성을 가지는 것에 달려있다. 관심 있는 주제가 확정되면, 문헌으로부터는 어디에서 그러한 연구의 주요 원천이 자리하고 발견되어야 하는지, 직접적인 접근이나 웹사이트 · 연간 보고서 · 회보로부터는 어떤 연구가 그러한 원천에서 현행되고 있는지, 이는 종종 명백해진다. 이 과정은 주제가 '유행하는' 것이라면 특히 중요할 수 있다. 그렇지만, 만약 이것이 정보망이 매우 활발한 경우라면, 그것은 그 과정을 용이하게 한다. 이런 관점에서 컨퍼런스와 세미나로부터의 보고서들은 대개 책이나 잡지들보다 현행 연구에 대한 더 나은 정보의 원천이 되는데, 왜냐하면 책이나 잡지들은 오랜 기간이 들게 되어 거기에 보고된 연구가 일반적으로 출간되기 2년 이전에 수행된 작업들에 기초하기 때문이다.

5장에서 논의되겠지만, 문헌 검토는 그 분야의 개관, 실질적이고 방법론적인 장점과 결함 혹은 차이, 그리고 그러한 결론들이 진행 중인 연구 업무와 어떻게 연관되는지에 대한 내용을 제공한다.

어떤 학과?

학술적인 문맥에서, 특히 대학생과 대학원생의 기획들에서, 그 기획이 무슨 학과와 관련이 있는지를 고려하는 것은 도움이 된다. 어떤 경우, 기획이 특정한 학과 분야(예를 들어 마케팅)와 연결되어 있기 때문이다. 다른 경우, 기획이 과정상 연구되는 하나 이상의 여느 주제에서 끌어내어질 수 있는 '결정' 실습일 수도 있다. 종종 한 주제가 확실한 학과의 '분류'를 지니지 않는다는 사실은, 학생 연구자들로 하여금 가능한 학과의 이론과 구조를 끌어내는데 실패하고, 그들이 그들의 연구 과정에서 얻은 지식을 설명할 수 있는 기회를 잡지 못 하도록 한다. 예를 들어, 만약 연구 주제가 골프와 관련이 있다면, '골프'라는 키워드를 사용하여 도서관 목록과 데이터베이스를 검색하는 것은 의심의 여지없이 상당한 양의 유용한 자료를 만들어낼 것이다. 그러나 연구의 초점이 골프 경영과 골프 마케팅, 혹은 골프의 사회적 배경이나 골프 경기자들의 동기에 대한 것일까 하는 고려는 심리학, 사회학, 계획, 경영의 분야에서 각각 다른 현상들에 대한 비교 연구에 포괄적인 이론들을 적용하고 그 연구를 연관시키는 가능성을 열어준다. 그러므로 물어봐야 할 중요한 문제는, 어떤 학과 분야에 이 연구가 연관되어 있는지에 대한 것이다. 이 학과에서 문헌으로부터 어떤 이론들과 생각들이 끌어내어질 수 있는가?라는 핵심적인 문제임을 인식해야 한다.

3. 개념 구조 고안

개념 구조의 생각

개념 구조의 개발은 틀림없이 여느 연구안에서 가장 중요한 부분이고 또한 가장 어려운 부분이다. 그리고 그것은 많은 연구 기획들에서 가장 취약한 요소이기도 하다. 개념 구조는 연구에 수반되는 개념을 포함하고 그것들 사이에서 가정된 관계이다. 이 논의에서 개념 구조라는 개념은 광범위한 연구 상황들을 다루기 위해 이용되었다. 그러므로 그런 개념은 채택된 구조가 계획이나 마케팅과 같은 활동들과 연관될 경우 적용 연구(applied research)에서 쓰일 수 있다. 그러한 경우, 개념 구조에 대한 생각은 이미 계획이나 마케팅 문헌에서 찾을 수 있는데, 연구가 더욱 학술적으로 기원할 경우, 이론적 구조라는 개념은 동등하게 잘 이용될 것이다. Miles와 Huberman은 개념 구조를 다음과 같이 말한다.

> 개념 구조는 그래프 식으로 혹은 이야기 식으로 연구되어야 할 주요 요소 · 구성 · 변수들과 같은 주요한 것들과 그들 사이의 가정된 관계를 설명한다. 구조는 기초적이거나 정교할 수 있고, 이론 중심적이거나 상식적일 수 있으며, 기술적이거나 인과적일 수 있다. (Miles and Huberman, 1994: 18)

확정된 개념들이나 그것들이 정해진 구조는 연구의 전반적인 과정을 결정한다. 연구를 위한 개념 구조를 탐색하면서 연구자들은 묻는다. 지금 무엇이 진행 중인가? 어떤 과정이 적용되고 있고, 적용될 것인가? 때때로 구조는 개인적인 반영이나 '브레인스토밍' 으로부터 발전되고, 때때로 그것은 문헌에서 야기되기도 한다. 사실, 문헌으로부터 현존하는 구조는 이용되는 것이 당연하고 새로운 상황에서의 적용을 위해서만 채택된다. 다방면의 문헌들이 검토되고 연구의 기초를 제공하는 곳에서의 그 기술은 이론적인 생각들을 취합하여 공통의 구조로 만드는 것이다. 심지어 그 목적이 두 가지 이상의 관점들 사이의 불일치를 보일지라도 말이다. 명백하게, 그러한 연결은 구조의 해설에서 명백하고 전적으로 설명되어야 한다.

다른 종류의 연구(묘사적, 설명적, 평가적)는 개념 구조의 다른 양식을 요구하곤 한다. 기술적 연구(descriptive research)는 정교한 개념 구조를 요구하지는 않지만, 수반된 개념의 명백한 정의는 필요로 한다. 그럼에도 불구하고 몇몇 경우에 이것은 상당한 작업이 될 수도 있는데, 예를 들어 기술적 업무가 사람들의 시간 이용을 정하는 것일 때, 분류법과 관련된 부호 체계가 여가와 비여가 활동에서 모든 생각할 수 있는 형식을 위해 고안되어야 하며(UN통계국 참조, United Nations Statistics Division, 발행연도불명), 혹은 그 업무가 다양한 관광객의 지출과 활동에 대한 자료를 수집하는 경우이다. 설명적(explanatory), 평가적(evaluative) 연구는 모두 연구로부터 필요로 하는 설명적 혹은 평가적 작업의 기초를 형성하는 잘 발달된 개념 구조를 요구한다.

개념 구조의 개발은 그림 3.2에 묘사되어 있듯이, 네 가지 요소를 수반하는 것으

■ 그림 3.2
개념 구조의 발전

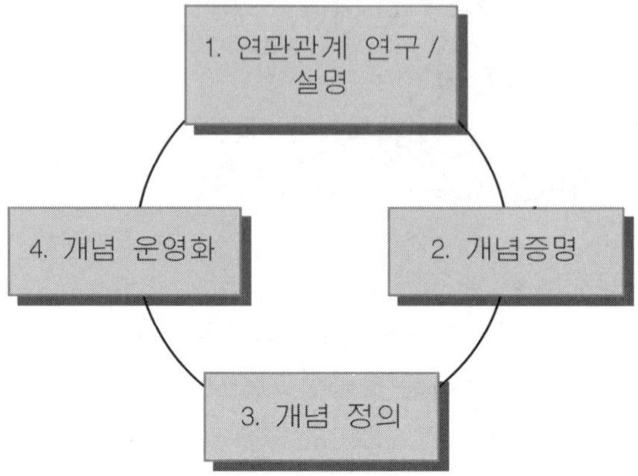

로 생각될 수 있다. '개념의 확인' 요소는 아마도, 출발점이 되어야 하지만, 이는 드문 경우인데, 연관 관계를 먼저 생각하고 나서 수반된 개념들이 필수적으로 됨에 따라 정의하고 확인하는 경향이 있기 때문이다. 사실상 그 실행은 일반적으로 반복적인데, 그것은 만족스러운 해결책에 도달할 때까지 다양한 요소들 사이에서 전후로 혹은 순환적으로 가기 때문이다. 그 네 가지 요소들은 아래에 차례로 논의된다.

1. 연관 관계 연구/설명

연관 관계는 간단히 과정에 있어서 일련의 요소들이나 정보의 흐름 혹은 돈이나 요인들에 영향을 미치는 힘의 관계를 나타낼 것이다. 가정된 관계들은 개념 구조를

단 계	명제/가정(개념들은 이탤릭체로 되어 있음)
A.	여가나 관광 활동에서의 *참여*는 개별적(혹은 가계/가정)인 의사 결정 과정의 결과로서 발생한다.
B.	한 사람이 참여하는지 아닌지는 다양한 *사건이나 환경*에 달려있을 수 있다. 예를 들면, – 시설에 대한 *접근성*과 *유효성*이 좋을 수도 나쁠 수도 있음 – *광고와 판매촉진*이 양과 그 영향에서 다양할 수도 있음 – 참여의 비용이 너무 많이 들거나 적게 들 수도 있음 – 친구들 집단과 만난다든가 하는 *우연한 사건*이 참여를 유발할 수 있음
C.	개개인이 참여하는지 아닌지는 또한 그들의 성격에 달려있을 수 있는데, 다음과 같다. – *연령* – *수입* – *성격* – 참여에서의 *과거 경험*이나 유사한 경험

■ 표 3.5 개념들의 예 사이의 연관 관계 탐구

지지해주는 이론에 대응한다. 개념 구조를 설명하는 것은 장황하고 복잡한 과정이곤 하며, 특히 문헌에 연계된 것이 수반되었을 때 그렇다. 표 3.5의 예는 매우 간단하다. 이것은 생각들이 어떻게 간단한 명제(A단계)에서 더욱 복잡한 명제나 생각이 발전함에 따른 일련의 명제(C단계)로 전개되는지를 보여준다. 이 예에서, 그 명제들은 가정의 형식으로 표현되는데, 그것들은 선택적으로 물음들로서 표현될 수 있으며, 예를 들면 '수입에 의해 영향을 받는 결정들은 어느 정도 범위까지인가?' 와 같다.

개념 구조 발전에의 한 가지 보조는 개념 지도의 고안을 이용하는 것인데, 때때로 그것은 마인드맵을 언급한다. 어떤 개념 지도들은 다른 것들보다 더 '자명한' 반면, 개념 지도는 단지 선택적인 보조물일 뿐이다. 전체적인 이야기 식의 논의나 설명은 항상 개념 구조의 핵심을 형성한다. 개념 지도는 단지 논의를 요약하거나 설명할 뿐이다.

개념 지도는 시각적인 '브레인스토밍' 의 형식으로 보일 수 있고, 독자적으로 행해질 수 있으며, 집단적 수행의 일부일 수도 있다. 그 생각은 종이나 판지 혹은 플립

■ 그림 3.3
개념 지도 사례

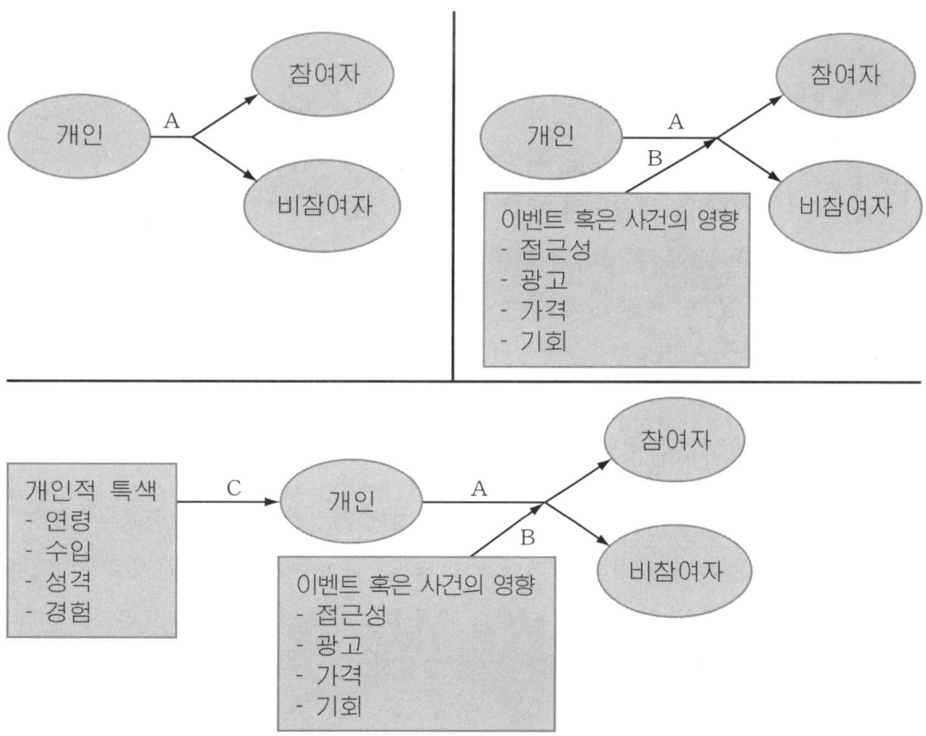

차트에 적도록 되어있는데, 머릿속에 떠오르는 주제에 타당하게 보이는 모든 개념이 해당한다. 그 다음으로는 개념들을 분류하고, 그것들 사이에서의 연관 방식을 나타낸다. 세 가지 번안의 개념 지도가 표 3.5의 세 가지 단계에 대응한다.

다음으로 개념 지도는 개념들을 묘사하는데, 대개 상자 모양이나 원형으로 그려지고, 개념들 사이의 관계는 보통 개념들 사이에서 선으로 표현되며, 방향 화살표를 수반하기도 하고 수반하지 않기도 한다. 다른 부류의 개념은 다른 모양의 상자로 표현될 것이다. 개념들과 그것들의 관계는 뒤따르는 글(표 3.5)에서 설명된다. 과정의 A, B, C단계에서 확인되는 주요 연관관계는 그에 따라서 분류된다.

2. 개념 증명하기

개념은 연구할 현상의 일반적 표현이다 – 연구에 있어 '벽돌' 이라 할 수 있다. 이들은 개인의 유형(예: 경영자), 개인의 집단(예: 갱) 혹은 단체(예: 상사)들의 성격이나 활동들을 수반할 수 있다. 표 3.6의 첫 열은 표 3.5와 그림 3.3에서 조우했던 개념들을 열거한다.

3. 개념 정의하기

연구 목적을 위해 개념은 명확하게 정의되어야 한다. 사전적 정의나 연구 문헌에서의 정의가 사용될 수 있으나, 종종 선택적이거나 적합해야 할 필요성이 있다. 그림 3.9는 열거된 개념들을 위한 제안된 정의들을 포함한다. 정의는 연구의 초기에는 매우 원시적일 것이나 시간이 흐름에 따라 더욱 상세하고 복잡하게 될 것이다: 'X' 에 대해 이야기하는 동안 우리는 'X' 가 '정확하게 무슨 의미인지' 명확히 해야 할 것이다.

4. 개념 운영화하기

만약 어떤 개념이 정량화하기에 적합하다면 *운영화*에는 그것이 어떻게 측량될 수 있는지 결정하는 것이 수반된다. 만약 개념이 본래 정량적이라면, 그 과정은 심층 면접 등의 정성적 연구를 수행할 때 비 정량적 방식으로 개념이 어떻게 증명되거나 평가되는지 결정하는 것을 포함한다.

개념 운영화의 예는 표 3.6에 나와 있다. 대부분의 개념들은 최소한 부분적으로

개 념	정 의	운영화
1. 참여자		
a.여가	여가시간내에 자유롭게 활동을 선택하는 사람	1년이내에 적어도 한번은 '여가' 라는 활동에 참여
b.관광	여가를 목적을 집을 떠나 여행하는 사람	적어도 3개월이내, 40km이상 집에서 떨어져 하루이상 지내는 여가목적으로 여행
2. 상황/이벤트		
a. 이용/접근성		
– 여가 시설	커뮤니티내 적절한 가격의 여가 시설 선호	'benchmark' 가격(예: $10.$20,$30/명)이나 그 이하의 당일치기 여행이 가능한 시설 범위
– 관광기회	적절한 가격의 이용가능한 목적지 선호에 따른 휴일 서비스	가정수입에 따른 다양한 'benchmark' 가격의 2주 휴일 범위
b. 광고/홍보	여가/관광 광고/홍보의 개별적 노출	지난 3개월내의 광고/홍보 의 구체화된 목록의 회상
c. 비용(참여의)	여가/관광 경험의 총 비용	위의 2a와2b제시된 것과 같이 활동범위의 비용
d. 기회이벤트	무계획적인 참여 결정	경험, 친구/친척의 조언,매체에서 보았거나 읽은 품목등에 의한 참여 결정
3. 개인적 특색	개인적 속성(여가/관광 결정의 영향), 예:	
	a. 연령	a. 마지막 생일의 연령
	b. 수입	b. 연간 세전 가정수입
	c. 성격	c. Myers–Briggs 검사결과
	d. 지난 여가/관광 경험	d. 여가:6개월이내의 이용한 여가활동 관광: 5년이내의 여행

■ 표 3.6 개념의 예 – 정의와 운영화

라도 정량화와 측정에 적합하나, 개념 2a, 2b 그리고 2d는 정성적 성격을 갖고 있으며 어느 쪽으로도 다뤄질 수 있다.

어느 정도까지는, 운영화는 실질적으로 정보가 어떤 개념에 대해 어떻게 모일 수 있는지에 대해 미리 생각하는 것을 포함한다. 이것은 정의의 실제적 내포의 표시이다.

종종 임의적이거나 실제적인 선택들은 사업의 운영화를 위해 순차적으로 선택되어져야 한다. 예를 들어, '여가 참여' 에 '규칙적' 참여가 '참여' 로 인정되어져야 하나 혹은 '연 1회' 가 적당한가? 아니면, 어느 정도의 거리를 거주지로부터 멀리 떠나와야 '관광객' 으로 규정할 수 있는가 – 40km나 50km나 25km? 이들은 임의적 결정이거나, 다른, 기존의, 정보에 비교할 만한 정보를 모으기 위한 필요에 의한 결정이라고 할 수 있다.

개 념	정 의	운영화
도시공원	도시내부의 공원	디트로이트 구역내의 모든공원
지방공원	도시외부의 공원	디트로이트시를 둘러싼 3개주의 위치한 모든 공원
인종	인종/종종 정체성	아래 카테고리의 자가응답방식 '흑인, 히스패닉, 백인, 등'
한계	a. 수입의 한계 b. 교통의 접근과 같은 이유로 참여의 제한	객관적 지표: a. 연간수입 b. 자동차소유 주관적 지표: a. 공원이용에 대한 장애요인인 '지출' b. 공원이용에 대한 장애요인 인 교통
하위문화적 선호	공원 이용 혹은 비이용의 비강제적 선호	공원 비이용이나 자주 이용하지 않게 되는 이유를 '흥미없음', 다른 것을 하는 것을 선호'와 같이 자유응답형 질문응답으로 부호화
상호인종간 어색함	인종차별의 실제 혹은 주관적인 감정으로 인한 공원에서의 '불편함'이나 '비환영'의 감정	공원이용/비이용의 이유와 공원내에서의 다른사람들의 부정적 반응에 대한 경험을 구체화한 자유응답형 질문응답으로 부호화

■ 표 3.7 사례 연구 : 개념의 운영화

표 3.7은 디트로이트의 소수 민족에 의한 공원 이용 연구에서의 패트릭 웨스트(1989)의 개념 운영화의 논의를 요약한다. 이 연구는 흑인과 백인 주민들의 시립 및 지역 공원 이용이 다른 형태를 가지고 있는지와 흑인 주민들의 공원 이용이 민족적 부차적 문화의 기호, 한계성(소득이나 교통의 제약)이나 인종 차별에 의해 속박되고 있는지의 여부를 발견하려고 노력하였다. 표 3.7은 이 연구의 운영화 요소들을 표의 형식으로 보여주나, 본문에서는 두 페이지가 넘는 설화체로 소개되어 있다.

모형 (Models)

이론적 구조는 모형이라고 불릴 수도 있는데, 특히 연구가 정량적 성격일 때 그렇다. 예를 들어 휴일 사용과 개인의 사회적 경제적 상황간의 관계는 표 3.8에 나타난 것처럼 정량적 모형의 조건 안에서 표현될 수 있다. 휴일 사용에 대한 설문조사는 각각의 소득 수준과 휴일의 빈도를 가진 여러 집단을 식별할 것이며, 통계적 분석은 그 등식을 '조정' 하는데 사용될 수 있다. 곧, 모수 a와 b의 값을 찾아, 특정 집단의 평균 소득이 일단 드러나면 그 집단의 휴일 사용 수준도 예상할 수 있는 것이다.

표 3.8에서 0.1과 0.05의 가정적 모수는 접근을 묘사하기 위해 보였으며 어떤 등

■ 표 3.8 정량화 가능한 모형으로써의 개념적 틀

이론	특정그룹의 휴일이용빈도는 그룹의 평균 수입정도와 긍정적인 관계가 있을 것이다.
변수	H=연간 휴일여행수 N=수입 pa in $000s
방정식	H=a+bN
측정방정식의 예	H=0.1+0.05N
예측에 이용한 방정식 이용(n=$30k)	H=0.1+0.05*30=0.1+1.5=1.6여행 pa

식이 주어진 소득 수준 집단의 현재 혹은 미래의 휴일 소비를 추정 혹은 예측하는데 어떻게 사용될 수 있는지에 대한 예가 주어져 있다. 통계적 과정의 기술적 부분들은 여기까지 수행되지 않았으나, 회귀기법을 다루는 12장에서 다시 거론될 것이다. 보다 복잡한 모형들, 예를 들면, 어쩌면, 사람들의 나이와 직업, 여행 경비, 환율 등을 포함하는 모형들이 개발되어질 수도 있다. 실제로, 그런 모형들은 다른 나라와 지역을 향한, 그리고 그곳들로부터의 미래 관광 수요를 예측하는데 사용되어지고 있다.

여가와 관광 연구에 대한 개념적 틀의 예

그림 3.3에 나온 예는 여가 참여 의사결정에 관련되며, 휴일 사용의 결정도 이에 포함된다. 일반적인 의미의 여가에 관련한, 휴가 여행에서의 여가 활동을 포함될 수 있더라도, 이런 종류의 구조들은 Brandenburg et al.(1982) 그리고 Veal(1995)의 연구에 보다 향상된 버전으로 나와 있다.

휴가 사용에 관련한 의사결정이나 선택을 위해 준비된 구조의 한 예는 Witt와 Wright(1992: 50)에 의해 제시되었으며 그림 3.4에서의 진보된 형태로 재생산되었다. Witt와 Wright의 본래 공식 표시에서 이 도형은 오직 여가와 휴양지의 선택에만 언급하였으나, 같은 과정은 어떤 여가 시설에서의 여가 활동에도 동일하게 적용될 수 있으며, 그림 3.4에서 '휴양지 혹은 여가 시설(holiday destination or leisure facility)' 이라는 의미의 'HD/LF' 라는 용어가 사용되었다.

이 책에 나오는 논의와 도표들의 일부는 개념적 틀의 예들이다. 예를 들어, 그림 1.1은 '경영과정의 합리-포괄적 모형(The rational-comprehensive model of management process)' 을 보여준다. 그림 1.1에서 보여준 박스들의 일부는 동사(verb)로 표현되었으나, 그림 3.5에 나온 것처럼 명사(noun)로도 쉽게 표현될 수

■ 그림 3.4 휴양/여가 시설 선택: 개념적 틀

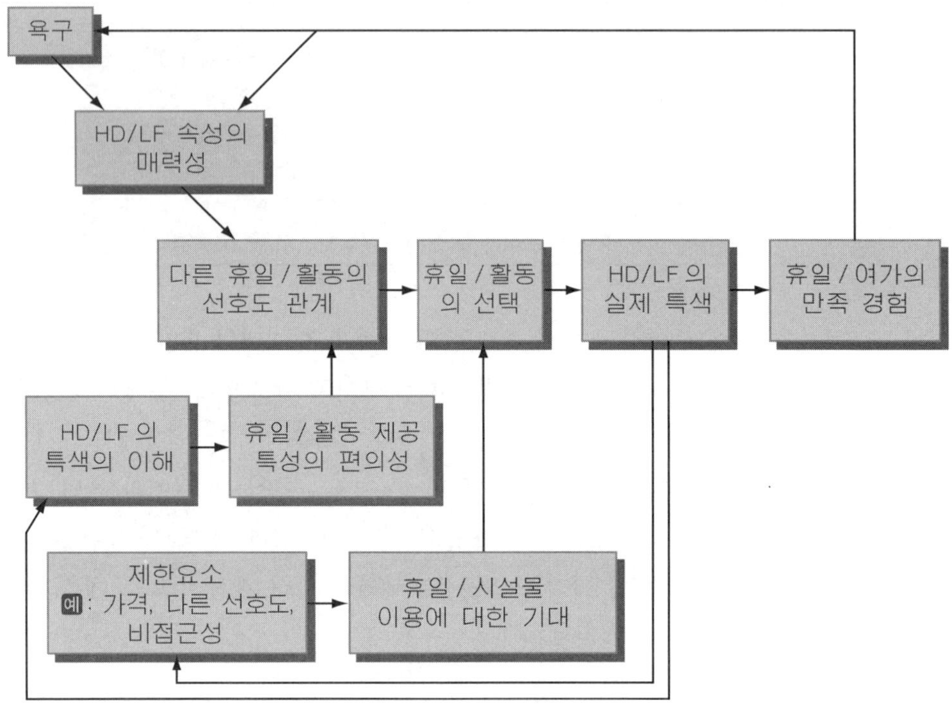

있다. 1장에 나온 모형 뒤에는 근거에 대한 큰 논의는 전혀 없으나, 그 근거는 Veal(2002; 91-113)나온 예처럼 나타낼 수 있다.

개념적 틀의 그 이상의 예들은 단원 마지막의 사례 연구에서 소개되어 있다.

정책/계획/경영/마케팅 업무를 위한 개념적 틀

많은 경우 연구는 1장의 마지막 부분에서 논의되고 표 1.4에 열거된 종류의 특정 경영 업무의 일부이며, 마케팅 연구나 고객 서비스 품질 연구가 그 예이다. 이런 경우 연구의 개념적 틀은 보다 광범위한 업무의 일부가 될 수 있다. 경영 문제나 업무의 해결을 위한 '연구 질문'은 종종 그 시작부터 명확하다. 실용적 문헌에서의 계획, 마케팅 혹은 경영의 틀은 연구의 틀의 기본으로 사용될 수 있다. 그림 3.6에는 두 개의 예가 나와 있다. 하나는 서브퀄(SERVQUAL)식 접근을 이용한 고객 서비스 품질 연구에 관한 것이다. 다음 것은 때때로 평가와 의사 결정에의 *중요성/성과* 접근이라 언급되는 것과 비슷하다(Veal, 2002: 110-11;220-1을 보라).

■ 그림 3.5 개념적 틀로서의 합리-포괄적 경영 모형

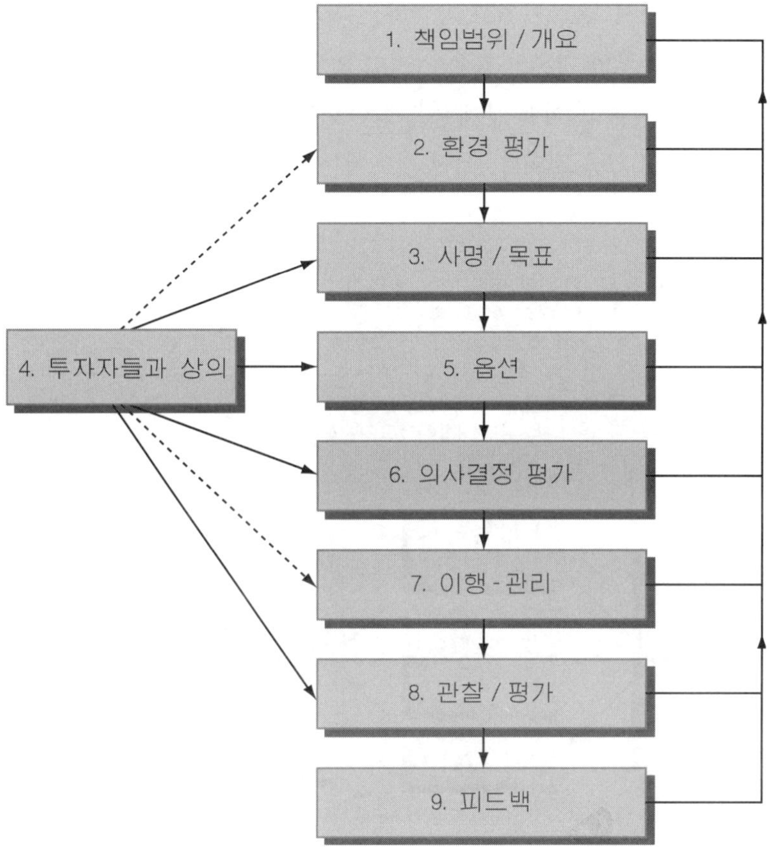

개념적 틀과 귀납적 연구

개념적 틀의 논의에 대한 한 반응은, 2장에 언급된 대로, 자료가 기존의 이론을 시험하는데 쓰이는 것보다 자료로부터 이론이 도출되는지에 대해 이 접근이 비지속적으로 보이는지 귀납적 연구를 통해 관찰하는 것이다. 정성적 연구에서 사용된 비공식적, 탄력적 접근이나 *근거이론* 등 보다 비제한적으로 보이는 접근에서는 특히 비지속적으로 보일 수 있다.

그러나 Miles와 Huberman(1994: 17)의 *정성적 자료 분석*에 대한 그들의 책에서 나타내듯, 개념적 틀은 정량적 연구에 중요한 만큼 정성적 연구에도 중요하다.

사실, 개념적 틀이 구속적일 필요는 없다. 유연하고, 진화하는 도구일 수 있는 것이다. 8장의 정성적 연구에서 논의될 것이지만, 이론 개발과 자료 수집 및 분석은 순차적이라기보다는 종종 서로 얽혀있다. 하지만 연구자들이 완전히 백지상태의 개

념적 틀을 가지고 착수하는 경우는 드물며 보통 문헌이나 다른 출처에서 얻은 어떤 종류의 기본적 틀을 가지고 있다. 최소한 연구자들이 관심을 가진 것이나 어떤 질문을 하고 어떤 문제들을 알아보는데 필요한 즉각적인 목록이나 관련 개념들은 가지고 있을 것이다. 어떤 경우에는 연구자가 문헌에서 그다지 만족스럽지 않은 틀을 가

A. 시장 조사 연구

목적: 잠재적인 새로운 관광객/레저 목적지의 시장의 크기와 원리를 평가

전략: 1. 국가 혹은 지역 자료를 사용하여 비슷한 관광지의 방문객 정도와 지역 내의 관광목적지에 일반적 수요에 대한 정보 얻기; 2. 지역 수요와 당일치기 수요 그리고 관광객 수요를 통하여 특정 시장 지역의 현 수요정도와 미래의 수요정도 예측; 3. 지역 내에 존재하는 이 종류의 관광지 공급 수준과 새로운 관광지가 생길 경우의 시장 점유; 4. 새로운 관광지 개발에 대한 존재하고 있는 관광지의 질에 대한 고객연구 수행

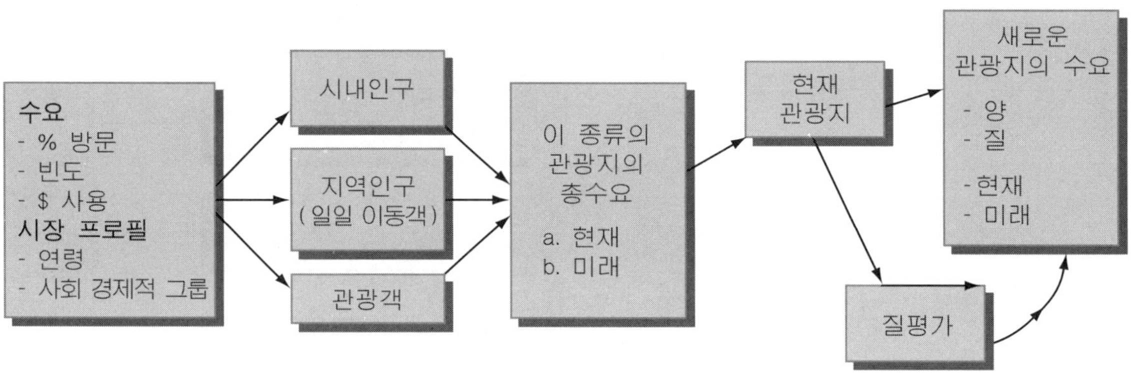

B. 고객 서비스 품질 연구

목적: 레저/관광 시설/서비스의 고객 만족 평가

전략: SERVQUAL 접근을 통한 고객 서비스 만족 연구(Parasuaraman et al., 1985; Howat et al., 2003을 보라)를 실시하여라. 이는 고객이 기대하고 있는 서비스 품질에 대한 요소와 서비스를 경험하고 난 후의 만족을 고려하여 평가한다. 두 평가간의 차이 혹은 불만족은 매니저에게 서비스 품질에 대한 경영활동의 정보를 제공한다.

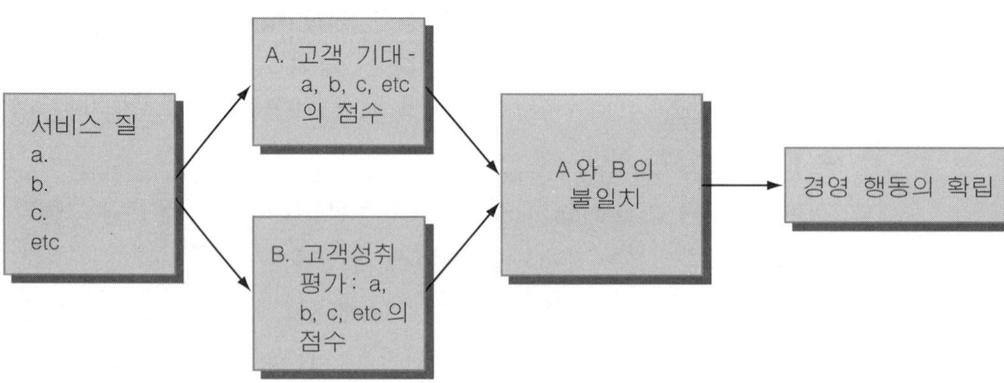

■ 그림 3.6 경영/계획 프로젝트를 위한 개념적 틀의 예

지고 시작할 수 있다. 그러면 이 연구의 목표는 그 틀을 입증하는 것이 아니라 그 반대이며 인증된, 가능하면 아주 다른 모형의 것으로 대체하는 것이다. 연구 프로젝트의 시작에서 도출된 개념적 틀은 '초안'으로 보일 수 있다. 자료가 모이고 분석이 진행되면, 연구로부터 생겨나는 통찰을 구체화하는 새로운 그 이상의 기안들이 드러날 것이다. 개념적 틀을 개발하는 것은 연구 과정의 초점이 되는 것이다.

4. 연구문항 결정

연구에 대한 질문인가, 문제인가, 가설인가?

연구 프로젝트의 초점은 질문, 문제, 혹은 가설로 표현되어야 한다.

- 질문에는 답변이 필요하다.
- 문제에는 해결책이 필요하다.
- 가설은 하나의 진술로 표현되는데, (증거에 부합하는) '진실' 혹은 (증거와 모순되는) '거짓' 임이 입증되어야 한다.

질문에 의한 접근과 가설에 의한 접근의 차이와 연관성은 표 3.9에서 레이저/관광지의 방문자수가 감소하는 문제를 통해 설명된다. 간단한 버전에서는 레이저/관광지의 방문자수 감소하는 이슈는 왼쪽에서는 질문으로 표현되며 연구과정은 그 문제에 대한 해답을 찾고자 한다. 오른쪽에는 가능한 설명이 진술/가설로 표현되는데, 여기서 진술/가설은 연구과정에 의한 실험 대상으로 이를 통해 결론이 도출된다. 여기 주어진 예시에서 가설은 증거에 부합한다. 실제로 보면 두 접근방식은 꽤 비슷한 경우가 많다. 따라서 표 3.9의 part B에서 순서가 좀 더 상세하게 다뤄진다. 이를 통해 하나의 가설이 아닌 일정 범위의 가설이 검증되고 있다는 것이 드러난다. 이는 연구 질문을 대답하기 위해 탐색하는 가능한 답변의 범위와 유사하다.

흔히 가설형식은 자연과학에서, 연구문항 형식은 사회과학에서 주로 쓰인다. 2장에서 설명하였듯이, 후자는 서술적이며 귀납적인 연구에 쓰이는 반면 전자는 설명적이며 연역적인 연구에 더 적합하다. 이 책의 대부분은 연구문항 형식을 전제로 하나 가설형식은 특정 통계학적 분석체계에 반드시 필요하기 때문에 13장에서 사용될 것이다.

<table>
<tr><th>연구문제</th><th>가 설</th></tr>
<tr><td>A. 간단한 버젼
1. 연구문제: 왜 X지역의 지난 2년간 방문객 수는 감소하였는가?
2. 연구실시
3. 답변: 새로운 관광지, 더 나은 관광지 때문</td><td>
1. 가설설정: X지역의 지난 2년간 방문객 수의 감소는 새로운 관광지, 더 나은 관광지 때문이다.
2. 연구실시
3. 결과: 증거와의 일치</td></tr>
<tr><td>B. 더 상세한 버젼
1. 연구문제: 왜 X지역의 지난 2년간 방문객 수는 감소하였는가?
2. 연구전략개발:
브레인스토밍/문헌검토/방문객감소의 가능한 이유 연구, 가능한 이유목록 수집:
a. 새로운 관광지, 더 나은 관광지
b. 지역 수입의 감소
c. 관광객의 침체기
d. 시설의 질 감소
e. 가격의 상승
3. 연구 실시
증거 수집/그럴 듯한 이유의 데이터 발견
4. 답변: 새로운 관광지, 더 나은 관광지 때문</td><td>
1. 개발된 가설: 브레인스토밍/문헌검토/참가자감소의 가능한 이유 연구
2. 공식화/설정 가설:
방문객이 감소한 이유는:
a. 새로운 관광지, 더 나은 관광지
b. 처분할 수 있는 지역 수입의 감소
c. 관광객의 침체기
d. 시설의 질 감소
e. 가격의 상승
....or 위의 이유의 복합현상
3. 연구실시
증거수집/모든 5개의 가설 검증 및 데이타수집
4. 결과:
a. 증거와의 일치
b. 불일치; c. 불일치
d. 불일치; e. 불일치</td></tr>
</table>

■ 표 3.9 연구 질문 VS 가설의 형태

어떤 경우에는 연구자의 연구 주제가 처음부터 비교적 구체적이며 애당초 하나의 질문으로 표현된다. 그러면 이어지는 문헌연구와 개념체계는 이 특정한 이슈를 분석하고 기존 지식의 맥락에 놓는 과정이 된다. 이것은 표 3.9에서 제시된 한 사이트의 감소하는 방문자수에 대한 예시를 통해 증명된다.

개념체계는 그림 3.4에서 나타난 것과 같은 의사결정 모델을 수반하기도 한다. 즉, 그 연구는 어떻게 다른 이들이 방문하도록 설득할 것인가 혹은 어떻게 그들이 재차 방문하도록 설득할 것인가 찾기 위하여 사람들이 어떤 사이트나 목적지를 방문하도록 결정하는 것과 관련 있는 인과적 요소와 과정을 탐색하도록 설계된다는 것이다. 문헌연구는 비슷한 기존 모델들에 대한 연구와 사람들이 목적지를 선택하거나 관광지를 방문하는 데에 영향을 미치는 다양한 요소들에 대한 기존 연구에 대한 연구를 수반한다.

여타 경우, 처음에는 주제가 다소 모호한, 명확한 초점이 없는 관심 분야에 불과하다. 이러한 경우, 문헌 연구를 하고 개념체계를 개발하는 과정은 주제에 초점을 맞추고 정확히 무엇을 연구할 지 결정하는 데에 도움을 준다. 목표는 연구를 통해 해답을 제시할 수 있는 하나 또는 그 이상의 굉장히 구체적인 질문들에 초점을 맞추는 것이다. 이는 불가피하게 반복적인 과정이다. 간단하고 대답하기 쉬운 질문이라도 한번 생각하고 읽고 분석하면 많은 경우, 다른 질문들을 불러일으켜 한 프로젝트에서 다루기에는 개념적으로 너무 지나친 노력을 요구하거나 주어진 시간과 자원의 범위 내에 해결할 수 없게 되곤 한다. 이러한 상황에는 문제의 보다 작은 부분은 연구를 위해 분리해야 한다. 이것은 복잡하고 '큰 그림' 이 무시되어야 한다는 것을 의미하지는 않는다. 연구 논문을 작성할 때에 프로젝트를 좀 더 포괄적인 맥락에 놓고 특정 부분에 초점을 맞추게 된 이유와 경위를 설명할 경우가 있을 것이다.

연구문항인가 목표인가?

많은 경우, 연구 프로젝트들은 실질적인 목적을 가지고 있으나 그것들을 연구문항과 혼동해서는 안 되겠다. 또한, 목적을 연구를 진행하기 위해 필요한 과제와 혼동해서도 안 되겠다. 과제는 아래 연구 전략에서 다뤄진다. 그러므로, 예를 들어 "이 연구의 목적은 고객 한 그룹을 대상으로 설문조사를 하는 것이다,"는 목적과 수단을 혼동하는 것이다. 이와 같은 경우, 설문조사는 연구문항에 대한 해답을 찾는다는 목적을 위해 수행되는 것이지 그 자체로서 목적이 되지는 않는다. 물론 연구문항이 연구 목적에 담겨서 이렇게는 말할 수 있을 것이다.

> 이 연구의 목적은 다음의 질문을 대답하는 데에 있다: 방문자수가 감소하고 있는 이유는 무엇인가?

이 법칙에 대한 예외로서 한 가지로 미래에 필요로 할 것을 대비하여 데이터베이스를 구축하기 위한 연구 프로젝트를 꼽을 수 있다. 가령, 대다수 국가의 통계청들은 다양한 목적을 위해 자료를 사용할 다수의 사용자들을 위한 서비스로서 5~10년 주기로 인구연구를 시행한다. 따라서 '인구연구를 시행하는 것' 은 그 연구 프로젝트의 목적이 되는 것이다. 하지만 이 경우에도 미래에 어떻게 사용될 것인지는 대부분 알려져 있다. 프로젝트는 적어도 초기에 노화, 교육, 보건 등의 경향과 관련된 정책과 관련된 연구 문항을 전제로 한다. 여가나 관광을 연구하는 사람들이 이러한 '개방된' 자료 수집을 하는 상황에 처하는 일은 드물다. 일반적으로 자료는 그 자체를 위해서, 혹은 '언젠가 유용할 것' 이라는 희망에 따라 수집되어서는 안 될 것이다.

주요 문항과 보조 문항

대부분 상황에서 주요문항과 보조 문항은 유용하게 쓰인다. 보조 문항은 주요 문항의 답을 얻는 데에 필수적인 과정이다. 예를 들어 그림 3.6에서 도식에 보조문항으로 바꿀 수 있는 생소한 요소들이 표시되어 있다. 따라서 study A의 '시장 성향' 은 '이런 타입의 관광요소를 찾은 기존 고객들은 어떤 성향을 지니고 있는가?' 로 해석할 수 있다. 지역 내에서 경쟁하는 관광지들을 집계하여 목록화하는 것은 다음과 같은 보조문항을 전제로 한다.

'제안된 개발지와 경쟁하게 될 지역 관광지는 무엇인가?'

이런 아이디어는 이 장의 마지막에 있는 사례 연구에 더 자세하게 조명된다.

5. 정보의 필요성 목록화

연구문항과 개념체계는 정보의 필요 혹은 요구를 불러일으킨다. 어떤 경우에는 요구되는 정보들이 꽤 명확하고 가능한 정보출처가 비교적 쉽게 파악되는데, 예를 들어, 그림 3.6의 A의 경우, 개념들의 성질을 파악하거나 측량하기 위한 정보가 필요하다는 것이 드러난다. 이 점은 그림 3.7에서 설명된다. 또한, 이 정보들을 얻을 수 있을 법한 출처 또한 제시되나 어떤 종류의 정보는 다양한 정보원으로부터 획득할 수 있으므로 정보출처에 대한 결정은 또 다른 문제로 아래에 자세하게 다루어진다. 정보의 필요는 그림 3.7에서 축약된 형식으로 제시되어 있다. 가령, 특정 종류의 관광지에 대한 '시장 성향' 은 나이와 사회경제적 집단 이외의 요소들을 수반할 수 있다. 이것은 명백히 위에서 다룬 '운용' 개념과 연결된다. 이런 목록에 대한 예증은 위와 마찬가지로 이 장의 마지막의 사례 연구에서 다뤄진다.

6. 연구 전략 결정

연구 전략을 추진하는 것은 표 3.10에 나열한 연구과정의 몇 가지 측면에 대한 의사결정을 수반한다.

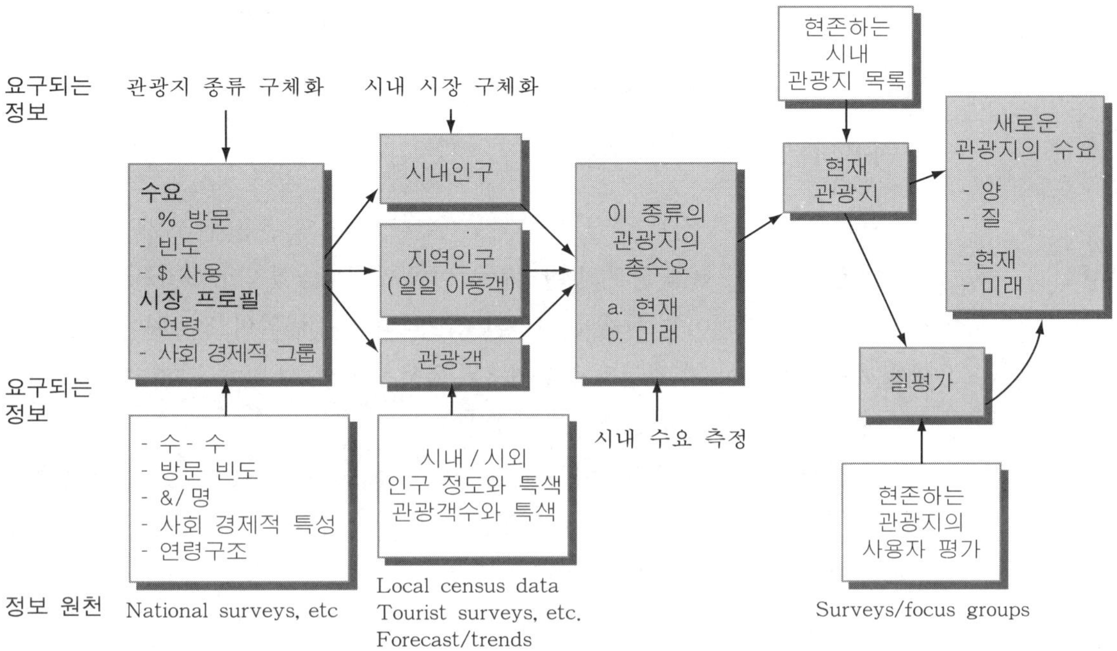

■ 그림 3.7 정보 수요

a. 프로젝트 요소/단계

많은 경우, 연구 프로젝트는 몇 가지 다른 요소들, 혹은 '하위 프로젝트'를 수반한다. 그 예로 주요 자료나 보조 자료를 수집하거나 다른 지역이나 시간대, 기간 동안에 자료를 수집하는 것을 들 수 있다. 이것은 그림 3.6에 조명되는 프로젝트에 분명히 드러난다. 초기 하위 프로젝트에서 시장의 성격을 확립하고 두 번째 하위 프로젝트에서 지역 시장 근거지의 성향과 규모를 평가한 뒤 세 번째 하위 프로젝트에서 제안된 관광지에 대한 수요를 산정해 보는 것이다. 프로젝트는 특히 한 부분이 다른 부분의 결과에 종속적일 때에 단계별로 고안될 수 있다. 가령, 1단계는 특정 지역에서 현지연구를 수반할 수 있는데 그 단계의 결과에 따라 2단계는 같

■ 표 3.10 연구 전략

a. 프로젝트 요소/단계 확립
b. 사용할 정보획득 기술 결정
c. 사용할 데이터 분석기술 결정
d. 예산 결정
e. 예정표 그리기

은 지역에 대한 심층적인 연구 또는 다른 지역에서 일을 수행하는 것을 수반할 수 있다.

b. 사용되는 정보 수집 기술

이 단계에서 다른 정보 수집 기술을 모색한다. 개념의 운용과 정보의 필요를 확인하는 단계들에서 특정 종류의 정보원은 이미 제시되었겠지만 여기서 세부사항이 결정된다. 각 5단계이상 아래에 나열된 정보마다 일정범위의 정보원이 가능하다. 어떤 기술을 이용할 지 결정하기 위해서는 특히 이용할 수 있거나 그러하리라 예측되는 시간과 자원에 관한 판단력이 필요하다.

이 단계에서 이전 연구자들이 사용한 기술에 집중하여 그들이 선택한 방법에 한계가 있었거나 심지어 잘못되지는 않았는지, 예전의 실책으로 무엇을 배울 수 있었는지 물어보는 방식으로 보다 심층적인 문헌연구를 해 보는 것도 중요할 수 있다.

이 단계에서 가장 고려해봄 직한 자료수집 방식의 범위는 이 책의 다음 장들에서 다뤄지는 것들이다.

- 기존 자료의 활용, 출간 및 미출간 연구 자료와 보조 자료를 포함하여 (5, 6장)
- 관찰 (7장)
- 질적 방법: 민족지학적인 방법, 참여적 관찰법, 비공식적인 심층 인터뷰, 그룹 인터뷰 또는 소비자 그룹(focus group)을 포함하여 (8장)
- 앙케이트를 바탕으로 한 설문조사: 방문 연구, 길거리 연구, 전화 연구, 사용자 연구, 현장 연구, 우편 연구를 포함하여 (9장)

이러한 개별적인 기술은 제시된 바와 같이 4장에서 전반적으로 소개된 뒤 그 다음 장부터 상세하게 다루어지므로 여기서는 더 이상 설명하지 않겠다.

정보수집의 과정이 가령 인터뷰를 하거나 관찰에 착수하기 위하여 '현장'으로 가는 것을 수반할 때, 현지연구를 위해 계획을 고려할 필요가 있다. 실험적인 연구를 할 경우 제안된 실험의 프로그램이 고려될 것이다. 만약 제안된 연구가 기초적인 자료 수집을 수반하지 않는다면 이것은 고려대상이 아니다. 방대한 자료수집이 수반될 경우 현지연구를 구성하는 것이 복잡해질 수 있다. 현지 스텝을 채용, 교육시키는 한편 대학교의 윤리위원회의 승인(아래에서 다룰 것이다)을 포함한 허가를 받고 자료 처리 및 분석을 조직해야 하기 때문이다.

c. 자료 분석에의 접근

자료 분석은 간단하고 단도직입적일 수 있으며 사용할 자료수집 기술과 논리적으로 이어질 수 있다. 이것은 연구가 설명적일 경우에 특히 그러하다. 그러나 어떤 경우에는 자료 분석이 복잡할 수 있으며 분석에 착수하기 위해 필요한 시간과 기술을 고려할 필요가 생긴다. 수집할 자료의 형식과 자료의 분석이 주어진 연구문항을 어떻게 답할 것인지 생각해 보아야 한다. 계획된 분석과정은 정보수집에 예를 들어, 사례 연구 D는 휴가를 쓰는 사람들과 그렇지 않은 사람들을 비교하며 두 집단의 성격, 휴가 쓰는 패턴, 지역 여가에 대한 참여와 인식을 비교하기 위해 두 집단을 대표하는 적절한 표본이 수집되어야 한다. 가령 심층 인터뷰를 통해 질적 자료를 수집할 경우, 인터뷰의 결과를 어떻게 분석할 지 고려해 봐야 한다. 각종 자료수집 기술에 적합하고 가능한 분석 방법은 차후에 상세하게 기술하겠지만 프로젝트를 계획할 때 자료수집뿐만 아니라 그것을 분석하는 것도 충분히 고려해야 한다는 점을 명심해야 할 것이다.

d. 예산과 시간표

어떤 상황들에서 예산과 시간표의 주요 사항은 고정되어 있다. 가령 학생은 다른 자원들을 제한 자신의 힘만을 사용하고 지정된 날짜 안에 보고서를 제출하게 되어

■ 그림 3.8 연구 프로그램 도형적 표현의 예

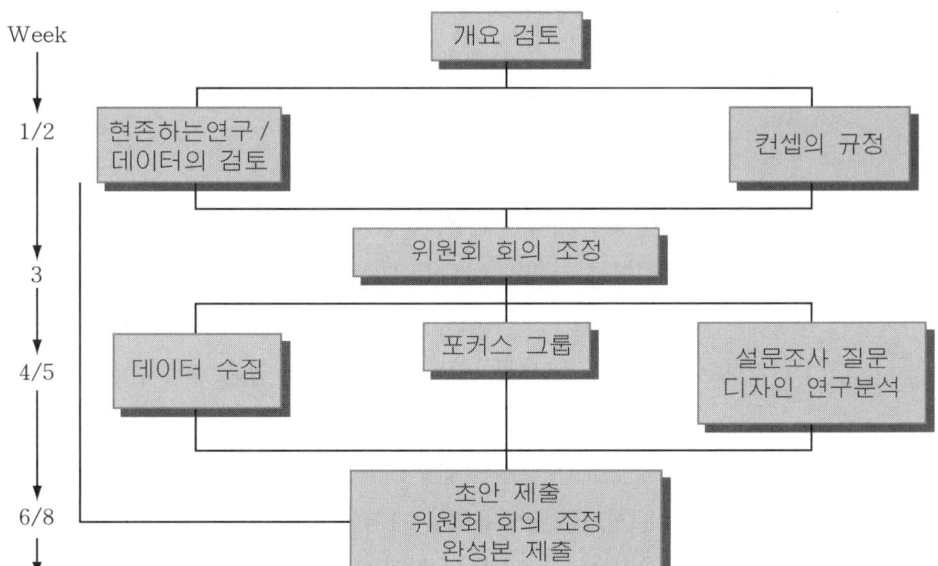

주	1	2	3	4	5	6	7	8
문헌검토								
2차자료 분석								
연구 지휘								
연구 분석								
포커스그룹								
고객과 미팅	*			*		*		
리포트 작성								

■ 표 3.11 연구 프로젝트 시간표의 예

있을 수 있다. 이와 비슷하게 연구 컨설턴트들은 주로 예산상한선과 고정된 완성 날짜가 있다. 그와 다르게 연구비를 대주는 단체에게 연구비를 요청하거나 특정 장소에서 프로젝트를 수행할 것을 허가가 떨어지기를 바라는 것과 같은 상황에서 리서치를 제안한 사람이 예산과 시간표를 건의할 것이 요구된다. 어떤 상황이든지 간에 이상적인 리서치 프로젝트를 수행하기 위해 필요한 시간과 돈이 충분할 때가 드물기 때문에 예산책정과 결코 쉽지가 않고 타협은 불가피하다.

리서치 전략과 시간표는 다양한 도표로 나타낼 수 있다; 그림 3.8과 표 3.11이 그 예이다.

7. 도덕적 정리의 획득

연구 윤리에 대한 입문

인간이 행하는 다른 모든 활동분야와 마찬가지로 윤리적 행동은 리서치에 있어서 중요하다. 표절과 정직한 결과 발표와 관련된 사항은 모든 연구 분야에서 윤리적으로 고려되어야 하지만 사람을 대상으로 한 자연과학과 사회과학 연구의 경우에는 더 많은 논점들이 드러난다. '연구 윤리'에 내포된 원칙들은 보편적이다. 그것들은 모두 정직성과 개인의 권리에 대한 존중과 같은 것과 관련이 있기 때문이다.

시장 조사자들과 같은 전문단체들은 구성원들이 의무적으로 신봉해야 할 구체적인 윤리강령을 확립했다. (예: BMRA, n.d.) 대다수의 대학교들은 이제 윤리위원회에 의해 실시되는 윤리규범을 가지고 있다. 전형적으로, 학부생, 대학원생 프로젝트는 일반적인 행동규범에 의해 규제되나 인간이나 동물과 관련된 논문을 위한 연구 제안서와 자금을 지원받은 교수들의 연구들은 대학윤리위원회의 승인을 받기 위해 개별적으로 제출되어야 한다.

연구윤리 규범은 본질적으로 연구에 관련되는 인간과 동물의 권리를 보호해주는 데에 의의가 있으나 전문가적이며 조직적인 기능을 수행하기도 한다. 연구자들은 소송의 대상이 될 수 있으며 적합한 윤리규범을 따르지 않았을 경우에 전문가로서 면책을 누리지 못할 수 있다. 이와 연관 지어서 공동체 내에서 연구에 대한 책임을 지는 단체의 홍보활동과 처한 위치에 대한 이야기가 나올 수 있겠다. 어떤 활동들은 윤리적이지만 모욕적일 수 있기 때문에 이러한 활동을 위해 사용되는 수집한 자료의 가치는 그것이 불러일으킬 반발심과 견주어보아야 할 것이다.

윤리적 논쟁은 연구의 의도와 진행, 그리고 결과 보고로부터 일어난다. 연구의 의도와 진행의 경우, 많은 윤리규범들이 실험실에서 벌어지는 일들과 관련 있지만 이에 관한 토론은 '현장'의 윤리적 문제와 연관되어 있다. 결과 보고에 관해서는 사용된 방법과 상관없이 똑같은 윤리규범이 적용된다.

연구 윤리규범에 인용되는 일반적인 법칙은 다음과 같다.

a. 연구 대상들에게 그 어떠한 피해가 있어서는 안 되고
b. 대상들은 자발적으로 참여해야 하며
c. 대상들은 고지(告知)에 입각한 동의를 바탕으로 참여해야 한다.

이러한 아이디어들은 아래에 상세히 기술되어 있다.

a. 피해

피해에 관한 의구심은 특히 개인의 건강이 실험적 과정에 의해 위험에 처할 수 있는 의약/생물학 연구에서 제기된다. 그러나 이러한 위험은 스트레스와 고통이 증폭되는 심리학적 연구와 대인관계가 손상될 수 있는 사회심리학적 실험에서도 발생할 수 있다. 대다수의 여가와 관광 연구가 해당되는 사회학적 연구의 경우, '피해'에 대한 이의는 수집단계보다 자료를 이용하는 중에 특히 비밀유지와 프라이버시에 관련하여 제기될 가능성이 높다.

프라이버시는 서구사회에서 중시하는 권리이다. 설령 외관상으로 심각한 피해를 입지 않았을지라도 사람들은 자기 일이 공론화되거나 특정한 제 3자에게 알려질 경우 기분이 상하고 스트레스를 받을 수 있다. 따라서 연구자는 수집한 모든 자료에

대한 비밀을 지킬 의무가 있다. 설문조사를 하는 상황 중 많은 경우, 자료가 익명으로 수집되기 때문에 비밀엄수에 대한 논쟁이 발생하지 않는다. 그러나 이러한 상황에서도 정보제공자들은 완전한 타인에게 특정 정보를 제공하는 것을 꺼릴 수도 있을 것이다. 이런 민감한 상황에 봉착했을 때 주로 정보제공 과정의 자율성을 제공하는 방식으로 접근한다.

어떤 연구 프로젝트들에는 이름이 알려진 개인들이 부득이하게 관련될 수 있다. 예를 들어 대상의 수가 적거나 그 개인들이 특정 단체 또는 공동체와 관련된 주요 인사들일 경우에 그러하다. 이와 같은 경우, 비밀엄수에 대한 논쟁이 일어난다. 개인으로부터 자료가 직접 수집될 경우, 기자가 그러하듯 정보가 공식적으로 주어진 것인지 비공식적으로 주어진 것인지 확인하는 습관을 들여야 할 것이다. 이와 같이 민감한 사항을 다루는 인터뷰에서는 정보제공자들에게 정보가 인용될 준비가 되어 있느냐는 질문을 하는 편이 현명하다. 그러나 어떤 정보는 제3자로부터 얻었을 경우, 연구자는 기자와 마찬가지로 이러한 정보가 어떻게 사용될 것인지 조심스럽게 고려해 보아야 할 것이다. 신문과는 달리, 아무리 좋은 스토리가 될지라도 명예를 훼손하는 자료를 출판할 위험을 감수할 연구 기관은 드물다.

자료가 기밀일 경우, 인터뷰 테이프, 필사본, 질문서와 같은 기초자료의 보안을 철저히 하는 등 자료를 지키기 위한 조치가 취해져야 할 것이다. 그리고 결과를 작성할 때에 주의를 기울여야 한다. 자료는 비밀번호나 이름에 대한 열쇠를 자료와 멀리 떨어진 곳에 안전하게 보관한 상태에서 비밀번호나 가명 하에 보관될 수 있다. 우편 설문들은 중간적인 사례에 해당한다. 출처를 확인할 수 없다면, 독촉을 위해 미응답자들을 선별하는 것은 불가능하다. 모두에게 독촉장을 보내는 것은 비용이 많이 들고 이미 응답한 사람들에게 짜증을 불러일으킨다. 한 가지 해결책은 번호가 설문지에 옮겨지지 않을 것임을 보증하며 설문지가 아닌 답장 봉투에 번호를 표시하는 방법이다.

결과를 보고할 때에는 간단명료하게 가명이나 숫자를 통해 개인, 단체, 사건, 장소, 그리고 공동체를 식별할 수 있는데 대부분의 경우, 이것으로 충분치 못하다. '아는 사람들'에게 연구 프로젝트와 연관된 장소들과 사람들을 알아보기가 지나치게 쉬울지도 모르기 때문이다. 기밀유지의 실패는 때로 작가의 '감사의 말' 목록에 사람과 장소가 명시되면서 악화되기도 한다. 상황은 소설가들이 책을 쓸 때 친구나 지인들을 등장시키는 경우와 유사하다. 어떤 이들은 우쭐해 하지만 다른 이들은 매우 불쾌해한다.

기밀의 문제는 연구자와 스폰서 단체의 관계와 관련되어 일어날 수 있다. 특히 스폰서 단체가 자료를 '소유'하고 있다면 연구자는 스폰서 단체들에게 그 정보원들의 신원을 밝힐 수 있는 그 어떠한 정보를 제공하지 않음으로써 정보원을 보호하려 할 것이다.

b. 자유로운 선택

일견 연구 대상이 프로젝트에 참여하도록 강요당하지 않는 것이 당연해 보이지만 '회색' 영역이 있기 마련이다. 일부는 기관의 특성에 의하며 일부는 연구의 의도와 성향에 내재되어 있다.

대학교에서 학생들은 연구의 대상으로 자주 이용되곤 한다. 어떤 대학에서는 교원들에 의한 실험 또는 설문조사에 일정단위 이상으로 필수적으로 참여하도록 되어 있으며 어떤 경우에는 참가하면 학점을 받는다. 물론 학생들이 그런 활동을 하지 않을 것을 선택할 수 있지만 순응을 강요하는 정신적 압력과 어쩌면 당할지 모를 제재에 대한 두려움까지 존재한다. 대학교 측에서 학생들에게 이렇게 부당한 정신적 압력을 가하는 것은 명백히 비윤리적이다.

다른 '포획집단'은 책임자가 참가를 승인한 학교의 학생들과 집단의 구성원들이다. 불참을 선택하는 것이 가능하겠지만 실현이 힘들 수 있으므로 연구대상은 결과적으로 강요당하게 된다. 마찬가지로, 수용소와 정신 병원과 여타 병원들에서 하는 연구에 대해서도 연구대상이 가지는 진정한 선택의 자유에 대해 비슷한 의구심이 제기된다.

정부는 선택의 자유에 대한 법칙을 지속적으로 침해한다. 예를 들어 인구 연구 설문지를 완전히 작성하지 않거나 공식적인 설문조사 몇 가지에 참여하기를 거부하는 것은 불법이다. 이러한 경우, 정확한 자료에 대한 사회적인 필요가 정보제공을 거부할 시민의 권리보다 우선시된다.

어떤 부류의 연구에서 연구 대상은 실질적으로 참가를 선택할 여지가 없다. 예를 들어 교통 흐름, 보행자의 움직임이나 군중의 행태에 대한 연구와 같이 관찰 연구와 같이 다수의 대상들이 관련되는 경우가 그러하다. 관찰 연구를 할 때에 많은 경우 자신들이 관찰되고 있다는 것을 알았다면 연구 대상들이 행동을 바꾸어 연구를 무효로 만들 것이다. 특히 반사회적이거나 심지어 불법적인 행태가 관련된 경우에는 더욱 그러하다. 이러한 고려사항은 사람들이 헬스장에서 개인 간에 벌어지는 행태부터 매춘, 도박, 또는 음주 환경에 대한 연구까지 폭넓게 적용될 수 있을 것이다.

참여의 자유에 대한 문제는 특히 참여적 관찰에 관련하여 일어난다. (Bulmer, 1982) 그런 연구의 토대가 연구받는 집단이 연구자를 받아들이고 신뢰하느냐에 달려 있을 수 있다: 만약 그 참여자가 연구자라는 사실을 안다면 이것을 달성하기가 어려울 것이다. 만약 연구자가 정체를 실토한다면 연구 대상들이 행동을 바꾸어 연구를 무효화시킬 위험이 있으며 그렇게 될 공산이 크다고까지 할 수 있다. 그렇다면 연구자들은 그들이 상호작용하고 있으며 관찰중인 사람들에게 어느 정도로 자신의 정체를 숨기는 것이, 즉 정체에 대한 거짓말을 하는 것이 윤리적인가? 연구자들이 약물을 복용하거나 청소년 갱단에 가입하는 등 불법적이거나 그와 동시에 반사회적인 활동을 하는 집단에 가담한다면 그들은 어디에 충성해야 할 것인가?

모엘러와 그의 동료들은 어느 유명한 레크리에이션 연구에 캠핑하는 사람들의 가격에 대한 태도를 연구하기 위해 캠핑하는 사람으로 가장한 연구원들을 투입했는데 공식적으로 신분을 드러낸 연구원들이 수집한 것과 다른 결과를 발견했다. 이 행위의 윤리성은 여가 연구 학술지에서 상당한 논쟁거리가 되었다.

동의의 자유가 없음에도 이러한 연구방법을 용인한다면, 위에서 논의한 결과 보고할 때 기밀을 유지하는 것에 대한 문제가 더욱 부각된다.

c. 고지(告知)에 입각한 동의

실험연구의 경우 그 아무리 희박할지라도 연구대상에게 신체적인 해가 가해질 가능성이 있을 때, (예를 들어 알레르기와 관련되거나 근육 뒤틀림, 심지어 심장마비의 가능성이 있을 때) 연구대상은 실험에 참가하기 위해 고지에 입각한 동의를 하기 위해 위험부담을 완전히 숙지하고 있어야 하다는 것이 분명하다. 위험부담의 정도는 판단의 문제로 대다수의 경우 연구자만이 어떠한 연구 과정에 수반되는 위험부담의 정도를 완벽하게 숙지하고 있다. 이것은 연구대상이 완전히 '고지' 될 수 있는 범위에 대한 문제를 제기한다. 연구 대상은 절대로 연구자만큼 완벽하게 알 수는 없다. 어느 정도를 알리는 것이 합당한지 판단해야 한다. 전통적인 과학 실험실에서는 후보에게 연구의 특징을 구두 및 서면으로 설명한 뒤 연구에 참여할 것을 동의하는 서류에 서명하도록 한다. 물론 연구자는 이 과정을 따르는 '시늉' 을 할 수 있으나 위험부담에 대한 잘못된 정보를 제공함으로써 이를 남용할 수 있다. 따라서 이에 대한 명확한 지침과 감시가 필요한 것이다.

대부분의 여가와 관광 연구에는 이러한 물리적이거나 정신적 위험부담이 발생하지 않지만 이런 위험부담은 '고지' 되는 것의 일부일 뿐이다. 여기에는 윤리적인 측면이 포함될 수도 있다. 예를 들어 어떤 사람들은 특정 정부기관, 정치단체 혹은 사기업을 위해 수행되고 있는 연구에 참여하는 것을 거부할 수도 있다. 따라서 '고지' 되는 것은 연구의 목적과 스폰서 혹은 수익자의 특성에 대해 보고받는 것도 포함한다.

어떠한 경우에 연구가의 지위가 양분될 수가 있다. 예를 들어 학생들이 클라이언트 단체를 위해 프로젝트를 수행하거나 직장인 대학생들이 학교 과제를 위해 회사 직원들을 연구대상으로 삼거나 경쟁회사를 대상으로 연구를 수행하는 경우가 있을 수 있다. 학생들이 정보원들에게 자신들을 학생이라고만 밝히고 이 연구의 수익자가 될 단체를 언급하지 않는 것은 분명히 비윤리적이다.

그러나 또다시 회색 영역이 존재한다. 어떤 경우, 연구대상이 연구 목적을 알 경우 연구가 무효화될 수 있다. 예를 들어 인종이나 성별이 다른 면담자들에 대한 반응을 바탕으로 한 사람들의 태도에 대한 유사 실험 연구를 들 수 있다. 예를 들어 인종이나 성별처럼 민감해질 수 있는 주제를 다루는 태도 연구의 경우, 응답자에게 연구에 대해 너무 많이 알려줘서 그들이 '경계하게' 하여 응답에 영향이 미칠 것이라고 생각할 수 있다. 확실히 이러한 속임수는 윤리적 문제를 불러일으키므로 연구의 가치가 가벼운 속임수를 쓰는 것을 정당화시키는 지 판단해야 한다.

어떤 경우에는 정보원들에게 세세한 정보를 제공하고 서면으로 동의를 받는 것이 불합리하며 불필요하다. 따라서 전형적인 여가 및 관광 설문은 다음과 같이 설명된다.

- 익명으로 이루어진다.
- 짧은 인터뷰만을 수반한다. (예: 3~4분)
- 상당히 간단하고 개인적이지 않은 질문들로 이루어진다.
- 관리자나 권위자의 승인 하에 시설이나 부지에서 이루어진다.

이와 같은 상황에서 대다수의 응답자들은 연구에 대한 세부적인 설명에 관심이 없다. 대부분 사람들은 설문조사에 익숙하고 그들은 주로 인터뷰가 시간을 너무 잡아먹지 않는 것에 관심이 있다. 예비 응답자들은 세세한 설명을 제공하고자 하면 짜증을 낼 수 있으며 빨리 시작하기를 원할 것이다. 연구의 목적에 대한 질문은 주로 나중에 응답자가 인터뷰를 하는 과정에서 관심이 생겼을 때 나온다.

이와 같은 설문조사를 위한 지침은 다음과 같다.

1. 인터뷰하는 사람은 성함과 관련 단체(주최기관이나 대학교)를 명시한 이름표를 달아 자신을 신원을 밝힌다.
2. 인터뷰하는 사람들에게 프로젝트의 요점을 충분히 알려서 들어오는 질문에 대답할 수 있도록 한다.
3. 만약 응답자가 작성할 설문지가 쓰인다면 설문지에 프로젝트의 목적에 대한 짤막한 설명이 제공되어야 하고 (읽느라 시간이 오래 걸릴 정도로 길면 안 된다) 더 많은 정보를 원하는 사람들을 위한 전화번호도 기재한다.
4. 예비 응답자들에게 접근하는 인터뷰하는 사람들은 자신을 소개하고 다음의 말 또는 유사한 말로 협력을 구한다: '저희는 ---- 사용자들을 상대로 설문을 진행하고 있는데, 몇 가지 질문에 대답해 주실 수 있으신지요?'
5. 관리자들의 전화번호를 준비하여 응답자가 원할 경우 제공해야 한다.
6. 관심 있는 응답자들을 위해 짧게 간추린 유인물을 준비해야 한다.

일반적인 연구 윤리

지금까지 연구자들과 연구대상 혹은 정보원들의 관계 그리고 어느 정도는 고객 구조와 관련된 논의를 했다. 우리는 이 주제를 그만두기 전에 몇 가지 다른 쟁점들을 짚고 넘어가야 한다. 도덕적인 사람에게는 당연하다고 여겨질 법하지만 완성도를 위해 포함시켰다.

- 경쟁: 연구가는 충분히 훈련 받지 않은 기술을 이용하는 것을 수반하는 연구를 시도하지 말아야 한다. 그렇게 하는 것은 연구대상에 해를 끼칠 위험부담이 있으며 연구대상들의 호의에 악용하게 될 수 있으며 연구기관의 명성을 떨어뜨릴 위험이 있으며 시간과 여타 자원의 낭비를 초래할 수 있다.
- 문헌연구: 철저한 문헌연구를 하여 제안된 연구가 다른 곳에서 이미 시행되지 않았음을 확인한 후에 연구가 진행되어야 한다.
- 표절: 어떠한 표시도, 필요한 경우에는 허락도 없이 다른 이의 자료와 아이디어를 쓰는 것은 비윤리적이다.
- 결과의 위조: 연구결과의 위조 또는 오해하기 쉬운 결과 보고는 명백히 비윤리적이다.

8. 연구 수행

사실 이 책의 나머지 부분에는 연구를 수행하는 것을 다룬다. 그러나 이 장에서 논의되는 준비단계에 주의를 기울이지 않으면 결과가 좋은 연구가 될 수 없다는 점을 누차 강조해도 모자랄 것이다. 좀 더 긍정적으로 표현하자면, 잘 준비하면 나머지 연구과정이 상당히 순조로워진다. 경험이 부족한 연구자들은 흔히들 1단계 주제 선택에서 8단계 연구 수행까지 너무 빠르게 진행하는 경향이 있다. 그 결과 수집된 자료는 그 용도가 불분명하며 연구자는 애써서 수집했으나 어떠한 형식에도 부합하지 않는 정보를 파악해야 하는 문제에 봉착하게 된다. 만약 위의 과정을 차근차근 따른다면 모든 수집된 모든 정보는 구체적인 질문에 답하기 위해 수집된 것이므로 각각 목적을 지닌다. 물론 이것은 의외의 상황이 발생하지 않는다거나 뜻밖의 발견이 없으리라는 것을 의미하지는 않으나 적어도 연구의 핵심 구조는 제어될 것이다.

귀납적인 연구, '기초를 둔 이론' 그리고 다양한 질적 연구는 보다 적은 준비를 요한다고 생각할 수 있을지 모르지만 실제로 그런 경우는 드물다. 8장에서 논의되다시피, 질적 연구의 경우 연구를 설계하는 데에 있어서 보다 유동적이며 진화적인 구조가 있다는 점은 사실이나 철저한 준비는 여전히 중요하다.

9. 결과 보고

연구 결과를 작성하는 방법은 여기에서 자세하게 다루지 않는데 그 이유는 이 책의 마지막 장이 이를 설명하는 데에 할애되어 있기 때문이다. 경험이 부족한 연구자들이 반드시 지나치게 빨리 돌입하곤 하는 연구의 수행과는 달리 결과를 작성하는 것을 시작하기까지 시간이 너무 지체되어 이를 만족스럽게 완성하기에는 시간이 부족하게 된다. 여기 제시한 것과 같이 보고서 작성 과정은 맨 마지막에 오는 것을 암시하는 연구과정의 개요 자체가 문제를 제공할 수도 있다. 사실, 보고서 작성은 프로젝트가 시작하는 것과 거의 동시에 시작할 수 있다. 모든 초기 단계들, 예를 들어 문헌연구와 개념체계의 개발, 또한 프로젝트 과정에 들어가기 때문이다.

연구 계획안

서 론

여기서 연구 계획안은 넓게 두 가지 의미로 논의된다. 첫 번째는 자발적인 연구 계획안으로 학생들이 스스로 채택한 주제를 바탕으로 프로젝트나 논문을 승인 받기 위하여 준비하거나 학자들이 자신들이 고안해낸 연구 프로젝트를 위한 자금을 마련하기 위해 준비하는 것을 말한다. 두 번째는 응답형식의 계획안으로 컨설턴트들이 예비 클라이언트들이 준비한 연구 개요에 응답하는 방식으로 준비된다. 학생들 또한 실제 또는 가상 클라이언트들을 위한 프로젝트를 수행할 때 응답하는 계획안을 준비할 것을 요구 받을 수 있다. 시설 내의 자원을 이용하여 연구를 수행하고자 하는 계획가들과 관리자들은 설명한 두 상황의 중간단계 즈음에 해당한다.

각 경우마다 계획안은 서면으로 작성된 서류로 프레젠테이션을 수반할 수도 그렇지 않을 수도 있는데 어떠한 경우를 이용하더라도 목적은 연구에 대한 결정권자를 납득시켜야 한다. 연구 계획안을 작성하는 사람들은 의사결정권자들에게 이 연구의 가치, 계획된 방향의 건실함, 그들이 프로젝트에 가져올 수 있는 가치 있고 독보적인 통찰력, 그리고 그들이 이 연구를 수행할 수 있는 개인적인 능력에 대한 확신을 심는 어려운 과제를 맡게 된다. 어떤 경우에는 의사결정권자 혹은 결정권자들은 분야의 전문가들인 반면 그렇지 않은 경우도 있으므로 관계자들 모두가 계획안을 이해할 수 있도록 신경을 써야 할 것이다. 이런 상황에서는 대개 명확한 표현과 간결함이 주요 포인트이다.

자발적인 연구 계획안

학생의 논문/프로젝트 또는 자금을 구하는 학자들을 위한 학술적 연구 계획안들은 어떤 연구가 어떻게 수행될 것인가를 설명할 뿐만 아니라 주제의 선택을 근본적인 이유를 제시해야 한다. 주제와 그에 대한 취급이 그 규모와 복잡성에 적합해 보여야 하고 학부생의 프로젝트이든 박사 논문이든 몇 년 간 수 명의 연구가들이 팀을 이루어 수행하는 자금을 지급받는 프로젝트이든 프로젝트의 수준에 알맞아야 한다.

일반적으로 학술적 연구 계획안은 이 장에서 논의된 내용을 다루어야 한다. 어떤 경우에는 계획안이 제출되기 전에 벌써 상당한 양의 일이 이루어져 있을 수 있다. 일 년 정도의 준비작업을 거친 박사 논문 계획안이나 한 분야에서 수년간 일해 온 숙달된 학자의 계획안이 여기에 해당한다.

이와 같은 경우, 위에서 언급하였듯이 계획안은 연구 과정 1에서 6까지의 과정을 상당 부분 완성한 상태를 보여줄 것이다. 즉, 자금은 연구의 현지 연구를 수행하고 결과를 작성하는 7에서 9단계를 위하여 필요한 것이다. 다른 경우에는 주제를 선택하는 것 외에 완성된 것이 없으며 계획안은 2에서 9단계를 아우르는 프로그램의 개요로 이루어져 있을 것이다. 어떤 계획안은 예비적인 문헌연구와 프로젝트의 일부로서 더 많은 것을 착수할 것을 의미하는 계획안으로 이루어진다. 또한, 어떤 계획안들은 사용될 개념체계가 굉장히 명확한 반면 다른 계획안들은 불확실한 개념만을 제시한다. 따라서 다양한 계획안들 사이에 상당한 차이가 있다는 점을 염두에 두고 계획안의 내용물을 안내하고 있는 표 3.12의 목록을 보자.

■ 표 3.12 연구 계획안 점검표: 자발적 연구

1. 주제선정의 배경 및 정당화(요소 1)
2. (준비)문헌 검토(요소 2)
3. 개념적/이론적 구조/이론적 토론(요소 3)
4. 연구문제/가설 설정(요소 4)
5. 데이터 개요/정보 요구 및 연구전략(요소 5와 6)
6. 정보 수집방법 세부목록(4-9장)
   - ■ 연구전략에 의한 구조화 그러나 다음 사항을 포함
     - 검토되어질 다른 추가적인 문헌의 개요(5장)
     - 사용할 2차자료 요약
     - 연구할 현장작업의 개요 - 질적 혹은/그리고 양적
       다음 사항 포함
       - 표본/주제 선정 방법(10장)
       - 확실한 질의 측정
       - 샘플사이즈의 정당화
7. 인종관계 고려(요소 7)
8. 데이터 분석 방법 상술
9. 업무/임무의 일정표
10. 예산 - 적용할 수 있는 - 각각의 요소/단계/임무의 비용(6d)
11. 리포트/논문의 장(chapter)의 개요 혹은 출간물의 종류나 수의 표시
12. 자원/기술/경험/ '현재까지의 실적' (투자를 찾을 때 필요)

응답형식의 계획안 – 적요(摘要 brief)와 제안(tender)

적요(brief)는 어떤 조직이 수행되기를 바라는 연구에 대한 개요이다. 이 프로젝트를 수행할 사람으로서 고려되기를 원하는 컨설턴트들도 서면으로 작성되고 비용을 명시한 계획안 혹은 제안(tender)을 제출해야 한다. 적요는 대개 어떤 조직이 연구 계약을 위해 경쟁하는 몇 명의 컨설턴트들을 염두에 두고 준비한다. 어떤 경우에는 컨설턴트 후보자들은 먼저 광고 등을 통해 그들이 이 프로젝트에 대해 가지고 있는 '관심을 표현하라' 고 요구한다. 이것은 컨설턴트들의 능력, 그들의 예전에 수행한 프로젝트로 이루어진 경력과 직원 수에 대한 간단한 진술로 이루어진다. 다른 경우에 정부기관이 특정 관심사와 능력을 가진 컨설턴트들의 명부를 유지하고 있어서 어떤 프로젝트를 위해 제안을 가져올 것을 요청할 수 있을 것이다. 조직은 관심의 표현이나 명부의 정보를 토대로 후보자 명단에 오른 컨설턴트들에게 상세한 적요를 보내고 상세한 계획안을 제출할 것을 청한다. 성공적인 제안은 가격만으로 선택되지 않고 (대부분의 경우 예산은 고정되어 있다) 제출한 계획안의 특징과 컨설턴트의 경력까지 고려된다.

적요로 주어지는 정보량은 천차만별이다. 어떨 때에는 굉장히 상세하여 컨설턴트들이 계획안에 개인적인 성향을 표현할 여지가 거의 없다. 다른 경우에는 매우 단편적인 정보만 있어서 컨설턴트들이 프로젝트 진행방법과 접근방식을 제시할 여지가 많다. 연구를 위탁하는 것에 익숙한 클라이언트 조직은 명쾌하고 금방이라도 시작할 수 있는 적요를 창출한다. 다른 경우에는 클라이언트의 뜻과 의도를 명확하게 할 필요가 있다. 예를 들어 클라이언트가 공동체의 '여가의 필요성' 에 대한 연구를 요청할 수 있는데 이 경우 클라이언트가 '여가' 를 어떤 의미로 사용했는지, 그 안에 가정 내 여가, 휴가, 연예오락, 식당 혹은 나이트클럽이 포함되는지 여부 등을 구체화할 필요가 있다. 한편 클라이언트가 어떤 프로그램의 '효율성' 을 평가할 것을 요구한다면 목표에 대한 진술이나 그 프로그램의 목표에 대한 진술이나 평가기준이 이미 존재하는지 연구의 일부로서 개발되어야 하는 지 여부를 구체화하는 것이 필요할 것이다.

역설적으로 클라이언트 단체의 요구사항이 지나치게 구체적일 경우에 문제가 발생할 수 있다. 예를 들어 한 단체는 '이용자 설문조사' 또는 '방문객 설문조사' 를 요구할 수 있다. 경영상태에 대한 정보도, 연구의 결과로 생기는 자료가 답변해야 하는 정책적 질문에 대한 정보도 없는 상태에서 이러한 설문조사에 무엇을 포함시켜야 할 지 결정하기란 쉽지 않다. 이 단체는 방문자수가 감소하는 것이 걱정되는가? 마케팅 믹스를 바꾸고 싶어 하는가? 특정한 고객층이 방문하는 것에 대해 걱정하고 있는가? 미래의 수요 경향을 염려하고 있는가? 이런 상황에서는 클라이언트가 경영 문제의 성격을 제시하고 연구자에게 가장 적합한 접근방식(설문조사일 수도, 아닐 수도 있다)을 결정하도록 하는 편이 바람직할 것이다.

어떤 경우에는 연구자가 연구를 시작하기 전에 알아두는 것이 좋을 숨은 동기가 있다. 예를 들어 연구는 조직에서 까다로운 경영 결정을 내리는 것을 중단시키거나 지연시키기 위한 수단으로 사용될 수도 있다. 한 가지 예로 여가나 관광 서비스가 형편없는 시설관리와 고객들에게 불친절한 직원들의 태도로 인해 이용률이 낮아지고 있는 경우가 있겠다. 시설을 이용하는 사람은 누구나 알 수 있으나 경영진은 문제가 '외부'인 시장에 있으리라는 기대를 가지고 '시장조사'를 의뢰하기로 결정한다. 하지만 사실 문제는 '내부'에 있으니 연구가 아닌 시설관리와 직원교육에 돈을 쓰는 편이 유용할 것이다.

연구가 당장 정책에 필요해서가 아니라 미래에 필요할 것을 대비하기 위해서라든가 단지 호기심을 충족하기 위해서 행해질 때 클라이언트의 요구사항이 모호하게 느껴질 수 있을 것이다. 예를 들어, 여가 또는 관광시설의 관리자가 아무런 구체적인 방침이나 경영 문제를 염두에 두지 않은 채 방문객 설문조사를 의뢰할 수 있다. (어쩌면 올해 예산이 남아서일지도 모른다.) 이 경우, 연구는 가설적 또는 잠재적 정책이나 경영 문제를 구체화시킨 다음 자료 설명서를 그에 맞춰야 할 것이다.

계획안에는 무엇이 들어가야 하는가? 가장 중요한 첫 번째 원칙은 그것이 적요에 초점을 맞춰야 한다는 점이다. 위탁하는 조직에서 이 적요를 자세하게 다루었을 가능성이 크다; 적요의 국면들은 각각 그 조직의 어느 개인이나 부서에 있어서 중요할 것이므로 계획안의 모든 국면이 다뤄져야 할 것이다. 따라서, 예를 들어 적요에 네 가지 목표가 있으면 계획안에는 각 목표를 어떻게 달성할 것인지 매우 구체적으로 제시하는 편이 좋을 것이다. 따라서 계획안은 다음을 제시해야 한다.

- 무엇을 해야 하는가?
- 어떻게 할 것인가?
- 언제 할 것인가?
- 비용은 얼마나 들 것인가?
- 누가 할 것인가?

■ 표 3.13 연구 계획안 점검표: 응답형식 연구

1. 독특한 접근과 특별한 기술/컨설턴트경험을 포함한 계획의 중요요소에 대한 간결한 요약
2. 해석과 개요의 중요요소에 대한 재진술/중요 개념에 대한 정의
3. 개념적 구조/이론적 토론(요소 3)
5. 연구전략 – 방법/임무(요소 6)
6. 정보수집방법의 세부목록(4–9장)
   - ■ 연구전략의 구조화 그러나 다음 사항 포함
     - 검토되어질 다른 추가적인 문헌의 개요(5장)
     - 사용할 2차자료 요약
     - 연구할 현장작업의 개요 – 질적 혹은/그리고 양적
       다음 사항 포함
       - 표본/주제 선정 방법(10장)
       - 확실한 질의 측정
       - 샘플사이즈의 정당화
7. 임무의 일정표 임시제출/고객미팅/초안 및 최종 리포트 제출(6e)
8. 예산: 각각의 요소/단계/임무의 비용(6d)
9. 리포트의 장(chapter)의 개요 그리고 다른 제출된 리포트 형식의 상술(예: 임시 리포트, 업무 일지, 아티클 등)
10. 자원이용, 현재까지의 업적, 직원

전형적인 응답형식의 계획안은 표 3.13에서 제시한 요소들을 포함하고 있을 가능성이 높다.

연구 프로젝트 계획의 사례 연구

연구를 수행함에 있어 계획과정의 중요성으로 인하여 세 개의 사례 연구는 과정을 묘사하고 있다.

사례 연구 3.1은 경영 상황내의 특정 문제를 고려하고 있다; 시설물의 방문 감소 – 박물관의 사례

사례 연구 3.2는 학술적 관심의 증가; 레저 와 관광연구의 '휴일' 의 아이디어 부재

사례 연구 3.3은 경영 상황의 증가 – 레크레이션 서비스의 지역 권한자의 평가

● 요 약

이 장은 연구 프로젝트 계획과 연구 계획안을 준비하는 과정을 다루었다. 이는 아홉 요소들로 구성되었으며 다음과 같다.

1. 주제의 선택	2. 문헌 검토	3. 개념적 틀의 고안
4. 연구 질문 결정	5. 정보 수요의 기재	6. 연구 전략 결정
7. 도덕적 정리의 획득	8. 연구의 수행	9. 결과 보고

여덟 요소들이 항상 표시된 대로의 순서에 맞게 나타나지 않기 때문에, '단계'나 '차례'보다는 '구성 요소'라는 용어가 쓰인다. 특히, 언급된 첫 요소들은 다양한 순서로 종종 반복적인 과정에서 나타난다. 연구 과정의 전체적 개관은, 연구자가 연구를 시발하는 자발적 계획안과 의뢰 단체로부터의 연구 적요에 응하는 응답형식의 계획안 등의 연구 계획안에 대한 논의 후에 나온다.

Test question

1. 이 장에 의하면 여러 다른 원천에 의하여 연구주제가 부각되는데 그 중 5가지 원천은 무엇인가?
2. 개념이란 무엇인가?
3. 운영화의 개념이란 무엇인가?
4. 개념구조란 무엇인가?
5. 연구과제와 가설의 차이점은 무엇인가?
6. 자발적인 연구 계획안과 응답형식의 계획안 차이점은 무엇이며, 두 타입의 계획안은 어떠한 의미를 내포하고 있는가?

Exercise

1. 관광이나 레저 저널의 논문집 중 3개의 논문을 선택하고 연구주제 선택의 근거를 정의하시오.
2. 관광이나 레저 저널의 논문을 선택하여 : a. 논문에 사용된 중요개념을 정의 b. 어떻게 개념이 연관되어졌는지 간단한 개념지도를 그리시오.

3. 가능한 연구 프로젝의 개념 지도를 둘 중 하나를 그리시오. : a. 미국문화가 영국관광에 미치는 영향 b. 인구의 연령이 서구국가 관광의 변화에 미치는 영향

4. 사례연구 3.1, 3.2와 같은 비슷한 구조와 범위의 사례를 적으시오.

사례연구

3.1 … 부대시설 사용

이 사례 연구는 응답 연구안의 준비로 이어지는 연구과정의 6가지 요소의 순서를 개략적으로 잡아준다. 이 개요는 그 과정을 예증하기 위한 약식으로 표현되었다.

1. 주제 선정[1)]

주제는 한 박물관의 경영진에 의해 제안되었다. 관광객에 의한 관객 수는 증가해 온 반면, 지역 단체 구성원들로부터의 관객 수는 수 년 간에 걸쳐 감소해왔고, 경영진은 그 원인을 알고자 한다.

2. 박물관 방문에 관련된 문헌 검토[2)]

검토되어야 하는 문헌은 박물관이나 여가/관광 시설 경영을 전반적으로 망라한다. 박물관 방문객에 대한 연구 문헌은 광범위하고, 따라서 제안된 연구 부분은 이 문헌의 구체적인 연구를 수반한다. 이 계획 단계에서 연구의 출발점을 제공하기 위해 세 가지 원천이 끌어들여졌다. 처음의 두 가지는 관객 수의 감소가 대개의 공동체에서의 동향에 관련될 수 있음을 시사하는 것이었던 반면, 세 번째는 그 문제점이 박물관 그 자체의 경영에 놓여있을 수 있음을 시사하는 것이었다.

- Bennett과 Frow(1991)는 전시장과 박물관의 사용자들이 더 고등 교육을 받은 고소득 사회 집단으로부터 유인됨을 보여 주는데, 이는 그런 시설에서의 참석과 불참은 사회 집단에서 변동하는 계층/교육/소득 추세와 관련이 있을 수 있다고 암시하는 것이다.

---

1) 이런 유형의 주제는 또한 다른 종류의 여가 시설이나 관광 목적지에 적용할 수 있다.
2) 이것은 예증의 목적을 위한 매우 짧은 문헌 검토이다. 더욱 광범위한 검토는 학술 연구에서 기대될 것이다. 이러한 간단한 검토는 상담 보고서에 제출되는 것이 낫지만, 일반적으로 관련 문헌에 대한 더욱 더 광범위한 연구에 기초하고 있었을 것이다. 이것은 사실 상당히 유효하다('유효하다' 에 대한 논의는 5장을 본다). '박물관의 감소하는 관객 수와 그에 대한 처방' 에 대한 연구를 찾았더라면 훨씬 도움이 됐겠지만, 이는 동일한 경우가 아니었다. 이 검토는 기정사실로서 제출되었지만, 선택된 사항에 대해 다가가기 전까지 상당한 탐색/독서/평가를 수반하게 되었을 것이다.

- Rojek(2000: 22-4)[3]는 '패스트푸드'와도 같은 '급속한 여가'의 현상이 근대 이후 현 시대의 특성일 것이라고 넌지시 말한다. 이 개념은 '시간압박'(Bittman, 1998)의 개념에 관한 문헌에서 진행되고 있는 논란을 반영한다. 논의의 여지가 있지만 박물관을 방문하는 개념은 '급속한 여가' 개념과는 일치하지 않으므로, 박물관 방문의 감소는 이 광범위한 사회문화적 추세에 기인했다고 할 수 있다.
- 문제점은 박물관의 경영진에게 있을 것이다. 고객 서비스와 서비스의 질[4]에 관한 문헌에서는 따라서 감소하는 관객 수의 문제에 관한 연구를 어떻게 할 것인가에 대한 견해들이 제공될 것이다. SERVQUAL 모형은 여가와 관광의 배경에서 적용되어 왔고(Howat et al., 1996; Langer, 1997; Williams, 1998; Veal, 2002: 219-20), 고객들의 경험 양상이 실질적인 경험과 관련된 그들의 기대와 관계 지어진다.

3. 개념상 구조/이론적 논의: 박물관 관람 유형[5]

문헌 연구에서 제안된 모든 세 가지 관점은 이 논의에서 다루어질 것이다. 이것은 제한된 자료와 시야에서의 논의이고 박물관이 작기 때문에, Bennett과 Frow(1991) 그리고 Rojek(2000)에 의해 인지된 일반 사회적 변화의 이슈들은 박물관이 공헌하는 지역 공동체의 정황에서 연구될 것이며, 그것이 집수지역 내에서의 모집단이라고 할 수 있다.[6] 위에서 연구된 세 문헌의 원천은 박물관 방문/수요의 다른 '모형'을 반영한다고 할 수 있다. 그렇지만, 실제로는, 그것은 아래의 논의가 시사하는 바에 따라, 서로 보완하는 것으로 보인다.

모형 1 사회적 부류 등 및 수요

지역적 모집단에서 사회경제적 성격은 최근 수년간 변화되어 왔고, 박물관 관람객들이 전통적으로 기원했던 집단의 수 감소를 야기했다. 이것은 그림 3.9에서 보듯, 지금의 연대와 조금 더 이전의 연대 사이에서 표적 인구통계학적 수요 부분의 변화량에 의해 방문자 수요의 변화 정도가 결정되는 간단한 모형을 암시한다.

---

3) '급속한 여가'는 넓은 범위의 책의 한 부분에서 논의된 많은 주제 중의 하나이기 때문에, 페이지 수는 Rojek 참고에 부여된 것임을 주지한다.

4) 3장의 '무슨 교육?'의 논의를 보고, 유용한 개념에 대한 구체적인 주제까지 넘어서 볼 필요가 있다.

5) 개별적으로나 혹은 동시에 이 표제들은 사용될 수 있거나, 또는, '문제점 분석' 혹은 '방문자 수요 모형화' 등과 같이 아마 쓰일 수 있을 것이다.

6) 논의에서 언급된 모든 개념들은 그림/개념 도해로 나타남을 주지한다.

모형 2 '급속한 여가'

표적 인구통계학적 부분의 크기 변화가 있든 없든 간에, 모형 1에서 가정하듯이, Rojek의 '급속한 여가' 현상은 똑같이 작용하고 있다. 이는 지역 공동체에서 실험이나 관찰에 의해 연구하기가 어려운데 그 이유는, 비록 현재의 여가 '속도'를 측정하

■ 그림 3.9 박물관 연구: 모형 1 – 사회적 부류 등 및 변화하는 방문자 수요

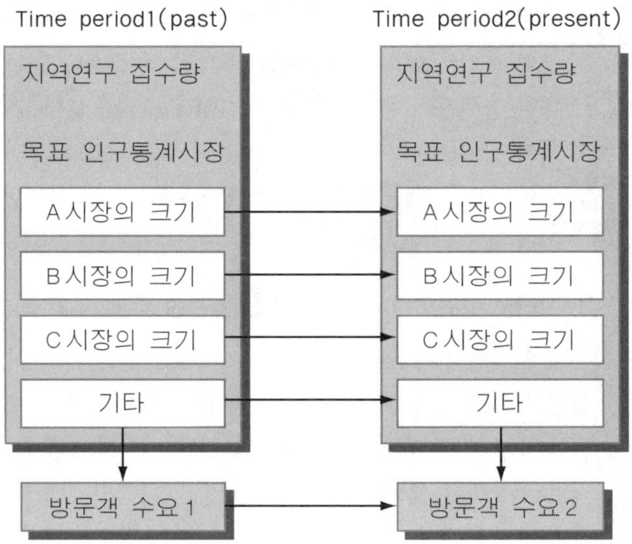

■ 그림 3.10 박물관 연구: 모형 1+2 – 사회적 부류. '인지 시간 압박'과 변화하는 방문자 수요

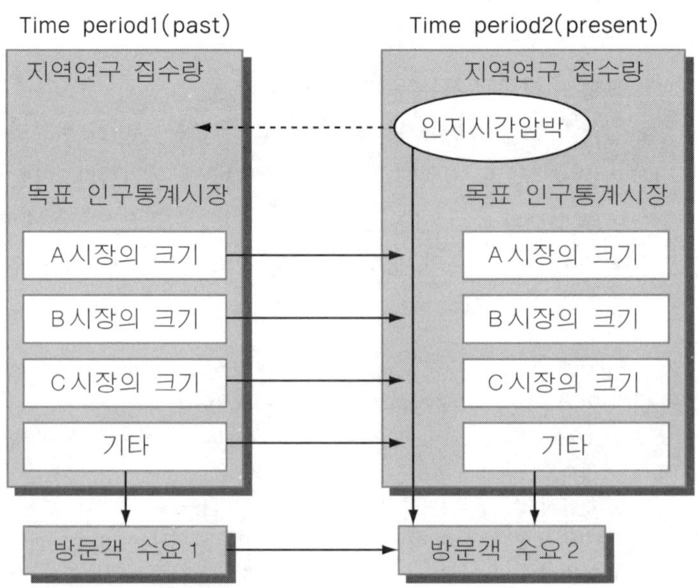

는 것이 가능하다 하더라도, 굳이 말하자면, 5년이나 10년 전의 그러한 정보는 얻을 수 없기 때문이다. 그렇지만, 사람들이 아마 장기 유급 근무 시간이나 더욱 수요가 많은 국내 업무 종사 때문에 만약 쫓기는 듯한 느낌을 받는다면, 이러한 변화를 연구 반응에서 분명하게 표현할 수 있을 것이다. 예를 들면, '시간의 압박'을 받는지에 대한 사람들의 인식을 국가적 단계에서 나타낼 수 있는 자료가 그것이다(ABS, 1998: 12; Zuzanek and Mannell, 1998). 그림 3.10에서 표현된 것처럼 모형 1은 변화의 '객관적' 측정을 반영하지만, 그것은 '주관적' 차원을 포함한 것으로 수정될 수 있는데, 이는 그림 3.10에서 보이듯이 인지 시간 압박으로 불릴 수 있다.

모형 3 '서비스 질

SERVQUAL 모형은 실질적 경험으로 방문하는 형태에 관련된 방문자의 기대와 관계가 있다. 그것은 방문자와 경영에 중요한 것으로 보이는 주요 서비스 차원의 초기 자각을 포함한다. 다양한 서비스 차원에 대한 기대와 경험 사이의 불일치 양식은 어디에 조치가 필요한 지에 대한 경영의 지침을 제공한다.

여기서 우리는 방문 감소의 양식을 다루고 있기 때문에, 현재의 소비자들은 박물관 체험의 질에 대한 최상의 기준이 될 수 없을 수도 있으며, 또한 그들은 관람의 조악한 형태에 대해 관대한 상시 관람객이나 처음으로 방문하는 사람일 수도 있다. 발길이

■ 그림 3.11 박물관 연구: 모형 1+2+3 -사회적 부류. '인지 시간 압박'과 서비스 질 요소 그리고 변화하는 방문자 수요

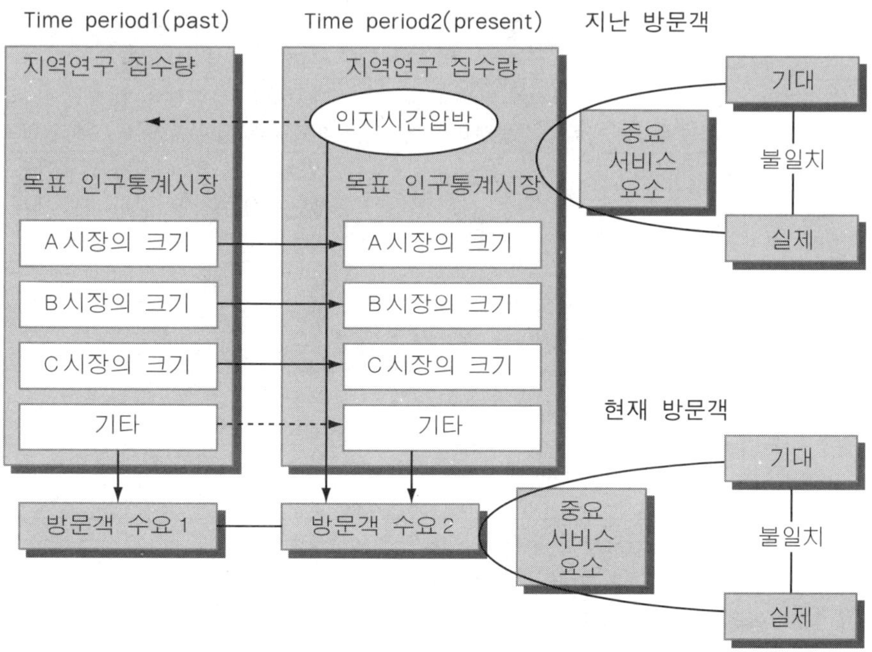

드물어진 손님들은 더욱 흥미로울 수 있다. 현 소비자들과 발길이 드물어진 손님들로부터 수집된 실질적 경험과 기대에 대한 정보를 상상하는 것은 가능하다. 이런 SERVQUAL 요점은 그림 3.11에 제공하기 위해 그림 3.10에 추가되었다.

위의 하나, 둘 혹은 세 개의 모형이 박물관에서의 수요 감소를 설명하는 데에 기여하리라는 것은 그럴 듯하다.

표 3.14는 개념상의 구조와 지시 사항에 수반된 개념들이 어떻게 조작되어져 그것들이 조작상의 연구 계획에서 평가되거나 측정될 수 있는 방법의 범위를 정함에 따라 그 윤곽을 보여준다.

개 념*	정 의	조 작**	문항 번호
집수지역	방문자들이 유인되는 지역적 범위	**70%의 방문자들이 살고 있는 지역**	a
인구 통계학적 표적 세분(TDS)	집수 지역에 살고 있고 박물관에 가장 방문할 것 같은 인구통계학적/사회경제적 집단	– A 구획: **경영적/전문적 집단** – B 구획: **35-44 연령 집단** – 기타: (예: ABS에서 언급된 보고서 4114.0)	b, c
방문자 수요	박물관으로의 현 방문 수	**역년에서의 방문자 수**(여가 측정 대안은 그림 9.15 참조)	c
인지된 시간 압박	시간에 압박을 느끼기 쉬운 개개인의 감정	ABS 방법: '**시간 압박**'을 느끼는 지와 같은 질문에 대한 개별적 응답–항상/자주/가끔/거의 없다 (ABS 보고서 4153.0)	d, e
주요 서비스 차원(KSD)	방문자들이나 경영진에 의해 중요하다고 여겨지는 서비스나 방문의 양상	방문자와 경영진과 함께 **중심 집단에 의해 결정된** 주요 서비스 차원의 목록	f
발길이 드물어진 소비자	박물관에 방문했지만 더 이상 방문하지 않는 사람들	**12달보다도 더 이전에** 박물관을 방문했던 사람이지만, 집수 지역 내에 살고 있는 사람들	h
KSD에 관한 소비자 기대	KSD에 따라 방문자들이 기대하는 서비스 수준/경험의 질	각 KSD의 중요성/기대에 대한 진술과 관련한 응답, Likert-scales 사용	g, h
방문자 실질 경험	KSD에 관련한 만족의 수준	각 KSD의 만족에 관한 응답, Likert-sclales 사용	g, h
부당성	KSD에 관한 기대와 실질 경험의 차이	각 KSD에 대한 기대와 만족 점수 사이의 차이	g, h

* 그림 3.11 참조. ** 굵은 글자로 된 항목들은 주요 조작적 결정들이다.
ABS = Australian Bureau of Statistics(www.abs.gov.au)

■ **표 3.14 박물관 연구: 개념 목록, 정의 그리고 조작**

4. 연구 과제의 결정[7]

주 과제[8]
왜 박물관 이용객은 감소하는가?

부수적 과제

일반적
a. 가장 많은 방문객이 감소하고 있는 박물관이 있는 지역은 어디인가?

모형 1 사회적 부류 기타 그리고 수용
b. 이 박물관/박물관에 관심을 가지고 있는 특정 인구통계학적 세분시장(TDS: Target Demographic Segments)은 무엇인가?
c. 이 지역에 거주하고 있는 TDS의 인구와 방문객 수요의 관계는 무엇인가? 시간1과 시간2의 관계는 무엇인가?

모형 2 '빠른 레저'
d. 이 지역 내에 거주하고 있는 TDS의 사람들은 '시간압박' 을 느끼는가?
e. 만약 d질문에 대하여 '네' 라고 대답하였다면, 이 것은 박물관 방문에 영향을 미치는가?

모형 3 서비스 품질
f. 박물관의 '중요 서비스 요소(KSD; Key Service Dimension)' 는 무엇인가?
g. KSD와 관련하여 현재 방문객의 기대, 실제 경험, 그리고 불만족은 무엇인가?
h. KSD와 관련하여 지난 방문객의 기대, 실제 경험, 그리고 불만족은 무엇인가?

5. 필요정보의 나열: 무엇을 알아야 하는가?

정보의 가능한 원천이 나와 있는 표 3.15를 통해 부수적인 과제에 대한 답을 알기 위한 정보가 필요시 된다.

6. 연구 전략 결정 : 박물관 시장 조사

위 과정으로부터의 가능한 몇몇의 연구 전략은 아래에 보이는 것처럼 나타난다. 그러한 전략의 가능성은 가능한 시간과 원천에 관련되어 평가될 필요가 있을 것이다. 그 전략은 박물관이 현존하는 최근의 방문자 연구로부터 쓸모 있는 자료를 얻지 못한다는 것을 가정한다.[9]

---

7) 이 섹션은 연구할 질문들에 대해 이론적 토론을 통해 요점을 찾아낸다.
8) 질문들은 개념구조와 개념지도의 토론을 추적한다.
9) 전형적으로, 비록 대부분의 경우 자료 수집 이론이 정보 요구의 논의로부터 즉시 나오지만, 이러한 특별한 방법을 선택하게 된 이유는 주어질 필요가 있을 것이다. 어떤 경우에는 가족 세대 연구나 우편, 혹은 할당 연구와 같은 대안들이 있다.

항 목	필요 정보	가능 원천
a. 집수 지역	박물관 방문객들의 70%가 잘리는 자료	이용자 연구(새로운 연구 혹은 박물관의 가능한 지난 연구)
b. 인구통계학적 표적 세분(TDS)	높은 박물관 방문률을 가진 인구통계학적/사회경제적 집단에 대한 자료 – 가능하면 이 박물관 혹은 일반적인 박물관	ABS 보고서 번호 4114.0 혹은 박물관의 가능한 지난 연구
c. 기간 1–2 사이의 변화: – 집수지역의 TDS 인구수 – 박물관의 방문자 수요	기간 1과 기간 2의: – 집수지역의 TDS수 – 기간 1과 2의 연중 방문자 수 – 인구 통계 연구 – 박물관 고유 자료	
d. 집수지역 TDS와 시간 압박	집수지역 TDS 수의 주관적 느낌에 대한 정보	집수지역 TDS 연구
e. 박물관 방문에의 시간 압박의 영향	집수지역 TDS 구성원들의 박물관 방문 양식에 대한 정보	집수지역 TDS 연구
f. 주요 서비스 차원의 목록(KSD)	박물관 방문의 주요 양상에 대한 소비자들과 관리자들 관점의 정보	소비자들과 관리자들의 중심 집단
g. KSD에 관한 현 방문자들의 기대와 실질 경험에의 평가	KSD 기대와 실질 경험 기준에 대한 현 방문자들의 점수	이용자 연구
h. KSD에 관한 발길이 드물어진 방문객들의 기대와 실질 경험에의 평가	KSD 기대와 실질 경험 점수에 대한 발길이 드물어진 방문자들의 점수	집수 지역 사회적 연구

■ 표 3.15 박물관 기획: 필요 정보와 가능 원천

1. 경영자 집단과 소비자 집단에게 KSD를 구축하도록 초점을 맞춘다.
2. 현 소비자 연구
   - 박물관의 집수 지역 확립
   - 모형 3 : SERVQUAL 자료 수집
3. 2차적 자료나/혹은 소비자 연구로부터 표적 인구통계학적 집단 확인
4. 모형 1 : 특별히 TDS와 관련하여, 지난 2번의 인구 통계 연구에서의 집수지에 대한 인구 통계 연구와 박물관 고유의 지난 4–5년간의 관람 자료를 사용하여, 2차적 자료 분석을 실행
5. 집수 지역에서의 가정 세대 연구 실행 :
   - 모형 2 : 박물관 방문자/비방문자의 시간 압박 정도 확립
   - 모형 3 : 발길이 드물어진 소비자들로부터 SERVQUAL 자료 수집

사례연구

3.2 … 여가로서의 휴가

1/2. 주제 선정과 문헌 검토

주제는, 개개인의 여가 목록에서 휴가의 역할과, 그리고 여가와 관광 모두의 사회학에서의 연구 논문 고찰로부터 기인한다.

여가 문헌의 사회학은 수많은 저자들의 연구에 의해 이 검토에서 설명되는데, 그들은 Parker(1976), Roberts(1978), Rapoport and Rapoport(1975), Rojek(1995), Clarke and Critcher(1985), 그리고 Driver et al.(1991)을 포함한다. 일반적으로, 이러한 연구는 여가의 사회학이 주로 특정 공동체나 사회 집단에 살고 있는 개개인들의 여가 욕구와 수요에 집중되어 왔음을 보여준다. 그런 까닭에, 예를 들면, 유명한 저자들이 그들의 연구에서 개개인들의 욕구, 가족 · 교육적 환경(Parker, 1976: 65-102), 그들의 라이프스타일 상황(Rapoport and Rapoport, 1975), 그리고 그들의 개인적 만족(Kelly and Godbey, 1992: 195-326)에 관련하여 분석하여 왔다. 더 넓은 유형의 여가 사회학은 여가를 사회적, 경제적, 그리고 민족 국가의 문화적 조직에까지 두려고 한다(Roberts, 1978: 41-92; Clarke and Critcher, 1985; Rojek, 1995). 개개인에 대한 여가의 이득에 관한 연구(Driver et al., 1991)는 특히 형평성에 대한 질문에 관한 것인데, 그것은 누가 여가 시간과 원천에 접근할 수 있고 없는지, 어떤 사회경제적 집단이 참여하고 하지 않는지에 관한 것이다. 여가가 휴일을 포함하는 반면, 여가 연구 문헌의 사회학은 명백하게 휴일을 포함하는 것을 거의 언급하지 않는데, 따라서 이는 여가의 사회학이 지역 공동체에서의 여가와 관련된 것임을 말해준다고 할 수 있고, 그것은 따라서 무엇이 지역적 여가로서 불릴 수 있는가에 대한 것이라고 할 수 있다.

Cohen(1972), MacCannell(1976), Urry(1990), 그리고 Krippendorf(1987)에 의해 소개된 관광 사회학에서의 접근은 매우 다르다. 여기서 사람들은 여행객이나 소비자로서 여겨지고, 비교적으로 그들의 원래 공동체나 다른 사회적 역할로부터 분리된 것으로 본다. 관광 사회학에서 대부분의 연구의 초점은 여행 목적지에 맞추어지고, 그것은 단지 그들에게 어떤 속성을 부여하는 지리적 유래와 함께하며, 거기에는 수입의 정도나 일련의 '문화적 유대'가 있고, 이러한 것들이나 인구 통계학적인 성질에 대한 정보가 유일하게 효과적인 마케팅으로서 요구된다. '오성' 여행객이 주된 논점인데, 휴가를 갈 수 없거나 휴가를 지역적으로만 가질 수 있는 사람들은 거의 관심의 대상이 되지 못한다. 예를 들면, Cohen(1972)의 관광 사회학에 대한 독창적인 논문은 여행객을 소비자의 분류로 나누고 있고, MacCannell(1976)은 여행지를 여행객들이 어떻게 판단하고 있는지에 관련하여 관심이 있으며, Urry(1990)는 관광 산업과 관광객들의 주 공동체에 대한 문화적 영향에 대해 주안점을 두었다. Krippendorf (1987)만이 여가와 일상의 삶에서의 문맥으로 관광을 본 이례적인 인물이었다. 그렇지만, Krippendorf의 경험적 원천은 제한적이고, 스위스 저자이기 때문에, 그가 든 연구 증거의 대부분이 독일어이며, 따라서 영어를 구사하는 독자들에게는 다소 가까이하기 어렵다. 휴가를 가지 않는 이들 중에, Krippendorf는 유일하게 그들의 스트레스 없는 일상 때문에 휴가를 가지 않아도 되는 특권층을 존중한다(1987, p. 16). 그는 그래서 재정적이거나 다른 제약으로 인해 휴가를 가지 못하는 사람들을 무시한다. 따라서, 이 불공정한 대우의 예외와 함께, 관광 연구는 형평성의 문제와 함께 고려되어 온 것으로 보인다. 이는 일반적으로 사회경제적 환경의 결과로, 휴가를 가지 못한 사람들을 무시해 온 것이다.

연구의 두 영역을 연결하는 데 이용될 개념은 삶의 질이라는 개념이다(Marans and Mohai, 1991). 지역적인 여가와 관광 모두 한 사람의 삶의 질에 공헌하는 것으로 보일 수 있고, 이 두 가지에 대한 기회의 결여는 삶의 질의 저하로 이어진다고 볼 수 있다. 따라서 한 사람의 삶의 질에 대해 각각 지역적 여가의 공헌과 휴일을 보내는 것의 공헌이 무엇인지, 반대로, 지역적 여가의 결여와 휴일을 보내는 기회가 삶의 질에 무슨 영향을 주는지에 따라 문제가 발생한다. 이 논쟁은 연구자, 정부, 그리고 산업의 태만에 대한 정치적이고 경제적인 이유를 찾으면서 '거시적' 단계에서 연구될 수 있지만, 이 단계에서는, 개인적인 단계에서 현상을 연구하는 것이 적절해 보인다.

3. 개념적인 구조 확립

위의 간략한 연구로부터 개인의 삶의 질이 수입, 주택, 개인적 관계와 같은 사회적이고 경제적인 환경과 연관이 있다고 말할 수 있지만, 또한 휴가나 지역적인 여가에의

■ 그림 3.12 여가로서의 휴가: 개념 도해

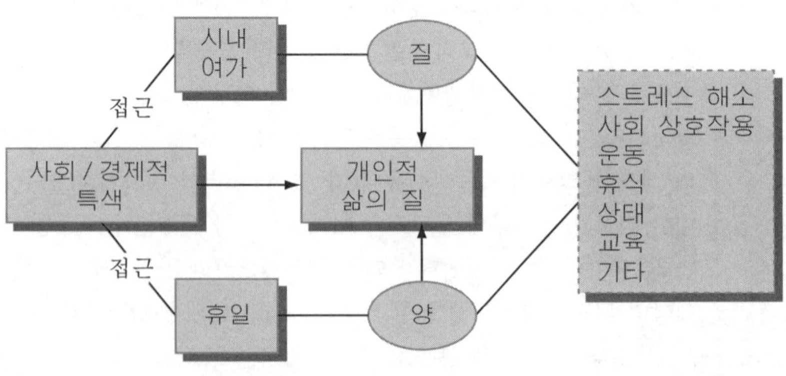

개 념	정 의	조 작
휴가	여가 목적에 의하여, 평소 주거 지역에서 벗어나 밤을 지내는 것	여가적인 목적에서, 평소 주거 지역에서 적어도 40km 벗어나고, 5일 이상의 기간을 지내는 것
지역적 여가	평소 주거 지역에서의 여가 활동	집에서 40km 이내의 여가 활동
품질 (여가의/휴가의)	한 사람의 삶의 질에 긍정적으로 기여하는 활동의 인지된 그리고 실질 적인 특성들	이득: 휴식, 스트레스 해소, 운동, 사회적 유대감, 교육, '흐름' 경험
사회적/경제적 환경	예를 들어 연령, 성별, 직업, 가족 책임 등의 여가를 강요할 것/영향을 줄 것 같은 사회적 특성들과 환경들	연령, 직업, 성별, 제휴 상황, 아이 유무와 그 연령, 수입, 교육 정도
삶의 질	기획의 부분으로서 문헌으로 검색되어질 것	문헌에서 검색되어질 것

■ 표 3.16 여가로서의 휴가: 개념, 정의, 조작

접근에도 관련이 있다고 할 수 있다. 양질의 지역적 여가와 휴가 경험은 교육, 향상된 지위, 휴양, 운동, 사회적 상호작용, 긴장의 완화와 같은 것들에 공헌하여 삶의 질을 높일 수 있다고 가정한다. 삶에 질에 대한 지역적 여가 경험과 휴가 경험, 사회적이고 경제적인 환경의 독립된 효과를 확인하는 것은 어려울 것 같지만, 이 탐색 연구는 이런 과정에서 역할을 담당하는 휴가 경험의 증거가 있는지 확인하기 위해 연구할 것이다. 연구하기 위한 모형은 그림 3.12의 개념 도해에 나와 있다. 실험적으로 연구될 개념의 목록은 그것들의 정의와 직접 나타내어진 조작화과 함께 표 3.16에 나열되어 있다.

4. 연구 문제 결정

주요물음

4.0 지역적 여가 활동과 비교하여, 휴가가 개인의 삶의 질에 기여하는 바는 무엇인가?

부차적 물음

4.1 '삶의 질'은 어떻게 정의되고, 어떻게 측정될 수 있는가?
4.2 지역적 여가활동의 어떤 성격/질이 개인의 '삶의 질'에 기여하는가?*
4.3 휴가의 어떤 성격/질이 개인의 '삶의 질'에 기여하는가?*
4.4 휴가의 결여는 개인의 '삶의 질'에 어떤 영향을 미치는가?*
4.5 지역적 여가는 휴가의 결여를 보상할 수 있는가?
4.6 4.2-4.5번은 개개인에게 어떻게 인지되는가?

4.7 4.2-4.6번은 개개인의 사회적/경제적 상황과 어떻게 다른가?
(* 4.1에서 정의된 대로)

5. 필요 정보 목록화

5.1 '삶의 질'에 관한 정보와 그 측정
5.2 여가 활동에 대한 개개인의 가치인지
5.3 삶의 질에 대한 개개인의 인지
5.4 휴가의 가치에 대한 개개인의 인지
5.5 휴가의 결여 영향에 대한 개개인의 인지
5.6 휴가자들과 비 휴가자들의 성격 - 예를 들면 나이, 성별, 가족 사정, 직업, 교육, 건강, 수입과 같은 변수들이다.

* 5.1에서 얻어진 정보의 결과로서, '삶의 질'은 건강이나 스트레스 정도와 같은 개인적이고 아마 '객관적'인 측정법에 의해 주관적인 평가로 측정될 수 있다고 할 수 있겠다. 제안된 기획은 주관적인 평가에만 집중한다.

6. 연구 전략 결정

6.1 삶의 질에 대한 문헌 검토
6.2 항목 5.2-5.5에 대한 심층 면접 수행
6.3 6.2의 결과에 대한 근거와 함께, 지역 공동체에 질문서 연구를 수행하면서 다음의 50/50 할당 탐색
- 지난 해 5일 이상, 40km보다 먼 곳으로 휴가를 다녀온 사람
- 지난 해 5일 이상, 40km보다 먼 곳으로 휴가를 다녀오지 못한 사람

6.4 항목 5.2-5.6에 대해 다음의 질문을 하며 두 집단으로부터 정보를 얻기 위한 질문서 연구 수행
- 수행된 지역 여가 활동
- 삶의 질에 기여하는 여가의 인지된 특성
- 삶의 질에 기여하는 휴가의 인지된 특성
- 휴가를 가지 않는 삶의 질에 대한 인지된 결과
- 사회적/경제적 특성: 나이, 성별, 가족 사정, 직업, 수입

6.5 사회적/경제적 상황이 다양한 집단들이나 휴가를 다녀오고, 다니지 않는 사람들의 인식 비교

사례 연구

3.3 … 홍보 서비스 평가

1. 주제 선정

주제는 지방자치단체에서 제공되어질 수 있는 대중여가나 레크리에이션 서비스 활동에 대한 평가이다.

2. 문헌 검토

Hatry와 Dunn(1971)은 어떻게 개념들이 대중 레크리에이션 서비스에 대한 일련의 목적으로부터 분리될 수 있는지 예를 들어준다. 그들이 제안한 대중 레크리에이션 서비스에 대한 목적들은 다음과 같다.

> 레크리에이션 서비스는 모든 시민들에게 제공되어야 하며, 그것은 실행 가능한 정도로서는, 즐거운 경험을 제공하고, 물리적으로 매력적이어야 하며, 안전하고, 이용하기 쉬우며, 적당히 다양함을 갖춘 연중 계속되는 여가 기회가 제공되어야 한다. 최대의 효과로는 그것들은 공동체의 정신적 · 신체적 건강과 경제적 · 사회적 복지에 기여하고, 범죄나 의무 불이행과 같은 반사회적 행동들의 사건들을 줄이는 것에 기여해야 한다.
>
> (Hatry & Dunn, 1971: 13)

다른 문헌 연구가 제안된 연구의 과정에서 연구될 것이지만, 그러는 동안 이 기술로부터, 효과성을 위한 기준을 구성하는 개념들이 분리될 수 있다.

a. 타당성
b. 즐거움
c. 접근성
d. (비)혼잡성
e. 다양성
f. 안전
g. 물리적 매력
h. 범죄 회피
i. 건강
j. 경제적 복지

첫 번째 기준인 타당성은 일정 범위의 서비스에 대한 준비를 제안하는데, 그것은 기준 b-g에 따라 h-j의 결과를 수반한다.

3. 개념적 구조 고안

Hatry와 Dunn의 골조는 일정 범위의 질(즐거운, 접근하기 쉬운, 혼잡하지 않은, 다양한, 안전한, 물리적으로 매력적인)에 대해 높은 점수의 서비스들이 높은 이용률(effect 1)로 이어지고, 이는 다음으로 대중 레크리에이션 서비스 성공을 판가름 하는 결정적 기준이 될 일정한 결과(effect 2 – 낮은/줄어든 범죄 정도, 높은/강화된 건강

■ 그림 3.13 레크리에이션 서비스 기획: 개념 도해

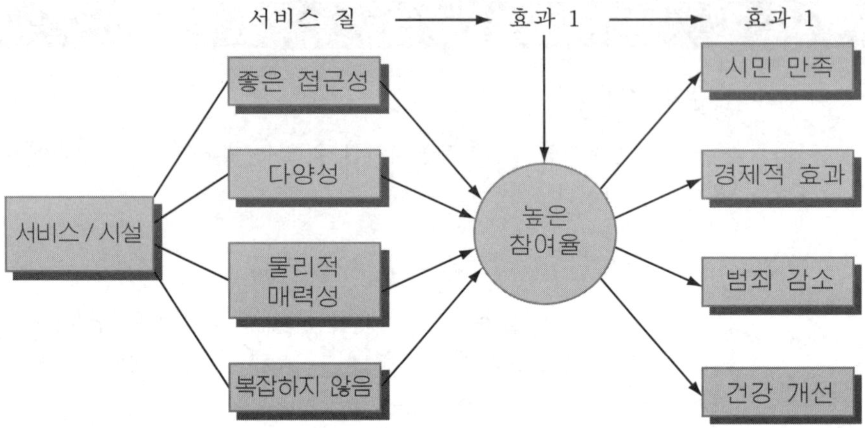

정도, 높은 수준의/향상된 경제적 복지)를 이끌어내야 한다고 제안한다. 이런 관계는 개념 도해(그림 3.13)에서 설명되어 있다. 일련의 개념들과 그들의 정의, 그리고 조작은 표 3.17에 제시되어 있다.

개 념	정 의	조 작
a. 타당성	집단 수요를 충족하는 서비스, 모든 사람에게의 접근 가능성	참여도, 참가자와 불참자의 수, 시설의 x분과 y km 내에 사는 사람들, 혼잡지수(대기시간, 최대 수용까지의 사용율, 이용자 인지
b. 즐거움	이용자/참가자들에 대한 즐거움 제공	참여도, 참가자와 불참자의 수, 주민 만족
c. 접근성	전 공동체에 대한 x분과 y km내 여행용 시설들	시설의 x분과 y km 내에 사는 사람들
d. (비)혼잡성	이용자들에 의해 혼잡하다고 인식되지 않는 시설들	혼잡지수(대기시간, 최대 수용까지의 사용율, 이용자 인지)
e. 다양성	제공되는 상이한 활동들의 범위	제공되는 상이한 활동들의 수
f. 안전	사고로부터 자유로운 환경	사고의 수
g. 물리적 매력	이용자와 관심 있는 비이용자들(예: 이웃)에게 매력적으로 보이는 시설들	시설 매력지수(이용자와 비이용자 인지) – 특히 공원과 개방된 공간에 관하여
h. 범죄 회피	에너지에 대한 창조적인 설계를 제공함으로써 범죄 절감을 돕는 시설들	보고된 공동체의 범죄율
i. 건강	건강을 장려하는 시설들/서비스(예: 운동을 통한)	질병 방책
j. 경제적 복지	직업, 수입, 등에 기여하는 시설들/서비스	사업 수입, 직업, 자산 가치

■ 표 3.17 레크리에이션 서비스 기획: 개념, 정의, 조작

4. 연구 문제 결정

주요 물음

4.0 레크리에이션 공급에서 지방자치단체는 어느 정도까지 그 목표를 성취하고 있나?

부차적 물음

4.1 다음의 항목에 관하여 지방자치단체는 어느 정도 목표를 성취하고 있는가? (a)타당성, (b)즐거움, (c)접근성, (d)(비)혼잡성, (e)다양성, (f)안전, (g)물리적 매력, (h)범죄 회피, (i)건강, (j)경제적 복지

5. 필요 정보 목록화

이 경우 필요 정보는 표 3.17의 '조작' 3열에 분명하게 목록으로 나열되어 있다.

6. 연구 전략 결정

6.1 이용자와 비이용자의 수를 측정하기 위한 인구 통계 연구와 관련한 참가 정도에 대해 모든 가능한 자료 수집(a)

6.2 x분과 y킬로미터의 교통 내에 살고 있는 인구를 표시하기 위해 통계 연구 자료를 사용하고 모든 시설들을 지도에 기입하기(b)

6.3 모든 시설에서의 대기 시간/혼잡도에 대한 연구 수행(d)

6.4 제공된 활동/프로그램의 범위에 대한 정보 수집(e)

6.5 시설 매력의 인식 · 서비스와 시민 만족에 대해 공동체/가계 연구와 이용자 연구를 모두 수행하거나 또는 한 쪽만 수행(a,b)

6.6 범죄율에 대한 자료 수집(h)

6.7 서비스 사용과 공동체 건강에 대한 자료 수집(가능 연구/타당성 연구)(i)

6.8 경제 연구: 새로운 사업 투자, 직업, 자산 가치에 대한 자료 수집. 사업에 대한 가능 연구(j)

1년 기준으로, 혹은 다른 적당한 주기로, 선정 표적과 과거의 가치 또는 그 중 한 쪽과 위의 사항들을 비교한다.

Memo

4 연구 방식의 범위

소개 : horses for courses

이 장에서는 다양한 연구방식의 범위 및 사용 기준에 대해 개괄적으로 살펴볼 것이다. 각 연구방식의 세부사항은 다음 장에서 자세히 다루기로 한다. 먼저 학문 및 연구의 기능을 포함한 '주요' 연구 방식의 범위에 대해 알아보고, '단순 사고'의 개념, 기존연구 및 2차 데이터 활용 방안, 관찰, 정성적 연구 및 설문 조사에 대해서도 함께 다룰 것이다. 정성적 연구와 정량적 연구에 대해서도 비교 논의할 것이다. 이 장의 중간 부분은 주요 연구 방식의 다양한 보조 기법에 대한 내용인데, 주요 연구 방식을 응용하거나 변화를 주기도 하고, 주요 연구방식들을 연계해 활용하기도 한다. 삼각 측량의 개념 및 사례연구(case study) 대한 논의와 더불어 '다중적 방법'도 다루게 된다. 마지막으로 연구 방식 선택과정에 대해 자세히 알아본다.

적합한 연구 방식과 기법을 선택하는 일은 매우 중요하다. 이 책은 각 분야에 적합한 연구 방식이 있다는 원리를 바탕으로 하고 있다. 연구자는 각 방식마다 한계점이 있다는 점을 알고, 자신이 사용한 연구방식으로 정당화 될 수 없는 사항에 대해서는 언급을 피해야 한다. 특히 최근 몇 년 간 사회학 연구 중 레저와 관광 분야에 적합한 연구 방식에 대해 논란이 끊이지 않았는데, 정량적 연구에 반해 정성적 연구가 갖는 상대적인 이점이 주요 쟁점이었다(예: Kelly, 1980; Rojek, 1989; Henderson, 1990). 정량적 연구와 정성적 연구 간에 경쟁이 치열하고, 레저산업에서 정량적 연구가 주를 이루는데 음모가 있기라도 한 듯이 양자 간 주장은 극히 대립적이었다. 미국 레저산업에서는 이 경향이 뚜렷하지만, 다른 나라들에서는 상황이 다르다(Veal, 1994). 레저산업에서 보이는 뚜렷한 대결구도와는 달리, 관광산업에서는 정량적 연구와 정성적 연구가 공존하는 듯하다.

논평자는 자신이 잘 아는 연구방식을 옹호하는 경향이 있다. 하지만 모든 연구방식을 통달하고 있는 연구자를 찾기는 힘들다. 바라건대 차세대 레저, 관광 분야 연구자들이 연구 방식과 기법에 대한 폭넓은 경험과 지식을 갖추고, 이를 바탕으로 균형 잡힌 연구방식을 활용하길 고대한다. Henderson (1990: 179)은 정량적 연구와 정성적 연구 간 논쟁에서 '이상적으로는, 정량적 연구 및 정성적 연구방식의 체계에 대해 간파하고 있는 연구자가 레저 관련 분야 연구에 가장 적합한 연구방식을 적극 활용할 수 있을 것이다' 라고 말했다.

연구자들이 정량적 연구에만 의존할 수도 있고, 정성적 연구만 할 수도 있으며, 두 방식을 적절하게 조합하여 사용할 수도 있다(Kamphorst et al. 1984; Bryman & Bill 2003: 479-94). Peterson(1994)은 관광 관련 연구에서 대규모 정량적 연구는 사전에 시행된(prior) 정성적 연구 결과를 바탕으로 한다고 말했다.

이 책은 *horse for courses* 방식을 채택한다. 원래부터 좋고 나쁜 연구방식이 구별되어 있는 것이 아니며, 다만 연구가 진행 중인 업무에 얼마나 적합한가, 부적합한가를 평가 받는다. 또한 연구 방식 자체를 가지고 적합성을 평가를 하는 게 아니라, 연구 기법 활용방안이 문제가 된다.

주요 연구 방식의 범위

표 4.1에 주요 연구방식의 범위가 나와 있다. 구체적인 내용 및 부차적인 사항에 대해서는 아래에서 다루고, 연계 방식은 이후 자세히 다루도록 한다.

■ 표 4.1 주요 연구 방식의 범위

- ■ 학문
- ■ 단순사고
- ■ 기존자료 – 문헌이용
- ■ 기존자료 – 2차자료
- ■ 관찰
- ■ 정성적 연구
- ■ 설문조사

학 문

학문과 연구를 확실히 구별하기는 어렵지만, 둘의 차이점을 알아둘 필요가 있다. 학문을 위해서는 각 주제에 정통해야 하며, 주제에 대한 비판적, 창의적 사고 및 풍부한 지식이 필요하다. 이는 연구에 대해 숙지하고 있을 뿐만 아니라 그것을 종합하고, 분석하며 비판적으로 평가하는 능력이 있다는 것을 의미한다. 학문은 전통적으로 교사가 시행해왔지만, 그 학문의 결과를 통해 연구에 큰 도움을 줄 수 있다.

연구를 통해 새로운 지식이 창조되는데, 이는 전통적으로 새로운 데이터를 모으고 보여주는 실증 연구이기 때문이라고 할 수 있다. 하지만 위 과정이 '연구'에서 필수 조건은 아니다. 새로운 안목, 기존 문제에 대한 비판적이고 혁신적인 관점, 학문의 산물인 새로운 문제 인식 등 또한 지식 발전에 공헌을 한다.

실제로 각 분야에 대한 새로운 관점이나 패러다임이 시대에 뒤떨어진 패러다임을 바탕으로 한 실증 연구보다 훨씬 더 중요하며, 연구가 반드시 실증적일 필요가 없다는 사실을 염두에 두어야 한다. 다음에 살펴볼 내용은 단순 사고 단계이다.

단순 사고

우리의 사고를 대신할 수 있는 것은 없다. 아래에 언급된 것처럼 각 주제에 대한 폭넓은 지식을 바탕으로 한 창의적인 사고는 연구 단계에 포함되지만, 이는 연구를 발전, 확장시키는 유일한 과정이다.

하지만 데이터 수집 과정이 포함되어 있을 때에도, 창의적인 생각이 얼마나 반영되어 있는지에 따라 무난한 수준의 연구에 그칠 수도 있고, 중요성이 높고 뛰어난 수준의 연구가 될 수도 있다. 연구할 내용을 파악하고 연구할 문제를 만들어낼 때에는 창의성을 발휘해야 한다. 뿐만 아니라, 연구 내용을 요약하고 연구 전략을 짜며 자료를 분석하고 연구결과를 해석, 전달하는 전 과정에 걸쳐 창의성이 요구된다. 이 책에 소개된 연구 방법론을 참고한다면 연구 과정상 도움이 될 수도 있지만, 창의적인 생각은 개별 연구자의 능력에 달려있다. 이는 미술 수업을 통해 그림의 기초를 배울 수는 있지만, 예술작품은 개인의 능력에 달려 있는 것과 마찬가지이다.

기존 자료 문헌 이용

사실상 기존 문헌 자료를 참고하지 않고는 연구를 진행하기 어렵고, 대부분의 경우 참고 자료가 매우 중요하다. 또한 기존 연구를 검토하는 방식만으로도 연구를 진행할 수도 있다. 비교적 새로운 연구 분야인 레저 및 관광 분야는, 특히 레저와 관광의 여러 분야에 걸쳐 연구가 진행될 때 기존 연구내용을 재검토하고 정리하는 일이 매우 중요하다.

관심 주제와 연관이 있는 기존 연구 자료가 없을 때에도 기존 자료를 재검토하는 일은 매우 중요한 작업이다. 특히 주제가 이 분야에 중요하다고 여겨질 때, 특정한 주제에 대해 어떠한 연구도 시행되어오지 않았던 것을 정립하는 것은 본래의 연구의 중요한 결과일 수 있다. 기존 문헌 연구 과정은 5장에서 자세히 다룬다.

기존 자료 2차 데이터

연구 문항과 관련된 정보가 충분하다면 새로운 정보를 모을 필요가 없을 것이다. 6장에서 다룰 것이지만, 정부나 조직에서는 관리용으로 판매액, 방문자수, 수입과 지출, 직원, 사고 보고서, 범죄 보고서, 건강 기록 등을 포함한 대량의 정보를 모으고 저장한다. 이런 데이터를 2차 데이터라고 하는데, 2차 데이터가 주로 관리용으로 사용되며, 부차적으로 연구에 이용되기 때문이다.

2차 데이터를 연구에 바로 활용하기에는 적합하지 않을지라도 새로운 정보보다 경제적일뿐더러, 연구 문항에 대한 답을 빨리 찾을 수 있게 도움을 주기도 한다.

2차 데이터를 정량적으로 따질 필요는 없다. 역사가들은 본래 연구용으로 제작되지 않은 2차 데이터인 일지, 공문서, 뉴스기사를 참고자료로 인용하지만, 이런 자료들 중에 자신들이 보기에 1차 자료로 생각되는 것들도 있다. 정책 연구 시 연례보고서나 조직 회의록 같은 문서를 이용하기도 한다.

관리용이 아닌 연구용으로 자료를 수집할 때, 완벽한 분석이 부족하거나, 특정 용도로만 분석을 하거나, 분석 자체가 없는 경우도 있다. 연구 데이터의 2차 분석은 유용한 일이지만, 경시되는 경향이 있다.

관 찰

관찰 기법에 대해서는 7장에서 다룬다. 관찰은 방해가 되지 않는다는 장점이 있다 (Kellehear, 1993). 비방해적 관찰은 사람들의 지식이 아닌 행동을 관찰해 정보를 수집하는 방식을 이른다. 윤리적인 문제가 제기되는 경우도 있지만(3장 참고), 비방해적 관찰은 피연구자가 연구자의 존재를 의식하고 행동을 달리하거나, 피연구자의 행동이 부정확하고 왜곡되어 보고될 가능성이 있는 타 연구 방식과 비교할 때 큰 이점이 있다.

관찰만이 가능한 상황도 있다. 사람들이 언급을 꺼리는 불법 활동에 대해 연구를 하거나 인터뷰 연구를 하기에 너무 어린 유아의 행동양식을 연구하는 경우(예를 들어 유아의 놀이 양식)가 그 예이다.

관찰을 통해 개인이 자각하지 못했던 상황에 대한 관점을 제시할 수 있다. 예를 들어 사람들로 북적이는 휴양지나 관광지를 찾는 사람들은 이보다 덜 붐비는 여행지나 휴양지가 있다는 사실을 잘 모를 것이다. 사람들의 장소 선택 패턴은 관찰을 통해서만 평가 및 분석이 가능하다. 따라서 연구자의 존재가 피연구자의 행동에 영향을 미친다거나 개별 피연구자의 행동 양식이 연구 주제인 경우 관찰이 적합한 연구 방식이다.

정성적 연구

정성적 연구의 특성

정성적 연구는 정량적 연구와 차이가 있다. 가장 큰 차이점은 정량적 연구가 데이터의 '양'이라는 숫자와 깊은 연관이 있는 반면, 정성적 연구는 그렇지 않다는 점이다. 정성적 연구의 경우 수집된 자료를 통계적으로 분석해서 결론을 내리는 것이 아니다. 이와는 대조적으로, 정량적 연구에서는 통계분석이 필수이고 통계분석 결과에 따라 연구 결과가 나온다.

따라서 정성적 연구의 경우 한정된 케이스(인물, 조직, 시설, 프로그램, 소재)에 대해 비교적 상세한 정보를 대량으로 수집하는 경향이 있고, 정량적 연구의 경우 다양한 케이스에 대해 비교적 적은 양의 정보를 수집하는 경향이 있다. 하지만, 이는 '경향'에 지나지 않는다는 점을 강조하고 싶다. 예를 들어 정량적 연구 프로젝트에서 20명의 피연구자를 대상으로 500여 개의 문항을 연구할 수도 있는 것이고, 정성적 연구 프로젝트에서 200명의 피연구자를 대상으로 상대적으로 제한된 정보를 수집할 수도 있다. 수집된 정보의 특성 및 분석 방법에 따라 차이가 난다.

정성적 연구 방식을 이용하는 경우

정성적 연구 방식을 이용하는 경우에는

- 연구의 초점이 의미나 태도에 맞춰져 있는 경우(정량적 연구 방식을 이용 가능)
- 이론 테스트보다 탐구 이론 수립에 초점이 맞춰져 있는 경우
- 연구자가 미리 개념, 용어, 문제에 대해 정하지 않고 피연구자를 거치는 일에 동의할 경우
- 그룹 멤버 간 상호 작용이 중요한 경우

정성적 연구는 큰 집단 전체를 아우르는 일반적인 결론을 도출하는 것이 목적인 연구에 부적합하다. 특히 일반적인 결론에 수량연구가 포함되어 있는 경우 더욱 그렇다.

정성적 연구 방법론

- 비공식 심층 인터뷰는 비교적 소수 그룹을 긴 시간 동안 집중 인터뷰를 하는 방식으로서 한 번 이상 가능하다. 상대적으로 소수의 사람들에게서 대량의 정보를 수집한다. 다수 그룹에게서 비교적 소량의 체계적인 정보를 수집하는 설문 조사 방식과는 확연한 차이가 있다.
- 그룹 인터뷰 및 그룹 포커스는 비공식 심층 인터뷰를 개인별이 아니라 그룹별로 실시한다.
- 참여 관찰은 연구자가 직접 연구에 참여해 연구를 진행하는 방식이다.
- 특정 연구 분야를 연구하는 경우, 예를 들어 정치가의 연설이나 특정 사건에 대한 미디어 보도 등을 연구할 때 중점적으로 텍스트 분석을 하게 된다. 출판된 텍스트나 아직 출판되지 않은 텍스트를 분석 및 해석하는 작업은 내용분석

또는 논리적 해석법에 해당한다. 이런 방식은 전통적으로 레저나 관광 분야 연구에 폭넓게 활용되지 못했지만, 문화연구와 연계성이 높아지고 영화, TV, 광고, 우편엽서 같은 다양한 문화적 산물이 반영된 텍스트가 늘어나면서 텍스트 분석에 대한 관심이 증대되고 있다. 정성적 또는 정량적 텍스트 분석이 가능하겠지만, 편의상 8장에서 정성적 연구 방식과 함께 다루도록 한다.

설문 조사

설문 조사의 특성

설문조사 방식은 형태가 다양하며 이는 9장에서 보다 자세히 다루도록 한다. 설문 조사는 크게 두 가지 형식으로 나뉜다. 직접대면인터뷰를 진행하는 사람이 설문 문항을 읽어주고 답을 녹음하는 전화 인터뷰 형식이 하나 있고, 인터뷰 하는 사람의 개입 없이 응답자가 설문 문항을 읽고 답을 써 내거나 컴퓨터로 답을 하는 응답자 완성 형식이 또 다른 하나이다.

레저와 관광 분야 연구에서 설문 조사가 가장 흔히 쓰이는 방식이다. 설문조사가 상대적으로 이해하기도 쉽고 쉽게 활용 가능하다는 점이 그 이유 중 하나이다. 하지만, 대부분의 레저, 관광 분야 연구에서는 위에서 언급한 것처럼 정량적 연구를 바탕으로 한 일반적인 결론 도출이 요구된다.

예를 들어 정부는 스포츠 인구가 얼마나 되는지 알고 싶어 하고, 경영자는 서비스에 만족하지 못한 고객이 얼마나 되는지 알고 싶어 하고, 마케팅 담당자는 특정 세분화 시장의 수요층이 얼마나 되는지 알고 싶어 한다. 위 예들은 실질적인 정책 결정이나 관리용으로 연구가 진행되는 경우인데, 대부분의 설문조사 자료가 레저/관광 산업의 공공분야와 사적 분야에서 나온다. 학술논문은 특정 목적을 위해 진행되는 연구의 2차적인 부산물이다.

연구자가 임시로 데이터를 수집할 수 있을 뿐만 아니라 추가 정보를 얻기 위해 재연구를 할 수도 있고, 이를 바탕으로 데이터를 축적하고 개념을 바로잡으며 문제를 해석할 수 있는 정성적 연구와는 달리, 설문조사는 한번 진행이 되면 되돌릴 수가 없기 때문에 연구자가 처음부터 필요한 데이터가 무엇인지 구체화해야 한다.

설문조사에서 핵심은 응답자가 자신의 행동, 태도, 의도에 대해 답한 내용을 바탕으로 연구결과가 도출된다는 점이다. 예를 들어서 '비정상'적인 행동에 대해 연구하는 경우나 사회적으로 장려되는(예: 스포츠) 행위 또는 비난 받는(예: 흡연이나 음주)행위에 대해 연구하는 경우가 그 예이다. 이러한 경우 응답자가 설문에 거짓 없이 정확히 응했는가의 여부가 문제가 되기 때문에 설문조사의 신뢰성에 대한 의문이 제기될 수도 있다.

특정 그룹에 대한 정량적 정보가 필요한 경우나 응답자가 자신의 행동, 태도, 의도에 대해 답한 내용을 연구에 활용 가능한 경우 설문조사가 유용하다.

설문조사 방법론

레저, 관광 분야에서 주로 이용되는 설문 조사는 크게 여섯 가지로 나뉜다.

- ■ 가구조사 — 거주지에 따라 대상자가 선정되고 연구가 가정에서 진행된다.
  '집단 연구', '사회연구' 라고도 한다.
- ■ 거리조사 — 쇼핑몰이나 거리 등에서 선정된 사람을 대상으로 설문이 진행된다. '쿼터(quota)' 연구라고도 한다.
- ■ 전화 조사 — 전화상으로 설문을 진행한다.
- ■ 우편 조사 — 우편으로 설문지를 보내고 설문 결과를 받아본다.
- ■ 현장 및 사용자 조사 — 레저 및 관광 시설 사용자를 대상으로 하거나, 현장을 직접 연구한다. '방문자 연구' 나 '출구연구' 이라고도 한다.
- ■ 전속 집단 조사 — 학생, 클럽 멤버, 단체 직원 등을 대상으로 한다.

9, 10장에서 설문 조사에 대해 더 자세히 다루기로 한다.

‖ 보조 기법 및 연계기법

위에서 언급한 주요 연구 방식의 다양한 보조 기법에 대해서 다룬다. 주요 연구 방식을 응용하거나 변화를 주기도 하고(예: 설문을 이용한 델파이 기법), 주요 연구 방식들을 연계해 활용하기도 한다(예: 주요 연구 방식이 두루 쓰이는 행동 연구). 표

■ 표 4.2
보조 기법 및
연계 기법

- 쿠폰연구/대화연구
- 중간연구/출구연구
- 시간-예산연구
- 경험표집법
- 패널연구
- 종단연구
- 미디어주관연구
- 행동연구
- 역사적연구
- 원문분석법
- 델파이기법
- 투사법
- 척도사용
- 메타분석법

4.2는 앞으로 다루게 될 기법이 나열되어 있다. 아래 기법들이 이 책과 어떤 연관이 있는지 살펴보도록 한다.

쿠폰 조사/대화 조사

광고 쿠폰에 대한 소비자의 응답을 바탕으로 정보를 모으는 마케팅 연구가 진행될 수 있다. 이는 소비자가 광고를 보고 상품에 대한 정보를 쓰거나 전화로 답하는 방식이다.

수집된 데이터는 시장에 나와 있는 상품에 대한 소비자의 관심도를 나타내며(타 상품과 비교할 수도 있고, 같은 상품이 지난 기간 동안 어떤 평가를 받아왔는지 비교할 수도 있다), 상품에 관심이 있는 소비자들의 지역적 분포도 보여준다. 그렇다면, 광고에 응해준 응답자들 중 과연 어느 정도가 실제 고객이 되는가 하는 의문이 제기된다. 따라서 실제 고객으로 전향되는 응답자의 범위를 연구하기 위해 대화 조사를 시행한다(Woodside & Ronkanen, 1994).

중간조사/출구조사

관광 분야 연구에서 여행 중인 사람들을 연구하는 기법을 중간조사라고 한다.(Hurst, 1994). 기내(機內), 공항, 차내에서 연구가 진행될 수 있다. 본서 9장에서 다루겠지만, 설문지를 주로 이용하는 이 조사 기법은 현장 및 사용자 연구방식 중 특별한 케이스에 속한다. 특정 장소 근처나 출구에서 응답자를 '포섭하는 방식으로 연구가 진행되기 때문에, 출구조사라고도 한다. 특정 장소에 이르는 모든 경로를 커버하는 경우, 차단 조사라고 한다.

시간-예산 연구

레저 연구에서는 전통적으로 사람들이 유급노동시간, 가사노동시간, 수면시간, 여가시간으로 구분되는 생활 패턴 내에서 어떻게 시간을 배분하는가에 대해 연구를 해왔다 (Szalai, 1972 Pentland et al. 1999).

관광 분야에서는 이런 연구를 하지 않는데 응답자가 자신의 하루 일과를 계속 일지에 기록해야 해야 하기 때문이다. 여행자들이 집에서 하루 종일 일지를 쓰지는 않을 것이다. 시간-예산 연구는 여행자들의 행동패턴을 연구하는데 이용될 수 있지만, 이 분야에 대한 기존 연구 자료가 없다. 시간-예산 조사는 기본적으로 가구연구 중 특별한 케이스에 속한다. 9장을 참고한다.

경험 표집법

Mihaly Csikszentmihalyi는 시간-예산 조사/일지 방식을 발전시켜 ESM(경험 표집법)을 창시한 선구자였다(Csikszentmihalyi, Larson and 1987). 연구는 대게 며칠 동안 진행이 되는데, 프로젝트 참가자들은 하루 정해진 시간마다 울리는(보통 6번에서 8번) 호출기를 착용하게 된다. 호출기가 울릴 때마다 참가자들은 항상 소지하고 다니는 소책자 설문문항에 답을 한다. 설문지에는 연구가 진행된 장소, 함께 설문에 참여한 사람들에 대한 정보와 함께 그 때의 정서 상태, 태도 등을 기록하게 된다. 최근 연구에서는 호출기와 설문지를 이용하는 대신 휴대폰 문자를 이용하거나, 맞춤 소프트웨어 관리 하에 자동으로 전송되는 설문문항을 문자 메시지로 답하는 방식도 이용되고 있다. ESM은 연구 참가자가 무엇을 하고 있는지 정서 상태가 어떤지 '실시간' 으로 기록함으로써 기억 회상에 의한 왜곡 등의 오류가 거의 일어나지 않는다는 장점이 있다. 한 번에 얻을 수 있는 정보의 양은 제한되어 있지만,

예비 설문을 포함해 정보가 누적이 되면 그 양이 상당하다.

본서에서는 ESM 기법의 세부사항까지 다루지는 않지만 참고 자료에 ESM 기법 실례가 나와 있다.

패널 연구

시장 조사 기업들은 개별 연구 별로 패널을 둔다. 패널은 일정 기간 동안 진행되는 연구에 참여하기로 한 대표 집단으로 구성되어 있다. 패널 멤버에게 금전적 보상이 주어지지만, 새로운 응답자를 찾고 지속적으로 관리하는 비용과 비슷해서 상쇄가 된다. 패널을 관리하면서 특정한 문제가 발생할 수 있지만 전화, 우편, 직접대면 인터뷰 등 패널 연구에 이용되는 연구 방식의 범위는 일회성(one-off) 연구 집단과 동일하다. 따라서 패널 연구는 가구설문조사 기법 중 하나라고 볼 수 있다.

종단 연구

종단연구는 동일한 표본 집단을 긴 기간 동안 관찰할 수 있도록 설계되어 있다(Young et al. 1991). 종단 연구는 표본 집단을 지속적으로 관리해야 할뿐더러 시간이 흐르면서 불가피하게 표본 집단 크기가 줄어드는 경우를 대비해 연구 초기부터 표본을 충분히 확보해야 하는 어려움 때문에 연구 비용이 많이 든다. 하지만 사회적 변화에 대해 연구하거나, 시간의 흐름에 따른 사회적 변화 양상 및 그 영향을 추적하는 데 적합한 방식이다. 종단 연구는 사회 과학 분야에서 인정받은 연구방식이지만, 레저, 관광 분야에 있어서는 특별히 진행된 선례연구가 아직 없다.

미디어 주관 연구

신문, 잡지, 라디오, TV 방송국은 구독자나 애청자, 시청자를 대상으로 자체적인 여론연구를 실시한다. 특정 이슈에 대한 지역적 여론이 신문의 독자 투고란에 반영이 되기도 하고, 라디오나 TV 방송국에서는 특정 이슈에 대해 전화 투표를 실시하기도 한다. 연구 결과가 오락적인 가치가 있기도 하지만, 대부분의 경우 연구 결과를 심각하게 받아들이지 않는다. 실질적인 매체 이용자(매체를 접하게 된 구독자, 애청자, 시청자)나 응답자 표본 집단이 전체 인구를 대표한다는 보장이 없기 때문이다. 특정 미디어 이용자나 구독자들은 대표성이 없고, 각기 사회 경제적인 특성이 있다. 어느 쪽이든지 자신의 관점을 표명하는 사람들만이 이 연구 과정에 참여하게 된다.

행동 연구

흔히 연구라고 하면 새롭게 발견한 점에 대해서 객관적으로 보고하는 분석적인 과정이라고 생각한다.

연구자가 회사의 전망이나 환경보전 같은 사회요인 등 개인적으로 관심이 있는 주제에 대해 연구할 때는, 윤리적인 이유 또는 보다 효과적인 연구를 선호하는 일반적인 성향 때문에 과학적 연구 방식의 룰을 지키려는 노력을 한다. 하지만 어떤 연구는 행동의 변화를 의도적으로 연구자가 관심이 있는 주제를 선정해서 연구가 행동의 변화를 가져올 수 있게 설계된다. 이런 연구를 바로 행동 연구라고 한다. 행동 연구 방식은 레저, 관광 분야 연구보다 주택이나 인종 문제 등 사회 정책 분야 연구에 주로 쓰인다. 하지만, 정책적으로 진행되고 있는 레저, 관광 분야 연구도 있고, 정치적인 목적으로 시행된 행동 연구의 예도 있다. 예를 들자면, 레저 분야에서는 페미니스트 운동에 초점을 맞춘 연구가 진행된 반면, 관광 분야에서는 섹스관광의 착취 관행을 비난하는 연구가 이루어지고 있다(Oppermann, 1998; Ryan and Hall, 2001).

역사적 연구

역사적 연구는 주요 연구방법론 중 하나이다. 역사적 연구는 레저, 관광 연구 중 주로 두 가지 분야에서 이용된다. 8장에서 정성적 연구에서 다루는 전기 연구 및 아래에서 언급하게 될 사례연구(case study)가 그것이다. 2차 자료 분석에도 역사적 연구가 이용되는데, 이는 역사가들이 언제나 역사적 연구 외의 목적으로 수집해 놓은 문헌에 의존하기 때문이다. 역사를 통해 현대의 현상이 부분적으로나마 설명이 될 때 레저, 관광 분야 연구에서는 역사가 사회과학분야로 확장이 되지만, 학문으로서 역사는 인류의 한 부분이다. 사회 과학 연구와 비교할 때 사적 연구는 대개 연구를 목적으로 구체적인 참고문헌과 함께 역사적인 설명이 들어가지만, 자료 이용 방식 및 분석법은 명확하지가 않다. 이렇게, 역사적 연구를 바탕으로 한 논문에는 '연구 방법론' 파트가 거의 없다(두 개의 레저연구 논문이 그 예이다: Philips, 2000 and Snape, 2004). 역사적 연구방식은 본서에서 더 깊이 다루지는 않지만 리딩 파트에 참고 자료가 있다.

원문 분석법

어떤 분야에서는 연구의 초점이 원문에 맞춰져 있다. 조직 연보, 정치인 연설, 광고 메시지 등이 그 예이다. 출판 또는 미 출판 텍스트 내용을 분석하고 해석하는 기법은 내용 분석법(content analysis) 또는 논리적 분석법(hermeneutics)이라고 하는데, 이 기법은 전통적으로 레저, 관광 연구에 널리 이용되진 않았지만, 포스트모더니즘이 발전하고, 회사 문서, 광고 소재, 웹사이트, 편지 등 다양한 문화적 산물을 반영한 텍스트의 범위가 넓어지면서 최근 주목을 받고 있다. 8장에서 보다 자세히 알아보도록 한다.

델파이 기법(Delphi technique)

델파이 기법(그리스 델포이 신탁을 빗대어 이름을 붙임)은 패널이나 전문가로부터 특정 관심 분야의 미래 경향과 추세에 대한 정보를 모으고 분석하는 과정이다. 분야 내 전문가는(예: 레저 또는 관광 분야) 미래에 일어날 가능성이 있는 발전에 대한 자신의 관점을 보여주는 설문을 기입한다. 패널 멤버들은 전문가들의 의견과 관점을 대조하여 돌려보고 논평을 한다. 이 과정은 최종 결론이 나오기 전까지 몇 번 동안 반복될 수 있다. 델파이 기법은 경영 분야나 기술예측 분야에 쓰이며, 레저와 관광 분야에서는 제한적으로 사용되어 왔다. 본서에서는 델파이 기법을 자세히 다루진 않지만 9장에서 델파이 기법과 연관된 설문지 작성법과 분석법에 대해 다루고 있다.

투사법

투사법은 피연구자가 가정에 기초한 상황에 답하는 연구 방식으로서, "만약(What if)"이라는 전제 하에 연구가 진행된다. 예를 들어 피연구자는 자유롭게 쓸 수 있는 돈이 있다면 어디에 얼마만큼 돈을 쓸 것인가 하는 문제나, 여유 시간이 있다면 어떻게 쓸 것인지 하는 문제에 답을 하기도 하고, 사진이나 특정 장소를 보고 응답을 하기도 한다(Ryan, 1995:124). 투사법은 정교하고 전문적으로 활용할 수 있지만, 본서에서 이 기법은 설문 조사기법의 확장이며, 포커스 그룹 인터뷰에 이용된다.

척도 사용

척도는 기본적으로 비수량적 구성 개념이나 변수를 측정하는데 쓰이는 숫자 지표이다. 일반적으로 피연구자는 평가 척도에 기반한 문항에 답을 하게 되고, 점수 결과로 관심 현상에 대한 등급을 표시한다. 9장에서는 설문조사에서 맞춤식 척도를 활용하고 개발하는 과정에 대해 다루고 있지만, 연구자들은 남이 개발한 척도를 사용하는 일이 많다. 기존 척도를 사용하게 되면 연구자가 특정 현상을 측정하는 자신만의 방식을 활용해 척도를 만들고, 이를 지속적으로 관리 및 수정할 필요가 없다는 장점이 있다. 널리 쓰이는 척도는 신뢰성 측정을 위한 테스트를 수없이 거치며, 척도를 이용해 측정해야 할 사항을 연구한다. 더욱이 보편적인 방식을 이용하면 연구를 보다 쉽게 비교 가능하다. 단점은 물론 척도의 신뢰성에 문제가 있는 경우 문제가 다른 연구에서도 반복될 수 있다는 점이다. 척도를 수정 한다 해도 달라진 사회경제적인 환경 및 변수를 제대로 반영할 수가 없다.

척도는 널리 활용되고 있는데, 특히 심리학 관련 분야에서 널리 활용되고 있다. 성격 지표를 나타내는 Myers-Briggs 척도가 가장 대표적인 예이다(McGuiggan 참고, 2000). 또한 Bruner와 Hensel(1992)은 마케팅 연구에 적어도 585개에 이르는 등급을 사용한다. 대부분 소비자 구매동기와 소비자 태도 같은 주제와 연관이 있지만, 레저와 관광 연구용으로 특별 시행되기도 한다. 다음은 척도의 예이다.

72.	요리의 즐거움	262.	스포츠에 대한 열정
74.	TV 함께 시청(부모/자녀)	268.	시간 관리
147.	몰입도(TV)	269 & 270.	시간 압박
186.	즐거움	274.	위험성
193.	가격 문제(항공 여행)	277.	자원봉사활동(장점)

219. TV 시청 제한
226. 안전(항공 여행)
227. 만족도(항공 여행)
261. 스포츠 활동성
278. 자원봉사활동(가족/직장 제약)
279. 자원봉사활동(의지)

레저, 관광 연구에서 척도가 널리 활용되고 있다. 하지만 미국에서 활용된 사례는 두 가지이다. Howard Tinsley가 공동 개발한 PAL(Paragraphs About Leisure) 척도와 Bev Driver가 공동 개발한 REP(Recreatior Experience Preference) 척도이다(Driver Tinsley와 Manfredo, 1991). 두 사람 모두 레저 활동 참여와 레저 활동이 가져오는 심리적인 효과의 범위를 연계시키려고 했다. 스포츠, 운동 분야 연구자들은 육체적, 정신적 건강도와 척도를 연관시켜 활용한다(Ware et al, 1994). 목적지 선정, 투어 만족도 연구 등에서 볼 수 있듯이 척도의 사용이 심리적으로 연구에 미치는 영향이 크지만(Woodside et al, 2000 Mazanec et al, 2001 참고), 관광 연구에서 특수 표준화 척도를 사용한 선례가 없다. 리딩 파트에 척도를 사용한 레저, 관광 연구의 예가 나온다.

메타 분석법(Meta-analysis)

메타 분석법은 연구논문을 연구하고, 2차 데이터를 분석하며, 동일 주제에 대한 프로젝트 결과를 정량적 평가하는 과정을 결합한 연구 방식이다. 메타 분석법은(Glass et al, 1981) 연구 결과를 다른 연구와 직접적으로 비교 가능한 경우 유용하다. 특정 변인 사이의 상호관련성 및 회귀분석을 통해 핵심 결론을 표현할 수 있는 경우(13장 참고)가 그 예이다. 메타 분석법에서는 동일 분야에 대한 대량의 개별 연구 프로젝트 결론을 바탕으로 주제 분야를 연구 · 분석한다. 일반적으로 많은 연구를 참고해야 하고 공통 원리를 바탕으로 연구를 비교해야 하기 때문에 비교적 간단한 관계만 연구할 수 있다. 리딩 파트에 메타 분석을 이용한 레저, 관광 연구의 예가 나온다.

다중적 방법들

대부분의 연구에는 하나 이상의 기법이 쓰인다. 여기서는 두 가지 다중적 방법 방식에 대해 논한다. 하나는 삼각 측량, 또 다른 하나는 사례 연구이다.

삼각 측량

삼각 측량은 목적 대상이 삼각형의 세 번째 지점에 있고 다른 두 위치에서 측정하는 것에 의해 대상의 위치를 정하는 토지 측량 방법으로부터 이름을 얻었다.

삼각 측량 방식으로 연구를 진행할 때는 연구 주제에 대한 폭넓은 이해를 위해 단일 연구에 한 가지 이상의 연구기법을 사용한다. 연구에 사용되는 기법들은 상호 한계점을 보완해주고 서로 강점을 강화해 준다. 삼각 측량은 동일 연구에서 정성적, 정량적 연구 방식을 모두 활용한다. Duffy(1987: 131)는 삼각 측량을 연구에 활용할 수 있는 네 가지 방식에 대해 언급했는데, 데이터를 한 가지 방식 이상으로 분석하기, 한 가지 이상의 샘플링 전략 사용하기, 단일 연구에 다양한 면접관 · 관찰자 · 분석가 활용하기, 한 가지 이상의 데이터 수집 방식 사용하기가 그것이다.

■ 그림 4.1
삼각 측량

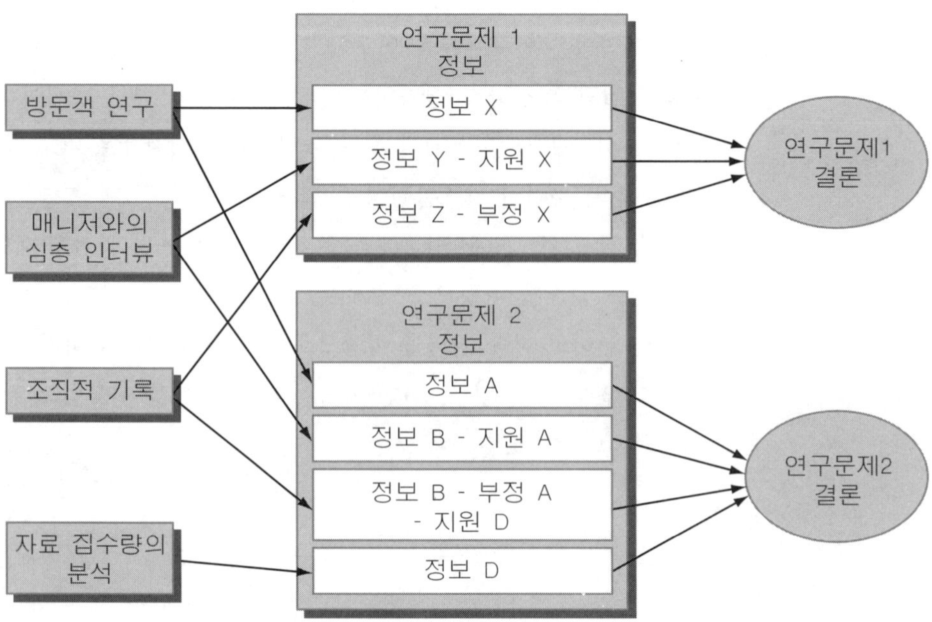

삼각 측량 방식을 연구에 활용한다면 연구자의 창의력과 경험에 따라 접근 방식이 달라진다. 하지만 중요한 것은 어떤 연구 방식을 채택하던지 연구 문항이 정확하게 초점이 잡혀있어야 한다는 점과, 연구 주제와의 연관성에 따라 연구 방식을 선택해야 한다는 점이다. 특히 삼각 측량을 이용하는 이유와 각 연구방식의 한계점과 이 문제를 극복할 수 있는 추가 연구방식에 대해서도 언급해야 한다. 이는 다음 장에서 다루게 될 신뢰성과 타당성 문제와도 연관이 있다.

'삼각 측량' 방식을 연구에 이용해야 하는 경우가 종종 있는데 이는 연구 문항에 대한 다양한 관점을 제시하거나 다양한 연구 문항을 만들기 위해 한 가지 이상의 분석법이 사용되기 때문이다. 하지만, 각기 다른 데이터와 연구방식을 통해 동일한 연구 문항이 도출된 경우에 '삼각 측량' 방식이 쓰였다고 말할 수 있다.

그림 4.1은 두 가지 연구 문항을 만들기 위해 네 가지 데이터 수집 방식이 쓰인 예를 보여준다. 따라서 삼각 측량 방식이 이용된 연구 프로젝트 결과를 보고할 때에는 다중적 방법을 이용해 얻은 결론과 비교 대조가 필요하다.

사례 연구(Case Studies)

개 관

사례연구는 연구 중인 현상의 실례(實例)를 연구하는 것이다. 구체적인 사례를 연구함으로써 현상에 대한 이해도를 높이는 것이 목적이다. 사례는 개인, 지역사회, 국가 전체, 조직, 회사, 장소, 프로젝트 등 종류가 다양하다(예: Murphy, 1991). 사례연구가 들어가는 연구 프로젝트에는 대조적인 사례가 포함되지만, 비슷한 방식으로 연구가 진행된다. 사례연구는 소규모 연구에서 주요 프로젝트 개별 연구에 이르기까지 범위가 다양하다. 사례연구에는 본서에서 언급된 모든 연구 기법이 포함될 수 있다.

사례 연구 방식은 사례를 타 목적으로 사용하는 경우와 확실히 구별을 해야 한다. 법 분야에서 사례를 가장 많이 이용되는데, 이는 선례를 만드는데 실제 판례가 중요한 역할을 한다. 의료 분야에서도 사례가 이용된다. 사례는 또한 교육 기반이 될 수도 있는데 특히 심리학 분야에서 그렇다. 경영 사례나 사례연구는 기술적인 목적으로 사용되는데, 하버드 경영대 사례연구가 가장 대표적이다(Harvard Business School, 발행연도불명).

연구 프로젝트에는 대게 하나 또는 몇 가지 사례 연구가 포함된다는 사실을 볼 때, 사례 연구 기법들 간 공통점이 있다는 것을 알 수 있다. 사례 연구가 '정성적 연구' 방식에 포괄 되는 경우도 있지만 (예: Finn et al., 2000: 81) Yin(2004:14)은 '사례 연구 전략과 "정성적 연구"를 확실히 구분해야 하며, 사례연구는 정성적 연구와 정량적 연구 모두 이용 가능하다' 고 했다. 사실상, 다양한 종류의 데이터 및 데이터 분석법을 이용하는 것이 사례 연구의 특징이라고 할 수 있다.

Robert Yin (2003: 13-14)는 실험, 개론, 발전사(history)를 포함한 타 연구 방식과 사례 연구의 상관관계에 대해 다루면서 사례연구는 다음과 같은 경험주의적 연구라고 결론 내렸다.

- 현상과 배경의 구분이 명확하지 않을 때
- 현재 일어나는 현상에 대해 실시간으로 연구를 진행한다.
- 데이터상보다 많은 변수가 존재하는 상황에 대처한다.
- 다양한 출처의 자료를 바탕으로 하되, 삼각 측량 방식으로 초점을 맞춘다.
- 연구에 앞서 이론상 계획을 잘 잡아두면 데이터 수집과 분석 시 매우 유용하다.

어떻게 보면 모든 사회적 연구는 지리적으로나 시간적으로나 유일해진 시점부터 사례 연구로 볼 수도 있다. 예를 들자면 특정 휴양지 또는 관광지를 방문한 500명의 관광객을 대상으로 한 연구는 관광지에 대한 사례 연구라 할 수 있고, 서부 국가 국민 20,000명을 대상으로 한 전국여론연구도 21세기 초 부유국을 대상으로 한 사례 연구의 하나라고 할 수 있다. 하지만 사례연구가 되기 위해서는 연구만으로는 부족하고 추가적인 정보가 요구된다. 첫 번째 예에서는 관광지의 자연환경, 역사에 대한 정보가 요구되고, 두 번째 예에서는 국가의 사회적 특징 및 인구 통계학적 특성에 대한 정보와, 현재 및 과거 여론에 영향을 미친 요인에 대한 정보가 요구된다. 다양한 종류의 데이터와 데이터 분석법을 통해 특정장소나 국가, 인물 등에 대한 보다 자세하고 풍부한 사례 연구가 가능하다.

사례 연구 목적, 사례연구의 강점, 사례 연구의 종류, 데이터 수집 및 분석의 순서로 책이 진행된다. 레저, 관광 분야에서 사례 연구를 사용한 예도 언급된다.

목 적

사계 연구 방식이 ' 탐색적인 목적' 으로만 사용된다고 평하는 사람도 있지만,

Robert Yin (2003: 3)은 연구만이 사례 연구의 목적은 아니라고 주장한다. 사례 연구는 연구 전략만으로 쓰이진 않으며, 독립적인 연구 프로젝트가 될 수 있다.

사례 연구를 할 때에는 하나 또는 몇 개의 사례만을 연구하기 때문에 일반화된 보편적인 결론이 도출되지는 않는다. 한 조직에 대한 사례 연구를 하였다면 다음과 같은 결론이 나오지 않는다. "이것이 조직 X의 행동을 설명해 준다. 그러므로 비슷한 상황이 주어진다면 X와 유사한 50,000개의 조직에서 보일 행동이 예측 가능하다." 하지만 특정한 시간, 장소를 배경으로 실행된 사례연구 결과가 함축하는 바가 없다면 사례연구를 하는 이유가 없을 것이다. 하지만 사례연구를 통해 이론, 정책 및 가능성에 관련된 일반적인 제안을 할 수 있다. 따라서 다음의 결론은 가능하다. "이것이 이론적 예상을 빗나간 조직 X의 행동을 설명해 준다. 따라서 이론 수정이 필요하다." 또는 "이것이 조직 X의 행동을 설명해 주는데, 다른 종류의 조직에도 이 설명이 폭넓게 적용이 되는지 연구해야 할 필요가 있다." 이렇게 사례 연구에서는 일반화된 결론이 나오진 않지만, 탐색 연구 사례의 이론과 연계시키거나 평가연구 사례의 방침과 연계시키는 경우 신뢰성이 확보된다. 표 4.3과 같이 이론과 방침에 대한 여러 시나리오를 볼 수 있다.

탐색 연구에서 사례 연구는 기존 이론의 적용 가능성을 테스트하기 위한 용도로 사용된다. 이론적 제안을 실질적으로 테스트 하지 않았거나 특정 환경에서 테스트를 하지 않은 경우 탐색 연구를 실시한다. 실제 레저 분야에 대한 많은 제안들이 스포츠 분야 연구에서 나온 경험적 증거를 바탕으로 한다. 따라서 비 스포츠 레저 활동에 대한 사례 연구는 제안의 보편성을 테스트하는 용도로 사용된다.

종 류	연구 목적	사례연구결과
설명적 연구	단독 이론 연구	하나의 설정에서 이론의 적합성을 검증하거나 대안적으로 이론의 수정이나 대안을 제시
	대안/경쟁적 이론 연구	사례연구에서 볼수 있듯이 한 이론이 특정상황에서는 더 잘 적용될 수 있거나 혹은 둘다 적용이 안 될 수 있음
	존재하지 않는 이론 개발	사례연구의 목적은 가능한 이론을 제안하는 것
연구평가	단독 정책의 효율성 연구	하나의 설정에서 정책의 효율성이나 수정되었거나 대안의 정책의 효율점을 확인
	대안/경쟁적 정책 연구	사례연구에서 볼수 있듯이 한 정책이 특정상황에서는 더 잘 적용될 수 있거나 혹은 둘다 적용이 안 될 수 있음을 보여줌
	정책측정의 요구 확립	정책의 요구를 제시하고 현재의 문제를 보여줌

■ 표 4.3 사례 연구 시나리오

이론을 사례 연구에 적용할 수가 없다면, '반증' 할 필요는 없지만, 이론의 보편성에 대한 의문이 제기될 수 있다. 정책 관련 평가 연구의 경우 관련 연구를 통해 정책의 효율성과 관리법을 테스트 할 수 있다. 예를 들어 소비자/참여자 숫자에 대한 전국 통계연구 결과를 통해 촉진 정책의 효과에 대해 연구 가능하다. 특히 전국 통계연구 분석 결과가 확실치 않거나 뚜렷한 효과를 보여주지 못하는 경우 두 지역사회와 주민을 대상으로 하는 사례 연구를 통해서도 그 효과를 연구 할 수 있다.

대립되는 이론이나 이론적 관점이 제시되는 경우, 또 특히 이 둘을 뒷받침하는 경험적 증거가 존재하는 경우 사례 분석을 통해 뚜렷한 교착상태의 원인을 연구할 수 있다. 이는 지금까지 수집된 데이터보다 더 폭넓게 데이터를 수집하거나 사례를 대조 분석함으로써 가능하다. 사례 연구는 확실히 정의를 내리기가 어렵지만, 이론상 또는 경험상 방향을 제시해 준다. 평가적 연구에서 이와 유사한 방식을 따를 수 있다. 예를 들어 사례연구를 통해 두 시설에서 각기 다른 홍보 캠페인을 시행한 케이스 또는 같은 시설 내에서 다양한 홍보 캠페인을 시행한 케이스를 분석할 수 있다.

주제를 분석할 수 있는 이론적 틀이 없거나 주제를 분석할 필요가 없는 경우, 사례 연구를 통해 새로운 이론적 체계를 확립하거나 새로운 관점을 제시할 수 있는데, 이는 일관된 사례 연구 데이터를 기반으로 하고 후에 경험 연구에서 사례 연구 데이터를 테스트한다. 평가 연구 중에서도 정책 수립의 필요성을 확립할 목적으로 연구를 시행하거나 정책이 전혀 없는 경우 위와 상응하는 상황이 나타날 수 있다.

사례 연구의 장점

사례 연구의 장점은 다음과 같다.

- 사람, 조직, 사건, 경험을 사회적, 역사적인 환경에 맞게 연구할 수 있다.
- 연구 주제를 사전 선정한 세트에 맞춰 제한적으로 접근하기보다 총체적으로 다룰 수 있다.
- 다중적 방법의 삼각 측량은 함축적이고 장점으로 작용한다.
- 자료가 제한되어 있을 때에는 사례가 하나이거나 한정되어 있기 때문에 충분히 처리할 수있는 데이터를 제공한다.
- 다양한 데이터 수집전략을 사용함으로써 연구자가 연구를 진행하면서 연구 전략을 유연하게 이용할 수 있다.
- 정의된 다수로 일반화 시킬 필요가 없다.

사례 연구 설계

사례 연구를 통해 유동적인 연구가 가능하지만, 3장에서 언급했던 연구 과제를 구체화하고 논문을 연구하며, 이론적 틀을 확립하고 필요 데이터와 자료를 결정하는 사전 준비 단계를 생략할 수는 없다. 어떤 연구에서든지 아무 계획 없이 데이터만 대량으로 수집하는 일은 피해야 한다. 사례 연구 시 연구 전략을 유연하게 이용할 수 있지만 거의 제한이 없다. 예를 들어 어떤 경우에는 연구 중에 새로운 사항이 생길 때마다 사람들을 인터뷰하여 정보를 모을 수 있지만, 어떤 상황에서는 불가능할 수도 있다.

다음에서는 3장의 연구 프로젝트 계획 가이드에 덧붙여 연구 단위 정의, 사례 선정, 데이터 수집 이 세 가지 문제에 대해 다룰 것이다.

연구 단위 정의하기. 사례 연구에서 분석 단위를 확실히 정의하는 작업이 중요하다. 예를 들어 분석 단위가 큰 조직 내 부서라면 부서 수준에서 분석을 진행하는 것이 중요하다. 예를 들어서 모(parent) 조직의 정책과 관행이 필연적으로 부서와 연관이 있지만, 조직은 부서의 영향을 받는다. 연구대상도 모회사가 아니다. 바꾸어 보면 부서 직원들에 대한 데이터는 연구에 쓰일 테지만, 이는 부서 단위로 일 처리가 진행되는 조직 시스템을 잘 이해하고 있는 경우에만 가능하다.

사례 선정. 사례 선정은 사례 연구에서 중요한 부분이다. 사례 선정 과정은 물론 정량적 연구 샘플링과 비교 할 수 있다. 사례 선정 방식은 크게 4가지로 나뉜다.

- 목적성. 다양한 사례가 포함된 경우 연구 목적에 맞게 사례를 선정해야 한다. 예를 들어 시설 범위를 결정할 때는 규모가 유사한가 아니면 다양한가, 같은 구역 인가 다른 구역인가, 입지 장소가 지리적으로 유사한가 아니면 차이가 나는가, 대중적인 인기도가 비슷한가 아니면 차이가 나는가를 고려한다.
- 실증성. 특정 문제에 대해 쉽게 설명하기 위해 의도적으로 사례를 선택한다. 예를 들어 성공적인 리더십에 대한 연구라면, 유능한 리더가 이끄는 성공적인 조직의 사례가 의도적으로 채택된다.
- 일반성/비일반성. 연구 현상을 전형적으로 보여주는 사례를 선택하거나 의도적으로 극히 비 일반적인 사례를 선택하기도 한다. 사실 상, 특정 레저, 관광 분야의 성공 신화에 대한 연구를 진행할 때는 성공적인 시설 전반을 연구 사례로 선정하는 편이 좋다.

- **실용성**. 실용적인 이유로 사례를 선택하는 경우도 있다. 예를 들어 연구자들은 자신이 일하고 있는 회사를 연구하는 경우가 많다.

사례 선정 이유가 무엇이든지 간에, 자료를 선정한 이유를 연구보고서에 명확히 쓰고 사례 선정과 관련된 문제에 대해 논의한다.

데이터 수집. 사례연구 프로젝트에서는 문서 자료, 2차 데이터 분석, 심층 인터뷰, 설문 조사, 관찰, 참여 관찰을 포함해 출처가 다양한 데이터와 다양한 데이터 수집 기법이 사용된다. 데이터 출처 및 데이터 수집 기법 선택 과정은 3장에서 다룬 타 연구 과정과 동일하다. 3장에서 다른 종류의 연구 문항을 만들거나 새로운 관점을 반영한 연구 문항을 만드는데 다양한 출처의 자료를 사용하는 개념에 대해 다루고 있다. 특히, 모든 데이터는 연구 문항과 연관성이 있어야 함을 명심한다.

데이터 종류와 출처가 상이한 경우, 두 가지 문제를 고려해야 한다.

- **분석 단위의 일관성**. 예를 들어, 임용 데이터나 재무 데이터가 포함된 경우, 단일 조직과 연관된 데이터여야 한다.
- **시간적 일관성**. 모든 데이터를 동일한 기간 내에 수집하는 것이 가장 이상적이며, 이는 조직 개편으로 조직 단위의 크기, 구성, 기능 등이 달라 질 수 있기 때문에 분석 단위 문제와 연관이 된다.

분 석

사례 연구나 그 일부분의 설계는 지정된 연구 질문과 이에 동반된 자료 수집과 분석 절차를 가진 형식적인 연구 프로젝트와 공통점이 있다. 분석 절차는 자연적으로 연역적인 경향이 있을 것이고 자료 분석은 사전에 주어진 문제를 언급하도록 설계될 것이다.

사례 연구 설계의 경우, 일정한 연구 문항이 정해져 있고 연구 문항에 관한 데이터 수집 및 분석 과정이 포함된 정식 연구 프로젝트와 공통점이 있으며, 분석 과정은 연역적인 경향이 있다. 사전에 연구 문항을 만들기 위해서 데이터를 분석한다. 하지만 사례 연구 시 7장에서 언급될 반복적이고 훨씬 귀납적인 형식을 갖춘 정성적 연구 방식이 포함 될 수 있다. 사례 연구에 여러 가지 기법이 두루 쓰일 수 있다는 사실을 보면, 귀납적인 접근 방식에 가깝다고 할 수도 있다. 이렇게 연구를 진행하면서 전에는 몰랐던 사실을 발견하게 되면 연구자는 다음과 같은 질문을 하게 될 것이다.

이 데이터가 연구에 영향을 주는가? 새로운 데이터를 통해 기존 연구 문항을 새로운 관점으로 해석해 볼 수도 있고, 전혀 새로운 연구 문항을 생각해 낼 수도 있다.

Burns(1994: 324-5)와 Yin(1994: 106-18)은 세 가지 주요 분석 방식에 대해 말한다.

- 패턴 매칭: 연구 사례에 나온 특성들을 기존 이론과 매치시킨다.
- 설명 구축: 이론/설명과 데이터를 서로 비교 분석하는 과정을 통해 발견 사실을 논리적으로 해석하거나 인과관계를 설명하는 반복적인 과정이다.
- 시계열 분석: 관찰을 통해 얻어진 변화된 연구결과를 바탕으로 해석을 한다.

사실상, 사례 연구에서는 모든 종류의 분석이 가능하다. 각기 다른 종류의 분석 결과를 통합하여 일관된 결론을 내린다.

사례 연구 연습

이 장의 마지막은 두 사례 연구의 예이다. 각 사례 연구에 대해 간략히 다루고 있지만, 연구 원본을 읽어도 무관하다. 첫 번째 사례는 2차 데이터, 텍스트(text) 분석, 정성적 분석 방식을 조합해 사용하고, 두 번째 사례는 역사적 서술 방식을 이용한다.

2차 데이터/텍스트/정성적 연구

사례 연구 4.1은 Victoria Cathy가 다국적 스포츠 의류 브랜드 나이키(Nike)라는 단일 조직의 행동을 연구한 내용을 요약한 것이다. 사례 연구 4.1에서 볼 수 있듯이, 나이키에 대한 연구가 상당히 진행되어 왔는데 이는 제3세계 국가에 위탁생산을 맡기는 동일 업종의 기업들 보다 나이키가 가장 영향력이 있기 때문일 것이다. 따라서 저임금 국가는 Naomi Klein (1999)처럼 세계화에 반대하는 사람들의 비난의 표적이 됐다. 하지만 이 연구는 또 다른 윤리적 문제에 대해 다룬다. 다시 말해서, 여성을 소중한 고객으로 모신다는 나이키의 발언이 광고에 반영이 되고 있는 지에 대한 연구이다. 연구에 다양한 출처의 데이터가 사용되었지만, 특히 지면광고, 포스터 광고, TV광고 내용을 분석하는 연구 기법도 사용되었다.

사례연구

4.1 … 나이키, 광고와 여성

출처: Victoria Cathy (1997) 국제 기업의 이데올로기와 지배 형태 및 포스트모더니즘 시대의 소비 행태

연구 방식/기법:	주 제:
사례 연구: 2차 데이터, 텍스트 분석	나이키 사(社)의 여성 관련 광고 및 마케팅(TV 광고, 지면 분석)

상당한 양의 연구 자료와 이론적 관점을 바탕으로 진행된 위 연구는 스포츠웨어 회사인 나이키 사의 조직 운영방식을 비판하고 있는데, 특히 여성 고객 대우 문제에 초점을 맞추고 있다. 나이키 발전사에 대한 기존의 학술연구 자료부터 대중연구(popular literature)자료, 나이키 TV광고 및 지면 광고 자료가 연구에 주로 이용되었다. 세계화와 포스트모더니즘, 제작된 상품을 소비 시점에서 제조 시점까지 지리적으로 추적하는 글로벌 상품 사슬(global commodity chain) 이론이 이론적 바탕이 되었다. 이 연구의 주제는 서구 여성 고객을 대상으로 한 나이키 광고가 독립적인 여성의 이미지를 제시하는 반면, 나이키 제품 대부분을 생산하는 제 3세계 국가의 여성들은 하청 직원으로 고용되어 낮은 임금을 받고 시설이 열악한 공장에서 일한다는 사실이다. 연구를 통해 다국적 글로벌 기업의 역할에 대해서 비판적 입장을 취하는 이론적 관점의 타당성을 입증한다. 특히 마케팅 비용과 소매상 가격인상액 때문에 패션 관련 제품이 가격 거품이 심하다는 점을 비판한다. 이렇게 단일 기업을 사례연구 하는 경우, 글로벌 경제와 연관이 있는 제품 생산과 소비, 경제와 문화의 상호연관성에 대해 연구하게 된다.

앞서 언급한 것처럼, 엄격히 말해서 사례 연구 결과를 연구와 관련된 사례에만 적용할 수 있고, 사례 연구 결과가 폭넓게 적용될 가능성이 적다면 제한적으로 이용할 수 있을 것이다. 위 사례에서 내릴 수 있는 결론은 나이키가 여성을 착취하는 방향으로 기업을 경영하고 있다는 점은 다른 다국적 기업과 크게 다르지 않다는 것이다.

역사적 서술

사례 연구 4.2는 유로 디즈니 테마 파크 리조트에 대해 처음 아이디어를 낼 때부

사례연구

4.2 … 유로 디즈니

Andrew Lainsbury 2000, Once upon an American Dream: The Story of Euro Disneyland. Lawrence, KS: University of Kansas Press.

연구 방식/기법:	주 제:
참여 연구, 심층 인터뷰, 2차 데이터, 역사적	테마 파크 투자/개발/관리

책 한 권 길이의 이 연구는 미국학(American Studies)을 전공한 저자가 1년 동안 파리 북부의 유로 디즈니 테마 파크 리조트에서 직원으로 일한 경험(테마 파크에서 Charming왕자 역할을 했었던 기간 포함)을 바탕으로 한다. 1992년에 개장한 이후 인기를 끌었지만, 유럽에서 이런 테마 파크가 과연 적절한가, 계속 유지가 될 수 있는가를 비롯한 여러 논란에 휩싸였다. 테마 파크는 발전 초기에 많은 변화를 겪었다. 책은 크게 다섯 장(chapter)으로 나눠져 있고 각 장의 내용은 다음과 같다. 1 장. 유럽식 디즈니랜드 설립에 대한 아이디어 및 부지 선정과 확보를 위한 정치적인 활동. 2 장. 프로젝트 설계 또는 프로젝트 '아이디어 구체화' 3. 프로젝트 마케팅 4. 개발 초기 재정적 난관 5. 글로벌 디즈니 경영

이 책은 쉬운 이야기 식으로 씌어 있지만, 상세한 주석과 폭넓은 참고자료를 바탕으로 한다. 대부분의 역사적인 설명은 월트 디즈니 사(Walt Disney company)의 막대한 영향력에 대해 다룬 다양한 언론 보도를 인용한 것이다. 대중서(popular book)와 학술서(academic book), 문화, 미디어, 미국학 분야의 학술논문을 포함한 디즈니 사에 대한 방대한 연구 자료도 연구에 이용되었다(Univ. of California, Berkeley, Library, n.d.).

각 장에서는 다양한 주제를 다루고 있다. 1장에서는 산업 유치와 일자리 창출을 위해 경쟁 하는 국가나 지역사회에서 볼 수 있는 일반적인 현상이나, 산업 유치 할 때 일어나는 재정적인 협정이나 다른 '거래' 들, 그리고 자신이 속한 지역이나 이웃에서 프로젝트를 실행하는 일에 반대하는 님비(NIMBY: 지역이기주의)현상 등에 대한 이해를 돕는다. 프랑스에서는 반(反) 유로 디즈니 개발 협회가 설립되었다. 1장에서는 또한 세계화 시대의 화두인 '구 유럽' 과 '신 미국' 문화의 충돌에 대해서 다룬다.

2장은 경영보다 주로 설계에 대한 내용이지만, 테마 파크 개발뿐만 아니라 부속 호텔이나 골프 코스 개발할 때 '수직적 통합' 을 지향하는 월트 디즈니 사의 관행에 대해 간략히 다룬다. 3장은 개장 이전과 이후에 시행된 복합적인 마케팅 전략에 대해 다룬다.

> 테마 파크는 초기에 손실이 엄청났다. 4장은 수입 및 입장객 개선, 비용 절감 재정 구조조정 등 프로젝트를 '살리기' 위한 여러 가지 조치에 대해 다룬다. 그 결과 1995년에 처음 흑자를 냈다. 마지막 장은 디즈니 테마 파크의 국제적인 발전과 경쟁자들의 성장에 대해 다룬다.
> 이 책에는 '어려운' 자료가 포함되어 있진 않지만, 유로 디즈니 사의 모험담에 대해 연구하기 위해 다양한 관점과 다방면의 문제, 다양한 출처의 데이터를 사용하고, 주요 다국적 투자 프로젝트에 대한 사례연구를 보여준다.

터 계획 및 개발단계를 거쳐 개장을 한 후 계속 적자를 내다가 처음 흑자를 낸 개장 3년 때까지 총 10년 동안 있었던 일에 대해 연구한 것이다. 참여 관찰, 인터뷰, 2차 데이터를 바탕으로, 개발, 설계, 마케팅, 재정 문제까지 폭넓게 다룬다.

연구 방식 선택

연구에 적합한 연구 방식을 선택하는 과정은 3장에서 언급한 것처럼 전체적인 연구 프로젝트 계획 및 설계 과정의 한 부분이다. 연구 방식 선택 시 고려할 사항은 표 4.4에 나와 있다.

■ 표 4.4 연구방법 선택의 고려

- 연구문제 혹은 가설
- 선행 연구
- 데이터 이용성/접근성
- 자원
- 시간
- 타당성, 신뢰성 그리고 일반화
- 인종
- 연구결과의 이용/이용자

연구 문항 및 가설

연구 문항과 가설을 바탕으로 연구 방식을 선택한다. 3장에서 언급한 것처럼, 다양한 형식의 '연구 문항'을 만들 수 있지만, 일반적으로 연구자는 방문객, 시설, 조직과 관련된 데이터처럼 특정 데이터에 적합한 형식으로 연구 문항을 만든다. 특정 데이터에 적합한 분석법도 있다.

선행 연구

현 연구가 기존 연구 및 기존 연구와 밀접한 연관이 있다면, 기존 연구에 쓰였던 연구 방식이 현 연구에 영향을 줄 수 있다. 기존 연구 결과와 비교를 위해서 또는 다양한 연구 방식을 활용하기 위해 같은 방식을 사용하기도 하고, 의도적으로 대조적인 연구 방식을 채택하기도 한다.

데이터 접근성

연구 초반에 기존 연구 자료를 참고하게 되는 경우도 있다. 예를 들어, 한 조직의 공문서 보관소는 역사적 연구 시 기초 자료를 제공해 줄 수 있다. 출판은 되었지만 피상적인 분석만이 가능했던 공적 자료도 심층 분석이 가능해졌다. 직장인이나 소비자 층 같은 연구 표본 그룹과 접촉할 수 있는 기회도 놓칠 수 없는 좋은 기회다. 윤리적인 문제나 실용적인 문제로 데이터를 수집하기 어려운 경우도 있다. 예를 들어 어린이를 대상으로 한 연구에서는 부모님을 통해 데이터를 수집해야 하는 경우가 있다.

자 원

자금이나 인력 같은 자원은 연구 종류와 범위에 큰 영향을 끼친다.

시 간

시간은 종종 한계를 가지고 있다. 현재의 년도의 관계 데이터를 사용한 연구는 만약에 그것이 내년의 전략계획에 영향을 미치기 위하여 사용된다면 아주 빨리 완료가 되어야 한다.

유효성, 신뢰성 그리고 일반성

유효성은 정말로 수집되는 데이터가 연구되는 현상을 반영하는 정도를 말한다. 레저/관광과 행동(연구와 인터뷰와 행동의 자체 보고적인 설명에서 만들어지는 진정한 응답의 의미에 관하여 항상 의심스러운 면이 있지만)은 특히 태도와 행동의 측정의 분야에서 어려움이 있다. 이런 유효성의 개념은 2장에서 토의된다.

신뢰성은 만약에 연구가 뒷날에 그리고 다른 주제의 샘플을 가지고서 반복된다면 똑같은 결과가 되는 정도를 말한다. 단지 한 번의 연구를 바탕으로 하여 일반적인 결과를 만들어낼 때는 주의가 되어야한다.

일반성은 연구결과의 결과는 다른 주제, 다른 그룹과 다른 조건에 적용되는 가능성을 말한다. 측정이 일반성의 정도를 더 강화하기 위해 취하여지는 반면에 엄격하게 말해서 어떤 연구의 결과는 연구가 수행된 시간과 장소에서 포함된 주제와 관계가 있다.

윤 리

윤리적인 문제는 연구방법의 선택에 국한된다. 아이들에 대하여 연구를 둘러싼 윤리적인 문제는 문제시되어왔다. 윤리적인 문제의 샘플인 레저/관광의 연구는 3장에 토의된다.

결과의 사용과 사용자들

연구의 사용과 사용자들은 종종 그것을 당연시 여기지만 그것들은 연구를 형성하는데 있어서 결정적인 요소이다. 만약에 실질적인 투자가 연구결과에 의존한다면 좀 더 광범위하고 계속되는 프로젝트는 그 연구가 오직 아이디어를 만들도록 사용되어야 한다고 요구할 것이다. – 예를 들어 병의 진료의 효과에 관한 의학적인 연구에서– 만약에 조직이 고객들의 사회경제적인 특징을 알고자 한다면 좀 더 간결함이 그런 결과에서 필요된다.

● 요 약

이 장은 레저, 관광 연구에서 사용 가능한 연구 방식에 대해 간략히 언급함으로써 3장의 내용을 보완한다. 연구 방식을 채택할 때에는 기존에 선호되어온 연구 방식을 그대로 답습하기보다는 연구 문항에 대한 답을 유도하는데 적합한 방식을 채택한다. 도입부에서는 "주요" 연구 방식에 대해 살펴보았다. 학문, '단순 사고', 연구, 2차 데이터, 관찰, 정성적 방식, 설문 조사를 포함한 기존 데이터 이용이 그것이다. 연구란 단순히 여러 연구 기법을 이용하는데 그치는 것이 아니라, 연구 분야에 대한 폭넓은 이해를 요구하고 연구 주제 및 관련 문제에 대해 생각해보는 과정도 수반한다는 사실을 강조하기 위해 학문과 '단순사고(Just thinking)' 과정을 포함시켰다. 나머지 주요 방식에 대해서는 다음 장에서 각각 자세히 다룬다. 다음으로, 주요 연구 방식과 관련된 보조 기법들을 간략히 소개하는데 이 장의 중간 부분을 할애했다. 주요 연구방식을 응용하거나 변화를 주기도 하고, 주요 연구방식들을 연계해 활용하기도 한다. 보조 기법에는 쿠폰 연구/ 대화 연구, 중간연구/출구연구, 시간-예산 연구, 패널 연구, 종단 연구, 미디어 주관, 행동 연구, 원문 분석법, 델파이 기법, 투사법, 척도 사용, 메타 분석법(Meta-analysis)이 있다. 이장의 마지막 두 번째 파트에서는 삼각 측량과 사례 연구 방식의 개념 및 '다중적 방법들'에 대해 다루고 있다. 사례 연구에 보다 다양한 연구 기법이 적용되고 다음 장에서 따로 다루지 않기 때문에 이 장에서 보다 자세히 언급하고 있다. 마지막 파트는 연구 방식 선택 과정에 대한 내용이다.

Test question

1. 학문이란 무엇인가?

2. 다음을 각각 정의하시오.
   a. 쿠폰/대화 연구
   b. 중간/출구 조사
   c. 시간-예산 조사
   d. 경험표집법(ESM)
   e. 패널조사
   f. 종단조사
   g. 미디어주관연구
   h. 행동연구
   i. 역사적연구
   j. 원문분석법
   k. 델파이기법

l. 투사법
m. 척도사용
n. 메타분석법

3. 삼각측량은 무엇이며, 이 것은 왜 연구에 사용되는가?

4. 사례연구의 특성은 무엇인가?

5. 사례연구가 더 많은 인구에 일반화시킬수 없다면, 어떻게 할 수 있는가?

Exercise

1. 이 장에서 설명하고 있는 사례연구 중 하나를 방법론적 입장에서 비판적으로 읽으시오.

2. 관광/레저와 연관된 많은 다국적 기업들은 해를 거듭할수록 미디와 연구에 관심을 가져왔다. 예를 들어 Nike(사례연구 4.1)의 고용관습, 맥도날드의 영양학적 수준, 미디어 회상의 몇몇 시장에서의 독점적 상태의 유지. 아무 회사나 선정하여 인터넷과 도서관 등을 이용하여 최근 연구에서 사례연구를 만든 후 비판적 견해를 제시하고, 회사의 대응을 제시하시오.

3. 레저/관광 상품이나 서비스의 소비를 고려하고 있는 사람을 인터뷰하시오 - 예를 들어 엔터테인먼트, 주류, 항공. 동기와 브랜드 선택의 이론적 이유를 적으시오. 사례연구임을 고려하여 정보 원천을 하나 이상 적으시오. 해당 상품을 선호하는 이유와 해당 브랜드를 거부하는 이유를 연구하시오.

5 문헌 연구

소개 : 필수 작업

이 장에서는 모든 연구에 있어서 기본이 되는 기존 연구 및 문헌 연구의 중요성에 대해 언급하고 있다. 레저, 관광 연구와 관련된 일반적인 자료 출처에 대해서 다루고, 참고 문헌 편집 및 정리 방법 및, 연구 목적에 맞는 문헌 연구 과정에 대해 살펴본다.

연구 주제와 관련된 기존 연구 및 문헌을 연구하는 일은 연구 과정 중 매우 중요한 단계이다. 레저, 관광 분야 연구는 연구가 여러 전문분야에 걸쳐져 있으며 연구 범위 또한 광범위한 비교적 새로운 학술 연구 분야이다. 레저, 관광 분야는 기존 연구 자료를 배제 할 수 있을만큼 기존 연구 자료가 그렇게 많지 않다. 3장과 4장에서 간략히 다뤘듯이, 기존 문헌은 표 5.1에서와 같이 다양한 기능을 담당한다.

연구의 학문적인 목적은 인간 지식의 확장에 있다. 대부분의 사회에서 지식은 활자매체 즉 문헌으로 전달된다. 따라서 지식의 확장을 위해서는 연구 주제에 대해 숙지하고 있어야 할 뿐만 아니라 기존 연구와 연구 주제가 어떤 연관이 있는지 정확히 알아야 한다. 연구의 주목적이 지식을 확장하는 것이 아니라 정책 해결안, 문제를 효과적으로 관리하고 계획하는데 있는 경우에도, 연구 주제와 관련된 기존 연구를

■ 표 5.1 연구에서 문헌의 역할

- 연구의 전체적 기초
- 연구 주제에 대한 생각의 원천
- 다른 사람들에 의해 이미 수행된 연구에 대한 정보의 원천
- 방법론적 혹은 이론적 사안들의 원천
- 해당 연구와 다른 사람의 연구 사이의 비교의 원천
- 연구의 전체 혹은 지지 부분이 되는 정보의 원천
  예: 연구 지역 모집단에 대한 통계적 자료

숙지하고 있어야 한다. 연구에 적합한 방식을 고안하기 위해 "바퀴 자체를 새로 만들거나" 기존 연구를 통해 얻은 검증된 정보만을 가지고 연구를 진행해야 하는 경우, 많은 시간과 귀중한 재원이 낭비 될 수 있다.

연구 주제와 관련된 문헌을 파악하는 일은 많은 노력을 요한다. 문헌 연구는 관련 문헌에 대한 정보 연구, 필요하다면 출판되지 않은 자료도 포함된다. 또한 연구 주제와 관련된 항목 및 리딩 자료 복사본도 이에 포함된다. 참고 문헌 작성에 필요한 리스트를 작성하고, 연구 보고서 작성 시 핵심적인 중요 사항을 평가 및 요약 정리하는 과정도 포함된다.

참고 문헌의 중요성

이 장에서는 연구 프로젝트와 관련된 문헌 연구에 초점을 맞추고 있지만, 참고 문헌 작성 또한 중요하다. 최근에는 전자 매체를 이용한 연구가 많기 때문에 특정 주제에 대한 참고 문헌 목록을 작성하는 일이 불필요하게 보일지 모르나, 사실은 그렇지 않다. 전자 자료가 발전하고 있기는 하지만 회의 문서나 연구보고서, 작업 문서처럼 주류 출판업체에서 출판되지 않는 '수명이 짧은' 자료와 오래된 출판물은 여전히 불완전하다. 게다가, 전자 자료는 자료 평가가 되어있지 않다. 전자 자료는 중요한 연구 논문과 원문 내용이 없는 가벼운 평론 자료에 구분을 두지 않는다. 전문(full-text) 전자 자료는 이용이 제한되어 있고, 전자 자료 시스템은 표제 또는 중요 단어, 초록(abstract)를 바탕으로 항목을 구별할 수 있다. 예를 들어, 대부분의 기존 자료는 '오락 활동(recreation activities)' 보고서에는 골프처럼 특정 활동에 대한 정보가 포함되고, '휴일을 즐기는 패턴' 에 관한 보고서에는 배낭여행처럼 특

정한 방식이 언급된다. 따라서 특정 주제에 대한 참고 문헌을 바탕으로 유용한 연구가 가능하며, 이를 통해 '최고 기술 수준' 을 강화시킬 수 있고, 다른 연구자들이 자료 연구에 들이는 시간과 노력을 줄여준다.

레저, 관광 분야의 참고 문헌 출판물의 예는 이 장 마지막의 리딩 섹션을 참고한다. 타 주제에 대한 유사한 참고 문헌 목록도 다루고 있다. 부록 5.1은 다양한 온라인 참고문헌 웹사이트의 예이다.

검 색

연구자들은 특정 주제와 관련된 기존 연구 자료를 어떻게 찾을까? 다음의 표 5.2에서 다양한 자료 출처에 대해 알아본다.

도서 목록

현 도서관에서는 도서관 내 시스템 및 인터넷을 통해 이용 가능한 도서 목록을 제공한다. 대부분의 대학에서 도서 목록을 제공하고 있다.

출판물 표제나 핵심 단어를 이용해 도서 목록을 검색 할 수 있다. 이 과정은 참고문헌을 작성 하는 첫걸음으로써 매우 중요하다. 하지만 전문적인 연구를 원하는 연구자에게는 목록 검색이 처음 연구를 시작할 때 참고용에 불과하다.

레저, 관광, 스포츠, 예술 같은 단어를 검색에 사용한다면, 수천 개 또는 처리하기 힘들만큼 수많은 목록이 컴퓨터상에 검색될 것이다. 하지만, 여자 골퍼나 아시아 배낭여행자의 예처럼 용어 범위를 좀 더 좁힌다면, 목록 개수가 줄어들게 되고, 검

■ 표 5.2
정보 출처

- 도서 목록
- 참고문헌 출판물
- 전자자료 및 색인 출판물
- 인터넷
- 일반 레저/관광 장서
- 참고자료 목록
- 레저, 관광 이외 자료

색 결과가 전혀 없는 경우도 있다. 검색된 참고 자료의 수에 관계없이, 검색 결과는 골프 잘 치는 법, 골퍼 자서전, 유럽 여행 경비 계획 등의 예처럼 "인기도"에 따라 결정된다. 이런 자료에 관심이 있는 연구자도 있지만, 골프 이용도, 골퍼의 사회, 경제적인 특징, 또는 배낭여행자의 성향 등에 관심이 있는 연구자에게는 이런 자료가 거의 쓸모가 없을 것이다. 하지만 두 번째 타입의 연구 자료가 컴퓨터상의 목록에 나와 있지 않다고 해서 도서관에도 이 자료가 없지는 않다. 목록 검색을 할 때에는 검색 항목의 표제를 이용하거나, 사서나 출판업자가 선정한 핵심 단어를 바탕으로 한다. 도서 목록에는 학술지의 개별 논문이나 책의 각 장(chapter)이 실려 있지 않다. 구체적인 항목을 검색하려면 다음 방식처럼 다른 방식을 이용해야 한다.

예를 들어 도서 목록에는 스포츠, 오락, 관광 분야에 대한 일반 보고서에 특정 레저 활동이나 특정한 종류의 관광에 대한 참고 자료 정보가 포함되어 있지 않다. 도서 목록에는 특정한 연구 주제와 다른 주제를 연구하는데 적합한 방식에 대한 정보가 포함되어 있지는 않다. 이런 자료는 실제 문헌을 읽거나 원문을 읽음으로써 얻을 수 있다.

참고문헌목록 출판

특정 주제에 대한 참고 문헌에 따라 참고 문헌 목록이 작성된다. 도서관에는 참고문헌 섹션이 따로 있는데, 특히 연구 주제가 여러 분야에 걸쳐 있는 경우 한번 살펴 볼 가치가 있다. 참고문헌목록이 해마다 출판되지만(리딩 자료 참고), 최근에는 부록 5.1처럼 인터넷에 참고문헌 목록을 올린다.

색인 및 전자자료 출판

Specialist libraries나 리서치 기관에서 색인이나 전문가가 작성한 참고문헌 목록 자료를 출판한다. 이런 색인 자료는 CD로 제작되거나 인터넷 상에서 이용이 가능하며, 한 가지 이상의 형식으로 제작되기도 한다. 레저, 관광 분야 관련 출판물에 대한 색인 및 전자 자료 중 *Leisure, Recreation and Tourism Abstracts(LRTA)*가 가장 포괄적이고 안정적이다.

*LRTA*는 1975년부터 영국 CAB International에서 분기별로 출판이 된다.

*LRTA*는 분기별로 출판이 되지만, 도서관에서 온라인상으로도 이용 가능하다. 분기별 간행물에는 600여 개에 이르는 참고문헌이 포함되어 있고, 작가와 주제 색인에 대한 정보가 자세히 나와 있기 때문에 검색이 용이하다. *LRTA*는 개별 도서관보다 훨씬 광범위한 데이터베이스를 갖추고 있다는 장점이 있고, 학술지의 개별 논문 리스트, 책 각 장의 리스트, 회의 문서 리스트도 나와 있다.

대부분의 대학 도서관뿐만 아니라 온라인상으로 이용 가능한 사회 과학 인용 색인(The Social Science Citation Index)은 작가와 주제에 의해 상호 참조된 수많은 사회 과학 학술지의 개별 논문에 대한 종합적인 리스트이다. 게다가, 논문의 저자에 의해 언급된 문헌의 항목은 기입되고 상호 참조되어 또 다른 언급된 작가의 추가적인 글이 추적될 수 있도록 한다. 데이터베이스에 레저, 관광 분야 학술지가 적지만, 상당량의 레저, 관광 분야에 대한 참고 문헌 자료가 포함되어 있다.

인터넷

인터넷은 연구자들에게 중요한 정보 제공원이 되어 왔다. 인터넷 출판물과 비교할 수 없을 정도로 다양한 최신 정보를 제공한다. '구글' 식의 자료 검색이 가능하지만, 이 자료들은 전문 자료에 비해서 둔감하다. 대학 도서관에서는 EBSCO같은 일반적인 학술 자료 데이터베이스를 자동으로 이용 가능하다. 표 5.3은 주요 전문 자료 리스트의 예이다.

다음의 리스트는 단지 보여주기 위함이다. 각 사이트에는 자료가 풍부한데, 참고문헌, 학술지, 연구 진행 중인 프로젝트, 다른 인터넷 사이트에서 상호 참조한 참고문헌 목록 등이 포함되어 있다.

Site	Address
CABI leisure-to site	www.leisuretourism.com
Laboratory for Leisure, Tourism and Sport	www.playlab.uconn.edu/mylab.html
SportManagement Information Centre	www.unb.ca/web/sportmanagement
World Tourism Organization	www.world-tourism.org/publications/
UTS On-line Leisure Bibliographies	www.business/uts.edu.au/lst/research/bibs.html

■ 표 5.3 Internet sites

일반적인 레저, 관광 출판물

연구자는 레저, 관광 분야의 특정 활동에 대한 정보를 제공하는 개별 출판물에 대해 잘 알고 있어야 한다. 예를 들어, 6장에서는 100여 개에 달하는 레저 활동과 관광 동향뿐만 아니라 연령 및 소득과 같은 배경 항목까지 다루는 전국적인 레저 활동 참여 설문 및 관광 설문에 대해 살펴본다. 따라서 이 장에서는 다양한 관심주제 분야에 대한 통계정보를 제공한다.

일반적으로 레저나 관광서는 서론에서 관심 주제에 대해 다루거나 색인이나 참고문헌 목록을 통해 다양한 출처의 정보를 제공한다. 다음은 레저 분야의 예이다.

- Cushman et al. (2005) *Free Time and Leisure Participation: International Perspectives*
- Torkildsen (2005) *Leisure and Recreation Management*
- Kelly and Godbey (1992) *Sociology of Leisure*
- Jackson and Burton (1994) *Leisure Studies: Prospect for the Twenty-first Century*
- Javie and Maguire (1994) *Sport and Leisure in Social Thought*
- Driver et al. (1991) *Benefits of Leisure*
- Veal and Lynch (2001) *Australian Leisure*

다음은 관광 분야의 예이다.

- Ritchie and Goeldner (1994) *Travel, Tourism and Hospitality Research*
- Burkart and Medlik (1981) *Tourism: Past, Present and Future*
- Ryan (1995) *Researching Tourist Satisfaction*
- Leiper (1995) *Tourism management*

또한, 전문 백과사전이 많이 있는데 대부분이 참고 문헌 목록 표제어가 나와 있다. 다음은 전문 백과사전의 예이다.

- Jenkins and Pigram (2003) *Encyclopedia of Leisure and Outdoor Recreation*
- Weaver (2000) *Encyclopedia of Tourism*

- Jafari (2000) *Encyclopedia of Tourism*
- Brukner at al. (2003) *Encyclopedia of Exercise, Sport and Health*
- Sherrow (1996) *Encyclopedia of Women and Sports*
- Levinson and Christensen (1996) *Encyclopedia of World Sport: From Ancient Times to the Present.*
- Pendergast and Pendergast (1999) St. *James Encyclopedia of Popular Culture.*

책 페이지나 색인을 이용해 이런 텍스트를 검색하는 일은 "소홀한" 방법이 될 수도 있지만, 다른 방식으로는 얻을 수 없는 보상이 뒤따르기도 한다.

*Leisure Studies*나 *Annals of Tourism Research*와 같은 주요 학술지의 내용 페이지를 훑어보는 것도 틀에 박힌 연구에 의해서는 알 수 없는 적절한 자료를 만들어 낼지도 모른다.

참고문헌 목록

가장 중요하게, 초기의 연구에서 밝혀진 책과 기사에 있는 참고 자료의 목록은 유용한 자료가 될 것이다. 특정한 주제에 관심이 있는 연구자들은 지속적으로 그들이 읽는 어떤 것에서든 그 주제에 관한 자료의 원천에 대해 기민해야 한다. 때때로 가장 생각지도 않을 때 주요한 내용이 나오기도 한다. 연구자는 관심 주제와 관련된 어떤 것이라도 '냄새를 맡는데' 사로잡힌 '마약견'이 되어야 한다. 실제 연구 상황에서 가능한 많은 문헌을 찾으려는 이 과정은 몇 달이나 심지어 몇 년이 걸릴 수도 있다. 주요 노력이 어떠한 연구 프로젝트의 초기에 자료를 알아야 하지만, 프로젝트의 진행에 걸쳐서도 지속적인 과제일 것이다.

레저, 관광의 또 다른 측면

수평 사고 또한 문헌 검색에 도움이 된다. 가장 유용한 정보를 항상 해당 분야에서만 얻을 수 있는 것은 아니다. 연구 주제와 직접적인 관련이 있는 레저, 관광 자료의 또 다른 측면을 보지 못하는 연구자들도 많다. 레저, 관광은 학제간 연구 분야이지만 레저, 관광 분야만의 고유 이론이나 연구 방법론이 존재하지는 않는다. 대부분의 이론이나 연구 방법론은 해당 레저, 관광 연구 외의 분야에서 얻어진다. 예를 들어 태도를 측정하는 연구라면 심리학 문헌이 관심 분야가 될 것이다. 레저나 관광 시장에 대한 연구라면 일반적인 마케팅 저널에 유용하게 쓰일 것이다. 노인의 레저 활동에 대한 연구라면 노인학 저널을 참고해야 할 것이다.

자료 복사본 입수

특정 도서관에서 자료를 이용할 수 없는 경우, 도서관 상호 대출 제도(inter-library loan)를 통해 자료를 얻을 수 있다. 이 시스댐은 각 도서관이 대출 정보를 공유하는 것이다. 학술 논문(journal article)의 경우 복사본이 구비되어 있다. 이 시스템은 보스톤 스파(Boston Spa) 영국 대출 도서관이나 호주 국립 도서관 같은 국가의 납본 도서관과 연계되어있기 때문에, 이론상으로는 특정 국가에서 출판된 모든 자료를 도서관 상호 대출 제도를 통해 이용가능 할 수 있다. 이런 도서관에서는 법에 따라 모든 출판물의 복사본을 보관하고 있다. 도서관마다 관행이 다르지만, 대학 도서관에서는 대학원생들도 도서관 상호 대출 서비스를 이용할 수 있는 반면 학부생들은 교원을 통해서만 서비스를 이용할 수 있다.

대도시에서 일하는 연구자에게 전문 도서관, 특히 정부 기관 직속 도서관은 또 다른 주요 정보 출처이다. 예를 들어 런던에서는 Sports England and English Tourist Board(현 VisitBritain) 도서관이 레저, 관광 분야 연구에 있어 주요 정보 출처였다.

대도시 및 지방에는 지역 참고 도서관 연계 시스템이 있다. 각 전문도서관 마다 특정 전문 분야를 맡고 있기 때문에 연계 시스템을 이용해 어느 지역 도서관이 레저, 관광 분야 전문 도서관인지 쉽게 찾을 수 있다.

참고문헌 정리 및 보관

자료를 확인 한 후에는 어떻게 해야 할까? 먼저 모든 기록은 연관성에 기초하여 작성된다. 연구자는 참고 자료의 각 항목별로 파일을 만드는 편이 좋다. 이는 현 연구 프로젝트뿐만 아니라 나중에 참고 자료로 쓰일 수 있다. 개인 참고 문헌 목록은 수년에 걸쳐 만들어 진다. 카드를 이용해 기록을 할 수도 있지만 컴퓨터로 작업하는 것을 추천한다. 워드 프로세스나 데이터베이스 프로그램을 이용해 컴퓨터로 기록을 하면 핵심 단어를 저장해 둘 수도 있다. 후에 다른 연구 주제에 대한 참고 문헌을 정리해야 하는 경우, 개인 참고문헌 목록에서 필요한 항목을 골라 새 파일에 복사하는 방식으로 정리를 시작할 수 있다. 이런 방식을 쓰면 연구자는 참고 문헌을 한 번만 타이핑해도 된다. 이제는 표준화된 형태로 참고 자료 저장하는 *Endnote*나 *ProCite* 같은 전문가 패키지를 이용할 수 있지만, 연구자들은 연구보고서 양식의 요구 기준에 적합한 형식으로 참고문헌 목록을 정리한다.

처음 확인했을 때는 참고 자료의 모든 세부 사항을 빨리 기록할 수 있다. 백지 카드 묶음이나 공책을 항상 가지고 다니는 것도 좋은 방법이다. 이 습관이 길러지면 나중에 참고자료 세부 사항을 찾느라 수고롭게 시간을 허비하는 일을 막을 수 있다. 세부사항을 정확히 기록해야 할 뿐만 아니라, 카드에 기록을 하거나 데이터베이스에 저장을 할 때 참고 자료를 이용할 수 있는지도 기록을 해야 한다. 예를 들어, 도서 목록, 도서관에서 자료를 이용할 수 있는지의 여부, 자료 복사본이 있는지에 대해 기록해야 한다.

문헌 연구

관련 주제에 대한 문헌 연구는 가장 값진 일일수도 있지만 가장 힘든 과정이기도 하다. 이 과정에서는 인내심, 지속성, 통찰력, 수평 사고를 포함한 다양한 기술과 노력이 요구된다.

문헌 연구의 종류

위에서 다뤘던 것처럼 연구 프로젝트에서 문헌 연구는 여러 가지 역할을 담당하는데, 다음의 표 5.4에는 다양한 문헌 연구 방식이 언급되어 있다.

■ 표 5.4 문헌 연구의 종류

- ■ 포괄적 참고문헌
- ■ 포괄적/ 평가적
- ■ 탐구적
- ■ 기구적
- ■ 내용 분석/ 논리적 해석

포괄적 참고문헌

포괄적 연구방식은 특정 주제에 대한 출판물을 모두 살펴보는 것이다. 이렇게 참고문헌 목록을 작성하는 일은 관련 연구를 떠나서 그 자체로 매우 중요한 작업이다. 다음 연구에서 참고자료로 활용될 수 있기 때문이다. 카테고리별(예를 들어 책, 기사, 정부 기관 보고서)이나 시간 순으로 표제어를 정리하면 문헌 연구 시 출발점이 되지만, 참고문헌에 보충 설명이 덧붙여 있지 않는 경우에는 문헌 '연구'라고 볼 수 없다. 참고문헌 목록에 참고 문헌 세부사항만이 언급된 경우도 있다. 내용 요약이 들어가 있는 경우에는 주석이 달린 참고 문헌목록 이다. 포괄적인 참고문헌 목록은 다음의 읽기 자료를 참고한다.

포괄적/ 평가적

포괄적(inclusive)/평가적(evaluative) 연구방식은 포괄적 연구에서 한 걸음 더 나아가 참고 문헌의 지식확장 기여도, 문헌의 범위, 주제에 대한 정보를 제공한다. 이러한 연구의 예로는 Calantone et al.(1987) 관광예측문헌과 라이프스타일의 개념에 대한 문헌 연구(Veal, 1993a, 2000)가 있다. 두 번째 예를 사례 연구에서 다룬다.

사례연구

5.1 … 라이프스타일과 레저 문헌 연구

출처: A.J. Veal (1993 a) The concept of lifestyle: a review. Leisure Studies, 12 (4), 233–52; and A.J. Veal (2000) Lifestyle and Leisure: A Biblio graphy and Review. School of Leisure and Tourism, Sydney. On-line Bibliography 8, available at: www. business.uts.edu.ac/lst/research /bibs.htm

연구방식: 문헌 연구　　　　주제: 라이프스타일

1980년대 중반 저자는 '레저와 라이프스타일' 이라는 강의를 맡게 되어서 이 연구를 실시했다. 문헌 예비 연구를 통해 '라이프스타일' 이라는 용어가 레저와 관광 분야 연구에서 광범위하게 쓰이고 있지만, 정의 자체가 분명치 않고 연구자마다 다르게 정의를 내리며 아예 정의를 내리지 않은 경우도 있다는 점이 발견됐다.
400여 편의 참고문헌을 심도 있게 연구한 결과 '라이프스타일' 이라는 용어가 매우 중요하게 쓰이고 있었다. 이는 라이프스타일이라는 개념의 유래가 다양하며, 각 학문 분야마다 다양한 의미도 쓰인다는 것을 의미한다. 이것들은 다음을 포함한다.

- Weberian – 막스 웨버(Max Weber)의 초기 사회학의 형식(formulation)
- 하위 문화 – 다양한 하부문화 그룹과 관련된 삶의 방식(예를 들어 청년 하위 문화)
- 심리학적 요인 유아기 때 형성되는 삶의 전망(outlook on life established in the first few years of life)
- 시장 조사/사이코그래픽스(시장을 분류할 때 쓰이는 소비자의 생활양식 측정 기술) – 가치기준, 태도 및 사회·경제적인 특성에 대한 정성적 분석
- 장소 연구 – 거주지와 관련된 삶의 방식(예를 들어 시외 지역, 농촌)
- 레저 스타일 – 레저 활동을 종류별로 분류
- 사회주의자 라이프스타일 – 1960년대 1970년대의 동유럽 공산주의 정권이 계획 및 허용하는 삶의 방식

라이프스타일이란 개념의 일반적인 정의를 도출하기 위해 위의 문헌을 연구한 결과, 다양한 측면을 고려해야 함이 밝혀졌다. 즉,

- 활동/행동 – 레저, 관광, 소비, 일, 가정 활동의 패턴
- 가치기준과 태도 – 정치적, 윤리적, 미적인 측면
- 개인 대 그룹 – '라이프스타일' 이 그룹 현상인가의 여부
- 그룹 간 상호교류 – 라이프스타일을 발전시키고 강화하기 위해 특정한 라이프스타일을 가진 개인 간에 상호교류가 필요한가의 여부
- 일관성 – 라이프스타일이 미적인 또는 윤리적인 일관성이 있어야 하는가의 여부
- 인식 능력 – 라이프스타일이 반드시 다른 사람에게 인식이 되어야 하는가의 여부
- 선택 – 삶의 방식과 비교하여 라이프스타일의 채택이 개인의 선택과 연관되었는지

이 연구는 각 전문 분야마다 다르게 쓰이는 개념에 대해 정의를 내리고, 독자적인 사용 용례를 다뤘고, 라이프스타일의 구성요소를 분석했다는 점에서 의의가 있다.

리뷰의 포괄적/ 평가적 연구 방식의 형태에서 변형된 형태를 문헌 연구라 부르며, 이는 연구 내용의 일시적 추세와 특정 분야 문헌이나 논문 저자에 대한 정량적 분석과정을 포함한다. 예를 들어 Riley와Love(2000)는 1970년과 1990년을 통하여 정량적인 방법론을 사용하여 기사의 변하는 일정비율을 보여주기 위한 개념으로서 네 편의 관광저널의 내용의 분석을 설명하였다.

Burdge(1989)는 1970년과 1980년에 걸쳐서 헌신하는 저자들의 변화하는 원칙이 희석되는 것을 보여주기 위하여 두 레저 연구저널의 내용을 분석하였다.

심지어 문헌적인 분석을 위하여 좀 더 정형적이고 정량적인 접근을 메타 분석이라고 알려져 있다. 이것은 시스템적이고 정량적인 주제에 초점이 맞추어진 프로젝트의 결과의 평가를 포함한다. 기술은 결과가 한 연구에서 다른 연구까지 직접적으로 비교할만한 일정의 연구를 위하여 적당하다. 예를 들어 핵심연구결과가 상호관계와 역행상수의 용어로 표현될 때가 그것이다. (12장 참조) 이런 접근에서 연구된 연구의 결과는 연구의 주제가 되며 보고된 프로젝트의 수는 너무나 크게 되어서 개인은 실용적인 연구를 위하여 샘플링 같은 방식으로 그것들로부터 샘플링 하는 것이 필요하다. 예제들이 다음의 읽혀지는 부분에 리스트 되어있다.

탐구적인 리뷰

탐구적인 접근은 특정한 연구의 질의와 이슈에 초점을 맞출 수 있는 기존의 연구를 발견하고자 초점이 맞추어져서 추구된다. 이것은 전통적인 문헌의 리뷰이고 학계의 연구 표준이며, 3장에서 강조된 연구절차의 가장 잘 맞는 모델이다. 이해는 특정한 질문과 이슈에 초점만큼이나 중요하지는 않다. 반면에 연구를 형성하는데 도울 수 있는 생각과 견해를 위한 문헌을 연구하면서 그런 리뷰를 실행하는데 있어서의 기술은 질의와 이슈를 항상 조명을 받도록 유지하는 것이다. 재평가(리뷰)자들은 유용한 새로운 생각에 항상 열려질 필요가 있지만 질문이나 관심의 문제로부터 너무 멀리 떨어져지는 말아야 한다.

기구적인 리뷰(재검토)

기구적인 접근의 예는 3장의 그림 3.1에서의 간결한 리뷰이다. 여기에서 연구의 초점은 관리문제이고 문헌은 어떻게 연구가 행하여지는지에 대한 적당한 생각의 원천으로 사용된다. 문헌의 선정의 표준은 토픽에 대한 지식의 상태의 그림을 나타내지는 않지만 단지 미리 프로젝트를 위한 유용한 방법론을 입증하는 것이다.

내용 분석과 논리적인 해석

내용분석과 논리적인 해석은 문학이나 혹은 다른 문서적인 원천의 내용의 상세한 분석을 포함한다. 문맥은 연구의 단순한 보고서라기보다는 다소 더 옳은 방향의 연구의 초점이 된다. 문맥은 예를 들어 소설, 정치적인 연설 혹은 광고의 문맥일수도 있다. 내용분석은 정량적이고 포괄적이고 어떤 문장의 발생 수를 헤아리는 것일 수도 있다. 논리적인 해설은 전통적인 접근에서부터 종교적인 문맥의 해석과 분석까지 얻어진 결과인 자연히 정량적이 되는 경향이 있다. 이런 접근의 핵심은 8장에서 깊이 있는 인터뷰 전집의 분석과 관련하여 토의된다.

비판적, 창의적 읽기

목적에 따라 문헌을 연구할 때는 특정한 방식에 따라 문헌을 읽어 내려간다. 이는 실질적인 연구 내용만큼 연구의 방법론적인 측면(항상 연구가 잘 이루어지는 것은 아님)을 강조하는 것으로, 결론뿐만 아니라 결론에 이르는 과정 또한 중요하게 다룬다. 문헌을 연구할 때는 무조건 받아들이기 보다는 의문을 제기하는 비판적인 읽기가 요구된다. 이 과정에서는 알려지지 않은 사실뿐 아니라 알려진 사실의 여부를 확인하는 작업도 포함된다. 문헌을 연구할 때는 에세이 쓰기 같은 다른 목적을 위해 책을 읽는 방식과는 확연히 다른 읽기 방식이 적용된다. 예를 들어 에세이를 쓰기 위해 책을 읽을 때는 실제 특정한 주요 문제를 연구하지만, 연구의 기초나 전반적인 연구 문헌 범위에 대한 논의는 중요하지 않을 수도 있다.

자료를 읽을 때는 표 5.5에 언급된 것처럼 많은 질문이 제기된다. 질문은 개별 항목 및 문헌의 전체적인 내용과 관련이 있다.

문헌의 각 항목 별 내용을 적절하게 언급하는 방식을 알아두면 도움이 된다. 다음은 다양한 언급방식에 대한 예이다.

- Smith believes thinks… Is of the opinion…
- Smith argues…
- Smith establishes…

■ 표 5.5 문헌 연구할 때 제기되는 질문들

a. 개별 항목
- 연구의 경험적인 기반은?
- 관련 주제에 대한 연구 자료와 현 연구 사이에 어떤 연관이 있는가?
- 연구에 사용된 이론적 틀은 무엇인가?
- 연구의 지리적 범위는?
- 연구에서 다루는 사회적 그룹은?
- 연구가 진행된 시기는? 현재에도 연구가 경험적으로 타당한가?

b. 전체적인 내용
- 연구 범위는?
- 전반적으로 사용된 연구 방식은? 연구에 사용되지 않은 방식은?
- 요약에서 기존 연구에 대해 언급된 내용은?
- 요약에서 기존 연구에 대해 언급되지 않은 내용은?
- 저자가 파악하고 있는 문헌상의 모순은? 파악하지 못하는 문헌상의 모순은?
- 실제 내용이나 방법론적 측면에서 볼 때 기존 연구의 한계는?

- Smith observes…
- Smith puts forward the possibility that…
- Smith concludes…

저자의 의견이나 믿음이 만약에 저자가 정치적인 혹은 교구적인 것과 같은 의견이나 믿음을 다루는 어떤 이라면 중요할 수도 있지만 우리는 일반적으로 학구적인 문헌으로부터 믿는 구석이 더 많다. 학구적인 것은 특별한 사상과 종교적인 믿음에 영향을 받는다. - 예를 들어 잘 알려진 레저분야에서의 이론가인 조세프 필퍼, 레저와 문화의기본의 저자는 천주교 성직자였으며 이것은 그의 작품과는 관계가 없지만 만약에 그의 작품이 단순히 신념의 설명이었으면 그것은 레저이론의 발달에서 그렇게 영향력이 있지는 않았을 것이다. 문헌의 리뷰는 그것이 의견이든 혹은 논쟁의 결과이든 실험적인 확신의 결과 혹은 비정형적인 관측이나 사색의 결과이든지 간에 정확히 나타난 자료의 기본을 전달해야만 한다. 요약되는 문헌의 특징은 그러므로 중요하다. 신문과 대중 그리고 전문잡지의 글은 학구적인 저널의 글만큼 동등한 검사나 균형을 받지 못한다. 그리고 레저와 관광조직으로부터 나타나는 보고서 혹은 정치적으로 동기를 받은 정치적인 집단으로부터 나타나는 보고서는 항상 진실을 말하고 그것도 전반적인 진실 그리고 오직 진실을 말하는데 의존할 수 있는 것은 아니다. 물론 그런 재료들은 문학적인 리뷰에서 나타날지도 모르지만 보고되는 그런 상태와 방법은 주의 깊고 미묘하게 다루어 져야 한다. 관심은 교과서에 언급될 때 집

■ 그림 5.1
문헌의 이해

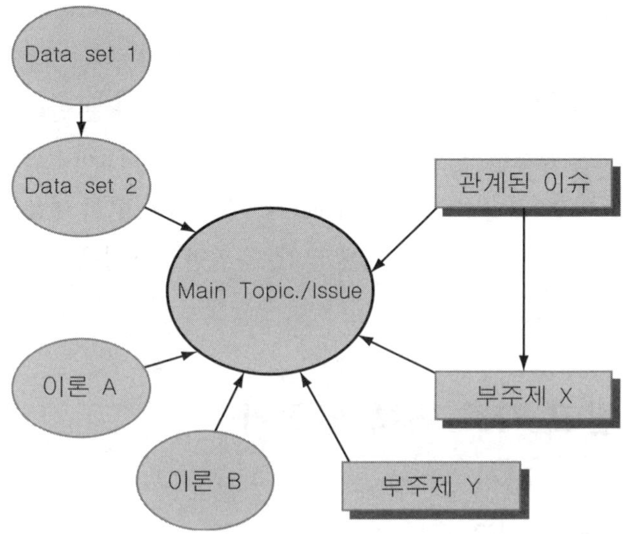

중된다. 이것과 같은 교과서는 어떤 저자로부터 특정한 원천을 가지고 있는 어떤 것은 또 가지고 있지 않는 어떤 재료를 가진 원래의 기고를 포함하지만 대략적으로 분야에서 지식의 설명의 요약을 포함한다. 일반적으로 연구리포트의 경우에 특별히 이론의 경우는 교과서 보다는 학자적인 원천이 가능한 한 언급되어야 한다. 이 문헌의 실질적인 내용에 관하여 재평가자의 주요한 도전은 그것을 구분하고 분석하기 위한 기본적인 틀을 발견하는 것이다. 내재적인 문학의 리뷰의 경우에서 문학은 시대 연대기적으로 지정학적인 기원 혹은 원칙에 의하여 구분될 수도 있다. 리뷰의 다른 형태로는 주제와 이슈(문제들)은 좀 더 중요한 것 같다. 이런 방법으로 문헌을 검토하는 것은 3장에서 토의된 것과 같이 연구프로젝트를 위한 개념적인 기본적인 틀을 만드는 것과 유사하다. 그림 5.1에 표시된 것처럼 어떤 종류의 도표의 개념적인 그림의 접근은 도움이 될 수도 있다.

요약하기

문헌 연구를 통해 결론을 내려야 함은 물론, 제안된 연구 프로그램에 미치는 영향을 제시해야 한다. 표 5.5에 언급된 것처럼, 전체적인 책 내용에 관한 질문에 답하는 방식의 요약으로 연구를 마무리하는 편이 좋다. 문헌 연구 내용을 요약할 때는 연구 프로젝트를 논리적으로 축약해야 하며, 독자에게 기존 문헌과 현 연구 프로젝트 간에 어떠한 연관성이 있는지 확실히 보여주어야 한다. 독자적인 방식으로 기존 지식을 확장하거나, 지식의 격차를 줄이거나, 기존 지식을 업데이트 하거나, 기존 지식의 특정 측면을 수정 및 반박하거나, 또는 단순히 아이디어를 얻거나 비교를 위한 정보를 얻기 위해 문헌 연구를 실시한다. 비슷한 형식의 문헌을 대량으로 연구한다면, 표를 사용한 유사 메타분석 형식에 맞춰 내용 요약을 할 때 도움이 된다. 여기에는 지리적 범위, 표본 크기, 독립변인과 같은 제목을 쓴다.

문헌의 참고 자료 목록 만들기

참고 자료 목록을 만드는 목적

참고 자료의 목록을 만드는 목적은 무엇인가? 첫째, 인용은 작가의 학식에 대한 증거이다. 특정 연구가 기존의 지식과 어떤 연관을 맺고 있는지 보여준다. 인용은 학생들의 과제나 논문을 채점하는 선생님들에게만 중요한 것이 아니며, 지식 확장에 있어 중요한 부분이다. 둘째, 연구 보고서를 읽는 독자들에게 자료 출처를 확인할 수 있게 해준다. 또한 연구자가 기존 연구를 어떻게 해석했는지를 확인하고 관심 분야에 대한 연구를 계속 진행 할 수 있게 해준다.

참고 자료의 기록

참고 자료를 작성할 때는 다양한 기준과 기본 형식이 존재한다. 주요 학술기관에서 기본 형식을 정해 왔으며, 미국 심리학 협회(American Psychological Association)나 호주 정부 출판 서비스(자세한 사항은 Snooks and Co., 2002 참조) 같은 기관에서 작성법 가이드를 만들고 있다. 다음의 방식이 반드시 따라야 하는 표준 방식은 아니지만, 대부분의 학술 분야에서 인정하는 방식이다. 다음에 언급되는 '텍스트'는 연구 보고서나 논문의 주요 내용을 의미한다.

표 5.6은 주요 참고 자료 작성법에 대한 설명이다. 데이터가 끝에 나오는 방식도 있지만 저자/날짜 형식이나 하버드 시스템을 사용하면, 표 5.6의 예처럼 저자 뒤에 날짜를 쓴다.

■ 표 5.6
기본 reference 형식

- A book or report
  Author(s), Initials (Year) *Title of Book or Report in Italic*. Place of publication: Publisher
- An article from a periodical (journal/magazine/newspaper)
  Author(s), Initials(Year) Title of article. *Title of Periodical in Italic*, Volume number (Issue number), Page numbers.

도서목록에 나오는 제목은 이탤릭체로 써야 한다. 사실 도서목록에는 정기간행물 제목만 나와 있고 논문 제목은 나와 있지 않기 때문에 정기간행물 제목은 이탤릭체로 쓴다. 책 단원의 경우 도서목록에 책 제목만 나와 있고 단원의 제목은 나와 있지 않기 때문에 책 제목을 이탤릭체로 쓴다.

책 출판사는 책 인쇄소와는 다르다는 사실에 주의한다(본서의 경우 출판사는 Pearson Education이지만 인쇄소는 Henry Ling Ltd이다). 참고 자료에 인쇄소는 언급하지 않아도 된다. 그리고 정기간행물의 경우에는 출판사를 언급하지 않아도 된다.

참고 자료의 몇 가지 형태는 표 5.7에 원칙을 보여주기 위해 나열되었다.

책 단원의 예에 주요 참고자료는 책의 편집자가 아닌 단원의 작가를 언급하는 특별한 노트가 있어야 한다.

인터넷 자료는 점차 흔해지고 있다. 이 매체의 문제 중 하나는 몇몇 출처가 없어지거나 그들의 웹사이트 주소(URL)가 몇 번 바뀌어서 독자들이 찾기 힘들다는 것이다. 개별 게시물의 경우 개별 게시물의 길고 복잡한 주소보다는 색인이나 게시물 목록의 주소를 주는 것을 권한다. 인터넷 자료는 보통 hard copy item에 적용되는 모든 세부사항뿐 아니라 웹사이트 URL과 접근된 데이터를 포함해야 한다는 일반적인 원칙은 지켜져야 한다. 게시물의 장소는 웹사이트에서 항상 명확하지 않지만 일반적으로 적은 노력으로 찾을 수 있다. 학술지 기사를 인터넷을 통해 접근할 때 학술지가 온라인상에서만 발간되는 것이 아니라면 웹사이트 주소를 꼭 적지 않아도 된다. 발행 스타일 안내서는 이 발전하는 매체와 관련하여 참고 자료를 언급하는데 활용 가능하며 그 예로 The Columbia Guide to Online Style(walker and Taylor, 1998)이 있다.

몇몇 지침은 신문 기사는 여기서처럼 작가의 이름이나 신문의 이름보다는 기사의 제목과 함께 인용되어야 한다고 제안한다. 중요한 점은 스타일이 한번 선택되면 리포트 전체에서 일관되어야 한다는 것이다.

1. 책	Ryan, C. (1991) Recreational Tourism: A social Science Perspective. London: Rouledge.
2. 출판서	Ritchie, J.R.B. and Goeldner, C.R.(eds) (1994) Travel, Tourism, and Hospitality Research: A Handbook for Managers and Researchers. 2nd end, New York: John Wiley and Sons.
3. 편집본 단원	Gunn, C.A. (1994) A perspective on the purpose and nature of tourismresearch methods. In J.R.B. Ritchie and C.R. Goeldner(eds) Travel, Tourism, and Hospitality Research. 2nd edn, New York: John Wiley and Sons, 3-12.
4. 출판된 회의 보고서	Ruskin, H.and Sivan, A.(eds) (1995) Leisure EducationL Towards the 21th Century, Proceedings of the International Seminar of the World Leisure and Recreation Commission on ducation, Jerusalem, August, 1993. Prove, Utah: Brigham Young University Press.
5. 출판된 회의 논문	Veal, A.J.(1995) Leisure studies: frameworks for analysis. In H.Ruskin and A.Sivan (eds) Leisure Education: Towards the 21th Century, Proceedings of the International Seminar of the World Leisure and Recreation Commission on Education, Jerusalem, August, 1993. Prove, Utah: Brigham Young University Press, 124-36.
6. 자체 출판된 정부 기관 보고서	Sport England (1999) Best Value Through Sport: Case Studies. London: Sport England.
7. 학술지 논문	Ravenscroft (1999) Public leisure provision and the good citizen. Leisure Studies,12(1), 33-44.
8. 저자명이 나와 있는 신문 기사	Hornery,A.(1996) Market researchers facing major hurdles. Sydney Morning Herald, 11. April,p.26.
9. 저자명이 없는 신문기사	Sydney Morning Herald (1996) Our green future,7 June, p.12.
10. 인터넷 자료	Veal,A.J.(2003) Education, Training and Professional Development in Leisure: A Bibliography. On-line Bibliography 10, Sydney: School of Leisure and Tourism Studies, University of Technology,Sydney,www.business.uts.eud.au/lst/research/bibs.html에서 이용가능(2005년 1월 접속)

**주의: 위의 형식은 학술지 혹은 교육기관에 따라 다를수 있다.

■ 표 5.7 reference 예

참고자료 만들기와 그 시스템

일반적으로 쓰이는 두 종류의 참고자료 시스템이 있다. '하버드' 시스템으로도 알려진 '작가/날짜' 시스템과 '각주' 나 '미주' 시스템이다. 이 두 가지 시스템은 아래에서 설명될 것이다.

작가/날짜 또는 하버드 시스템

기본적인 특징

작가/날짜 또는 하버드 시스템에서 문헌 목록에 대한 참고자료는 작가의 이름이나 출판 년도를 사용하여 리포트의 마지막에 알파벳순으로 쓴다.

따라서 연구 보고서에는 다음과 같이 쓸 것이다.

> 1970년대와 1980년대 여성과 레저에 대한 연구 영국의 Deem(1986), 캐나다의 Bella(1989), 미국의 Bialeschki와 Henderson (1986) 호주의 Anderson (1975) 연구 포함

위와 같은 reference에는 저자의 이니셜이 들어가지 않는다(성이 같은 저자가 두 명 있는 경우제외). 한 명의 저자가 같은 연도에 발표한 두 논문을 reference에 쓸 때는 예를 들어 2002a, 2002b로 표기한다. 보고서 마지막에 알파벳순으로 reference 목록을 쓴다. 다음이 그 예이다.

> References
>
> Anderson, R.(1975) Leisure: *An Inappropriate Concept for Women?* Canberra: AGPS.
>
> Bella, L.(1989) Women and leisure: beyond androcentrism. In E.L.Jackson and T.L.Burton(eds) *Understanding Leisure and Recreation.* State College, PA:Venture,151-80.
>
> Bialeschki,M.D.and Henderson,K.(1986) Leisure in the common world of women. Leisure Studies, 5(3),299-308
>
> Deem,R.(1986) *All Work and No play? The Sociology of Women's Leisure.* Milton Keynes: Open University Press.

다양한 표기법

참고 자료의 표기법에는 여러 방식이 있다. 예를 들어 위의 예를 특정 작가를 정확하게 명시하지 않는 식으로 표기할 수도 있다.

> 여성과 레저에 대한 연구는 1970년대와 1980년대 영어권 국가에서 활발히 이뤄졌다. 영국, 캐나다, 미국, 호주에서 진행된 연구가 있다(Anderson, 1975; Bialeschki and Henderson, 1986; Deem, 1986; Bella, 1989).

특정 내용과 인용

문헌 내용을 전체적으로 참고하기보다 특정 내용을 인용하는 경우, 특정 내용이 언급된 페이지 번호를 표기해야 한다. 다음의 예는 책에서 특정 내용을 인용한 경우이다.

> Aitchison (2003:135-58)은 성별과 레저 관리법 사이의 관계를 연구했다.

자료 내용을 직접 인용할 경우, 페이지 번호를 표기해야 한다.

> Iso-Ahola는 '학자가 자신의 학문 분야에서 살아 남기 위해서는 연구 결과에 대해서 자신의 연구 방식이 타당하며 신뢰성이 있다는 증거를 제시해야 한다' 고 지적한다.(1980:49).

인용문 길이가 길면 따옴표를 쓰지 않고 문단 내에서 들여쓰기를 한다. 다음은 그 예이다.

Iso-Ahola는 관광지를 대상으로 한 과학 연구에서 학술 연구 사례를 들어 말한다.

> 학자가 자신의 학문 분야에서 살아 남기 위해서는 연구 결과를 대해서 자신의 연구 방식이 타당하며 신뢰성이 있다는 증거를 제시해야 한다. 이는 학술 기관 내부와 외부에서 인가를 받을 때 매우 중요하다. (Iso-Ahola, 1980:49)

장점과 단점

저자/날짜 형식은 '학술분야' 에 적합한 방식이다. 때문에 텍스트 내에서 참고 자료가 눈에 띄고, 거슬리는 경우도 있다는 단점이 있고, 실용적인 목적으로 쓰인 연구 보고서에는 부적합한 방식이다. 저자/날짜 형식으로 참고 자료를 쓰면 많은 경우 텍스트가 조잡해져서 읽기가 어렵다. 또한 각주(페이지 하단)나 미주(단원이나 책의 마지막 페이지)가 없다는 점도 단점이 될 수 있다. 하지만 꼭 짚고 넘어가야 할 중요 사항이라면 텍스트에서 다루고, 굳이 각주나 미주에 따로 쓸 필요가 없다는 의견도 있다. 주석과 보충설명이 꼭 필요하다면, 저자/날짜 형식을 사용하면서 각주방식도 병행하면 된다. 이렇게 되면 내용이 복잡해질 수밖에 없다. 주석이나 미주가 필요하다면, 다음의 예처럼 각 항목마다 모두 각주 방식으로 표기 해주는 것이 가장 좋은 방법이다.

저자/날짜 형식의 장점은 각주나 미주 번호를 직접 찾아 읽어야 하는 수고를 덜어준다는 점이다. 독자에게 발행 날짜도 알려준다. 각 항목의 세부사항을 한번 만 표기하면 된다. 연구 보고서 끝에 알파벳순으로 깔끔하게 정리된 참고 자료 목록을 덧붙이면 된다.

각주와 미주

기본 특징(basic feature)

각주 방식은 텍스트 상의 참고 자료 항목마다 번호를 붙여서 단원, 보고서, 책 마지막 페이지에 번호별로 설명을 덧붙이는 방식이다. 각주라는 용어는 주석을 각 페이지 하단에만 넣던 시기 때 생겨났다. 오래된 책은 이런 방식으로 작성되었지만 각 페이지 하단에 각주를 넣으면 정리하기도 불편하고, 출판용을 편집할 때도 비용이 너무 많이 들었다. 그래서 각 단원이나 책 마지막 페이지에 따로 주석 내용을 덧붙이는 방식으로 바뀌었다. 그 결과 이제 미주가 더 많이 사용된다. 워드로 편집 작업을 할 수 있게 된 뒤로 아이러니하게도 각 페이지 하단에 자동으로 각주를 달 수 있게 되었다. 대부분의 워드 프로그램에서 이 기능이 제공되는데, 자동으로 각 페이지마다 각주에 번호를 달아줄 뿐더러 번호 찾기도 쉽게 할 수 있다. 하지만 출판업자들은 일반적으로 단원이나 책 뒷부분에 주석만 따로 모아서 넣는 방식을 선호하는데, 괄호(1) 숫자나 어깨글자[1]로 참고 자료 번호를 매긴다.

다음은 각주 방식을 이용한 문단의 예이다.

> 1970년과 1980년대 여성과 레저에 대한 연구에는 영국 Deem[1], 캐나다 Bella[2], 미국 Bialeschki와 Henderson[3], 호주 Anderson[4]의 연구가 포함된다.

연구 보고서 마지막에 덧붙이는 주석은 텍스트에 언급된 순서대로 번호를 붙여 표기한다.

> *주석
> 1. Deem, R. (1986) All Work and No Play? The Sociology of Women's Leisure. Milton Keynes: Open University Press
> 2. Bell, L. (1989) Women and Leisure: beyond androcentrism. In E.L. Jackson and T.L.Burton (eds) Understanding Leisure and Recreation.

State College, PA:Venture, 151-80.
3. Bialeschki, M.D. and Henderson, K. (1986) Leisure in the common world of women. Leisure Studies, 5(3), 299-308.
4. Anderson, R. (1975) Leisure: An Inappropriate Concept for Women? Canberra:AGPS.

각주 방식을 쓰면 저자/날짜 형식처럼 주석이 텍스트 상에서 눈에 거슬리는 일이 적다. 사실 다음의 예처럼 각주를 한 번만 쓰면 주석이 훨씬 더 눈에 띄지 않게 만들 수도 있다.

19070년대와 1980년대 여성과 레저에 대한 연구에는 영국, 캐나다, 미국, 호주에서 진행된 연구가 포함된다.[1]

이 방식을 사용하면 연구 보고서 마지막에 주석은 다음과 같이 표기한다.

*주석

1. 영국 Deem, R.(1986) *All Work and No Play? The Sociology of Women's Leisure.* Milton Keynes: Open University Press

캐나다 Bell, L. (1989) Women and Leisure: beyond androcentrism. In E.L. Jackson and T.L.Burton (eds) *Understanding Leisure and Recreation.* State College, PA:Venture, 151-80.

미국 Bialeschki, M.D. and Henderson, K. (1986) Leisure in the common world of women. *Leisure Studies*, 5(3), 299-308.

호주 Anderson, R. (1975) Leisure: *An Inappropriate Concept for Women?* Canberra: AGPS.

다중의 참고자료

텍스트 상에서 참고 자료를 한 번 이상 자세히 쓸 필요가 없다. 한번 인용했던 자료에 추가적으로 참고 자료를 덧붙일 경우 op.cit.부호를 이용하거나 기존 각주를 참조하게 한다. 다음 문단이 그 예이다.

Deem은 영국에서 여성과 레저 분야 연구의 선구자였다.[2]

주석은 다음과 같다.

2. Deem, op.cit. 또는 2. 각주 1 참조

특정 내용, 인용

특정 참고 자료나 인용문 참고 자료의 페이지 번호는 텍스트 상에 직접 표기하기보다는 각주에 표시한다. 따라서 위의 Iso-Ahola 인용문은 다음과 같이 표기한다.

> Iso-Ahola는 '학자가 자신의 학문 분야에서 살아남기 위해서는 연구 결과를 대해서 자신의 연구 방식이 타당하며 신뢰성이 있다는 증거를 제시해야 한다' 고 지적한다.[4]

이에 대한 각주는 다음과 같다.

> 4. Iso-Ahola, S.E.(1980) Tools of social psychological inquiry. Chapter 3 of the Social Psychology of Leisure and Recreation, Dubuque, IA: Wm.C.Brwon, p.49.

같은 책에서 다른 내용을 인용하면 다음과 같이 각주를 표기한다.

> 5. Iso-Ahola, op.cit. p.167.

각주/미주 방식의 장점과 단점

각주 방식의 장점은 각주 방식을 쓰면 저자/날짜 형식처럼 주석이 텍스트 상에서 눈에 거슬리는 일이 적다는 점과, 참고 자료와 함께 저자의 주석을 덧붙일 수 있다는 점이다. 알파벳순으로 깔끔하게 정리된 참고 자료가 없다는 것이 단점으로서, 독자가 연구 보고서를 문헌 참고 자료로 참고할 때 불편을 초래할 수 있다. 때문에 참고 자료 목록과 함께 참고 문헌을 작성하는 연구자도 있는데, 참고 자료를 두 번 써야 해서 이중으로 작업을 해야 한다(다음 '두 시스템 비교' 참조). 각주와 미주를 직접 찾아 읽어야 하는 점은 컴퓨터로 작업이 가능해지면서 큰 단점으로 부각되지는 않는다.

두 시스템 비교

저자/날짜 형식과 각주/미주 방식 이 두 시스템의 특징, 장점 및 단점이 표 5.8에 요약되어 있다.

두 방식의 장점만을 취하려면 각주/미주 방식의 주석 참고 자료를 작성할 때 저

특 징	하버드/저자-날짜	각주/미주
텍스트 내 참고자료	각주/미주	숫자, 예[1]
참고 자료 형식	저자(날짜) 제목. 출판 세부사항	1. 저자 제목. 출판 세부사항, 날짜
참고 자료 목록 형식	보고서 마지막에 알파벳 순서 목록	번호를 매긴 목록 - 페이지 하단, 혹은 - 단원 마지막 페이지, 혹은 - 보고서 마지막 페이지
장 점	- 알파벳순으로 정리된 참고문헌 - 참고하기 쉬움 - 텍스트 상에 출판 날짜가 표기되어 있음	- 텍스트 상에 reference가 없어서 눈에 띄지 않음 - 주석이나 해설 달 수 있음
단 점	- 텍스트 상에서 reference가 눈에 띌수 있음 - 주석을 달 수 없음	- 컴퓨터 없이는 참고하기 어려움 - 알파벳순으로 정리된 참고문헌이 없음

■ 표 5.8 참고 자료 시스템: 특징, 장점 및 단점

자/날짜 형식으로 표기하고 연구 보고서 마지막에 알파벳순으로 정리된 참고 자료를 덧붙인다. 이 방식으로 위 문단의 각주를 표기하면 다음과 같다.

*주석

1. Deem, 1986.
2. Bella, 1989.
3. Bialeschki and Henderson, 1986.
4. Anderson, 1975.

알파벳순으로 정리된 참고문헌은 저자/날짜 형식과 같은 방식으로 표기한다. 한 연구에 여러 가지 참고 자료를 이용할 때 유용하다.

참고 자료 문제

2차 자료 참조

때때로 직접 읽지 않았지만 읽었던 다른 문서에서 참조한 사항들을 참고 자료로 만들기도 한다. 이는 2차 참고 자료라고 불릴 수 있다. 그것은 오해받기 쉽고, 다소

비윤리적이며, 만약 직접 읽은 것이 아니라면 원 자료에 완전한 참고 언급을 하는 것도 위험하다. 그 참고 언급은 원 자료가 아니라, 2차 자료에 주어져야만 한다. 예를 들면 다음과 같다.

> Kerlinger는 연구를 '자연적 현상들 사이의 가정된 관계에 대한 가설적 명제의 체계적, 통제적, 실증적, 비판적 연구' 라고 특징짓는다.
>
> (Iso-Ahola에서 인용, 1980, p.48)

이 예에서, 저자는 Kerlinger를 원본으로부터 읽은 것은 아니지만 Iso-Ahola의 Kerlinger에 대한 인용에 기대고 있다. Kerlinger의 사항은 참고 목록에 등재되지 않고, Iso-Ahola의 참고만이 등재된다. 인용에서의 어떤 부정확함이라도 그것은 2차 자료의 원천에 놓이기 때문에, 2차 자료 참고를 이런 식으로 다루는 것은 윤리적이며 안전하다.

학술적 연구 보고서(잡지 기사와 논문들)에서 2차 자료 참고는 피해야 하고 모든 노력을 다하여 원본 자료를 참고하도록 해야 한다.

과도한 인용

한 자료에서 인용할 내용이 많을 경우에는 판단을 해야 한다. 연구 보고서 한 줄 한 줄마다 같은 자료에서 인용한 내용을 쓴다면 내용이 너무 지루해 질 것이다. 이런 일을 방지하기 위해서는 문헌을 연구 할 때 한 자료를 많이 참고 했다는 사실을 '솔직하게(up-front)' 밝히는 것도 한 방법이다. 예를 들어, 텍스트 상에 MacCannell의 연구 자료를 인용한 부분마다 reference를 쓰기보다, MacCannell의 관광 연구 내용을 전체적으로 요약해서 연구보고서에 따로 다음과 같이 언급해 주는 편이 좋다.

> MacCannell의 연구
>
> 다음은 MacCannell(1976)의 연구 The Tourist: A New Theory of the Leisure Class을 요약한 것이다.

특정 내용을 인용할 때 정식 reference를 써준다.

라틴어 축약어

Referencing에는 여러 가지 라틴어 축약어가 쓰인다.

et al. 한 연구를 두 명 이상의 저자가 공동 진행했다면 텍스트 상에서는 첫 번째 저자 이름을 쓰고 뒤에 et al.을 붙여주지만, 참고문헌 목록에는 모든 저자의 이름이 언급되어야 한다. et al은 라틴어 et alia을 줄인, '~외' 를 뜻하며, 일반적으로 이탤릭체로 써준다.

op.cit. 라틴어 opera citato의 줄임 말로써, '인용' 을 뜻한다.

ibid. 각주 방식에서 참고 자료가 연속적인 각주를 나타내면 축약어 ibid를 써준다. ibidem의 줄임 말로써 '같음' 을 의미한다.

● 요 약

이 장은 연구의 필수 요소이자 도구인 문헌 연구에 대해 다룬다. 다양한 목적과 방식으로 문헌연구를 진행된다. 문헌 연구를 통해 얻은 자료가 전체적인 연구 프로젝트의 기본 토대가 될 수도 있고, 아이디어를 제공받거나 프로젝트 진행 방식에 대한 정보를 얻을 수도 있다. 도서목록, 참고문헌 출판물, 색인, 전자 자료를 포함한 다양한 관련 문헌 검색 방법에 대해서도 다룬다. 문헌 연구 과정도 살펴보는데, 연구 목적으로 문헌 연구를 하는 경우 제기해야 할 질문사항에 대해서도 언급한다. 마지막으로 이 장에서는 문헌을 참고자료 목록에 나타내는 것에 대해 다루며, 저자/날짜(하버드)형식과 각주/미주 방식의 장단점도 살펴본다.

Test question

1. 연구에서 사용되는 문헌 검토의 잠재적인 사용용도는 무엇인가?
2. 3가지 다른 서지정보 원천을 명하고. 장점과 단점을 설명하시오.
3. 문헌검토를 통하여 연구된 에세이와 연구 프로젝트를 통해 제공된 문맥의 차이점은 무엇인가?
4. 저자/날짜 참고문헌 시스템과 각주/미주 시스템의 장점과 단점을 설명하시오.
5. 2차자료 참조는 무엇인가?

Exercise

1. 이 장에서 설명하고 있는 원천들을 활용하여 본인이 선택한 주제의 서지정보를 편집하시오.

2. 연구 주제를 선택하시오:
   a. 당신이 이용할 수 있는 컴퓨터화 된 도서정보와 전자기기를 활용하여 문헌을 연구
   b. 논문의 참고문헌, 저널 목차, 일반적인 책 등의 문서자료를 통하여 문헌을 검토
   c. 두 개의 원천에서 나온 서지정보를 비교

부록

5.1 … 온라인 레저와 관광의 저서목록

University of Technology, Sydney, School of Leisure, Sports and Tourism

웹사이트: www.business.uts.edu.au/lst/research/bibliographies.html

서지목록

1. 해변의 레크레이션 이용
2. 올림픽
3. 호주의 여가 역사
4. 호주의 도박
5. 예술 정책, 참여율, 경영 그리고 경제
6. 여가, 스포츠 그리고 민족성
7. 관광과 장애인
8. 라이프스타일과 레저
9. 도심공원과 경영과 계획된 열린 공간
10. 교육, 훈련, 그리고 레저의 전문적 발전

University of Connecticut – Playlab

웹사이트: http://playlab.uconn.edu/frl.htm

서지목록

1. 레저/관광 동기
2. 비디오 겜임
3. 관광객 역할
4. 스포츠&교육

5. 청소년과 관광
6. 무술
7. 관광 시장/시장 조사
8. 스포츠 경제
9. 스포츠 법
10. 스포츠 리더쉽
11. 스포츠와 성별
12. 스포츠와 이데올로기
13. 스포츠 상담
14. 스포츠 하위문화
15. 스포츠와 관광의 경제적 효과
16. 삶의 만족
17. 공연/스포츠의 인류학
18. 생태관광
19. 스포츠 위반/공격성
20. 관광의 사회문화적 효과
21. 레저/스포츠의 배움
22. 스포츠 일탈
23. 스포츠와 미디어
24. 스포츠 시장
25. 스포츠 관광 I
26. 스포츠와 종교
27. 유도
28. 스포츠/경험의 심리사회적 혜택
29. 스포츠 관광 II
30. 레저의 개념
31. 레저 교육/상담
32. 회사 운동
33. 동기와 스포츠 참여율
34. 스포츠 홍보
35. 스포츠의 성별 문제
36. 그리스의 관광

37. 스포츠와 영국의 소수 민족
38. 정보기술과 관광&환대
39. 스포츠 스폰서십
40. 중동의 관광
41. 관광/환대의 원천
42. 관광 예측/시계열 분석
43. 스포츠/경험과 분위기 I
44. 스포츠와 연계된 일
45. 스포츠와 정책
46. 스포츠와 타이틀 IX
47. 레저 만족
48. 레저 태도
49. 스포츠와 약물
50. 스포츠와 성별 선호도
51. 스포츠와 올림픽
52. 스포츠와 레저의 예측
53. 스포츠 팬
54. 관광목적지의 재방문객
55. 그리스의 포괄적 관광
56. 스포츠와 올림픽
57. 스포츠와 상업화
58. 스포츠에 대한 걱정과 성과
59. 스포츠 경영전략
60. 스포츠&재정
61. 스포츠와 약물 II
62. 스포츠와 성별 II
63. 스포츠&재정 II
64. 치유 레크레이션 서비스
65. 육체적 활동과 건강
66. 관광/카지노 개발 효과
67. 태도/행동의 영향과 스포츠, 레저 그리고 운동의 참여율
68. 스포츠, 운동 그리고 분위기 II

International Centre for Research and Study on Tourism(CIRET), Aix-en-Provence, France

웹사이트: www.ciret-tourism.com

서지목록

관광저서에 대한 넓은 목록을 제공하지만 아래의 목록은 수수료를 받고 있음

1. 생태관광 March 1997, 143pp, €30
2. 대안-지속가능한 관광 1997, 144pp, €30
3. 도심관광 153pp, €32
4. 관광과 역사, 167pp, €35
5. 호주의 관광, 188pp, €40
6. 일본의 관광, 50pp, €12
7. 관광 라이프 사이클, 70pp, €16
8. 관광, 민족단체, 원주민, 81pp, €18
9. 관광과 민족, 54pp, €12
10. 노인관광, 137pp, €30
11. 관광, 레저 그리고 가족, 39pp, €11,000
12. 히말라야, 힌두, 카라코룸의 관광, 145pp, €30
13. 여성, 레저, 스포츠 그리고 관광, 58pp, €12
14. 관광과 박물관, 75pp, €17

6 2차 데이터: 출처와 분석

소 개

이 장에서는 기존 데이터 사용에 대해서 다룬다. 이는 본서의 대다수를 차지하는 새로운 데이터 수집과는 반대되는 주제이며, 인구연구나 레저, 관광 참여도 연구 같은 통계자료가 주요 연구 대상이지만, 수집 자료나 관리 데이터도 포함된다.

연구를 진행할 때는 비용과 시간이 많이 소요되는 새로운 자료 수집보다 가능한 한 기존 자료를 이용하는 편이 훨씬 현명하다고 할 수 있다. 이는 앞서 5장 기존 문헌 연구에서 살펴본 바 있다. 문헌 연구 시 연구 문헌의 통계자료나 기타 자료에 대한 참고 문헌을 보게 되는데, 참고자료의 데이터를 처음 수집한 연구자가 완벽하게 자료를 연구, 분석하지 못한 경우도 있는데 이는 시간과 자금 부족, 특정 분야에 국한된 저자의 관심이 그 이유가 될 수 있다. 또는 데이터를 다른 시각으로 분석하거나 해석할 수 있기 때문일 것이다. 한편 연구용으로 수집되지 않는 정보도 있다. 예를 들어 레저, 관광 기관 행정 기록이 이에 해당하는데, 이는 연구 기초 자료로 사용될 수 있다.

1차 데이터는 연구 프로젝트용으로 수집된 새로운 데이터이다. 연구자는 일차적으로 데이터를 사용하게 된다. 2차 데이터는 타 목적용으로 이미 수집된 데이터인

■ 표 6.1
2차 자료 사용의 장단점

장점
- 타이밍– 데이터를 즉시 이용 가능하다
- 비용 – 새로운 데이터를 수집하는 비용이 절약된다.
- 경험 – 원본 데이터를 수집한 연구자의 '시행착오' 과정을 연구할 수 있다.
- 척도 – 2차 데이터는 가능한 것보다 더 큰 샘플을 대상으로 한다.
- 예상 밖의 성과 – 귀납적 데이터 분석 과정 상 의도하지 않았던 발견을 할 수도 있는데, 특정한 목적을 위해 데이터를 수집하는 과정에서는 이런 뜻밖의 성과를 거두기가 힘들다.

단점
- 설계 2차 데이터는 다른 목적을 위해 수집된 데이터이기 때문에 현 연구 프로젝트에 부적합할 수 있다.
- 분석 한계 원본 데이터를 재분석 할 수가 없는 경우 현 연구 프로젝트에 맞게 데이터를 분석/변경하는데 한계가 있다.

데, 현 연구 프로젝트용에 다시 쓰일 수 있다. 연구자는 2차적으로 데이터를 사용하게 된다. 이와 같은 데이터를 심층 분석하는 것을 2차 분석이라고 한다.

2차 데이터는 참고 문헌과 함께 연구 프로젝트에서 다양하게 활용되는데, 연구 전체의 기초 자료로 쓰이거나, 핵심적인 또는 부차적인 비교 자료로 쓰일 수 있다. 표 6.1에 2차 데이터 사용의 장단점이 언급되어 있다.

레저, 관광 데이터 수집에 상당한 비용이 소요되는데, 주로 정부 기관의 주도로 데이터가 수집된다. 종종 이런한 데이터가 당면한 정책의 조건은 제한적이라고 할 수 있으며, 국제적인 여행자 수치나 스포츠 참여자 수 연구 등이 그 예이다. 연구 자금이 한정되어 있는 경우, 연구 집단이 연구의 잠재성을 이끌어내는데 실패하여 자원을 낭비하는 것은 현명하지 않을 것이다. 이런 연구의 경우 데이터를 어디에 사용할 지에 대해서 세심한 주의가 요구되고, 유사 귀납법을 연구에 적용해 데이터가 제공하는 정보에 대한 의문을 제기해야 한다.

표 6.2에는 여섯 가지 주요 2차 데이터 출처가 나와 있고, 각 출처의 세부사항을 이 장에서 다루게 된다. 적절한 곳에서 참고 자료는 영국과 호주의 예에서 나타난

■ 표 6.2
2차 자료의 종류

- 국가적 여가참여연구
- 관광 연구
- 경제 연구
- 인구 연구
- 경영 자료
- 문서 자원

다. 이 장의 마지막 내용은 레저, 관광 분야 계획과 경영에 2차 데이터를 활용한 사례 연구이다.

레저 활동 참여도 연구

참여도 연구 현황

선진국에서는 정부 주도에 의한 정기적인 레저 활동 참여도 연구가 실시된다. 미국에서는 1960년대부터 야외 레저 활동을 중심으로 연구를 실시해왔으며(Cordell et al. 2005), 미국 외의 다른 나라에서는 1970년대와 1980년대에 걸쳐 레저 활동 참여도 연구를 실시했다. Cushman et al.(2005a)가 편집한 책에는 15개 국가의 자료가 포함되어 있다.

- 영국에서는 국가 기관 주도 하에 국립 통계청(Office for National Statistics)이 총 가계 연구(General Household Survey 이하 GHS)를 실시해 왔다. 1973년부터 3년~5년 마다 자국민의 레저 참여에 대한 정보를 수집해 왔다(Gratton and Veal, 2005). 후기 연구 때부터는 스포츠 및 육체적인 레저 활동에 국한하여 정보를 수집해왔으며, 예술 관련 레저 활동은 예술 위원회에서 따로 연구를 실시했다. 표 6.3은 위의 연구 결과의 예이다.
- 호주에서는 연방 정부가 1985년과 1986년 처음 레저 활동 참여도 연구를 실시했는데, 1990년대 들어서는 스포츠 및 육체적인 레저 활동만을 연구 대상으로 하는 호주 통계청(ABS) 주관 인구 연구로 대체되었다. 2001년에는 호주 스포츠 위원회와 레크리에이션과 스포츠 상임 회의(SCORS)가 주관하는 연간 운동 레크리에이션과 스포츠 연구 (ERASS)로 대체되었다(Veal, 2003b, 2005). 최근 호주통계청에서는 스포츠, 육체적인 레저 활동, 예술 관련 활동에 대한 데이터를 수집하기 위해 일반 사회 연구를 활용하기도 한다. 표 6.4는 위의 연구 결과의 예이다.

지난 20년 동안 위와 같은 연구가 실시되었지만, 각 국가마다 연구 기본 원리가

■ 표 6.3 영국의 여가 참여, 1996/2002

	16세 이상의 인구가 참여하는 %		
	A. 인터뷰 4주전	B. 인터뷰 일년전	B/A 비율
가정 기반의 여가, 1996			
TV 시청	99	na	na
친구나 친척 방문	96	na	na
라디오 청취	88	na	na
음악 감상	78	na	na
독서	65	na	na
조경	48	na	na
DIY	42	na	na
옷 만들기/바느질/뜨개질	22	na	na
스포츠, 육체적 활동, 1996			
걷기(적어도 2마일이상)	44.5	68.2	1.5
수영	14.8	39.6	2.7
수영:실내	12.8	35.1	2.7
수영:실외	2.9	14.9	5.1
몸매유지/요가	12.3	20.7	1.7
스누커/당구	11.3	19.2	1.7
사이클링	11.0	21.4	1.9
웨이트 트레이닝	5.6	9.8	1.8
축구	4.8	8.5	1.8
축구:실내	3.8	6.9	1.8
축구:실외	2.1	4.8	2.3
골프	4.7	11	2.3
러닝/조깅	4.5	8.0	1.8
다트	–	8.6	na
볼링	3.4	15.5	4.6
배드민턴	2.4	7.0	2.9
테니스	2.0	7.1	3.6
볼	1.9	4.6	2.4
카펫 볼	1.1	3.0	2.7
론 볼	0.9	2.8	3.1
낚시	1.7	5.3	3.1
탁구	1.5	5.3	3.5
스쿼시	1.3	4.1	3.2
웨이트 리프팅	1.3	2.6	2.0
승마	1.0	3.0	3.0
크리켓	0.9	3.3	3.7

■ 표 6.3 (계 속)

	16세 이상의 인구가 참여하는 %		
	A. 인터뷰 4주전	B. 인터뷰 일년전	B/A 비율
사격	0.8	2.8	3.5
자기방어	0.7	1.7	2.4
등산	0.7	2.5	3.6
농구	0.7	2.0	2.9
럭비	0.6	1.3	2.2
아이스 스케이팅	0.6	3.2	5.3
넷볼	0.5	1.4	2.8
세일링	0.4	2.3	5.7
모터스포츠	0.4	1.6	4.0
카누	0.4	1.6	4.0
하키	0.3	1.1	3.7
스키	0.3	2.6	8.7
운동-트랙&필드	0.2	1.2	6.0
체조	0.2	0.7	3.5
윈드서핑/보드세일링	0.2	1.1	5.5
적어도 1 활동(걷기 제외)	45.6	65.9	1.4
적어도 1 활동	63.6	81.4	1.3
문화 이벤트 참여, 잉글랜드, 2001			
극장에서의 영화	19	55	2.9
연극이나 드라마	5	27	5.4
카니발, 길거리 예술, 서커스	4	23	5.8
예술, 사진, 조각 전시회	6	19	3.2
공예 전시회	4	17	4.3
판토마임	–	13	na
문화축제	2	10	5.0
책이 글과 관련된 이벤트	2	8	4.0
비디오나 전자예술을 포함하는 이벤트	2	7	3.5
뮤지컬	4	24	6.0
팝이나 락 콘서트	4	18	4.5
클래식 콘서트	3	10	3.3
오페라	1	6	6.0
재즈 콘서트	2	5	2.5
포크, 컨트리&웨스턴 콘서트	–	3	na
다른 음악	–	9	na
모든 종류의 춤공연	–	12	na
현대 춤	–	3	na
발레	–	2	na

■ 표 6.3 (계 속)

	16세 이상의 인구가 참여하는 %		
	A. 인터뷰 4주전	B. 인터뷰 일년전	B/A 비율
예술 활동의 참여, 잉글랜드, 2001			
독서의 즐거움	na	73	na
자신을 위한 소설, 시집 등의 구매	na	49	na
이야기나 연극의 글쓰기	na	3	na
시 쓰기	na	3	na
클러빙	na	25	na
다른 춤(몸매유지를 위한 클래스제외)	na	8	na
발레	na	1	na
자신을 위한 뮤지컬 악기 연주	na	9	na
청중을 두고 노래	na	4	na
청중을 위한 뮤지컬 악기 연주	na	3	na
음악 작곡	na	2	na
오페라 연기	na	0	na
연극이나 드라마 연기	na	2	na
페인팅, 그리기, 조각 만들기	na	14	na
예술활동 사진	na	6	na
예술 작품 구매	na	6	na
예술활동과 관련된 영화 및 비디오 제작	na	2	na
뜨개질 등과 같은 텍스타일 공예	na	14	na
수공예 제품 구매	na	12	na
나무 공예	na	6	na
다른 공예(진흙, 보석제작 등)	na	4	na
컴퓨터 이용한 예술작품, 만화제작	na	4	na
예술/문화 이벤트 행사 도움	na	4	na

*na: not available

다르기 때문에 연구 결과를 비교하기가 어렵다. 예를 들어 표 6.3과 6.4에서 보이는 바와 같이 영국과 호주에서 실시된 두 연구를 비교할 경우 기본적으로 연구계획 자체가 다르기 때문에 그 결과를 비교하기가 힘들다. 국가들 사이의 데이터 비교를 하는 경우 이런 문제가 발생해 왔지만, 국제적으로 동일한 데이터 수집방식을 적용하려는 노력은 거의 없었다(Kamphorst and Roberts, 1989; Hantrais and Kamphorst, 1987; Cushman et al., 2005a).

국민 레저 연구, 지방 레저 연구 자료가 레저 활동에 대한 주요 정보 출처이나 이러한 중요 데이터베이스를 이용하는데 있어서 몇 가지 문제점이 제기된다.

■ 표 6.4 오스트레일리아의 여가 참여, 2002

	인터뷰 1년전 18 이상의 인구가 참여하는 %		인터뷰 1년전 18 이상의 인구가 참여하는 %
스포츠/육체적 활동			
에어로빅	10.9	스쿠버 다이빙	0.4
아쿠아로빅	0.3	사격 스포츠	0.6
운동/트랙&필드	0.2	축구-실외	2.6
오스트레일리아 규칙 풋볼	2.1	축구-실내	0.9
배드민턴	0.6	소프트볼	0.3
야구	0.3	스쿼시/라켓볼	1.7
농구	2.4	서프 스포츠	2.0
당구/스누커	0.4	수영	10.9
복싱	0.3	탁구	0.6
숲속 걷기	3.2	테니스	6.8
카누/카약	0.5	볼링	0.9
카펫볼	0.5	터치 풋볼	1.7
크리켓-실내	0.9	트라이슬론	0.3
크리켓-실외	2.5	배구	1.1
크로스컨추리	0.5	운동을 위한 걷기	25.3
사이클링	5.7	워터스키/파워보팅	0.9
댄싱	1.8	웨이트 트레이닝	0.9
다트	0.3	요가	2.1
낚시	3.5	스포츠 관람	48.2
골프	7.5	문화 행사 참가	
하키-실외	0.5	아트갤러리	24.9
승마/마상활동/폴로	0.9	박물관	25.0
얼음/눈 스포츠	0.9	동물원 및 아쿠아리움	40.0
론 볼	1.9	정원	41.6
무술	1.5	도서관	42.1
모터스포츠	0.9	클래식 음악 콘서트	9.0
넷볼	3.1	대중 음악 콘서트	26.4
바위등반	0.5	극장 공연	18.0
롤러 스포츠	0.6	춤 공연	10.9
럭비 유니온	0.6	뮤지컬 및 오페라	18.7
럭비 리그	0.7	다른 행위예술	20.4
달리기	4.6	극장	69.6
세일링	0.7	적어도 하나의 문화 행사	88.2

데이터의 타당성 및 신뢰성, 표본 크기, 참여도 참고 기간, 연구 대상의 연령대, 레저 활동의 연구 범위, 연구 대상의 사회적 특징 관련 정보에 대한 접근성 등이 그 예이다. 다음에서 위 문제에 대해 각각 살펴본다.

타당성과 신뢰성

국민 레저 연구는 여타 인터뷰 연구처럼 응답자가 자신의 레저 활동 참여에 대해 응답한 자료에 의해 연구 결과가 좌우되는 한계점을 가지고 있다. 그렇다면 연구 결과를 얼마나 신뢰할 수 있을까? 9장에서 언급했던 바대로 절대적으로 신뢰할 수는 없지만, 정부 주도의 국민 연구는 데이터 자료로서의 신뢰성과 가치를 지닌다.

1. 국립 통계기관은 전문 분야에 있어 높은 수준의 전문성과 명성을 가지고 있다.
2. 연구는 다수의 표본을 기반으로 진행된다.
3. 지난 몇 년간 다양한 연구에서 도출된 결론에 큰 변동사항이 없었다는 사실은 중요하며, 레저 활동 참여에 있어서 불규칙하고 설명하기 어려운 변수나 변동사항이 생겼다는 것은 연구의 신뢰성 문제와 직결되지만, 이런 일이 거의 발생하지는 않는다.

참여도 연구의 신뢰성에 의문을 제기하는 논평자들은 응답자가 적어도 특정 레저 활동 참여 수준을 상당부분 과장하는 경향이 있음을 보여주는 연구를 시행하기도 한다(Chase and Godbey, 1983; Chase and Harada 1984). 하지만 Boothby (1987)는 연구 계획 시 특정 측면에 주의를 기울임으로써 참여도 연구의 단점을 보완할 수 있다고 말한다.

표본 크기

일반적으로 표본 크기가 클수록 연구 결과의 신뢰성 및 타당성이 높아진다. 다음의 연구는 15,000명 가량의 응답자 인터뷰를 기반으로 하며, 이런 연구들은 표본 규모가 크기 때문에 '통계적 오류'를 최소화 할 수 있다. '통계적 오류' 용어에 대해서는 10장에서 다룬다.

주요 문제 참여도 참고 기간

영국 GHS에 참여한 응답자들이 일반적으로 의문을 갖는 사항은 연구가 진행된 4주 동안 자신들이 어떤 레저 활동에 참여해 왔냐는 것이다. 4주의 기간은 참여도의 참고 기간이다. 표 6.3에서 보이는 바와 같이 1996년 연구에는 응답자들이 1995년에 참여했던 레저 활동에 대한 질문도 포함되어 있다. 2001년 "영국의 예술" 설문 조사도 이와 유사하다. 표 6.3에 연구 실시 1년 전 참여도와 연구 실시 4주 전 참여도의 비율도 나와 있다. 대부분의 스포츠 활동 비율이 1.5에서 3사이인데, 이는 일 년 간의 기간 동안 스포츠 참여도가 각 달의 평균적인 스포츠 참여도보다 1.5~3배 높다는 의미이다.

스키, 윈드서핑, 요트, 야외수영처럼 많은 사람들이 주말에 주로 즐기는 스포츠는 이 비율이 높게 나타난다. 또한 일반적으로 문화행사 참여도를 연구하면 이 비율이 높게 나타난다. 참여도의 참고기간 선정이 레저 활동 참여도에 영향을 미치지만, 각 레저 활동별로 미치는 영향이 다르다.

초기 호주 설문조사에서는 참여도 참고기간이 2주였지만(Darcy, 1994, Veal, 2003b, 2005), 최근 연구에서는 표 6.4에서 보이는 것처럼 참고기간을 1년으로 잡는데, 이제 국제 표준이 되가는 추세이다(Cushman et al, 2005b, 284).참고기간을 1년으로 하면 한 설문조사에서 4계절에 걸친 레저 활동 참여 패턴을 연구할 수 있고, 특수 참여자들의 비율을 높일 수 있다는 장점이 있다. 하지만, 연구 참여자가 상당히 긴 연구 기간 동안 자신의 레저 활동에 대해 생각해내고 응답하는 과정에서 오류가 발생할 수 있다는 단점이 있다. 반면 참고 기간을 4주로 잡으면 연구결과의 정확성이 높아지지만, 계절에 따른 참여도의 변화를 연구하기 위해서는 따로 인터뷰 연구를 실시해야 한다는 단점이 이다.

연구 방법론적인 면에서 중요한 점은 레저 참여도 설문조사는 레저 활동에 참여한 총 인원을 연구하는 것이 아니라, 특정 기간 동안의 참여도를 연구한다는 것이다. 이는 일반적으로 연구 데이터의 의미와, 데이터 수집방식에 따른 적절한 사용이 중요하다는 것을 말해준다. 연구 데이터를 부적절하게 사용하면 "통계자료는 믿을게 못 된다"는 냉소적인 말이 나오게 되지만, 전문적이고 윤리적인 방식을 사용한 연구는 기초 데이터에 대한 완벽한 이해를 바탕으로 가능한 한 명확하고 정확한 결론을 도출해낸다.

연령대

참여도 연구는 모든 연령대를 포괄하지 못한다는 한계가 있다. 12세만을 대상으로 하는 연구, 18세 이상만을 대상으로 하는 연구, 연장자를 대상으로 한 연구도 있다. 영아를 연구 대상으로 하지 않는 이유는 크게 3가지이다. 첫째, 어린 아이를 상대로 정확한 정보를 얻기가 힘들다. 둘째, 성인을 대상으로 하는 설문을 어린이에게 적용하는 것은 비윤리적이다. 셋째, 아이들이 부모의 간섭을 받지 않고 자율적으로 레저 활동을 선택하는지 의문이 든다. 아이들의 레저 활동에 대한 설문에 부모가 대신 답하는 형식의 '대리' 인터뷰 자료를 반영하는 연구도 있다. 호주 통계청(2000a) 주관한 어린이 문화 활동, 레저 활동 참여도 연구가 그 예이다.

연구 대상 연령대가 낮아지면 연구 결과에 영향을 미치는데, 10대 청소년의 참여도가 높은 수영이나 사이클링 같은 레저 활동의 경우 특히 그렇다. 정원 가꾸기 오페라 관람 같은 레저 활동은 청소년이 주로 즐기는 레저 활동이 아니기 때문에 연령 제한이 큰 의미가 없다. 레저 참여도 연구 데이터를 사용하는 경우, 특히 타 연구와 비교를 하는 경우에는 연구 연령대를 염두 해두어야 한다.

개인 활동과 표본 크기 한계

표 6.3과 6.4의 레저 연구는 가정, 실내, 야외, 스포츠, 문화 활동 전반에 걸친 레저 활동을 포함한다. 표에서 볼 수 있듯이 많은 레저 활동 참여율이 1퍼센트 이하로 매우 낮다. 하지만 영국 성인 인구의 1퍼센트만 해도 오천만 명에 이르기 때문에, 비율이 낮더라도 많은 인구를 나타낼 수 있다. 표본 규모가 큰 연구도, 비율이 낮으면 참여자 부표본(sub-sample) 크기도 작아진다. 대게 20명에서 30명 규모가 되는데 이렇게 되면 참여자 개개인의 레저 활동에 대한 세부 연구 범위가 줄어든다. 표본 크기의 또 다른 한계점은 한 국가의 각 지방별로 세부적인 연구 결과를 도출하기 위해 연구를 세분화하는 경우에 나타날 수 있다.

사회적 특성

레저 활동 참여도에 대한 기초 자료와 더불어, 레저 활동 참여도 연구에는 일반적으로 성별, 직업, 연령, 교육수준, 가족구성원, 국적 등과 같은 다양한 변수를 비롯해 인터뷰 대상자에 대한 다양한 배경지식이 포함되어 있다. 이런 배경지식은 형평성 연구나 마케팅을 위한 다양한 사회 그룹의 레저 활동 참여도 연구에 이용될 수 있으며, 또한 사회 구조 변화가 수요 패턴에 영향을 미칠 수 있기 때문에 수요 예측에 이용될 수도 있다. 이 내용은 사례 연구 6.1에서 자세히 다루도록 하겠다.

참여도 연구의 중요성

레저 활동 참여도 연구도 한계점이 있긴 하지만, 전반적인 참여도 연구뿐만 아니라 청년층과 장년층, 남성과 여성, 직업별 그룹을 대상으로 하는 다양한 참여도 연구의 주요 정보 출처이다. 따라서 연구자들은 주요 참여도 연구에 대해 숙지하고 있어야 한다.

관광 연구

인터뷰 연구를 통해 국내, 해외 관광객에 대한 상세 데이터를 입수할 수 있지만, 해외 관광의 경우 입국 시 출입국관리소에서 수집하는 정부의 해외 입출국 통계자료를 통해서도 상세 데이터를 입수 할 수 있다. 후자의 경우 어느 정도까지는 국제적으로 자료를 비교, 분석할 수 있다는 장점이 있다. 경제협력개발기구(이하 OECD)와 세계관광기구(World Tourism Organization)가 국제적으로 통계자료를 비교, 분석하는 일을 맡고 있지만, 개별 관광객에 대한 정보 접근이 제한되어 있기 때문에 해외 관광객에 대해 연구할 필요가 있다.

영국에서는 국내 관광 주요 자료 출처는 1971년부터 영국 관광청(Tourism England) 주도로 매년 실시되는 *UK 관광 연구* 자료이다. 이 연구는 매 달 수많은 국내 관광객을 대상으로 진행되며, 연구가 진행된 2달 간 적어도 1박 이상을 했던 여행의 목적과 여행지에 대한 정보를 기록하며 이와 비슷한 *국내 방문객 연구*가 호주 관광 연구청의 주도로 시행된다. 표 6.5와 6.6은 이 연구에서 도출된 데이터인데, 방문 지역, 숙박시설 종류, 예산 수준, 사회-인구통계학적 특징 등 각 연구별로 이용 가능한 추가정보가 많다.

또한, 국립 통계청(Office for National Statistics)이 매년 실시하는 국제 승객 연구를 통해 영국을 방문한 해외 관광객 및 영국관광객의 해외여행에 대한 정보를 수집할 수 있다.

국제 승객 연구에는 여행지, 여행 기간, 예산 수준, 방문한 관광 명소 등에 대한 정보가 포함되어 있다. 호주에서도 이와 유사한 국제 방문객 연구가 있는데, 표 6.7과 표 6.8은 위 연구 자료의 예이다.

레저 연구와 함께, 관광객 여행에 대한 연구 데이터는 연구기간과 '관광객'을 어떻게 정의하느냐에 따라 영향을 받는다. 적어도 하루이상 자신이 원래 살던 지역을 벗어나 최소 거리를 여행해야 관광객이라고 부를 수 있다. 예를 들어 런던에서 남쪽

■ 표 6.5 국내 관광, 영국, 2003

영국민의 국내 여행	
관광일수	151,000,000회
숙박일수	490,500,000박
지출액	26,480,000,000 프랑
여행 목적	%
휴가, 휴양/레저	46.7
휴가 친지방문	13.6
업무	14.8
다른 VFR	22.7
기타	2.2
휴가 여행 일수	%
1-3박	63.0
4-7박	28.7
8박 이상	8.2

출처: StarUK, 2003 (표본 크기:50,000명)

■ 표 6.6 국내 관광, 호주, 2001

호주민의 국내 여행	
관광일수	74,600,000회
숙박일수	289,600,000박
지출액	38,262,000,000 호주달러
여행목적	%
휴가/레저	43.1
친지방문	32.2
업무	20.1
기타	4.6

주거나라	여행목적별 방문					영국 방문객의 숙박
	휴일	친구, 친지방문	비즈니스	교육	총	평균
북미						
캐나다	193	307	78	68	652	11.3
미국	1,365	864	725	391	3,346	8.4
EU 유럽						
프랑스	1,048	774	1,007	245	3,073	4.5
독일	810	625	934	241	2,611	5.9
아일랜드	537	1,019	534	398	2,488	3.9
네덜란드	520	362	556	110	1,549	4.5
스페인	307	449	338	112	1,206	9.1
이태리	379	219	399	172	1,168	6.9
벨기에	317	192	337	90	936	2.8
스웨덴	173	143	174	43	533	5.8
다른 EU 유럽국가들	363	319	407	134	1,223	6.2
비 EU 유럽						
스위스	163	151	195	55	564	6.2
다른 비 EU 유럽국가들	508	408	619	321	1,856	12.3
세계의 다른 나라들						
오스레일리아	304	285	57	76	723	18.1
기타	980	862	607	340	2,788	18.0
총	7,973	6,978	6,967	2,797	24,715	8.2

■ 표 6.7 해외 관광, 영국, 2003

끝 Brighton으로 여행을 간 사람이 숙박을 하지 않았다면 단순한 당일치기 여행자이지 관광객으로 분류할 수 없다. 영국 해협을 횡단한 당일치기 여행자처럼 국경을 넘어 여행을 떠난 경우라도 관광객으로 정의할 수 없다. 유럽에서는 국경 횡단이 너무 흔하고, 여행 규제 완화로 인하여 국경 횡단에 대한 종합적인 데이터를 더 이상 수집하지 않는다. 정부나 정부 산하기관에서 공무상의 목적으로 이런 데이터를 수집하고 있지만, 관광 추세에 대한 '확실한(hard)' 데이터는 사실상 레저 참여도 연구 데이터만큼이나 '불확실(soft)' 하다(Edwards, 1991).

주거나라	여행목적별 방문					오스트레일리아 방문객의 숙박
	휴일	친구, 친지방문	비즈니스	교육	총	평균
뉴질랜드	375.1	234.2	180.5	5.3	838	13
일본	518.8	33.1	42.9	30.4	646	17
홍콩	56.0	31.7	17.9	12.0	120	30
싱가포르	118.9	30.8	40.7	17.3	219	20
말레이시아	87.3	29.6	16.1	16.4	154	28
인도네시아	34.8	14.0	10.4	16.7	81	45
대만	70.8	10.2	6.6	6.8	96	21
태국	33.3	10.8	14.4	12.0	72	34
한국	133.9	19.2	21.0	18.9	197	29
중국	89.6	24.0	60.5	28.1	208	41
다른 아시아지역	33.5	28.3	24.4	14.3	118	37
미국	162.4	75.2	93.2	37.4	403	25
캐나다	42.1	26.9	13.1	2.5	89	35
영국	332.2	220.9	47.9	5.8	645	41
독일	89.0	18.0	13.6	11.0	137	46
다른 유럽	210.1	80.6	49.0	36.1	401	42
기타	100.4	63.8	40.1	14.8	252	31
총	2,488.1	951.1	692.5	285.8	4,675	28

■ 표 6.8 호주의 국제 관광, 2003-04

경제 연구

대부분의 선진국에서는 가계 지출에 대한 연구를 정기적으로 실시하고 있다. 영국에서는 해마다 지출 및 식비 연구를 실시하고 있고, 호주에서는 5년마다 이와 유사한 가계 지출 연구를 실시하고 있다. 그 내용으로는 각 국가별 가정에서 레저, 관광과 관련된 특정 연구 항목에 대해서 매주 지출액이 얼마나 되는지 그 단면을 연구한다. 표 6.9에는 레저, 관광 관련 지출에 대한 최신 연구 결과가 요약되어 있으며(영국 2003년, 호주 2003/04년), 연간 지출액으로 전환되어 있다. 그러나 위 연구는 레저 의류나 주거, 식비로 지출되는 비용 등 중요한 레저 관련 지출 항목에 대해 따로 다루지 않았다. 엄격히 말하자면 두 나라의 연구 항목을 비교하기 어렵지만,

지출항목	2002-03 영국의 연간 £	2003-04 오스트리아의 연간 $A
주류	307	1,213
담배	281	601
음향, 영상, 사진, 컴퓨터기기	426	1,150
게임, 장남감, 취미	114	122
컴퓨터 소프트웨어와 게임	57	70
스포츠, 캠핑, 야외레크레이션 장비	42	553
조경 기구, 식물	156	273
애완동물, 애완동물 사료	151	477
스포츠 입장료, 예약금, 수수료	291	341
극장, 박물관, 공연장 기타	83	230
TV, 비디오, 인터넷 대여	250	49
엔터테인먼트	52	519
사진	26	142
도박	192	285
신문, 잡지, 책, 우표	343	438
휴일 여행-국내	47	1,074
휴일 숙박-국내	130	
휴일 여행-국외	608	731
휴일 숙박-국외	125	
휴일 지출	333	*
레스토랑&카페 음식	588	987
여가 교통	924	2,173
총계	5,526	11,428
총 세대 지출	21,122	39,614
% 여가	26.1	23.6

■ 표 6.9 가계 레저 지출

두 연구 모두 레저 관련 지출이 가계 지출의 약 1/4을 차지한다는 결론이 나왔다.

레저, 관광 산업 고용 지표를 경제 자료로 이용할 수 있는데, 이 지표는 레저, 관광 산업 분야별 고용에 대해 연구하는 국립 통계청 자료를 통해 정보를 입수할 수 있다. 이러한 자료는 영국은 국립 통계청(연례), 호주는 ABS에서 자료 입수할 수 있다(2004).

이 경제 연구 데이터는 레저 지출액을 예측할 때나, *Henley Centre for Forecasting* 같은 기관에서 시장 추세 분석 보고서 작성할 때 기초 자료로 쓰인다.

인구 연구

> 이 때 가이사 아구스도가 영을 내려 천하로 다 호적하라 하였으니 이 호적은 구레뇨가 수리아 총독 되었을 때에 첫 번 한 것이라 모든 사람이 호적하러 각각 고향으로 돌아가매 (누가복음, 2:1-3)

이 성경 구절은 세금 징수와 다른 목적 등을 위해 총 인구연구를 실시하는 것이 정부의 오랜 관행임을 보여준다. 이러한 예로 11세기 정복왕 윌리엄이 집대성한 Doomsday Book이 또 다른 역사적 예이다.

인구 연구는 중요한 자료이고, 레저, 관광 분야 경영자를 꿈꾸는 사람이라면 인구 연구의 내용과 잠재성을 인식해야 한다. 영국 국립 통계청에서는 10년 마다 총 인구 연구를 실시하며, 가장 최근의 인구 연구는 2001년에 실시되었고, 1991년, 1981년에 각각 실시되었다. 호주 인구가 상대적으로 급격히 증가하고 있기 때문에 호주 통계청은 5년 마다 인구 연구를 실시한다. 대부분의 국가에서는 '인구 연구의 날' 에 각 가정에서(호텔 경영자, 병원 경영자, 기숙학교 교장, 교도소 간수 포함) 방문자를 포함한 가족 수, 연령, 성별, 직업 등을 기재해야 하는 인구 연구서를 작성하는 것이 법으로 의무화 되어 있다. 불법 이민자처럼 법망을 피해가는 사람이 있지만, 인구 연구 결과는 일반적으로 신뢰할 수 있는 종합 자료이다. 표 6.10에서 보이는 바와 같이 국가 인구연구부터 지역 인구 연구(Census Collection District 이하 CCD), Enumeration District(ED)에 이르기까지 다양한 수준의 자료를 이용할 수 있다. CCD는 인구가 250~500명인 소규모 지역을 대상으로 한 인구 연구인데, 연구원 한 사람이 인구 연구의 날에 연구를 실시 한다. 레저 시설 관리자는 CCD 자료를 종합해서 레저 시설 주변 인구의 인구 통계적인 특성을 파악할 수 있으며, 표 6.6에서 보이는 바와 같이 레저 시설 주변 인구에 대해 상세한 정보를 얻을 수 있다.

근무 시간에 대한 자료는 예외가 될 수 있지만, 레저, 관광 분야와 직접적인 연관이 있는 인구 연구 자료는 없다. 그렇다면 레저, 관광 연구자들이 왜 인구 연구에 관심을 가져야 하는가? 인구 연구 자료는 크게 4가지 용도로 활용된다.

1. 시설 설계 및 적합성 연구 실시

사례 연구 6.1에 설명되어 있는 것처럼, 인구 연구 데이터는 수요를 예측하는 데 기초자료로 사용되기 때문에, 새로운 시설을 설계하거나 그 실현 가능성에 대해 연구를 하는 경우 매우 중요한 자료로 활용된다.

2. 지역 관리/마케팅

레저 관광 분야 경영자들은 국가 전체, 지역, 지방 정부 관할 지역, 특정 시설이나 서비스 제공 지역 같은 특정 지역을 관리해야 할 의무가 있다.

■ 표 6.10 인구 연구 데이터: 이용 가능한 수준

영 국	호 주
자연적	자연적
구(區)	주(州)
주(州)	우편 번호
지방 자치 구역	지방 자치 구역
의회 선거구	주(州)와 연방 의회 선거구
실사구	인구통계연구구

■ 표 6.11 인구 연구 자료

주민 수
- ■ 남성/여성 인구
- ■ 5세 인구 수/비율 (그리고 20대 이하의 각 나이)
- ■ 인구 수
  - – 종교별
  - – 태생국가별
  - – 사용언어별
  - – 부모의 태생국가별
- ■ 가족 수/가정
  - – 가족 크기별
  - – 아이들 숫자별
  - – 편부모
  - – 차량 숫자별
- ■ 사람 수
  - – 학교 졸업한 연령대별
  - – 교육/기술 수준별
  - – 직업별
  - – 근무시간별
  - – 실업자
  - – 주거형태별

경영자나 마케팅 담당자가 명심해야 할 룰은 '시장과 고객에 대해 확실히 파악해야 한다'는 것이며, 이는 공공기관이나 영리 단체 모두에게 적용된다. 인구 연구는 현 고객 및 지역 내 잠재고객의 수와 특성에 대한 중요 자료를 제공해 주며, 경영자는 인구 연구 자료를 활용해 서비스 공급지역의 특성을 파악할 수 있다. 또한 관광객을 끌어 모아야 하는 레저 시설 및 관광지를 관리 할 때도 인구 연구 자료를 활용할 수 있다. 표 6.11에 나와 있는 거의 모든 항목은 시장과 지역에 대한 상세한 정보를 제공한다.

3. 성과 평가

인구 연구는 인구 통계적인 측면에서 레저, 관광 시설 관리를 할 수 있게 해준다. 예를 들어 레저 시설이나 오락시설이 특정 지역에서 십대 청소년을 타겟으로 운영되고 있다면, 인구 연구 자료를 통해 그 지역에 청소년 인구가 얼마나 되는지 알 수 있을 것이다. 그리고 그 지역 청소년 인구가 5,000명이고 레저 시설이 500명의 십대 고객을 확보하고 있다고 한다면, 잠재 시장의 10 퍼센트를 점유하고 있는 셈이다. 이러한 상황은 경쟁의 정도와 상품 및 서비스의 특화 정도에 따라 기회가 될 수도 있고, 실패가 될 수도 있다.

4. 시장 세분화

컴퓨터를 이용해서 대량의 데이터를 분석해 각 지역을 '유형'별로 세분화하는 작업에 인구 연구 자료를 활용할 수 있다. 이러한 세분화의 예로 거주 지역을 퇴직자 거주지, 노동자 거주지, 부유층 거주지 등으로 세분화 할 수 있다.

영국에서는 거주지 분류 작업을 위해 'ACORN(거주지 분류)' 시스템이 개발되었고, 세분화된 거주지 '유형' 별로 레저 활동 참여 패턴이 상이하게 다르다는 사실이 발견되었다(Shaw, 1984; Williams et al. 1988; Veal, 1993c). 이는 2장에서 다룬 라이프스타일 및 사이코그래픽과 연관이 있다.

관리 데이터

레저, 관광 기관에서는 일상 사무 관련 데이터가 만들어지는데 이를 연구에 활용할 수 있다. 대부분의 레저, 관광 기관에서는 성과 평가 시 기초 자료로 이용할 수 있는 데이터를 만들기 위해 특별히 고안한 경영 정보 시스템을 갖추고 있다. 표 6.12는 관리 데이터의 예이다. 시간, 날짜, 주, 달, 계절, 연도 별로 제작된 관리 데이터를 이용할 수 있다. 새로운 데이터를 수집하기 전에 관리 데이터의 특성, 범위, 접근성, 향후 이용 가능성에 대해 철저히 연구할 것을 권한다. 3장의 3번 째 사례 연구를 예로 들어보자. 한 시설 관리자가 방문객 수가 줄어들어 걱정을 하고 있다. 이를 해결하기 위해 연구처럼 비용이 많이 드는 연구를 하기 전에 원인 분석이 선행되어야 한다. 방문객 데이터를 활용한 원인 분석 과정을 통해 모든 서비스 전반에 걸쳐 방문객 수가 감소했는지, 또한 방문객 수가 지속적으로 감소했는지 아니면 특정한 요일, 주, 계절, 연도에만 방문객 수가 감소했는지 알 수 있다.

■ 표 6.12
관리 데이터

- 방문객 수(다양한 카테고리별)
- 방문객 예산/임금 (다양한 카테고리별)
- 예약 및 설비 이용
- 고객 문의사항
- 회원 수와 세부 정부
- 고객 불만사항
- 기관 예산(다양한 항목별)
- 직원 이직률/결근 등

문서 자료

문서 자료는 문헌과 관리 데이터 사이에 위치하고 있고, 연구 참고 자료로 활용될 수 있다. 표 6.13은 문서 자료의 예이다. 문서자료는 역사적 연구에서 중요한 정보 출처이다. 문서 자료는 역사적 연구를 처음 시작할 때 참고할 수 있고, 현 연구 프로젝트 배경 지식으로도 활용될 수도 있다. 그리고 문서 자료 자체가 주요 연구

■ 표 6.13
문서 원천

- ■ 위원회/평의회/회의의 의사록
- ■ 한 기구나 개인의 응답
- ■ 기록(위의 모든 것과 다른 문서들을 포함)
- ■ 소설이나 잡지와 같은 대중적인 문헌
- ■ 신문, 특히 논설, 광고, 혹은 독자 투고란과 같은 특정 주제 혹은 정세를 다룬 것
- ■ 소책자와 광고 자료
- ■ 일기

내용이 되는 경우도 있다. 예를 들어 여성과 스포츠를 대상으로 하는 연구에서는 여성 스포츠에 대한 미디어 자료를 적극 활용했다.

문화 연구 및 미디어 연구와 레저, 관광 연구 사이의 관련성이 깊어지면서 TV를 포함한 미디어 자료를 분석하는 일이 많아지고 있다(Tomlinson, 1990; Critcher, 1992). 8장에서는 미디어 자료 분석법에 대해 다룬다.

2차 데이터 활용

2차 데이터를 활용에 연구에 도움이 되는 분석을 할 수 있다. 사실 특정 분석법에는 2차 데이터만이 사용되기도 한다. 다음에서 구체적인 4가지 사례를 들어 설명한다.

● 요 약

이 장은 2차 데이터 및 다른 목적을 위해 이미 수집된 기존 데이터의 2차 분석과정에 대해 다룬다. 2차 데이터를 활용하면 비용과 시간이 절약된다는 장점이 있고, 기존 데이터 자료가 충분하다면 새로운 데이터를 수집하는데 시간과 인력을 낭비할 필요가 없다는 것을 보여준다. 이 장에서는 레저, 관광 연구에서 주로 이용되는 다양한 2차 데이터의 종류에 대해 다루며, 레저 참여도 연구, 관광 연구, 지출비용에 대한 경제 연구가 이에 해당한다. 마지막에는 네 가지 사례 연구를 통해 시설 관리 및 계획, 새로운 시설 잠재 수요 평가, 계절별 데이터 자료 기반으로 시장 추이 분석, 시설 이용 수준 평가, 시설 시장 지역 평가 등에 2차 데이터가 활용될 수 있음을 보여주었다.

Test question

1. 2차자료 분석의 장점과 단점은 무엇인가?
2. 레저 참여율 연구의 자료를 사용하는데 있어 고려해야할 것은 무엇인가?
3. 다음 중 당신의 국가에서 수행하고 있는 연구를 무엇이라 부르고 있는가?
   a. 여가 참여율
   b. 국내 관광
   c. 국제 관광
   d. 가계 지출

Exercise

1. 레저활동과 공동체를 하나씩 선정하여 일반적 가계연구, 혹은 인구연구에 얻어진 자료 등을 활용하고, 사례연구 6.1과 같은 방법을 사용하여 당신이 선정한 공동체에서 요구되는 레저활동의 수요를 추정하시오.
2. 1번과 연관하여 60세이상 인구의 15% 증가와 25세이하 인구의 15% 감소로 인한 5년후를 예측하시오.
3. 지난 10년간의 분기별 인바운드 관광을 연구하고, 사례연구 6.2를 참고하여 변화를 예측선을 그리시오.
4. 사례연구 6.3와 유사하게 자료를 통해 레저 시설의 사용율을 알아내시오.
5. 사례연구 6.4와 유사하게 자료를 통해 레저 시설의 사용자/멤버의 주소을 알아내시오.
6. 가계 연구 자료, 혹은 지역 연구를 통해 얻어진 활동 중 하나를 선택하고 참여율의 정도와 연령, 성별, 거주지, 교육수준이 참여율과 어떻게 연관되어져 있는지 알아내시오.

사례연구

6.1 … 레저 시설 잠재 수요 연구

문 제

개발업자나 지방의회는 도심 지역에서 다기능 레저 복합 시설인 영화관을 지을 만한 장소를 물색하고 있다(영화관을 예로 들었지만 다른 시설에 이 연구 방식을 그대로 적용할 수 있다). 이 도시 인구는 100,000명이고, 도시 내에는 400석 규모의 영화관이 있다. 개발업자는 도심지역의 영화관 잠재수요가 어느 정도인지 알고 싶어 한다. 이 문제를 해결하기 위한 네 가지 연구방식에 대해 다룰 것이다.

가능성

첫 번째 방법은 대상 지역의 기존 영화관이 잘 활용되고 있는지 아니면 제 기능을 못하고 있는지 연구하는 것이다. 기존 시설로 수요가 이미 충족되고 있는지 살펴보는 것이다. 하지만 이 방식으로는 모든 문제를 해결하기 어렵다. 관리가 잘 되고 있고 입지가 좋은 영화관은 잘 운영되고 있고, 관리가 소홀하고 입지도 좋지 않은 영화관은 파리가 날린다는 뻔한 결론이 나올 수 있기 때문이다. 이렇게 되면 잠재적인 경쟁사로부터 상업적으로 중요한 데이터를 입수하는데 어려움이 있다.

두 번째 방법은 지역 주민을 대상으로 인터뷰 연구를 실시하는 것인데, 영화를 보고 싶지만 근처에 마땅한 영화관이 없어서 영화를 보러 가지 못하는 것인지 묻는다. 인터뷰 연구를 실시할 만큼 시간적, 자금적 여유가 있다 해도, 의사 결정과정에서 인터뷰 연구 결과가 큰 영향을 미치지 못할 수 있다. 응답자가 얼마나 정직하고 정확하게 답변을 했는가의 여부는 응답자 자신이 직접 참여했던 활동에 달려있기 때문에, 미래 상황을 가정해 놓고 응답자로 하여금 자신의 행동을 예측하게 만드는 인터뷰 형식은 부적합하다.

세 번째 방법은 이 마을과 비슷한 규모의 다른 마을에서 영화관이 어떻게 운영이 되고 있나 살펴보는 것이다. 하지만 이 방법도 시간 낭비에 불과할 수 있고 '일관성 없는' 접근 방식이 될 수 있다. 비교 대상을 찾기 어려울 뿐더러, 연구에 필요한 '상업적으로 중요한' 데이터를 이용할 수 없는 경우도 있기 때문이다.

마지막 방법은 이 지역의 잠재 수요를 연구하기 위해 국가 연구나 인구 연구 같은 2차 데이터를 활용하는 것이다. 잠재 수요를 연구해서 기존 영화관 수요와 잠재 수요를 비교하는 것이 그 목적이다. 현 공급 보다 잠재 수요가 많은지를 평가하게 된다.

해결 방식

위 사례에서는 총수요/시장점유율(GDMS) 방식을 채택했다(Veal, 2002: 177-82). 그림 6.1은 총수요/시장점유율 방식을 다이어그램으로 표기한 것이다.

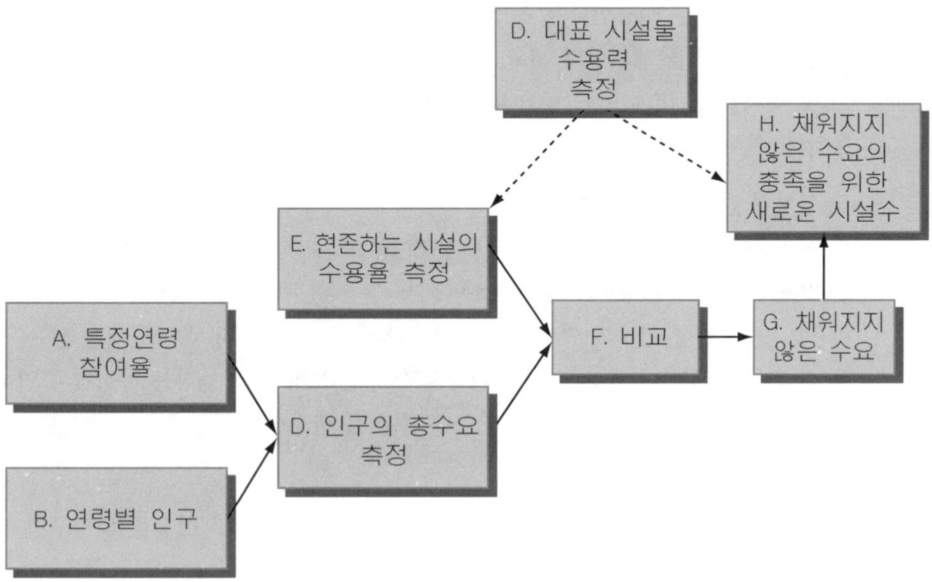

■ 그림 6.1 레저 시설 잠재 수요 연구 총 수요/시장점유율 방식 적용

A. 특정 연령대별 이용률

영화관 고객은 연령대별로 편차가 크다. 영화관은 젊은이들이 주로 많이 이용한다. 예를 들어 연구 대상 마을에는 젊은 층 비율이 높다면, 영화관에 대한 수요가 다른 마을보다 더 높을 것으로 예상된다. 표 6.14처럼, 국가 연구를 통해 영화관을 이용하는 다양한 연령대별 비율을 알 수 있는데, 10대들은 60대 이상의 연장자보다 6배 이상

연령 그룹	평균 주에 극장을 가는 연령 그룹의 % (National Survey)
14-19세	14.9
20-24	11.5
25-29	7.4
30-39	5.2
40-49	4.8
50-59	3.5
60+	2.5
총 계	6.6

출처: 가상 자료

■ 표 6.14 연령대별 영화관 이용

영화관을 더 자주 이용한다는 사실을 알 수 있다. 어린이들도 물론 영화관을 이용하지만, 16세 이하를 제외한다 해도, 또 다른 영화관을 필요로 하는 잠재 수요가 충분하다. 따라서 일단 16세 이하는 고려 대상에서 제외하고, 필요하다면 추후에 자료로 활용한다.

B. 연령별 인구

인구 연구를 통해 마을 인구가 100,000명이고 16세 이상 인구가 80,000명이라는 것을 알게 되었다고 가정한다. 표 6.15는 16세 이상 인구의 국가 연령 구조와 연구 대상 마을의 16세 이상 인구의 연령구조를 비교한 것이다. 연구 대상 마을에는 젊은 층 비율이 국가 평균(55세 이상 인구 비율의 절반 수준)보다 훨씬 높다는 사실이 확연히 드러난다. 따라서 연령 구조에 대해 연구해 볼 것을 권장한다.

C. 지역 주민의 총수요 평가

표 6.16은 영화관 이용 수요에 대한 평가이다. 각 연령대별로 이용률을 연구했고, 주당 총 6,543명이 영화관을 이용했다.

D. 일반 시설 수용인원 평가

400석 규모의 영화관을 유지하기 위해서는 티켓이 주 당 최소 1,500장 팔려야 한다(이 내용은 가정에 기초한 것이다. 실제 상황이라면 전문가 확인을 받아야 한다).

E. 기존 시설 수용인원 평가

이 마을에는 이미 영화관이 두 개나 있다. 각 영화관의 수용인원이 400명이라면, 주당 3,000명이 영화를 관람할 것이다.

	국가 인구–통계 자료	연구 마을 인구–통계자료
연령 그룹	%	%
14–19	12.5	19.5
20–24	11.9	19.0
25–29	10.6	14.2
30–39	20.1	21.1
40–49	14.2	9.0
50–59	11.8	7.7
60+	18.9	9.5
총 계	100.	100.0

출처: 가상 자료

■ 표 6.15 연구 대상 마을의 연령구조와 국가 연령 구조 비교

	연령 그룹의 주간 참여율(%)(X)	시내 인구(Y)	예상된 수요 (주간 방문)
자료원천	National Survey	Census	X*Y/100
14-19세	14.9	15,600	2,324
20-24	11.5	15,200	1,748
25-29	7.4	11,360	841
30-39	5.2	16,880	878
40-49	4.8	7,200	346
50-59	3.5	6,160	216
60+	2.5	7,600	190
총계/평균	8.2	80,000	6,543

■ 표 6.16 영화관 이용 수요 평가

F. 비교 분석

총 잠재 수요는 주당 6,500명으로 집계되었고 기존 영화관 수용 인원은 주당 3,000명이다.

G. 수요 부족

주당 3,500명의 수요 부족이 나타난다.

H. 수요 충족을 위한 새로운 시설 수

수요 충족을 위해서는 수용인원 400명인 일반적인 영화관 두개가 필요하다. 이 마을에는 네 개의 영화관이 건설되어질 수 있다.

해 설

총수요/시장 점유율 방식으로는 수요를 정확히 측정할 수 없으며, 대략의 수요만 파악할 수 있을 뿐이다. 이러한 수요는 효율적으로 관리되고 있고 프로그램이 잘 짜인 영화관에 대한 수요는 연구치보다 높아질 수 있다. 국가 영화관 이용률 연구는 국가 전체의 영화관 이용률과 관련이 있고, 영화관 이용률이 높은 지역과 낮은 지역이 확연히 나타난다. 연습 사례를 통해 말하고 싶은 바는, 사례에 나오는 기초 자료가 상당히 현실적이라는 점이다. 주 당 영화관을 이용하는 고객이 6,500명이라는 자료가 그 예이다. 연구 사례가 매우 간단해 보이고 수학 계산도 조잡한 것 같지만, 투자자들은 대강의 수요를 측정하기 위한 이런 간단한 산수도 놓치는 경우가 종종 있다. 투자할 때 개인의 직감에 의존하게 되면 잠재 수요를 평가하기가 어렵다.

■ 예상 노트: 미래 수요에 대한 간단한 예상을 하자면 2015년에는 단지 2015년의

인구 예상을 표 6.16의 2번째 열에 삽입하는 것은 필요할 것이다.

■ 경제적 노트: 위 사례 연구가 '사용자 및 고객 수'를 대상으로 하였지만, 표 6.9에 제공된 예산 데이터를 연구 대상으로 한다면 분석 항목이 예산으로 바뀌게 된다.

사례연구

6.2 … 관광 추세 분석

표 6.17과 같은 관광 통계자료는 일반적으로 분기별로 작성된다. 각 분기별 입국 관

연 도	분 기	A. 방문의 수, 백만	B. 이동 평균
1999	1-3월	4.8	–
	4-6월	5.5	–
	7-9월	7.3	–
	10-12월	6.5	6.0
2000	1-3월	4.7	6.0
	4-6월	5.8	6.1
	7-9월	7.7	6.2
	10-12월	6.9	6.3
2001	1-3월	4.8	6.3
	4-6월	6.0	6.4
	7-9월	7.8	6.4
	10-12월	7.2	6.5
2002	1-3월	5.2	6.6
	4-6월	6.0	6.6
	7-9월	7.9	6.6
	10-12월	6.4	6.4
2003	1-3월	5.4	6.4
	4-6월	5.8	6.4
	7-9월	7.6	6.3
	10-12월	6.4	6.3
2004	1-3월	5.5	6.3
	4-6월	6.4	6.5
	7-9월	7.9	6.6
	10-12월	6.8	6.7

출처: 가상 자료 정부 입출국 통계자료 참고

■ 표 6.17 입국 관광객수, 1999-2004

광객 숫자는 두 가지 요인을 반영해야 하는데, 계절별 변동과 장기적인 추세가 그것이다. 계절별 변동과 관계없이 장기적인 추세를 분석하는 방법은 '변동 평균(B 열)'을 계산해 일련의 변화 추세를 예측하는 것이다. 변동 평균이란 지난 4분기 수치의 평균값을 의미한다. 예를 들어

- 1999년 10월-12월 동안 변동 평균은 1999년 각 분기별 수치의 평균값이다.
- 2000년 1월 3월 동안 변동 평균은 1999년 4월-1월부터 2000년 1월-3월 동안의 수치의 평균값이다.

스프레드시트(spreadsheet) 프로그램을 이용해 변동 평균을 쉽게 계산할 수 있다. 변동 평균을 구하면 그림 6.2에서 볼 수 있듯이 일련의 변화 추세를 나타낼 수 있다.

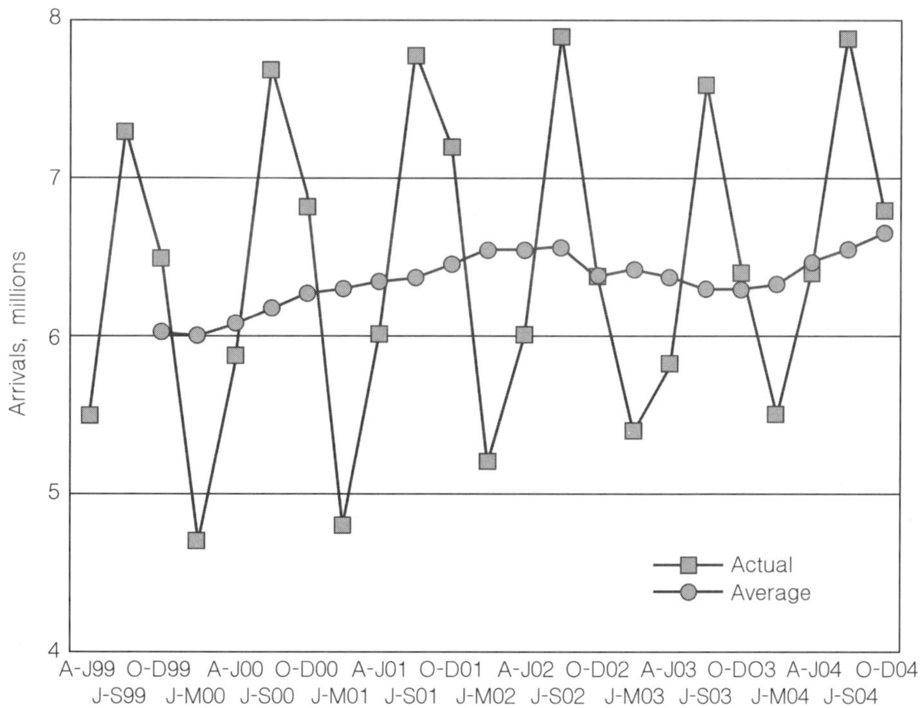

■ 그림 6.2 레저 시설 잠재 수요 연구 총 수요/시장점유율 방식 적용

사례연구

6.3 ··· 시설 이용

관리자는 시설 이용에 대한 데이터를 가지고 있지만, 시설 이용 관련 데이터를 연구용 참고 자료로 쓰지 않는 경우가 많다. 사례 연구 6.1처럼 기존 시설의 이용 수준은 관리자와 계획자에게 매우 중요한 정보이다. 다음의 사례 연구 에서 기존 데이터를

	지역 A		지역 B		지역 C	
	수	이용 %	수	이용 %	수	이용 %
수용력	300	100.0	120	100.0	500	100.0
월. 이용	120	40.0	60	50.0	310	62.0
화. 이용	150	50.0	40	33.3	210	42.0
수. 이용	180	60.0	30	25.0	180	36.0
목. 이용	120	40.0	80	66.7	375	75.0
금. 이용	100	33.3	95	79.2	430	86.0
토. 이용	210	70.0	110	91.7	420	84.0
일. 이용	250	83.3	40	33.3	310	62.0
주 총계	1,130	53.8	455	54.2	2,235	63.9

■ 표 6.18 시설 이용 데이터

■ 그림 6.3
시설 이용도

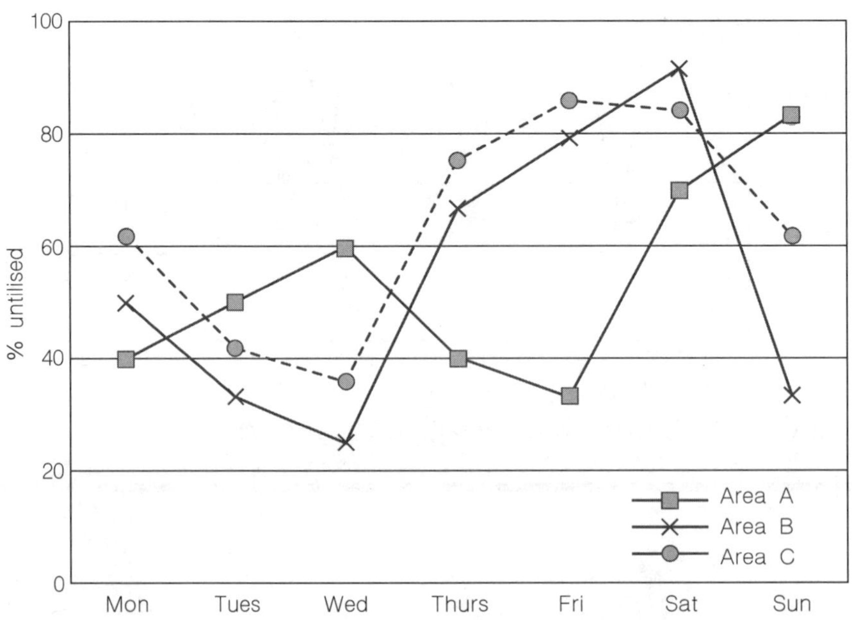

어떻게 잘 활용해서 문제를 해결할 수 있는지 살펴볼 것이다.

표 6.18은 특정 지역 레저 시설 이용도를 정기적으로 연구한 자료이다(실내 레저 센터의 다양한 룸이나 홀 또는 놀이동산의 다양한 놀이기구). 일일 이용량은 몇 주 동안 나온 수치의 평균값을 구한 것이며, 각 지역별로 하루 수용인원을 측정해야 해야 할 필요가 있다. 이렇게 해야 시설 이용량이 최대일 때 최대 수용인원이 몇 명인지 측정할 수 있다(Veal, 2002: 125 참고).

시설 이용객 수는 수용인원과 연관이 되어 있으며, 퍼센트로 표기했다. 그림 6.3에 그래프로 나와 있다. 그래프를 살펴보면, 나머지 두 지역과 비교했을 때 A 지역 시설 이용 패턴이 확연히 다르다는 것을 알 수 있으며, A 지역은 월요일, 목요일, 금요일 이용 빈도가 낮았고, B, C 지역은 일요일부터 수요일 사이 이용 빈도가 낮았다. 이를 통해 각 지역별로 알맞은 프로그램을 짜고 다른 마케팅 방식을 이용해야 한다는 것을 알 수 있다.

사례연구

6.4 … 시설 담수지 또는 시장 지역

레저, 관광 시설은 이용자의 주소 리스트를 가지고 있다. 시설 계획 및 관리에 있어 핵심 요소인 시장 지역을 연구할 때 이 자료를 활용할 수 있다. 예를 들어 많은 레저

■ 그림 6.4 담수지/시장 지역

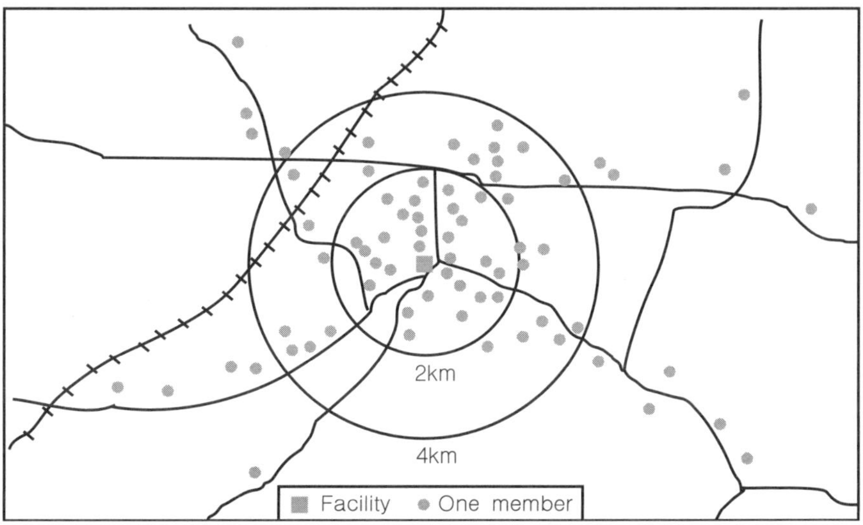

출처: 시설 회원 주소록(가상 자료)

시설은 회원제로 운영되고 있으며, 호텔이나 리조트 측도 회원들의 상세한 주소 리스트를 가지고 있다. 그림 6.4는 시설의 시장 지역을 나타내기 위해 시설 이용자의 주소를 지도에 점으로 표시한 것이다. 이 정보는 기존 시장에서의 수요를 끌어올리거나, 시장 개척을 위해 타 지역 마케팅을 강화하는데 이용된다.

회원 수가 너무 많은 경우에는 견본을 뽑아서 연구하는데, 예를 들어 5번째나 10번째 회원들만을 골라서 연구한다.

2차 데이터 사용에 대해 설명하기 위해 이 사례를 들었지만, 기존 고객 주소 데이터를 이용할 수 없는 경우, 연구 데이터를 활용해 시장 지역을 분석할 수 있다.

7 관찰

소개 : 관찰 연구의 목적과 본질

이 장의 목표는 연구에 대한 관찰의 중요성을 인식하고, 관찰 방법의 몇 가지 접근법을 소개하는 데 있어, 관찰이 특별히 적절한 상황을 연구하고, 설계와 관찰에 기초한 기획을 수행하는 데 취해져야 하는 주된 단계의 윤곽을 그린다. 관찰은 여가와 관광 연구에서는 다소 뒤쳐진 기법이라고 할 수 있다. 관찰이 모든 기획을 기초하는 것은 거의 불가능하지만, 이 기법은 대부분의 연구 전략에서 공식적으로, 혹은 비공식적으로 지극히 중요한 역할을 담당한다.

관찰은 보는 것을 수반하며, 표 7.1에 나타나듯이 수많은 형식을 취할 수 있다. 때로는 관찰 연구는 일반적으로 피관찰자가 포함되지 않기 때문에, 은밀한 방법이라고 말해질 수 있는데, 그들이 심지어 관찰당하고 있음을 알지 못할 수도 있기 때문이다. 그렇지만, '은밀한 방법(unobtrusive method)'이란 개념은 또한 가끔은 매스컴, 기관의 기록, 혹은 일기(Kellehear, 1993)와 같은 문서 자료의 사용을 포함하는데, 이 책에서는 이러한 원천자료들은 각 장에서 보조 자료나 정성적 방법으로 다룬다. 이 장에서 우리는 여가 혹은 관광지와 함께 직접적인 시각적 연관에 집중한다.

이 장은 먼저 관찰 방법이 사용될 만한 상황의 개관을 보여주고 이는 관찰 연구

■ 표 7.1 관찰 연구의 종류

조직적 · 체계적 관찰	관찰 과정이, 무엇이 관찰되어야 하는지, 얼마나 자주 관찰되어야 하는지, 등에 대한 서면 규칙을 조건으로 한다. 관찰의 결과는 전형적으로 한 형식으로 작성되고 일정하게 정량적으로 분석된다. 연구에서 형식적 질문지 연구에 해당
비조직적 · 자연적 관찰	형식적인 규칙이 수립되지 않고 형식화된 작성 혹은 분석 과정이 없다. 관찰자는 관심 분야의 현상을 묘사하려고 하고, 과정에서의 이해와 설명을 발전시키고자 한다. 연구에서 비형식적, 심층 면접에 해당
인위적 관찰	연구자는 환경을 변화시키려고 개입하고 무엇이 일어나는지 관찰한다. 예를 들면, 아이들의 놀이 장비의 디자인 변화. 관찰과 분석은 조직적일 수도 있고 아닐 수도 있다. 요컨대 실험적 연구의 형식
참여자 관찰	연구자는 연구되는 환경에서의 참여자가 된다. 예를 들면, 어린 집단이나 가이드에 의한 여행으로 독립적인 '개관적' 연구자는 아님. 위의 어떤 관찰 형식도 수반할 수 있음. 8장에서 논의됨

단계의 순차적 연구에 의해 이루어진다. 탐구는 순수하게 눈이나 정교한 장치의 도움을 받아 행해질 수 있으며 그 예로는, 저속 촬영 사진술은 정해진 기간에 자동적으로 한 장소를 찍는 데 쓰일 수 있고, 항공 사진술은 휴양이나 관광 지역의 전체적인 파노라마식 전망을 얻는데 쓰일 수 있으며, 비디오 또한 사용될 수 있다. 관찰에 필요한 기술적인 보조 기구들은 장의 마지막 부분에 소개된다.

가능성

표 7.2에 나열되어 있듯이, 관찰이 적절하거나 필요한 여러 종류의 상황은 파악할 수 있는데, 이러한 상황들은 아래에서 차례로 논의된다.

아이들의 놀이

연구에는 관찰의 수단으로만 접근할 수 있는 연구들이 있다. 그 한 가지 예가 바로 아이들의 놀이이다. 그러한 놀이에 대한 연구는 상이한 환경에서의 놀이 방식, 다른 연령의 아이들이 선호하는 장비의 종류, 여자 아이들과는 다른 양식의 놀이를 남자 아이들이 갖고 있는지, 다른 문화배경을 가지고 있는 아이들 사이에 놀이 양식

■ 표 7.2
관찰 연구의 상황들

- ■ 아이들의 놀이
- ■ 비공식적 여가/관광 지역의 이용
- ■ 공간적 · 기능적 장소 이용
- ■ 이용자 개인 정보
- ■ 비정상적 행동
- ■ 소비자/익명 실험
- ■ 보충 연구
- ■ 일상 생활
- ■ 사회적 행동

에서 차이점이 있는지와 같은 논점들과 관련되어 있다. 그러한 물음에 대한 답이 아이들, 특히 매우 어린 아이들에게 면접을 하는 것으로는 얻을 수 없다는 것은 명백하다. 이에 대한 명료한 접근법으로는 놀이에서 아이들을 관찰하고 그들의 행동을 기록하는 것이 적합하다고 할 수 있다.

비공식적 여가/관광 지역의 이용

조직화된 관찰 방법은 해변이나 도시의 공원 혹은 관광지와 같은 비공식적 휴양지역의 사용 정도를 측정하는데 쓰일 수 있는데, 그런 곳은 입장료가 없는 곳이다. 입장료가 없으면 표 판매 자료도 없고, 따라서 관리자나 기획자도 관찰에 의해서만 이용 정도를 예측 할 수 있을 뿐이다. 나아가, 대부분의 경우에서, 공식적인 좌석 배치나 예약 체계와 같은 이용 양식이나 수용력에 대한 공식적인 압박도 없다.

장소들의 이용 정도에 대한 표시는 다양한 이유에서 필요할 것이다. 예를 들면, 공공 기관은 한 시설이 주 혹은 년 단위로 수용할 수 있는 방문자들의 합계를 말할 수 있도록 정치적 · 홍보적 이유에서 그것이 필요한 지 결정할 것인데, 이는 해당시설을 유지하는 데 쓰이는 납세자의 비용 정도를 정당화하기 위함이다. 경영 약정에서 그것은 한 장소를 유지하는 비용을 그것이 유인하는 방문객수와 연관할 수 있도록 종종 쓰이는데, 이는 수많은 입력 변수 중의 하나가 상이한 장소에 얼마만큼의 돈이 쓰여져야 하는지에 대한 결정이 되는 것이 그 예라고 할 수 있다. 한 장소의 관리자는 다른 경영 측정과 다양한 마케팅의 영향을 평가하기 위해 시간을 들여 이용 정도를 비교하고 싶을 것이다. 이용 정도의 예측을 얻기 위하여 이용자 수를 세고 관찰하는 것은 필요하다.

많은 이용자들이 시설에 개인차로 도착하여 주차를 위한 비용이 발생되는 곳에서는, 이용 정도의 표시가 주차 수입에 의해 제공될 것이다. 하지만 이것은 차량을 통하지 않은 이용을 설명해주지 못하며, 어떤 경우에서는 주차비용은 얼마간의 시간을 제외하곤 적용되지 않거나, 혹은 시즌 이용권 소유자도 있을 수 있다. 차량을 통한 이용을 모두 설명하기 위해서, 자동 차량 수 카운터 기계를 장소에 들어오고 나가는 차량수를 세기 위해 설치하고 따라서 이용 정도의 어림값을 전하는 것이 가능할 것이다. 차량 카운터 기계는 기록 장치에 부착된 고무 코팅 처리가 된 압력 감지기를 길에 두는 것을 필요로 하고, 그것은 관리자나 연구원의 컴퓨터에 자료 전송하기 위해 설정되어 있을 것이다. 그렇지만, 차량 수를 세는 것은 사람의 수가 아닌 장소를 이용하는 차량의 수에 대한 정보를 제공하므로, 사람 수의 측정값을 얻기 위해서는, 차량 안의 사람들 수의 평균을 확인하기 위해 일정 기간 동안 직접 관찰을 통해 차량의 수를 추가하는 것이 필요하다.

자전거나 도보를 이용하여 도착하는 방문객 수는 기계적인 카운터 장치로는 기록되지 않기 때문에 현재는 보행자들의 길에 광선을 쏘아 보행자들을 세고 있다. 그러나 보행자들이 한번에 한번만 광선을 통과하지 않고 두 번 통과하는 경우도 있을 수 있기 때문에 자료에 대한 측정이 차량수을 세는 것보다 더욱 복잡해진다.

카운터기계의 이용방법은 아래의 관찰연구의 주요소 부분에서 논의된다.

공간적 · 기능적 장소 이용

관찰은 한 장소의 이용자 수에 대한 자료 수집에 유용할 뿐만 아니라, 또한 사람들이 장소를 이용하는 방법을 공부하는 데에도 유용하다. 이것은 특히 여가 공간의 배치 · 설계 및 수용 능력의 관계에서 중요하다. 예를 들면, 만약 사람들이 주차 공간이나 입구 가까운 곳에서 붐비는 경향이 있다면(야외 장소에서 종종 이런 경향이 있다), 그러한 입구나 주차 공간들이 위치한 곳은 장소의 이용 양식에 있어 영향을 줄 것이다. 이러한 경향은 장소의 이용 양식에 영향을 미치기 위한 경영/설계 도구로서 쓰일 수 있다.

유사한 관점에서 사람들이 관목이나 수목 지역, 제방, 담, 벽과 같은 '가장자리'를 따라 위치하는 경향이 있다면, 이 경향은 그러한 '가장자리'의 위치나 성질을 결정함으로써, 장소의 이용 양식에 영향을 미친다(Ruddell and Hammitt, 1987). 이것은 특별히 야외 자연 지역에 적용되는데, 이것은 또한 쇼핑몰, 박물관과 같은 건물 등의 계획적으로 건설된 지역에도 관련성을 지닌다고 할 수 있다.

공공의 사용을 위한 열린 공간이나 건물들은 사람들이 실제로 그것들을 어떻게 사용하는지, 혹은 그것들이 어떻게 사용될 것인지에 대한 검증되지 않은 가정들의 기초에 따라, 거의 이러한 고려 없이 종종 설계된다. 실제로 사람들이 설계자들의 기대에 따라 행동하지 않는다거나, 다른 곳들은 초만원인 반면 어떤 공간은 예상보다 덜 사용된다거나, 공간들이 설계되거나 구축된 활동들에 쓰이지 못한다거나 하는 것들은 종종 발견할 수 있다. 전시장 주위 사람들의 움직임에 대한 양식은, 사례연구 7.1에 설명되어 있는데, 전시의 매력도와 상대적 탁월성에 따라 정보에 영향을 미칠 수 있다. 관찰은 이러한 공간 활용의 모습이 발견될 수 있는 수단이다.

사례연구 7.1 … 박물관 방문자 행동 관찰

출처: Phillip L. Pearce(1988) Museums and visitor centres. Chapter 6 of The Ulysses Factor: Evaluating Visitors in Tourist Settings. New York, Springer-Verlag, 90-113

접근법: 관찰 주제: 방문자들의 박물관 공간적 이용

책에 있는, 방문자들을 박물관과 방문자 센터와 관련짓는 수많은 논점들을 검토하는 장에서, Pearce는 방문자들이 박물관에 들어가 왼쪽으로 돌아 시계 방향으로 진행하는 것과 반대로, 오른쪽으로 돌아 반시계 방향으로 나아가는 결정의 연관관계를 논한다. 그림 7.1에서 볼 수 있듯이, 호주 빅토리아 Telecom 박물관의 연구는 두 집단의 방문자들이 실제로 전시물에 다른 방식의 주의를 기울이는 것을 보여주는데, 이는 각각의 전시물을 보려고 멈추는 방문자들의 비율로 측정됨을 따른 것이다. 나아가, 오른쪽으로 돌아 반시계 방향으로 진행하는 사람들은 전시회 내내 높은 수준의 주의를 기울였지만, 이것은 왼쪽으로 돈 사람들이 처음에 정적이고 시청각적인 전시물을 마주치는 반면, 오른쪽으로 돈 사람들은 바로 상호작용하는 전시물을 마주치게 된다는 사실 때문일 것이라고 논의된다. 사용된 방법론은 명백히 명료하지만, 어쩌면 방문자들이 얼마나 오래 머물고 한 집단 이상이 어느 정도까지 동시에 연구될 수 있느냐에 따라 시간낭비라고 할 수 있다. 그러나 이는 관리자들에게 흥미를 유발할 수 있고, 쉽게 이해되고 해석될 수 있는 자료를 제공한다.

■ 그림 7.1 박물관에서의 방문자 이동 양식

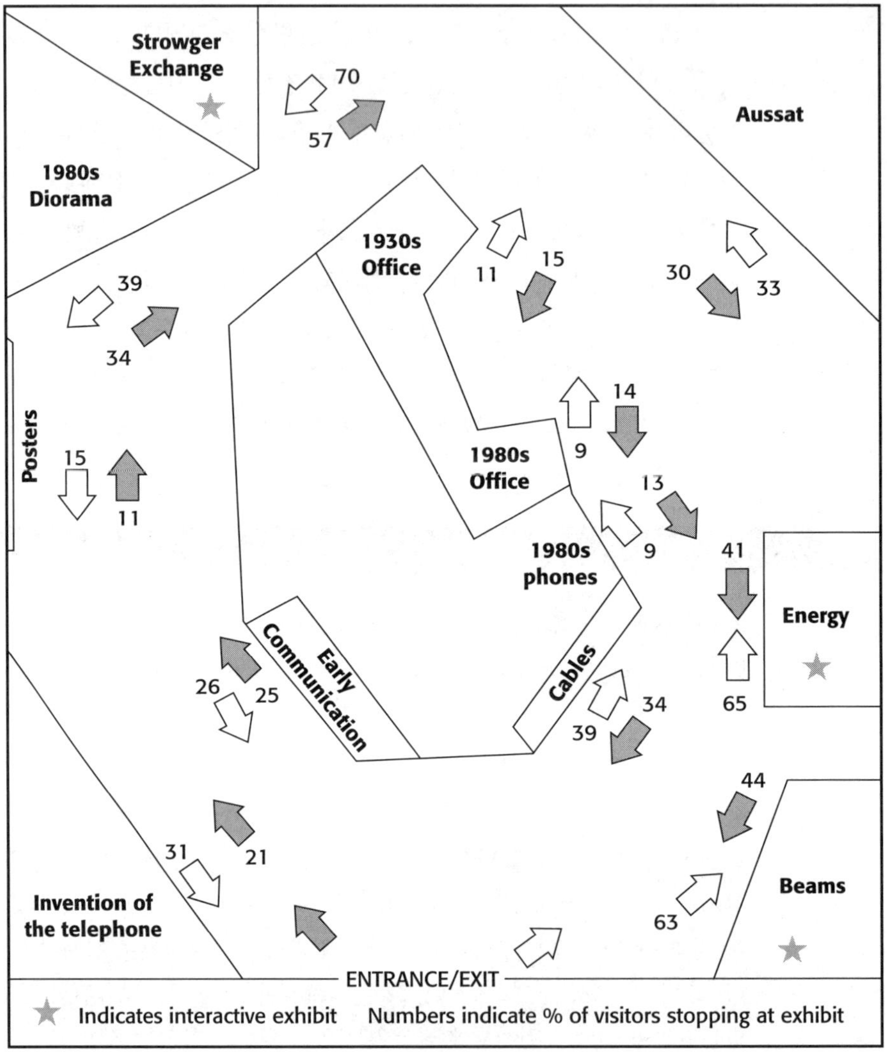

Source: adaption of Pearce, 1988, Figs 5.2 and 5.3, pp.100-1

이용자 개인 정보

질문서를 기초로 한 장소 연구는 전형적으로 '이용자 개인 정보'를 제공하는 인구통계학적인 집단 구성의 자료를 수반한다. 그렇지만, 질문서의 설계에 기초해서 그러한 상황에서의 질문서들이 항상 매우 간소하다면, 모인 정보들이 장소 이용자들 특성의 매우 중요한 점들을 놓칠 수 있다. 예를 들면, 두 콘서트홀이 동일한 이용자 연령/성별/집단 규모 정보를 가질 수 있지만, 연주되는 음악의 종류가 달라서 매우 상이한 군중들을 이끌 수 있는데, 말하자면 패션, 생활양식, 행동특성과 같은 것이다. 심지어 한 장소에서 평균에 기초한 전반적인 개인 정보와 비율이 다른 수많은 분명한 이용자 집단에 의해 이용되었다는 사실을 감출 수도 있다. 질문서에 기초한 개인 정보들은 또한 명백한 이용 양식을 놓칠 수도 있다. 예를 들면, 한 공원연구에서는 혼자인 노년의 이용자들이나 어린 아이들과 함께 하는 어머니들이 x퍼센트가 있다는 것을 나타낼 수 있지만, 이러한 집단이 특정한 시간에 출입하고, 같이 만나며, 교제한다는 사실은 얻어내지 못할 것이다. 물론, 질문서 연구는 질문서가 적절한 질문을 담고 있고, 표본이 충분히 크며, 분석이 충분히 정교하다면, 그러한 특성들을 얻어낼 수 있겠지만, 이는 항상 그렇지만은 않기에 나아가 예비 관찰 연구는 이용자 개인 정보의 그러한 특성들을 확인하는 데 쓰일 수 있어서 적절한 질문들은 질문서에서 포함할 수 있다.

비정상적 행동 특성

비정상적 행동 특성이라는 개념은 한 사람의 '비정상' 이 다른 사람의 '수용 가능한 행동' 이라는 것으로, 논란의 여지가 있는 것이다. 그 방면을 다루는데 쓰여 온 개념은 '전통적인 윤리의 주변에서의 여가' (Veal and Lynch, 2001:335)로, 여가 환경에서의 야단법석인 군중 행동, 도박, 다양한 형태의 성적 활동, 그래피티와 반달리즘, 기분전환용 약물과 같은 활동들을 다룬다. 비정상적 행동은 관찰이 면접보다 더욱 성과를 거둘 수 있는 상황이다. 사람들은 면접관들에게 축구 경기에서 맥주 캔을 던지는 습성이나, 공원에서 법을 준수하지 못하는 것, 쓰레기 버리는 습성에 대해 말하기를 꺼려한다. 그러한 것들을 발견하기 위해서는 관찰이 필요한데, 대개 개심자들의 특성이다. 이것은 물론 3장에서 논의되었듯이, 사생활에 대한 사람들의 권리와 같은 윤리적 논쟁들을 야기하며, 사례 연구 7.2는 1980년 뉴사우스 웨일즈에서 실시된 원동기 경주 스포츠 행사에서의 경찰과 폭주족들 사이의 폭동에 대한 연구로부터 나온 결과의 일부를 보여주는데, 이는 연구자의 안전이 특정상황에서의 관찰 연구는 위험할 수 있다는 것을 시사한다.

사례연구

7.2 … 폭동 관찰

Chris Cuneen, Mark Findlay, Rob Lynch and Tupper(1989) The Dynamics of Cllective Conflict: Riots at the Bathurst 'Bike Races. North Ryde, NSW: Law Book Co.

접근법: 자연적 관찰 주제: 군중 행동 특성

그들의 책에서, Cuneen 등은 일련의 폭력적인 충돌 연구의 결과를 보여주는데, 그것은 1980년대 중반 뉴사우스 웨일즈의 Bathurst Motorcycle Grand Prix 연간 모임에서 경찰과 팬들 사이에서 벌어진 전면 충돌을 연구한다. 그들은 관찰, 면접, 역사적 연구, 언론계와 TV 보도의 분석을 포함하는 다양한 연구 방법을 사용하는데, 이는 두

■ 그림 7.2 1995년 토요일 부활절 Bathurst '폭주족' 경주에서의 충돌 방식

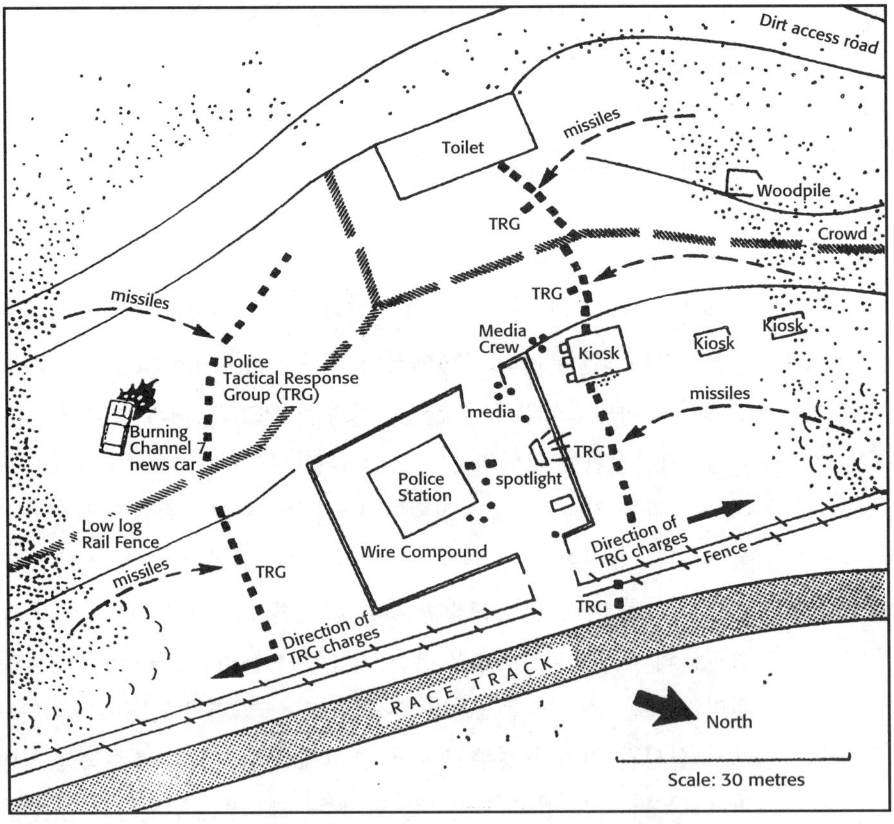

Source: Cuneen et al., 1989, 95(See also Cuneen and Lynch, 1988)
TRG=Tactical Response Group(Special Police Squad)

집단 사이에서 충돌의 유래 및 성질, 정치인들과 대중의 소비를 위한 이미지와 해석을 만들어내고 사건들을 보도하는 매스컴의 역할을 이해하기 위한 시도에서이다. 매스컴 보도들이 팬들을 미쳐서 날뛰는 '정신없는 훌리건들(mindless hooligans)'로 반영했던 반면, 정밀한 연구는 군중의 축제와 같은 행동에 대한 경찰의 규모 확대 연관적이고 과잉적인 반응 모습과 '폭주족(bikies)'과 경찰 사이의 역사적 의심쩍음을 나타내었다. 폭동에 관한 그 어떤 설명(정치인들, 언론계, 팬들, 경찰, 누가 해석을 하는지에 의한 사건의 해석과 의미)조차 없었다. 그림 7.2는 장소 배치에 대한 구체적인 관찰의 결과와 전면 충돌 중 하나에 개입된 집단들을 보여준다. 분명히 말로써 그 장면을 전부 묘사하는 것은 어려울 것이지만, 관찰 수행의 결과를 시각적으로 보이는 것은 취해야 할 분명한 접근이다.

소비자/익명 실험

때때로 미스터리 쇼핑으로 일컬어지는 소비자 혹은 익명 실험은 잠재적으로 효과적이지만 보다 덜 개발된 관찰의 또 다른 방식이다. 면접은 여가 혹은 관광 시설이나 상품의 사용자들이 향유한 경험의 질에 대한 정보를 얻는 방법인 반면, 추가적인 방법은 연구자들이 익명의 사용자/소비자/관찰자의 역할을 하게 하는 것이다. 그러한 관찰자는 제공 중인 서비스나 시설을 사용하게 될 것이고, 관찰해야하는 청결함 · 정보유효성 · 명확함 · 종업원 성과와 같은 특성의 점검표를 소지하게 될 것이며, 서비스와 시설을 이용한 후에 보고서를 작성하게 될 것이다. 그러한 접근은 관찰자가 세부사항을 기록하고 서비스의 질을 평가하는 전문적인 의견을 가져올 수 있다. 예를 들면, 안전과 관련한 것으로, 그것은 '실질적인' 사용자들에게 인지될 수 없을 것이다. 다시 말해, 소비자 역할 대행을 하는데 수반되는 속임의 요소 때문에, 윤리적이고 산업적인 논점이 이러한 연구에서 발생할 수 있다.

보충 연구

사용자들의 수를 포함하는 관찰은 표집(표본추출) 비율에서 변수를 정정하기 위해 면접 연구에서는 필요시 되는 보완물이다. 예를 들어 공원이나 해변과 같은 전형적인 관광지에서, 일정한 비율로 일하는 두 연구자들은 실질적으로 이른 아침과 같은 덜 바쁜 시간에는 모든(100퍼센트) 사용자들을 면접할 수 있을 것이고, 바쁜 점심시간이나 오후 동안에는 약간의(예를 들어 5퍼센트) 사용자들을 가까스로 면접할 수 있을 것이다. 따라서 마지막 표본은, 이 상황에서, 이른 아침 사용자들을 많이 보일 것이고, 정오 · 오후 사용자들을 적게 보일 것이다. 이 두 집단이 다른 성격을 지님에 따라 표본 추출의 상이 비율은, 예를 들어, 사용자들에 의해 표현된 관점의 균형에 한 쪽으로 치우치는 영향을 줄 것이다. 시간적 사용의 계산은 분석 단계에서 정오 · 오후 사용자들에게 적절한 무게를 실어줄 자료를 제공할 수 있다. 무게를 실어주는 과정은 12장에 자세하게 묘사되어 있다.

더 비공식적인 관찰은 어느 정도 '지역색'을 주고 연구의 문맥을 유지하기 위해 장소의 종류나 특정 장소에 초점이 맞추어진 연구들에 보완물을 제공할 수 있다.

일상 생활(Everyday life)

사회를 연구하는 접근으로 일상 생활을 단순히 관찰하는 개념은 Irving Goffman (1959)의 연구와, 1930~1940년대의 영국적 삶에 방식에 대한 영국의 대중 관찰 인류학 연구와 관계가 있다. 1984년(Calder and Sheridan, 1984)에 출간된 대중 관찰 개요의 인류학은 술집에서 이벤트, Blackpool 산책, 런던의 전시 대공습 기간의 묘사를 포함한다. Goffman의 업적은 더욱 이론적이고 개개인들이 공간을 어떻게 사용하고 공공 장소와 개인적인 장소에서 어떻게 상호작용하는 지에 연관이 있었다. Goffman양식(Birenbaum and Sagarin, 1973)은 식당의 핀볼, 바, 카드게임 등의 관찰연구를 포함한다.

사회적 행동

관찰은 특정 환경이나 일반적으로 사회적 행동에 대한 생각이나 이론들을 발전시키기 위하여 사회학상의 연구에 이용되어 왔다. Fiske(1983)와 Grant(1984)의 해변 이용에 대한 연구와 Marsh와 그의 동료들(1978)의 축구 팬들에 대한 연구는 이러한 접근법의 예이다. 이 연구원들은 그들이 관찰한 것으로부터 사회적 행동의 설명을 확립하기 위해 상호작용적 · 귀납적 과정을 이용한다. 종종 그러한 연구의 중요 특성은 다른 사람들에 의해 관찰되어져 왔는데, 특히 공무원들, 경찰, 매스컴과 같은 권위자 혹은 영향력 있는 사람들이 그들이다. 관찰 연구는 현존하는 사건들의 전형적인 해석에 대하여 활용될 수 있다.

관찰 연구의 주요 요소

관찰은 고려해야 할 특별한 기술이 거의 없는 단순하며 필수적인 연구 방법으로 보인다. 그렇지만, 여타의 연구 방법들과 함께, 관찰에 대한 고려가 계획안의 설계, 수행, 분석 단계에 들어가야만 한다. 잘 구축된 관찰에서 연구자들에게 가장 필요한 것들은 정확성, 상세함에 대한 집중, 그리고 인내심이다. 조직화되지 않은 관찰에서는 같은 기술과 속성들이 요구되지만, 거기에 무엇이 관찰되고 있는지의 잠재적인 의미와 그 중요성을 인식할 수 있고, 그것을 연구 문제와 연관시킬 수 있는 창조적인 '안목'이 요구된다고 할 수 있다. 관찰 기획의 계획과 수행에서 주요 업무는 표 7.3에 나열된 것과 같다.

3장에 간략히 요약된 '연구 과정의 요소'와 함께, 모든 결말을 다룰 단계의 목록을 작성하는 것은 어렵다. 특히나, 접근법이 잘 구축되지 않는다면, 그 때는 여기에서 논의된 수많은 단계들, 특히 계산과 관련된 것들이 중복될 수 있다.

1단계 : 장소 선정

상담 연구의 경우에는 연구되어야 할 장소들이 선정되어 있어야 한다. 그러나 선택의 요소가 있을 때에는 장소는 때때로 적절한 여가/관광 행동 특성을 제공할 뿐만 아니라 또한 관찰 조건에 잘 맞는 장소를 선정하는데 있어 시간을 활용하여야 할 것이다.

2단계 : 관찰 지점 선정

한 장소에서의 관찰 지점 선정은 분명히 중요하고 세심하게 이루어져야 할 필요

■ 표 7.3 관찰 기획에서의 단계

1. 장소 선정
2. 관찰 지점 선정
3. 관찰 기간 선정
4. 지속적 관찰 혹은 표집(표본추출)
5. 빈도수 측정
6. 관찰 대상
7. 장소의 구역별 분할
8. 관찰 정보 기록
9. 관찰 수행
10. 자료 분석

가 있다. 몇몇 장소들은 한 지점에서 그들의 전체가 관찰될 수 있다. 다른 경우, 관찰 지점의 순회가 고려되어야 한다. 잘 구축된 관찰에는, 예를 들면 현재 있는 사람들이나 혹은 정해진 시간에 한 지점을 지나는 사람들의 숫자 세기를 포함하는 것에서는, 다양한 기간 동안 같은 장소로부터 관찰을 수행하는 것이 중요할 수 있지만, 조직화되지 못한 관찰에서는 이것은 고려의 대상이 되지 않고 색인 탐색이나 한 장소에서 다른 장소로부터의 관찰이 필요할 수 있다.

3단계 : 관찰 기간 선정

기간 선정은 시설 사용에서의 변화 때문에 중요한데, 그것은 각각 년 단위 · 주 단위 · 일 단위 · 혹은 날씨 조건도 될 수 있으며, 이는 공휴일과 같은 외부적 사회 요건이나 클럽에서 특정한 날들의 음악의 종류 같은 내부적 요건에 따른 것이다. 기간 동안 다루어져야 하는 관찰은 원천적인 면에서 매우 필요하고, 따라서 기간의 표집(표본추출)의 형식들은 대개 필수적이다. 모든 시간대를 포함하는 관찰은 자원의 형식에 따라 매우 필요할 수 있으므로 표집(표본추출)의 기간은 종종 필요시 된다.

4단계 : 지속적 관찰 혹은 표집(표본추출)

지속적인 관찰을 취할 지, 각각 다른 기간들을 표본으로 연구할 지에 관한 물음은 유효 한 자원, 장소의 특징, 그리고 기획의 모든 설계와 관련이 있다. 연구의 목적 중의 하나가 만약 장소의 방문자 수의 정확한 측정을 얻는 것이라면, 문제는 특히 중요하다. 두 접근법에 관하여 사용된 전문 용어는 지속적 셈과 특정적 셈이다. 예를 들어, 공원이 열려 있는 모든 시간동안 사용자들의 수를 세기 위해 1주일에 100시간만큼 대도시 공원의 수많은 문에 관찰자들을 배치하는 것은 매우 돈이 많이 들 것이다. 심지어 그것이 가능했다 하더라도, 자동화된 기계 장치들을 제외하고는, 자원들이 1년 내내 유효하지는 않을 것이다. 표집(표본추출) 접근법은 많은 관찰 기획에서 채택되어야 한다. 표본 추출을 하기로 결정하면, 당연히 얼마나 자주 이를 할 것인지 결정하는 것이 필수적이다. 이는 5단계에서 논의된다.

만약 계산이 착수중이라면 특정 기간 동안 장소에 출입하는 사람들의 수를 셀 것인지, 아니면 특정 시간에 존재하는 사람들의 수를 셀 것인지에 따른 결정해야 할 사항이 있다. 현존하는 사람들의 수를 세는 것은 물론 지점에서 계산하는 형식이다. 한 기간 동안 출입하는 사람들의 수를 세는 것은 일반적으로 끊임없는 측정으로 이루어지지만, 만약 그 기간이 예를 들어 30분이나 한 시간처럼 상대적으로 짧다면, 그 결과는 지점에서 계산하는 형식으로 볼 수 있다. 기간 동안 특정 지점에서 사람들의 수를 세는 것은 보통 장소에 들어오는 수와는 상관없이 한 사람에 의해 이루어질 수 있기 때문에 덜 자원 집중적이며, 동시에 그 장소의 공간 사용에 대한 정보를 제공할 수 있다. 따라서 특정한 기간에 한 사람이 장소의 순회를 하고 지정된 구역에서의 현존하는 사람들 수를 기록할 것이다(7단계 참조).

조직화되지 않은 관찰이 착수될 때에는 그 목적이 대개 장소의 행동 특성과 사건의 움직임을 관찰하기 위함일 것이므로 지속적인 관찰이 채택될 것이다. 그렇지만, 장소 사용의 모든 양상을 다루기 위한 그런 관찰을 언제 착수할 것인지의 문제는 여전히 세심한 고려가 필요하다.

5단계 : 빈도수 측정

연구가 사용자의 수를 포함할 때, 그 측정은 얼마나 종종 행해져야 할까? 이것은 장소사용정도의 높은 변화의 비율에 달려있다. 예를 들어, 그림 7.3에서 7번의 측정은, 만약 점선이 연구에서 관찰된 사용 방식이고 실선이 실제 방식이라면 연구가 실제 상황을 부정확하게 나타낼 것이므로, 분명 불충분하다. 이 문제를 극복하기 위한 조언은, 사용량의 고점과 저점의 기본 양식이 확립될 때까지 기획의 시작점에서 표

■ 그림 7.3
장소 사용
횟수 집계

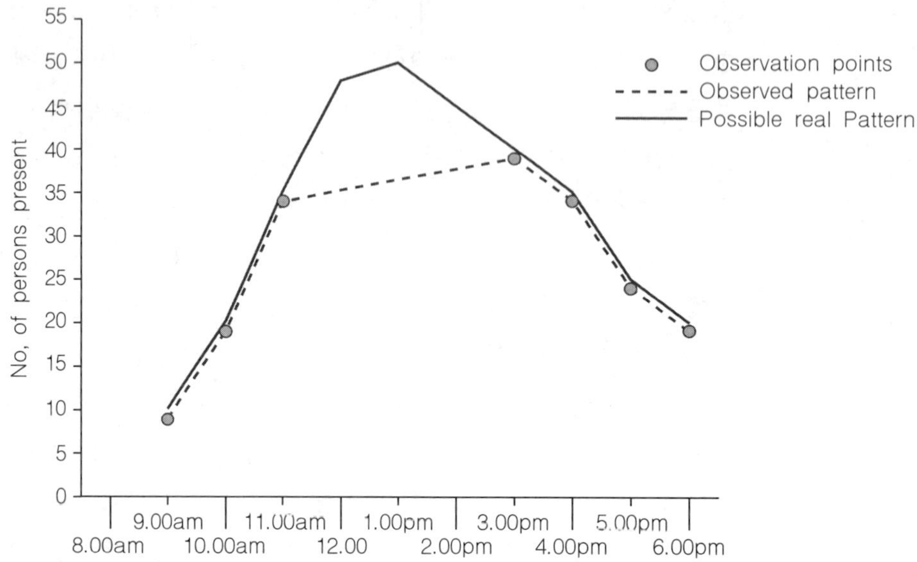

본을 자주 추출하는 것 외에는 거의 없으며, 표본을 덜 자주 추출하는 것 또한 가능할 것이다.

6단계 : 관찰 대상

한 시설에서 방문자들의 공간적 행동 특성을 관찰하는 한 가지 접근법은 그림

■ 그림 7.4
지도 관찰 자료:
공원 이용

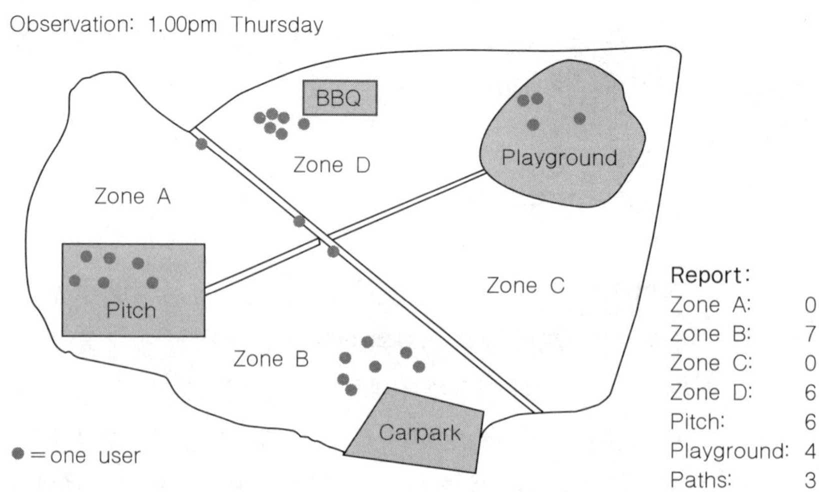

7.4에 나타나듯이 사람들의 위치를 기록하는 것이다. 사람들의 수와 그들의 위치를 관찰하는 것에 덧붙여, 다른 종류의 활동을 기록하고 관찰하는 것 또한 가능하다. 또한, 제한된 범위 내에서, 방문자의 특성을 기록하는 것도 가능하다. 예를 들어 남성과 여성이 각각 확인될 수 있다. 또 비록 아이들, 청소년, 젊은 성인, 성인, 그리고 노인들과 같은 범주 사이에서 구분선을 짓는 것에 주의가 필요하겠지만, 만약 계산하는 사람으로서 많은 사람들이 수반된다면, 어린이와 성인이나 노년층 시민들을 구별하는 것이 가능하다. 또한 한 장소를 이용하는 집단의 크기를 관찰하는 것(특히 그들이 주차장에 출입하는 것)이 관찰될 수 있다.

이러한 정보의 부가 사항들은 물론 기록 종이를 복잡하게 하고, 지도상의 다른 부류의 사람들을 기록하는 것에 기호들이 필요할 것이다. 자료 수집을 너무 복잡하게 하여 관찰자들에게 관찰과 수집을 너무 어렵게 하여 부정확한 관찰이 이루어지지 않도록 세심한 주의가 취해질 필요가 있다. 자료들을 수집하는 이유에 대해 신중히 고려하고, 자료 수집을 함에 있어 수집행위와 멀어지는 태도를 취하지 않는 것이 중요하다.

사람들을 정적으로 관찰하는 것에 더해, 사람들이 입구에 도착함에 따라, 한 장소를 통틀어 방문자들의 움직임을 관찰하는 것 또한 가능하며, 그 결과를 그래프 식으로 설명하는 것도 가능하다. 그림 7.1과 7.5에 그 간단한 예가 나와 있다. 물론 방문자들이 관찰당하고 있다는 것을 알아차림으로 인해 그들의 기분을 상하지 않도록 주의가 필요한 것은 사실이지만, 방문자들에 의해 택해진 행동 경로가 경영진에게 큰 의미를 줄 수 있다.

■ **그림 7.5** 한 장소에서의 흐름

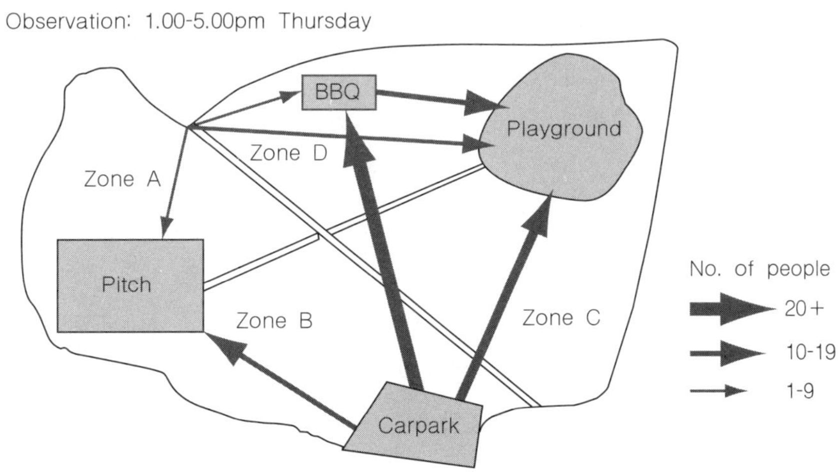

자동차 등록번호들은 정보의 유용한 원천이 될 수 있다. 먼저, 그것들은 사람들이 어디서부터 왔는지에 대해 정보를 제공할 수 있다. 다음으로, 번호판들은 한 지역 내에서 차량의 움직임을 추적하는 데 쓰일 수 있는데, 예를 들면 한 국립공원 내에서의 차량의 많은 정지 지점들이다.

7단계 : 장소의 구역별 분할

광범위한 장소에서는 그림 7.4와 7.5에서처럼, 장소를 구역이나 범위별로 나누어 그러한 구역에서의 사람들 수와 그들의 활동을 기록하는 것이 중요하다 할 수 있다. 그 구역들은 주로 경영적 측면에서 결정되어야만 한다. 예를 들어, 공원에서는 어린이용 운동장, 운동 지역, 장미 정원으로 분할할 수 있다. 그러나 그것들은 또한 측정이 용이하도록 설계되어야 하는데, 이상적으로 구역들은 한 지점에서 관찰할 수 있고, 자연적이거나 혹은 다른 특성으로 명백하게 한정지을 수 있는 그런 곳이어야 한다.

8단계 : 관찰 정보 기록

그림 7.4a는 다양한 활동을 할 수 있는 6개의 구역이 있는 지역의 이용 통산을 필요로 하는 조직화된 관찰 기획에서 사용된 측정지의 한 예를 제공한다. 그러한 형식을 사용하여 얻어진 자료는 저장 · 조작 · 그리고 아래 10단계에서 논의된 것처럼 스프레드시트 컴퓨터 프로그램을 사용한 그래픽 형식의 발표에 이상적이다. 이러한 종류의 형식에 대안으로서는 (다른 종류의 활동에 대한 기호들과 함께) 그림 7.4에서처럼, 숫자나 점들을 사용하여, 장소의 지도 복사본에 자료를 기록하는 것이 있다.

그림 7.4a는 조직화되지 못한 관찰 수행의 기록지의 한 예이다. 여기에서는 관찰이 더욱 의도적이고 시간 소비적이기 쉬우므로 적은 구역들로 이루어져 있다. 각 구역 공간은 자유 형식 기록으로 주어져 있다. 종이에서 확보해야하는 공간의 양은 쓰인 시간의 길이와 관찰의 자세함에 달려 있는데, 종이 한 면 모두나 혹은 그 이상이 기간당 · 구역당 필요할 수도 있다.

a. 구조화된

지 역	관찰자		일 시		시작시간		마침시간	
	지역구간:							
활동	A		B	C	D	E	F	G
걷기								
앉아있기								
스포츠								
아이들 놀이								
먹기								
총계								

b. 구조화되지 않은

지 역	관찰자	일 시	시작시간	마침시간	
	지역구간:				
시간	A	B	C	D	기타
9.00-10.00am					
11.00-12오후					
12-1.00pm					
기타					

■ 표 7.4 관찰 기록 종이의 예

9단계 : 관찰 수행

조직화된 관찰 기획의 경우, 그 기획이 잘 계획되어 왔다면 실제 수행은 간단해진다. 수많은 수의 측정을 포함한 주요 기획에서의 주된 문제는 지루할 수 있다는 것이고, 이는 관찰과 자료기록에서 부정확함으로 이어질 수 있다. 따라서 수반된 업무들을 다양화하고, 적절한 곳에 행동 관찰과 숫자 계산의 교대 근무를 할 수 있는 자료 수집자들을 두며, 가능한 곳에서는 장소 간에 서로 교환되도록 한다. 수 측정은 손으로 직접 할 수도 있고, 계산기를 사용할 수도 있다.

조직화되지 못한 관찰 기획의 경우에는, 관찰자에게 더 많은 요구사항이 따른다. 사실 그러한 기획은 8장에서 논의될 정성적 연구의 시각적 형태라고 볼 수 있으며, 관찰자는 관찰장소에 무슨 일이 일어나는지 관찰하고 묘사할 필요가 있다. 또한 어떤 양상의 관찰 광경이 묘사되고 기록되는지와 무엇을 관찰해야 하는지를 결정하기 위해 기획의 연구 문제와 직접적으로 관계되어야 한다.

10단계 : 자료 분석

조직화된 관찰의 경우, 그림 7.4와 7.5에 나온 종류의 시각적 발표로 분석이 구성되어질 수 있으며, 다른 경우에는 자료가 현재 이용할 수 있는 결과로 분석되고 분류되어야 한다. 여기에 3가지의 예가 있는데, 하루 동안의 이용패턴에 대한 발표와 지점 계산 자료로부터의 이용 숫자 추산, 가중하기, 그리고 비조직화된 자료의 분석이 그것이다.

이용 패턴

표 7.5에 보이는 일련의 수 측정을 고려해보자. 그것은 공원에 현재 있는 사람들의 수와 관련되어 있고, 그 공원은 아침 8시에 문을 열어 저녁 7시에 문을 닫는다. 이런 양식은 그림 7.6에 그래픽으로 설명되어 있다. 또, 이 발표는 현재 진행 중인

	걷 기	앉아있기	스포츠 관찰된 사람의 수	아이들 놀이	총 계
8am	5	1	0	2	8
9am	52	6	5	5	64
10am	44	19	10	7	75
11am	28	25	12	11	76
12am	31	40	25	13	109
1pm	32	56	31	17	137
2pm	37	46	23	22	128
3pm	38	45	12	22	117
4pm	39	40	33	32	144
5pm	40	33	27	15	115
6pm	42	20	12	12	86
7pm	45	15	4	9	73
총계	429	349	192	162	1,132
평균	35.8	29.1	16.0	13.5	94.3

■ 표 7.5 공원의 관찰된 수

■ 그림 7.6
공원 이용 양식

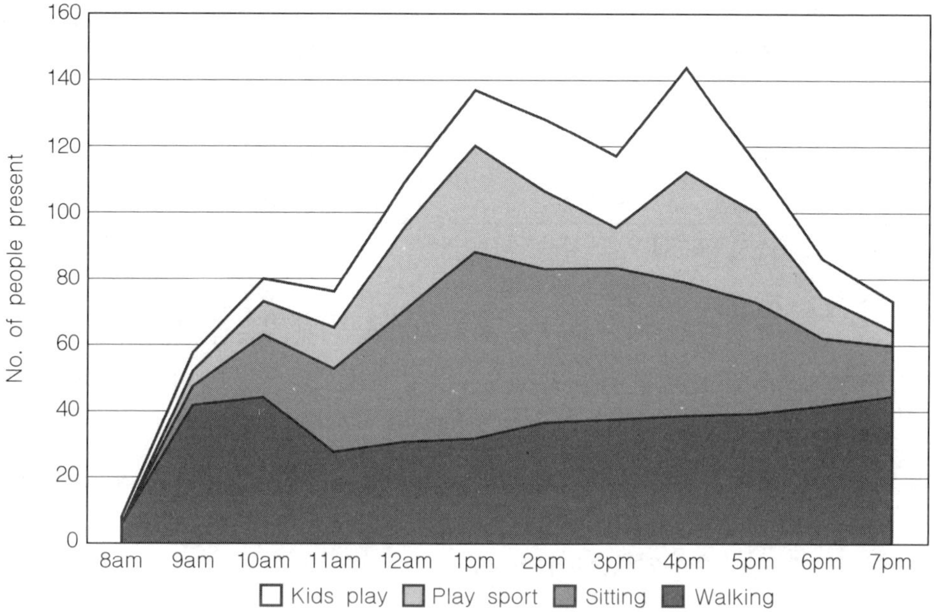

기획에 충분할 것이지만, 표본 숫자를 전반적인 사용 숫자로 평가하는 것으로 전환하는 것을 포함하여 그 이상으로 해석은 할 수 없을 것이다.

이용 숫자 추산

표 7.6은 지점 계산 자료로부터의 이용 숫자를 추산하는 과정을 보이고 있다. 이 예에서는 12시간 동안 평균 94.3명의 사람들이 공원에 있으며, 이는 총 1,132명의 기간 당 방문자가 될 것으로 판단된다. 기간당 방문자의 숫자는 유효한 측정법이라 할 수 있으며, 다른 시간, 같은 장소의 성과를 비교하거나 다른 장소들을 비교하는 데 쓰일 수 있다.

- 공원에 방문하여 하루 종일 머무는 한 개인
- 각각 6시간씩 머무는 두 사람
- 각각 1시간씩 머무는 12명의 사람들
- 각각 30분씩 머무는 20명의 사람들

그러므로 만약 하루 단위로 공원을 찾는 각각 다른 사람들의 숫자 측정이 필요하다면, 머무는 기간에 대한 추가적인 정보가 요구된다. 이것은, 비록 표본 집단의 세

	자 료	원 천	결 과
A	현재 사용자의 평균 수	수(표 7.1)	94.3
B	열려있는 시간	표 7.1	12시간
C	사용자 시간	A * B	1,131.6
D	평균체제시간	사용자 연구	0.5시간
E	사용자 수	C / D	2,263

■ 표 7.6 수 측정 자료로부터의 이용자 수 추산

심한 관찰로부터 얻을 수도 있지만, 대개 질문서 기반의 사용자 연구로부터 얻을 수 있다. 예를 들면 표 7.6에서는, 체제 기간은 30분이고, 그래서 모든 매 시간당 사용자는 두 명의 사용자를 나타내며, 1일 총 2,264명을 보이게 된다. 그러므로 방문자들의 수는 체제 평균 기간으로 나눈 시간당 방문자의 수와 같게 된다.

가중하기(Weighting)

관찰로부터 얻어진 사용자 특성의 세부 목록은 면접 연구에서 표집(표본추출)의 정확성을 시험하는 데 쓰일 수 있으며 그러한 연구의 결과에 비중을 두어 마지막 결과물이 시설 사용자들의 특성을 더욱 잘 반영하도록 하는데 쓰일 수 있다. 이는 앞에서 언급된 '낮 시간' 수정과 유사하지만, 사람들의 시설 이용 시간보다는 그들의 개인적 특성과 관련이 있다. 예를 들어, 만약 한 장소의 사용자의 반이 여성이었지만 면접 연구에서 면접을 한 사람들이 단지 1/3만이 여성이었다는 것이 관찰로 밝혀진다면, 분석 단계에서 표본의 여성에 더 많은 비중을 둘 수 있어 그들의 견해와 태도의 중요성을 파악할 수 있다. 가중하기의 자세한 사항은 12장에 더욱 자세히 설명되어 있다.

비조직화된 분석

비조직화된 분석으로부터의 가공되지 않은 자료는 아마 약간의 숫자 · 도형과 함께 일련의 메모들로 구성될 것이다. 연구자들을 위한 당면 과제는 따라서 이러한 메모들을 미래의 참조를 위해 읽을 수 있는 형식으로 변환하는 것이고, 이것은 그것들을 적거나 타이핑하는 것을 수반한다. 이 과정에서 분석이 시작되는데, 예를 들어, 어떤 경우 특정 집단의 이용자들이 부재하고 어떤 경우 존재하는지에 대한 문제가, 다른 집단의 존재 및 부재, 혹은 환경에서의 어떤 변화와 연관이 있을 수 있다는 것이 한 예이다. 결과는 따라서 8장에서 논의되듯이, 정성적 연구로부터의 일련의 사본이나 메모와 비견될 수 있는 확장된 일련의 메모가 될 것이다. 분석에 대한 유사한 접근법은 따라서 주제와 양식의 확인을 포함하는 것이 적절하다. 정성적 연구에 적용되는 자료 수집 · 자료 분석 · 그리고 이론 발전 사이에서의 귀납적인 상호작용은 또한 일반적으로 비조직화된 관찰 연구에도 적용된다. 비공식적 면접 사본을 위해 8장에 소개될 NVivo 소프트웨어 또한 관찰 연구로부터의 메모를 분석하는 데 쓰인다.

사진과 영상물

항공사진술(Aerial photography)

항공사진술의 이용은 지리학과 지질학에서 잘 발전되었는데, 항공사진술은 또한 여가 · 관광 연구에서 유효한 기술일 수 있다. 큰 강의 어귀나 해안선과 같이 넓은 범위가 관계되어 있는 곳은, 접근이 어렵고 그 장소의 오락적인 사용이 매우 흩어져 있는데, 항공사진이 그 이용양식과 이용정도 측정을 할 수 있는 유일한 방법일 것이다. 항구나 어귀에서는 항공사진술이 그 장소를 이용하는 선박의 수 측정을 할 수 있는 가장 좋은 방법인데, 이는 선박들이 일반적으로 여기저기로 움직이고 혼잡한 항로 위에서 직접 손으로 세는 것이 어렵기 때문이다. 그러한 작업에 좋은 카메라가 필요하다는 것은 말할 필요도 없다. 슬라이드는 수를 세는 계속된 고된 작업을 커다란 화면에 쉽게 영사할 수 있기 때문에 일반적으로 이러한 방법이 측정에 가장 좋은 매개체가 될 수 있다.

스틸사진(Still photography)

직접 관찰에 부속물로서 사진술의 가치는 간과되어서는 안 된다. 디지털 사진술과 편집 소프트웨어는 사진이 연구의 방식으로의 진입을 점점 쉽게 해왔다. 한 장소의 혼잡함 정도, 그 특징과 분위기는 사진의 도움으로 보고서의 독자에게 전달될 수 있다. 예를 들어 설계 결점이나 침식작용과 같은 특정한 문제들이 말보다 시각적으로 더 전달될 수 있다. 사진은 천 가지 말을 그려낸다. '수필적 사진의 표현(photo-essay)'은 연구의 발견을 전하기 위해 수많은 주제와 메시지를 표현해낼 수 있다.

영상물(Video)

영상물은 한 장소의 이용 양식을 기록하는 데 쓰일 수 있지만, 분석 목적보다는 설명 목적으로 쓰이곤 한다. 이 매체는 한 장소 문제의 본질과 문제를 개선하기 위한 '전'과 '후' 상황의 유용한 도해를 제공할 수 있는데, 예를 들면 밀집, 침식, 쓰레기 무단투기 등을 들 수 있다.

저속 촬영 사진술(Time-lapse photography)

저속 촬영 사진술은 스틸 사진과 영상물 사이의 중간 정도에 놓여있다. 저속 촬영 카메라는 한 풍경을 자동적으로 찍도록 설계될 수 있는데, 말하자면, 매 초 혹은 매 분이 될 수 있다. 합성된 연속 사진은 관찰된 지역의 이용을 속도가 빨라진 양식으로 보여주기 위해 영상이나 영화로 영사될 수 있다. 이것은 눈앞에서 나무가 확연히 자라는 것을 보이는 야생 다큐멘터리에서 이용되는 기술이지만, 여가 · 관광 장소의 변화하는 이용 양식을 보이는 데에도 쓰일 수 있다.

바라봄(Just looking)

마지막으로 심지어 연구 기획이 체계적인 관찰 자료 수집을 수반하지 않더라도, 우리는 연구에서 우리의 눈을 사용하는 것이 얼마나 중요한지 잊어서는 안 된다. 여가 활동이나 여가 · 관광 장소와의 친밀함은 자료 해석에서 그리고 좋은 연구 기획의 설계에서 도움을 준다. 많은 연구들은 그저 비공식적이지만 세밀한 관찰에 기초하여 왔으며, 모든 유용한 정보가 숫자 형식으로 되어 있지는 않다. 특정 여가 · 관광 장소에서 무엇이 일어나는지, 특정한 시설이나 특정한 집단의 사람들 사이에서 무슨 일이 일어나는지에 대한 세심한 관찰은 어떤 환경에서는 질문서나 비공식적 면접보다 더욱 적절한 연구 접근법이 될 수 있다. 가장 훌륭한 연구원은 눈이다.

● 요 약

이 장에서는 여가 · 관광에서의 연구 도구로서 간과된 관찰의 기술에 대하여 논하였다. 관찰은 형식화되거나 조직화될 수 있고, 그것은 여가 · 관광지의 이용자 수 측정과 엄격한 시간, 공간 표본 추출 방법을 수반하며, 또한 비공식적이거나 비조직화될 수 있다는 것도 알 수 있다. 일반적으로 관찰은 연구 장소에서 강제적이지 않지만, '인위적인 관찰'이라는 실험적인 방법 또한 가능하다. 참가자 관찰은 발전된 형태의 관찰 연구이며, 8장에서 다루어진다. 관찰 연구는 정량적/정성적 방법론 영역에 걸쳐있고, 정량적/정성적 자료를 모두 산출할 수 있기 때문에 정량적/정성적 분석 방법을 모두 수반한다. 수많은 여가 · 관광 상황들이 관찰 방법이 사용될 수 있는데, 여기에는 아이들의 놀이 · 입장료가 필요하지 않고, 형식적인 좌석 배치나 예약 시스템과 같은 요소들에 의해 제한을 받지 않는 방식을 사용하는 비공식적 여가와 관광 지역의 이용 실태 · 장소 이용의 공간적, 기능적 양식 · 이용자 개인 정보 · 비상식적 행동 연구 · 소비자/익명 실험 · 다른 방법을 사용하여 수행되는 연구의 보충이 되는 연구 · 일상생활 · 사회적 행동 특성이 포함된다. 이 장에서는 관찰 연구 단계 과정을 10단계로 설계하는데, 그것은 연구 장소 선정 · 관찰 지점 선정 · 관찰 기간 선정 · 지속적 관찰 혹은 표집(표본추출)법의 결정 · 표본 추출 기간의 수와 길이 결정 · 관찰 대상 결정 · 연구 장소의 구역별 분할 · 관찰 정보 기록 · 관찰 수행 · 자료 분석이다. 마지막으로는, 관찰 연구에서 스틸사진, 영상물, 저속 촬영 카메라와 같은 음향-영상 장비에 대한 간략한 고찰이 이루어져 있다.

● ● Test question

1. 이 장의 초반에 설명하고 있는 4가지 관찰기법은 무엇인가?
2. 종합적으로 8개의 레저/관광 상황에서 관찰기법은 적합하다고 할 수 있으며, 어떤 때에 있어서는 가장 적합하다고 할 수 있다. 이런 상황을 3가지 이상 말하고 왜 다른 연구방법 중 관찰기법이 적합한지 설명하시오.
3. 지점 집계와 계속적 집계의 차이점은 무엇인가?
4. 관찰연구로 얻어질 수 있는 자료 형식은 무엇인가?
5. 어떻게 관찰연구로 얻어진 자료를 설문조사에 가중시킬 수 있는가?

Exercise

1. 비공식적인 레저/관광 지역을 선정하고 어떻게 되어가는지 알 수 있는 조심스러운 지점에 위치하시오. 2시간 이상 무슨 일이 일어나는지 연구하시오. 보고서를 작성: 어떻게 지역이 이용되는지; 누가 이용하는지; 얼마나 많은 사람이 이용하는지; 어떤 충돌이 생겨나는지; 만약 다른 사용자 그룹이 이용하는지; 지역내의 활동이 어떻게 디자인되었는지.

2. 집계 시스템을 활용하여 하루에 시간별로 레저/관광 지역을 얼마나 많은 사람이 이용하는지 집계하고 시간별 이용자수를 추정하시오.

3. 2번과 연관하여 한 시간에 3-4명의 사람을 얼마나 오래 머물렀는지, 머물 예정인지를 인터뷰하시오. 평균적으로 머문 시간을 추정하고 이 정보와 2번정보를 활용하여 하루에 이 지역을 방문한 사람을 추정하시오.

4. 사진을 활용하여 레저/관광 지역을 피해와 무관심의 예를 연구하시오.

8 정성적 연구 방법

소개 : 정성적 연구 방법과 그 사용

이번 장에서는 숫자로 나타낸 자료가 아닌 양적 정보를 수집 · 분석하는 연구 방법에 대해 설명한다. 정성적 연구 방법의 특징과 장점, 그리고 연구 시 그 역할 및 적용 가능한 특정 방법 등을 명시하며, 또한 심층 인터뷰, 그룹 인터뷰와 테스트할 상품에 관하여 토의하는 소비자 그룹 인터뷰, 참여 관찰, 전기적 접근 방법, 민족지학적인 접근 방법 등 정성적 연구 방법과 관련된 다양한 방법을 설명한다. 정보의 분석 정성적 방법은 물론 정량적 방법으로도 행해질 수 있으나 대개 정성적 연구 방법과 연관이 깊다. 이 또한 이 장에서 논의한다. 정성적 정보 분석의 수동적 방법과 NViVo 컴퓨터 프로그램을 이용한 정보 분석에 대한 간략한 설명을 통해 정성적 연구 방법의 이해를 돕고자 한다.

정성적 연구 방법은 정량적인 정보보다는 정성적인 정보에 비중을 둔 연구 방법이다. 일반적으로 정성적인 접근 방법은 많은 자료에서 좀 더 한정된 범위 내의 정보를 수집하는 정량적 접근 방법과는 달리 상대적으로 적은 사례에서 좀 더 유용한 정보를 연구하는 것을 말한다. 하지만 정성적 연구 방법은 많은 사례가 있는 연구 대상에도 적용가능하다. 연구 대상에 대한 세밀한 관찰과 직접적인 참여가 필요한 스포츠 경기 관람객에 대한 연구를 예로 들면, 정성적 연구 방법은 그 연구 대상이 총괄적으로는 수만 명이 될 수 있는 주제에 관해서도 시행될 수 있는 것이다.

또한, 정성적 연구 방법은 형식이 있는 정량적 연구를 시행할 필요가 없거나 혹은 불가능할 때 사용되기도 한다. 그렇다고 정성적 연구 방법이 이론적인 측면이 없는 것은 아니다. 정량적 연구 방법에서는 대개 연구자의 견해가 반영되기 마련이므로, 연구자는 논점이 되는 것이 무엇인지, 어떤 질문을 해야 하는지를 결정하고 이에 따라 해당 연구가 진행될 총체적인 틀을 설정하여야 한다. 정성적 연구 방법의 경우, 일반적으로 레저나 관광 등의 특정 분야에 연관된 사람들의 연구를 할 경우 이들이야말로 특정 분야에 대해 자신의 경험이나 감정을 그들만의 표현을 통해 가장 잘 묘사할 수 있는 정보원이며, 또한 연구자가 설정한 틀이나 입장에 의해 영향을 받지 않는 상태에서 연구가 이루어지기 때문에 객관적인 다큐멘터리식의 연구가 이루어질 수 있다.

정성적 연구 방법은 오랜 세월 동안 시사적인 문제를 다루기에는 적합하지 않다고 여겨졌다. 대부분의 사회학자들은 제 2장에서 설명하고 있는 자연과학의 실증주의적 방법을 정성적 연구방법에 적용하려 애썼으며, 이는 초기 레저와 관광 관련 연구에 적용되기도 하였다. 한 예로 크라우스와 알렌(Kraus and Allen)은 1987년에 출판한 연구방법론에서 전형적인 과학적 연구 방법에 대해서만 기술하였다. 그 당시 이들이 발간한 연구방법에 대한 연구에서 인식하고 언급한 정량적, 정성적 연구의 차이는 다음과 같다.

> 두 연구 방법 모두 중요하고 효과적인 접근법이다. 하지만 중요한 분야의 연구는 대부분 정량적 분석에 의해 연구되며 학문은 과학적 정보의 사실적 측정에 근거를 두어야 한다는 견해가 우세하다. 이러한 이유에서 연구자들은 가능한 한 정량적 연구 방법을 적용하려 한다. (Kraus and Allen, 1987: 24-5)

그들은 정성적 연구 방법론이 상대적으로 설명하기 어렵다고 밝히며 이에 대한 설명은 더 하지 않았다. 하지만 '레저와 같이 개인에 따라 세분화 되어 있는 분야에서는 좀 더 상세하고 직관적인 본질을 연구할 수 있는 방법이 필요하다.' 라는 의견을 보이기도 하였다(Kraus and Allen, 1987:25).

레저 연구의 정성적 연구 방법에 대한 태도의 변화는 1980년대 앙글로폰 시대(Anglophone world)에 일어나기 시작하였다. 이러한 변화는 Karla Henderson

의 Dimensions of Choice: A Qualitative Approach to Recreation, Parks and Leisure Research (Henderson, 1991)에 잘 반영되어 있으며, 1998년에 발행된 Kraus와 Allen의 두 번째 출간물에서도 찾아볼 수 있다. 여기서 이들은 정성적 연구 방법과 기록 방법에 대해 상세히 설명하였다. 또한, 자연주의적 관점에 관한 논의도 과학적 모델과 함께 나와 있으며 이는 다음과 같다.

> 정량적 연구는 지금까지 물리나 자연과학 분야의 많은 연구의 방법으로서 그 효과를 입증 받아왔기 때문에 정성적 연구에 비해 좀 더 많은 학문적 규율을 따르고 있다. 하지만 여가나 레저와 같이 개개인에 따라 세분화 되어 있는 분야에서는 좀 더 상세하고 직관적, 철학적인 본질을 연구할 수 있는 방법이 필요하다.
>
> (Kraus and Allen, 1998: 36)

정성적, 정량적 연구에 대한 구분은 영국보다 북미 지역에서 더욱 명확하게 나타난다. 실제로 1970년대 초기 영국에서 행해졌던 레저활동 연구에서 정성적 연구 방법이 중요한 역할을 했는지에 대한 논의가 있다(Veal, 1994).

거의 전적으로 정량적 연구 방법을 고수하던 추세가 점차 정량적, 정성적 연구 방법을 혼합하는 추세로 변화하였고, 이는 관광학 연구 분야에서 잘 나타났다. 1994년도, Ritchie and Goeldner의 'Travel, Tourism and Hospitality Research'와 1995년도, Ryan의 'Researching Tourist Satisfaction'이라는 원서 모두 정량적 연구 방법에 초점을 맞추고 있음에도 불구하고, 정성적 연구에 관한 설명이 포함되어 있다. 1970년대부터 1990년대 사이에 있었던 정성적 연구 방법에 관한 급진적인 변화 추이는 2000년도, Riley and Love에 의해서 저술되었으며, 2004년도에는 Phillimore and Goodson이 저술한 'Qualitative Research in Tourism'이 출판되었다. 이 책에서는 관광 연구에 정성적 연구 방법을 적용하여 비판적이고 해석적인 연구 방법에 대한 다양한 기고가 저술되어 있다.

정성적 연구 방법은 더 이상 특별한 정의가 필요하거나 예외적인 특성을 지녔다고 여겨지기 보단 오히려 더 널리 사용되어지고 있다. 레저 연구에 있어 정성적 연구 방법은 최소한 문학 연구에서의 정량적 연구만큼 자주 사용되고 있으며, 관광 연구에 있어서는 일반적인 연구 방법이 되었다.

정성적 연구 방법의 장점

Kelly는 레저 연구에 정성적 연구 방법을 좀 더 적극적으로 활용하고자 다음과 같이 정성적 연구 방법의 장점에 대해 설명하였다(Kelly, 1980).

1. 정성적 연구 방법과 그 연구 대상인 레저 분야는 모두 '정성적인 경험' 이라는 본질이 같다.
2. 정성적 연구 방법은 진정한 '레저' 의 의미를 살려 비인위성을 중요시 했다. 반면, 정량적 연구는 실제 개인의 이름이나 성격 등은 가려진 채 행하여지는 인위적인 연구 방법으로 볼 수 있다.
3. 정성적 연구 방법은 통계적 수치에 익숙하지 않는 이들에게도 이해가 용이하다.
4. 정성적 연구 방법은 시간이 지남에 따른 개인의 변화를 포함한다. 반면 정량적 연구 방법은 오직 사회적, 경제적, 환경적 상황에 대한 현재의 행동만을 연구하는 방법이다. 이는 인간의 행동이 그들의 인생과 경험에 의해 영향을 받는다는 사실을 배제한 것이다.
5. 처음 명시된 정성적 연구의 장점을 생각해 봤을 때, 관광을 비롯한 레저 분야는 인간의 직접적인 상호작용을 포함하고 있다. 이러한 점에서 정성적 연구 방법은 이와 같은 연구에 매우 적합하다.
6. 일부 심리학 연구자들은 동의하지 않지만, 정성적 연구 방법은 인간의 욕구와 열망에 대해 더 나은 이해를 돕는다고 주장된다.

이 책에서는 여러 연구 방법들의 적합성이 본질적으로 정해진 것이 아니라 단지 주어진 연구 대상에 따라 달라질 수 있다고 논의하고 있다. 이것은 특정 목적에 따라 특정 연구 방법을 대응시킬 수 있다는 켈리의 설명과 연관이 있다.

Peterson은 시장 조사자의 관점에서 정성적 연구 방법의 잠재적인 이용 분야에 대해 다음과 같이 열거하였다(Peterson, 1994).

1. 행동과 태도를 고려한 가설의 형성
2. 큰 규모의 연구에서 필요한 여러 입장과 견해, 주제에 대한 범위 파악
3. 정량적 연구 방법의 유도 (누가 인터뷰 연구에 포함될 것인가와 같은 경우)

4. 관련 주제를 잘 설명할 수 있는 용어 설정 (설문지에 전문용어의 사용을 피할 수 있음)
5. 선택 결과에 대한 역추적 (설문지 연구는 선택의 과정을 나타내지 않음)
6. 새로운 제품이나 서비스, 마케팅 전략 아이디어 등의 개발 (입장이나 태도에서의 자유로움은 마케팅에 있어 아이디어 개발에 도움이 됨)
7. 새로운 제품이나 서비스, 혹은 마케팅 전략 아이디어의 초기 이미지 제공
8. 광고에서 의사소통이 이루어지는 과정의 이해 (어떤 부분이 이해되었고, 어떤 식으로 광고를 받아드렸는지 이해할 수 있음)

정성적 연구 방법의 과정

정성적 연구 방법은 일반적으로 다른 방법에 비해 전반적인 연구 방법 계획이나 수행에 있어 좀 더 유연한 접근을 요구한다. 대부분의 정량적 연구 방법을 보면, 본질적으로 순차적인 성향을 띄는데, 제3장에서 설명된 바 있는 정량적 연구 방법은 미리 계획된 순서를 따라 진행된다. 이는 정량적 연구 방법의 핵심인 정보 수집 과정에 따른 필연적인 결과로서, 해당 연구에서 여러 요소간의 좀 더 유동적인 관계, 즉 귀납적 접근을 포함한다. 이러한 접근에서는 가설 설정이 연구 진행에서의 정보 분석과 그 수집에서 동시에 일어나게 된다. 그리고 그 결과의 기록 또한 연구 과정의 마지막에 형성되는 별도의 단계가 아닌 단계적으로 진행되는 과정이다. 두 가지 접근 방법에 대해서는 그림 8.1에서 살펴볼 수 있다. 이 책에서는 지금까지 정량적, 정성적 연구 방법이 서로 대조적인 접근법으로 설명되었지만, 사실 정량적, 정성적 연구 방법은 순차적 접근과 귀납적 접근을 모두 포함할 수 있다. 정량적 연구 방법의 다양한 자료원와 소규모 연구 자료를 서로 반복적으로 활용하는 것이 가능하며, 정성적 연구도 이와 마찬가지로 대규모 연구 자료와 하나의 정보원이 반복적으로 활용되어 진행될 수 있다. 즉 국가단위 규모의 큰 연구와 심층 인터뷰 정보가 어우러질 수 있는 것이다.

정성적 정보를 분석함에 있어 중요한 철학적 관점 중 하나로 근거입각원리(grounded theory)가 있다. 이는 Banrney Glaser and Anselm Stauss (1967)

■ 그림 8.1
연구 시 순차적, 귀납적 접근

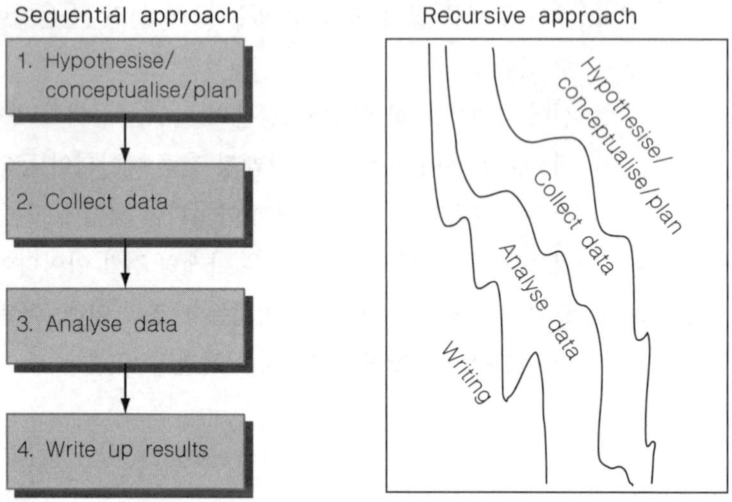

에 의해 창안된 것으로 기존의 이론에 입각한 관점에 반하여 연구에 의해 새로운 이론이 생겨나는 것을 말한다. 이러한 관점에서는 이론과 방법이 전통적 방법론이나 이론에 의하기 보다는 실제 경험적 관찰에 입각하여야 한다. 이론의 생성은 연구자가 특정 대상에 대해 사전견해 없이 접근함으로써, 해당 정보에 대한 면밀한 검사를 통해 그 패턴이나 모순에 의하여 이루어진다. 이러한 접근을 위해 연구 대상과 이와 관련된 문화적인 면의 숙지가 필요하며, 그 과정은 복잡하고 주관적일 수 있다.

연구의 범위 - 개요

이 장에 설명하고 있는 정성적 연구 방법의 기술은 흔히 레저와 관광분야의 연구에 쓰인다. 정성적 연구 기술은 심층 인터뷰, 그룹 인터뷰나 테스트할 상품에 관하여 토의하는 소비자 그룹 인터뷰, 참여 관찰, 자료 분석, 전기적 접근 방법, 그리고 민족지학적인 접근 방법 등이 포함된다. 각 접근 방법의 특징은 표 8.1에 요약되어 있다.

실질적으로 정성적 연구에 있어 정보의 수집과 분석의 분리가 어려운 반면에, 다음 연구 방법들에 대한 논의는 정보의 수집에 초점을 두었다. 분석의 과정은 정성적

■ 표 8.1 정성적 방법론: 요약

심층 인터뷰	■ 대개 상대적으로 적은 수의 주제를 다룸 ■ 형식적인 설문지 형태 보다는 주제의 목록을 중심으로 진행 ■ 음성녹음 및 축어적 보고 기록 ■ 최소 30분에서 몇 시간까지 진행될 수 있음 ■ 재인터뷰 가능
그룹 인터뷰/소비자 그룹 인터뷰	■ 심층 인터뷰와 유사, 그룹으로 진행 ■ 참여자 간의 상호작용, 인터뷰자와 참여자 간의 상호작용
참여 관찰	■ 연구자는 참여자들과 함께 또 다른 한명의 참여자로서 활동하며 정보 수집 ■ 연구자는 참여자들에게 연구자임을 밝히거나 숨길 수 있음
자료 분석	■ 자료의 내용을 분석; 글과 음성 및 시각 자료 포함
전기적 접근 방법	■ 개인의 인생사에 대해 부분적 혹은 전체적 접근 ■ 심층 인터뷰와 연구 대상자에 대한 문서 자료와 직접 기술한 보고서 포함
민족지학적인 접근 방법	■ 하나의 접근 방법 보다는 여러 방식의 혼합 – 인류학으로부터 받아들여짐

인 정보 수집 범위 안에서 공통의 특징을 갖기 때문에 그 구체적인 과정은 이 장의 뒤에서 다룬다.

심층 인터뷰

특 성

심층 인터뷰는 그 인터뷰의 시간과 내용의 구조와 깊이에 의해 구분된다. 심층 인터뷰는 설문조사의 질문을 바탕으로 하는 인터뷰보다 훨씬 길며 대개 최소 30분에서 길게는 몇 시간이 걸릴 수도 있고, 인터뷰 대상자에게 한 번 이상의 인터뷰가 필요할 수도 있다. 용어에서 알 수 있듯이, 심층 인터뷰는 설문조사 방식의 인터뷰보다 심화된 정보를 수집한다. 단순하고 간단한 질문과 대답을 녹음하고 계속 질문하는 식의 설문조사 방법과는 다르게 심층 인터뷰에서는 대화에 적극적으로 반응하고 보충 질문을 하며 상대방에게 대답을 알아낼 수 있도록 노력한다. 그러므로 심층 인터뷰는 설문조사 방식의 인터뷰보다 덜 형식적이다. 하지만 인터뷰는 같은 쟁점을 다루고 있을 지라도 그 내용을 달리 할 수 있다.

인터뷰의 목적과 적용 상황

심층 인터뷰는 다음과 같은 상황에서 행해질 수 있다.

1. 인터뷰 대상 수가 상대적으로 적어서 설문조사 방식의 정량적 연구 방법이 적절치 않을 때
2. 인터뷰 내에서 다룰 주제가 개인에 따라 상당한 차이가 있거나 복잡할 것이라 예상될 때 – 지방 의회 관광부서 직원 인터뷰 또는 국가대표 스포츠팀 코치들의 인터뷰를 그 예로 들 수 있다. 위에서 명시된 상황의 인터뷰 시, 각 인터뷰의 배경이나 상황이 모두 다를 것이다. 그러므로 연구 결과는 각 상황마다 고유의 특성과 형태를 지니게 된다. 즉 '응답자의 몇 퍼센트가 이렇다고 대답했다.' 라는 식의 기록은 유용하지 않다.
3. 인터뷰의 주제가 큰 규모의 연구에 들어가기에 앞서 시행되는 초기단계일 때

체크리스트

심층 인터뷰 진행 시 형식을 갖춘 설문조사보다는 주제와 관련된 체크리스트를 이용할 수 있다. 예를 들어, 한 설문조사에서 '다음 열거된 국가 중 휴가 때 방문해 본 적이 있는 국가가 있는가?' 라는 질문이 있다. 하지만 약식 형태의 체크리스트에 의한 인터뷰에서는 간단히 방문해 본 국가가 있는지에 대한 질문이 나올 것이다. 인터뷰를 하는 사람은 주어진 여러 상황에 따라 질문을 만든다. 예를 들면, 어린 시절 휴가 경험이 차후 여행 패턴에 미치는 영향을 묻고 싶을 경우엔 '어릴 적 해외여행을 어디로 가셨습니까?' 라는 질문을 할 수 있다. 어떤 경우엔 인터뷰 대상자가 그 질문에 자발적으로 자신의 어릴 적 여행경험을 상세하게 답할 수도 있다. 그러므로 심층 인터뷰는 대상자 개개인에 따라 매우 다양해질 수 있는 것이다. 인터뷰 진행자는 연구 주제와 관련하여 다양한 형태의 인터뷰를 여러 방법으로 시행해 주제와 관련된 모든 정보를 다룰 수 있도록 하여야 한다.

이러한 심층 인터뷰의 특성에도 불구하고 인터뷰에 사용되는 체크리스트의 구성은 정식 설문조사와 같이 조직적이고 체계적이어야 한다. 특히 체크리스트에 포함될 항목들은 3장에서 설명하고 있는 관련 정보 리스트와 연구의 개념적 기본 틀에 그 기본을 두어야 한다. 부록 8.1에서 주제와 관련해 상당히 간단한 형식으로 구성

된 체크리스트의 한 예를 볼 수 있다. 체크리스트의 또 다른 구성 방법은 설문조사 방식으로 완전한 질문을 포함시키는 것이다. 이는 연구자와 인터뷰 진행자가 다를 때 사용되는 방법이다. 하지만 문제는 준비된 질문들을 그저 읽어 내려가면 인터뷰를 하는 방법이 심층 인터뷰가 가진 특성인 자유로운 분위기나 흐름을 방해할 수 있다는 것이 단점이다.

인터뷰 과정

효과적인 심층 인터뷰의 진행을 위해서는 취조담당 기자들이 사용하는 기술이 필요하다고 Dean et al(1969)은 다음과 같이 말한다.

> 많은 사람들이 신문 기자는 사회학자와는 거리가 멀다고 생각한다. 하지만 오늘날의 많은 사회학 관련 자료들은 정치 회의나 동맹 파업 등을 직접 취재하고 관찰하는 기자들에 의해 수집되어 왔다. 그러므로 우리는 이러한 정보 수집 방법을 비과학적이라고 과소평가해서는 안 된다. 과학적 정보를 얻기 위해 우리는 이에 적합한 연구 기술을 연구할 필요가 있다. (Dean et al., quoted in McCall and Simmons, 1969:1)

인터뷰 진행의 중요한 기술 중 하나는 인터뷰 대상자가 질문을 하는 사람과의 대화에서 유도적인 대답을 하게 되는 상황을 피하게끔 하는 것이다. 즉 인터뷰를 하는 사람은 질문에 대한 답을 제안하거나 대상자의 대답에 동의를 표하는 것을 피해야 한다. 우리는 일상적인 대화 속에서 항상 친근한 대꾸를 해주는 등의 행동을 해왔음으로 이를 실전에서 적용시키기란 여간 쉬운 일이 아니다. 그러므로 심층 인터뷰 진행자는 편안한 대화가 오갈 수 있는 분위기를 조성해야 하는 의무와 동시에 그 분위기가 응답자의 의견에 영향을 미치지 않을 수 있도록 노력해야 하는 어려움이 있다.

정식 설문조사에서 쓰이는 면밀한 결론을 이끌어 내는 질문들은 인터뷰를 하는 사람이 순발력 있고 감각 있는 사고를 지니고 있을 때 비로소 그 역할을 다 할 수 있다. 예를 들어, 인터뷰를 하는 사람이 응시자가 공연장에 가지 않는다는 사실을 알았을 때, '너무 비싸기 때문인가요?' 라는 식의 질문으로 응답자의 질문을 유도해서는 안 된다. 그 대신 '이유가 뭐죠?' 라는 식의 좀 더 유연한 질문을 해야 한다. 만약 응답자가 공연에 대한 '비용' 을 언급하지 않았지만 연구 주제에 비용에 관한 내용이 있다면, '공연 좌석 가격의 경우는 어떻습니까?' 라는 식의 질문을 하는 것이 적

■ 표 8.2 인터뷰 중재 – Whyte

1. '아'	큰 의미를 내표하지 않은 표현으로서 인터뷰 진행자가 인터뷰 내용에 귀 기울이고 있다는 것을 미약하게나마 전달
2. '흥미롭군요'	인터뷰 대상자로 하여금 계속하여 이야기하게끔 하는 표현
3. 반복	'아, 운동을 좋아하시는 게 아니군요?' 와 같이 대상자가 했던 말을 질문으로 반복해서 전달
4. 거슬러 올라감	대상자가 앞서 했던 말을 상기시켜 더 많은 정보를 이끌어냄 – '학생 시절 이야기를 좀 더 해주시겠습니까?'
5. 새로운 주제	새로운 주제의 시작 – '그럼 다른 레저 활동에 대해 이야기해볼까요?'

절하다. 하지만 이는 오직 응답자가 자발적으로 공연장에 가지 않는 이유를 얘기한 후에 물어보는 것이 좋다.

Whyte는 인터뷰에 '개입' 하는 정도에 따라 인터뷰 하는 사람을 여러 등급으로 나누었다. 또한, 화이트는 이 등급을 그들이 인터뷰를 통제하는 정도로 보기도 하였는데(Whyte, 1982) 그 개입의 정도가 가장 낮은 정도의 경우가 표 8.2에 나타나 있다. 명시된 6가지의 질문을 제외하고 인터뷰 진행자는 필수적으로 응답자가 연구주제에 관련된 대답을 했는지, 그렇지 않다면 어떤 식으로 대답을 이끌어 낼 것인지 생각해야 한다.

이런 방식의 인터뷰를 이끌 때 중요한 기술은 인터뷰 시 침묵이 흐르는 상태를 걱정하지 않는 것이다. 어떤 질문들은 응답자를 당황하게 할 수 있고 이는 대답하기까지 시간이 걸릴 수가 있다. 이때 질문을 하는 사람은 응답자를 도우려 하는듯한 불필요한 말들로 그 침묵을 깰 필요가 전혀 없다. 응답자에게 충분히 생각할 시간을 주되 만약 질문이 명확하게 이해되지 않았을 경우에는 다시 물어볼 수 있는 상황을 조성해야 한다. 물론 편안히 대화할 수 있는 상황을 만드는 것도 좋지만 심층 인터뷰는 일반 대화와는 다르다. 인터뷰 진행자의 역할은 응답자와 '토론' 을 하는 것이 아니라 그들이 질문에 답할 수 있도록 돕고 잘 들어야 하는 것이다.

녹 음

심층 인터뷰를 할 때 테이프로 음성을 녹음하는 것은 응답자를 불편하게 한다고 여겨질 수 있으나 이는 일반적인 방법이다. 만약 음성 녹음이 가능하지 않을 경우에는 반드시 즉각적인 기록이 필요하다. 인터뷰 내용을 문자 그대로 기록하는 것이 좀 더 정확한 인터뷰 결과를 이끌어 낼 수 있게 하지만, 음성 녹음과 기록의 과정은 노동력을 필요로 하는 힘든 과정이다. 일반적으로 한 시간 길이의 인터뷰를 기록하기 위해선 6시간이 걸린다. 하지만 이런 과정은 인터뷰를 할 때 녹음을 생략하고 즉각적인 기록을 하는 방법보다 훨씬 체계적이고 완성도 높은 방법이라고 할 수 있다.

소비자 그룹

특 성

특정시장이나 단체를 연구할 때 있어서 개개인을 인터뷰하기 보단 그룹을 대상으로 하는 인터뷰를 하는 경우가 더욱 늘어나고 있다. 이렇게 그룹을 대상으로 한 연구에서 인터뷰를 하는 사람은 질문을 하기 보다는 그룹 토론의 중재자 역할을 하게 된다. 이 과정도 심층 인터뷰와 마찬가지의 목적을 가지고 있지만 인터뷰의 진행이 연구자와 함께 연구 대상자들 사이의 상호 작용에 의해 이루어진다는 점에서 다르다.

목 적

다음 방법은 아래의 상황에 적용될 수 있다.

1. 연구에 있어 영향력 있는 특정 그룹이 소수 민족이거나 장애인 그룹과 같이 일반적인 연구 대상이 되기에는 그 수가 너무 적을 때
2. 주어진 신상품에 대한 반응을 연구하거나 정치적 의견의 형성 과정을 연구하는 등 개개인의 토론이나 상호작용 그 자체가 연구의 내용이 될 때
3. 심층 인터뷰의 대안으로, 청소년 그룹이나 소수민족 그룹과 같이 개별적인 심층 면접이 현실적으로 불가능하고 또 응답자 개개인이 그룹 인터뷰를 하려는 의지가 있을 때

시행 방법

하나의 그룹은 대개 다섯 명에서 열 두 명 정도로 구성된다. 연구 대상은 주제와

관련된 분야의 시장 조사에서 참고가 가능한 사람들, 즉 위원단 형태로 구성되거나, 주제에 관련된 특정한 이익 단체의 구성원 등으로 구성된다. 특정 지역의 주민이나 스포츠클럽의 회원 또는 여행 상품의 고객 등이 그 예가 될 수 있다. 해당 그룹의 구성원들은 개개인이 서로 아는 사이일 수도, 그렇지 않을 수도 있다.

가장 일반적인 과정은 그룹이 토론을 하는 동안에 음성녹음을 하고 이를 연구자가 요약 정리하는 방법이다.

소비자 그룹 연구 방법은 심층 인터뷰의 방법과 많은 유사점이 있다. 연구 과정이 둘 다 너무 형식적이지 않지만 인터뷰 진행자는 반드시 그룹의 토론을 주제와 관련된 방향으로 이끌고 연구 주제의 모든 사항을 다룰 수 있도록 도와야 한다. 또한 그룹 토론이 한 두 명의 목소리로 이끌어 지는 것이 아닌 구성원 모두가 자신의 의견을 자유롭게 표현할 수 있는 분위기가 되도록 힘써야 한다.

참여 관찰

특 성

참여 관찰이란 연구자가 연구대상인 주제에 대하여 연구자인 동시에 참여자가 되어 관찰하는 것을 말한다. 이러한 형태의 연구로는 화이트의 'Street Corner Society' (1955)를 들 수 있다. 이 연구를 위해 연구자들은 미국도시 내 이탈리안 공동체에서 몇 년간을 생활하였다. 또한 Smith의 영국 내 술집 연구(1985)는 Wynne의 공동체 관계와 여가시설의 연구(1986)와 함께 여가연구의 대표적 예이다.

목 적

레저와 관광에 있어 참여 관찰의 요소들은 여러 다른 형태의 연구에서도 일반적이다. 예를 들어, 스파와 휴양지 이용에 대한 연구를 시행하는 연구자들은 시설 이용자로서 시간을 갖는다. 하지만 이것은 참여 관찰에 대한 최소기대치적인 관점이다. 일반적으로 이러한 과정은 연구자와 그 연구대상이 사람일 때 더 활발한 상호작용이 일어난다. 대부분의 경우, 참여 관찰은 특정 현상을 연구하기 위한 최선의 방법이 되기도 한다. 예를 들면, 마약세계나 젊은이들 문화에서 실질적으로 벌어지는 일을 자료를 통해서만 연구하는 것은 쉽지 않을 것이다. 그룹의 일원이 되는 것은 그 그룹을 연구하는 확실한 방법 중 하나가 될 수 있다.

관찰 방법

참여관찰은 상당수의 실제적 혹은 전술적 문제를 야기한다. 예를 들어, 서로 긴밀한 유대관계를 보이는 집단에서 그들의 사회적 관심사에 동참하기란 쉽지 않다. 다시 말해, 그룹의 일부가 되는 과정에는 과연 그 그룹의 실질적인 구성원이 되어야 하는가, 혹은 기자나 작가와 같은 그럴듯한 신분으로 위장할 것인가, 아니면 연구자임을 밝히고 그룹의 일원이 되어야 하는가 하는 등의 문제에 대해 생각해 보아야 한다.

표본 집단의 설정이 연구자를 통해서 이루어져야 하는 것과 마찬가지로 참여 관찰 시 누구를 관찰 대상자로 삼을 것인지에 대해 결정하는 사항도 중요한 문제이다. 연구대상 집단의 일원 중 가장 친근하고 수다스러운 사람과 대화를 나누는 것이 가장 수월할 수 있다. 하지만 이는 대상 집단에 대한 의견이나 행동에 대해 편향적인 이미지를 가지게 할 수도 있고, 더욱이 연구자의 신분을 숨긴 상황에서는 메모를 하거나 녹음기 사용이 불가능함으로 어떤 식으로 정보를 기록할 것인지에 대해서도 문제가 생길 수 있다. 연구자의 존재를 밝혔거나 혹은 그럴듯한 존재로 위장했다고 하더라도, 장비의 사용은 연구자가 관찰하고자 하는 자연스러운 관계 형성을 방해할 수 있다. 관찰 대상자와 연구자의 관계에 대한 문제 역시 윤리적인 과제를 야기한다. 이는 3장에서 논의하는 사항이다.

정보를 기록하는 것 역시 문제가 된다. 연구자가 신분을 숨기고 있는 경우나 메모지의 존재를 모르게 하기 위해서 거리를 두려고 하려는 경우가 그러한 예이다. 이러한 상황에서는 정기적으로 자세히 기록을 남기는 것이 연구자료 보관의 가장 기본적인 방법이다. 이는 사진 혹은 비디오 그리고 어떤 경우에서는 녹음으로 보강될 수 있다.

자료 분석

특 성

연극과 소설과 같은 자료의 분석은 영어, 미디어 연구, 문화 연구와 같이 인문학 연구의 기본적인 사항이라 할 수 있다. 이러한 학문을 연구하는 사람들이 레저와 관광에까지 시야를 넓히면서 레저, 관광, 문화상품간의 관계를 연구하였고, 레저와 관광 연구에 있어 자료 분석의 중요성은 더욱 중요하게 인식되고 있다. 현재 '자료' 라는 용어는 단지 인쇄물만이 아닌 사진, 포스터, 음악, 영화, 텔레비전에도 사용된다. 다시 말해, 모든 문화상품을 '자료' 라는 전문용어로 인식할 수 있는 것이다. '주시하다' 라는 뜻을 지닌 'gaze' 는 레저 및 관광 주제 연구자의 활동범위와 연구 대상을 설명하기 위해 자주 사용되고 있는 용어이다. John Urry의 책 'The Tourist Gaze' 에서는 다음과 같이 말하고 있다.

> 관광 연구에서 문서 자료는 물론이고, 지도, 풍경, 그림, 영화, 도시조경, 텔레비전 프로그램, 팸플릿 등 이 모든 자료들의 정밀분석은 필수적이다. 그러므로 어느 지역을 연구한다는 것은 다양한 정성적 기술을 통한 상당한 자료 분석을 의미하며, 이는 일시적일 수는 있지만 연구 관광 지역에 일어날 수 있는 모든 현상을 명확히 하기 위한 것이다. (Urry, 1990: 238-9)

앞서 나왔던 정성적 연구 방법들과는 다르게 자료 분석 부분에서는 분석 기술에 대한 개요를 기술하지 않았다. 그 이유는 앞으로 설명할 분석 방법들은 그 대상에 맞게 매우 다양하게 행해지고 있기 때문이다. 그래서 각 자료 분석의 내용을 설명하기 보다는 각 분야에서 행해지고 있는 몇 가지 예를 통해 이해를 돕고자 한다.

소설 및 문학 작품

Sonmez et al(1993)은, 케냐 작가인 Ngugi wa Thiong' 의 소설에서 묘사된 레저의 개념에 대해 분석하였다. 이를 통해 식민지 시대의 격변과 식민지 후 생활을 경험한 비서양 국가에서의 여가에 대한 관점을 도출해 냈다. 1992년, Hultsman과 Harper는 레저와 그 당시의 사회계급을 새로운 시각으로 보기 위해 미국 옛 남부

지방을 다룬 1930년대 문학을 분석하였다. Paul Barry 저서의 Kerry Packer 전기문(1994: 414-44)에서는 돈 많은 한 남자가 생각한 여가생활에 대한 묘사가 담겨있다(Stebbins, 1992). 여기서 폴로를 하나의 여가 운동으로 생각한 점을 엿볼 수 있다. 관광과 문학의 관련성은 2002년도에 Anderson과 Robinson에 의해서도 분석되었다.

대중매체 방송

연구 주제에 관한 미디어 보도의 연구는 해당 주제를 다루고 있는 신문기사나 텔레비전 프로그램을 통해 이루어질 수 있다. 1994년에 Rowe와 Brown이 호주 신문에 기재된 여성 스포츠에 관한 보도를 연구한 사례는 미디어 보도 연구의 좋은 예이다. 또한 1990년 Toohey의 바르셀로나 올림픽에 관한 텔레비전 보도의 분석과 1989년 Cuneen과 기타 학자들이 스포츠 이벤트에 관한 언론 보도를 분석한 경우도 있다.

영 화

1993년 MacCannell은 현대사회에서 관광의 역할을 이론적으로 상세히 해석한 영화 'Cannibal Tour'를 보다 넓게 분석하였다. 1993년 Rojek은 디즈니영화와 현대 문화의 역할을 그의 논문 '디즈니 문화'에서 분석하였다.

물질문화

'문헌과 물질문화의 해석'에 대해 다룬 1994년 Hodder의 논문은 문헌보다는 물질문화, 다시 말해 문화유물에 더 큰 비중을 두었다. 많은 문화유물 중에서도 그는 패션, 국기, 폐물들의 고고학적인 연구에 초점을 맞추었으며, 문화상품과 관련이 있는 여가의 직접적인 연구는 그 범위가 매우 방대하다. 많은 예가 있지만, 그중에도 1993년도 Rojek의 디즈니 테마파크 연구, 1993년도 Cohen의 엽서 연구, 1993년도 Dyer의 미국뮤지컬, 1993년도 Straw의 헤비메탈록 음악 연구 등이 대표적이다.

전기적 연구

특 성

전기적 연구는 개인 또는 그룹 생활의 전체 혹은 그 부분을 통해 연구를 진행하는 방법을 말한다. 이러한 연구방법의 대표적 예로는 전통적인 전기나 자서전이 있다. 전기적 연구 방법에서는 구술기록, 기억술, 개인적 경험의 내력 등 여타 연구 방법의 접근법을 활용할 수 있다. 이 책에서는 전기적 연구 방법 실행의 구체적인 방법에 대해 소개하고 있진 않지만, 이번 장에서 전기적 연구 분야에 대해 개괄적인 소개를 하고 이어지는 장에서 좀 더 자세히 소개한다.

전기/자서전

사업과 사업가들의 실체를 알려주거나 가끔은 흥미를 돋우기 위해 발간되는 간행물은 부지기수로 많다. 아마도 가장 널리 알려진 자서전은 어려운 시절 크라이슬러사(Chrysler)의 최고경영자였던 Lee Iacocca의 자서전(1984)일 것이다. 월트 디즈니사(Walt Disney)의 월트 디즈니는 자기 자신과 회사 운영에 관한 수많은 전기를 발표하였다(e.g. Bryman, 1995; Foglesong, 2001; Project on Disney, 1995). 오스트레일리아에서는 Paul Barry가 1990년도에 출간한 '양조장과 TV방송국 소유자인 Alan Bond의 성공과 실패', 그리고 1994년도에 출간한 'TV방송국, 잡지사, 카지노장 소유자인 케리 팩커(Kerry Packer)의 성공과 성공' 등을 대표적인 레저사업관련 전기의 예로 들 수 있다.

구술기록

구술기록은 연구 자료로서 사건에 대한 목격자의 증언기록, 공식기록으로 특별히 남겨진 테이프나 기록 등을 포함한다. 이러한 보고가 인터뷰대상자의 개인적 생활 범위를 넘어서는 것이라 할지라도 이는 어디까지나 개인적인 기술로 여겨진다. 구술기록의 예로 광부, 광업협회 직원, 경찰 그리고 마을사람들의 진술로 구성된 파커

(Parker)의 1980년대 광업 노동자 파업 기간 동안의 영국 광산도시 연구를 들 수 있다(Parker, 1988).

기억술

기억술은 참여자가 해당 사건에 대한 기억을 이끌어낼 수 있도록 하는 구조화된 방법이다. 이는 참여자 그룹이 한 사람의 글로부터 도움을 받는 것처럼 보일 수도 있으며, 참여자들은 연구대상과 관련해 생각나는 자신의 경험에 대해 짧은 기록을 하도록 부탁 받는다. 휴가와 관련해 생각나는 자신의 경험에 대해 간단히 기록하는 것이 이러한 예이다. (Small, 2004) 참여자 그룹 앞에서 각자의 글을 발표하고 토의를 거친 후 계속되는 기록과 인터뷰를 통해 진행된다.

개인 경험 내력

1980년대에 '개인 여가 기록'이라는 전문 용어가 사용되기 시작했다. 이 용어의 사용을 신장시킨 Hedges는 결혼, 출산, 직업 변화, 건강 문제 등 생활환경에서 나타나는 주요변화가 자신의 여가 활동에 어떤 영향을 주는지에 대해 연구하였다. 선례 연구가 없는 상황에서 이 연구방법은 휴가, 스포츠, 소비활동과 같은 개인 경험 내력에 관한 개념의 세부적 사항에 초점을 맞추어 사회적 현상을 더욱 명확하게 볼 수 있게끔 하였다.

민족지학적인 접근 방법

민족지학적인 접근 방법을 바탕으로 한 연구에서는 한 가지의 단순기술만이 사용되는 것이 아니라 다양한 기술들을 통해 접근된다. 여러 레저, 관광 연구에 적용되듯 이 방법은 연구 대상의 시각으로 사물을 바라보며, 보다 넓은 시각에서 직접적인 질문을 통해 자기 자신을 돌아볼 수 있게 하는 기회를 제공한다. 이러한 접근법의 주된 목적은 사회에 대한 인습과 상식적인 시각 및 상식, 그리고 성적, 민족적 고정

관념 등을 들어내는데 있다. 여가 연구 분야에서 이 방법은 문화 연구와 특히 더 깊은 관련성을 보이며, 젊은 세대로 이루어진 하위문화나 민족그룹이 그 예이다.

민족지학적인 접근법에서는 연구 과정보다는 연구 결과에 초점을 맞추는 것이 필요하다. 1976년, Hall and Jefferson의 젊은 세대 하위문화 연구와 1982년, Griffin의 여성과 여가에 관한 연구, 그리고 1985년, Hollands의 실업청년 연구는 민족지학적인 접근법을 사용한 연구이다.

자료 성질 분석

머리말

정성적 자료의 분석에서 이루어지는 작업에 대해 알아보자. 앞서 설명하였듯이, 정성적 자료의 수집과 분석 작업을 분리하기란 쉽지 않다. 하지만 사람들을 인터뷰하고 녹음하는 등의 특정 자료 수집과 그 녹음테이프를 기록하는 등의 특정분석활동에서는 분명한 차이점을 찾을 수 있다.

과거 정성적 자료의 분석은 수동적으로 진행되었으나, 최근에는 컴퓨터 소프트웨어의 등장으로 전산화의 추세에 있다. 전산화를 통해서 자료의 분석 작업은 수동적으로 진행할 시보다 신속하고 체계화되었지만 여전히 분석과 해석하는 것은 연구자의 몫이다. 이제부터는 자료저장과 기밀유지에 대해 알아보고, 그 다음으로는 수동적 분석방법과 컴퓨터를 사용한 방법을 알아본다. 계속해서 정성적 자료의 기본이 되는 것이 인터뷰 내용과 연구 그룹의 반응이기 때문에 이러한 자료의 형태에 대해서 설명한다.

3장에서 밝히길, 연구 개념의 틀과 질문사항 혹은 가정 설정이 연구과정 중 가장 어려운 부분이라 하였다. 기본적인 정보 수집 과정을 포함하는 정량적 연구에서 이러한 과정은 정보 수집에 앞서서 이루어져야 한다. 그러므로 이러한 과정은 타 연구 결과물의 검색이 필요하다. 정량적 연구에서 이와 같은 과정은 그림 8.2에 나타난 것과 같이 연구과정의 전 영역에 걸쳐 행하여지며, 또한 이 과정은 2장에서 언급한 연역과 귀납을 구별하는 또 하나의 방법이다.

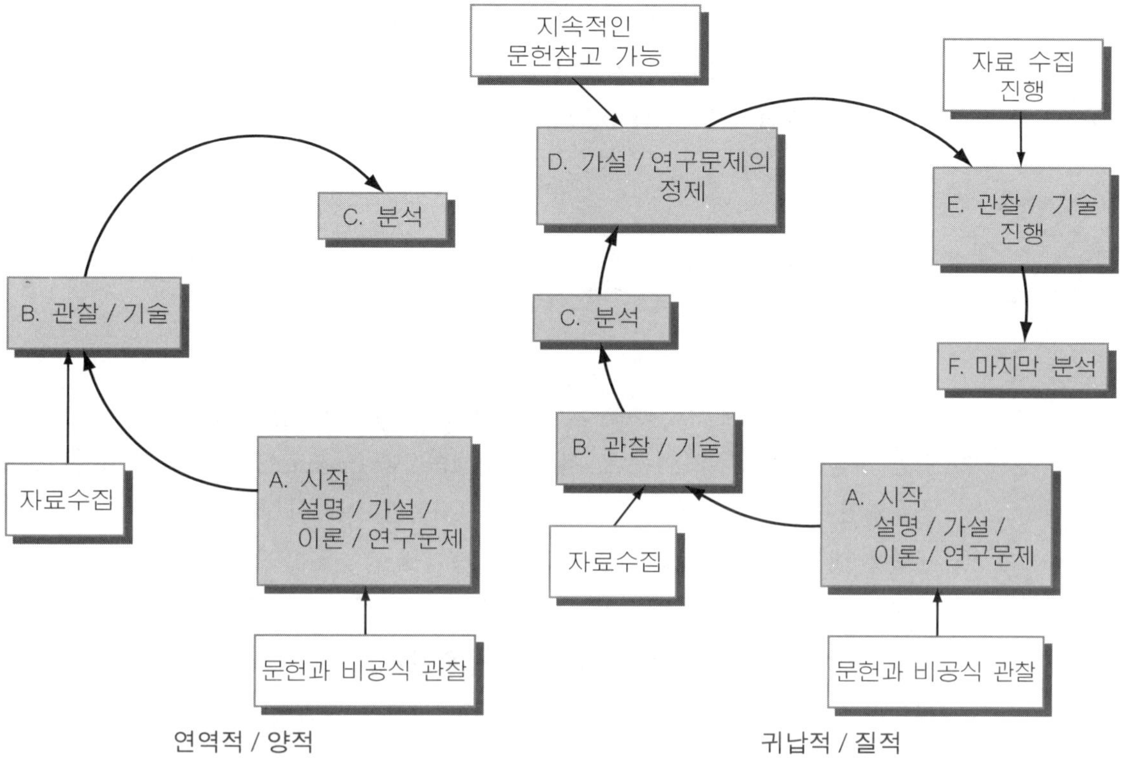

■ 그림 8.2 정량적 및 정성적 자료의 전후 관계에 대한 연구과정의 순환 모델

정보저장과 기밀유지

정량적 자료의 분석이 수동적 또는 전산적으로 진행되는 것과는 무관하게 문서와 테이프의 보안이나 기밀유지는 반드시 고려되어야 한다. 민감한 자료가 포함된 경우는 특히나 그렇다. 이 부분은 3장에서 언급한 바와 같이 윤리적인 문제를 야기하기도 한다. 예방 조치하는 차원에서 연구 자료에는 조직 혹은 정보원의 이름이 적혀 있지 않는 것이 바람직하며, 가명을 사용하는 것도 괜찮은 방법이다. 차후에 정보원에게 연구 자료를 다시 돌려줘야 하는 경우, 가명과 실제 인물을 연관시킬만한 단서는 분리하여 안전하게 보관하여야 한다. 물론 응답자가 언급한 실명이 기록에 저장된 경우에는 이를 삭제하는 것은 힘들겠지만 언급된 이름을 문서에서 지워야 할지는 연구자 판단의 문제이다. 대부분의 경우, 이름은 연구기록에서 지울 필요가 있다. 어떤 경우에는 익명이 보장되는 새 문서의 작성이 요구된다. 예를 들어,

인터뷰 대상자가 "존과 지내는 게 힘들어요"라고 말한 경우, 그 문서에서 존은 다른 이름으로 대체되어 작성되어야 한다. 하지만 존과 가명의 입장을 밝혀야 할 필요가 있다. 예를 들면 "관리자인 '누구'와 지내는 게 힘들어요"라는 식의 작성이 필요하다.

사례 연구 예시

심층 인터뷰 자료의 사례 연구는 수동적, 전산적 작업에 의한 정성적 자료 분석으로 보여주기 위해 사용된다. 그림 8.3에서는 여가 활동 선택 연구에 관한 아주 간단한 개념적 구조를 보여준다. 이 구조는 1982년 Brandenbrug et al. 등에 의해 소개되었고 1995년에 Veal에 의해 더 발선되었다. 여기서 빌은 개인의 여가 활동의 선택은 배경적 정보인 그 '사람의 성격과 경험에 영향을 받고, 현재 억제요인 및 개인적 요인을 보여줄 뿐 아니라 참여를 촉진시키는 중요 사건까지 나타낸다고 주장하였다. 이 예에서는 레저라는 큰 틀 안에 있지만 구조상 스포츠나 휴가 활동, 예술 활동과 같은 레저의 부분 요소들을 분석하는 데에도 적합하다고 할 수 있다. 그리하여 X, Y, Z와 같은 활동은 여가 활동의 전체영역이나 부분적 영역과 연관될 수 있다. 이러한 구조는 설문지 연구와 같은 방법으로 정량적으로 설계될 수 있다. 하지만 그러기 위해선 먼저 세 가지 영향 요소와 세 가지의 중요 사건이 정확히 정의되어야 한다. 이 때 배경/경험, 부모의 영향, 교육 경험, 높은 교육 수준, 지리/기후, 활동경험과 같이 많은 요소가 고려되어야 함으로 이 과정은 복잡해 질 수 있다. 정성적 분석 접근법에서는 여러 요소와 영향의 개념이 존재할 수 있기 때문에 탐구적

■ 그림 8.3 레저 활동 선택에 대한 정성적 연구의 기본적인 개념틀

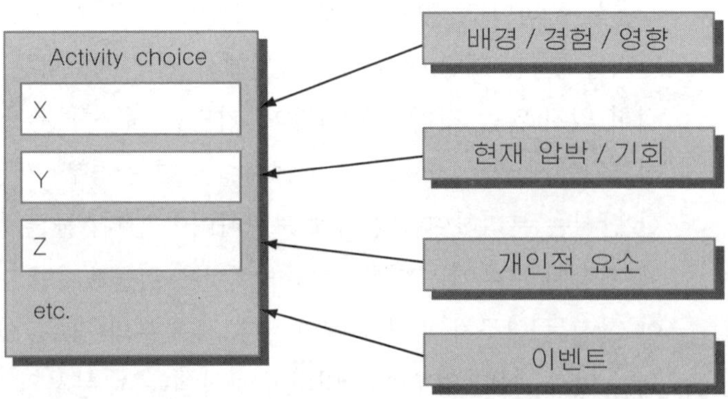

Mark (22세, 남, 학생, 수입 Ł8K)	
활동: 스포츠-축구 억제요인: 의무적 훈련, 몸매 유지, 돈과 시간 부족	Q. 현재 가장 많은 시간을 많이 할애하고 있는 야외 여가 활동은 무엇인가요? 글쎄요. 요즘에는 축구인 거 같네요. 일주일에 두 회 정도는 훈련이 있어요. 몸매 유지에도 좋으니까요. 술은 일주일에 한 번, 많으면 두 번 마십니다. 시간적인 면에서나 금전적인 면에서나 여유가 없어서요.
영향요소: 부모 + 선생님 ++ 사건: 초등축구단 입단	Q. 축구는 어떻게 시작하게 되셨나요? 달리기를 할 수 있게 된 이래로는 계속 축구를 했어요. 아버지는 제가 걸음마를 할 때쯤 이미 제 재능을 알아채셨다 하시지만 사실 정말로 저에게 용기를 주신 분은 초등학교 선생님이셨죠. 제가 8, 9살 때 선생님께서는 저희 어머니께 저를 축구교실에 보내보라고 설득하셨거든요. 그래서 그때 지역 11살 미만 초등축구단에 들어갔었습니다.
개인적 요소: 경쟁심, 팀워크, 활동적	Q. 왜 축구에 매료됐다고 생각하세요? 제가 승부욕이 좀 강하거든요. 그래서 이런 저런 스포츠는 다 좋아하는 편이에요. 저는 축구같이 팀워크가 중요한 운동을 좋아해요. 친구도 사귈 수 있고, 속도감도 있고 계속 뛸 수 있잖아요. 혼자 하는 운동은 못하겠어요. 크리켓 같이 게임의 반 정도는 서서 지켜봐야 하는 게임은 지루하죠.
Donna (27세, 여, FT 직원, 수입 Ł19K)	
활동: 친목도모	Q. 현재 가장 많은 시간을 많이 투자하고 있는 야외 여가활동이 어떻게 되시나요? 그냥 친목도모죠. 뭐 친구들이랑 밥 먹고, 술 마시는 그런 거요. 일주일이나 이 주일에 한번은 체육관에도 가고, 여름엔 수영도 해요. 근데 그렇게 많은 시간을 쏟진 않아요.
사건: 아르바이트 영향요소: 친구들	Q. 정기적으로 사회 활동을 시작하게 된 게 언제세요? 16살 정도였던 걸로 기억해요. 부모님이 좀 엄하신 편이었지만 돈을 벌기 시작하고는 적어도 2주에 한 번씩은 주말에 나가서 파티도 가고 영화도 봤어요. 부모님께서 용돈을 안주셨기 때문에 아르바이트를 시작한 이후에나 정기적으로 나가 놀 수 있었죠. 저랑 동갑인 절친한 여자 친구들 모임이 있거든요. 밖에 나갈 때마다 같이 나가요. 남자친구나 남편이랑 같이 와서 가끔 없어지기도 해요.
억제요인: 시간과 돈	Q. 어떤 점이 사회 생활하는 데 가장 큰 걸림돌이 되나요? 시간이랑 돈이죠! 근데 요즘엔 돈 쓸 일이 별로 없어서 시간이 좀 더 그렇군요.
개인적 요소: 사람들, 즐거움 억제요인: 시간	Q. 저녁 늦게 나가서 놀 때 가장 중요한 요소는 뭔가요? 사람들. 아는 사람 그리고 만나게 될 사람이요! 맛있는 음식, 음료나 괜찮은 음악도 중요하지만 친구와 함께한다는 즐거움, 같은 취향, 즐거움을 공유한다는 것이 중요해요. 직장에서는 꽤 진지한 편이지만 제가 팀 스포츠를 하고 연습하거나 하는 건 상상도 못하겠어요. 그럴 시간도 없고 제 취향도 아니에요.

■ 표 8.3 인터뷰 자료 초록

Lee (23세, 남, FT 직원, 수입 Ł22K)	
	Q. 현재 가장 많은 시간을 많이 투자하고 있는 야외 여가활동이 어떻게 되십니까?
사건: 애인 개인적 요소: 일상적인 생활 싫어함	여러 가지에요. 딱히 정해진 패턴은 없어요. 2주전까지 여자 친구랑 놀러 다니고 그랬어요. 서로 집 주변에서 돌아다니기도 하고, 술집, 극장, 산책, 쇼핑 등 이것저것 하면서 주로 밖에서 시간을 보냈어요. 근데 지금은 그렇지 않고, 뭐 그럴 때도 있긴 하지만 친구들과 함께 보내고 있어요. 제가 일상적인 걸 싫어하거든요. 그래서 규칙적인 것은 하기 싫어해요.
	Q. 그럼 지난주에 혼자 한 것 중 가장 많은 시간을 차지한 일은 무엇이었나요?
활동: 영화관	지난주에요? 글쎄요. 밖에 그렇게 많이 나가진 않았는데 아마 영화일 꺼 같네요. 지난주에 2번 영화관에 갔었는데 한번은 심야에 두 작품을 표 하나로 볼 수 있는 거였거든요. 한 4시간 정도 상영 했던 거 같네요.
	Q. 영화광이신가 봐요?
사건: 좋은 영화평	그렇게 자주 가진 않는데 좋아하긴 해요. 영화 후기를 좀 읽어요. 제가 지난 화요일 본 영화는 평이 괜찮았어요. 두, 세 개 정도의 평을 읽고 봤습니다. 그 영화 정말 괜찮았었죠. 어땠냐 하면요. 진짜 괜찮은 영화? 그런 경우는 거의 없지만 후기보다 더 괜찮은 영화. 그 정도였어요.

■ 표 8.3 (계 속)

분석이 가능하다. 인터뷰는 부록 8.1과 유사한 체크리스트를 사용하여 진행하면 유용하다.

표 8.3은 레저 활동의 선택에 대한 인터뷰이다. 위에 보이는 대본은 수동 작업, 컴퓨터 작업에 의한 정보 분석을 위해 사용된다. 위의 예시는 자료 분석의 방법과 과정을 쉽게 알아볼 수 있도록 제시되었다. 실제 완성된 연구기록에는 인터뷰 전체 대본이 포함되어 있고 인터뷰의 수도 대부분 3개 이상이다.

수동적 분석방법

개 요

인터뷰 대본과 노트를 분석하는 데에는 여러 가지 방법이 있다. 모든 분석과정에서 있어 가장 중요한 부분은 3장에서 언급한 것과 마찬가지로 참고 자료, 개념 구조와 연구 질문 또는 연구의 가정으로 귀결 짓는 것이다. 수집한 정보는 개념 구조에서 정의된 개념, 연구 질문, 연구에 앞서 가정한 사실들과 연관해서 분류하고 평가해야 한다. 정성적 연구에서 이러한 원칙적 개념들은 시험적이고 유동적일 수 있다. 질문 그리고 어떠한 경우에는 가정, 정의, 개념의 사용까지도 개괄적이거나 상세할 수 있는 것이다. 이와 같은 사항들이 좀 더 상세하고 정확할수록 분석에서의 미치는 그 영향력이 크다고 볼 수 있다. 반대로 개괄적이고 실험적일수록 정보 분석의 과정은 개념의 정립과 개선에 치우칠 수 있다. 정보 수집, 가정 설립과 개념의 명확화는 쌍방적 전개과정이다. 정보수집의 측면에서 아이디어는 개량과 수정의 과정을 거친다. 이러한 과정은 순환적 접근이나 위에서 언급한 이론에 바탕을 둔 접근법에서 묘사되는 관계와 유사하다.

정보를 개념적으로 배열하고 요약하는 문제와 더불어 연구자는 인터뷰 노트와 대본 파일에 어떤 식으로 접근할 것인지에 대한 실천적인 문제에 직면하게 된다.

해 석

정량적 분석의 기본 작업은 노트와 대본, 문서를 읽거나 오디오와 비디오 매체를 듣고 보는 것이다. 분석의 대상은 대개 문서라고 생각되어 지지만 오디오와 비디오 매체에 적용되는 분석 원칙도 문서의 분석과 같다고 볼 수 있다. 해석은 초기의 연구 질문과 가정, 그리고 정보수집 과정에서 전개된 것들을 기본으로 시행된다.

주제의 출현

전형적인 정량적 연구 접근법은 개념의 출현을 연구하는 것이다. 주제의 출현이란 정량적 연구에서 변동성과 같은 의미이다. 이러한 주제는 개념 구조와 연구 질문에서 도출된다. 그러므로 이러한 주제는 연역적인 방법을 통해 의식적으로 찾아야 하고 그렇지 않은 경우, 귀납적인 방법으로 찾아야 한다. 전형적으로 이러한 두 과정은 작업 과정에서 나타난다.

자료에서 도출된 주제는 표 8.3의 왼쪽 단에서 확인할 수 있다. 연구자의 견해 표현 정도에 대한 판단은 예에서 한 개나 그 이상의 플러스, 마이너스 사인을 이용해 나타내었다. 다른 개념의 정의와 정의된 요소들을 대신하고 정량적 분석의 개인적인 주관적 성질을 보여주는 대안적 개념의 정의 역시 확실시 된다.

■ 그림 8.4
여가 선택에 대한 정성적 연구의 진전된 개념의 틀

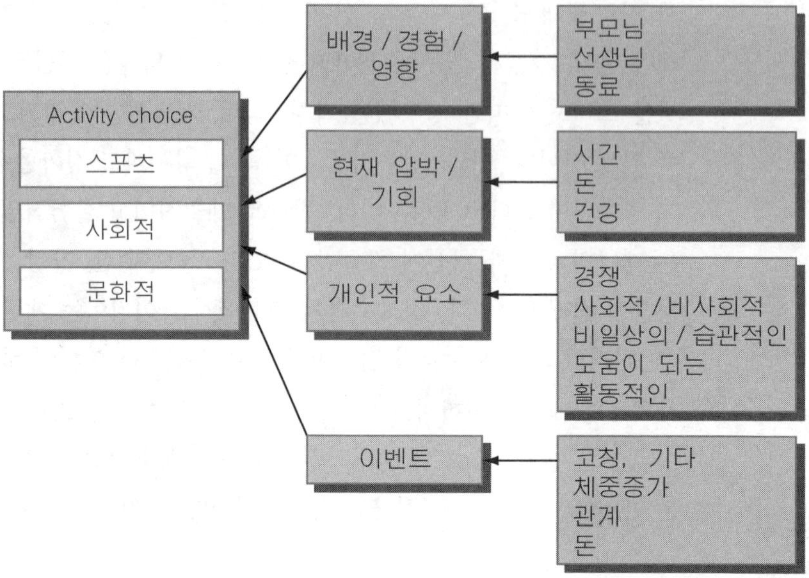

그림 8.4에서 볼 수 있는 상세화된 개념 구조는 개념/요소/주제와 인터뷰를 통해 도출되는 관계가 개념구조에서 어떤 식으로 조화를 이루는지를 보여준다. 인터뷰 발췌물을 통해 얻은 정보를 바탕으로 개념 구조가 도출되었지만 완성된 형태로의 도출은 아니기 때문에 작업의 진행과정을 보여준다는 데 의의를 둔다.

기 술

정성적 분석의 첫 단계에서는 수집한 정보를 분류하고 정리하기 위한 방법론적 절차가 포함된다.

이러한 분석은 인쇄 출력된 사본자료와 필기구 등과 함께 손으로 직접 수행할 수 있다. 출력자료 용지의 여백에는 앞에서 언급한 주제의 플래깅(Flagging)을 할 수 있는 충분한 공간이 필요하다. 색코딩(Colour Coding)과 포스트잇(Post-it)과 같은 작업은 이와 같은 플래깅 단계에서 중요 부분을 표하는데 유용하게 사용될 수 있다.

표준 워드프로세서 패키지는 분석 단계에서 상당히 유용하게 사용될 수 있는 프로그램이다. 플래깅 했던 자료는 워드 프로세서 작업을 통해 칼럼 또는 표로 나타낼 수 있다. 워드 프로세서 프로그램은 다음과 같은 유용한 기능을 갖추고 있다.

■ 설명 덧붙이기, 텍스트 색으로 블록잡기, 밑줄 치기, 글자 굵게 하기
■ 텍스트 내 키워드나 중요구절 검색
■ 찾아보기(Indexing) 또는 앞 뒤 참조 절차(Cross-Referencing)를 통해 코딩 및 앞 뒤 참조 기능

스페셜 패키지보다는 부족하지만 표준 워드프로세서 패키지에는 텍스트를 분석하는 데 있어 유용한 기능이 여럿 장착되어 있다. 스페셜 패키지가 갖춘 기능에 대해서는 이 장의 후반부에서 더 설명하고자 한다.

분석 자료의 문단 수를 파악하거나 행의 수를 파악하는 데 있어서도 상당히 유용하게 활용할 수 있는 것이 바로 워드 프로세서 프로그램이다. 목록을 만드는 작업도 다음과 같이 손쉽게 이루어질 수 있다.

예 억제요인 – 시간: Mark: 2쪽, 3번째 문단
Anna: 7쪽, 4번째 문단
역제요인 – 돈: Mark: 2쪽, 3번째 문단

이러한 작업은 대개 다수의 인터뷰에서 주제를 파악하는 데 있어 필수적이다. 하지만 이는 같은 인터뷰에서 여러 주제가 다루어지기 때문인 이유도 있다. 자료 분석 과정에서 맞춰지는 초점사항은 인터뷰를 수행하는 사람이 다루는 주제와 꼭 일치한다고만은 볼 수 없다. 이와 같은 경우에서는 인터뷰 도중 특정 질문에 관한 회답자의 대답에서 나타나는 행동에 초점이 맞추어진다.

색인 목록은 차후에 계속될 분석과 분석 결과에 대한 설명의 기초가 된다. 자료에서 특정 주제에 대한 부분을 쉽게 찾아냄으로써 연구자는 참여자가 사용한 말들을 다시금 확인할 수 있고, 인터뷰 내용의 전후 관계와 뜻을 파악할 수 있으며, 인터뷰 결과에 대한 설명과 실례를 들어 자세히 설명할 시에 삽입하는 적합한 인용구를 손쉽게 찾을 수 있다.

분 석

정성적 자료 분석에서는 정량적 분석 때와 마찬가지로 전문 기술과 표현 방법이 사용된다. 그 예로서, 그림 8.5에 나온 분석을 살펴보자. X와 Y축을 가지고 있는 이 형태의 분석표에서는 12명의 가상 참여자가 인터뷰를 통해 추출된 2개의 변수에 의

■ 그림 8.5 정성적 자료의 참조 절차 (Cross-Referencing)

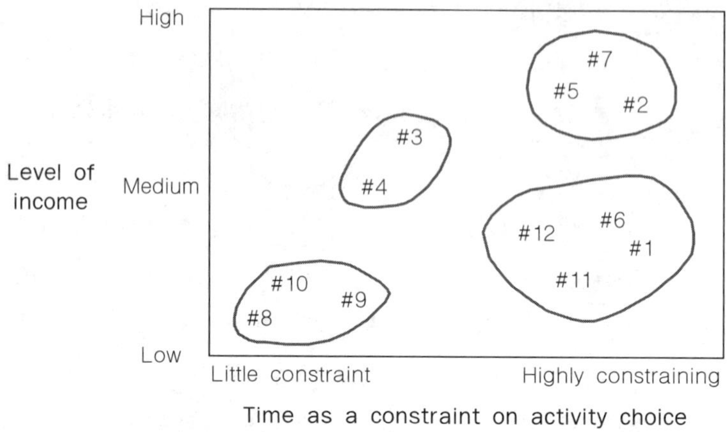

해 분류되어 있다. 이러한 분류는 인터뷰한 자료를 기반으로 한 정성적 평가방법에 따라 시행된다. 예시에서 피회견자는 총 네 그룹으로 나눠진 것을 확인할 수 있는데, 이 연구가 정성적 표본연구였다는 사실과 참여자의 표본이 통계상 대표적이라고 볼 수 없다는 가정 하에 있다면, 각 그룹에 속한 참여자의 수는 큰 의미를 가지고 있지 않다고 볼 수 있다. 하지만 이를 통해 총 네 그룹이 존재한다는 사실을 확인할 수 있으므로 이와 같은 분류 작업은 후에 계속될 자료의 분석에 기초를 제공한다 (Huberman and Miles 1994: 437).

따라서 정성적 데이터의 분석은 정량적 분석과 유사한 부분을 가지고 있다고 볼 수 있다. 변수에 상응하는 주제, 그리고 표와 상관관계에서 설명될 수 있는 연관관계가 바로 그것이다. 유사한 부분이 있다고 해서 두 종류의 분석이 똑같은 부분을 공유한다고는 볼 수 없다. 정량적 분석이 어떠한 관찰 결과와 이를 통해 나타난 관계가 실제로 효력이 있는지에 대해 알아내고자 하는 분석이라면, 정성적 분석의 경우, 이는 개개인의 행동에 기초하여 어떤 연관관계가 존재하는지에 대해 찾아내고자 하는 분석이다. 쉽게 말하면, 정성적 연구는 개인이나 집단이 어떠한 변수에 의해 어떠한 행동 양식을 보이는 지를 밝혀내는 것이라면, 도출된 행동방식이 더 넓은 범위 내에서 얼마나 효력적인지에 대해 알아보는 것이 바로 정량적 연구이다.

심층 또는 약식 인터뷰의 목적이 정식 설문지의 형태를 제공하기 위함인 경우, 정밀한 형태의 분석은 큰 의미가 없다고 볼 수 있다. 이 경우 대개 연구자는 인터뷰에서 나타난 내용 중 설문지 설계 과정과 관련이 있는 부분을 연속적인 기록물 형태로 만든다. 그리고 설문지 설계 작업이 인터뷰 시행 후 짧은 시간 내에 이루어질 경우에는 사용될만한 정보를 기억 속에서 떠올려 사용할 수 있다.

컴퓨터 소프트웨어를 사용한 정성적 분석 - 개요

긴 내용의 문서를 다수 분석해야 하는 상황에 놓여 있을 때 연구자는 컴퓨터 보조 정성적 데이터 분석 소프트웨어(CAQDAS)를 사용하여 많은 노력과 시간이 소요되는 코딩과 분석 작업을 수월히 해결할 수 있다. 통계 패키지와 마찬가지로 정성적 분석 패키지를 숙달하고 개인 프로젝트를 위한 체계를 갖추기 위해선 어느 정도의 시간이 소요된다. 따라서 연구자는 분석해야 할 자료의 양과 내용의 깊이에 따라 손수 분석 작업을 시행할 것인지 컴퓨터 소프트웨어를 사용하여 분석 작업을 시행할 것인지에 대해 결정하여야 한다. 하지만 시간이라는 요인만을 고려하여 두 방법 중 하나를 선택하기에 앞서서 염두에 두어야 할 점은 일단 소프트웨어를 이용한 분석 체계가 갖추어지면 차후의 분석 작업은 더 신속히 진행될 수 있다는 점과 종이와 펜을 가지고 시행하는 분석 작업보다 내용면에 있어서 상대적인 우수성을 갖출 수 있다는 점이다. 이와 더불어 전산화된 분석 체계는 차후에 있을 연구에 적용하기 쉬울 뿐더러 분석 데이터가 충분하지 않을 경우에도 작은 규모의 프로젝트를 시행함을 통해 소프트웨어를 사용하고 숙달하는데 도움이 될 수 있다.

앞에서도 언급했지만 Word와 같은 표준 워드 프로세서 패키지는 자료의 분류, 검색에 있어 상당히 유용하게 사용된다. 하지만 기능면에서 그 사용성은 제한되어 있다. 목적에 따라 설계된 CAQDAS 패키지는 현재 일반인에게도 판매되고 있다. 오늘날 가장 널리 사용되고 있는 패키지는 앞으로 설명할 NVivo이다. NVivo는 QSR(Qualitative Solutions and Research Pty Ltd)사에서 나온 패키지로서 NUD*IST와 XSight라는 시장 조사용 프로그램의 업데이트 버전인 N6를 포함하고 있다. 패키지에 대한 자세한 정보는 이번 장의 끝부분에 나와 있는 QSR 홈페이지 주소를 통해 좀 더 자세히 알아볼 수 있다.

NVivo

개 요

NVivo는 현재 가장 널리 사용되고 있는 CAQDAS 패키지 중 하나이다. 이 패키지가 유독 많은 사람들에게 애용되고 있는 이유로는 데이터를 정리하고 이해하는데 유용한 기능을 갖추고 있고 또한 자료에 대한 이론적인 가정을 만들고 시험해보는데 있어서 활용적이기 때문이다. 또한 색인기능을 갖추고 있으며 텍스트를 분석한 자료를 컴퓨터 파일로 통합할 수 있는 기능도 갖추었다. 여기에는 초기 원문 자료와 인터뷰 자료, 기록물, 신문발췌 및 회사 보고서까지 포함된다.

NVivo 소프트웨어의 사용

앞서 수동적 분석 부분에서 소개한 여가 선택에 관한 자료를 가지고 NVivo 소프트웨어의 사용법을 설명하고자 한다. 이 책에서 설명하는 프로그램의 사용법을 컴퓨터로 반복 학습한다면 사용의 이해를 도울 수 있을 것이다. 우선 컴퓨터에 NVivo 프로그램을 설치하고 자신의 컴퓨터 데스크탑에 아이콘이 보이도록 한다.

NVivo의 모든 특징을 요약해서 전부 소개하기란 어려우므로, 특징사항에 대한 자세한 설명은 프로그램 지침서 또는 패키지에 포함되어 있는 도움책자 등의 소프트웨어 매뉴얼을 통해 확인하거나 혹은 Gibbs, 2002나 Bazeley and Richards, 2000 등이 출간한 책을 통해 참고할 수 있다. 이러한 보조설명 자료에 대한 세부정보는 이 장의 끝부분에 나와 있는 QSR 웹사이트를 참조하길 바란다. 이 책에서는 NVivo 프로그램의 7가지 과정에 대해 설명할 것이다. 이 정도만 알아도 프로그램을 처음 접하는 이들에게는 충분할 것이라 생각된다.

- 프로그램의 시작
- 프로젝트 생성
- 문서 생성
- 문서 속성
- 코딩(부호화) 체제 셋업

■ 코딩(부호화) 텍스트
■ 분석

NVivo 프로그램에서 다음 단계로 이동 시에는 'Next', 'Finish' 혹은 'OK' 버튼을 눌려야 한다. 앞으로 나올 이러한 지시사항은 다음과 같이 괄호형식으로 표시될 것이다: [Next], [Finish].

프로그램의 시작

NVivo 아이콘을 눌러서 그림 8.9에서 보이는 'Launch pad'를 실행시킨다. 사용자가 할 수 있는 선택사항은 다음과 같다.

■ [new] Project 생성
■ [existing] Project 열기
■ NVivo 소프트웨어 지침서 열기[on how Nvivo works]
■ 프로그램 종료

■ 그림 8.6 NVivo: Launch Pad

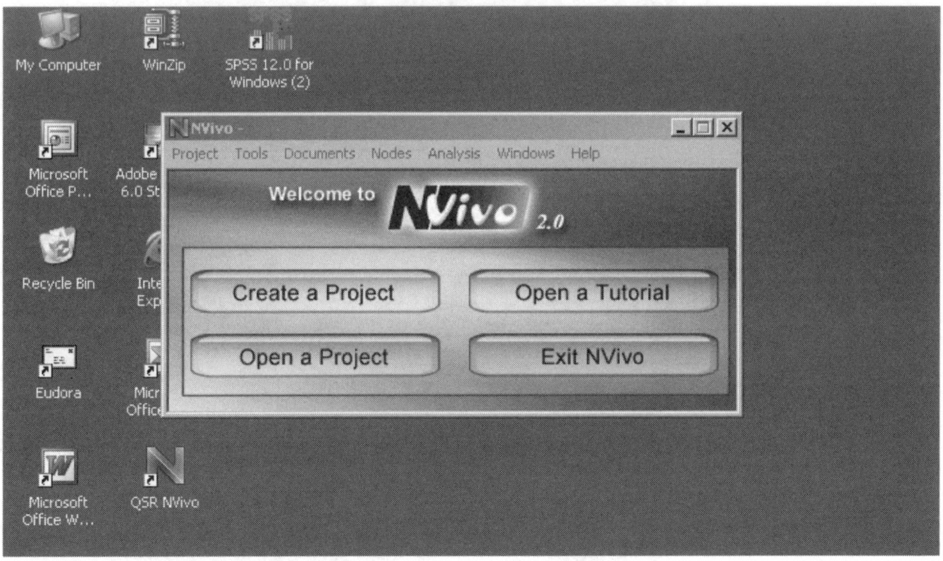

프로젝트 생성

프로젝트 생성을 시작으로 프로그램 체제에 대해 설명하겠다. 이 과정은 연구 프로젝트를 위한 특정 장소를 생성시키는 작업이다. 여기서 인터뷰 자료와 같은 문서들이 분석되고 차후에 이루어지는 자료도 더해진다. 윈도우에서 폴더를 만들어 파일을 저장하는 것과 비슷한 원리이다. 기본적인 절차에 대해서는 그림 8.7을 참조하길 바란다.

■ 그림 8.7 NVivo: 프로젝트 생성

- Create a New Project를 클릭하여 New Project Wizard를 연다. 여기서 사용자는 Typical 또는 Custom 모드 중 하나를 선택한다. 이 책에서는 Typical 모드에 대해서만 설명한다. [Next]를 클릭한다.
- 프로젝트 명과 소개를 기입하는 창이 뜬다. Name에는 *Leisure Choice*라고 적고 Description에는 *Leisure Choice Project*라고 적는다. [Next]를 클릭한다.
- 프로그램은 프로젝트 명과 설명을 사용자에게 확인시키고 저장 폴더를 확인시킨다. *C:\QSR\Projects\Leisure Choice.*. 플로피 디스크로의 저장은 Custom 모드를 통해서 가능하다. *A:\Leisure Choice.* [Finish]를 클릭한다.
- NVivo 프로그램의 프로젝트 패드를 모니터에서 확인할 수 있다.

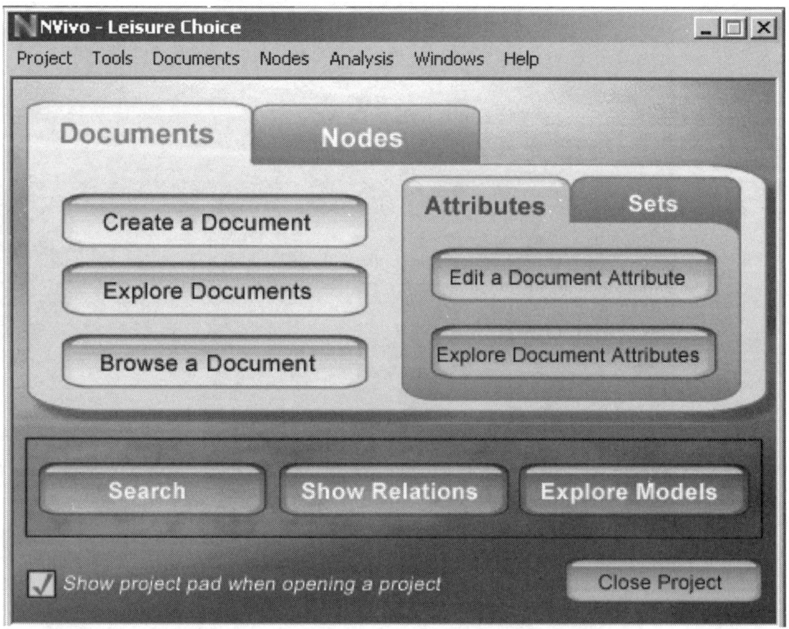

문서 생성

표 8.3에 나와 있는 각각의 인터뷰 자료들은 NVivo 프로그램의 분석 목적에 따라 따로 저장된다. 이 문서들은 반드시 *Word* 프로그램과 유사한 워드 프로세서 등에서 다른 *이름으로 저장하기*를 통해 확장자가 Rich Text Format(rtf)의 형식을 취하도록 하여야 한다. 이러한 문서의 내용은 최대한 간단한 형식을 취하는 것이 좋다. *기울여 쓰기*, **굵게 하기**와 글자체 스타일은 적용할 수 있지만 표나 칼럼과 같이 복잡한 형식을 취하는 문서 형식은 피한다.

이에 대한 시범을 위해 표 8.3에서 나온 질문과 답변을 담고 있는 자료를 파일로 각각 생성하였다. 파일명은 각각 Int_Mar.rtf, Int_Donna.rtf, Int_Lee, rtf이다.

■ 그림 8.8 NVivo: 문서 생성

1. 프로젝트 패드에서 Create a Document를 클릭한다. New Document Wizard: Creation창이 나타날 것이다. 여기서 다양한 옵션을 선택할 수 있다. 시범을 위해 첫 번째 옵션인 Locate and import readable external file(s)를 클릭한다. [Next]를 클릭한다.
2. 첫 번째 인터뷰 자료 파일인 *Int_Mark.rft*을 선택한다. [Open]을 클릭한다.
3. New Document Wizard: Obtain Name 창에서 파일에 대한 이름과 소개를 확인할 수 있다. 첫 번째 옵션을 선택한다. Use the source file name as document name, and first paragraph as description. [Finish]를 클릭한다. 이 과정을 통해 NVivo 프로그램은 이 문서를 *Int_Mark.rft*로 인식하며 *Mark* (22세, 남, 학생, 수입 Ł8K)라는 설명을 덧붙인다.
4. 이러한 과정을 다른 두 인터뷰 파일에도 적용시킨다.
5. 프로젝트 패드로 돌아와서 Explore Documents를 클릭하여 세 파일을 창에서 확인한다.

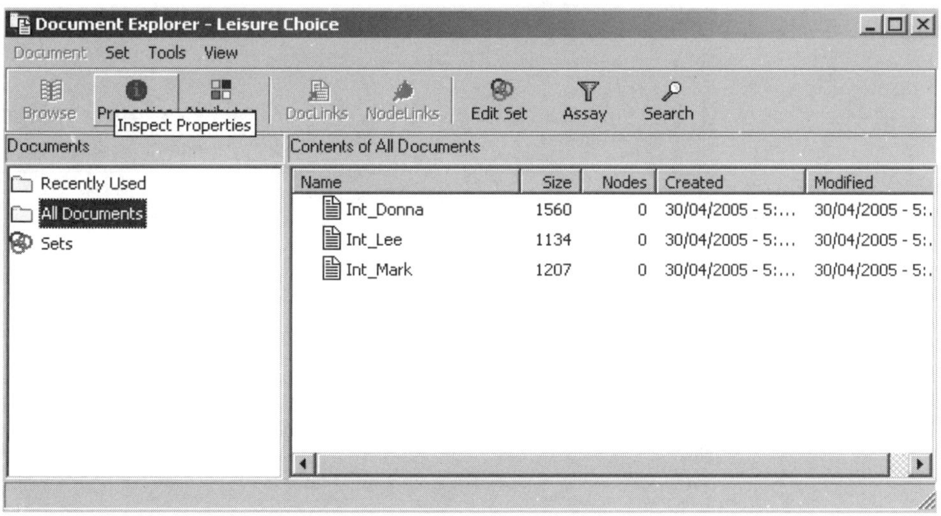

이러한 문서는 하드디스크나 플로피 디스크, 혹은 CD에 저장할 수 있다. 이 세 문서는 그림 8.8에서 보이는 것처럼 NVivo 프로젝트 시스템인 Leisure Choice에서 불러올 수 있다.

문서 속성

문서의 속성은 정량적 연구에서의 변수들과 마찬가지로 표시될 수 있다. 이러한 점은 분석에 유용하게 작용한다. 예를 들면, 한 인터뷰 자료의 속성이 '참여자의 성별' 이라면 분석 목적에 따라 그 결과는 남성과 여성으로 나눠질 것이다. 표 8.3의 참여자에 대해 취득한 정보에는 총 4가지 사항이 있다. '나이', '성별', '직위' 와 '수입' 은 그림 8.9에서 볼 수 있듯 속성으로 표시된다.

■ **그림 8.9** NVivo: 문서 속성

1. 프로젝트 패드에서 Documents를 선택하여 Edit a Document Attributes를 클릭한다.
2. Create new Attribute가 하이라이트 되어 있다. Type the new attribute name 창에서 나이를 기입한다. [Apply]를 클릭한다.
3. 성별, 지위, 수입을 기입한다. 좀 더 상세한 내용의 기입도 가능하다. 예를 들면, *연봉 5천만 원.* [Close]를 클릭한다.
4. 프로젝트 패드에서 Documents를 선택하여 Explore document attributes를 클릭한다.
5. 정보가 기입되지 않은 스프레드 종이 타입의 표가 나타날 것이다.
6. 속성 데이트를 기입하기 위해 기입란을 마우스 오른쪽 버튼을 클릭한다. 그리고 New Value를 클릭하여 정보를 기입하고 [OK]를 클릭한다.

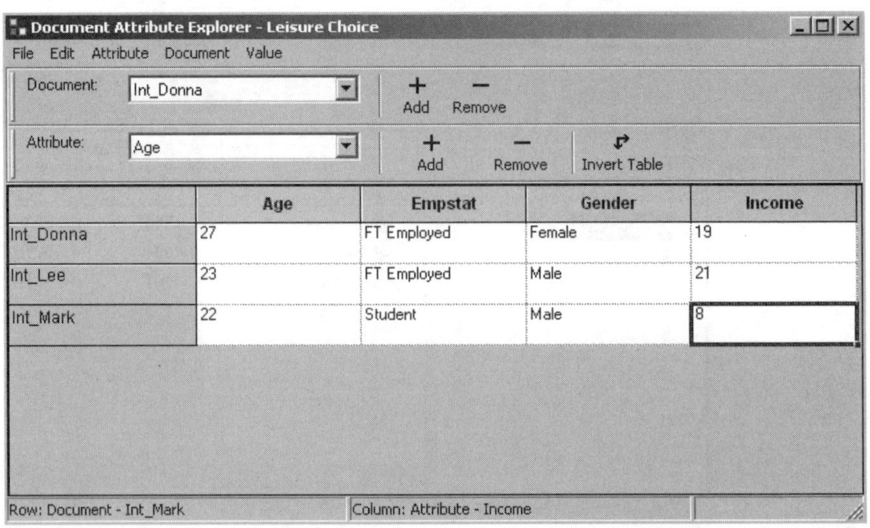

코딩 체계 설정

인터뷰 대본과 같은 문서를 분석하기 전에 필요한 작업이 바로 코딩이다. 코딩 체계의 설정은 연구의 과정 중에 전개되며 안출된다. 이를 어떤 식으로 진행하는지 알아보자. 수동적인 코딩 작업에서 플래깅 과정은 여기서 설명하고자 하는 코딩 과정과 상당히 유사하다. 그림 8.3에서 설명한 시작 단계인 틀 구상과 세 인터뷰의 발췌물 확인을 기반으로 표 8.3의 메모에 적힌 정보와 그림 8.4에서 보여준 좀 더 발전된 틀을 기반으로 하여 코딩 시스템 구축이 가능해진다. 최종적으로 완성된 프로젝트에서 연구자는 여태껏 진행된 인터뷰 대본 전부를 읽음과 동시에 코딩작업을 진행한다. 그리고 플래깅/코딩 체계를 다른 자료에 적용하며 귀납적인 방법으로 체계를 진전시킨다.

NVivo 프로그램을 활용한 코딩 시스템 역시 같은 방식으로 진행된다. 아래에 있는 예를 보자. NVivo 프로그램 코딩 절차는 수동 코딩 절차를 거쳐 'NVivo Leisure Choice' 프로젝트에 적용됨으로써 시작된다.

그림 8.4처럼 연관성 짙은 개념의 그룹화를 통해 NVivo 프로그램은 개념을 트리

■ 그림 8.10 NVivo: 코딩 시스템 셋업

1. 프로젝트 패드에서 Nodes, Create a Node, Tree를 순서대로 클릭한다. Create Node 창은 아래 그림과 같다.

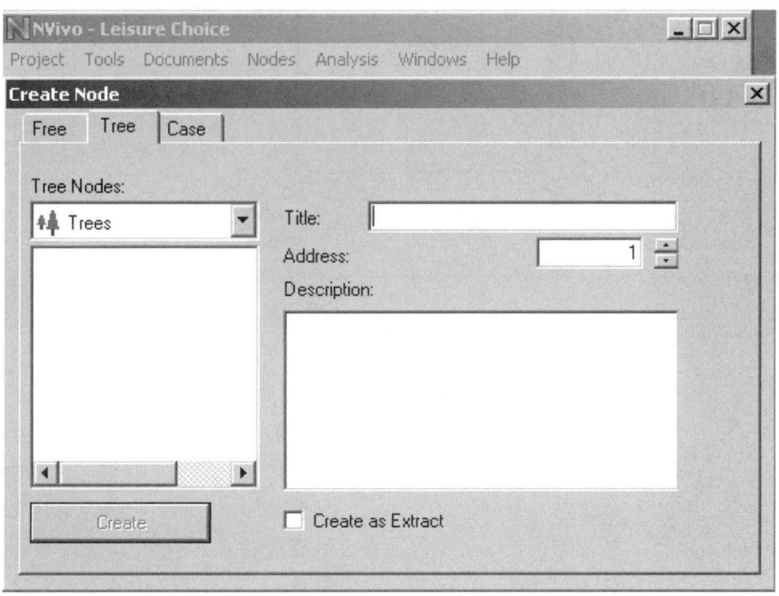

■ 그림 8.10 (계 속)

2. Title란에 *Main activity*라고 입력하고 Description란에 *Main activity choice*라고 적는다. [Create]을 클릭한다. 왼편에 보이는 Trees에서 (1) *Main activity*가 나타난 것을 확인할 수 있다.
3. Main activity를 더블 클릭한다. Tree Nodes 창으로 올라간 것을 볼 수 있다.
4. Title창에 *Activity type*이라고 입력한다. Address가 1인지 확인하고 Description란에 *Activity type chosen*이라고 적고 [Create]버튼을 클릭한다. *(1) Main activity* 아래 *(1 1) Activity type*이 생겨난 것을 볼 수 있다.
5. *Activity type (1 1)*을 더블 클릭하고 Tree Nodes 박스로 옮긴다.
6. Title 박스에서 *Sport*라고 입력한다. Address가 1인지 확인한다. Description란에 Sport와 *physical recreation*을 입력하고 [Create]를 클릭한다. *(1 1 1) Sport*가 *(1 1) Activity* 아래에 생긴 것을 확인할 수 있다.
7. 6번째 단계를 다음과 같이 반복한다. (Address는 자동적으로 업데이트된다.)

   Node (1 1 2): Title: 사회생활 Description: 격식없는 사회생활 활동
   Node (1 1 3): Title: 문화 Description: 문화 활동
   Node (1 1 4): Title: 친구 Description: 친구들과 함께 활동

   Create Node 창은 다음과 같이 나타날 것이다.

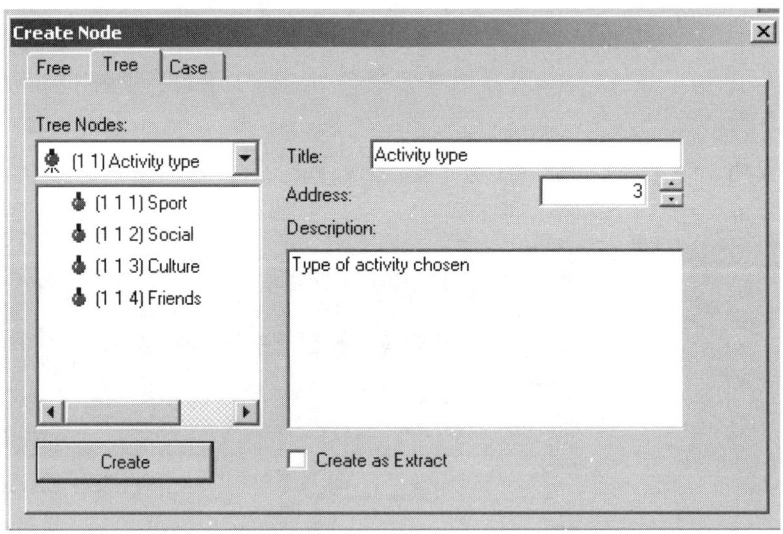

8. (1 1) Main Activity를 Tree Nodes 박스로 되깔기한다. 6번째부터 8번째 단계를 되풀이한다.

Node	Title	Description
(1 2)	영향요인	영향요인/배경/경험
(1 2 1)	부모	부모의 영향
(1 2 2)	선생	선생의 영향
(1 2 3)	친구	친구의 영향
(1 3)	현재	현재 억제요인

■ 그림 8.10
(계 속)

(1 3 1)	시간	시간적 여유
(1 3 2)	돈	금전적 여유
(1 3 3)	건강	몸매 유지
(1 3 4)	의무	의무 – 매주 훈련, 공부 등
(1 4)	개인적 요인	개인적 성향
(1 4 1)	경쟁심	경쟁적인 성향
(1 4 2)	사회성	사회적인 성향
(1 4 3)	생활	자유로운 생활
(1 4 4)	활동성	육체적으로 활동적인 삶 갈구
(1 4 5)	팀워크	단체성 중시
(1 5)	사건	주요 사건
(1 5 1)	코칭	코칭, 학비 등
(1 5 2)	돈	금전적인 환경 변화
(1 5 3)	관계	사람들과의 관계에서의 변화
(1 5 4)	읽기	후기나 책 읽기

9. 수동적으로 진행했던 코딩 체계는 이제 전산화되었다. 프로젝트 패드에서 Explore Nodes를 클릭해서 코딩의 확인 및 수정 가능하다. Node Explorer는 아래 그림과 같다.

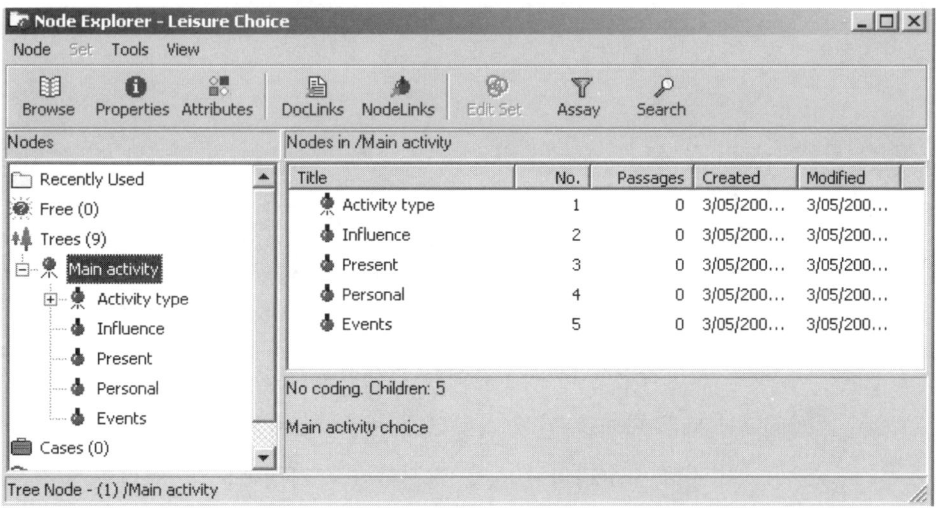

형태로 나타낼 수 있다. 다른 개념들과 연관성이 없는 단어는 여기서 연관성이 없는 단어로 표시된다. 그림 8.10에서 설명하는 코딩 절차는 그림 8.4에서 나타난 코딩 정보를 NVivo 프로젝트 파일에 기입하는 과정에 대해 설명하고 있다.

코딩 자료

인터뷰 대본과 같은 자료의 코딩 체계의 설정이 전산화되면 코딩 작업은 그림 8.1에서처럼 진행된다.

분 석

소프트웨어 패키지는 항상 많은 절차를 포함한다. 이 책에서 모든 절차를 소개하기란 불가능하기 때문에 연구 진행 시 가장 기본이 되는 다섯 단계의 분석 과정과 주요 사안을 소개하겠다.

1. 검색
2. 검색결과물의 처리
3. 검색과 코드
4. 선택적 검색
5. 모델 · 개념의 틀

1. 검 색

가장 단순한 분석의 형태로는 특정 요인에 따라 코딩된 자료의 목록을 만드는 것을 들 수 있다. 이러한 예는 그림 8.12의 '시간'이라는 현재 억제요인으로 분류된 리스트를 말한다.

코딩작업은 하나의 단어를 검색하는 것을 넘어서 프로그램에 적용된 자료에 한해서 모든 단어를 검색 가능하게 해준다. 예를 들면, '친구'라는 단어와 연관된 설명이 자료에서 나타난 것을 발견했다고 가정해보자. 이러한 발견은 그림 8.12의 9번째 단계에서 나타날 수 있다.

2. 검색결과물의 처리

검색결과가 화면에 나타나진 않지만 이는 *new nodes*로 저장된다. 결과는 그림 8.13에서 보여주는 것과 같다.

■ 그림 8.11
NVivo:
자료의 코딩

1. 프로젝트 패드에서 Documents와 Browse a Document를 클릭한다. 문서 파일의 목록이 나타나면, Int_Mark를 선택하고 [OK]버튼을 누른다. 이로서 Mark의 인터뷰 대본을 볼 수 있다.
2. '축구'을 블록잡고 화면 하단 우측에 있는 Coder를 클릭한다. 그 후 **활동**, **운동**, Code를 차례로 클릭한다.
3. *'요즘에는 축구인 거 같네요. 일주일에 두 회 정도는 훈련이 있어요. 몸매 유지에도 좋으니까요. 술은 일주일에 한 번, 많으면 두 번 마십니다.'*를 블록잡고 Coder를 클릭한다. 그 후 **현재**, **의무**, Code를 차례로 클릭한다.
4. 코딩의 결과를 화면에서 확인하기 위해 View를 클릭하고 Coding stripes 버튼을 선택한다. 코딩의 진행상황을 창의 우측에서 확인할 수 있다.
5. 이 과정을 다른 부분에도 적용시킨다.
   '몸매 유지에도 좋으니까요.' 이를 **현재**와 **몸매 유지**로 코딩한다.
   '시간적인 면에서나 금전적인 면에서나 여유가 없어서요.' 이를 **시간**과 **돈**으로 코딩한다.
6. 이러한 과정을 그림 8.6에서 사용한 메모를 활용하여 인터뷰의 다른 부분에도 적용할 수 있다.
7. 코딩 작업은 아래 그림의 Document Browser와 같다.
8. 다른 두 인터뷰에도 위의 사항을 적용시켜 코딩을 수행할 수 있다.

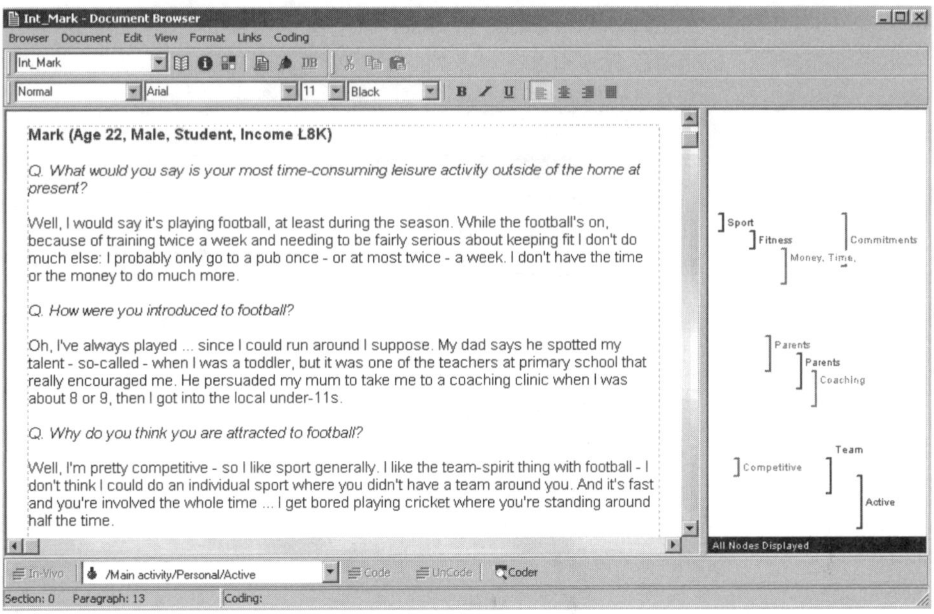

1. 프로젝트 패드에서 Search를 선택한다. 아래 그림과 같이 Search Tool 박스가 나타날 것이다. 여기서는 Find, In this Scope, And Spread Finds 이렇게 세 섹션이 있다.
2. Find 섹션에서 Node를 더블클릭하고 Single Node Lookup 창을 띄운다.
3. Choose Node박스에서 Choose를 클릭한다. Trees를 선택한 후 *(1) Main activity*, (1 3) 현재와 (1 3 1) 시간을 선택한다.
4. Single Node Lookup박스에서
   a. Return 박스는 검색 결과가 어떤 식으로 저장되는 지에 대해 보여준다. 이를 기본설정인 All finds as a node로 유지한다.
   b. Name 박스는 결과가 어떤 폴더 및 파일명으로 저장되는 지에 대해 보여준다. 기본설정인 Search Results/Single Node Lookup을 따른다. OK를 클릭하고 Search Tool 박스로 돌아간다.
5. In this Scope 섹션은 검색될 문서의 형태를 나타낸다. 기본설정인 All Documents를 유지한다.
6. And Spread Finds 섹션에서는 정정될 자료의 리포트를 나타낸다. 여기서는 40으로 맞춘다.
7. Run Search를 클릭한다.
8. 검색의 결과는 새로운 'Search Results' 노드에서 확인할 수 있다. ('Dealing with search results' 아래) 검색 결과를 보는 데에는 두 가지 옵션이 있다. Show Node in Explorer 혹은 Browse Node이다. Browse Node를 선택하면 Search Results/ Single Node Lookup-Node Browser 창을 볼 수 있다.
9. 검색은 전에 설정된 node에 의존적일 필요가 없다. 예를 들면, '친구' 라는 단어는 2 번째 단계에서 Node 대신 Text를 선택하여도 검색할 수 있다.

■ 그림 8.12
NVivo: 검색

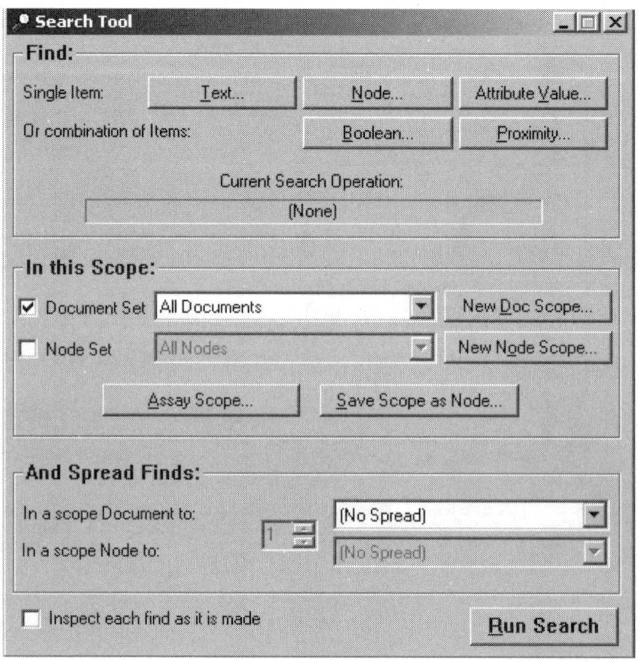

■ 그림 8.13 NVivo: 검색결과물의 처리

1. 프로젝트 패드에서 Nodes를 선택하고 Expolre Nodes를 클릭한다.
2. Node Explorer에서 Trees를 클릭하면 Main activity와 더불어 Search Results를 볼 수 있다.
3. Search Result를 마우스 우 클릭하여 browse를 누른다. 나중에 필요하지 않은 내용이라면 이를 삭제하는 것이 좋다. Inspect/Change Node' s properties를 눌러 이름을 바꿀 수 있다.
4. 이를 코딩 체계에 맞춰 넣는다.

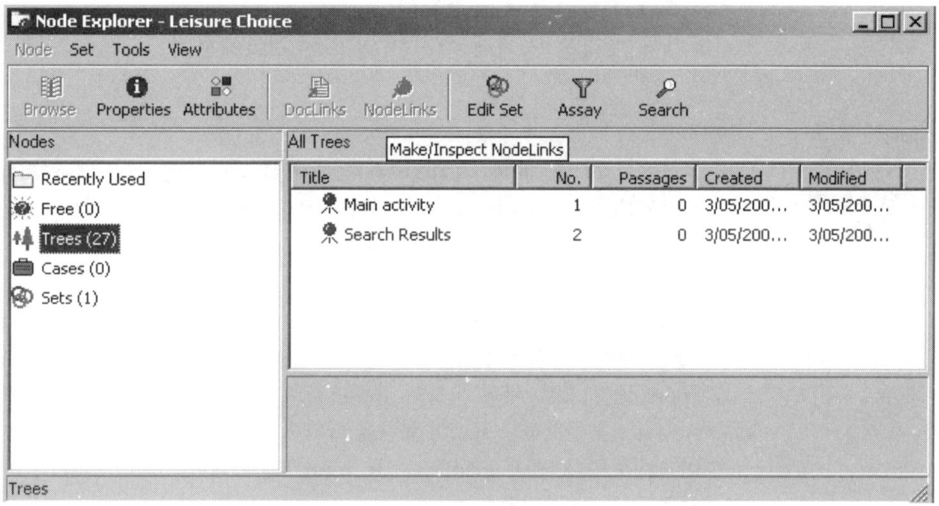

3. 검색과 코드

검색 결과물은 차후에 있을 문서의 코딩에 더해질 수 있다. '친구' 라는 단어의 발생에 대해 검색한 뒤 연구자가 자신의 생각에 따라 이를 새로운 용어로 규정지었을 경우 그림 8.14에서 보이는 것과 같이 '친구' 라는 단어는 해당문서에서 자동적으로 코딩 처리된다.

4. 선택적 검색

여성 응답자의 답변에 한해서 '시간' 이라는 단어가 '억제요인' 이라고 여겨진 경우를 이를 모두 목록화해야 하는 경우에 있다고 가정하여 보자. 이는 정량적 분석에서 십자표와 동일하다. 그림 8.14에서 설명하는 것과 같이 시행될 수 있다.

5. 모델 · 개념의 틀

정성적 분석의 원리 중 하나는 연구 과정으로서의 귀납적 이론 진전방식이다. 그림 8.4에서 소개된 개념틀의 정렬이 출발점이다. 개념틀의 새로운 생각과 요소는 분석과정 중 나타날 수 있다. 앞서 '친구'를 예로 든 경우를 이에 대한 간단한 사례로 볼 수 있다. NVivo 프로그램에서는 개념의 틀을 모델이라고 부르며 이를 도표를 통해 나타내는 과정을 포함한다.

여기서 그림 8.15에서 이러한 과정을 확인해보자.

■ 그림 8.14 NVivo: 검색과 코드 + 선택적 검색

연구와 코드

1. 그림 8.15의 9단계에서 *'Friends'*라는 문자를 연구 수행하는데 있어 Search complete 박스에서 Show Node in Explore 옵션을 클릭한다.
2. Node Explore에서 연구 결과는 Search Results 아래의 Single Text Lookup을 통해 나타난다.
3. Single Text Lookup을 우클릭하고 Inspect/Change Node's properties를 통하여 *Friends*로 이름을 바꾼다.
4. 'peer'를 시스템 내에 노드의 *Friends*로 가정하기 위하여, 이를 위해 Trees와 Main Activity를 클릭하고 요소의 목록을 나타내기 위하여 Friends와 Influence를 자르기와 붙여넣기를 한다. 이제 Friends는 Influence의 아래에 위치하게 되고 'Main Activity' 시스템의 한 부분이 된다.
5. Browse Document를 통하거나 사본파일 중 하나를 연구함으로서 결과를 볼 수 있다. 'Coding stripes'를 보면 *Freinds*가 자동으로 코딩된 것을 볼 수 있다.

선택적 연구

1. 프로젝트 패드에서 Search를 클릭한다.
2. Search Tool창에서 Node의 Find Single Item을 클릭한다.
3. Single Node Lookup 박스에서 Present를 클릭한 후 Money를 클릭한다.
4. Search Tool 창으로 돌아간다: Find Single Item의 Attribute Value를 클릭한다.
5. Attribute Value Lookup 다이얼로그 박스에서 Document Attribute를 클릭한 후 Gender와 Female을 클릭한다.
6. Search Tool창으로 돌아간 후 Run Search를 클릭한다.
7. Mark와 Donna의 대사에서 *시간*이라고 언급하였지만 결과는 Donna에서는 나타났다.

■ 그림 8.15 NVivo: 모델 도표

1. 프로젝트 패드에서 Explore Models를 클릭한 후 Tools와 Add to Model을 클릭한다.
2. Main Activity의 Node를 클릭한다. 컴퓨터에서 이 메시지가 나오면: '(1)Main activity: This model has descendants. Do you want to add them?' Yes를 클릭한다.
3. 다음에서 보이듯이 스크린에 모형이 나타날 것이다. 배치가 다소 알아보기 힘들게 나올지라도 'Dragging'을 선택하여 정리를 할 수 있다.

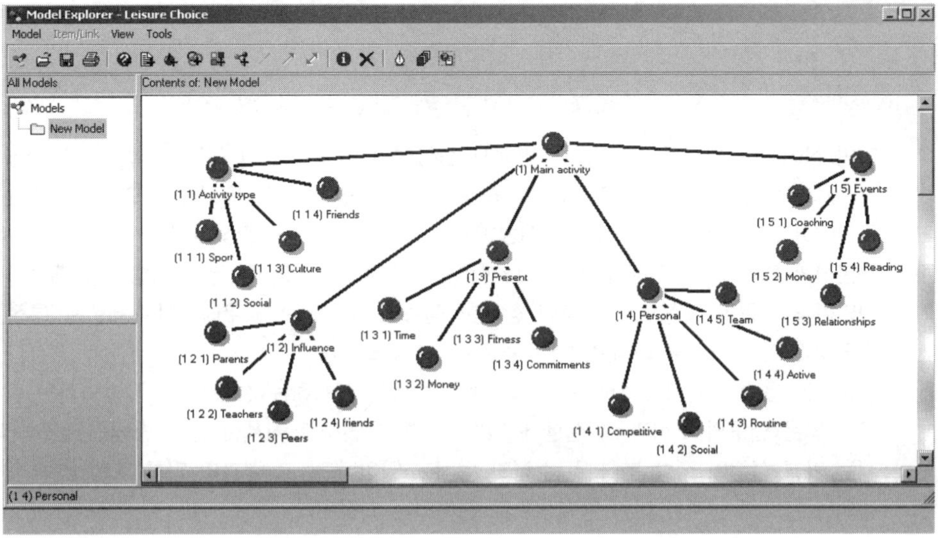
Model Explorer - Leisure Choice
Model Item/Link View Tools
All Models
Contents of: New Model
Models
New Model
(1) Main activity
(1 1) Activity type
(1 1 4) Friends
(1 1 1) Sport
(1 1 3) Culture
(1 1 2) Social
(1 2) Influence
(1 2 1) Parents
(1 2 2) Teachers
(1 2 3) Peers
(1 2 4) friends
(1 3) Present
(1 3 1) Time
(1 3 2) Money
(1 3 3) Fitness
(1 3 4) Commitments
(1 4) Personal
(1 4 5) Team
(1 4 4) Active
(1 4 1) Competitive
(1 4 2) Social
(1 4 3) Routine
(1 5) Events
(1 5 1) Coaching
(1 5 2) Money
(1 5 4) Reading
(1 5 3) Relationships
(1 4) Personal

● 요 약

이번 장에서는 레저와 관광 연구 안에서 정성적인 연구 방법이 어떤 역할을 하는지에 대해 설명하고 있다. 정성적 연구 방법의 기본이 되는 가정 중 하나는 현실은 객관적으로 결정되는 것이 아니라 주관적이고 사회적으로 구성되는 개념이라는 것이다. 이러한 관점에서 연구자들은 연구하는 대상의 근본적의 의의와 그 이해를 밝히고자 한다. 일반적으로 정성적 연구 방법은 상대적으로 적은 수의 개인이나 그룹을 대상으로 비교적 상세한 정보의 수집하는 경우나 또는 제한된 특정 정보를 많은 수의 개인이나 그룹을 대상으로 연구하는 방법을 말한다.

전반적인 윤곽을 잡고 순차적으로 접근하는 방법을 사용하는 정량적 연구 방법과는 달리 정성적 연구 방법은 연구의 구성과 그 실행에 있어 좀 더 유연하고 상세한 연구 방법이 필요하다. 이 접근에서는 가설 설정이 정보 분석 및 수집과 동시에 일어나고, 그 결과의 기록 또한 연구 과정의 끝에 생성되는 별도의 단계가 아닌 단계적으로 진행되는 과정이다.

정성적 연구 방법은 심층 인터뷰, 그룹 인터뷰나 소비자 그룹 인터뷰, 참여자 관찰, 전기적 접근 방법, 그리고 민족지학적인 접근 방법 등을 통해 가능해진다. 이 장에서는 각각의 연구 방법과 접근법의 특성, 그리고 구체적 사용 방법에 대해 설명하고 있다.

중반부에는 정성적 정보의 수집과 그 분석에 대한 내용을 담고 있다. 먼저 정성적 정보의 수집 후 그 저장에 관한 이슈를 논의한다. 인터뷰 대상자들은 사회적으로 민감한 이슈에 대해 자신의 솔직한 의견을 말할 수 있으므로 이들의 신분이나 대답한 의견의 철저한 보안을 책임지는 것은 윤리적으로 매우 중요한 일이다. 후반부에는 수동적 분석 방법과 컴퓨터 프로그램을 이용한 분석 방법을 설명하고 있다.

자료 분석의 수동적 분석 방법은 인터뷰 기록과 같은 연구 내용을 플래깅(flagging)한 이슈나 주제를 포함한다. 이러한 이슈와 주제는 기존의 개념적 기본 틀, 연구 배경을 바탕으로 한 질문이나 가설, 귀납적 접근 방법 등과 연관이 있을 수 있다. 연구의 내용은 워드프로세서 과정을 통한 적용이 가능하므로 '검색', '목록', '색인' 등의 워드프로세서의 특징들이 플래깅 과정을 돕는데 이용될 수 있다고 설명한다. 위와 같은 방법은 Computer Aided Qualitative Data Analysis Process 패키지 등의 프로그램에 의해 지원된다.

이 장에는 또한 프로젝트 파일, 시스템과 자료 코딩의 구성, 기본 정보 분석 과정 등의 기능을 지원하는 NVivo 패키지에 관해 설명하고 있다. NVivo 패키지는 인터뷰 기록과 정보의 관리 등 여러 기능을 처리할 수 있는 프로그램이지만 이 장에서는 오직 일곱 가지 주요 기능만을 간단히 설명한다. 하지만 정성적 분석 방법을 컴퓨터 프로그램을 통해 활용하는 초기 단계에서는 이같이 간단한 과정이 더 적절하다.

Test question

1. 질적 자료의 이점을 설명하시오.
2. 연구의 순차적, 귀납적 접근의 차이점을 설명하시오.
3. Whyte의 심층/비공식적 인터뷰의 응답자 개입정도를 설명하시오.
4. 심층인터뷰는 응답자를 포함한다. 포커스그룹과 같은 점은 무엇인가?
5. 전기적 연구의 3가지 종류를 말하시오.
6. 왜 민족적 주제의 질적 자료는 저장하는가?
7. 질적 자료 분석의 2개의 주된 활동은 무엇인가?
8. 어떤 워드 프로세스 과정이 질적 자료분석의 매뉴얼로 사용되는가?
9. NVivo의 'Node'와 'Document'의 차이점은 무엇인가?
10. NVivo의 'Tree Node'와 'Free Node'의 차이점은 무엇인가?

Exercise

1. 책의 웹사이트(www.business.uts.edu.au/lst/books)에서 'Leisure Choice'의 3개의 사본을 다운로드하시오. 아니면 표 8.3을 보고 타이핑하시오. NVivo를 통하여 작업을 진행하시오.
2. NVivo을 작동하고 이 장에서 설명하고 있지 않는 기능을 확인해보시오.
3. 레저/관광 분야의 최신 저널을 보고 질적 연구와 양적연구의 예를 선택한 후 질적연구를 사용하여 양적 연구가 이루어졌는지 혹은 양적연구를 통해 질적연구가 이루어졌는지 확인해보시오.
4. 부록 8.1의 체크리스트를 보고 동료나 친구에게 인터뷰해보시오.
5. 만약 당신이 다른 사람과 같이 연구하고 있다면 5-6명의 그룹을 조직하시오. 한 명을 Facilitator로 설정하고 ·斫育 주제를 선정하시오. 예: '레저/관광 산업의 자격과 교육의 역할', '휴일선정과정', '운동과 즐기는 스포츠'. 돌아가며 Convenor를 담당하고 평가하시오.
6. 주간신문을 활용하여 관심분야의 질적연구나 양적연구를 제공하시오. 예: 환경, 소수민족, 여성, 스포츠 등
7. 카니발 관광과 MacCannell(1993)의 필름을 보고 토론하시오. 아니면 디즈니 만화영화를 보고 Rojek(1993)의 연구와 비교 토론하시오.

부록

8.1 … 심층인터뷰 체크리스트 예

이는 사람들의 레저 시간 이용과 레저에 대한 태도에 대한 연결관계를 알아보기 위한 체크리스트이다.

현재 활동	얼마나 자주?		
	왜?		
각각의 탐색–비교	어디서?	–집/집밖	
	누구와?		
	의미/중요		
	참여의 종류		
활동을 할 의향	왜 안함?		
'레저' 에 대한 의미			
강제성	집		
	일	–시간/에너지/동료	
	가족 역할		
	여성/남성이 되는 것		
	부모가 되는 것		
	돈/비용		
	차/교통		
과거 활동	학교에서		
왜 변하였는가?	대학/대학교에서		
	가족과 함께		
시설	지역	종아하는	
	도시	사용/비사용	왜?
클럽/단체			
개인적으로			
기술			
싫어함	포부		

9 설문 조사

소 개

이번 장에서는 다양한 종류의 설문 조사와 설문지 디자인에 대한 전반적인 내용을 다루고 있다. 설문 조사는 설문지 혹은 인터뷰 스케줄로 불리는 형식을 갖춘 문서를 가지고 대중으로부터 정보를 얻는 것을 의미하며, 이는 보통 여가와 관광분야 연구에서 가장 많이 쓰이고 있다.

전반부에서는 설문 조사의 장점 및 설문자 중심과 응답자 중심 설문 조사의 차이점에서 대해서 다룬다. 이와 더불어 전화 설문 조사, 현장 설문 조사, 가구 설문 조사, 우편 설문 조사, 이용자 설문 조사, 전속 설문 조사 등 다양한 연구의 특성도 조명해본다.

이 장의 후반부에서는 여가 및 관광 분야 연구를 위한 설문지 작성 시 반드시 고려되어야 할 사항들에 대해서 알아본다. 우선, 연구상의 문제점과 필수 정보간의 상관관계에 대해서 재조명해보고, 각 분야별 연구에 통상적으로 포함되는 정보 항목에 대해서도 알아본다. 그 분야로는 레저/관광, 질문에 대한 조어, 컴퓨터 분석, 질문의 순서배정 및 합법성 등이 있다. 마지막으로는 현장 연구 계획 및 예비 연구에 대해 다룰 것이다.

설문 조사의 역할과 한계

설문 조사는 연구하고자 하는 계층 인구의 일부만을 혹은 표본의 자료를 확보하는 데 그칠 수 있다는 한계점을 가지고 있다. 가령, 6장에서 소개한 국가 연구와 같은 경우, 몇 천 명의 사람이 수천만 명의 인구를 대변하는 꼴이 된다. 이러한 표본이 선택되는 방법과 어떻게 표본의 규모가 결정되는 지, 또한 전체 인구를 나타내는데 있어 표본에 의지하는 것에 내포된 바가 무엇인지는 10장에서 다룰 것이다.

기본적으로 설문 조사는 응답자의 응답에 전적으로 의지할 수밖에 없다. 여기서 응답의 정확도는 해당 정보를 기억해내는 응답자의 역할과, 그들의 정직성, 또한 무엇보다도 설문지의 질에 달려있다. 그러나 아직까지 레저 및 관광 분야 설문 조사에 있어서 응답 내용의 신뢰도나 정확도에 대한 연구는 거의 시행되지 않은 상태다. Bachman and O'Malley(1981), Chase and God bey(1983), Chase and Harada(1984) 등 일부 연구결과에 따르면, 응답자는 참여도에 있어서 과장된 응답을 하는 경향이 있다고 한다. 특히 설문자와 응답자가 직접 대면하는 상황에선 응답자가 조금이라도 더 친절하고, 도움이 되고자 하는 욕구로 인해 영향 정도가 커진다고 한다. 예를 들어, 연구 내용이 스포츠와 예술에 관한 것이라면, 응답자는 설문에 긍정적으로 도움을 주고자 스포츠와 예술 분야에 대한 관심 및 참여도를 과장해서 말할 수 있다는 것이다. John Clarke and Chas Critcher는 만족도와 같이 복잡한 개념이 지나치게 간략화된 질문에 근거하고 있다는 점에 대해 강력히 경고하였다. 이들의 논의자체가 행동학에서 활동량 측정으로 옮겨갔기 때문에 그 결론에서 일관성을 찾기는 힘들지만, 그래도 여전히 새겨 들을만한 가치가 있다.

> 사람들이 말하는 것과 실제로 행동하는 것에는 항상 차이가 있다. 때문에 근로와 레저에 관한 그 어떠한 설문에서 사람들이 말하는 것을 액면 그대로 받아들여선 안 된다. 특히 질문 안에 답이 뻔히 보일 때는 더더욱 그렇다.(Clarke and Critcher, 1985:27)

이는 부실한 설문 조사 형태에 대한 경고일 뿐 아니라, 연구자와 연구 결과 사용자들이 연구 내용의 본질과 특성을 항상 인식해야 하고, 연구 결과가 불변의 진리를 나타낸다고 믿어서는 안 된다는 내용을 시사한다. 기본적으로 설문 조사 상의 정보는 수치를 나타낸 것에 불과하며 단위가 큰 숫자를 기본으로 하기 때문이다. 설문

조사는 보통 적게는 50, 60에서 많게는 수천 명에 달하는 연구 대상(설문 대상자)을 포함한다. 이는 숫자를 분석하는 연구 형태의 복잡성을 고려해봤을 때 연구 결과를 분석하기 위해선 컴퓨터의 사용이 필연적이라는 말과 같다. 이 부분에 대한 실질적인 접근은 설문 조사 계획을 다루게 될 본 장의 후반부에서 이루어진다.

'설문 조사'(questionnaire survey)라는 용어는 이 장에서 구분되어 사용되고 있는데 이는 '설문'과 '연구'가 서로 다른 뜻을 가지고 있기 때문이다. 보통 사람들은 설문과 연구를 같은 것으로 여기는 경향이 있다. 심지어 이는 일부 연구 분야에서도 나타나고 있는데, 예를 들어, 연구자들은 '1000건의 연구(surveys)가 배포되었다.' 라고 말하는데 이는 옳지 않다. 엄밀히 여기선 단지 '한 번의 연구'가 이루어진 것이고, '1000건의 설문이 배포되었다' 라고 하여야 옳다. '설문'은 질의가 쓰인 일정서를 뜻하고, '연구'는 대상으로부터 정보를 얻기 위한 계획단계와 실행단계를 포함하는 포괄적인 개념이다.

설문 방법의 장점

8장에서 언급한 정량적 기술과 비교하여, 설문 조사는 일반적으로 숫자와 관련이 깊다. 이는 자료가 수집되고 분석되며 해석되는 과정과 연관성이 있기 때문이다. 8장에서 Kelly의 이론에 따라 정량적 방법에 대한 장점을 열거하였는데 설문 조사의 장점 또한 이와 유사하게 검진할 수가 있다. 다음은 특히 레저와 관광 설문 조사에 유용하게 쓰이는 설문 조사의 특징이다.

1. 현 시점에서의 레저 및 관광 분야는 집단적 현상의 성격을 띠는 경우가 많다. 이는 의사 결정시 상당 부분을 숫자화된 정보에 의지하는 정부 및 비영리 혹은 상업적 조직의 개입을 필요로 하며, 설문 조사는 그러한 정보를 제공해줄 수 있는 가장 이상적인 수단이다.
2. 비록 완벽한 객관성을 지니는 것이 불가능하지만, 설문조사는 최소한 투명한 연구 과정을 제공한다. 즉 설문 조사는 어떻게 정보가 수집되고, 어떻게 이것이 분석, 해석되었는지를 분명히 제시한다. 실제로 설문 조사 결과는 같은 연구를 연장하려는 이들이나, 대안적 해석이 필요한 사람에 의해서 재분석되는 경우가 많다.

3. 정보의 숫자화는 복잡한 자료를 비교적 간결하고 이해하기 쉽게 만든다.
4. 장기적 연구 혹은 매년 반복되는 연구 등은 비교 방법론을 통해 시간의 경과에 따른 변화를 연구할 수 있게 한다.
5. 레저와 관광은 많은 종류의 활동과 특징을 포함한다. 이러한 특징으로는 횟수, 기간, 참여의 형태, 소비, 장소, 즐거움의 정도가 있다. 설문은 이러한 사항들을 알아보는 데 있어서 적합한 수단이 될 수 있다.
6. 정량적 연구 방법이 개인의 태도, 의도, 사고 등을 알아보는데 이상적인 방법인 반면, 설문 조사 방법은 대상 인구의 전체적인 사항에 관한 간단한 정보를 수집하고 기록할 수 있는 좋은 수단이 된다.

상기 리스트와 8장의 앞부분에서 설명한 정성적 방법론에 대한 설명을 비교해본다면 각 방법마다 서로 다른 장단점이 있으며, 각기 알맞은 용도가 있다는 사실에 더욱 확신을 가지게 될 것이다. 설문 조사는 질문 사항이 요구하는 바가 잘 갖추어진 형태의 자료일 경우와 방대한 대상 인구를 대변하는 특정한 표본대상으로부터

단 체	주 제	설문 조사	정량적 방법	기 타
정치당	선거인단의 투표 성향	· 각 당에 대한 지지율(전화 연구)	· 다른 타입의 투표자에 따른 관심사/태도	· 과거 투표형태/소재지와 선거인단의 상관관계
레저시설 관리	방문객 유치증가 방법	· 어떤 사람들이 무슨 서비스를 언제 사용하는지 (사용자 연구) · 사용자/비사용자간의 사회인구학적 비교정보 시설에 대한 이미지 (지역 사회 연구)	· 레저 시설 방문 경험 후기 – 품격, 분위기, 서비스 분야	· 다양한 활동/서비스에 관한 상관적 선호도
관광 위원회	관광 전략계획 관련자료	· 숙박 시설, 여행 장소, 소비 형태, 다른 장소로부터 온 관광객들의 사회 · 인구학적 차이점	· 방문 후기 (심층 인터뷰 또는 그룹 인터뷰) · 관광(객)에 대한 거주민의 의견 · 방문자 연구	· 출발/도착 자료 (국가 연구일 경우)
개인 연구단	여가에 있어서 휴일의 의미 (사례 연구 3.1)	· 휴일을 보내는 이와 그렇지 않은 이의 사회 · 인구학적 특성과 통계 – 수입, 건강, 태도 기준	· 휴일의 중요성/의미 개인 성향에 따른 지역 여가 형태 (심층 인터뷰)	

■ 표 9.1 설문 조사의 활용과 다른 방법들과의 차이점

자료를 얻을 경우에 필요하다고 볼 수 있다. 설문 조사 및 다른 연구 방법의 역할에 관한 예는 표 9.1에 나타나 있다.

설문자 중심이냐 응답자 중심이냐

설문 조사는 크게 두 가지로 나뉜다. 하나는 설문자 중심, 또 다른 하나는 응답자 중심 연구이다. 설문자 중심의 설문에서는 설문자가 응답자에게 질의내용을 불러주고 응답자의 답변을 적는, 전형적인 기록 형태의 진행이 이루어진다. 응답자 중심 설문에선 응답자가 직접 설문을 읽고 응답을 작성한다. 일부 연구 방법론자들은 인터뷰 방식과 설문 방식을 극명히 구분하려 하는데, 이는 설문자 중심 설문 조사가 인터뷰를 이미 내포하고 있다는 점에서 옳지 않은 견해이다. 각 접근 방법은 그림 9.2에 정리되어 있듯이 고유의 장단점을 가지고 있다. 설문자 중심 설문은 설문자가 할애하는 시간(대개 이 시간에 맞추어 돈이 지불된다)을 고려했을 때 상대적으로 비용이 큰 방식이다. 그러나 설문자를 활용할 경우에 더욱 완전하고 정확한 응답결과를 얻을 수 있다. 응답자 중심 설문조사의 경우 더욱 비용이 저렴하고 신속하다는 장점이 있지만, 낮은 응답률을 초래한다는 단점이 있다. 이는 언어나 교육 수준의 문제로 인해 응답하지 못한 대상의 의견이 기존 응답자들의 의견과 다를 수 있기에 전체 설문 조사 결과에 왜곡이 생길 수 있다. 따라서 응답자 중심의 설문을 계획할 때에는 이에 익숙하지 않은 사람들이 설문을 읽고 작성한다는 것을 유념하고 각별한 주의를 기울여야 한다. 이때 설문 기획에서 중요한 것은 설문의 상당수를 '닫힌' 질문으로 채워야 한다는 것이다. '닫힌' 질문이란 간단히 네모 안에 표시하는 것으로 응답이 완성되는 질문을 뜻한다. '열린' 질문, 즉 응답자가 답안을 채워야 하는 질문 형태는 필연적으로 저조한 응답률을 보이기 때문에 지양하는 것이 좋다. 예를 들어, 인터뷰에서 '이 시설의 전반적 운영에 관해 해주실 말씀이 있습니까?' 라는 질문을 받은 응답자는 그들의 의견을 피력할 것이다. 하지만, 응답자 중심 설문에서 그 정도의 적극성을 기대하기란 힘들다.

때로는 응답자 중심 설문이 선호되는 경우가 있을 수 있고, 오히려 질문자 중심 설문을 사용해선 안 되는 상황도 있다. 설문 대상자들이 지리학적으로 방대하게 퍼져있을 경우와 민감한 사안의 경우 응답자가 익명을 선호하는 상황이 그러하다. 이러한 경우 일대일 대면 설문 방법에 엄청난 비용이 들어가게 되고, 남은 대안은 편

	질문자 중심	응답자 중심
장 점	정확성 확보 고응답률 응답의 완전성 기획상 유연성	저비용 신속성 상대적으로 익명보장
단 점	고비용 상재적 비익명성	응답의 비일관성 응답 부실 무성의 응답 기획상 부담증가

■ 표 9.2 질문자 중심과 응답자 중심

지나 우편을 통한 설문 조사일 것이다. 응답자 중심 설문과 관련된 사항들은 우편 설문 방식 단락에서 더욱 자세하게 다루도록 하겠다.

설문의 종류

레저 및 관광 분야 설문 조사는 크게 여섯 가지 종류로 분류 된다.

- 가구 설문 – 주거지에 따라 연구 대상이 결정되고 설문은 가정에서 이루어진다.
- 거리 설문 – 쇼핑몰이라든지 길거리에서 무작위로 사람들을 선정해 시행한다.
- 전화 설문 – 전화를 통해 설문이 시행 된다.
- 우편 설문 – 설문이 우편을 통해 발송/수신 된다.
- 인터넷 설문 – 인터넷이나 이메일을 통해 설문을 함

형 태	응답자 혹은 인터뷰자에 의한 완성 여부	가격	표본 집단	설문지의 길이	응답률
가정	둘 중 하나	높다	모든 인구	길다	높다
거리	인터뷰자	중간	대부분의 인구	짧다	중간
전화	인터뷰자	중간	전화 가능한 인구	짧다	높다
우편	응답자	낮다	일반 혹은 특별 계층	어떤 설문인지에 따라 다르다	낮다
현장	둘 중 하나	중간	사용자만 가능	중간	높다
소속	응답자	낮다	그룹	중간	높다

■ 표 9.3 설문지 연구의 종류 – 특성

- 사용자/현장/방문자 설문 – 레저 및 관광의 시설, 장소, 목적지에서 직접 사용자를 만나 설문을 시행
- 전속 설문 – 학생 그룹이나, 단체의 사원 그룹과 같이 그룹 구성원을 대상으로 설문 조사

가구 설문

특 성

레저와 관광 분야의 정량화된 자료 중 상당 부분이 실제로 가구 설문에서 나온 것이다. 주로 학계에서 이러한 자료를 의지하고 활용하는 반면, 사실 대부분의 정량적 자료는 정책 및 마케팅을 목적으로 정부와 상업적인 레저 및 관광 조직에 의해 장려된다. 가구 설문의 장점은 응답 대상자들이 대부분 해당 지역사회를 대표한다는 점이다. 가구 설문은 거의 모든 연령대와 직업 종사자들을 응답자로서 아우르는 경향이 있다. 또한 지리학적으로 국가 전체, 하나의 주 혹은 지역, 지역 정부 영역 또는 근교지역 등, 하나의 완전한 영역을 포괄하는 성격을 지니고 있다. 따라서 이 설문 방법을 통해 하나의 지역 사회 전체의 레저 및 관광 관련 행동 양상에 대한 정보 연구가 가능할 뿐 더러, 지역 내의 특정적 그룹, 예를 들어 65세 이상 혹은 15세에서 24세 사이의 대상 인구 등과 같은 정보를 얻을 수도 있는 것이다. 레저 및 관광 가구 설문 조사가 특화된 것은 사실이지만, 최근 해당 범위 내에서의 활동 영역이 확장되는 추세이다. 즉, 근래의 레저 및 관광에 대한 가구 설문은 다른 어떤 것보다도 여러 분야의 레저 활동 참여나, 휴가 활용 방식 혹은 소비 습관 등에 대해 묻는 경향이 있다는 것이다. 이것은 다른 종류의 연구 방법이 손쉽게 대처할 수 없는 광범위한 이슈에 대한 정보 습득을 용이하게 한다.

실 행

가구 설문은 대개 인터뷰자에 의해 완성된다. 때로는 응답자의 손에 맡겨지는 경우도 있지만 이 경우, 현장 직원이 설문지가 제대로 작성되었는지 확인한다. 응답

자가 너무 바빴다거나, 설문지를 분실했다거나, 언어상의 문제나 불확실성 때문에 설문지 작성을 제대로 못한 경우, 설문자는 응답자와 인터뷰를 해야 할 필요가 있다. 옥내에서 실시하는 특성상, 가구 연구는 긴 인터뷰나 설문으로 이어지는 경우가 많다. 이와 대조적으로 거리 설문이나, 현장 설문, 혹은 전화 설문에서는 오랜 시간 동안 이를 진행하기란 거의 불가능하다. 특히 레저 참여도 설문에 있어서는 활동 영역이 워낙 방대하다 보니, 시행 자체가 쉽지 않다. 가구 설문의 특성상 다른 종류의 설문보다 주제에 대해서 상대적으로 장중한 접근이 가능한데, 무려 45분가량 이어지는 경우도 자주 있으며, 20분에서 30분은 보통 축에 든다. 표준적인 가구 설문의 변형의 예는 바로 설문자 중심과, 응답자 중심 설문의 요소를 접목하는 것이다. 이러한 현상은 주로 레저 분야 연구에서 일어난다. 설문자는 구성원 한 명과 해당 가구에 관한 인터뷰를 실행한다. 몇 명이 거주하는지, 자가인지 임대인지 등에 대한 질문은 휴양용품이나 가구에 관한 물음일 수도 있고 설문 주제에 한해서는 그 어떠한 질문도 가능하다. 설문자는 개인용 설문지를 배부하고 응답자가 자신의 레저 취향을 고려하여 작성하도록 한다. 설문자는 차후에 그 집을 재방문해 설문지를 회수한다.

설문 시간, 대표적 표본 집단과 접촉하는데 생기는 문제와 더불어 방대한 지리적 설문 범위가 설문 비용에서 크게 작용한다는 점을 고려해봤을 때, 가구 설문은 그 어떤 형태보다 많은 비용이 든다. 보통 한 설문 당 20파운드에서 25파운드의 비용이 소비된다. 하지만 비용은 가격에 포함된 정보 분석량에 비례하기 때문에 질적인 면에서 우수성을 가진다. 수천 명을 대상으로 설문을 실시하는 경우 자연히 비용도 그만큼 증가한다.

옴니버스 설문

가구 설문 이야기가 나왔으니, 옴니버스 설문에 대한 언급이 빠질 수 없겠다. 옴니버스 설문이란 시장 조사 기구나 연구 단체에 의해 시행되는 독립적 설문 형태로서 일반적으로 다수의 고객을 위해 시행된다. 여기서 각 고객들은 그들만의 특별한 질문을 가지고 설문에 응한다. 따라서 옴니버스 설문에서는 응답자를 선별하고 접촉하는 데에 들어가는 연구비용을 다수의 고객이 분담한다. 또한 연령, 성별, 가족 구성 등 인구통계 및 사회 경제적 비용을 선별하는 데 드는 비용도 나누어 부담한다. 표본 선별 및 자료 처리 등의 통상적 옴니버스 설문의 과정이 격식화되고, 시장 조사 회사의 필요 사항들과 설문의 형태에 대해 익숙한 베테랑 설문자들이 이미 널리 분포되어 있는 상황에서 이러한 요소들은 설문 비용을 현저히 낮출 수가 있다.

영국의 일반 가구 설문은 국가 통계소에 의해 2만 여명을 대상으로 시행되는 대표적인 옴니버스 설문으로서 이때 정부 기관 및 부처를 그 대상으로 이루어진다. 레저 분야 설문이 있는 연도에는 스포츠 위원회나 컨트리사이드 기구 등 다수의 국영 레저 및 휴양 기구를 대상으로 설문이 이루어진다.

시간 예산 연구

시간 예산 연구란 연구 대상의 시간 사용 행태에 대한 정보를 수집하는 것이다. 이러한 정보는 대개 가구 설문에 포함되어 수집되기도 하지만, 단순히 설문에 답하는 것 이외에도 응답자들은 통상 2일에서 4일정도 걸리는 일기의 작성을 요구 받는다. 이 일기 형식에서 응답자들은 시작과 마침 시각을 포함한 일과 활동에 대한 전체적인 내용을 어디서, 누구와 어떤 활동을 했는지, 심지어 응답자가 그 활동을 단순 노동, 가사 노동, 혹은 레저 중 무엇으로 간주하였는지에 대해 의거하여 작성하여야 한다.

이러한 자료를 분석하는 작업은 결코 쉽지 않다. 광범위한 모든 활동에 이에 맞는 정보를 일일이 부여해야 하기 때문이다. 이 주제는 여기서 마무리 짓겠지만, 차후 내용에서 부연 설명이 있을 것이다.

거리 설문 조사

특 성

거리 설문은 비교적 설문 길이가 짧고 명칭에서 알 수 있듯이 쇼핑 및 관광 지역과 같은 거리에서 이루어진다. 혹은 광장이나 쇼핑몰 같은 장소에서도 행해지는데 이는 해당 지역사회의 단면을 알아볼 수 있는 곳이기 때문이다. 한 지역의 관광 거리 설문 시행 시, 보통 사람들이 많이 몰릴 것으로 예상되는 볼거리가 많은 곳이나, 식당 주변, 관광 시설 등에서 설문이 이루어진다. 공항이나 버스 정류장과 같은 교통 지역도 비슷한 이유로 사용되지만, 사실 이들 지역은 현장/사용자 연구에 적합한 성격을 지니고 있으며 이는 아래에 추가적으로 설명한다.

실 행

상기된 장소에서 무작정 사람을 세워놓고 인터뷰를 청하는 데에는 아무래도 한계가 있다. 첫째로, 거리 설문은 필연적으로 가구 설문보다 인터뷰 시간이 매우 짧다. 특히 응답자가 시간적 여유가 없을 때 더욱 그렇다. 물론 가구 설문이라고 해서 무조건 길게 진행되는 것은 아니며, 거리 설문이라고 항상 신속히 진행되는 것 또한 아니다. 하지만 일반적으로 분명 거리 설문 시 인터뷰가 상대적으로 짧은 것이 사실이다. 설문 전에 응답자는 '이게 얼마나 걸릴까요?' 라고 묻는다. 가구 설문 시 이에 대한 답변으로는 15분에서 20분정도가 적당하나 거리 설문 시 이는 절대적으로 5분이 넘어가서는 안 된다. 5분이 넘어간다고 대답할 경우, 응답자의 협력성은 현저하게 떨어질 수 있다. 이에 따라 거리 설문에서 사용될 수 있는 주제/이슈/활동은 극히 제한적이며 이는 설문 기획 단계에서 반드시 참작되어야 한다.

거리 설문의 두 번째 한계점은 대상 인구의 대표적 표본과 접촉하기가 수월치 않다는 점이다. 표본 그룹 중 어떤 이는 여러 이유 때문에 집에 발이 묶여 있을 수도 있고, 쇼핑 자체를 즐기지 않을 수도 있으며, 다른 사람을 통해 쇼핑을 하는 이도 있기 때문이다. 관광 분야의 경우, 사업차 혹은 친지를 방문한 사람들은 사람이 몰리는 장소에 가는 것을 꺼려하는 경향을 보인다. 특정 연구에선 이러한 사람들이야 말로 연구의 핵심 대상이 될 수 있기 때문에 이 경우 거리 설문을 통해 나타난 결과는 신뢰성이 떨어진다. 또한 설문 대상 그룹이 상대적으로 과대평가될 수도 있다. 전업주부 및 보모, 은퇴 후 쇼핑 지역 근교에서 주거하는 이들, 회사 지역의 월급쟁이들이 단적인 예가 된다. 특정 장소는 예를 들어, 장년층보다 청장년층이 더 많이 찾는다거나, 여성보다 남성이 많이 찾는다거나 할 수 있기 때문에, 이런 설문 결과는 국지적 지역을 대표할지는 모르겠지만 나아가 지역 사회 및 방문 인구 전체를 대표한다고 보기는 힘든 것이다.

표본 분담

이러한 거리 설문의 비대표성을 극복하기 위한 방법이 바로 표본 분담이라는 것이다. 즉 설문자들이 설문 대상을 연령, 성별, 직업 등으로 분류해 서로 분담하여 인터뷰에 나서는 것이다. 대상이 되는 인구 내 각 분류 기준에 해당하는 인구비율은 사전에 연구되어야 하는데 이는 6장에 나와 있는 '인구 조사'를 참고하면 된다. 특히 관광 분야 경우, 역시 6장에 나와 있는 공식자료인 '단기 출발/도착 자료'를 참고한다면 도움이 될 것이다. 연구가 완료가 되었는데도 아직 특정 대상으로부터의 대표성이 확보되지 않았다고 사료된다면 10장에서 다루게 될 '가중하기'를 활용할 수 있다.

전화 설문 조사

특 성

전화 설문 조사는 시장 조사 또는 학술 연구 시 널리 사용되는 방법 중 하나이다. 정치 여론 연구 등에 있어 특히나 전화를 통한 설문이 애용되는 이유로는 신속성과 광범위한 표본 집단이라는 요인을 들 수 있다. 이러한 전화 설문 조사 방식이 가지고 있는 한계점으로는 유선전화망을 사용하지 않는 저소득층이나 휴대폰만 사용하는 사람들이 표본 집단에서 제외되었다는 점이다. 하지만 과거와는 달리 현대 사회의 전화통신 서비스는 보편화되어 있기 때문에 이는 더 이상 큰 문제점으로 간주되고 있지 않다.

정치 여론 연구와 같이 연구자가 전화 또는 대면 인터뷰를 통해 과거의 연구결과물에 대한 접근이 가능한 간단한 연구의 경우, 앞서 언급한 한계점은 첨삭요인의 활용을 통해 극복 가능하다. 간단히 말해서, 유선전화 비사용자의 비율을 x%로 잡고 투표 결과 연구 시 이 수치를 첨삭하는 것이다. 특정시장조사의 경우, 사회에서 저소득층을 형성하고 있는 사람들의 부재는 전체 연구에 있어 그리 큰 영향을 미치지 않는다. 이는 이들이 해당 시장에서 중요한 위치를 형성하고 있지 않기 때문으로 볼 수 있다. 하지만 공공정책이나 학술과 관련된 연구와 같이 전체 여론의 반영이 필요한 경우 특정 계층의 표본 집단에서의 부재는 큰 장애요인으로 작용할 수 있다.

최근 들어 전화 설문의 문제점으로 제기되고 있는 점은 무선통신만을 이용하는 사람들이 증가하고 있다는 것이다. 이러한 집단에서는 연구에서 큰 영향력을 행사하는 젊은 층이 높은 비율을 차지한다. 하지만 이러한 문제점 역시 집단의 성격을 파악하여 통계상 수정 가능하다.

실 행

대개 10분에서 15분 정도 진행되는 전화 인터뷰는 가구 설문에 비해 그 길이가 상대적으로 짧긴 하지만 역시 한계점이 될 수 있다.

전화 설문 방식은 표본의 선정과 관련하여 이에 적합한 시스템을 사용한다. 전화 설문 시 설문 대상자는 전화번호부에서 무작위로 선택되는데 이 때 사용되는 것이 바로 CATI (Computer Assisted Telephone Interviewing)라는 컴퓨터 보조 전화 인터뷰 시스템이다. 이 소프트웨어를 사용하여 연구자는 무작위 자동전화발신과 더불어 설문에 대한 답변을 즉각적으로 데이터화 시킬 수 있다. CATI 시스템을 통해 연구자는 정보 분석 시간을 단축하고 자료 입력의 정확도를 높이는 등 다양한 이점을 누릴 수 있다. 전날 밤에 있었던 여론연구의 결과를 다음날 아침 신문에서 확인할 수 있는 것도 이러한 시스템이 있기에 가능한 것이다.

이러한 이점이 더욱 빛을 발하는 대표적인 한 예로는 지역사회 전체를 대상으로 연구를 시행함에 있어 고른 표본 집단의 설정을 위해 퇴근시간 후인 저녁시간이나 주말에 설문이 시행되는 상황을 들 수 있다.

전화 인터뷰의 한계점으로는 설문 내용을 눈으로 확인할 수 없다는 점을 들 수 있다. 레저 및 관광 연구와 같이 설문 대상자가 활동의 목록을 보고 이에 대한 시행 여부를 확인하는 과정이 필요한 설문에서 시각적인 부분이 주는 한계점은 특히나 유효하게 작용한다. 관광 연구의 예를 들면, 설문 대상자는 20곳에서 30곳에 이르는 관광지에 대해 방문 여부를 확인받게 된다. 이와 같이 긴 체크리스트를 포함한 설문의 경우 이를 일일이 전화를 통해 확인하기란 여간 쉬운 일이 아니다.

이에 반해 익명성이 보장된 전화 인터뷰를 통해서 설문 대상자들이 좀 더 적극적으로 설문에 응할 수 있다는 점은 전화 인터뷰가 가진 하나의 강점으로 거론되고 있다. 하지만 대면 인터뷰 역시 대상자가 보이는 행동 등을 통해 진행자가 인터뷰 진행의 질을 높일 수 있다는 점에서 각 인터뷰 방식은 장단점을 가진다.

전화 설문의 주된 강점은 바로 신속하고 저렴하게 시행될 수 있다는 것이다. 하지만 최근 전화 설문에 비협조적인 사회적 분위기 때문에 이러한 강점은 크게 부각되지 못하고 있다.

우편 설문 조사

특 성

설문을 시행하는데 있어 우편이 가장 적합한 연구 방법으로 여겨지는 상황이 있다. 그 단편적인 예로는 한 국가기관의 조직원 혹은 한 회사의 고객 전체가 그 대상이 될 때이다. 설문의 대상이 이와 같을 때 모두를 상대로 대면 인터뷰를 실시하기엔 그 과정에 지출되는 금액의 양이 막대하기 때문에 이러한 상황에서는 우편 설문이 상용된다. 우편 설문 방법의 장점으로는 연구 대상 전체를 표본 집단으로 삼을 수 있다는 것이다. 한 단체의 구성원들을 상대로 설문을 진행할 시 통계학적으로 필수적인 것은 아니지만 단체 구성원 전체를 표본으로 삼을 수 있다는 사실은 큰 이점으로 작용한다. 또한 이러한 설문 방식은 한 조직의 내부 정책을 논하는데 있어 모든 구성원들에게 자신의 의사표현을 할 수 있는 기회가 마련될 수 있다는 점에서 무척 유용하다.

단점: 낮은 응답률

우편 설문의 가장 큰 문제점으로 제기되는 것은 바로 낮은 응답률이다. 우편 설문은 대개 25~30%의 낮은 응답률을 보인다. 이러한 우편 설문의 단점을 단적으로 보여준 예로는 어느 지역정부가 해당 지역사회를 대상으로 실시한 한 설문을 들 수 있다. 이 때 설문 응답률은 3~4%에 그치고 말았다. 연구문헌 검색 시에도 30% 미만의 응답률을 보인 우편 설문 결과를 쉽게 찾아볼 수 있다. 여기서 문제가 되는 것은 표본 집단의 응답률이 70%에 미치지 못했을 때 그 설문 결과가 과연 유효하다고 볼 수 있는지에 대한 것이다.

■ 표 9.4 우편 설문 응답에 영향을 주는 요인

1. 설문 주제에 관한 응답자의 관심도
2. 설문 내용의 길이
3. 설문지 디자인/표현방법/복잡성
4. 설문지와 함께 동봉된 편지의 저자와 양식 및 내용
5. 우송료가 지불된 응답장의 제공 여부
6. 응답 시 보답 조건
7. 설문에 대한 전속/후속 우편의 횟수

그렇다면 우편설문응답에 영향을 주는 요인으로는 어떤 것들이 있을까? 표 9.4에서 나타내고 있는 7개의 요인을 자세한 설명과 함께 알아보자.

1. 설문 주제에 관한 응답자의 관심도

지역정부가 해당지역 근처에 6차선 도로를 내는 것에 대해 설문을 실시한다면 이는 높은 응답률을 보일 것이다. 같은 지역사람들에게 레저 활동의 전반적인 형태에 관한 설문을 실시한다면 앞선 설문과는 반대로 낮은 응답률이 예상된다. 특정 대상에 대한 설문 대상자의 관심도 차이가 크면 이는 비전형적인 응답결과를 초래할 수 있다. 예를 들면, 운동시설의 설비에 관한 설문에서 운동에 높은 관심을 보이는 사람들은 높은 응답률을 보이는 반면, 그 외 설문 대상자들은 낮은 응답률을 기록한다. 이러한 상황에서는 실제와는 다른 설문 결과가 나올 수 있는 것이다. 이러한 문제점은 표본 집단 설정 시 설문 대상자 비율의 조정을 통해 어느 정도 극복할 수 있다. (10장과 12장에서는 이와 같은 상황에서 응답률이 상대적으로 낮은 그룹에 무게를 실어주는 방법에 대해 더 자세히 설명하고 있다.) 예를 들면 중년층에 비해 젊은 층이 높은 응답률을 보이는 주제의 설문에 대해 나이대로 응답자 수의 비율을 맞추는 것이다.

2. 설문의 길이

긴 설문 내용은 보는 사람으로 하여금 응답에 대한 거부감을 불러일으킬 수 있다. 설문의 길이보다는 다른 요인이 응답에 있어 더 중요한 역할을 한다는 의견도 있다. 하지만 이는 설문 대상자가 설문의 길이는 개의치 않을 정도로 설문 주제나 표현 방식에 흥미를 보일 때 해당하는 상황으로 볼 수 있다.

3. 설문지 디자인/표현 방법/복잡성

우편 설문에 대한 응답률을 높이기 위해선 설문지의 디자인과 같은 외적 표현 방법에 좀 더 주의를 기울일 필요가 있다. 활자체와 설문 용지에 사용된 색, 그리고 그림 등은 설문 응답 우편 수를 늘려줄 수 있는 요소들이다. 레저나 관광 관련 설문지의 경우 긴 목록이 설문지를 복잡하게 보이게 하기 때문에 이를 간소하게 보일 수 있도록 해야 한다.

4. 설문지와 함께 동봉된 편지

설문지와 함께 온 편지의 발신자가 누구냐에 따라 설문 수신자의 응답 여부가 달라질 수 있다. 연구자가 누구인지, 어떤 기관에 소속된 사람인지, 설문자의 의도가 어떠한지, 믿음이 가거나 존경할만한 인물인지에 대한 생각은 설문 응답률에 영향을 줄 수 있다.

5. 우송료가 지불된 응답장의 제공 여부

대개 우편 설문에 대한 응답장의 발신료는 설문을 시행하는 회사측에서 부담한다. 어떤 이들이 밝히길, 회사측에서 수신 부담하는 회사 우편봉투보다 실제 우표가 붙어있는 봉투를 사람들이 선호한다고 한다. 하지만 이 경우, 우표를 봉투에 붙이는데 들어가는 시간과 인력을 제외하고도 응답자를 포함해서 비응답자에게까지 돈이 지출되기 때문에 이는 회사측에 큰 부담으로 다가올 수 있다.

6. 응답 시 보답 조건

설문 응답 시 해당 기관에서 실시하는 보답에 의해 여기저기서 말이 많지만 우편 설문 조사에 있어서 이는 하나의 도구로 사용되고 있다. 보답이라는 도구로는 해당 회사나 연구 대행사의 상품 또는 서비스에 대한 쿠폰이나 혹은 소정의 돈이 될 수 있다. 더 흔한 보답 방법으로는 응답자에 한해서 추첨을 시행해 상품을 증정하는 경우다. 가구 설문 조사 시 시행되는 대면 인터뷰의 비용을 고려해 봤을 때 응답 시 보답 조건으로 들어가는 비용은 상대적으로 경제적이다. 한 가지 문제점으로 제기되는 것은 보답이라는 동기로 인해서 응답자들이 설문에 유리하게끔 응답하여 연구 결과가 비전형적으로 나타날 수 있다는 점이다. 또한 보답이라는 요소로 인해 이러한 설문 방법이 다른 상업적 광고와 다를 바 없이 여겨지는 상황도 초래될 수 있다.

7. 설문에 대한 전속/후속 우편의 횟수

설문에 대한 전속/후속 편지는 연구자들이 가장 효과적이라고 생각하는 도구이다. 보통 첫 번째 우편물이 발송된 지 1주일에서 10일 뒤에 이에 대한 후속 우편이 발송된다. 첫 번째 우편이 발송되고 응답 소식이 없는 경우 2주 정도가 지나서 다시 설문 우편을 발송하는 것이 적절하다. 마지막 우편 발송은 그 후 1주일 정도 후가 알맞다. 이러한 전속/후속 우편의 효능은 그림 9.1에서 나타내고 있는 것처럼 꽤 효과적이다. 그래프에서 볼 수 있듯이 첫 번째 우편 설문의 응답률은 발송 후 3일 동안은 매우 높은 수치를 기록한다. 하지만 그 후 약 16일 정도동안은 급격한 감소율을 보이다가 두 번째와 세 번째 우편 발송 후 다시 증가 추이를 기록한다. 이러한 응답률의 증가는 설문을 진행하는 데 있어서 매우 긍정적인 면이다. 전속 및 후속 우편의 발송에 대한 필요성은 배송비와 더불어 우편의 인쇄비용이 연구 예산에서 큰 비중을 차지하기 때문에 반드시 고려 사항에 넣어야 하는 사항이다.

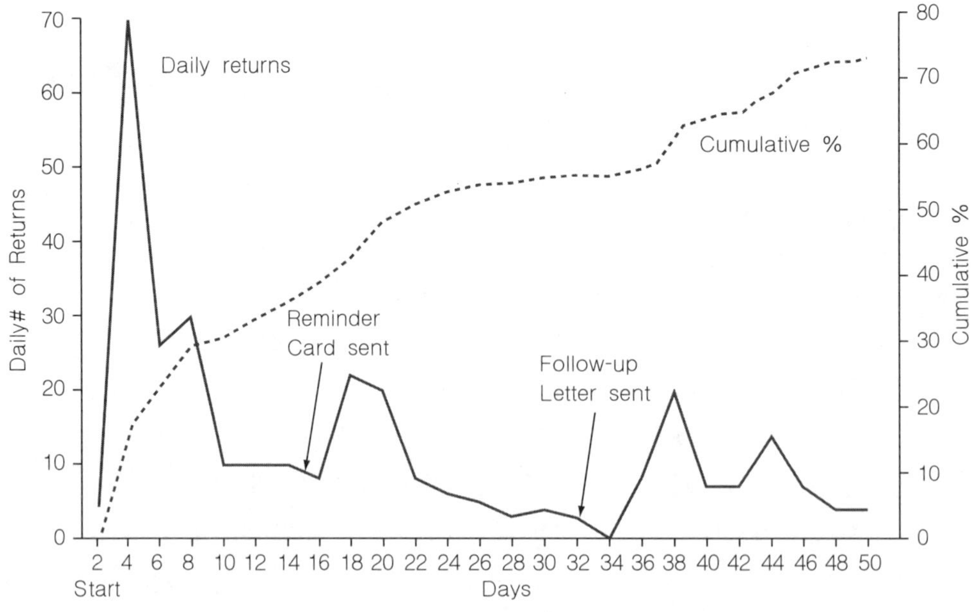

■ 그림 9.1 1987년도 로버슨과 빌(Robertson and Veal)의 연구 자료를 바탕으로 한 우편 설문 응답률

응답이 완료된 설문 대상자들에 대해서는 비용의 절감과 불필요한 과정의 제거를 위해서라도 철저하게 확인할 필요하다. 이렇게 하기 위해선 설문지 또는 우편 봉투에 이를 확인할 수 있는 수단을 적용하여야 한다. 설문지보다는 우편 봉투에 이러한 표시를 적용하는 것이 응답자에 대한 익명성을 보장할 수 있는 효과적인 방법이다. 이러한 수단은 단순히 응답을 확인하는 것을 넘어서 표본 집단의 구성을 이해하는 데 더 유용하게 사용될 수 있다. 쉽게 설명하자면, 응답 완료된 설문지가 응답자의 주소에 대한 정보를 포함하고 있진 않더라도 응답자에 대한 신원을 알 수 있는 경우 설문 내용이 영향을 미치는 범위를 파악하는데 도움이 될 수 있는 것이다.

온라인 설문 조사

인쇄된 우편 설문이 지금까지 우편 설문의 매개로 애용되어 왔지만 정보기술의 발달로 인해서 이메일과 인터넷은 최근 각광받는 추세에 있다. 이로 인해 온라인 설문이라는 새로운 설문 형태가 등장하였고 이는 다시 여러 형태로 분류된다.

- E-mail을 통한 설문은 설문 참여를 부탁하는 내용의 편지와 함께 설문지를 포함하고 있다. 이러한 방법은 우편 발송 시 발생하는 비용을 절감할 수 있다. 설문 대상자는 수신한 설문지를 출력하고 이를 작성하여 연구자에게 보내거나 혹은 워드 프로세서 등을 통해 작성하여 온라인상으로 발송할 수도 있다.
- 전자식의 완벽한 설문 형태에서는 설문 대상자가 해당 인터넷 사이트에 로그인하여 온라인상에서 설문에 응한다. 이러한 방법은 연구자가 설문 정보를 컴퓨터상으로 받을 수 있다는 점과 더불어 해당 프로그램을 이용하여 즉각적으로 분석에 임할 수 있다는 장점을 가지고 있다.

대개 상업적 조직기관에서 이러한 형태의 온라인 설문을 시행한다. 이는 해당 조직의 고객이 높은 관심을 가지고 해당 결과를 조회하기 원하기 때문이다. 이러한 형태의 설문 조사 방식은 설문 대상자가 응답을 하는 과정을 간편화한다는 이점도 지니고 있다. 다시 말하면 이는 설문 대상자가 관련 질문에만 응답을 하면 되는 경우이다. 한 가지 대표적인 예로는, 납세자가 자신의 수입에 관한 세금을 온라인을 통해서 공제받는 경우를 들 수 있다.

온라인 설문의 단점으로는 설문 대상자가 인터넷 사용자에 국한된다는 점과 낮은 응답률을 들 수 있다. 후속 메일을 보내는 데 드는 비용은 매우 저렴한 반면, 이것이 스팸 메일로 치부되는 경우가 다분하다.

이용자/현장/방문객 설문 조사

특 성

현장, 이용지, 또는 방문객 설문은 용어 그대로 이러한 상황에 적용되는 설문을 뜻한다. 현장 설문은 야외 휴양 활동 연구의 측면에서 애용되며, 이용자 설문의 경우, 실내 휴양 활동 연구의 측면에서 쓰이고 있다. 방문객 설문은 관광객 또는 박물관이나 동물원과 같이 특별한 시설 사용자를 그 대상으로 한다. 청중 설문이라는 형태도 있는데 이는 극장과 같은 예술 시설 이용객을 상대로 설문을 시행하는 것이다. 이번 장에서는 이와 같이 다양한 상황에 맞춰진 사용자 설문에 관해 설명한다.

이용자 설문은 레저와 관광과 관련해 일하고 있는 사람들이 시행하는 대표적인 설문 방식이다. 관광객이나 주민들은 휴양 또는 여가 시설 현장에서 설문의 대상이 된다. 또한 호텔이나 기내와 같은 이동 과정에서 설문이 진행되기도 한다. 이러한 설문의 형태는 대개 거리 설문과 유사하다고 볼 수 있다. 대개 이용객들이 많은 거리나 광장, 해변 등의 특정 장소에서 설문이 진행되며 여기서 특정 장소란 관광도시나 지역을 뜻한다. 그러한 점에서 봤을 때 거리 설문은 현장 설문과 그 맥락을 같이한다고 볼 수 있다. 일반적으로 현장 설문은 거리 설문에 비해 상대적으로 높은 통제성을 가지며 인터뷰 진행자는 설문 대상자들에게 해당 주제와 관련된 인사로 비춰진다. 인터뷰 진행자는 대상자가 여유 있는 시간에 한해 인터뷰를 수행하므로 큰 어려움을 겪진 않는다.

실 행

이용자 설문은 인터뷰자 또는 설문 대상자에 의해 완료된다. 특별히 관리하지 않는 이상, 설문 대상자에 의해 완료된 설문은 설문의 완성도에 있어서 질이 낮을 수 있고 응답률 또한 저조할 수 있다. 이러한 점에서 봤을 때 설문 대상자에 의해 완료된 설문은 연구 결과로는 적합하지 않은 비전형성을 띨 수 있다.

설문 대상자에 의해 완료된 설문의 경우를 들여다보면 설문지는 대개 대상자가 현장에 도착 시 배포되고 떠날 때 수거된다. 배포 및 수거 과정이 떠날 때 모두 이루어지는 경우도 있다. 후자의 설문 방식을 시행하기로 결정하였다면 해당 장소에 충분한 인원을 배치하여 이용객이 떠날 시 설문 응답을 부탁하는 것과 더불어 설문에 관해 도움을 줄 수 있도록 준비하는 것이 필요하다.

설문 대상자에 의해 완료되는 이용자 설문을 인터뷰로 진행하는 것이 적합한 이유로는 이번 장 앞부분에서 언급했던 내용에서 찾을 수 있다. 인터뷰자를 고용해서 사용하는 경우는 높은 비용이 들어간다는 단점을 안고 있지만 인터뷰의 길이에 따라 인터뷰당 들어가는 비용은 오히려 상대적으로 낮을 수 있다. 보통 이용자 설문 인터뷰에 들어가는 시간은 5분 남짓이다. 응답 완료된 설문지의 내용을 확인할 수 있는 시간과 인터뷰 대상자의 수, 그리고 인터뷰자의 휴식시간을 모두 고려하였을 때 1시간에 6건 정도의 인터뷰가 수행 가능하다. 이러한 계산의 참작은 연구의 예산과 시간 계산 시 반드시 필요하다.

지금까지 나왔던 설문 방식들은 여러 다른 목적에 따라 사용된다. 상품이나 서비스에 대한 시장 조사가 그 목적이 될 수도 있고, 공공 기관에 의해 정책적인 목적에서 시행될 수도 있으며, 학술 연구의 일부가 될 수도 있는 것이다. 사용자 설문의 경우에는 이러한 목적이 좀 더 구체적이다. 해당 레저 및 관광 활동에 대한 정보 수집 차원에서 이루어지는 학술적인 목적도 있는 반면, 정책 반영, 계획 및 경영 목적에 따라 시행될 수도 있는 것이 사용자 설문이다. 지금 여기서 설명하는 사용자 설문이야 말로 이 책을 읽고 있는 독자들에게 가장 알맞은 내용이다. 사용자 설문은 학술적인 차원 또는 개인적인 경영을 위해 가장 유용하게 적용할 수 있는 방식이며 이러한 이유에서 사용자 설문의 역할에 좀 더 자세히 설명하고자 한다.

사용자 설문의 이용

사용자 설문이 가장 많이 사용되는 이유로는 다양한 경영 분야에 있어서 직접적인 피드백을 받기 위해서이다. 그렇다면 이러한 경영 분야에 대해 알아보자.

시장 영역

시설 및 서비스의 시장 영역이란 해당 사항에 관련 있는 주이용객들의 생활 지역을 말한다. 홍보 정책에 있어서 이는 매우 중요한 사항이 될 수 있다. 경영자측은 이러한 기존 시장 지역을 중심으로 홍보와 마케팅을 시행할 수 있으며 추가적 시장 영역을 개발하는데 있어서도 이를 고려하여 사업의 확충을 도모할 수 있다. 하지만 무엇보다도 전제가 되어야 하는 사항은 바로 시장 영역을 설정하는 것이다. 몇몇 경우에서는 이에 대한 정보가 멤버십 기록을 통해 파악이 가능하지만 대다수의 경우 설문이라는 매개를 통해 이루어진다.

이용자 프로필

이용자의 사회적, 경제적, 인구 통계학적 프로필이 무엇인지에 대해 알아보자. 일상적인 고객 관측이 일반화 되어 있는 경영조직의 경우, 따로 설문을 실시하여 이용자들이 자사 상품에 대해 어떤 생각을 가지고 있는지 알아볼 필요가 없다. 이러한 설문 조사의 필요 여부는 해당 시설이 어떤 형태인지, 또는 경영측이 어떤 형태의 조직을 이끌고 있는지에 따라 달라진다. 경영의 특성상 고객들과 끊임없는 의사교류가 이루어지는 호텔, 리조트, 레스토랑 등과 같은 사업의 경우, 경영진들은 대개 자신의 상품이나 서비스에 대해 고객들이 어떤 식으로 생각하는지 손쉽게 주의를 기울일 수 있다. 하지만 해변, 공원, 극장과 같은 시설의 경우에는 얘기가 달라진다.

프로필 정보는 다양한 용도로 활용될 수 있다. 시장 영역에 대한 정보와 유사하게 프로필 정보는 해당 시장에 집중하거나 이를 확대시키는 데 필요한 요소이다. 상업적인 면에서 경영측은 이러한 정보를 통해 특정 고객 그룹에 집중할 수 있고 시장에서 해당 그룹이 차지하는 비중을 극대화시킬 수 있다. 공공 시설의 경우, 이용자 프로필 정보는 이용 면에서 소외된 계층에 대한 분석을 통하여 이에 맞는 서비스를 제공할 수 있게 한다.

이용자 의견

이용자들의 의견은 이용자 설문을 통해서 수집되며 경영층의 큰 관심을 받는 부분이다. 하지만 이러한 정보의 분석은 결코 쉬운 작업이 아니다. (Veal, 1998) 만약 경영층에서 자사 상품에 대한 타당성 있는 비판을 원한다면 현재 이용자들은 적절한 설문 대상이 될 수 없다. 해당 물품에 대한 논리적 비판은 더 이상 그 제품을 사용하지 않는 사람들로부터 나왔을 때 가장 설득력 있다고 볼 수 있는 것이다. Lucas는 이에 대한 다음과 같이 피력하였다.

> 평가에 있어서 모든 사람의 의견에 똑같은 기준을 적용하는 것은 적절치 못하다. 이탈리아 음식점에 가려다 실수로 중국 요리를 먹은 사람에게 음식의 평가를 부탁하는 것과 같은 이치이다. (Lucas, 1970:5)

선택의 여지가 많지 않은 상황의 사람들이 내는 의견은 사실 잘못된 연구 결과를 낳기도 한다. 예를 들면, 여가생활 공간으로는 공원 하나가 전부인 지역의 부모들에게 공원이 아이들에게 있어서 여가를 즐기기에 적합한 장소인지 물어본다면 이에 대한 답변은 타당성면에서 완전히 옳다고는 볼 수 없는 것이다.

수집된 의견에서 나온 결과를 어떤 식으로 받아들어야 하는 지에 대해서 종종 어려움이 있다. 흔히 이용자들 중에 가장 큰 비율을 차지하는 그룹은 별다른 불만사항이나 제시사항을 표하지 않는다. 이것은 인터뷰 상황에서 그런 점을 떠올리기 귀찮아하거나 혹은 앞서 언급한 응답자 선택 과정과 연관이 있다. 연구 시 가장 큰 불만사항은 대개 10% 미만의 이용자들로부터 나온 것이다. 만약 이러한 불만사항이 정말 문제가 된다면 경영층에서는 즉각적인 조치를 취해야 하지만, 나머지 90% 이상 되는 이용자들은 이를 문제 삼지 않았으므로 별 다른 조치를 취하지 않을 수도 있는 것이다. 이러한 연구의 한계점을 이용해 경영자는 설문 결과를 자신의 필요에 따라 사용하기도 한다. 만약 X라는 사항에 대해서 어떤 조치를 취하고 싶다면 경영측은 X라는 사항이 여러 명에 의해 문제 제기되었다고 발표할 것이며 그 반대의 경우에서는, 90% 이상의 이용자들에게는 아무 문제가 되지 않는다는 식으로 치부할 것이다.

경영자들은 대부분 이용자들의 좋은 경험을 극대화시키고 싶어 한다. 그러한 이유에서 경영자는 이용자를 대상으로 설문을 실시하는 것이며, 전반적인 만족도를 중요하게 여기기 때문에 세부 사항에 대한 비판은 겸허히 받아드릴 수 있는 것이다. 이용자들은 대개 설문에서 다음과 같은 척도에 따라 자신들의 만족도에 대해 표현하게 된다. (매우 좋음/좋음/보통/나쁨/매우 나쁨) 이러한 평가의 결과는 다른 평가 결과들과의 비교를 통해 상대적인 우위를 가릴 수 있게 한다. 예로서 공원에 있는 여러 시설을 들 수 있다. 또는 한 대상에 한해서 시간에 따른 비교를 실시함으로서 해당 대상에 대한 만족도를 시간별로 확인할 수 있다. 이와 같은 점은 Hatry and Dunn, 1971의 연구나 사례 연구 3.3(92~94쪽) 등의 평가 연구에 있어 매우 중요할 수 있다.

비이용자

이용자 설문은 현재 이용자만을 그 대상으로 한다. 이러한 점은 해당 설문에서 큰 한계점으로 비춰진다. 사실 비이용자들이야 말로 경영의 번성 및 확대를 위해 꼭 필요한 사람들이다. 이러한 비이용자들을 대상으로 시행하는 설문에서의 주의사항은 모든 비이용자들을 연구할 수 없다는 것을 인식하여야 한다는 점이다. 비이용자의 수는 이용자의 수에 비해 절대적으로 많기 때문에 모든 비이용자를 잠재 이용자로 생각하는 것은 비효율적인 생각이다.

이용자 설문을 통해 비이용자 설문에서 어떤 점에 초점을 맞추어야 하는지 알아낼 수 있다. 예를 들면, 지역 여가 시설물에 대한 이용자 설문에서 해당 시장 영역과 시장 영역 내의 비이용자를 파악하는 경우이다. 이용자 프로필과 시장 영역 내 인구에 대한 프로필의 비교를 통해 비이용자의 수와 특징을 파악하는 것이 가능하다. 그러므로 이용자 설문은 비이용자의 파악을 위해서도 필요한 것이라고 볼 수 있다.

전속 그룹 설문 조사

특 성

전속 그룹 설문은 다른 연구 방법 자료에서는 사용되지 않는 방법이다. 이러한 형태의 설문 방법에서는 설문의 모든 대상이 한 조직에 속해있고 대상과 접촉하기 위해선 조직 전체와 협력해야 한다. 이러한 설문 대상의 예로는 학교의 어린 학생들, 성인 교육 단체, 다양한 종류의 활동클럽, 직장인 그룹 등이 있다.

실 행

협력적인 사람들의 경우, 많은 양의 설문지를 단숨에 해치울 수 있다. 응답자 완료형 설문은 앞서 언급했듯이 여러 문제점을 가지고 있다. 하지만 이러한 사항은 그 대상이 전속 그룹일 때에는 해당하지 않는다. 그 이유로는 전속 그룹 인원을 대상으로 사전에 설문지에 대한 설명이 가능하기 때문이다.

전속 그룹의 가장 대표적인 예로 학교 아이들을 들 수 있다. 아이들과 접촉하기 가장 쉬운 방법 중 하나가 학교를 통해서이다. 하지만 학교 측에서는 자교 학생들에 대한 책임을 지고 있는 입장에서 설문에 대해 회의적인 태도를 취할 수도 있다. 그렇기 때문에 설문 조사 시 학교 측의 동의와 신뢰를 얻는 것은 하나의 절차로 여겨진다.

전속 그룹 설문을 시행하는 데 있어 가장 경제적인 방식은 응답자 완료형 설문지를 사용하는 것이다. 하지만 인터뷰 역시 고려해 볼 수 있다. 전속 그룹 설문의 가장 중요한 특징은 바로 설문 대상이 한 조직에 속해 있고 한 자리에 모여 있다는 점이다. 연구에 앞서서 해당 조직에 속하기 위해선 어떤 기준이 적용되는지에 대해 알아두어야 하며 이것이 해당 설문 조사의 목적과 어떻게 부합하는지 생각해 보아야 한다. 예를 들면, 전속 그룹이 학교일 때 학생들의 시장 영역이 연구의 분야와 적합한지 확인하는 것이다.

설문지 디자인

개요: 연구 시 문제점 및 정보가 갖추어야 하는 필요조건

설문지 디자인 시 기억해야 할 중요한 원칙은 여유를 가지고 조심스럽게 진행해야 한다는 점과 더불어 연구의 목적을 항상 머릿속에 두고 있어야 한다는 점이다. 연구자들은 대개 설문지 디자인을 성급히 진행하거나 어떤 질문을 할지 생각하는 데 급급한 경향을 보인다. 일단 초벌 설문지가 작성되면 책임자는 이를 해당 조직원들에게 확인시키고 수정 과정을 거친다. 이러한 부분을 크리스마스 트리를 장식하는 과정에 비유할 수 있다. 다시 말해, 모든 이들의 의견을 토대로 계획되어 진 설문지인 것이다. 하지만 이러한 방법이 최소한 설문지 디자인에 있어서 최선의 방법이라고는 말할 수 없다.

설문의 수행은 토론 및 사고 과정의 최고점이라고 표현할 수 있겠다. 3장에서 이미 밝혔듯이 이는 사용 가능한 모든 기술과 방법을 동원하여 시행된다. 모든 개념과 변수가 포함되며 가정, 이론, 모델, 평가 틀의 형태에 의거하여 다양한 상관관계가 연구되는 과정이다. 그림 9.2에서 나타난 것처럼 이러한 사항들은 명확하여야 하며 설문지 디자인 과정의 주춧돌 역할을 할 수 있어야 한다. 조심스럽게 진행되어야 하

■ 그림 9.2 설문지 디자인 과정

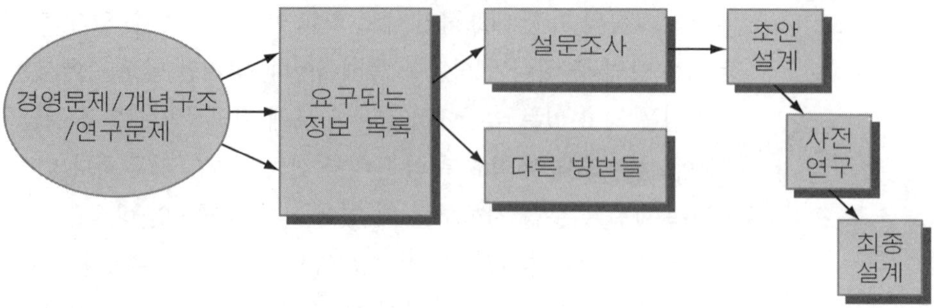

는 부분이기에 마구잡이식 질문 목록 만들기는 적합하지 않다. 시작은 경영, 계획, 정책, 이론에 대한 연구와 함께 문제 제기와 관련한 정보 목록을 만드는 것에서부터 이루어진다. 3장에서 소개한 연구 과정의 다섯 번째 단계가 이에 해당한다. 연구 전략을 결정하는 여섯 번째 단계에서는 설문이라는 연구 수단을 만드는 데 어떤 사항이 요구되는지 결정한다. 필요한 정보의 요구 조건에 적합한 질문만이 설문지의 질문으로서 그 효력을 다 할 수 있다. 이 말은 곧 설문지에 포함된 모든 질문은 연구 질문과 연관성을 띠어야 한다는 것을 의미한다.

설문지를 디자인하는데 있어서 연구자는 주제와 관련해 전례에 있었던 연구에 대해 알아보아야 할 뿐만 아니라 관련된 이야깃거리에 대해서도 알아볼 필요가 있다. 이러한 작업을 통해 연구 프로젝트는 전체 구성적인 면에서 탄탄함을 더할 수 있다. 다른 연구가 추구하는 바와 유사점이 있을 경우, 자료 수집에 있어서도 유사한 패턴을 따르는 것이 좋다. 그러므로 전례 연구의 설문지는 자신의 설문지를 디자인하는 데 있어서도 귀감이 될 수 있는 것이다.

정보의 형태

설문지 연구로부터 얻어 지는 정보는 크게 세 그룹으로 나눠진다.

1. 응답자의 특징 – 누구?
2. 활동/행동 – 무엇?
3. 태도/동기 – 왜?

표 9.5는 '응답자의 특징', '활동/행동', '태도/동기' 라는 세 가지 큰 틀 안에서 수집되는 정보의 일반적인 형태를 나열하고 있다. 아래에서 다루고 있는 사항들은

응답자 특성	
■ 성별	■ 결혼여부/가족 상태
■ 연령	■ 세대 타입/가족 크기
■ 경제상태	■ 라이프사이클
■ 주저상태	■ 인종/출생지
■ 현재까지의 고용이력	■ 거주지역
■ 수입	■ 유동성-운전면허, 개인교통 접근성
■ 교육	■ 그룹 크기/종류(지역/방문개 연구)
활동/행동	
a. 지역/방문객 연구	b. 세대 연구
■ 지역내의 활동	■ 여가활동(휴일 포함)-어떻게, 어디서, 얼마나, 시간사용, 언제, 누구랑…
■ 시설의 이용	■ 특정 시설/지역 이용
■ 방문빈도	■ 집 외부에서의 여가의 여행모드
■ 사용시간	■ 지출비용 패턴
■ 사람당 지출비용	■ 지난 활동들(개인 여가이력)
■ 여행-정보관련	■ 계획된 미래 활동
■ 여행 배경지(출발한 곳)	
■ 여행목적	
■ 주소	
■ 여행모드	
■ 여행시간	
■ 숙박시설 종류	
태도/동기 정보-예	
a. 지역/방문객 연구	b. 세대 연구
■ 지역을 선택한 이유	■ 여가/여행 동경/요구
■ 의미/중요/가치	■ 서비스/시설 이용의 평가
■ 만족/경험의 평가/서비스	■ 활동/만족의 심리적 의미
■ 시설에 대한 의견	■ 개발의 반응/예비 제안
■ 미래 행동의도/희망	■ 가치- 환경, 기타

■ 표 9.5 레저 및 관광 설문지에 있어서 적용되는 정보의 범위

일반적인 내용으로서 세부적인 형태의 정보는 설문 조사를 통해 수집하여야 한다.

위에서 다루는 정보 사항 중 몇몇은 타 정보 사항에 비해 상대적으로 좀 더 구체적인 질문을 통해 수집되는데, '수입'과 같은 정보가 이에 해당한다. 또한 이 중 몇몇은 정확하게 알아내는데 어려움이 있다. '직업' 또는 '여행 시 지출 사항'이 이 범위에 포함된다. 이와 같은 이유로 인해 여기 나오는 모든 사항들이 모든 설문 상황에 적합하다고 볼 수는 없다.

여기서 다루는 사항은 변수와 관련이 있다. 이 말은 즉, 특징이나 행동의 패턴이 개인에 따라 달라질 수 있다는 뜻을 내포한다. 변수라는 용어는 연구에 있어서 널리 사용되고 있으며 특히 컴퓨터라는 매개체를 이용해 자료를 분석할 때 더욱 설득력을 가진다.

설문지 질문 작성

원 리

설문지의 질문을 작성할 때 연구자는 다음과 같은 사항을 지켜야 한다.

- 뜻을 알 수 없는 말을 넣지 않는다.
- 이해가 쉽도록 간단명료화 한다.
- 모호한 표현을 피한다.
- 응답자의 답변을 유도하는 식의 질문을 피한다.
- 한 번에 하나씩만 물어본다. (다목적 질문을 피한다.)

표 9.6에서는 좋은 질문과 나쁜 질문의 예를 제시하고 있다.

주관식 질문 vs 객관식 질문

그림 9.3에 나와 있는 예와 같이, 주관식 질문은 연구자가 보기를 제시하지 않고

원 칙	나쁜 예	개선된 버전
간단한 언어 사용	소매여행대리점을 이용하는 빈도는 어떻게 되십니까?	얼마나 자주 여행사를 이용하십니까?
애매함을 피할 것	당신은 스포츠를 매우 자주 하십니까?	지난 4주간 다음 스포츠 중 한 것은 어느 것입니까?
유도질문을 피할 것	당신은 공항의 확정을 반대하십니까?	공항확장에 대한 당신의 의견은 어떻게 되십니까? 찬성, 반대, 혹은 고려한 적없음?
한번에 하나의 질문만 할 것	지역 예술센터를 이용하십니까? 그리고 그 시설에 대해 어떻게 생각하십니까?	1. 지역 예술센터를 이용하십니까? 네/아니오 2. 지역예술센터의 시설에 대해 어떻게 생각하십니까?

■ 표 9.6 설문지 질문 작성: 좋은 질문과 나쁜 질문의 예시

■ 그림 9.3
주관식과 객관식
질문의 예시

Open-ended type

당신이 연구를 함에 있어 주된 방해를 하는 것은 무엇입니까?

____

Pre-coded/closed type

아래 리스트에 나와있는 문항들 중 당신이 연구를 함에 있어 주로 방해를 하는 것은 무엇입니까?

A. 내 일 ☐
B. 시간표 ☐
C. 아이 돌보기 ☐
D. 동반자/파트너 ☐
E. 돈 ☐
F. 에너지 ☐
G. 기 타 ☐

A. 내 일
B. 시간표
C. 아이 돌보기
D. 동반자/파트너
E. 돈
F. 에너지
G. 기 타 ________________

질문에 대한 답변을 전적으로 응답자에게 맡긴다. 응답자 완료 설문지에는 응답자가 자신의 답변을 기입할 수 있는 한 줄 남짓의 공간이 제공된다. 객관식 질문의 경우, 연구자가 응답자에게 보기를 제공하여 이 중에서 하나의 선택을 할 수 있도록 되어 있다.

인터뷰식 설문의 경우 이 두 방법을 어느 정도 혼합하여 사용한다. 인터뷰자는 대상자에게 주관식 질문을 던지고 대상자의 답변을 예상 답변 목록에서 체크한다. 목록에 없는 답변이 나왔을 경우 인터뷰 진행자는 이를 '기타' 로 처리한다.

주관식 질문의 장점으로는 응답자의 답변이 인터뷰자 또는 설문지의 질문에 의해 영향을 받지 않는다는 점을 들 수 있다. 응답자로부터 나온 주관식 답변은 연구자가 예상하지 못한 반응을 보여줄 수 있다는 점에서 질 높은 정보로 여겨진다. 표 9.7은 하나의 주관식 질문으로부터 나올 수 있는 다양한 답변을 보여준다.

이 지역(피크닉/해변)에 대해 불만을 가지고 계십니까?	
모래 바-25	관리되지 않는 배-23
주차-5	제트스키-39
거친 차량 운전-1	연구-1
해변지역의 부족-1	지역을 지켜야함-1
적은 상점-1	해조류-3
적은 피크닉 테이블-4	샤워시설 필요-1
바비큐용 목재 없음-2	국립공원의 행정-1
더 많은 피크닉 공간 필요-3	공원의 관리 및 정책-1
보트시설 필요-1	해변의 트럭-2
활동시설 필요-1	낚시꾼-1
쓰레기/오염-74	군중/관광객-26
도시의 스프롤 현상-1	입장료-6
낚시할 수 있는 부두 필요-1	해변가의 집-2
트레일의 정보부족-1	기분나쁜 냄새-2
시설물 부족-3	판매원-1
바비큐시설의 기다림-2	전기 바비큐시설-1
관리되지 않은 캠핑-1	개-21
적은 화장실-9	해안가로의 길 없음1
캠프공간에서 먼 시설들-1	대중들에게 관심없는 파크레인저-1
더 많은 개발-4	기타 행동들-20
(스피드)보트-44	긴 간접도로-1
그늘을 위한 나무 필요-1	더 많은 상점 필요-2
해변에서 술마시는 불량배-1	네비게이션 마크 부정확-1
작살낚시꾼-1	더 많은 수도-1
워터스키어-2	더 많은 그네-1
나체주의 반대-3	응급구조시설 없음-1
시끄러운 음악-1	이동주택차량의 전원 공급지역 필요-1
버려진 자동차-1	개 허용-1
교통혼잡-1	개인적 해변 지역-1
부족한 도로-1	레스토랑 부족-1
모래바람-1	비막이용 공간 필요-1
더 많은 바비큐-1	작살로 고기 못 잡기-1
조개-1	사이클리스트를 위한 갓길없음-1
아웃도어 카페 필요-1	수영지역의 돌 제거-1
더 많은 음식공간 필요-1	위험한 보트의 오염활동-1
물이 너무 얇음-1	

■ 표 9.7 하나의 주관식 질문으로부터 나올 수 있는 다양한 답변의 예시

객관식 질문의 경우, 나이나 수입, 지출과 같이 정량화된 정보를 다룰 때 빛을 발한다. 이는 정확한 수치를 밝히는 데 있어서 불편을 느끼는 응답자에게 편리성을 제공하기 때문이다. 하지만 이와 같은 정량화된 정보를 주관식 질문을 통해 수집할 경우, 정확한 수치를 얻을 수 있다는 장점이 가지고 있다. 이러한 점은 자료 분석 시 목적에 따라 다양하게 적용될 수 있다는 면에서 연구자에게 유리할 수 있다. 즉, '평균'과 같이 분석 시 사용되는 다양한 수치가 표현 가능해지므로 객관식 답변에서 나온 정보에 비해 통계 분석 시 유용하게 사용된다.

그렇다면 주관식 질문이 가진 단점에 대해 알아보자. 우선 컴퓨터 분석의 측면에서 봤을 때 정성적 자료의 분석은 상대적으로 많은 에너지가 들어간다. 극적인 답변의 경우, 이는 정보로서 그 가치를 가지지 못 할 수도 있다. 표 9.7에 나와 있는 모든 답변들을 정보의 분석 과정에서 6개의 범위 안에 넣어야 한다고 가정하여 보자. 답변을 분류하는 작업은 상대적으로 많은 시간을 소요하며 어느 정도의 판단력 또한 요구한다. 이 과정에서 오류가 발생할 수 있다는 점도 배제할 수 없다.

두 번째 단점은 응답자 완료 설문지의 경우, 그 응답률이 낮게 나올 수 있다는 것이다. 사람들은 대개 주관식 답변을 하는 데 있어서 귀찮아하거나 여유가 없다. 그러므로 설문지의 질문을 주관식 또는 객관식으로 시행하느냐에 대한 문제는 연구자의 판단 여부에 달려있다.

일반적인 설문 형태

이 장 끝 부분에 나오는 사례 연구에서는 가정 및 현장 설문 조사에서 일반적으로 사용되는 설문지 유형인 응답자 완료형, 인터뷰자 완료형 설문지의 예시를 볼 수 있다. 사례 연구 9.1은 대학 캠퍼스 내 사회생활에 대한 학생들의 태도를 평가하는 내용의 설문지이다. 대학 캠퍼스 내에서 시행되는 설문이기 때문에 이를 현장/거리 설문으로 분류할 수 있다. 이러한 종류의 설문은 부분적으로 현장 설문 또는 이용자 설문의 형태를 따른다. 하지만 모든 학생이 설문에 적합한 대상이라고 볼 수는 없으므로 이는 거리나 쇼핑 센터에서 행해지는 설문과 유사한 면이 많다. 응답자 완료형의 설문에서 좀 더 높은 응답률과 질 높은 답변을 기대하기 위해선 설문자의 관리 아래 진행되는 것이 좋다. 대학 당국의 허락 아래 수업 중 설문이 진행된 경우 이는 전속 그룹 설문이 된다. 사례 연구 9.2는 단기 휴가라는 주제의 인터뷰자 완료형 가구 설문이며, 사례 연구 9.3은 공원 이용자를 대상으로 한 인터뷰자 완료형 현장 설문이다.

나 이

'나이' 라는 요소는 레저 및 관광 행동과 태도를 구분하는데 매우 중요한 역할을 한다. 그렇기 때문에 설문지에서 이에 대한 정보의 질문은 반드시 포함되는 사항 중 하나이다. 이 때 결정해야 하는 사항은 이를 주관식 또는 객관식으로 물어볼 것인가에 대해서이다. 앞서 이 두 방법의 장단점에 대해 알아보았다. 나이대로 알아볼 경우, 중복되는 부분이 없도록 주의해야 한다. 아래의 예시에서는 14세 응답자가 어디에 체크해야 하는지 명확하게 질문이 만들어지지 않았다.

A	0-14
B	14-19

다른 통계 자료와의 비교를 위해서 연령대는 15-19, 20-24, 25-29의 형태로 구분 지어야 한다. 즉 16-20, 21-25, 26-30의 형태는 적합하지 않다.

경제적 지위/직업/사회 경제적 그룹/계층

한 사람의 경제적 지위를 나타내는 정보인 '직업' 은 레저와 관광 행동에 있어 뚜렷한 영향을 준다. 그렇기 때문에 이는 마케팅과 기획, 공공 정책 관련 사항에 있어서도 중요한 고려 사항이 된다. 표 9.8의 목록처럼 한 사람의 경제적 지위는 본인과 그 사람이 속해있는 경제와의 관계를 보여준다.

일반적으로 직업이란 정보를 통해 그 사람이 종사하고 있는 분야에 대해 알 수 있기 때문에 직업에 대한 질문은 대부분의 설문지에서 찾아볼 수 있다. 때로는 가장 최근의 직업이 무엇인지, 또는 가장 큰 생계수단이 무엇인지 묻기도 한다. 학생들이 설문 대상이 되는 경우, 부모와 함께 생활하는지에 대한 여부나 부모의 이혼 여부에 대한 정보로 인해 질문이 복잡성이 띠기도 한다. 사회보장제도에 관한 사항도 고려해야 한다. 가구 설문 시에는 이러한 사항의 파악이 가능하지만 거리 설문의 경우, 이러한 질문들은 공격성을 띠기 때문에 질문으로서 적절하지 않다. 직장인들에게는 다음과 같이 질문할 수 있다.

- 당신의 직업은 무엇입니까?
- 어떤 분야의 일에 종사하십니까?
- 보기에서 당신의 직업과 가장 적합한 분야를 선택하세요.

설문 시 대상자에 대한 충분한 정보를 수집하여 대상자의 직업 형태에 대해 분류할 수 있도록 한다. 시장 조사자와 공무원들은 표 9.8처럼 약간 다른 형태의 분류를 시행한다. 경제적 지위에 대한 분류와 더불어 시행되는 위의 분류는 SEG (socio-economic group)라는 사회경제적 집단과 연관이 있는데 이런 개념은 사회 계층의 개념과 유사하다.

직업에 대해 묻는 주관식 질문은 설문 대상자들에게 막연하게 다가올 수 있기 때문에 이를 보조하는 질문을 포함시키는 것이 좋다. 예를 들면, 사무직, 기술자, 자영업 등의 답변은 그 범위가 설문 결과로서 활용하기에는 너무 넓기 때문에 유용하지 않다. 따라서 '구체적으로 어떤 분야의 일인지 말씀하여 주십시오.' 등의 보조 질문

■ 표 9.8 경제적 지위/직업/사회경제적 분류

경제적 상태

- 풀타임 직업
- 파트타임 직업
- 집이나 아이 보살핌
- 학생
- 은퇴자
- 비고용/고용 기다림
- 기타

시장 연구 점유/SEG 분류

AB 경영, 행정, 전문직(중급, 상급)
C1 관리, 목사(예: 화이트 칼라), 초급의 경영, 행정, 전문직
C2 기술자
DE 비기술자, 노동자, 주의 연금에 의존하는 자

인구 점유/SEG 분류

- 전문직
- 고용자, 매니저
- 기타 자가 고용
- 기술자
- 비 육체노동자
- 서비스직, 농업
- 군인
- 비기술자

이 필요하다. 가구 설문 인터뷰 시에는 대상자의 직업이 구체적으로 어떤 산업의 일인지 혹은 같이 일하는 동료의 수가 얼마나 되는지에 대한 추가적인 질문을 함으로써 설문 대상자의 직업에 대한 완전한 정보를 수집할 수 있다.

수 입

수입에 대해 묻는 질문에 대한 일반적인 형태는 다음과 같다.

- 당신이 한 해 동안 벌어들이는 수입은 얼마나 되십니까?
- 다음 보기에서 당신의 연간 수입의 범위를 선택하시오.

대상자의 생계수단이 하나일 경우 보통 연봉에 대해 질문하는데 이는 납세금을 뺀 순이익을 계산하는 과정이 복잡할 수 있기 때문이다. 연간 수입과 순이익은 두 다른 개념이므로 연구 시 변수로 두는 부분의 정확성에 영향을 미친다. 설문 대상자가 해당 가구의 주 납세자가 아닐 경우, 수입이 변수로서 가지는 정확도는 낮을 수 있다. 이러한 문제점은 한 가구에 속해 있는 모든 사람에게 설문을 실시하거나 혹은 해당 가구의 주 납세자가 누구인지에 대해 알아볼 시 해결 가능하다. 하지만 많은 10대 아이들의 경우를 예로 들면, 부모의 수입이 얼마나 되는지 잘 모르기 때문에 이들에게 가구 수입에 대해 물어보는 것은 적절하지 않다. 또한 수입에 대한 정보는 민감한 정보이기 때문에 거리 및 이용자 설문 시 종종 제외되는 사항이다.

혼인 상태

법적인 혼인 상태가 변수로서 가지는 유용성은 현대사회에서 '혼인 상태' 가 가지는 의미가 변하면서 차츰 감소하고 있다. 하지만 레저와 관광 행동에 있어서 자녀에 대한 책임 유무는 다른 분야에 비해 중요한 변수가 된다. 혼인 상태에 관한 설문 형태는 다음과 같다.

- 기혼
- 미혼 – 결혼 경험 무
- 배우자 사별/이혼/별거

법적은 아니지만 사실상 혼인 상태로 볼 수 있는 사람들의 경우, 대상자에게 선택 여부를 맡기거나 혹은 그에 해당하는 그룹의 생성이 필요하다.

세대 형태/조직 형태

세대 형태라는 변수는 많은 레저 및 관광 연구에 있어 유용하게 사용된다. 하지만 가구 설문 인터뷰 상황을 제외하고는 이에 대한 정보를 수집하는 것이 그리 쉽지 않은 것이 문제다. 가구 설문 인터뷰 시 세대 형태에 대한 정보 수집은 '이 가정에 거주하는 사람으로는 누가 있습니까?'로 시작될 수 있다. 또 다른 질문 형태로는 '몇 명의 자녀를 두고 계십니까?' 등이 있다. 순차적인 질문을 통해 해당 가구의 세대 형태를 분류한다. 그림 9.4에서 세대 형태 및 조직 형태에 대한 예를 확인하여 보자.

■ 그림 9.4 세대 형태/조직 형태

가계 종류 - 가계 연구

질문형식

여기에 누가 사는지 말해주십시오.

사 람	응답자와의 관계	성별 남/여	연 령	직 업
1				
2				
3				
4				
5				
6				

그룹 분류

A. 편모와 아이 하나
B. 편모와 둘 이상의 아이
C. 커플과 아이 하나
D. 커플과 둘 이상의 아이
E. 커플, 아이없음
F. 연관된 성인
G. 연관되지 않은 성인
H. 싱글
I. 기타

방문객 그룹 - 지역연구

질문 형식

a. 당신을 포함한 그룹 내의 사람은 몇 명입니까? ________
b. 당신의 그룹 내에 5세 이하의 아이는 몇 명입니까? ________
c. 그룹 내에 5-15세 이하의 아이는 몇 명입니까? ________
d. 그룹 내에 60세 이상은 몇 명입니까? ________

그룹 분류

A. A. 0-4세의 어린 멤버
B. 5-15세의 어린 멤버
C. 혼자인 성인
D. 두 성인 (60세 이하)
E. 늙은 커플(60세 이상)
F. 3-5명의 성인
G. 6명 이상의 성인

생활주기

몇몇 연구자들은 나이나 혼인 상태와 같은 개인적 변수가 레저 및 관광 행동 예상요인으로 충분하지 않다고 말한다. 그보다는 생활주기와 같은 혼합 요인의 활용이 필요하다는 주장이 있다. (Rapoport and Rapoport, 1975) 한 사람의 생활주기는 나이, 경제적 지위, 혼인 및 가족 상황에 대한 여러 정보의 혼합을 통해 파악할 수 있다. 표 9.9에서는 이러한 생활주기의 단계를 보여준다. 2장에서 논의한 생활양식은 이러한 개념을 더욱 발전시킨 것이다. 하지만 이에 대한 자료는 많은 양의 정보 수집을 통해서 구현 가능하다.

민족적 배경

민족적 문화가 레저와 관광 행동에 미치는 영향은 실로 지대하다고 볼 수 있다. 또한 이러한 부분은 사회 계층 간에 평등을 고려하는 정책에 있어서도 중요한 고려사항이 된다. 그렇기 때문에 이러한 정보에 대한 물음은 레저 및 관광 설문에 있어서 쉽게 찾아볼 수 있다. '민족 그룹'이란 사회 그룹의 하나로서 종교, 언어, 문화적 가치와 관례 등을 공유하는 집단이다. 이러한 공유 요소 중에는 레저와 관광도 포함되어 있기 때문에 관광 정책, 기획, 경영에 있어서 민족성은 중요한 역할을 한다. 특히 소수 민족의 경우, 여가나 관광에 있어서 그들이 추구하는 부분은 주류 문화에 속해 있지 않은 경우가 많기 때문에 이들을 고려한 연구가 시행되고 있는 것이다. 과거의 소수 민족들은 이민자인 경우가 대부분이었기 때문에 대상자의 출생지에 대한 질문이 민족적 배경을 파악하기 위한 매개가 되었다. 하지만 오늘날에는 대부분의 소수 민족들이 2세대 이상이기 때문에 부모 또는 조상의 출생지에 대한 질문이 이를 대체하기도 한다. 하지만 세계화된 문화 속에서 출생지에 관한 정보는 그 의미가 희석되어 가고 있기 때문에 설문 대상자에게 자신의 민족적 배경에 대한 직접적

■ 표 9.9
생활주기 단계

생활주기 단계
A. 어린이/어린 독신 – 의존(부모)
B. 어린 독신 – 독립
C. 젊은 기혼자/파트너 – 아이 없음
D. 부모 – 부양할 어린이
E. 부모 – 독립한 아이들
F. 은퇴자 – 70이하
G. 은퇴자 – 70이상

인 질문을 던지는 것이 좋다. 유의하여야 할 점은 이것이 민족적 배경에 대해 가장 만족스러운 접근 방법일수 있으나 몇몇에게는 불쾌감을 줄 수 있다는 것이다.

거주 지역

거주 지역은 레저 시설의 이용을 결정하는 중요한 요소 중 하나이다. 이를 통해 한 사람의 사회경제적 지위와 더불어 소비의 패턴 역시 파악 가능하다(Shaw, 1984; Zukin, 1990). 또한 거주 지역이나 여행자의 집에 대한 정보는 시설물에 대한 시장 영역 분석의 기본이 된다. 가구 설문의 경우, 거주 지역에 관한 정보는 인터뷰자에 의해서 쉽게 수집되고 설문지 형식에서는 마을, 교외, 도시 등으로 분류된다. 거리나 이용자 설문에서는 해당 시설의 시장 영역 연구를 위해 설문 대상자들에게 어디에서 왔냐고 물어보는 것이 필요하다. 정보의 상세적인 정도는 연구에 따라 다르다. 어떤 설문에서는 교외인지 도시인지만 알아내면 되지만 또 어떤 설문에서는 거주 지역의 주소까지 필요할 수 있다. 해외 여행자라면 보통 국가명 정도로도 충분하다. 사례 연구 6.4에서는 이용객들의 거주 지역 파악을 통해 시설물의 시장 지역에 대해 나타내고 있다. 이 예시에서는 정보가 멤버십 기록으로부터 수집되었지만 이와 같은 정보는 설문지를 통해서도 수취 가능하다.

시장 조사 회사는 종종 설문 대상자의 주소나 전화번호를 기록에 남기기도 하는데 이는 설문이 인터뷰자에 의해서 올바른 방법으로 시행되었는지에 대한 여부를 확인하기 위해서이다.

주택 정보

설문 대상자가 어떤 종류의 주택에서 생활하는지에 대한 정보는 보통 가구 설문시의 경우 인터뷰자의 관찰에 의해서 수집된다. 주택 정보가 레저 연구에 있어 필요한 이유로는 이를 통해 대상자가 이용 가능한 여가 생활의 파악이 수월해지기 때문이다. 전세인지 월세인지 본인 소유의 자택인지에 대한 개인의 주택 정보는 그 사람을 파악하는 사회경제적 변수로서 중요성을 띤다. 주택 정보의 형태에 대한 설명을 표 9.10에서 확인해 보자.

이동성

여가 행동에 있어서 이동성은 또 다른 중요 요인이다. 그러한 이유에서 설문지에

■ 표 9.10 주택 정보

주거 타입
A. 단독주택
B. 연립주택
C. 테라스 하우스
D. 플랫식 주택/셋방
E. 이동주택/집배
F. 기타
보유권
A. 완전한 소유
B. 구매중
C. 대여
D. 기타

서 자가용의 소유 여부를 묻는 질문은 자주 등장한다. 현장 연구의 경우, 어떤 이동 수단을 통해 여행 목적지까지 왔는지에 대한 질문이 이루어진다. 이동에 있어서 2개 이상의 이동 수단을 이용하였을 경우, 설문 대상자에게 그 중 어떤 이동 수단을 가장 많이 이용하였는지에 대해 물어보는 것이 필요하다.

레저 활동

레저 활동 참여에 관한 설문에 있어 이에 대한 정보를 수집하는 질문을 만드는 것은 어려운 일이다. 어려움으로 여겨지는 부분은 다음과 같다.

- 주관식 질문 형식과 객관식 질문 형식 중 어떤 것을 사용하여야 하는지
- 활동의 시기 결정

주관식 질문은 보통 일정한 기간 동안 여가 시간에 어떤 레저 활동을 하였는지에 대해 기술하라는 기본 형식을 갖는다. 하지만 설문 대상자는 아무런 길잡이 없이 자신이 했던 레저 활동에 대해 기억해내는데 어려움을 겪을 수 있다. 또한 '레저' 나 '여가 시간' 이라는 용어가 정확히 어떤 의미로 쓰였는지에 대해 이해하는 것 역시 어려울 수 있다. 레저라는 말은 그 대상이 누구이냐에 따라 다른 의미로 다가올 수 있다. 어떠한 설명도 곁들어지지 않았다면 커피를 마시거나 친구를 만나는 등의 활동은 레저로 간주되지 않을 수 있다. 뜨개질 또는 정원 가꾸기 등의 활동도 마찬가지다. 답변 시 '여가 시간 '이라는 말이 어느 정도 도움을 줄 수는 있겠지만 이 역시 해석하는 데에 따라 다양한 의미로 받아들여질 수 있는 여지가 있다.

대상자들이 레저 활동의 목록을 보고 선택할 수 있게 하는 것은 설문의 본질적인 면에 있어서 옳지 않다고 여겨질 수 있을지도 모르겠으나 최소한 대상자들이 설문자가 의도한 답변 영역 안에서 설문에 응할 수 있다는 점에서 장점을 지닌다. '보기 제공'의 단점을 살펴보자면, 이러한 보기가 설문지에서 차지하는 공간으로 인해 설문 대상자들은 답변하는 데 내켜 하지 않을 수 있다. 인터뷰자 완료형 설문에서 가장 큰 문제점으로 생각되는 것 역시 해당 질문과 관련한 보기를 읽어 내려갈 때 응답자가 느끼는 지루함에 있다. The General Household Survey라는 회사는 이러한 문제점을 완화하기 위해 레저 활동의 형태와 관련하여 12개의 목록만을 제시하도록 하였다. 이러한 목록의 예로는 가정 중심 활동, 야외 활동, 예술 및 오락 등이 있다.

일정한 기간 동안 여가 시간에 어떤 레저 활동을 하였는지에 대해 기술하라는 기본 형식에서 '일정한 기간'이라는 부분도 연구의 본질적인 면에 있어서 어려움을 준다. 표 9.11에서는 2001년도에 시행되었던 설문에 대한 결과를 나타내고 있는데 이 때 설문 대상자들은 지난 4주 동안 예술 행사에 참여한 경험에 대해서 답변하였다. 4주 동안 아무 참여 경험 없었던 대상자의 경우, 지난 1년 동안의 경험을 토대로 설문에 응하였다. 결과는 알아보기 쉽게 나와 있다. (호주에서 실시한 비슷한 설문의 예로 Darcy, 1994를 확인) 참여 활동에 대한 좀 더 상세한 분석을 위해 적용되는 활동 시기의 범위는 연구되는 활동의 수준에 영향을 미치며 또한 활동에 대한 통속성에도 영향을 준다. 활동 시기의 범위가 좁을수록 연구 결과가 나타내는 내용의 정확도는 높아지지만 레저 활동 참여자들의 범위 역시 제한될 수 있다. 이는 불규칙적인 참여자가 대상에서 제외될 수 있기 때문이다.

대상자들에게 레저 활동의 참여 여부를 질문하는 것과 더불어 얼마나 자주, 그리고 얼마나 많은 시간을 이에 투자하였는지에 대해 묻는 것도 잊지 말아야 한다. 설문 응답자가 다양한 레저 활동에 참여하였다면 이에 따라 인터뷰의 길이 역시 길어질 수 있다. 이러한 문제를 피하기 위해 몇몇 설문에서는 활동 대상을 구체적으로 압축하여 묻기도 한다. 예를 들면 마지막으로 갔던 여행에 대해서만 설문을 실시하는 것이다. 여기서 응답자는 여행 목적지가 어디였는지, 누구와 함께 갔는지, 어떤 요일에 갔는지, 어떤 레저 활동을 하였는지 등에 대해 답한다.

특정 지역에 관한, 또는 특정 분야에 초점을 맞춘 설문의 경우, 설문 대상자들이 어떤 레저 시설이나 관광 시설을 이용하였는지에 대해 상세하게 알아보는 것이 주

	지난 기간의 16세 이상의 참여율	
	12개월	4주
극장과 영화제에서의 영화	55	19
연극이나 드라마	27	5
카니발, 거리 예술, 서커스	23	4
수공예 전시	19	6
	17	4
판토마임	13	–
문화 축제	10	2
책이나 집필과 관련된 이벤트	8	2
비디오, 전자 예술 이벤트	7	2
뮤지컬	24	4
팝 혹은 락 콘서트	18	4
클래식 음악 콘서트	10	3
오페라	6	1
재즈 콘서트	5	2
포크, 컨트리, 웨스턴 콘서트	3	–
기타 음악	9	–
모든 종류의 댄스 공연	12	–
현대 무용	3	–
발레	2	–
기타 춤	7	–
샘플	6,042	6,042

–=0/무응답

자료: Skelton al., 2002

■ 표 9.11 예술이벤트의 참석율, 영국, 2001

요하다. 국립 공원이나 스포츠 센터에 관한 설문에서 연구자는 시설 이용의 연구에 있어 다양한 접근법을 적용한다.

그 중 가장 자주 사용되는 방법은 바로 현장 및 이용자 설문이다. 설문 시 인터뷰자는 설문 참여자에게 어떤 여가 활동을 즐겼는지 혹은 즐길 계획인지 물어본다. 많은 여가 공간에서는 보통 한 가지 이상의 여가 활동이 가능하다. 해변을 예로 들면 수영과 더불어 소풍이나 일광욕 등 참여할 수 있는 활동 사항이 한 가지에 국한되지 않는다.

관광 활동

관광이라는 주제 아래 가구 설문을 시행할 시 설문지에서 관광 활동이라는 말이

의미하는 것은 대개 거주 지역을 벗어나 일정 기간 동안 다른 곳으로 여행을 갔던 경험을 가리킨다. 관광 활동에 관한 설문 시 가장 큰 고려의 대상이 되는 것은 바로 관광 활동 시기의 범위를 규정하는 일이다. 특정 휴일에 떠난 휴가에 대해 기억해내는 것은 그리 어려운 일이 아닐 수 있지만 틈틈이 떠났던 짧은 여행 등에 대해 정확히 기억해 내기란 그리 쉽지 않다. 따라서 질문 시 활동 시기의 범위를 제한하고 이 당시의 참여 활동에만 집중하는 것이 정확도 면에서 효과적이다. 예를 들어, 지난 3개월 동안 참여하였던 관광 활동에 대해 질문하는 것이 응답자 입장에서 이에 대해 상세히 기억해내는 데 편하다.

두 번째 고려 사항은 관광 여행에 대한 명확한 정의를 내리는 것이다. 설문 안에서 사용되는 용어들은 대개 일반적인 정의를 따른다. 예를 들면, 여행이라는 용어에서는 1박 이상을 집이 아닌 다른 곳에서 생활한다는 내용이 담겨있다. 하지만 특정 설문의 경우, 당일 여행도 연구 대상이 될 수 있는 것이다.

관광에 관해 실시한 설문지에서 응답자가 여행한 곳이 어디이며 여행의 길이와 숙박 등에 관한 질문을 쉽게 찾아볼 수 있다. 관광 설문은 보통 레저 설문에 비해 경제적인 면에 더 초점을 맞추는 경향을 보인다. 따라서 여행 시 이루어졌던 지출의 정도에 관한 질문이 포함되어 있다.

레저 및 관광 활동 측정

레저와 관광 활동은 다양한 범위의 변수를 포함한다. 이러한 변수를 통해 다양하게 이루어질 수 있는 레저와 관광 활동의 측정은 표 9.12에 잘 나타나 있다. 모든 연구에서 적합한 측정 형태의 적용을 결정하는 과정은 필수적이다.

매스컴 이용

설문지에서 응답자의 매스컴 이용에 관한 질문 사항을 본 적이 있는가? 아마 자주 있었을 것이라 생각된다. 이는 매스컴 이용에 대한 정보가 회사의 광고 정책에 있어 중요하게 사용되기 때문이다. 이에 관한 정확한 정보의 수집을 위해서는 매스컴 이용에 관해 많은 질문이 수행되어야 한다. 연구의 대상이 소규모 시설물이나 서비스인 경우, 설문 대상자의 텔레비전 이용에 대한 정보는 그리 중요하지 않을 수 있다. 텔레비전 광고는 비용 면에서 부담이 되기 때문에 이러한 상황에서는 잡지나

방 법	정 의	여가의 예	관광의 예
A. 참여율	일정 시간에 활동을 하는 일정비율의 인구	커뮤니티 X의 성인 6%는 적어도 일주일에 한번 수영을 함	매년 X나라의 성인 5%는 해외여행을 함
B. 참여자 수	일정 시간에 활동을 하는 지정된 커뮤니티의 사람 수 (A*인구수 or C/방문빈도)	커뮤니티 X의 20000명은 일주일에 적어도 한번은 수영을 함	1년에 한번 X나라의 70만명은 Y나라를 방문함
C. 활동(방문)의 크기	방문한 수 or 지정된 커뮤니티의 멤버에 의해 행해진 활동범위내의 게임 or 특정 기간에 지정된 지역에서의 활동(B*방문/기간마다의 게임)	일년에 커뮤니티 X의 수영장의 방문은 120만명(100만명의 지역 거주자)	X나라의 거주자들에 의해 Y나라로 여행의 수는 85만번
D. 시간	특정기간에 커뮤니티내의 개인들이 여가에 활용할 수 있는 양 or 특정활동에 사용된 시간(C*방문마다의 시간)	은퇴자들의 평균 하루의 여가시간은 5시간 혹은 하루에 평균 3시간을 TV를 보는데 사용	지역 Z를 방문하는 관광객은 5.5일을 해당지역에서 보냄
E. 비용	개인이나 커뮤니티에 의해 여가에 사용된 돈 or 특정 기간에 여가나 여가 상품 혹은 서비스에 사용된 돈(C*방문마다의 사용)	영국의 여가 소비자 지출비용은 일년에 500억원 이상	지역 Z를 방문하는 관광객의 지출비용은 일년에 2500만원 이상

■ 표 9.12 레저 및 관광 수요 측정

신문에 관한 매스컴 이용에 관한 질문이 이루어진다. 이 경우, 매스컴 이용에 대한 질문의 예는 다음과 같다.

'어떤 신문을 구독하고 계십니까?'

'주로 어느 라디오 스테이션을 청취하십니까? 적어도 일주일에 두 번 이상을 기준으로 답해주시겠습니까?'

태도/의견

설문지를 디자인하는 데 있어서 '태도'와 '의견'은 매우 복잡성을 띤 요인이다. 그림 9.5에서는 응답자들의 의견과 태도를 알아보기 위해 다양한 기술법이 사용되었다. 예시를 참고하여 '태도'와 '의견'을 나타내는 기술법에 대해 알아보자.

■ **그림 9.5**
레저 및 관광
수요 측정

a. open-ended/direct: 이 코스를 지원하게 된 동기는 무엇입니까?

____

b. 체크리스트: 카트내의 항목을 보고, 코스에 지원하게 된 가장 중요한 이유를 골라 주십시오.

A. 좋은 명성 B. 쉬운 접근 C. 커리귤럼 D. 비용정도 E. 쉬운 주차

c. 서열: 카드에 나와 있는 항목 중 중요의 정도에 따라 서열을 매겨주십시오. 1번은 가장 중요함, 5번은 가장 중요하지 않음

	서열
A. 좋은 명성	________
B. 쉬운 접근	________
C. 커리귤럼	________
D. 비용정도	________
E. 쉬운 주차	________

d. Likert 척도: 카드에 나와 있는 항목들을 당신이 이 코스를 선택한 중요의 정도에 따라 골라주십시오. : 아주 중요, 중요, 중요하지 않음, 아주 중요하지 않음

	아주 중요	중요	중요하지 않음	아주 중요하지 않음
A. 좋은 명성	☐	☐	☐	☐
B. 쉬운 접근	☐	☐	☐	☐
C. 커리귤럼	☐	☐	☐	☐
D. 비용정도	☐	☐	☐	☐
E. 쉬운 주차	☐	☐	☐	☐

e. 태도 진술: 다음 문항을 읽고 동의 정도를 적절한 상자안에 넣으십싯오.

	아주 동의	동의	의견 없음	동의하지 않음	아주 동의하지 않음
교육의 자격보다 배움의 경험이 더 중요하다.	☐	☐	☐	☐	☐
코스 졸업비용이 너무 비싸다.	☐	☐	☐	☐	☐

f. 어의 차이: 당신이 생각하기에 각 요인별 생각하는 정도를 선에 표시하여 주십시오.

어려움					쉬움
비적절					적절
전문적					비전문적
심심한					재미있음

리커트 척도

눈금을 적용한 보기의 사용과 분석은 리커트(Likert)라는 심리학자에 의해서 개발되었다. 따라서 우리는 이러한 보기를 리커트 척도라고 부른다. 리커트 척도가 적용된 설문지에서 설문 응답자는 질문 사항에 대한 자신의 생각을 눈금을 통해 표현한다. 이러한 방법의 장점으로는 답변의 내용이 정량화될 수 있다는 점을 들 수 있다.

등급 매기기

응답자가 특정 사항의 중요도 등을 등급으로 표시하는 것 역시 직접적인 표현방식 중 하나이다. 이와 같은 방법에서도 응답자의 답변 내용은 정량화될 수 있다.

태도 진술

'태도 진술' 은 철학적 혹은 정치적인 사항을 포함한 여러 가지 대상에 대한 응답자의 태도를 알아볼 수 있는 수단이다. 설문 대상자는 한 가지 진술을 보고 이에 대해 눈금을 이용해서 자신의 태도를 나타낸다.

진술에 대한 응답자의 태도는 척도를 통해 표현된다. 그림 9.5의 질문e의 척도를 보자. 'agree strongly' 는 5점이 적용되고 'agree' 는 4점, 그리고 우측끝 'disagree strongly' 의 경우 1점이 적용된다. 설문이 끝난 뒤 기록을 정리하는 과정에서 각 사항에 대한 평균값을 구할 수 있다. 'agreed' 나 'agreed strongly' 에 체크한 응답자가 많은 설문에서는 평균값이 4에서 5 사이에서 나올 것이라 예상할 수 있다. 이러한 기록을 통해 여러 진술들에 대한 한 개인의 생각을 알 수 있고, 한 진술에 대한 여러 사람의 생각 또한 알아볼 수 있다.

어의를 통한 차별

어의를 통한 차별 방법(semantic differential method)에서는 설문 대상자에게 여러 개의 상반된 의미를 가진 단어쌍의 보기가 제공된다. 설문 대상자는 특정 시설이나 장소, 또는 서비스에 대해 자신의 의견을 이러한 보기를 통해 표현한다. 이 방법은 전화 설문과 같이 시각적인 보기의 제공 없이 진행되는 설문에서는 적용이 힘들기 때문에 주로 설문지 형식에서 사용된다. 어의를 통한 차별 방법은 상반된 두 단어 안에서만 응답이 이루어짐으로 중간값이 난무하는 설문의 결과를 피할 수 있다는 장점을 지닌다. 이 설문 방법을 적용한 경우, 연구의 내용 및 이론 설명에 있어 설문 시 사용했던 단어 쌍의 목록의 제시가 필요하다.

축적 격자표

어의를 통한 차별 방법을 좀 더 발전시킨 접근법을 축적 격자표 기술(repertory grid technique)이라고 한다. 이 방법에서는 응답자가 답한 단어의 조합을 통해 '개인 구성' (personal constructs)이 이루어진다. (Kelly, 1955) 뒤에 나오는 내용에서 이 접근법이 레저와 관광 분야에서 어떻게 사용되는지 설명한다.

질문의 배열과 설문지의 설계

설문 소개란

설문지에 설문에 대한 소개를 넣어야 할 것인가에 대해 이야기해보자. 여기서 설문에 대한 소개란 설문의 목적을 비롯하여 설문 대상자의 적극적인 협조를 구하는 글 등을 말한다. 우편 설문의 경우, 이러한 목적을 띤 글은 발송된 우편 내 서신이 대신한다. 다른 종류의 설문의 경우, 설문지를 나눠주는 사람에게 설문에 대한 설명을 할 수 있는 시간이 제공되는 경우를 제외하고는 이러한 내용의 설명을 곁들이는 것이 좋다. 인터뷰자 완료형 설문지의 경우에도 설문에 대한 소개 부분은 설문지의 상단부 또는 인터뷰자의 지침서에 실릴 수 있다.

실제 대면 인터뷰 시 인터뷰자가 설문 대상자에게 설문 지침서를 읽어주는 경우는 드물다. 인터뷰에 대한 참여 유도 시, 인터뷰자는 대상자의 눈을 바라보고 이야기하는 것이 좋기 때문에 인터뷰 진행자는 사전에 소개 내용을 숙지할 필요가 있다. 가구 설문의 경우, 인터뷰 대상자는 많은 양의 정보와 설문자의 신원에 대해 충분히 숙지한 뒤에 인터뷰에 응하는 것이 보통이다. 하지만 현장 설문의 경우, 그 무엇보다 대상자의 관심사가 되는 것은 설문에 응할 시 어느 정도의 시간이 걸리는지 또는 어떤 종류의 질문에 대해 답변해야 하는지에 대한 것이다. 그렇기 때문에 현장 설문 및 이용자 설문 시에는 최소한의 설명으로 설문을 시작하는 것이 바람직하다. 현장 설문 참여를 유도하는 한 설문자의 예를 살펴보자. '실례합니다. 저희가 지금 이 시설을 이용하는 이용자들에 한해 설문을 실시하고 있는데 몇 가지만 여쭈어 봐도 괜찮으시겠습니까?'

설문 진행자는 설문에 대한 협조를 구하기 앞서 신분증을 제시하는 등의 행동을 통해 자신이 어디 소속인지를 사전에 밝혀야 한다. 시장 조사기관이나 상담 회사에서는 설문 진행자 교육 시, 이들이 응답자를 대표하는 것이 아니라 회사를 대표한다는 사실을 전달할 것을 숙지시킨다. 이는 설문 대상자들이 답변을 하는데 있어서 자신의 의견을 피력하는데 영향을 받지 않게 하는 데 그 목적이 있다. 하지만 여기서도 문제가 될 수 있는 점은 설문 대상자에게 어떤 회사에서 연구하는지에 대하여 밝히는 것 역시 설문 답변 시 영향을 줄 수 있다는 점이다.

설문 소개란의 기능에는 대상자의 신원에 있어 철저한 보안이 이루어진다는 점을 확인시켜준다는 점이 있다. 현장 연구의 경우, 대상자의 이름이나 주소와 같은 정보는 수집되지 않기 때문에 신원 보안은 쉽게 이루어진다. 반면, 가구 설문이나 우편 설문의 경우에는 연구자측에서 설문 대상자가 누군지 알 수 있다. 이 때 이들의 신원 보안 문제는 이름과 주소를 수신한 설문지에서 분리함에 따라 유지 가능하다.

질문의 배열

설문 시 실시되는 인터뷰가 논리적이고 편안함을 주는 방식을 따라야 한다는 점은 반드시 기억해야 할 사실이다. 이에 대한 몇 가지 사항을 살펴보자.

1. 쉬운 질문으로 설문의 문을 열어라.
2. 관련 있는 질문으로 시작하라. 다시 말해, 설문 대상자에게 이번 설문이 휴일에 관한 내용임을 밝혔을 때, 첫 번째 질문은 휴일에 관한 것이어야 한다는 말이다.
3. 나이나 수입과 같이 개인적인 질문은 마지막에 남겨두는 것이 좋다. 이는 설문자와 설문 대상자 사이에 어느 정도 신뢰감과 친밀한 기운이 형성되었을 때 실시하여야 한다. 응답자 완료형 설문지의 경우에도 이와 마찬가지로 개인적인 질문은 설문의 끝부분에 나오는 것이 좋다.

설문지의 설계

설문지는 설문자 또는 설문 대상자가 설문의 내용을 쉽게 알아볼 수 있도록 구성되어야 한다. 설문의 내용 중에 '바로가기 질문' (filter question)이 있을 경우 이는 더욱 중요한 사항이 된다. 여기서 말하는 '바로가기 질문'이란 특정 질문에 대한 답변 여부에 따라서 그 후에 답변해야하는 질문이 갈리는 경우를 말한다. 그림 9.6에서 이러한 '바로가기' 형 질문의 예를 확인하여 보자.

응답자 완료형 설문지에서는 상대적으로 더 많은 시간을 설문지 설계에 투자해야 할 필요가 있다. 이는 다음 예에서 잘 드러난다. 바로가기 질문에서 답변을 '예'라고 체크했을 경우에 따라야 하는 지침을 지키지 않고 응답자가 '아니오' 답변 시 넘어가야 하는 질문에 답하였다면, 여기서 생기는 잘못은 연구자가 수정하기에 매우 어렵다. 따라서 설문지 구성과 설문지의 전체적인 이미지가 성의 있고 적극적인 응답 결과를 불러오는데 끼치는 영향력은 매우 크다고 볼 수 있다.

연구자와 설문 대상자 사이에 직접적인 접촉이 없는 우편 설문의 경우에도, 설문지의 설계라는 요인은 큰 영향력을 가진다. 전문적인 구성과 인쇄 등의 요소를 갖춘 설문지는 응답률과 정확도, 그리고 답변의 완성도 면에서 그 몫을 다한다. 설문지를 활자화하는 것은 설문지의 길이를 줄이는 데에도 효과가 있으므로 전체적인 면에서 봤을 때 응답률을 높이는데 일조한다고 볼 수 있다.

인터뷰자가 중심이 되어 작성되는 설문지에서도 간결한 설문지의 구성은 처리 면에서 도움을 준다. 두 개의 단으로 구성된 사례 연구 9.3은 이에 대한 좋은 예시이다. 이러한 설문지의 구성은 워드 프로세서 프로그램의 사용으로 손쉽게 이루어질 수 있다.

■ 그림 9.6
바로 가기 질문

Layout 1

1. a. 당신은 이 대학교에서 공부한 적이 있습니까?

   네 ☐

   아니오 ☐

   b. 만약 예: 얼마나 오래동안 공부하였습니까? ________ 년

Layout 2

1. 당신은 이 대학교에서 공부한 적이 있습니까?

   네 ☐ 3번 질문으로

   아니오 ☐ 2번 질문으로

2. 얼마나 오래동안 공부하였습니까? ________ 년

사례 연구 9.1의 설문지는 응답자 완료형 설문지에 적합하게 설계되었다. 설문 대상자는 작은 박스 안에 자신의 답변을 체크할 수 있다. 사례 연구 9.2와 9.3의 설문자 완료형 설문지의 경우, 설문자가 동그라미로 직접 답변을 체크한다.

정보의 부호화/코딩(Coding)

설문을 통해 얻어진 정보의 대부분은 컴퓨터 프로그램에 의해 분석된다. 그러므로 설문의 결과는 컴퓨터가 인식할 수 있는 체계를 통해 수적인 부호로 전환되어야 한다. 객관식(pre-coded)과 주관식(open-end) 질문에는 각각 나른 부호화/코딩 과정이 필요하며 그 방법을 순서대로 설명하겠다.

폐쇄형 질문/객관식 질문(Pre-coded questions)

폐쇄형 질문을 부호화할 때의 원리를 여러 예시를 통해 이해하여 보자. 사례 연구 9.1의 1번 질문을 보면 질문에 대한 부호값은 표 오른쪽에 명시된 것과 같이 오직 하나이다. 따라서 오직 한 개의 대답만이 부호화되는 것이다.

질문에 대한 답이 숫자일 때는 컴퓨터 프로그램이 수적인 부호로 인식하므로 별다른 부호화 과정이 필요하지 않다. 사례 연구 9.1의 4번 질문과 같이 질문에 대한 대답이 특정 수량을 묻고 있을 때를 예로 들면, 답변은 이미 숫자의 형태를 띠고 있기 때문에 부호화 과정이 불필요한 것이다.

리커트 척도와 태도 진술(Likert scale and attitude statement)과 같이 질문에 대한 정도를 나타내는 답변은 그림 9.5와 같은 객관식화가 필요하다. 설문 대상자는 각 항목에 대한 답변에 의미상의 정도 차이를 적용하여 선택할 수 있도록 네 가지 정도의 응답 내용을 정할 수 있다.

개방형 질문/주관식 질문(Open-ended)

개방형 질문의 부호화 과정은 매우 복잡하다. 그러므로 그림e 9.10의 예시처럼 설문조사 응답 내용을 그대로 복사하여 인용하는 것도 좋은 방법이 된다. 이는 컴퓨터 분석을 위해 주관적인 답변을 굳이 많은 노력과 시간을 들여가며 전환할 필요가 없기 때문이다. 그리하여 개방형 질문에 대한 답변은 그저 주어진 부호를 재생산하기만 하는 컴퓨터를 사용하기 보다는 수동적인 방법을 이용하여 더 수월히 처리하는 것이 낫다.

컴퓨터 분석은 좀 더 상세한 분석이 필요할 때 사용된다. 둘 또는 그 이상의 단체를 대상으로 설문을 시행하였을 시를 예로 들어보자. 단체 구성원들의 답변에 대한 비교가 필요할 때, 50~60개의 서로 다른 답변을 분석하기란 여간 쉬운 일이 아니다. 특히 한 두 명의 응답자가 여러 개의 답변을 했을 때는 상황이 더욱 어려워진다. 그러므로 여러 답변들을 적당한 항목으로 분류할 수 있는 컴퓨터 부호화 시스템이 필요한 것이다.

설문 대상의 규모가 큰 경우에는 50개에서 100개 정도의 대표적인 예시 답변을 수집하여 추리고 그림 9.7과 같이 그 예시 답변에 번호를 매긴다. 그 후 가장 많이 나온 답변을 비롯하여 연구자의 판단에 따라 다른 의미 있는 항목들에 고유 번호를 매긴다. 이 때 '기타' 의견에는 너무 많은 답변이 포함되지 않도록 한다. 그림 9.7은 이러한 과정에 대해 설명한다.

■ 그림 9.7 개방형 질문/주관식 질문(Open-ended) 부호화의 예

질문의 25개 응답중 답하시오: 캠퍼스 생활을 개선시키는 것은 무엇입니까?

더 많은 생음악///	더 나은 음식///
시설물 업그레이드///	학생아닌 사람의 출입금지//
더 많은 주간 이벤트//	필름 페스티발 같은 테마있는 것//
더 많은 점심 이벤트/	더 나은 메인 홀의 음향//
더 많은 저녁 이벤트//	사회화 이벤트 예: 바비큐//
더 나은 PA 시스템/	이벤트 정시 시작 및 끝///
싼 음료///	일반적이지 않는 활동, 필름 예:시내에서 볼 수 없는것///
시내에서의 무료 교통/	더 많은 참가 이벤트 예: 토론//
더 많은 무료 이벤트//	모든 이벤트의 무료 입장//
더 적은 하드락 활동//	

제안된 코딩 시스템	
프로그램 요소에 대한 의견	1
시간에 대한 의견	2
시설에 대한 의견	3
비용애 대한 의견	4
조직에 대한 의견	5
기카	6

부호화된 정보의 입력

설문지를 통해 수집된 정보를 부호화하여 컴퓨터 분석 시 자료로서 사용한다. 그림 9.8은 사례 연구 9.1의 설문지를 완성시킨 것이다.

설문지는 응답자가 단순히 답변 옆의 박스를 체크함으로써 스스로 완성할 수 있도록 만들어져 있다. 각각의 답변에 대한 부호는 설문지 오른쪽에 명확히 인쇄되어 있는데 이를 '사무 용도 칼럼' (office-use column)이라고 한다. 이 칼럼에 설문의 답변을 컴퓨터에 입력할 수 있도록 부호화된 정보를 적어 놓는다. 설문지의 설계에 대한 부분에서 설명했듯이 인터뷰를 통해 완성되는 설문의 경우에는 칼럼의 배치가 달라질 수 있다.

사무 용도 칼럼에는 답변에 관한 부호를 적을 수 있는 공간이 있다. 이 칼럼에 쓰이는 qno, crse, lib 등의 다양한 부호들은 11장에서 설명한다.

- 사무 용도 칼럼에 적힌 '설문지 번호'는 컴퓨터에서 사용되는 자료와 실제 설문지 자료 사이를 이어주는 역할을 한다. 예시의 설문지는 001이다.
- 1번 질문 – 오직 하나의 답변과 그에 따른 부호만 주어진다.
- 2번 질문 – 응답자는 네 개 중 한 개의 박스에 체크할 수 있다.
- 3번 질문 – 5개 항목에 대한 순위가 기록된다.
- 4번 질문 – 답변은 실제 숫자이며 이는 별다른 부호화 과정 없이 컴퓨터에 입력된다.
- 5번 질문 – 답변은 리커트 눈금을 통해 3개 항목으로 구성된다.
- 6번 질문 – 응답자가 한 개 이상의 답변을 적을 수 있도록 되어있는 개방형 질문이다.

이 예시에는 하나의 답변을 기입할 수 있도록 되어 있지만 대게 세 개의 답변을 적을 공간이 주어진다. 응답자가 적은 답변은 각각 다음과 같은 부호를 가진다.

프로그램 내용에 관한 언급	1
시간에 관한 언급	2
시설에 관한 언급	3
비용에 관한 언급	4
단체에 관한 언급	5
기타	6

■ 그림 9.8
완성된 설문지

캠퍼스 생활 연구 2003 (사무용 사용 # 1)

1. 당신의 현재 상황을 가장 잘 나타내고 있는 것은 무엇입니까?

		사무용 사용
풀타임 학생, 정규적인 보수를 받지 않는 직업	☐ 1	
풀타임 학생, 정규적 보수를 받는 직업	☑ 2	
파트타임 학생, 풀타임 직업	☐ 3	
파트타임 학생-기타	☐ 4	2 상태

2. 지난 4주간 이용한 대학 서비스는 무엇입니까?

		사무용 사용
캠퍼스 카페/바 사용	☑ 1	1 카페바
대학 클럽/단체 미팅 참여	☑ 1	1 클럽
생음악 공연 참여	☐ 1	___ 음악
캠퍼스 영화 감상	☐ 1	___ 영화

3. 데학에서 제공하고 있는 사회적, 엔터테인먼트적 서비스를 생각해보고, 당신에겐 어떤게 가장 중요합니까? 중요도의 순서에 따라 다음 항목들을 서열을 매기시오. 1번이 가장 중요함, 5번이 가장 중요하지 않음

	서열	사무용 사용
무료/싼 접근	1	1 무료
낮시간의 매력물	4	4 낮시간
예술, 영화, 기타	2	2 비일상
사람들과 만남/사회화의 기회	3	3 만남
비용	5	5 비용

4. 캠퍼스내에서 한주에 평균 사회 활동과 엔터테인먼트적 활동에 사용되는 비용은 얼마입니까?
£ 100 (사무용 사용: 100 비용)

5. 다음의 항목들을 캠퍼스 생활과 연관하여 중요한 정도를 선택해 주십시오.

	아주 중요	중요	아주 중요하지 않음	사무용 사용
휴식	☑ 3	☐ 2	☐ 1	3 휴식
사회작용	☑ 3	☐ 2	☐ 1	3 사회
정신적 자극	☐ 3	☐ 2	☑ 1	1 정신

6. 당신이 생각하는 캠퍼스 사회생활을 개선하기 위한 제안은 무엇입니까?
더 많은 소수를 위한 서비스 - 적은 락 밴드
(사무용 사용: 1 제안1 / ___ 제안2 / ___ 제안3)

7. 당신은? 남성 ☑ 1 여성 ☐ 2 (사무용 사용: 1 성별)

8. 당신의 연령 마지막 생일은? 18 년 (사무용 사용: 18 연령)

번호	상태	카페바	음악	스포츠	여행	싸다	낮	비 일상적	만남	질	사용	휴식	사회	정신	sug1	sug2	sug3	성별	연령
1	2	1	1	0	0	1	4	2	3	5	100	3	3	1	1			1	18
2	2	1	1	1	0	1	4	2	3	5	50	2	3	1	2	1		1	19
3	3	1	0	0	0	2	5	1	3	4	250	2	2	2	3	4		2	19
4	4	0	0	0	0	2	3	1	4	5	25	3	2	2	1	2	4	1	22
5	3	1	0	0	1	1	4	3	2	5	55	3	3	1				2	24
6	3	1	1	1	0	2	4	1	3	5	40	2	3	1	2			2	20
7	2	1	0	0	0	3	2	1	4	5	150	2	3	2	3			2	20
8	2	1	0	1	0	3	4	2	1	5	250	1	2	2	4	5		1	21
9	4	0	1	0	0	1	5	2	3	4	300	2	3	2				1	21
10	3	1	1	0	0	2	3	1	5	4	100	1	2	1	1	1		2	21
11	3	1	1	0	1	2	3	1	4	5	75	2	2	1	2	3		2	19
12	2	1	0	1	0	1	4	3	2	5	50	2	3	1				1	22
13	1	1	0	1	0	1	5	2	3	4	55	2	3	2	1	2		2	21
14	3	1	1	0	0	2	4	1	3	5	75	3	3	2	4			2	20
15	1	1	1	0	0	3	2	1	5	4	150	3	3	1	1	2	5	1	20

■ 표 9.13 15개의 답변을 토대로 한 자료

위와 같은 부호화 과정을 통해 그림 9.8의 완성된 설문 답변이 표 9.13의 첫 번째 줄과 같이 일련의 숫자들로 정리된다. 표 9.13에서는 15개의 답변을 부호화한 결과를 나타내고 있다. 예시의 자료가 컴퓨터를 통해 분석되는 과정은 11장에서 설명한다.

설문지 정보를 기반으로 한 자료의 확실성

설문지는 개인의 성격, 행동, 태도 등에 관한 정보를 수집하도록 고안된다. 설문이 적절한 정보를 얻을 수 있느냐에 대한 여부는 여러 요소에 의해 결정된다. 인터뷰 상황에 따라 항상 신중한 답변을 얻어내기는 쉽지 않다. 응답자는 몇 가지 질문에 대해 과장되거나 제한된 답변을 할 수도 있으며 특정 사실에 대해 정확한 기억을 못해내는 경우도 있다. 또한 인터뷰자가 원할 것 같다고 생각하는 답변을 하는 경향도 보인다. 따라서 설문지 정보를 기반으로 한 자료의 확실성, 나아가 설문지의 목적이 잘 반영되었는지에 대한 여부는 연구자가 고려하는 중요 사항이다. 그러므로 연구자들은 여러 연구 방법들이 가지는 한계를 인정하고 이러한 방법을 통해 얻어진 정보에 불확실성을 본다면 그것이 그리 중대한 문제가 되지 않거나 혹은 완충되어지기를 바라는 수밖에 없다. 하지만 설문 정보의 확실성을 확인하는 데에는 방법이 존재한다.

그 중 하나로 설문지에 일종의 '가짜' 질문을 넣는 방법이 있다. 실례로 1980년대 초 영국에서는 레크리에이션 관리자를 대상으로 명시된 책 제목을 들어본 적이 있거나 읽어본 적이 있는지에 대한 설문 조사를 실시하였는데 설문 질문 중 하나에 존재하지 않지만 그럴듯한 책 제목을 포함시켰다. 흥미롭게도 상당수의 응답자가 '가상 책'의 제목을 들어본 적이 있다고 응답했고 일부는 읽어본 적이 있다고 응답하기도 했다. 이들이 모두 거짓으로 응답했다고 볼 수도 없는 것이 일부는 특정 책 제목과 혼동하여 대답했을 수도 있기 때문이다. 하지만 연구자는 이러한 응답자의 혼동이 실제로 존재하는 책에 관한 질문에서도 일어날 수 있다는 사실에 주의해야 한다. 예를 들어, 응답자의 2퍼센트가 존재하지 않는 책 제목을 들어본 적이 있다고 답변했다면, 다른 답변들 또한 1에서 2퍼센트 정도의 불확실성을 가진다는 것을 의미한다.

또 다른 유사한 방법으로 같은 답을 묻는 유사한 질문 두 개 이상을 설문지의 다른 부분에 포함시키는 것이다. 예를 들어, 앞의 질문에는 '휴가 선호 장소와 그 활동'에 대한 순위를 매기게 하고 설문지의 후반부에 상세한 답변을 적는 부분에서 다시 '좋아하는 휴가 장소와 활동'에 대해 구체적으로 적도록 하는 것이다. 컴퓨터 분석 과정에서 이 질문들은 답변의 일관성 여부를 판단할 수 있는 중요한 수단이 된다.

같은 질문에 대한 답변이 다르게 나온 경우, 답변의 정확도와 더불어 제기될 수 있는 한 가지 가능성은 응답자가 설문 과정에서 실제 의견이 바뀌었을 수 있다는 것이다. 처음 설문에서는 간단히 표면적으로만 생각하여 답변했으나 설문하는 과정 동안 좀 더 자세하게 생각하게 되기 때문에 일어날 수 있는 상황이다. 1986년도 호주에서 그리칭과 칼타비아노(Grichting and Caltabiano)가 '도박과 그 태도 및 카지노 개발'에 관해 실시한 연구를 예로 들어보자. 그들은 인터뷰를 시작할 때 '카지노가 타운스빌(Townsville)에 들어서는 것에 대해 어떻게 생각하십니까? 찬성하십니까? 아니면 반대하십니까?'라고 물었고, 마지막에 다시 '당신이 지금껏 답변했던 내용을 고려해봤을 때 타운스빌에 카지노가 들어서는 것에 대해 어떻게 생각하십니까?'라는 질문으로 다시 한 번 찬성 여부를 물었다. 여기서 응답자의 6분의 1은 인터뷰 중 자신의 의견을 변경했다고 하였다.

현장 연구 계획

연구 프로젝트의 과정 중 하나인 현장 연구에 있어서 자료 수집은 연구의 대상에 따라 그 규모와 복잡한 정도를 달리 한다. 극단적인 예를 들면 그 정도는 한 개의 사설기관에 관한 것일 수도 있는 반면에 크게는 수백 명의 스텝을 고용하여 훈련, 감독해야 하는 매우 큰 과정이 될 수도 있다. 현장 연구는 초기 정보 수집을 비롯하여 경험적인 연구의 과정이 되어야 한다. 이 장에서는 현장 연구 시 특정 연구 방법의 인지도와 연구에 필요한 단체 등을 고려한 몇 가지 주의사항에 대해서 설명한다.

표 9.14에는 현장 연구 시 주의사항을 열거하고 있다. 각 항목에 대해 간단히 알아보자.

■ 표 9.14 현장 연구 계획 시 필요한 작업

a. 연구 허가 받기 – 연구 장소 방문이나 기록 등의 허가
b. 연구 대상자 목록 확보 – 예: 유권자 명단
c. 설문지 등의 인쇄 작업 계획
d. 보험 관련 문제 확인
e. 인터뷰자를 위한 안내문 준비
f. 직원을 위한 배지와 공문 준비
g. 인터뷰자와 관리자 고용
h. 인터뷰자와 관리자 교육
i. 현장 연구 과정에서 다른 기관을 이용하였을 경우 나오는 견적 계산
j. 정보 부호화 과정에 필요한 인력 확보

a. 연구 허가 받기

길거리나 해변가와 같은 공공장소에서 설문을 실시할 때는 지방자치단체의 조례에 따른 허가를 받는 것이 매우 중요하다. 우리가 흔히 '공공장소'라고 생각할 수 있는 쇼핑몰이나 공원과 같은 장소는 사설 단체나 지방자치단체의 책임 하에 있다. 따라서 현장 연구에 앞서 책임 단체의 허가가 필요하다. 또한 공공장소에서 인터뷰 시 발생 가능한 민원신고 등에 대비하여 사전에 지역 경찰서에 현장 연구 사실을 통보하는 것이 좋다.

b. 연구 대상자 목록 확보

유권자나 단체의 회원 목록을 며칠 동안 지연되거나 예상했던 목록이 아니어서 대상자 분류에 많은 시간을 써야 하는 경우도 있다. 연구 프로젝트는 매우 빠듯한 일정으로 진행되는 경우가 많음으로 일의 지연은 전체적인 연구에 큰 영향을 준다. 그러므로 목록 확보 시 예상되는 문제점들을 미리 해결해 놓으면 더 좋은 결과를 낳을 수 있다.

c. 인쇄 작업 계획

인쇄 작업은 매우 간단한 일처럼 생각될 수 있지만 사내에 있는 인쇄부의 작업량이 많을 때에는 주어진 시간 내에 작업을 처리하지 못하는 경우가 생긴다. 그러므로 사전에 미리 인쇄부의 작업 상황을 파악하는 것이 좋다.

d. 보험 관련 문제 확인

평소 작업 장소가 아닌 현장에서 인터뷰를 진행할 때에는 공공장소와 인터뷰자

보수에 관한 보험이 필요하다. 교육단체의 경우, 대학이나 전문대학 학생을 비롯한 직원들은 보험 혜택을 받게 되지만 이 또한 관련 전문법률기관을 통해 확인하는 것이 좋다.

e. 인터뷰자를 위한 안내문 준비

인터뷰를 진행하는 사람들을 위한 안내문에는 다음과 같은 내용을 포함한다.

- 설문과 관련된 항목들에 대한 자세한 설명
- 작성 완료된 설문지 확인 절차 (필체의 가독성 등)
- 설문지 반납에 대한 안내
- 복장과 태도에 관한 규칙
- 근무 명부에 관한 설명
- 우천 시 대처 안내 (실외 인터뷰 시)
- 까다로운 사람을 상대로 인터뷰할 때의 대처 방법
- 스케줄, 보수 등에 관련된 설명
- 비상연락망

인터뷰자를 위한 안내문에는 설문지 내용을 바탕으로 시행하는 인터뷰에 대한 설명을 담고 있다. 설문지를 가지고 인터뷰를 진행할 때 인터뷰자가 설문지에 인쇄된 질문을 설문 대상자에게 그대로 전달할 수 있도록 지도하여야 한다. 대상자가 질문을 잘 이해하지 못하는 경우엔 단순히 그 질문을 다시 한 번 읽어주는 방식으로 진행할 수 있도록 교육한다. 그래도 이해하지 못할 경우엔 다음 질문으로 넘어가라고 지도한다.

위와 같은 과정은 특히 의견을 묻는 질문에서는 더욱 중요하다. 인터뷰의 추가적인 설명이나 특정 행동이 답변에 영향을 미칠 수 있기 때문이다. 하지만 단순한 사실을 묻는 질문의 경우, 인터뷰자의 부연 설명 등이 더욱 정확한 답변을 이끌어 낼 수 있으므로 이는 허용될 수 있다.

f. 직원을 위한 배지와 공문 준비

공공장소나 준 공공장소에서 작업이 이루어 질 때는 현장 연구가 명확히 공시되어야 한다. 그러므로 직원들의 이름과 소속 기관명을 적은 배지를 준비하는 것이 좋다. 또한 작업이 이루어지는 장소의 책임기관 담당자로부터 합법적인 연구를 허가받도록 한다.

g. 인터뷰자와 관리자고용

현장 연구를 위한 인터뷰자 및 작업 관련 관리자와 인부들이 필요할 때에는 시간제 인력을 고용한다. 인사 담당 부서나 전문가로부터 필요 절차에 관한 상담을 받는 것이 좋다.

h. 인터뷰자와 관리자 교육

교육 기간은 현장 연구의 특성과 직원의 경력에 따라 달라진다. 교육 기간 동안에도 고용된 직원들은 임금을 받게 되며 이 비용은 예산을 측정할 때도 반드시 고려해야 한다. 두 시간에서 세 시간 정도의 교육이 가장 적절하나 좀 더 복잡한 설문 과정이 요구될 때는 더 길어질 수도 있다. 인터뷰자들은 교육 기간 동안 가상 인터뷰를 해보는 것이 좋으며 그 과정에서 생겨나는 어려움을 사전에 해결해 보는 것을 통해 실전 상황에서 유연하게 대처할 수 있다.

i. 현장 연구 과정에서 다른 기관을 이용하였을 경우 나오는 견적 계산

몇몇 경우에 있어서는 다른 기관을 통해 설문 조사 정보를 처리하는 등 추가적인 비용이 든다. 따라서 이에 대해 신속하고 정확한 견적을 내는 것이 필요하다.

j. 정보 부호화 과정에 필요한 인력 확보

몇몇 경우에 있어서 부호화, 편집, 컴퓨터 정보처리 작업의 양이 상당하거나 복잡하기 때문에 전문 인력의 고용이 필요할 수 있다. 현장 연구 관련 직원의 고용과 교육의 과정이 이러한 전문 인력의 경우에도 필요하다.

지침 설문의 시행

지침 설문은 큰 규모의 설문을 시행하기에 앞서 실시하는 소규모 시범 단계로 볼 수 있다. 주로 설문지와 관련이 깊지만 사실 연구에 있어서는 그 어떤 과정에도 적용 가능하다. 모든 연구에 있어서 이러한 지침 설문의 시행은 필수적이다. 지침 설문의 목적은 표 9.15에 요약되어 있다. 지침 설문은 설문 시 필요한 모든 요소를 점검하는데 유용하다. 표 9.15의 d에서 명시하고 있는 '설문 대상자에 대한 친밀도 증대' 라는 사항은 연구자가 미처 알아차리지 못했던 설문 대상자의 특징이나 특이성, 또는 민감한 부분에 대해 알아볼 수 있도록 한다. 이러한 사항은 설문의 전체적인 디자인이나 시행에 있어서 큰 영향을 준다. g와 h에서 말하는 설문 응답률과 인터뷰의 길이 또한 설문 과정이 올바르게 진행될 수 있도록 하는데 도움을 준다. 연구자는 지침 설문의 시행을 통해 설문지의 길이를 줄이거나 현장 인력의 수를 조절하는 등 연구가 계획된 일정과 예산 내에 완료될 수 있도록 조정한다.

원칙적으로 지침 설문의 시행은 연구자나 경험이 많은 인터뷰자에 의해서 시행될 필요가 있다. 이 과정을 통해 인터뷰자는 설문지나 현장 연구 구성에서 필요한 수정 사항에 대해 자신이 생각한 바를 피력할 수 있다. 지침 설문의 시행 후에 이루어지는 수정 과정은 매우 중요하며 지침 설문 시행 후 즉각적으로 이루어지는 것이 좋다.

■ 표 9.15 지침 설문의 목적

a. 설문지의 표현 확인
b. 설문지의 논리적인 전개 확인
c. 설문지의 구성 확인
d. 설문 대상자에 대한 친밀도 증대
e. 현장 연구 구성 확인
f. 현장 연구원 훈련 및 점검
g. 예상 응답률 산정
h. 인터뷰 시간 산정
i. 분석 과정 점검

● 요 약

이 장은 레저와 관광 연구와 관련해 가장 많이 사용되고 있는 자료 수집 도구인 설문 조사에 대해 설명하였다. 설문 조사의 장점으로는 자료의 정량화 및 투명성, 자료 제시의 간결성, 시간에 따른 변화에 대한 연구 가능, 복잡한 현상이나 일반적인 현상에 대한 광범위한 지식 연구가 가능하다는 점을 들 수 있다. 그 뒤에는 설문의 7가지 형태에 대한 설명이 이어진다. (가구 설문, 거리 설문, 전화 설문, 우편 설문, 온라인 설문, 이용자/현장/방문객 설문, 전속 그룹 설문) 장의 후반부에서는 설문지의 디자인과 자료의 부화화/코딩에 대해 설명한다. 마지막으로 설문 시 시행하는 현장 연구의 구성과 더불어 지침 설문의 시행에 대해 다루었다.

Test question

1. 설문조사의 이점은 무엇인가?

2. 7개의 설문종류에 대해 이 장에서는 다루고 있다. 이 것들은 무엇인가?

3. 3개의 설문조사 종류를 말하고, 특성에 대해 설명하시오
   예: 응답자/면접자 기입 방식, 비용, 샘플, 설문의 길이, 응답율

4. 다음 중 샘플수 500에서 할 수 있는 설문은 무엇인가?
   a. 해변리조트의 방문객
   b. 그린피스의 멤버
   c. 영화관 이용객
   d. 대규모 도심공원의 이용객
   e. 영국의 해외 관광객
   f. 스포츠를 하지 않는 사람들
   g. 스포츠를 하는 사람들
   h. 비디오를 빌리는 사람들
   I. 지방의회지역에 사는 14세이상의 인구
   j. 지방의회지역에 사는 11-13세의 어린 인구

5. 할당샘플링은 무엇인가?

6. 우편연구의 응답율을 높일 수 있는 방법은 무엇인가?

7. 설문지의 워드 질문의 원칙은 무엇인가?

8. Pre-Coded와 Open-Coded 질문의 차이점은 무엇이며, 각각 어떤 장점과 단점이 있는가?

Exercise

1. 사례연구 3.1, 3.2, 3.3 중 하나와 연관하여 설문지를 10개 문항이하로 만들어 보시오.
2. 약물 제한에 대한 사람들의 태도에 관한 설문을 3개의 설문형식을 통하여 만들어 보시오.
3. 레저/관광 수업의 멤버라면 다른 사람을 수업에 초대하여 사례연구 9.1의 설문을 완성하도록 하고 얻어진 자료를 코딩해보시오.
4. 다른 논문들 중에서 설문지를 구할 수 있는 논문을 찾아 설문지를 보고 설문지에 대한 비판적 견해를 제시하시오.

사례연구

9.1 … 설문지 예시: 응답자 완료형의 현장/거리 설문

캠퍼스 생활 연구 2003 사무용 사용 # ______

표준 폐쇄형 질문

1. 당신의 현재 상황을 가장 잘 나타내고 있는 것은 무엇입니까?

풀타임 학생, 정규적인 보수를 받지 않는 직업	☐ 1	
풀타임 학생, 정규적 보수를 받는 직업	☐ 2	
파트타임 학생, 풀타임 직업	☐ 3	______ 상태
파트타임 학생-기타	☐ 4	

폐쇄형 다중 응답 질문

2. 지난 4주간 이용한 대학 서비스는 무엇입니까?

캠퍼스 카페/바 사용	☐ 1	______ 카페바
대학 클럽/단체 미팅 참여	☐ 1	______ 클럽
생음악 공연 참여	☐ 1	______ 음악
캠퍼스 영화 감상	☐ 1	______ 영화

서열

3. 대학에서 제공하고 있는 사회적, 엔터테인먼트적 서비스를 생각해보고, 당신에겐 어떤게 가장 중요합니까? 중요도의 순서에 따라 다음 항목들을 서열을 매기시오. 1번이 가장 중요함, 5번이 가장 중요하지 않음

	서 열	
무료/싼 접근	______	______ 무료
낮시간의 매력물	______	______ 낮시간
예술, 영화, 기타	______	______ 비일상
사람들과 만남/사회화의 기회	______	______ 만남
비용	______	______ 비용

숫자-코드화되지 않음

4. 캠퍼스내에서 한주에 평균 사회 활동과 엔터테인먼트적 활동에 사용되는 비용은 얼마입니까?

£ ______ ______ 비용

Likert 척도

5. 다음의 항목들을 캠퍼스 생활과 연관하여 중요한 정도를 선택해 주십시오.

	아주 중요	중요	아주 중요하지 않음	
휴식	☐ 1	☐ 2	☐ 3	______ 휴식
사회작용	☐ 1	☐ 2	☐ 3	______ 사회

	정신적 자극 □ 1 □ 2 □ 3	______ 정신
개방형 다중 응답-카테고리	6. 당신이 생각하는 캠퍼스 사회생활을 개선하기 위한 제안은 무엇입니까? ______________________ ______________________	______ 제안1 ______ 제안2 ______ 제안3
표준 폐쇄형 질문	7. 당신은? 남성 □ 1 여성 □ 2	______ 성별
숫자-코드화하지 않은	8. 당신의 연령 마지막 생일은? ______ 년 ______________________ ______________________ ______________________ ______________________	______ 연령

사례연구

9.2 … 설문지 예시:

응답자 번호	짧은 휴가 연구	________ #
소개	안녕하십니까? 저희는 St. Anthony 대학에서 사람들의 짧은 휴가에 대해 연구하고자 나왔습니다. 몇 개의 질문에 대답해 주실수 있으십니까? 이 것은 몇 분정도만 소요될 것이며 철저히 기밀로 하겠습니다.	
폐쇄형 질문, 사실	1. 지난 6개월간 집을 나와 1, 2, 3일 정도의 짧은 휴가를 다녀오신적이 있으십니까? 네 1 - 2번 질문으로 가시오 아니오 2 - 5번 질문으로 가시오	________
개방형 질문, 사실. 숫자	2. 지난 6개월간 얼마나 자주 여행을 하셨습니까? 여행 간 횟수 : ________ 3번 질문으로 가시오	________
개방형 질문, 사실. 숫자	3. 당신의 마지막 여행지는 어디셨습니까? ____________	________
다중응답	4. 당신이 방문한 지역에서 한 주된 활동은 무엇입니까? a. 관광 ☐ e. 예술 활동/이벤트 ☐ b. 식음료 ☐ f. 친구/친척 방문 ☐ c. 스포츠 활동 ☐ g. 아무것도 하지 않음 ☐ d. 산책 ☐ h. 기타 ☐	____ ____ ____ ____ ____ ____ ____ ____
간단한 폐쇄형 질문	5. 다음 내용 중 동의하는 정도에 따라 선택해주십시오.	

	매우 동의	동의	보통	동의하지 않음	매우 동의하지 않음	
긴휴가보다 짧은 휴가가 더 가치 있음	1	2	3	4	5	________
휴가는 삶을 더 가치있게만듬	1	2	3	4	5	________

쇼카드를 통	6. 다음 중 어떤 연령대에 포함되고 있으십니까?	

한 폐쇄형 질문	15세이하	A	
	15-19세	B	
	20-29세	C	________
	30-59세	D	
	60세 이상	E	

	7. 현재 당신의 상황을 가장 잘 나타내고 있는 것을 고르시오.		
쇼카드를 통한 폐쇄형 질문	풀타임 직업	A	
	파트타임 직업	B	
	풀타임 학생	C	
	풀타임 가정에 있거나 아기 기름	D	
	은퇴	E	
	구직 중	F	
	기타	G	________

폐쇄형 질문	도움주셔서 감사합니다.			
	관찰된 성별:	남성	1	
		여성	2	________

사례연구

9.3 … 설문지 예시: 인터뷰 진행자 완료형의 현장 설문

Ramsey 거리 공원 연구

실례합니다: 저희는 의회에서 사람들이 공원에 대하여 어떤 생각을 가지고 있는지 알아보기 위하여 설문을 진행 중입니다. 몇 개의 질문에 대하여 약간의 시간을 제공해 주실수 있으십니까?

간단한	1. 얼마나 자주 이 공원을 방문하십니까?	
폐쇄형 질문	매일	1
	일주일에 몇 번	2
	일주일에 한 번	3
	2-3주에 한 번	4
	한달에 한 번	5
	자주 안옴	6
	처음 방문	7
간단한	2. 오늘 어디에서 이 공원에 오셨습니까?	
폐쇄형 질문	집	1
	직장	2
	학교/대학/대학교	3
	기타	4
개방형 질문	3. 어느 지역에 위치하고 있으십니까?	
	______________________________	
간단한	4. 여기에 오시는데 얼마나 걸리셨습니까?	
폐쇄형 질문	5분이하	1
	6-15분	2
	16-30분	3
	31분이상	4
간단한	5. 어떻게 여기에 오셨습니까?	
폐쇄형 질문	도보	1
	자동차	2
	오토바이	3
	자전거	4

	버스/기차	5
	기타	6
개방형 질문, 사실적 의견	6. 공원의 어디가 가장 좋으십니까? ______	
개방형, 의견	7. 공원에서 어디가 가장 좋지 않으십니까? ______	
쇼 카드를 통한 태도 진술	8. 카드를 보고 당신이 알고 있는 다른 공원들과 연관하여 이 공원의 위치를 선택해 주십시오.	
	A. 평균보다 아주 낮음	1
	B. 평균보다 낮음	2
	C. 평균	3
	D. 평균보다 높음	4
	E. 평균보다 아주 높음	5
쇼카드와 폐쇄형 질문	9. 당신이 속한 연령대를 선택하여 주십시오.	
	15세이하	1
	15-19	2
	20-29	3
	30-59	4
	60+	5
폐쇄형 질문	10. 당신을 포함하여 몇 명이 당신의 그룹에 포함되어 있습니까?	
	혼자	1
	2명	2
	3-4명	3
	5명이상	4
	도와주셔서 감사합니다.	
관찰된 사실	관찰: 남성	1
	여성	2

10 표집(표본추출)

소 개

이 장은 표집(표본추출)의 원칙에 대한 소개이며, 표본 추출의 이해 · 표본과 모집단 · 대표성과 무작위 표본 추출 · 표본 크기와 그것들의 '신뢰 구간'이라는 개념의 중요성과 가중하기를 고찰한다. 이것은 정성적 연구에의 표본 추출에 대한 메모로서 귀결된다.

표집(표본추출)의 이해

많은 연구와 몇몇의 관찰 연구에서는 표본이 필요하다. 주로 비용때문이고, 연구의 초점이 되는 모든 사람 · 조직 · 다른 대상으로부터의 자료 수집이 항상 가능한 것은 아니다. 예를 들어, 연구의 목적이 한 나라의 성인 인구의 휴일 향락 행동 특성이나 여가 양식의 연구라면, 누구도 성인 인구를 구성하는 수백만의 개개인을 상대로 면접을 수행할 원천을 가지지 못한다. 모든 인구를 면접할 수 있는 유일한 시간은 매 5-10년인데, 그것은 정부 통계 부처가 공식적인 인구 연구를 수행할 때이며, 자료를 수집하고 분석하는 비용도 수천만 파운드가 들 것이다.

좀 더 간소한 수준에서, 도회지의 공원이나 분주한 관광지의 모든 이용자들과 정면 면접을 수행하는 것은 사실상 불가능할 것이다. 이는 분주한 기간에는 수 백 명의 사람들이 그 장소에 입장하여 금방 나가버릴 것이기 때문이다. 모든 이용자들에게 응답완성형의 질문서를 건네는 것은 가능할 것이나, 9장에서 논의되겠지만, 이러한 접근법은 응답의 수준과 질이라는 점에서 불편함이 있다. 보통의 과정은 이용자의 표본(부분)을 면접하는 것이다.

7장에서는 관찰에서, 여가 · 관광지 이용자의 지속적인 수 측정 문제가 논의되었고, 종종 이용가능한 원천이 표본 수 측정이 착수되어야 한다는 것을 필요로 한다고 주지되었다. 그것은 특정한 때의 표본에 대해 측정되는 관광지에서의 당시 숫자와 관광지에 입장하는 숫자였다. 표집(표본추출)은 자료가 수집되고, 분석되고, 해석되는 방법에 대한 밀접한 관계를 지니고 있었다.

표본과 모집단

한 가지 전문 용어가 초기에 분명해져야 한다. 특정 연구 기획에서 초점이 되는 분야의 모든 범주는 모집단으로 알려져 있다. 표본은 모집단에서 추출된다. 모집단이라는 개념의 사용은 사람들의 공동체와 함께 다루어질 때 명백한 뜻을 이루는데, 예를 들면 영국의 인구나 런던의 인구와 같은 것들을 일컫는다. 하지만 사회적 연구에서 이 개념은 또한 다른 경우에도 적용되는데, 예를 들어 1년 동안에 한 유흥지로의 방문자들이 유흥지 방문자의 인구를 구성하는 것이나 운동 시설의 이용자들이 이용자 인구가 되는 것이다.

모집단이라는 개념은 또한 인간 이외의 현상에도 적용될 수 있는데, 예를 들어 모두 10,000개의 해변이 있는 것으로 알려진 호주의 물리적 특성 연구에서 100개의 해변이 연구를 위해 선정되었다고 한다면, 10,000개의 해변은 해변의 모집단으로 불릴 수 있고 100개의 선정된 해변은 표본이 될 것이다. 몇몇 원문에서는 모집단(population)이라는 단어 대신 모집단(universe)이 사용된다.

만약 한 표본이 연구를 위해 선정되면, 두 가지 문제가 발생하는데, 그것은 다음과 같다.

1. 그 표본이 모집단의 대표라는 것을 확신하기 위해 어떤 과정이 뒤따라야 하는가?
2. 그 표본은 어느 정도 크기여야 하는가?

이러한 두 문제는 다른 것들이 동등할 때, 표본이 더 클수록 더욱 대표가 될 가능성이 높아진다는 연관이 있다.

대표성

모집단의 대표가 될 수 없는 표본은 한 쪽으로 치우친 것으로 묘사될 수 있다. 표본 선정의 전체 과정은 표본의 치우침을 최소화 하는 데 목적을 두어야 한다. 연구자는 무작위 표집(표본추출) 원칙을 채택하여 대표성을 얻고 치우침을 최소화하려고 한다. 이것은 그 과정이 방법론적인 것이 아닌 것을 의미하므로 가장 도움이 되는 용어는 되지 못한다는 것이다. 이는 그 경우와는 다른데, 무작위가 '아무렇게나'를 의미하지는 않기 때문이다. 무작위 표본 추출의 의미는 다음과 같다.

> '무작위 표본 추출에서는 모집단의 모든 구성원이 포함될 동등한 기회를 갖는다.'

예를 들면, 만약 사람 1,000명의 표본이 10,000명의 모집단으로부터 선정된다면 모집단의 모든 구성원들이 10분의 1의 선정될 기회를 가져야 한다는 것이다. 실제로 사람들을 포함한 대부분의 표집(표본추출) 방법만이 이 규칙과 가까워질 수 있다. 무작위 표본 추출을 성취하는 데 있어 문제점은 연구의 종류에 따라 다양하고 밑에서 가계 연구, 장소 · 이용자 · 방문자 연구, 전화 연구, 길거리 연구와 할당 연구, 그리고 우편 연구와 관련하여 논의된다.

가계 연구의 표집(표본추출)

무작위성을 달성하는 데 있어 문제점은 한 나라의 성인 거주자들의 가계 연구의 경우에서 고찰될 수 있다. 만약 그 나라의 성인 모집단이 4천만이라고 말한다면, 우리는 1천 명의 표본을 면접하고 성인 모집단의 모든 구성원이 표본에 포함될 4만분의 1의 기회를 가져야만 할 것이다. 이것은 어떻게 이루어질 것인가? 이론적으로 한 나라 성인 4천만의 완전한 목록이 있다면, 그들의 이름이 종이에 씌어져야만 하고 복권 추첨에서처럼 기계적이거나 물리적으로 순환하는 통에 놓여야 하며, 천 명의 이름들이 선정되어야만 한다. 매 경우에 선택이 이루어지고 모든 사람들이 4천만의 1의 선정 기회를 갖는다. 이것이 1,000번 일어날 때, 모든 사람들이 총 4천만 분의 1,000이나 4만 분의 1의 선정 기회를 갖게 된다.

이것은 매우 고된 작업일 것이다. 물론 가까운 근사치가 종이들과 통을 뒤로 하고, 목록의 모든 4만 번째 이름을 택할 수도 있다. 하지만 어디에서부터 시작해야 할 것인가? 이것은 1과 4만 사이의 어떤 임의의 점일 것이다. '임의의 수의 표'라는 출판물이 있는데, 이것은 이러한 목적에서 사용될 수 있고, 또한 컴퓨터에서도 산출이 가능하다. 엄격히 말해서 모든 표본은 무작위의 숫자를 사용하여 선택되어야 하는데, 이는 '통에 있는 이름' 과정에 가장 가까워질 것이기 때문이다.

그렇지만 실제로는 연구되고 있는 그러한 모집단의 목록은 거의 존재하지 않는다. 그것과 가장 가까운 것은 국가의 모든 유권자들의 선거권 등기부가 될 것이다. 선거권 등기부는 성인들이 법적으로 등록하도록 요구되기 때문에 상당히 포괄적이지만, 완벽한 것은 아니다. 이동이 잦거나 집이 없는 사람들이 종종 제외되고, 중복 소유의 거주지에 사는 많은 사람들은 생략된다. 그러한 목록에서 이름을 선별하는 물리적인 업무는 막대할 것이지만, 이러한 접근의 또 다른 불리함이 있다. 만약 선거권 등기부의 모든 4만 번째 선거인이 선별되었다면, 그 표본은 나라 전체에 걸쳐 흩어져 있을 것이다. 그렇게 모든 선정된 사람들을 면전 면접을 위해 방문하는 비용은 매우 많이 들 것이다.

그러므로 사실상, 국가적인 연구를 수행하는 기관들은 '다단계' 표본 추출과 '군집' 표본 추출을 사용하여 타협한다. 다단계란 표집(표본추출)이 직접적으로 행해지지 않고 단계별로 수행되는 것을 의미한다. 예를 들어 만약 어떤 나라가 4개의 주나 지역을 지녔다면, 지역의 모집단에 따라 1천명의 지명된 사람들이 같은 비율로 다시 분할될 것이다. 각 지역에는 지역 관할 구역이 국가와 도시로 나뉘게 될 것이고, 말하자면 4개의 도시와 2개의 지방 지역이 무작위로 선정될 것이다. 이는 적절한 부표본을 구하기 위함인데, 아마 각 구역에서 25, 40, 혹은 50명이 될 것이다. 이러한 부표본은 선거권 등기부에서 선정될 수 있거나, 거리들이 선정될 수도 있고 전화를 함으로 개개인들이 접촉될 수도 있는데, 말하자면 거리의 매 5번째 집이 될 수도 있는 것이다. 말하자면, 어느 거리에서도 연구자는 10 명 혹은 15명을 면접하도록 지시를 받았을 수도 있다. 이러한 방법으로 '군집' 의 사람들을 면접함으로써 비용이 절감된다. 그러나 모든 범위의 모집단이나 지역의 종류가 포함되지 않을 것이므로, 군집의 수를 너무 많이 줄이지 않도록 조심해야 한다.

장소/이용자/방문자 연구를 위한 표집(표본추출)

여가/관광지나 시설에서의 조건들은 시설의 종류와 크기, 계절, 1주일 중의 어느 하루, 하루의 어느 시간, 혹은 날씨에 따라 매우 다르다. 이 논의는 따라서 일반적인 견해에서만 이루어질 수 있다. 무작위성(임의성)을 확실히 하고, 그로 인해 대표성을 확보하기 위해, 연구자들은 엄격한 규율을 고수할 필요가 있는데, 장소 연구자들은 두 가지 방법으로 연구한다. 첫째는, 연구자가 움직이지 않고 이용자들이 움직일 수 있다는 것인데, 예를 들면 연구자가 입구 근처에 위치하고 방문자들이 출입하면서 면접을 당하는 것이다. 대안적으로 이용자들은 움직이지 않고 연구자들이 움직일 수 있는데, 예를 들어 해변 이용자들이나 소풍 장소의 이용자들을 면접할 때가 그럴 수 있다.

움직이지 않는 연구자의 경우, 연구자가 따라야 하는 지시사항들은 다음과 같을 것이다.

> 한 면접이 완료되면, 질문서의 완전성과 명료성을 검사하라. 새로운 질문서에 대해 당신이 준비가 되면, 다음 사람이 문으로 들어오는 것을 막아라. 이 규칙을 엄수하고 다른 기준으로 피면접자들을 고르지 말라.

중요한 점은 연구자들이 누구를 면접할 것인지 고르거나 선택하여 특정 부류의 이용자들을 피하면 안 된다는 것이다. 이론적으로는 문을 통해 들어오는 매 5번째 사람을 면접하는 것과 같은 규칙이 있어야 하지만, 이용자들이 다양한 비율로 들어올 것이고 면접의 길이도 다양하기 때문에, 이것은 매우 드문 것이다.

움직이지 않는 이용자들과 움직이는 연구자들의 경우, 연구자는 그 장소에서 따라야 할 어떤 노선이 주어져야만 하고 그들이 지나는 매 5번째 집단을 면접한다든지 하는 지시가 있어야 한다.

연구자들이 고용된 곳에서는, 그 과정의 성패가 연구자들에게 주어진 훈련에 달려 있을 것이고, 이는 그들이 규칙을 잘 따른다는 것을 확신하기 위해 직장에서 그들의 관찰을 포함할 수 있다.

9장에서 논의되듯이, 장소/방문자 연구에서 표집(표본추출)은 하루의 다른 시간대에 면접되는 이용자들의 비율의 상이성으로 어쩔 수 없이 달라질 수 있다. 해변과 같이 이용자들이 오랜 시간동안 머무르는 경향이 있는 곳에서는 이것이 아마 상관이 없겠지만, 사람들이 짧은 시간동안 머물거나 하루 혹은 1주일의 기간 동안 이용자들의 부류가 다를 수 있는 곳에서는, 표본이 아마 대표성을 띄지 못하고, 치우쳐 있을 것이다. 이것은 이 장의 마지막에서 논의되는 가중하기에 의해 수정되어야 한다.

연구들이 응답 완료를 위하여 질문서 배포를 수반할 때, 예를 들어 노선/호텔 연구의 여행객의 숫자에서 분야의 종업원들이 여행객들의 설문서 완성과 회부를 격려하지 못한다면, 응답자들은 자기 마음대로일 것이다. 분주한 호텔이나 여가 시설의 응접계원들은 연구가 경영에 앞서 면밀하게 감독되지 않는다면, 질문서 수집과 배포에서의 철저한 작업을 믿을 수가 없게 된다. 보통 모집단의 상당한 부분이 질문서를 회수하는 데 실패할 것이지만, 이 자기 본위 선정 과정은 임의적이지는 않을 것이다. 예를 들면, 영어를 읽거나 쓰는 데 어려움이 있는 사람들이나 바쁜 사람들은 그들의 질문서를 반납하는데 실패할 지도 모른다. 긍정적이든 부정적이든, '말할 것이 있는' 사람들은 무관심하거나 이미 서비스에 만족하는 사람들보다 그들의 질문서를 반납하려 할 것인데, 따라서 설득력 있는 의견을 지닌 할당 부분의 사람들을 그릇 인도하게 될 것이다. 그러므로 이런 종류의 '제어되지 않은' 연구는 표본에의 심각한 편견을 유입하는 위험이 있고, 따라서 가능한 한 항상 피해야 한다.

거리 연구 표집(표본추출)과 할당 표집(표본추출)

할당 표본 추출의 기술이 다른 상황에서 쓰일 수 있다고 하더라도, 그것은 거리 연구에서 가장 흔하다. 거리 연구는 대개 공동체의 대표 표본이나 한 장소에의 방문객을 접촉하는 수단으로서 보이지만, 사실 거리 연구는 또한 쇼핑 지역이나 관광지와 같은 곳의 '장소 연구'의 한 종류로서 볼 수도 있다. 거리의 무작위 표본 이용자를 포함하는 그런 거리 연구가 공동체나 방문자들 전체보다 지역의 이용자들의 대표가 될 때, 교외의 쇼핑센터에는 예를 들어 퇴직자들이나 전 시간 자택 요양/육아가 높은 비율을 차지할 것이다.

실제, 만약 전체 집단의 대표 표본을 얻는 것이 목적이라면, 이를 성취하기 위해 연구자들은 만나야 할 다른 부류의 사람들의 '할당량'을 부여받았을 것이다. 할당량은 인구 연구로부터 이용 가능한 공동체의 정보에 기초하였을 것이다. 예를 들면, 인구 연구가 모집단의 12 퍼센트가 퇴직하였음을 가리키고, 연구자들은 면접을 하면서 매 100명의 사람에 12명의 퇴직자가 포함되도록 할 것이다. 관광지의 경우 자료가 공식적인 연구/통계로부터 이용 가능할 수도 있다. 연구자들이 어떤 나이/성별 집단과 같은 그들의 할당량을 채우려고 한다면, 그들은 그 할당량의 차이를 채우기 위하여 접근해야 할 사람에 더욱 선택적이어야 할 필요가 있다.

할당 방법은 목적 모집단에 대한 배경 지식이 공동체 연구에서처럼, 알려졌을 때에만 사용될 수 있다. 대부분의 이용자 연구에서 이 정보는 그렇게 알려지지 않아서 엄격한 임의 표본 추출 과정에 의지해야만 한다.

우편 연구에서의 표집(표본추출)

우편 연구에서 질문서가 보내질 사람들의 첫 목록은 전체 모집단이나 표본이 될 수 있다. 만약 표본이 선정되면 그것은 대개 전체 모집단에 대한 주소 목록이 보통 입수 가능하기 때문에 순전히 임의적으로 행해질 수 있다.

비록 그것이 무작위로 선정되진 않고 저절로 선정된다고 하지만, 우편 연구로의 응답자들은 표본을 형성한다. 이것은 앞에서 논의된 제어되지 않은 자기-완성 장소 연구에서의 그것들과 비슷하게 한 쪽으로 치우친 원천들을 받아들인다고 할 수 있다. 높은 응답률을 이루기 위해 모든 노력을 쏟는 것 이외에는 달리 할 수 있는 것이 없다. 어떤 경우에는 특정 종류의 편견을 바로잡기 위해 표본의 비중을 재는 데 사용할 수 있는 모집단이 이용 가능하기도 하다. 예를 들면, 국가적 연구의 경우 표본은 모집단의 지리적 분배가 알려질 것이기 때문에 반응으로 어떤 지리적 치우침을 바로잡기 위해 과중한 부담을 가질 수도 있을 것이다. 예를 들어서, 만약 연구가 직업적 관계에 놓여 있고 다양한 등급의 구성원들의 비율이 기록으로 알려진다면, 이것은 특정비율에 대한 비중을 두기 위한 목적으로 쓰일 수 있다. 그러나 궁극적으로, 우편 연구는 무응답에서 야기되는 알려지지 않고 바로잡을 수 없는 치우침의 요소들로 인해 어려움을 겪는다. 모든 연구들이 무응답을 경험하는 것은 피할 수 없지만, 무응답의 수준이 보통 더욱 크기 때문에 우편 연구가 문제가 더 큰 것이다.

표본 크기

표본의 크기는 모집단의 크기에 기초하여 결정되어야 한다는 널리 알려진 오해가 있다. 예를 들어 말하자면 표본이, 모집단의 5 내지 10퍼센트여야 한다는 것이다. 이것은 그렇지 않다. 중요한 것은 모집단의 크기와는 관계없는 표본의 절대적인 크기이다. 예를 들면, 적절한 표본 추출 과정이 따라 주었다면, 그것이 영국 성인의 영국인(인구 5천만)의 표본이든, 런던의 거주자들(인구 7백만)이든, Brighton의 거주자들(인구 10만)이든, 혹은 어느 대학의 학생들(대충 말해서, 인구 1만)이든, 1천이라는 표본의 크기는 동등하게 유효하다.

'중요한 것은 모집단에 관계한 크기가 아닌 표본의 절대적인 크기이다.' 라는 것은 되새길 가치가 있다. 이 규칙은 모집단 자체가 작은 때만 제외하고, 어떤 경우에도 적용된다. 이 예외와 그 내포된 의미는 나중에 논의된다.

따라서 무슨 기준에 따라서 표본의 크기는 결정되어야 하는가? 그 기준은 기본적으로 3중으로 되어 있는데, 그것은 다음과 같다.

1. 결과에서 요구되는 정확함의 정도
2. 제안된 분석에서 자세함의 정도
3. 이용 가능한 예산

정확함의 수준 - 신뢰 구간

정확함의 수준이라는 개념은 다음과 같이 설명될 수 있다. 가져야 할 문제는 바로, '어느 정도까지 표본에서 얻은 정보들이 그것들이 유래한 모집단을 정확하게 반영하는가?' 라는 것이다. 예를 들면, 만약 한 연구가 휴일의 행락을 연구하도록 설계되었고, 500명의 표본 중 50퍼센트가 그 전년에 휴일을 가졌다는 것을 알게 되었는데, 우리는 이 통계 정보가 전반적으로 얼마만큼 모집단의 진실성을 지닌다고 확신할 수 있는가? 대표 표본을 선정하기 위한 모든 노력에도 불구하고, 그 표본이 사실상 대표적이며, 모집단에서 휴일의 행락을 갖는 진짜 비율이 사실 70퍼센트 혹은 30퍼센트라고 얼마나 우리는 확신할 수 있는가?

이 물음은 확률이라는 개념으로 설명된다. 만약 참값이 50퍼센트 정도이고, 무작위 표집(표본추출) 과정이 뒤따르는 한, 너무 어긋나서 표본의 어느 누구도 휴일을 갖지 않을 표본을 고를 확률은 매우 희박하여 거의 불가능하다고 말할 수도 있을 것이다. 반면에, 48-49퍼센트와 51-52퍼센트의 확률은 가능성이 매우 높다고 생각할 것이다. 70퍼센트와 30퍼센트로 걸릴 확률은 그 사이의 어느 정도일 것이다.

통계학자들은 모집단에서 뽑은 다양한 크기의 모든 가능한 표본들로부터의 결과 분포의 가능한 양식을 연구해왔고, 표본이 무작위로 선택되면 통계치의 표본값은 통계치의 참값의 근사치 범주 내에서의 확률을 지닌다고 확증하였다. 그 범주는 통계학의 '표준 오차'의 두 배로 높거나 낮다. 표준 오차의 크기는 표본의 크기에 달려 있고 모집단의 크기와는 관계가 없다. 적절히 뽑힌 표본은 참 모집단 값의 두 표준 오차 사이인 값으로 통계치를 생산할 가능성이 95퍼센트이며, 따라서 역으로, 참 모집단 값이 표본 통계치의 두 표준 오차 사이에 놓일 가능성도 95퍼센트이다. 이것은 만약 같은 크기의 1백 개의 표본이 뽑힌다면, 95개의 경우 우리는 통계치 값이 모집단 값의 두 표준 오차 사이라는 것을, 5 가지의 경우 그 범주 밖이라는 것을 기대한다는 것을 의미한다. 우리는 대개 사실상 모집단 값을 모르기 때문에, 우리 발견의 정밀도에 대한 확률을 이런 이론적 진술에 의존해야만 한다. 이는 우리가 95퍼센트의 대략 옳을 기회와 5퍼센트의 틀릴 위험이 있다는 것이다.

이 '두 표준 오차' 범주는 통계의 '95퍼센트 신뢰 구간'으로서 표현된다. 표준 오차와 확률의 정도 사이의 관계는 '정규 곡선'의 성질이다. '정규 곡선'은 수학적 특성을 지닌 종모양의 곡선으로, 여기에서는 수행할 수 없다. 정규 곡선의 개념과 95퍼센트의 신뢰 구간은 그림 10.1에 묘사되어 있다. 특정 종류의 '분포'의 특성과 관련된 확률의 일반적인 개념은 12장에서 더욱 자세히 다루어질 것이다.

통계학자들에 의해 선정된 표들은 표 10.1에 보이듯이, 다양한 표본 크기에 대한 다양한 통계치의 신뢰 구간을 제공한다. 표의 아래 부분에는 50부터 1만까지 다양한 표본 크기가 있다. 표의 윗부분을 통해서는 한 연구에서 찾을 수 있는 통계치가 있는데, 예를 들어 20퍼센트는 테니스를 치는 것이다. 표는, 만약 20퍼센트의 표본이 테니스를 치지만, 80퍼센트가 분명히 테니스를 치지 않는다는 것이 발견될 수

■ 그림 10.1 정규 곡선과 신뢰 구간

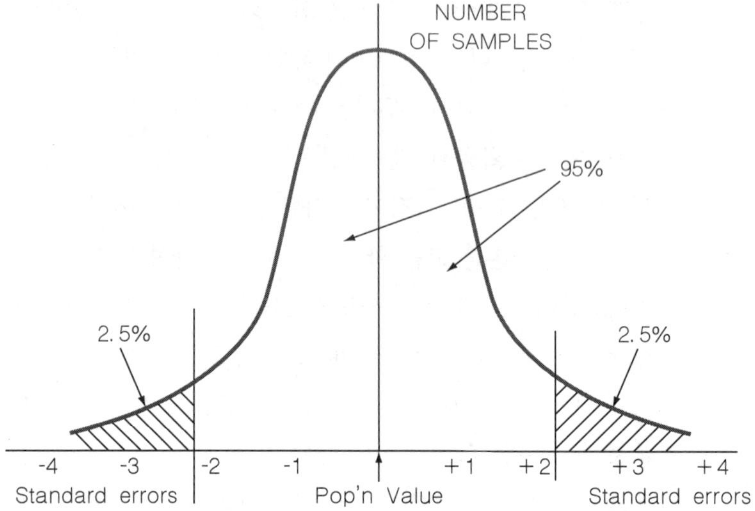

있으므로, 20퍼센트를 80퍼센트와 함께 보여준다. 통계치 20퍼센트의 정밀도에 관한 어떤 결론도 또한 상응하는 통계치 80퍼센트에 적용된다. 표의 주요 부분이 신뢰 구간이다.

샘플 사이즈	샘플의 백분율							
	50%	40% or 60%	30% or 70%	20% or 80%	10% or 90%	5% or 95%	2% or 98%	1% or 99%
				신뢰 수준(± %)				
50	±13.9	±13.6	±12.7	±11.1	±8.3	*	*	*
80	±11.0	±10.7	±10.0	±8.8	±6.6	*	*	*
100	±9.8	±9.6	±9.0	±7.8	±5.9	±4.3	*	*
150	±8.0	±7.8	±7.3	±6.4	±4.8	±3.5	*	*
200	±6.9	±6.8	±6.3	±5.5	±4.2	±3.0	±1.0	*
250	±6.2	±6.1	±5.7	±5.0	±3.7	±2.7	±1.7	*
300	±5.7	±5.5	±5.2	±4.5	±3.4	±2.5	±1.6	*
400	±4.9	±4.8	±4.5	±3.9	±2.9	±2.1	±1.4	±1.0
500	±4.4	±4.3	±4.0	±3.5	±2.6	±1.9	±1.2	±0.9
750	±3.6	±3.5	±3.3	±2.9	±2.1	±1.6	±1.0	±0.7
1000	±3.1	±3.0	±2.8	±2.5	±1.9	±1.3	±0.9	±0.6
2000	±2.2	±2.1	±2.0	±1.7	±1.3	±1.0	±0.6	±0.4
4000	±1.5	±1.5	±1.4	±1.2	±0.9	±0.7	±0.4	±0.3
10,000	±1.0	±1.0	±0.9	±0.8	±0.6	±0.4	±0.3	±0.2

■ 표 10.1 표본 크기에 상응하는 신뢰 구간

표가 어떻게 해석되었는지의 예는 다음과 같다. 우리에게 500 크기의 표본이 있다면, 우리는 표본의 30퍼센트가 어떤 특성을 지닌다는 것을 알고 있게 된다. 말하자면, 전년도에 휴가를 나갔던 것이다(따라서 70퍼센트는 휴가를 다녀오지 않은 것이다). 500 크기의 표본에 대한 표를 읽어내면서, 우리는 30퍼센트(70퍼센트)의 결과가 ±4.0의 신뢰 구간을 받기로 되어 있다는 것을 알게 된다. 따라서 우리는 모집단 값이 26.0퍼센트에서 34.0퍼센트의 범주에 놓여 있다는 데 상당히 확신할 수 있다.

이러한 신뢰 구간에 대해 중요한 점을 주지해야 한다. 그것은 신뢰 구간을 양분하기 위하여 표본 크기를 4배로 하는 것이 필수적이라는 것이다. 앞에서의 예에서 2천명의 표본(원 표본의 4배)은 ±2.0퍼센트의 신뢰구간을 줄 것이다(원래 신뢰구간의 반절). 표본을 늘림으로써 연구의 정밀도를 높이는 비용은 따라서 매우 높다.

적은 표본에는 신뢰구간이 매우 커짐을 알아야 한다. 예를 들면, 50퍼센트의 통계를 위한 구간은 ±13.9퍼센트인데, 50퍼센트의 결과는 36.1퍼센트에서 63.9퍼센트의 범주 안에서 측정될 수 있다는 것을 의미한다. 어떤 통계에서는, 더 적은 표본 크기에 대해 신뢰 구간은 오차의 총 차이가 원래 통계치보다 크기 때문에 신뢰할 수 없다.

이러한 신뢰 구간이 무작위 표본 추출 방법을 이용하여 얻어진 표본들에만 적용된다는 것을 주지해야한다. 다단계 표본 추출과 같은 다른 방법들은 더 광범위한 신뢰 구간들을 생성하는 경향이 있지만, 차이가 종종 작아서 그것은 여기서 추구되지 않는다.

표본의 크기를 결정하기 위한 정밀도 기준의 영향은 이제 분명해진다. 1천 정도의 표본 크기는 50퍼센트의 결과에 ±3.1퍼센트의 신뢰 구간을 줄 것이다. 만약 그 오차의 차이가 받아들일 수 있는 것이 아니라면 더 광범위한 표본 크기가 필요할 것이다. 그것이 받아들일 수 있는 것인지 아닌지는 자료가 놓일 용도에 달려있고, 아래에서 논의될 수행될 분석의 종류와 관계가 있다. 표본의 크기와 신뢰 구간 사이의 이러한 관계를 고려한 하나의 대안은 표 10.2에 나타나 있다. 이것은 표의 주요 부분에서 주어진 신뢰 구간을 달성하기 위해 필요한 표본의 크기를 보여준다.

제안된 분석의 세부 사항

표 10.1의 신뢰 구간은 표본 크기의 선택을 고려한 2차 기준을 더 구체적으로 설명하고 있는데, 이는 착수되어야 할 분석의 종류이다. 만약 모집단의 적은 비율과

신뢰 수준	샘플의 백분율						
	50%	40% or 60%	30% or 70%	20% or 80%	10% or 90%	5% or 95%	1% or 99%
	최소 필요 샘플 사이즈						
±1%	9,600	9,216	8,064	6,144	3,456	1,824	380
±2%	2,400	2,304	2,016	1,536	864	456	*
±3%	1,067	1,024	896	683	384	203	*
±4%	600	576	504	384	216	114	*
±5%	384	369	323	246	138	73	*
±6%	267	256	224	171	96	*	*
±7%	196	188	165	125	71	*	*
±8%	150	144	126	96	54	*	*
±9%	119	114	100	76	43	*	*
±10%	96	92	81	61	35	*	*

■ 표 10.2 주어진 신뢰 구간을 달성하기 위해 필요한 표본의 크기

관련하여 더 상세한 비교들이 수행될 것이라면, 작은 표본 크기는 매우 뜻 깊은 분석을 배제할 것이다. 예를 들어, 200명의 표본과 관련하여 연구가 수행된다고 가정하고, 20퍼센트의 응답자들이 볼링을 하러 가고 30퍼센트의 응답자들이 테니스를 치러 갔다고 하자. 20퍼센트는 ±5.5퍼센트의 오차 범위를 받게 될 것이고, 30퍼센트는 ±6.3퍼센트의 차이를 받게 될 것이다. 그러므로 그 두 활동을 수행하는 비율은 다음과 같다고 측정될 것이다.

볼링 : 14.5 ~ 25.5%　　　　테니스 : 23.7 ~ 36.3%

신뢰 구간은 중복되어서, 우리는 연구로부터 주어진 10%의 차이에도 불구하고, 두 활동의 인기에는 '중대한' 차이가 있다고 결론지을 수 없다. 이것은 어떤 분석에서도 매우 제한적일 것이다. 만약 표본이 500명이었다면 신뢰 구간은 각각 3.5%와 4.0%였을 것이고, 다음과 같은 측정을 부여할 것이다.

볼링 : 16.5 ~ 23.5%　　　　테니스 : 26.0 ~ 34.0%

이 경우 신뢰 구간은 중복되지 않고, 우리는 테니스가 볼링보다 훨씬 인기가 있다고 상당히 확신할 수 있다.

부표본으로의 표본의 세분화 정도와 같은 분석의 세부 사항과 정밀도의 수용 가

능한 수준은 따라서 표본의 필요한 크기를 결정지을 것이다. 비록 모집단이 클수록 그 차이가 커지려고 하여 부표본으로의 세분화 필요성이 커지지만, 대체로 이것은 원래의 모집단의 전반적인 크기와는 상관이 없다.

예 산

더 나아가 주목해야 할 점은, 큰 표본에 자원을 소비하는 것이 불필요하게 보일 수 있을 때에도 그것은 긍정적인 면에서 비경제적이라는 것이다. 예를 들면, 1만의 표본은 최대 ±1%의 신뢰 구간을 포함한 통계치의 측정값을 부여한다. 그러한 연구는 수행하는데 약 20만 파운드의 비용이 들 수 있다. 그 신뢰 구간을 ±0.5%로 양분하는 것은 표본의 크기를 4만으로 4배 증가하여 60만 파운드의 추가 비용을 의미할 것이다. 그만한 적은 몫을 위해 그러한 지출이 정당화 될 상황은 거의 있을 수 없다.

결국 표본의 크기를 결정하는 데의 제한요소는 이용 가능한 원천이라는 기준이 될 것이다. 심지어 이용 가능한 예산이 표본 크기를 심각하게 제한한다고 하더라도, 그것은 계속 진행되도록 결정될 것이고 대표성이 없는 표본의 가능성을 위험부담으로 안게 될 것이다. 그렇지만 만약 표본이 작다면, 분석의 세부 사항은 제한되어야 할 필요가 있을 것이다. 만약 자원들이 너무 제한되어서 정량적 연구의 유효성이 의문스럽다면, 더욱 가능성이 있는 정성적 연구를 고려하는 것이 현명할 것이다. 대신, 제안된 연구는 방법론에 강조를 두고, 미래에 더 적절하게 자원이 공급된 전면적인 연구의 준비가 되는, '지침' 연습으로서 활용할 수 있다.

표본 크기와 신뢰 구간의 논점은 연구의 보고서에 어떻게 언급되어야 할까? 몇몇 과학적 연구에서 복잡한 통계적 평가들이 연구로부터의 통계적 결과를 보고하는 데 필수적이라고 여겨진다. 많은 사회 · 과학적 연구, 특히 여가 · 관광 연구에서, 필수조건은 덜 엄격하다. 이것은 학술적 연구에서 어느 정도 사실이지만, 응용 연구의 보고에서 더욱 두드러진다. 표본의 크기에 의해 부여된 제한과, 자료들이 지지할 수 없는 비교들을 만들지 않는 것을 인식하는 것은 필수적인 반면, 상담 보고 문서에서 그러한 문제들에 대한 명백한 언급은 드물다. 많은 양의 통계적 전문 용어는 일반적으로 요구되지 않는데, 일반 독자는 연구자들이 훌륭한 업무를 해내길 기대하고 전문가적인 독자들은 스스로 보고서의 분석을 연구하기 위한 충분한 정보가 주어져야 하기 때문이다. 표본 추출 오차의 크기를 가리키는 부록이 보고서에 포함되는 것은 추천할 만하다. 부록 10.1은 이러한 형식을 제공한다.

학술적 정기 간행물에서의 방식들은 다소 차이가 있고, 통계적 평가가 선행되기를 기대한다. 이용 가능한 다양한 평가들은 1장에서 수행된다.

표본 크기와 작은 모집단

표본 크기에 대한 앞에서의 논의는 모집단이 크다는 것을 가정하고 있는데, 사실 신뢰 구간을 계산하기 위해 사용된 통계적 공식은 모집단이 사실상 무한하다는 가정에 기초하고 있다. 신뢰 구간의 크기와 모집단 크기 사이의 관계는 모집단의 크기가 표 10.3에서 보이듯이 5만 이하로 떨어질 때 눈에 띄게 된다. 표는 ±5%의 오차를 지닌 95%의 신뢰 구간을 만들기 위해 필요한 표본 크기와 ±1%의 오차를 지닌

모집단 사이즈	1%와 5%의 유의확률을 위한 최소 샘플 사이즈	
	±5%	±1%
무한	384	9,602
10,000,000	384	9,593
5,000,000	384	9,584
1,000,000	384	9,511
500,000	384	9,422
100,000	383	8,761
50,000	381	8,056
25,000	378	6,938
20,000	377	6,488
10,000	370	4,899
5000	357	3,288
2000	322	1,655
1000	278	906
500	217	475
200	132	196
100	80	99
50	44	50

■ 표 10.3 표본 크기와 모집단 크기: 작은 모집단

다른 모집단 크기의 50%의 표본 결과를 나타낸다. 그림 10.1과 10.2에 나타나듯이, 50%의 결과가 표본 크기에서 가장 요구되므로, 50%의 결과에 대한 표본 크기만이 보이고 있다. 주어진 표본 크기에서는, 다른 결과에 대한 신뢰 구간(예를 들어 30/70%)은 항상 더 작다. 표는 먼저 무한대의 모집단에 대한 표본 크기를 나타내고, 표본 크기는 표 10.1 첫 열의 ±5% 혹은 ±1%의 신뢰 구간과 같다고 보일 수 있다. 신뢰 구간을 모집단 크기와 관련시키는 공식의 세부 사항은 Krejcie and Morgan (1970)에서 찾을 수 있다.

가중하기(Weighting)

이 전 부분과 이 부분에서는, 연구의 가중 혹은 자료 측정이 필요할만한 상황이 지적되어 왔다. 11장에서는 SPSS 컴퓨터 패키지를 이용한 가중하기 과정이 개설된다. 여기에 수반된 원칙들이 논의되어 있다. 표 10.4에 나타나 있는 자료를 예로 들어보자. 45개의 면접 표본에서 실제 이용자의 반 이상이 정오 즈음에 방문하고 있는 반면, 면접의 수는 하루 내내 꽤 동등하게 분포되어 있다(이 정보는 아마도 관찰/측정에 의해 얻어졌을 것이다). 이것은, 정오의 이용자들이 그들의 특성이나 의견에서 다른 사람들과 다를 수 있으므로 표본에서 과소 대표될 것이기 때문에, 표본에서 치우친 원천이 될 수 있다. 가중하기의 목적은 실제 이용자들의 분포와 유사한 가중된 표본 분포를 생성하기 위해서이다.

한 접근법은 표본 숫자가 실제 숫자를 반영하도록 '가산' 하는 것인데, 예를 들면, 표 10.5에서 보이듯이, 오전 9시부터 오전11시의 집단은 25÷10=2.5로 가중되고,

시 간	인터뷰 수	%	실제 사용자수(수)	%
9-11am	10	22.2	25	5.7
11.01-1pm	12	26.7	240	55.2
1.01-3pm	11	24.4	110	25.3
3.01-5pm	12	26.7	60	2.7
총 계	45	100.0	435	100.0

■ 표 10.4 장소/방문자 연구로부터의 면접/이용 자료

시 간	A. 인터뷰 수	B. 사용자 수	C. 가중요인	D. 가중된 샘플수
원천:	연구	수	B/A	C*A
9-11am	10	25	2.5	25
11.01-1pm	12	240	20.0	240
1.01-3pm	11	110	10.0	110
3.01-5pm	12	60	5.0	60
총 계	45	435		435

■ 표 10.5 가중하기

오전 11시부터 오후 1시의 집단은 240÷12=20으로 가중되는 등등 이다.

가중 요소는 11장에서 논의될 것처럼, 가중하기가 자동적으로 행해지는 것을 위해 컴퓨터를 활용할 수 있다. 초기의 가중 요소는 같은 기간에 표본 숫자로 나누어진 이용자의 수와 같다. 가중된 표본은 따라서 전반적인 이용자 수와 비슷하도록 만들어진다. 그렇지만 표본 크기는 여전히 435가 아니라 45라는 것을 주목해야 한다. 만약 통계적 평가가 수행될 것이라면, 가중 표본을 모두 45로 이끌기 위해 가중 요소를 435로 나누는 것이 권할 만하다.

이 예에서, 가중하기의 기본은 하루 동안의 방문자의 양식과 관련이 있는데, 그것은 이 특별한 종류의 연구와 관련해서 유효한 정보로 보였다. 모집단에서 이용 가능한 어떤 다른 자료도 이용될 수 있는데, 예를 들어, 만약 연령 구조가 인구 연구로부터 이용 가능하다면, 기간보다는 연령 집단이 오히려 이용될 것이다.

정성적 연구에서 표집(표본추출)

8장에서 논의되었듯이, 정성적 연구는 일반적으로 정량적 대표성에 이의를 제기하지 않고, 의미상, 정해진 수준의 정밀성을 요구하는 통계적 계산은 수반하지 않는다. 따라서 일반적으로, 앞에서 요약된 정량적인 고려는 정성적 연구와는 관련이 없다. 이는 대표성이 완전히 무시된다는 말은 아니다. Karla Henderson(1991: 132)는 '정성적 접근법을 사용하는 연구자는 적당한 수나 임의의 선택을 고려하지 않지만, 관찰이 이뤄질 수 있는 광범위한 사회적 구조의 작업상을 나타내기 위해서' 라고 말한다. 따라서 만약 연구되고 있는 모집단이 젊고 늙은 사람들을 포함한다면, 한 집단에만 집중된 노골적인 결정이 이뤄지지 않는 한, 표본에는 둘 다 포함될 것이

표집의 종류	특 성
편 의	편리하게 위치한 사람들이나 조직의 이용 예 친구, 동료, 학생, 이웃의 조직, 지역 관광지를 방문하는 여행자들
표 준	주요 표준에 기초하여 선정된 개인들 예 연령 집단, 조직의 구성원, 기념품 구매자들
균 질	모집단에서 상대적으로 균질한 부분 집합을 신중히 선정 예 20~30대의 대학 교육을 받은 자전거 선수
기 회	'편의' 와 비슷하지만, 발생하는 기회의 이용을 포함 예 지역적으로 발생하는 주요 스포츠 행사 연구, 연구자가 휴가를 보내고 있는 휴가 리조트 연구
최대편차표집	대비되는 경우의 신중한 연구. '균질' 의 반대 예 '표준' 과 비슷하지만 '최대편차', '전형성' 과 같은 다른 고려 포함
층화목적표집	정해진 표준에 의거한 일련의 경우 선택 예 연령 집단이나 국적 범위의 대표성

■ 표 10.6 선정된 정성적 표집(표본추출) 방법

다. 그러나 연구 모집단에서 표본이 반드시 젊고 늙은 비율을 반영하지는 않을 것이다. Miles and Huberman(1994: 28)는 정성적 표본 추출을 위한 16가지 '전략(strategies)' 을 목록으로 보인다. 이 중 몇 가지는 표 10.6에 나와 있다. 연구 보고서에서 사용된 정성적 표본 추출 방법은 적절하게 묘사되어야 한다. 모든 경우에서 개개인이 어떻게 선택되고 접촉이 이루어지는 지가 설명되어야 한다. 예를 들어 만약 '표준(criterion)' 표집(표본추출)이 이루어졌다면, 이용된 표준은 무엇이고, 표준에 맞는 사람들은 어떻게 접촉되었는가? '눈덩이(snowball)' 표집 방법이 이뤄졌다면, 그것은 어떻게 시작되었는가? '편의(convenience)' 표집 방법이 이뤄졌다면, 편의 요소는 무엇인가 - 친구관계, 가정, 동료, 학생, 이웃?

● 요 약

이 장은 표집(표본추출)의 주제를 다루었는데, 그것은 연구를 위한 주제의 '모집단' 비율을 선정하는 과정임을 알 수 있었다. 두 가지 주요 논점은, 표본의 대표성과 표본의 크기이다. 연구자는 무작위 표집의 원칙을 따라 대표성을 찾는데, 그것은 가능한 한 모집단의 모든 구성원이 선택될 동등한 기회를 갖는 것을 의미한다. 다른 종류의 연구는 무작위 표집을 성취하는 데 다른 실용적 과정을 수반한다. 표본이 임의로 선택되면, 표본으로부터의 통계적 발견이 실제로 모집단을 반영하게 되는 정도까지 문제는 계속 발생한다. 통계적 과정은 표본 발견물이 실제 모집단 값의 어느 한계 내에 놓여 있다는 가능성 정도를 평가할 수 있도록 발전되어 왔다. 이 한계는 신뢰구간이고, 그 크기는 모집단의 크기와는 상관없이 표본의 크기에 관련이 있는데, 표본이 클수록 신뢰 구간이나 통계 오차 한계는 작아진다는 것이다. 연구를 위해 필요한 표본의 크기는 따라서 결과에 필요한 정밀도, 수행되어야 하는 분석의 상세함, 그리고 이용 가능한 예산에 달려 있다. 마지막으로, 이 장은 치우침을 바로잡기 위한 가중하기의 방법과 정성적 연구를 위한 표집의 논점을 다루고 있다.

Test question

1. 랜덤샘플링이란 무엇인가?
2. 랜덤/대표 표본의 반대는 무엇인가?
3. 다단계 샘플링은 무엇이며, 왜 사용되어지는가?
4. 신뢰수준이란 무엇인가?
5. 얼마만큼의 샘플이 연구에 사용되어질 수 있는가?
6. 가중이란 무엇인가?
7. 질적 샘플링에 사용될수 있는 방법은 무엇인가?

Exercise

1. 경험적 연구와 관련이 있고 출간된 연구 보고서나 저널의 논문을 골라 랜덤 샘플링을 사용한 과정을 정의하시오.
2. 1번에 사용한 논문을 활용하여, 보고서에서 서술하고 있는 신뢰수준을 설명하시오.

3. 291페이지에 있는 테니스와 볼링을 비교한 예로 하여 샘플수가 4000일 경우 신뢰수준은 얼마인가?

4. 국가 레크레이션 참여율이나 국내, 국제 관광연구의 결과를 토대로 해당 수치에 맞는 신뢰수준을 구하시오.

부록

10.1 … 샘플 사이즈와 신뢰수준

이것은 연구 보고서에 부록이나 노트에 포함되어야 할 샘플 자료에 대한 제안이다. 연구의 샘플사이즈는 500으로 가정한다.

통계적 노트

모든 샘플 연구는 통계적 에러를 가지고 있다. 이 연구의 신뢰수준은 500의 샘플의 대상으로 한다.

연구에서 나온 결과	95%의 신뢰수준
50%	±4.4%
40% or 60%	±4.3%
30% or 70%	±4.0%
20% or 80%	±3.5%
10% or 90%	±2.6%
5% or 95%	±1.9%
1% or 99%	±0.9%

이 것은 예를 들어 20%의 샘플이 특정한 성격을 가지고 있다면 모집단내의 20%±3.5(16.5~23.5%)의 사람들이 95% 범위 내에서 특정 성격을 가지고 있다는 것을 말한다. 보고서의 분석에서 이 오차의 범위를 기술하여야 한다.

Memo

11 설문 조사 분석

소개 - SPSS

이 장에서는 컴퓨터 패키지를 사용하여 설문 조사 데이터를 분석하는 법을 배울 것이다. 이 장에는 차례대로 Statistical Package for the Social Sciences(SPSS) 소프트웨어를 사용하여 설문 조사를 분석할 수 있는 매뉴얼을 배울 수 있도록 정리되어 있다. 사용자는 SPSS 프로그램이 있는 컴퓨터를 사용해야 하고 여기 나와 있는 절차들을 따라 하며 연습 할 수 있다.

윈도우 SPSS 패키지는 IBM에서 사용할 수 있는 패키지 버전이며, 경쟁적으로 개인 컴퓨터는 마이크로소프트 윈도우 시스템을 사용해야 한다. 여기 나와 있는 것은 버전 12 패키지다. 이전 책에서는 SPSS 예전 버전에 대해여 정리되어있다. 학생들을 위한 SPSS 버전은 풀 버전보다 훨씬 싼 가격으로 존재하지만, 사용할 수 있는 분석 절차나 데이터들이 한정되어 있다(다중응답 빼고는 현재 여기 나와 있는 것들은 할 수 있다). 매킨토시나 메인프래인 컴퓨터에도 SPSS는 존재하며, 더 자세한 설명들은 SPSS 웹 페이지에서 찾을 수 있다. SPSS는 통계학 패키지로 주로 많이 사용되며, 다른 시스템 즉 Minitab, BMD(Biomedical Data analysis), SAS(Statistical Analysis System)과 Turbostats들도 사용된다.

SPSS 절차에 대한 모든 리스트는 SPSS 웹 페이지 매뉴얼에서 볼 수 있으며 또한 소프트웨어 패키지에도 포함되어 있다. 이 장에서는 메인 절차 4가지가 묘사되어 있다.

- 빈도 – 개별 변수를 포함하는 계산과 비율
- 교차분석 – 2개 이상의 변수 교차
- 평균비교 – 획득 평균비교/ 평균의 적절한 변수
- 그래프 – 그래픽의 생산

제 12장에 나와 있는 모든 부분들과 통계적 절차는 그림 11.1에 요약되어 있다.

이 장에는 설문 조사 데이터 분석을 다루고 있지만, SPSS는 다른 소스에서도 데이터 분석 할 수 있도록 되어 있다. 비록 패키지가 수치 데이터를 다루는 데에 이상적으로 부합하지만 비수치 데이터 또한 다룰 수 있다.

각각의 경우와 그 경우에 대한 일반적 범위의 변수를 기초로 구성된 어떤 데이터라도 패키지를 사용해서 분석될 수 있다. (케이스와 변수의 정의는 밑에 나와 있다).

이 장에서는 어떻게 컴퓨터를 키는지, 파일을 어떻게 관리하는지, 또는 SPSS 소프트웨어 프로그램을 어떻게 인스톨하는지에 대해서 가르쳐주는 것이 아니다.

■ 그림 11.1 SPSS 연구 분석 개요

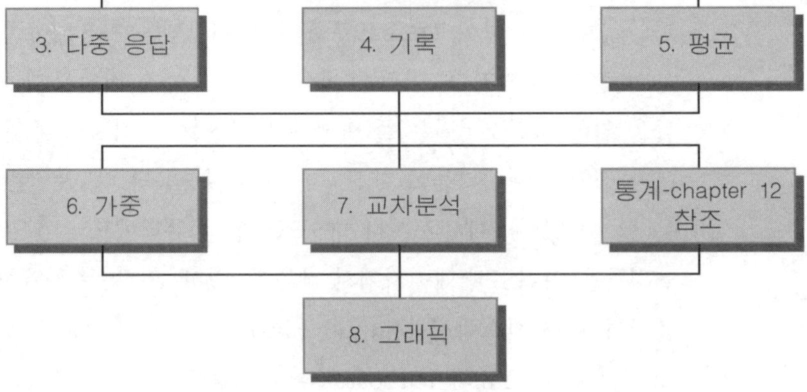

SPSS 윈도 사용자를 위해 이미 컴퓨터에 설치되어 있을 것이라 예상한다. 이 장에 나와 있는 소개는 오직 기초적인 것들이다. 대부분의 독자들은 문제가 발생했을 때 교사나 강사의 도움을 받는 것이 좋다. SPSS 패키지 자체에 초보자들을 위한 설명서가 있으며(뒤쪽에 나와 있듯이), SPSS 사용 관련법에 관한 책들이 많이 있다. 고위 교육 기관에서는 SPSS가 다른 컴퓨터 패키지처럼 라이센스를 가진 컴퓨터 연구소에서 사용 가능하도록 만들어 져 있다. SPSS에서 심화교육이 가능하며, 그 외 세계 주요지역에 있는 대학, 상업적 컴퓨터 교육기관, 그리고 SPSS 회사 자체에서 패키지를 연구한다.

준 비

케이스와 변수들

SPSS 그리고 다른 통계적 분석 패키지 – 편성된 케이스와 변수 용어에 대한 데이터를 다룬다.

- 케이스는 단 하나의 예, 현상에 대한 연구와 그리고 어떤 데이터가 수집되었는지에 대해 나와있다. 예를 들어, 어떤 지역사회의 구성원의 개별 인터뷰, 레저 활동에 참여하는 참가자, 어떤 기업의 직원, 어떤 나라의 관광객, 레저 또는 관광 조직 또는 어느 한 나라 어떤 데이터를 이용할 수 있는지에 대해서다. 그래서 많은 경우의 샘플들이 구성되어 있다.
- 변수는 전체 또는 일부의 경우로 사용 될 수 있는 어떤 아이템의 정보이며, 다른 값 또는 카테고리를 고용할 수도 있다. 예를 들어: 개인 성별 – '남자' 또는 '여자' 의 카테고리 안에 들어갈 수 있다, 직원의 급료 – 그 어떤 금전적 가치가 될 수도 있다, 기업의 직원 수 그리고 한 나라의 인구

SPSS에서 사용되는 변수에 대한 것은 여기까지 설명될 것이다. 반면 데이터를 입력할 때 케이스에 대한 것들은 이 장 이후에 설명될 것이다.

변수에 대한 상술

설문 조사에 있는 각 아이템 데이터의 변수 이름을 SPSS 프로그램과 통신하려면 꼭 확인시켜야 한다. 제 9장에 있는 그림 9.19는 이번 장에서 SPSS 데모로 쓸 수 있는 심플한 설문 조사가 나와 있다. 제 9장은 컴퓨터 분석 형식에 맞춰진 설문조사 코딩 데이터의 과정을 다루는 것에 대해서 나와 있다. 설문지는 'Office Use' 란에 다양한 이름으로 주석이 달려있다. 표 11.1에 질문는 숫자들과 일치하는 변수 이름들에 대한 리스트가 나와 있고, SPSS 시스템에 요구되는 9가지 추가된 아이템에 대한 각 변수의 정보도 있다. 이런 아이템들은 밑에 설명되어 있다.

이 름

- 설문 조사에 있는 8가지 질문에 나와 있는 관련된 변수들을 보면, qno란 변수는 설문조사의 각 케이스의 참조 번호를 기록하기 위하여 있다.
- 설문조사에 나와 있는 각 아이템의 자료 마다 독특한 이름을 가지고 있다. (중복 되는 변수 이름은 가능하지 않다)
- 변수 이름의 길이는 8 글자/숫자로 정해져 있으며, 글자로 시작해야 한다. 이 밑에 나와 있는 이름들은 변수이름으로 사용할 수 없게 되어 있으며, 그 이유는 SPSS 프로그램 자체에서 이 이름들을 다른 이유로 사용하기 때문에, 사용하면 혼동하기 때문이다.

ALL AND BY EQ GE GT LE LT NE NOT OR TO WITH

변수이름으로 사용할 수 있는 가능한 세 가지 시스템은 다음과 같다.

- 이곳은 연습 채택, 아이템을 어떻게 설명할건지에 따라 변수이름의 길이가 길게 또는 짧은 버전으로 할 수 있다. 예를 들어 student status는 status로, 그리고 suggestion 1은 sug1로 할 수 있는 것이다.
- 일반화된 이름을 사용, 예를 들어 variable은 *var* 만약 설문 조사가 5가지 variable(변수)를 갖고 있다면, 이름들은: *var1, var2, var3, var4, var5.* SPSS는 '디폴트' 시스템을 갖고 있어, 변수이름들이 이 양식에 이미 설정되어 있으며, 여기서 사용된 맞춤 이름 대신에 사용할 수 있다.
- 질문 숫자들을 사용해라 – 예를 들어, *Q1, Q2a, Q2b,* 그리고 계속해서.

질문번호 –	Name 번호	Type Numeric	Width 4	Decimal 0	Lab 설문번호	Values None	Missing None	Columns 4	Align Right	Measure Scale
1	상태	Numeric	1	0	학생상태	1/FT학생–일하지 않음 2/FT학생–일함 3/PT학생–FT 일하고 있음 4/PT학생–기타	None	4	Right	Nominal
2	카페바	Numeric	1	0	지난 4주간 캠퍼스 카페/바	0=No, 1=Yes	None	4	Right	Nominal
	음악	Numeric	1	0	지난 4주간 캠퍼스 음악들음	'카페바' 와 같음	None	4	Right	Nominal
	스포츠	Numeric	1	0	지난 4주간 스포츠 시설	'카페바' 와 같음	None	4	Right	Nominal
	여행	Numeric	1	0	지난 4주간 여행 서비스	'카페바' 와 같음	None	4	Right	Nominal
3	싸다	Numeric	1	0	무료/싸다(서열)	None	None	4	Right	Ordinal
	낮시간	Numeric	1	0	낮시간 이벤트(서열)	None	None	4	Right	Ordinal
	비일상적	Numeric	1	0	다른 곳에서 접할 수 없음(서열)	None	None	4	Right	Ordinal
	만남	Numeric	1	0	사회화(서열)	None	None	4	Right	Ordinal
	질	Numeric	1	0	발표의 질(서열)	None	None	4	Right	Ordinal
4	비용	Numeric	4	0	엔터테이먼트/달의 비용	None	None	4	Right	Scale
5	휴식	Numeric	1	0	휴식기회 중요	1 중요하지 않다 2 중요하다 3 아주 중요하다	None	4	Right	Scale
	사회적	Numeric	1	0	사회상호작용	As above	None	4	Right	Scale
	정신적	Numeric	1	0	정신적 자극	As above	None	4	Right	Nominal
6	sug1	Numeric	2	0	개선사항 제안	1 프로그램의 개요 2 시간 3 시설 4 비용 5 조직	None	4	Right	Nominal
	sug2	Numeric	2	0	개선사항제안	As above	None	4	Right	Nominal
	sug3	Numeric	2	0	개선사항제안	As above	None	4	Right	Nominal
7	성별	Numeric	1	0	성별	None	None	4	Right	Nominal
	연령	Numeric	2	0	연령	None	None	4	Right	Scale

■ 표 11.1 변수 이름, 설명 그리고 값

유 형

SPSS는 사용자가 정확하게 변수 유형의 변수를 일일이 열거해야 한다. Campus Life 설문 조사에 나와 있는 변수들은 모두 수치적이다 – 그 뜻은, 그것들은 오직 숫자밖에 안 된 다는 것이다. 데이터나 문자와 숫자의 조합을 포함하는 문자의미 조합을 포함해서 다른 가능성이 많이 존재 하지만, 이러한 옵션은 여기에서 다루지 않는다.

자릿수

자릿수는 변수 값에 대한 숫자의 최대 수치를 정한다. Campus Life 설문 조사에서 두 가지 변수만 빼고 모두 10%이하다. 변수의 자릿수 qno의 사이즈는 샘플의 사이즈에 따른다 – 여기서의 자릿수는 4 숫자를 보여주고 있다. 지출 가변 자릿수는 모든 응답자를 포함하는 9,999파운드의 여흥에 관한 주간 최대 개인 소비를 보여주는 4 자리로 놓여진다.

소수점 이하 자리

캠퍼스 인생 앙케트의 변수들은 모두 소수점 이하 자리를 포함하지 않는다. 그래서 소수점 이하 자리의 숫자들은 모두 0으로 배치되어 있다. 많은 변수들이 그럴 수 있겠지만, 소수점 또는 파운드/펜스를 포함한 것이 있을 수 있는데 예를 들어 사람의 키 또는 관광객의 하루 지출 등이 있다.

설 명

독자들에 의해 좀 더 쉽게 이해될 수 있도록 하는 더 자세한 가변 분류나 SPSS 산출표에 포함될 변수에 대한 묘사적 분류에 대한 내용에는 제한이 없다. 이것은 가끔 많은 변수를 가진 긴 질문사항들, 그리고 적은 변수 이름들을 쉽게 알아보기 힘들 때 필요하다.

값

각각의 변수 값과, 값의 설명들은 6번 문제를 제외하고 설문 조사에서 명확히 알 수 있다.

- 설문 조사의 번호는 정리 번호이기 때문에 그래서 값의 설명이 없다.
- 문제 1, 2번과 5번에 있는 변수는 특정한 코드 또는 값은 (1,2,3 등등) 값의 설명이 설문 조사에 일일이 열거되어 있다.
- 변수를 기반으로 한 질문 3번의 랭크는 1부터 5로 나누어진다 – 그림 11.2 에 자세히 설명 되어 있는 것처럼 값의 라벨이 없다. 사실, 이 변수 값은 5가지 값으로 나누어진다: 1= '첫 번째', 2= '두 번째', 3= '세 번째', 4= '네 번째', 5= '다섯 번째'.
- 변수 지출은 돈의 숫자적 합이다 – 그리하여 값의 라벨이 없다. 개방형 질문 6의 값/표는 9장에 있는 그림 9.7에서 보이듯 나왔다.

결측값

설문 조사에 응답하지 않아서 데이터는 빈칸으로 남는다, 아니면 'No answer' 또는 'Not applicable' 코드로 나온다. SPSS는 자동적으로 빈칸을 'missing value' 즉 결측값으로 다룰 것이다. 하지만 'No answer'와 'Not applicable' 코드는 상술될 것이다. 평균비교나 퍼센티지를 계산할 때 SPSS는 결측값을 제외하는 것을 암시하고 있다. Campus life 데이터 세트에서는 빠진 값의 현상이 sug1, sug1, 그리고 sug3로 명백히 보인다. 몇몇 응답자들이 전혀 응답하지 않았고, 다수는 한 가지에 응답하고, 세 가지에 응답을 한 사람은 드물었기 때문이다. 그래서 특히 sug2나 sug3에서 데이터에 많은 빈칸이 있다. 2번 질문에 있는 서비스 미사용이 빈칸으로 남아서 결측값을 높일 가능성이 있지만 이 경우에 미사용은 zero(영)으로 부호화 된다. 결측값 현상은 이 장에서 자세히 다루지는 않으나SPSS의 많은 결과에서 명백히 나타난다.

열

열의 개수 또는 변수 당 숫자는 밑에 설명되어 있는 '데이터 보기' 스크린 레이아웃에 관하여 표상적인 문제다. 기본적 변수나 명기된 자릿수에 개의치 않고 변수는 어떤 숫자든 열에 배치될 수 있다. Campus Life 예에 있는 모든 변수의 4열이 한꺼번에 '데이터 보기' 스크린에 스크롤을 내리지 않아도 되며, 또한 작은 컴퓨터 스크린에 조차 모든 데이터를 볼 수 있는 기능을 부여한다.

맞 춤

맞춤 또한 표상적이다. 스프레드시트나 표에서, 수치적 데이터가 우 정렬되어 있다면 쉽게 읽을 수 있으나 반면, 종종 텍스트는 좌 정렬에 적당하게 알 맞는다.

척 도

데이터는 명목척도, 순위척도, 척도 이 세 가지 타입으로 나누어질 수 있다.

- 명목척도는 설문조사 예에서 문제 1번의 status 카테고리 그리고 문제 2번의 '예/아니오' 같은 것들처럼 데이터 값은 고유한 순서가 없는 범주를 나타낸다. 설문 조사 예에서 문제 1번의 상태 카테고리 그리고 문제 2번의 '예/아니오' 같은 것 들이 있다. 이런 경우, 컴퓨터 분석에서 수치 코드가 사용되고 있을 때, 수치 평균 비교가 없다는 이야기다. 예를 들어, 코드 2는 코드 4의 '반'이 아니다. 1/0 코드는 6이랑 7, A와 B, 또는 X와 Y랑 똑같이 일치 할 수도 있다. 이것은 맞지 않으므로, 계산하기 위해서는 명목 데이터 코드의 평균 또는 표준비교 하는 것을 예로 들 수 있다.
- 순위척도는 설문 조사 예에서 질문 3번처럼 데이터 값이 고유한 순서를 따르는 범주를 나타낸다. 질문 1, 2, 3 순서의 중요성을 나타내지만, 하지만 랭크 3은 랭크 1보다 3배 더 높다고 해석될 수 없다. 그러나 평균이나 평균비교 랭크를 취할 가능성이 있다.
- 척도는 설문 조사 예에서 질문 4번과 8번처럼 구간이나 비율 척도에서 데이터 값안 숫자값이다. 수치적 자료, 예를 들어 사람의 나이, 여행 지출 또는 활동 참가 횟수, 이 모든 것들은 척도 데이터이다. 이런 경우에는, 정답 4번이 2번보다 두 배 높고 그리고 평균이나 평균비교가 적당하다.

데이터 유형이나 측정방식 또는 변수의 유형은 수행될 수 있는 통계학적 분석과 적절한 그래픽 설명의 범위에서 영향을 미치고, 이것은 특히 뒤의 12장 에서 논의될 것이다.

- qno는 척도 변수로 확인되었고, 비록 분석에는 사용되지 않을 테지만
- 질문 1, 2, 6 그리고 7번의 변수들은 명목
- 질문 3번의 변수는 순위

- 질문 4번의 변수 spend 그리고 질문 8번의 변수 나이는 척도 변수다.
- 질문 5의 변수는 리커드 유형의 변수이고 이것은 아래에 언급된 합리성에 대한 척도 변수로 특화 된다.

행동/리커트 변수

행동/리커트 변수의 형태를 일으키는 변수는 심리학과 시장 조사에서 광범위 하게 쓰여 왔고 실제로 그것들이 순서를 나타낼 때 거의 척도 변수로써 보이게 된다. 그러므로 평균은 그러한 변수를 사용할 때 적절한 분석의 형태로 인정받는다. 캠퍼스 생활 설문지 질문 5의 1에서 3의 수치는 열거된 목록에 응답자가 붙인 중요성의 정도에 대한 수치적 척도로써 다루어진다. 평균은 중요도의 평균 수치로써 해석 될 수 있다. 몇몇 상황에서는 수치를 증가 시키는 것이 가능하다.

시 작

SPSS 세션을 컴퓨터에서 시작하려면, SPSS 아이콘(또는 시작에서 프로그램으로 들어가 SPSS를 고른다)을 눌러 SPSS 프로그램을 실행시킨다. 대화상자가 나타나면서 작업 선택이 보일 것 이다. 데이터 입력을 고르면 '제목없음' - SPSS 데이터 편집기 이란 이름으로 스프레드시트 스타일 윈도우가 열릴 것이다. SPSS 분석을 위한 두 윈도우가 준비되어 있다. 변수보기 윈도우는 위에 있는 변수의 자료를 받을 것이고, 그리고 데이터 보기 스크린은 완성된 설문 조사 데이터를 받을 것이다. 시작하기 위해 변수보기 화면으로 변경한다.

변수에 자료 넣기 - 변수 보기 윈도우

위에 있는 표 11.1에 나온 설문 조사 변수 자료에 나온 것처럼, 꼭 변수보기 윈도우에 타입 해야 한다. 연습용 "Campus Life" 설문 조사의 결과는 그림 11.3에 나와 있다.

자료 저장

어떤 컴퓨터 작업들이던 하드디스크나 플로피 디스크에 파일을 중간마다 저장을

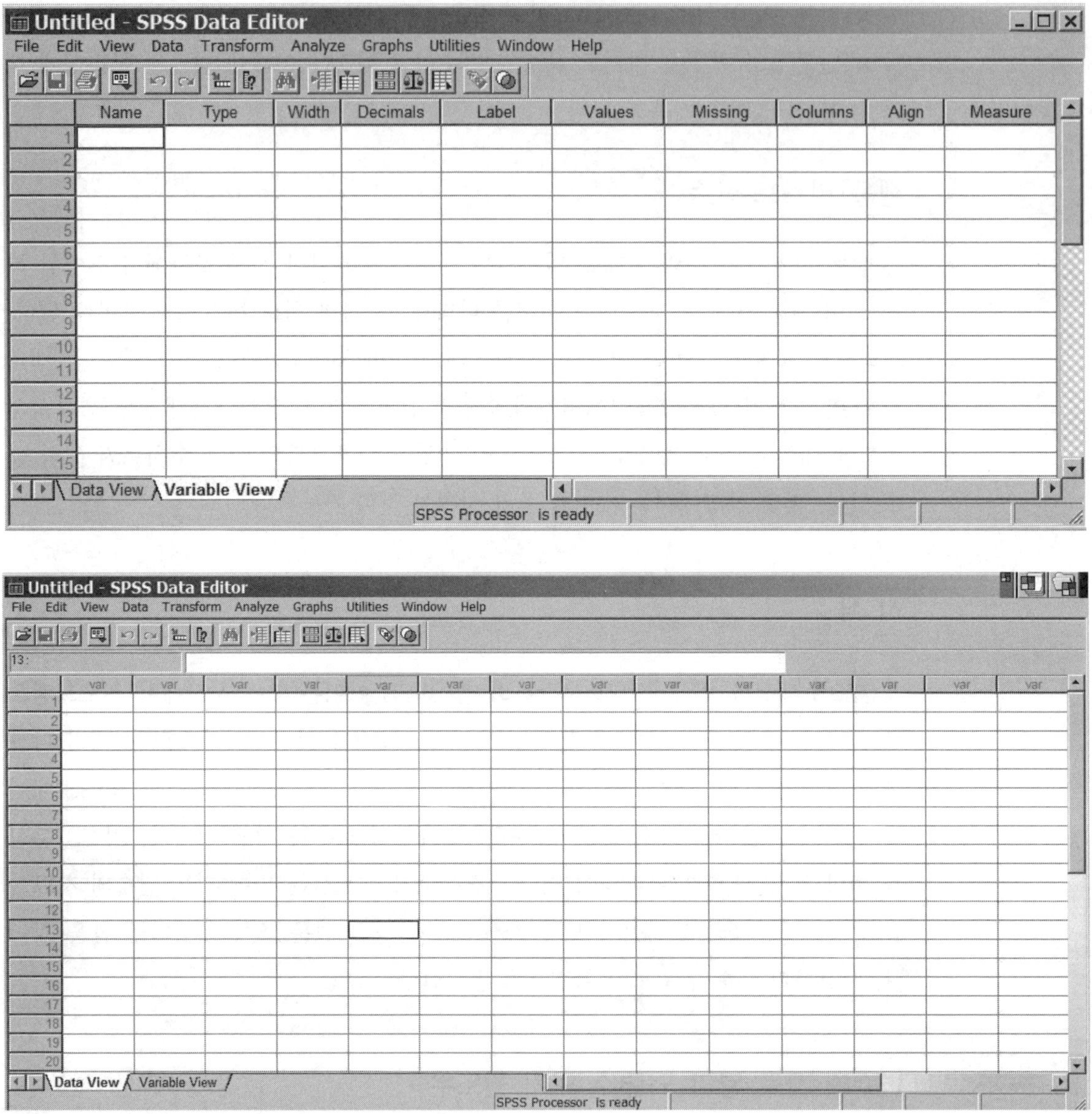

■ 그림 11.2 백지 SPSS 변수보기와 데이터 보기 윈도우

해야 하고, 완성 후에도 저장을 하여야 한다. 또한 백업 카피도 만들어야 한다. SPSS의 서픽스(suffix)는 데이터 파일은 .sav 이므로, 예제 파일은 CampusLife Survey.sav로 저장 될 수 있다. 파일을 저장하면 스크린에 'CampusLifeSurvey'라는 제목이 스크린 제일 윗부분에 뜰 것이다.

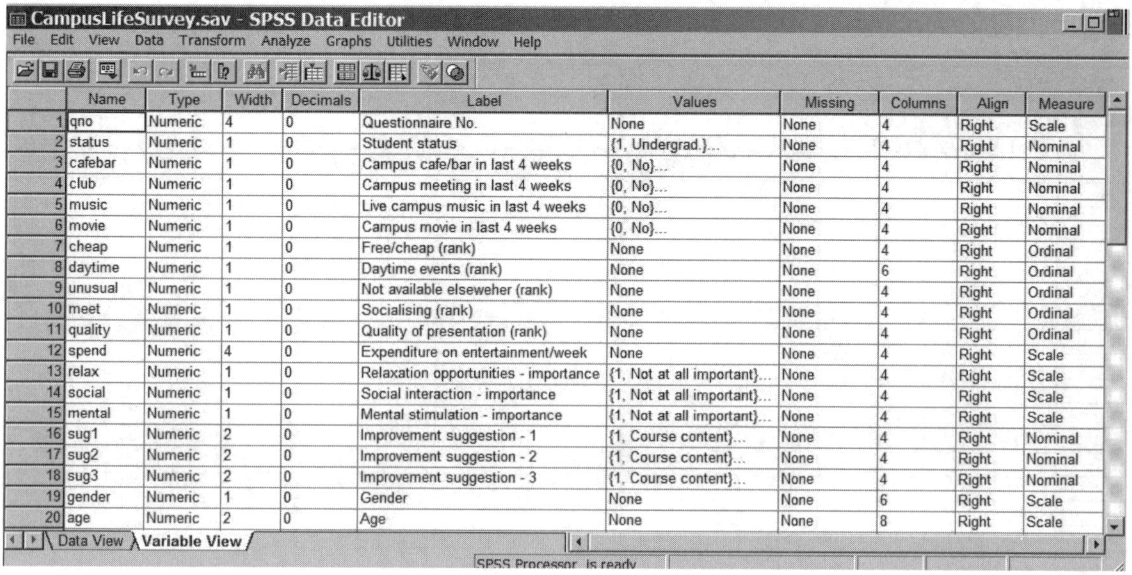

	Name	Type	Width	Decimals	Label	Values	Missing	Columns	Align	Measure
1	qno	Numeric	4	0	Questionnaire No.	None	None	4	Right	Scale
2	status	Numeric	1	0	Student status	{1, Undergrad.}...	None	4	Right	Nominal
3	cafebar	Numeric	1	0	Campus cafe/bar in last 4 weeks	{0, No}...	None	4	Right	Nominal
4	club	Numeric	1	0	Campus meeting in last 4 weeks	{0, No}...	None	4	Right	Nominal
5	music	Numeric	1	0	Live campus music in last 4 weeks	{0, No}...	None	4	Right	Nominal
6	movie	Numeric	1	0	Campus movie in last 4 weeks	{0, No}...	None	4	Right	Nominal
7	cheap	Numeric	1	0	Free/cheap (rank)	None	None	4	Right	Ordinal
8	daytime	Numeric	1	0	Daytime events (rank)	None	None	6	Right	Ordinal
9	unusual	Numeric	1	0	Not available elseweher (rank)	None	None	4	Right	Ordinal
10	meet	Numeric	1	0	Socialising (rank)	None	None	4	Right	Ordinal
11	quality	Numeric	1	0	Quality of presentation (rank)	None	None	4	Right	Ordinal
12	spend	Numeric	4	0	Expenditure on entertainment/week	None	None	4	Right	Scale
13	relax	Numeric	1	0	Relaxation opportunities - importance	{1, Not at all important}...	None	4	Right	Scale
14	social	Numeric	1	0	Social interaction - importance	{1, Not at all important}...	None	4	Right	Scale
15	mental	Numeric	1	0	Mental stimulation - importance	{1, Not at all important}...	None	4	Right	Scale
16	sug1	Numeric	2	0	Improvement suggestion - 1	{1, Course content}...	None	4	Right	Nominal
17	sug2	Numeric	2	0	Improvement suggestion - 2	{1, Course content}...	None	4	Right	Nominal
18	sug3	Numeric	2	0	Improvement suggestion - 3	{1, Course content}...	None	4	Right	Nominal
19	gender	Numeric	1	0	Gender	None	None	6	Right	Scale
20	age	Numeric	2	0	Age	None	None	8	Right	Scale

■ 그림 11.3 이름과 설명들이 들어있는 SPSS 변수보기 윈도우

자료 넣기 – 데이터 보기 윈도우

데이터 보기 윈도우로의 전환은 변수 보기 윈도우를 경유해서 들어간 변수 이름이 자동적으로 자리에 들어간다는 것을 나타낸다. 시스템은 데이터를 받을 준비가 되어 있다. 설문 조사에 있는 데이터는 해석 책 – 화면에 한 행씩 설문조사에 관한 케이스. 그림 11.4는 데이터 보기 윈도우와 표 9.13에 나와 있는 15가지 케이스/설문조사 데이터가 있다. 일반적으로 전형적인 레저/관광 연구로 15가지 샘플을 쓰기에는 너무 적지만, 여기서는 데모로 사용되기 위해 있다.

연구 데이터 분석과 리서치의 종류

1장에서 리서치는 세 가지로 나누어질 수도 있다고 하였다: 기술적 연구, 설명적 연구 그리고 탐색적 연구. 밑에 있는 표 11.2에 앙케트 연구 데이터를 분석 과정 전에, 이런 리서치 종류들과 연구 분석에 관계는 SPSS가 요약되어 있다.

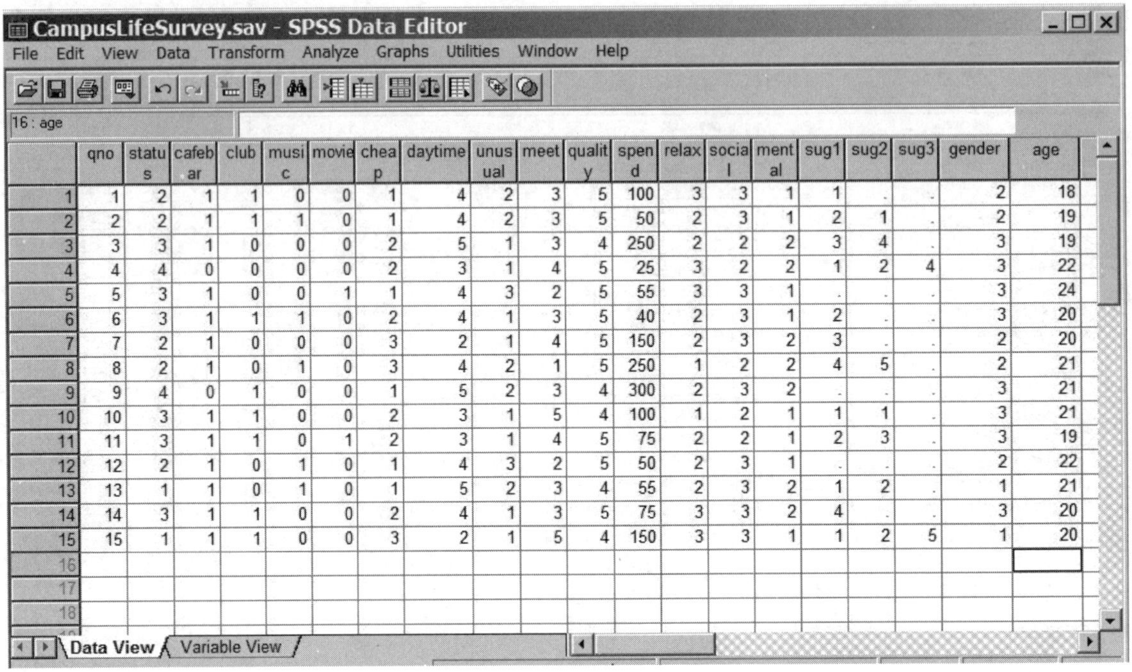

CampusLifeSurvey.sav - SPSS Data Editor

File Edit View Data Transform Analyze Graphs Utilities Window Help

16 : age

	qno	status	cafebar	club	music	movie	cheap	daytime	unusual	meet	quality	spend	relax	social	mental	sug1	sug2	sug3	gender	age
1	1	2	1	1	0	0	1	4	2	3	5	100	3	3	1	1	.	.	2	18
2	2	2	1	1	1	0	1	4	2	3	5	50	2	3	1	2	1	.	2	19
3	3	3	1	0	0	0	2	5	1	3	4	250	2	2	2	3	4	.	3	19
4	4	4	0	0	0	0	2	3	1	4	5	25	3	2	2	1	2	4	3	22
5	5	3	1	0	0	1	1	4	3	2	5	55	3	3	1	.	.	.	3	24
6	6	3	1	1	1	0	2	4	1	3	5	40	2	3	1	2	.	.	3	20
7	7	2	1	0	0	0	3	2	1	4	5	150	2	3	2	3	.	.	2	20
8	8	2	1	0	1	0	3	4	2	1	5	250	1	2	2	4	5	.	2	21
9	9	4	0	1	0	0	1	5	2	3	4	300	2	3	2	.	.	.	3	21
10	10	3	1	1	0	0	2	3	1	5	4	100	1	2	1	1	1	.	3	21
11	11	3	1	1	0	1	2	3	1	4	5	75	2	2	1	2	3	.	3	19
12	12	2	1	0	1	0	1	4	3	2	5	50	2	3	1	.	.	.	2	22
13	13	1	1	0	1	0	1	5	2	3	4	55	2	3	2	1	2	.	1	21
14	14	3	1	1	0	0	2	4	1	3	5	75	3	3	2	4	.	.	3	20
15	15	1	1	1	0	0	3	2	1	5	4	150	3	3	1	1	2	5	1	20
16																				
17																				
18																				

Data View | Variable View

■ 그림 11.4 데이터 보기 윈도우와 15가지 앙케트/케이스 데이터

연구종류	SPSS 과정
기술적	빈도, 평균
설명적	교차, 평균비교
평가	빈도-목표나 벤치마킹할 대상의 비교 교차-사용자/고객 그룹의 비교 평균-몇몇의 목표나 벤치마킹 대상의 비교

■ 표 11.2 리서치 타입과 SPSS 절차

기술적 연구

기술적 연구는 보통 간단 양식 폼의 정보의 프레젠테이션을 포함한다. 이 장의 SPSS 절차를 보면, 기술적 연구에서 제일 많이 사용되는 것은 빈도나 기대치이다. 빈도는 각각의 변수의 계수나 퍼센티지를 표시한다. 기대치는 변수의 숫자값의 평균치를 표시한다.

설명적 연구

설명적 연구는 그 어떤 것도, 스스로 설명하지 않는다. 데이터의 패턴을 설명하려면 문제의 인과율을 잘 생각해봐야 한다. B의 원인으로 인해 A가 결정되다. 3장에서는 인과율을 확증하기 위해서는 4가지 자격 조건을 완료해야 한다: 연관성, 우선 순위, 비허위적 관계 그리고 이론적 해석.

- SPSS에서 교차분석과 회귀를 사용하면 변수들의 연관성을 탐구 할 수 있다.
- 우선순위 - B의 원인이 되는 A라면 B이전에 A가 일어나야 한다는 입증과 관련된다. 이것은 때때로 사회 과학 연구에서 실험할 수 있으며 확실한 것이지만 일반적으로 자연 과학 연구의 조건에 더 적합하다.
- 비허위적 관계는 이론적으로 말이 되는 관계이다. (즉 A와 B 사이의 관계는 무관한 변수인 C라는 3자에 의해 조정되지 않는다) 그리고 단지 데이터에서 "어쩌다 들어맞지" 않는 것이다. 이것은 SPSS를 사용해서 접근 될 수 있다. 예를 들어 여가활동과 여행 지출이 전체 표본에서 나이에 역비례 하는 관계를 가지고 있다고 가정하자. 만약 여가활동과 여행 지출이 또한 남자와 여자를 구분했을 때 나이에 역비례 한다거나, 하위집단(심지어 무작위 하위집단)일지라도 나이에 역비례 한다면, 이것은 비허위적 관계임을 나타낸다.
- 물론 원리나 이론은 SPSS에 의해 나오지 않는다. 하지만 연구 계획에 부합되어야 한다. 3장에서 지적했듯, 이 연구는 데이터 분석에 의해 테스트된 이미 세워진 가설로 그 자체가 연역적 일수도 있고, 이론의 발전과 해석의 설정이 데이터 분석 과정의 일부분으로써 크거나 작은 범위 안에 일어나는 귀납적 방식일수도 있다. 해석이나 인과관계의 설정에 있어서 어느 방식이든 발견되는 관계에 대한 개념적 해석이나 원리 없이는 완성되지 않는다.

설문지의 예는 해석 연구를 위한 제한된 영역만을 제공한다. 예를 들어, 다양한 학생 집단 간 태도에 대한 차이는(예: 풀타임과 파트타임 또는 나이별 집단) campus life에 대한 다양한 기대치가 학생집단 성격에서 하나의 역할을 한다고 지시해 줄 수 있다.

이 장에서 다루고 있고 해석의 분석에 적합한 특정 절차는 도수에 기초를 둔 2가지 이상의 변수와 두 가지 이상의 변수에 대한 평균을 비교하는 평균 사이의 관계를 연구하는 교차 분석이다. 이러한 절차는 변수 사이에 관계 유무가(그것이 허구인지 아닌지 그리고/혹은 이론에 의해 입증되는지) 이론적이거나 개념적 틀에 대한 참고와 관계되는 것을 입증한다.

평가연구

평가 연구는 기본적으로 연구 결과물과 기대치, 과거 수치, 다른 유사한 기관이나 프로그램들 혹은 목표 성취 표준으로부터 이끌어내진 기준간의 비교와 관련되어진다. 그러므로 요구되는 분석은 비교적 단순하며, 그 자체가 서술적이며, SPSS프로그램에 의하여 쉽게 다루어진다.

설문지 예는 평가적 목적으로 사용될 수 있어야 하는데 예를 들어 질문2 에서 나열된 서비스 중 하나의 사용에 대한 낮은 수준은 현존 하는 프로그램이 학생의 요구를 충족시키는데 효과가 없다는 것을 나타내고 특정 집단에 의한 낮은 사용은 모든 집단의 요구를 만족시키는데 실패했다는 것을 지시해준다.

중 복

분석은 항상 위의 세 가지 방법 중 하나에만 배타적으로 해당되는 것이 아니다. 예를 들어 캠퍼스 생활 연구 결과의 예를 기술적 계산으로 나타내는데 있어서, 참여 패턴의 분석이나 4가지 학생집단이 포함된 선호도를 제공하는 것이 자연스럽다. 이것은 교차 연구나 혹은 평균을 사용하는 것과 관련 있으며, 이것이 형태면에서 서술적일 지라도, 집단의 행동이나 의견 패턴에 있어서의 차이가 설명을 필요로 하고 있기에 분석에 대한 최소한의 힌트의 시작이라고 할 수 있다.

신뢰도

2장의 언급은 타당성과 신뢰성에 대한 질문으로 이루어 졌다. 데이터가 의도된 대로 측정이 되었는지에 대한 타당성을 시험하는 시도는 설문지 설계에서 이루어진다고 볼 수 있으며, 연구가 반복이 되었을 때도 유사한 결과를 얻을 수 있는지에 대한 신뢰도는 사회 과학에서는 어려운 이슈이지만 분석단계에서 접근이 이루어 질 수 있다. SPSS 절차는 연계성이나 규모 설정에는 적합한 반면, 그러한 연계의 신뢰성에 대한 신뢰성 질문은 좀 더 복잡하다. 논문에서 보고된 이전 연구의 참고가 적절할 수 있고 도움이 될 수도 있으나, 이런 연구 결과와의 조합은 결코 신뢰도에 대한 보장이 될 수가 없다.

만약 표본이 충분히 크다면, 신뢰도에 대한 하나의 접근은 그 표본을 2개 이상의 무작위를 기초로 하거나 혹은 선택된 변수를 기초로 하는 하위 표본으로 분리시키는 것이며 이는 SPSS 파일 나누기 절차를 사용해서 달성될 수 있다. 그 절차는 여기서 다루지는 않으나 비교적 수행하기 간단하다.

SPSS 절차

SPSS 분석 세션 시작

그림 11.4에 나와 있는 것처럼 스크린에 이미 데이터 파일의 데이터들을 타입 하는 것을 완성하였을 것이다. 만약 아니라면, 이후의 작업에서 그림 11.5처럼 새로운 파일을 열어야 할 것이다.

빈 도

빈도 절차는 기술적 연구에서 제일 간단한 기술이다. 그것은 예를 들어 각각의

■ 그림 11.5 SPSS 분석 세션 시작

1. SPSS 아이콘 또는 프로그램을 사용하여 SPSS를 시작하여라.
2. 대화상자가 열리면 작업 선택이 보일 것 이다. 스텝 3으로 나아가고 만약 안 된다면 스텝 4로 나아가라.
3. 열기를 고르고, 실제 존재하는 데이터 소스 – 만약 파일이 (예: 캠퍼스인생연구.sav)로 리스트 되어있다면, 선택하고, 만약 없다면, 더 많은 파일을 선택하여라. 그리고 적당한 위치에 파일을 넣어둬라. 스텝 5로 건너뛰어라.
4. 대화상자에 작업 선택이 안 나온다면, 스크린 위에 있는 파일을 클릭하여, 열기를 눌러서 파일을 여는 방식으로, 표준 '윈도우' 방법을 사용하여라.
5. 그림 11.4 와 11.5 에 나타난 것처럼 변수보기와 데이터 보기 윈도우가 이젠 사용 할 수 있을 것이다.

학생 상태에서 등록한 응답자들의 퍼센티지나 수치 같이 각각의 변수에 대한 총계나 퍼센티지를 단순히 산출 할 뿐이다. 그 절차는 하나의 변수에 대해 실행될 수 있으며 혹은 다수의 변수에 대해서도 실행될 수 있다. 그리하여 컴퓨터가 데이터를 읽을 수 있으며 그리고 데이터 파일을 작업 순서대로 정할 수 있다.

한 변수의 빈도

그림 11.6에 변수 상태의 표를 받을 수 있는 절차가 나와 있다. 출력결과를 뽑아보자. 윈도우가 출력결과 두 표를 나타낼 것이다. 첫 번째는, 통계량, 분석 근거에 따라 유효한 케이스의 숫자들을 나타낸다 – 여기선 케이스 15. 두 번째 표는, 학생들의 상태를 보여주고 있다:

- 빈도 – 각 상태 그룹의 학생들의 숫자를 세어라

■ 그림 11.6 한 변수의 빈도 – SPSS 절차

절차

1. 스크린 위에 있는 메뉴 바에서 분석을 선택한 뒤, 기술 통계학 다음 빈도 분석을 선택하여라. 빈도 분석 상자를 열릴 것이다.
2. 빈도 분석 상자가 열리면, 빈도 상태를 클릭하여 하이라이트를 만들어라. 그 다음에 분석하기 위에 오른쪽에 있는 화살 표시를 눌러서 변수 상자로 옮겨라. 빈도표 출력 상자가 클릭 되어있는 것을 확실하게 하여라.
3. 확인을 눌러라 그러면 출력결과1이 열릴 것 이다 – 밑에 나와 있는 것과 같은 SPSS 뷰어

출력결과(Output)

빈도분석(Frequencies)

통계량(Statistics)
Student status

N 유효(Valid)	15
결측(Missing)	0

	빈 도	백분율	유효 백분율	축적 백분율
F/T학생 / 무보수	2	13.3	13.3	13.3
F/T학생 / 보수	5	33.3	33.3	46.7
P/T학생 / F/T 직업	6	40.0	40.0	86.7
P/T학생 / 기타	2	13.3	13.3	100.0
총 계	15	100.0	100.0	

■ 퍼센티지 - 도수 숫자를 퍼센티지로 변환
■ 결측값 밑에 센트 당 유효에 대하여 설명되어있다.
■ 센트 당 누적이 퍼센티지를 누적으로 더한다 - spend 변수나 age 변수에게는 유용하지만, 하지만 보통은 변수 상태에 따라 유용하지가 않을 수 있다.

변수 숫자들의 빈도

만약 단독의 변수 표가 처리되었다면, 모든 변수에 대한 빈도 표는 모든 변수를 그림 18에 있는 2 단계의 변수가능 박스로 전환함에 의해서 얻어질 수 있을 것이다. 도수 분포표 속에 가동하는 모든 변수들은 설문조사의 공통 초기 명령이다: 결과에 대한 개관을 얻는 것도 좋은 방법이고, 또한 모든 것이 데이터와 맞는지 확인하는 것도 좋은 방법이다. 부록 11.1에 설문조사 예시 결과물이 나와 있다.

* 주목할 사항 : 빈도 대화 박스에 있는 변수의 목록은 변수의 이름이나 변화 가능한 더 긴 이름의 형태가 될 수 있다. 즉 한 가지 형태에서 다른 형태로의 변화가 편집, 조건, 변수 목록의 이름 형태가 될 수 있다. 다른 결과표의 형태에 대한 변화도 여기서 가능하다.

오류(에러) 확인

모든 변수들의 도수 분포표를 출력하고 나면, 결과를 보며 에러를 꼭 확인해야 한다. 그 이유는, 예를 들어, 형식 속에 있는 무요 부호나 예상되지 않은 결측값을 말한다. 데이터 파일을 추적하여 반드시 에러를 고치거나, 어쩌면 원래 설문조사로 참조하기 위하여 돌아간다. 데이터 파일의 데이터는 반드시 고쳐져야 하며, 도수 분포표의 변수는 다시 시작해야 한다. 고치고 난 후 '정답' 데이터를 저장해야 한다.

다중응답

설문조사에 나와 있는 질문 2번과 6번은 다중응답의 예다. 그것들은 많은 수의 응답이 가능한 한 가지 질문이며 많은 수의 변수를 사용하여 분석 되어야 한다. 그것들의 특수한 특징을 다루기 위해 특정한 다중 응답 분석 절차가 SPSS에서 사용 가능 하다.

캠퍼스 서비스의 사용에 관한 질문 2는 각각의 질문 범주가 예/아니요 이며 이분법적(두 변수의 값이)이기 때문에 다중 응답 - 이분법적 변수 이다. 모든 응답자는 하나, 둘, 셋 혹은 네 개 박스 모두를 선택할 수 있으므로 각각은 분리 변수이다.

개선을 위한 제안에 관한 질문 6은 다중 응답 - 범주 변수 이다. 그것은 개방형이라서 응답자들은 몇 가지의 답이든 할 수 있다. 이런 경우에 설문지 제작자는 응답을 기록하기 위해 한 명의 응답자가 최대 세 가지의 응답을(sug1, sug2, sug3) 할 것이라는 가정 하에 세 가지의 변수를 배당해야 한다. 모든 응답자들이 세 가지의 응답을 모두 할 필요는 없으며 sug2 와/혹은 sug3이 빈칸이 될 수도 있기에 문제가 되지 않는다. 그러나 몇몇 응답자들은 세 가지 이상의 응답을 할 수 도 있고, 이런 경우에는 정보가 소실 될 것이기에 네 번째나 그 이후의 대답들은 기록이 가능하지 않다. 만약 적지 않은 응답자들이 세 가지 이상의 답을 한다면 네 번째 변수(sug4)가 더해 질 수 있다. 얼마나 많은 응답을 허락 할 것인지 결정하는 것은 설문지의 예비 검증에 달려 있다. 개방형 질문으로써, 질문 6에 대한 부호화 시스템은 모든 세 가지의 변수에 적용하며 10장에서 언급된 것처럼 자유 형태의 응답 범위에서 이끌어 내어 진다.

일반적 빈번도 절차가 질문 6에 대한 세 개의 표와 질문 2에 대한 네 개의 표처럼 불편한 형태에서 결과를 나타내는 것은 그림 11.1에서 볼 수 있다. SPSS 의 다중 응답 절차는 다중 응답을 하나의 표로 결합 시킨다. 그 절차는 그림 11.7에서 보이듯 질문 2와 6에 대해 각각 하나의 표로 모아서 결과를 처리한다. 퍼센티지는 연구의 목적에 맞도록 응답자의 수와 응답의 수에 관련해서 주어진다는 것을 알아야 하겠다.

기 록

제목에서 비추듯, 기록은 변수 값의 코드를 바꾸는데 쓰일 수 있는 과정이다. 이 과정은 척도, 서열, 혹은 명목 변수에 적용될 수 있다.

- 범주가 많고 몇 가지가 소수를 포함할 때 서술적 목적
- 분석의 다른 부분들이 응답 범주의 다른 그룹핑을 요구할 경우 이론적 목적
- 이전의 연구가 다른 그룹핑을 요구하는 경우 비교의 전제로
- 12장에서 다룰 통계학적 전제로

척도와 서열 변수의 기록

척도와 서열 변수는 미리 부호화되지 않는다. 즉 응답자에 의해 주어진 실제 값

■ 그림 11.7 다중응답 – SPSS 절차

절차

1. 분석을 선택하여라.
2. 다중응답을 선택하여라.
3. 변수군 정의를 선택하여라.

다중응답-이분형	다중응답 – 범주형
4. cafebar, music, sport와 travel을 변수군에 포함된 변수로 옮겨라.	4. sug 1, sug2, sug3를 변수군에 포함된 변수로 옮겨라.
5. 변수들의 코딩형식에 이분형을 선택하여라.	5. 변수들의 코딩형식에 범주형을 선택하여라.
6. 빈도화 값에 1을 넣고 tab을 눌러라	6. 범위를 1 에서 6으로 입력하여라.
7. 'set' 에 이름을 넣어라, 예를 들어 '서비스'	7. 이름을 입력해라, 예 'sugs'
8. 추가를 선택하여라.	8. 설명 입력, 예: Suggestions for improvement
9. 서비스가 자동적으로 변수군에 저장된다.	9. $sugs가 자동적으로 저장된다.
10. 닫기를 눌러라.	10. 닫기를 눌러라.

표를 만들려면

11. 분석을 선택하여라.
12. 다중응답을 선택하여라.
13. 빈도분석을 선택하여 새로운 변수를 사용하여라.

출력결과

다중응답

	이 름	수	응답(%)	케이스(%)
지난4주간 캠퍼스 카페/바	카페바	12	46.4	92.9
지난 4주간 캠퍼스 생음각	음악	8	28.6	57.1
지난 4주간 스포츠시설	스포츠	5	17.9	35.7
지난 4주간 여행서비스	여행	2	7.1	14.3
총 응답		28	100.0	200.0

	코 드	수	응답(%)	케이스(%)
프로그램 요소	1	7	31.8	58.3
시간	2	6	27.3	50.0
사설	3	3	13.6	25.0
바용	4	4	18.2	33.3
조직	5	2	9.1	16.7
총 응답	22	100.0	183.3	

이 부호화 된다기보다 기록 된다. 특히 척도 변수의 경우에 있어서 이것은 소비와 나이 변수에 대한 부록 11.1에서 보여 지듯이 도수 절차의 상위 윤곽이 모든 데이터 값에 대해 하나의 선을 가진 표를 만든다는 것을 의미한다. 표본이 크면 이것은 아

■ 그림 11.8 코딩변경 – SPSS 절차

파트 1. 비율 또는 서수 변수

예: spend 변수를 이처럼 코딩변경을 하라

그 룹	재코딩	값 입력
0-50	1	£0-50
51-100	2	£51-100
101-200	3	£101-200
201+	4	£200 이상

절차

1. 스크린 위에, 변환을 누른 후, 코딩변경 다음 새로운 변수로 들어가라.
2. spend변수를 코딩변경하기 위해 선택을 하고, 숫자 변수 → 출력변수 박스로 옮겨라.
3. 출력변수 밑에 이름(예: spendr)과 설명(예: Spend on books-recoded)을 채워라.
4. 기존값 및 새로운 값을 눌러서 첫 번째 범위 옵션으로 들어가라.
5. 1에서 50을 입력하고, 새로운 값에 1을 입력하고 추가를 누르면 1 thru 50 → 1 이라고 기존값 새로운 값 박스에 뜰 것이다.
6. 5단계 과정을 반복해라. 51에서 100 – 새로운 값 2 , 101에서 200 새로운 값 3.
7. 기존값의 세 번째 범위를 눌러: 에서 최대값까지 안에 201을 입력하고, 새로운 값의 4를 입력하라. 추가를 눌러라. '기존값 새로운 값' 박스 안에 1 thru 50 → 1, 51 thru 100 → 2, 101 thru 200 → 3, 201 thru Highest → 4 이라고 나올 것이다.
8. 계속을 선택하여라.
9. 바꾸기를 누른 후 확인을 눌러라. 데이터 보기와 변수보기에 새로운 변수가 나타난다.
10. 위처럼 나머지 값 설명도 변수보기에 입력하라.
11. 다시 사용 하고 싶으면, 데이터 파일을 새로운 변수로 저장해라.
12. 밑에 있는 출력결과처럼 나오려면, spend 변수보기 코딩변경을 평소처럼 빈도분석을 눌러라.

		빈 도	백분율	유효(%)	축적(%)
유 효	£0-50	4	26.7	26.7	26.7
	£51-100	6	40.0	40.0	66.7
	£101-200	2	13.3	13.3	80.0
	£200 이상	2	20.0	20.0	100.0
	총계	15	100.0	100.0	

출력결과: Spend 코딩변경

■ 그림 11.8 (계 속)

파트 2. 문자열(pre-coded) 변수

예: 변수 상태를 기록하여라

현재코딩	재코딩
1. F/T학생 / 무보수 2. F/T학생 / 보수	1. F/T학생
1. P/T학생 / F/T 직업 2. P/T학생 / 기타	2. P/T학생

절차

1. 스크린 위쪽에 변환을 누르고, 코딩변경을 누른 다음 새로운 변수를 눌러라.
2. 변수 상태를 코딩변경하기 위해 선택을 하고, 숫자 변수 → 출력변수 박스로 옮겨라.
3. 출력변수 밑에 이름(예: status)과 설명(예: Status – recoded)을 채워라.
4. 기존값 및 새로운 값을 선택한 다음 첫 번째 값에 1을 써라.
5. 새로운 값에 기존값 복사를 선택하고, 그 다음 추가를 누르고 그림 1 → Copy가 기존값 새로운 값에 나타날 것이다.
6. 기존값에 있는 값에 2를 넣고, 새로운 값에 있는 값에 1을 넣고 추가를 눌러라.
7. 범위에 3에서 4를 넣고, 새로운 값에 있는 값에 2를 넣고 추가를 눌러라.
8. 기존값 새로운 값 박스 안에 1 → Copy, 2 → 1, 3 thru 4 → 2가 보일 것이다.
9. 파트 1의 스텝 8부터 12까지 완성하여라. 밑에 나와 있는 것처럼, Status 변수 코딩변경을 빈도분석으로 나타내라.

		빈 도	백분율	유효(%)	축적(%)
유 효	F/T학생	7	46.7	46.7	46.7
	P/T학생	8	53.3	53.3	100.0
	총계	15	100.0	100.0	

출력결과: Course 코딩변경

래에서 논의될 교차표에서 다루지 못하고 해석할 수도 없을 수백 개의 줄을 가진 비현실적으로 큰 표를 만들게 된다.

기록 되고, 그룹화된 변수들은 그림 11.8의 첫 부분에 나타난 방법을 사용하며 만들 수 있다.

질문3에 있는 것 같은 서열 변수들은 예를 들어 1, 2위로 그룹화 될 수 있고 그 후 3, 4위 등으로 기록 될 수 있다. 마찬가지로 리커트 유형 변수는 매우 중요함 과 중요함을 함께 그룹화 하는 질문 5에서처럼 기록 될 수 있다.

변수가 어떻게든 그룹화 되어야 한다면 응답자가 박스에 표시할 수 있는 설문지에서 그룹화를 나타내는 게 어떤가 하는 질문이 있을 수 있다. 종종 이런 일이 있지만 미리 부호화된 변수를 갖지 않는 이점은 그룹화가 요구하는 것에 대한 유연성을 가진다는 것과 미리 부호화된 변수나 척도 변수를 가지고는 불가능한, 평균과 회구의 절차로 사용하는 것이 가능하단 것이다.

일반적/미리 부호화된 변수를 사용한 재부호

재 부호화를 사용하는 일반적이거나 미리 부호화된 변수의 그룹핑은 변화 가능하다. 예를 들어 분석은 모든 정규직 학생이나 비정규직 학생을 비교하면서 수행 될 수 있다. 즉 네 가지의 그룹이라기보다 두 가지의 그룹이다. 이것은 그림 11.8의 두 번째 부분에서 나타내졌다.

평균비교

평균비교는 보통 경우와 같다. 예를 들어 평균 연령, 수입 혹은 지출에 있어서의 평균비교를 유용하게 산출할 수 있다. 평균은 수치 혹은 순서 데이터에 대해서만 만들어 질 수 있다. 평균은 양이 아니라 질의 변수를 표현하는 부호로 일반적 변수에 대해서 산출 된다.

두 가지 절차는 그림 11.9에서 보이듯 평균을 산출하는데 있어 SPSS에서 가용할 수 있다.

- Methods 1은 빈도 과정의 기능을 사용한다 – 예 1a는 표본 사이에서 오락을 위한 평균 지출이 115파운드라는 것을 보여준다. 예 1b는 리커트 척도에 대한 평균 수치를 만드는 절차의 방법을 보여준다. 이것이 순수하게 기술적이라는 것을 알아야 한다.
- Method 2는 전체 표본만이 아닌 하위 그룹에 대한 표본을 생성하는 SPSS 평균 절차를 사용한다. 예를 들어 그림 11.9에서 오락에 대한 평균 지출은 다른 지위의 학생에 따라 나타난다. 이것이 학생의 정규/비정규 직장과 고용 지위가 지출에 대한 다른 수준으로 이끌었기 다고 밝히고 있으므로 이것이 설명의 범주에 들어가야 함을 주목해야 한다.

■ 그림 11.9 방식 1. 도수 사용 절차

방법 1. 빈도 과정을 이용

a. 척도 변수

1. 분석 누르고, 기술통계량 누르고, 빈도분석을 눌러라.
2. spend를 클릭하여 변수 박스로 변환하여라.
3. 메뉴에 있는 통계량을 클릭하고 중심경향에 있는 평균을 클릭하여라.
4. 계속 버튼을 눌러라.
5. 확인을 누르면 빈도분석 결과출력이 나올 것이다. 평균이 115.00이다.

출력결과 – 통계표

Expenditure on entertainment/ week

N	Valid	15
	Missing	0
Mean		115.00

b. 행동 상태/리커드 척도

안정이나 사회적, 정식적인 세 가지 변수에 대한 평균을 산출하기 위해 위의 (a) 처럼 절차를 사용하면, 중요 척도에 대한 평균 수치는 2.20, 2.67 그리고 1.46이 된다.

출력결과 – 통계표

		휴식기회–중요	사회 작용 – 중요	정신적 자극 – 중요
N	유효	15	15	15
	결측	0	0	0
평균		2.20	2.67	1.47

방법 2. 평균 과정을 이용

1. 분석을 누르고 평균비교를 누르고, 평균을 눌러라.
2. status를 누르고, Independent 박스에 넣으시오.
3. spend를 누르고 Dependent 박스에 넣으시오.
4. OK를 누르고 아래와 같이 각 그룹별로 평균이 나올 것이다. 다른 그룹간에 다른 평균이 나타남을 알 수 있다.

*(종속변수와 독립변수 그리고 표준 편차는 12장에서 다룰 것이다.)

출력결과 – 보고

엔터테인먼트에 대한 지출/주

학생상태	평 균	N	표준편차
F/T학생 / 무보수	102.50	2	67.175
F/T학생 / 보수	120.00	5	83.666
P/T학생 / F/T 직업	99.17	6	76.643
P/T학생 / 기타	162.50	2	194.454
총계	115.0	15	87.076

결과 발표: 통계 요약

SPSS가 만들어낸 도수 분포표의 레이아웃은 보통 리포트 보다 더 많은 세부사항을 포함하고 있다. SPSS 출력 정보 복사본을 집어넣는 것보다, 그 어떤 리포트에도 통계적인 요약이 포함되어야 한다. 요약은 워드 프로세스로 새로 타입 하거나, 아니면 저장된 SPSS 결과 출력물을 편집해, 준비해야 한다. 예를 들어, 현재까지 했던 빈도 분석 결과 출력물은 부록 11.1에 나와 있고, 그리고 기록, 다중응답과 평균비교에 대해 논의되어있는 것이 그림 11.10에 정리되어 있다.

아래에 나와 있는 것들은 요약된 자료이다.

- 다중응답 변수의 결과는 싱글 표에 나와 있다.
- Spend와 age의 기록 버전도 포함되어 있다.
- Spend와 age의 평균비교와 행동/리커트 타입 변수의 평균비교 점수는 위에 논의 되어있는 대로, 평균비교 절차에서 나와 있다.
- 샘플 크기가 포함되었기에 일반적으로 리포트에 도수 계산, 퍼센티지를 포함해서는 안 된다. 만약 필요하다면 독자들은 필요한 처리가 되지 않은 수를 스스로 파악해야 한다.

교차 분석

소 개

SPSS에서 빈도 다음으로 많이 사용 되는 것은 교차 분석이다. 이 절차는 사회 연구에서 보통 보게 되는 유형의 표를 생성하기 위해 두 가지 이상의 변수와 관계 된다. 변수 사이의 관계를 분석하는데 있어서 교차 표는 순수한 기술에서 해석적 분석으로의 이동을 표시 해 준다. 그림 11.11, part 1에 교차분석 과정과 출력이 제시되어있다.

행과 열

필요한 처리가 되지 않은 변수를 상술하면, 표 밑에 상태가 나타나고, 반면 열 변수와 음악은 표 위에 나타날 것이다. 두 가지 변수를 다른 방법으로 상술하면 위 아래 음악을 상태로 지닌 표를 생산할 것이다.

■ 그림 11.10 캠퍼스 인생 연구 2003: 통계 요약

학생상태	%
F/T학생 / 무보수	13.3
F/T학생 / 보수	33.3
P/T학생 / F/T 직업	40.0
P/T학생 / 기타	13.3
총계	100.0

F/T=full-time, P/T=part-time

지난 4주간 캠퍼스 서비스 이용

	%
카페/바	86.7
캠퍼스 생음악	53.3
스포츠시설	33.3
여행서비스	13.3

캠퍼스 서비스의 중요요인

	평균 순위
무료/싼 접근	1.8
낮시간의 이벤트	3.7
다른곳에서의 접근불가	1.6
사회화의 기회	3.2
발표의 질	4.7

즐길거리/월의 지출비용

	%
₤0–50	26.7
₤51–100	40.0
₤101–200	13.3
₤200 이상	20.0
평균 지출비용	₤115.00

캠퍼스 서비스의 중요요인

	아주 중요%	중요 %	중요하지 않음%	평균점수
휴식기회	33.3	53.3	13.3	2.2
사회 작용	66.7	33.3	0.0	2.7
정신적 자극	0.0	46.7	53.3	1.5

■ 그림 11.10 (계 속)

코스를 향상하기 위한 제안 사항 (샘플 사이즈, 15)

	케이스의 %
프로그램 요소의 의견	58.3
시간의 의견	50.5
시설의 의견	25.0
비용의 의견	33.3
조직의 의견	16.7

성별	
남성	53.3
여성	46.3
연령	
18-19	26.7
20-21	53.4
22이상	20.0

■ 그림 11.11 교차분석 – SPSS 절차

1. 교차분석 – 오직 계산만

절차

1. 분석을 고르고, 다음 기술통계량을 누르고, 교차분석을 눌러라.
2. Music을 열 박스로 전송하여라.
3. Status을 행 박스로 전송하여라.
4. 확인을 선택하여라. 밑에 나온 것처럼 결과출력이 나올 것이다.

출력결과

학생상태*지난 4주간 캠퍼스 생음악의 교차분석

		Live cmpus music in last 4wks		
		아니오	예	총 계
학생상태				
	F/T학생 / 무보수	1	1	2
	F/T학생 / 보수	3	2	5
	P/T학생 / F/T 직업	2	3	6
	P/T학생 / 기타	1	1	2
총계		7	8	15

F/T=full-time, P/T=part-time

2. 교차분석과 백분율

절차

1. 위에 있는 스텝 1 – 3을 반복하여라.
2. 교차분석 박스 안에 있는 셀을 선택하여라. 교차분석: 셀 출력 박스를 열어라.

■ 그림 11.11 (계 속)

3. 퍼센트 밑에 행을 선택하여라.
4. 계속을 누른 후에 확인을 선택하여라. 결과출력이 밑에 있는 것처럼 나올 것이다.

			Live cmpus music in last 4wks		
			아니오	예	총 계
학생상태					
	F/T학생 / 무보수	수	1	1	2
		%	50.0	50.0	100.0
	F/T학생 / 보수	수	3	2	5
		%	60.0	40.0	100.0
	P/T학생 / F/T 직업	수	2	4	6
		%	33.3	33.7	100.0
	P/T학생 / 기타	수	1	1	2
		%	50.0	50.0	100.0
총계		수	7	8	15
		%	46.7	53.3	100.0

F/T=full-time, P/T=part-time

3. 세 가지로 작용하는 교차분석

절차

1. 위에 있는 스텝 1 – 3을 반복하여라.
2. 교차분석 박스 안에 'gender' 을 레이어 박스로 변환하여라.
3. 확인을 선택하여라. 결과출력이 밑에 있는 것처럼 나올 것이다.

결과출력

Student status * Live campus music in last 4 weeks * Gender 교차분석

			Live cmpus music in last 4wks		
			아니오	예	총 계
남성	학생	F/T학생 / 무보수	0	1	1
	상태	F/T학생 / 보수	2	2	4
		P/T학생 – F/T 직업	1	0	1
		P/T학생 / 기타	1	1	2
	총계		4	4	8
여성	학생	F/T학생 / 보수	3	2	5
	상태	P/T학생 – F/T 직업	0	1	1
		P/T학생 / 기타	1	0	1
	총계		4	3	7

F/T=full-time, P/T=part-time

퍼센티지(백분율)

대부분의 경우에 퍼센티지는 그냥 열 계산이 아닌 표에 필요하다. 교차분석 표는 그저 퍼센티지가 아닌 열 데이터를 계산에만 포함한다. 퍼센티지를 구하려면, 셀 컨텐츠를 열거해야 한다. 여기엔 개별 셀 컨텐츠를 위한 4개의 관련성이 높은 옵션이 있다.

- 계수
- 행 퍼센티지 – 행 퍼센티지의 합이100이다.
- 열 퍼센티지 – 열 퍼센티지의 합이100이다.
- 총 퍼센티지 – 전체 셀 퍼센티지의 합이 100이다.

어떤 퍼센티지를 사용할 것인지는 문맥과 분석 목적에 달렸으며, 일반적으로 표 과정에 대해 논의하게 된다. 특별한 퍼센티지의 상황이 있으면 가끔 시행착오 테스트가 관련되어 있다. 그림 11.11 제 2부분에 퍼센티지 만드는 절차가 나와 있다.

세 방향 교차분석

가끔은 세 방향 교차분석이 필요하다. 예를 들어, 그림 11.13의 표 제 2부분은 성별에 따라 나누어 질 수 있다. 이것은 그림 11.11 제 3부분에 논증되어있다. 더 나누어질 수 있으나, 가끔은 샘플 크기의 따라 어느 정도 갈 수 있는지 제한한다.

가중치

10장에 치우친 샘플을 고칠 가중치에 대한 데이터가 논의되어 있으며 또한 계산 과정과 가중치 요소가 논의되어 있다. SPSS 프로세스에 가중치 요소를 쉽게 소개할 수 있는 방법은, 가중치를 추가 변수처럼 더하는 것이다. 예를 들어, '가중치' 변수는 wt라고 불릴 수도 있고, 그리고 다른 아이템의 데이터처럼 가중치도 데이터 파일에 입력될 수 있다.

데이터의 가중치를 찾으려면, 변환의 가중치의 특징을 써야 한다. 일일이 응하는 가중치의 타입을 저장하려면, SPSS는 논리적 과정이 필요하다. 예를 들어, 모든 석사 과정 학생들의 가중치가 1.3이라면 가중치 절차를 나타내는 것이 가능하다. SPSS 도움말을 참고하라.

그래픽

데이터에 대한 그래픽 발표는 거의 모든 방식에 도움이 된다. 예를 들어, 많은 사람들에게 트랜드나 형식에 대하 발표할 때 그래픽이 더 쉬울 수도 있다. 일반적으로 컴퓨터 패키지는 가끔씩 이 같은 데이터 제출의 그래픽 체재를 제공한다.

- 막대그래프
- 누적 막대그래프
- 파이 차트
- 선 그래프

컴퓨터는 4가지 모든 형식의 데이터를 한 데이터로 생산할 수 있다. 하지만 모든 형식을 모든 데이터 유형에 동등하게 해당하지 않는다. 적절한 형식의 그래픽은 그래픽의 데이터 유형 또는 측정 수준에 따라 달라진다. 3개의 데이터 유형은 자기 자신을 다른 그래픽 치료로 바꿔 준다. 표 11.3은 이러한 종류의 데이터와 허용된 그래픽 유형의 관계를 요약한다.

- 히스토그램의 막대도표는 레저 및 관광 연구에서 제일 많이 사용되는 그래픽 중의 그래프다. 그 이유는, 막대 하나마다 카테고리를 다루고, 코드변환 과정을 사용하여 어떤 규모의 변수도 그룹으로 나눌 수 있다. 누적 막대는 2가지 변수 자료를 포함한다. 즉, 교차분석의 그래픽 등.
- 원도표는 그 어떤 것을 파이처럼 부분으로 나누어준다. 원도표를 만들어주는 조각들의 합이 의미 있는 합계로 나와야 한다. 가끔 합계 샘플.
- 선 그래프는 제일 부자연스러운 그리고 경제학과 자연 과학 연구에 많이 사용된다. 엄밀히 말하면 이것들은 오직 척도 변수에만 사용되어야 한다.
- 단일 척도 변수를 지닌 선 그래프 변수의 분포를 지적하였지만, 설문조사 예에 있는 데이터 타입에서 막대도표 속에 잇는 평균비교가 제일 잘 되어있다. 선 그래프는 두 개의 척도 변수 관계를 보여준다. 양쪽 측에 한 개의 변수씩. 그렇지만, 12장에 설명될 적합한 회귀선은 일반적으로 관찰된 포인트를 따라 줄을 긋는 것보다 더 뜻이 있다.
- 산점도는 두 가지 변수로 나누어진다. 하지만 그 두 가지 변수에 줄을 긋는 것보다, 관찰된 포인트의 계획을 포함한다. 이러한 다이어그램과 관련된 자세한 내용상관관계와 회귀는 12장에 나와 있다.

데이터 종류	특 성	그림 9.19의 질문예	평균 가능함	그림 종류			
				바 그래프	파이챠트	선 그래프	산점도
명목	질적 카테고리	1, 2, 6	No	Yes	Yes	No	No
서열	순위	Yes	Yes	Yes	Yes	No	No
척도	숫자의	Yes	Yes	Yes	Yes (그룹화)	Yes (그룹화)	Yes

■ 표 11.3 데이터 타입과 그래픽

SPSS를 그래프 옵션을 사용하면 그래프를 쉽고 정확하게 변수들을 볼 수 있게 만들어진다. SPSS 그래프들의 결과출력 예는 그림 11.12에 나와 있다. 여기서는 그래프 만드는 과정을 정확하게 설명해주는 것이 아니다. 정확한 설명은 SPSS 도움말에서 찾아라.

■ 그림 11.12 SPSS 그래프

과정

노트: 전체 케이스에서는, SPSS 그래픽을 더블 클릭하는 것은, 차트의 모양을 편집 할 수 있는 것이다. 예를 들어, 색 칠하기.

a. 막대그래프

1. 화면 상단에 있는 그래프를 선택 하여라.

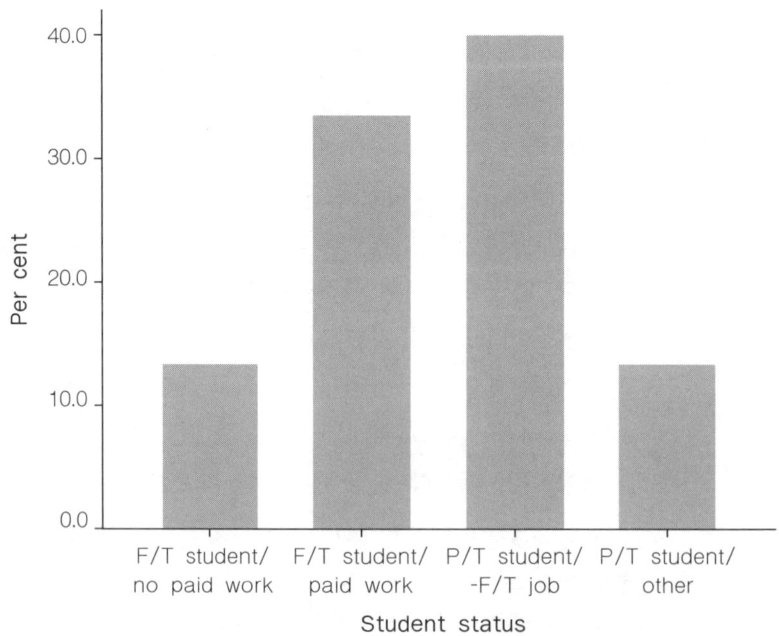

F/T=full-time, P/T=part-time

■ 그림 11.12 (계 속)

2. 막대도표를 선택, 단순 선택, 정의 선택, 단순 막대도표 정의: 케이스 집단들의 요약값 박스가 열릴 것이다.
3. status를 x축 박스로 변환하여라.
4. 케이스 수를 선택하거나 케이스 퍼센트를 선택한다. 지금은 케이스 수를 예로 선택했다.
5. 그래픽을 생산하게 '확인' 을 누른다.

b. 누적 막대

1. 화면 상단에 있는 그래프를 선택 하여라.
2. 막대도표를 선택, 누적막대 선택, 정의를 누르면 단순 막대도표 정의: 케이스 집단들의 요약값 박스가 열릴 것이다.
3. status를 x축 박스로 변환하고, gender을 define stacks 로 변환하여라.
4. 케이스 수를 선택하거나 케이스 퍼센트를 선택한다. 지금은 케이스 수를 예로 선택했다.
5. 그래픽을 생산하게 '확인' 을 누른다.

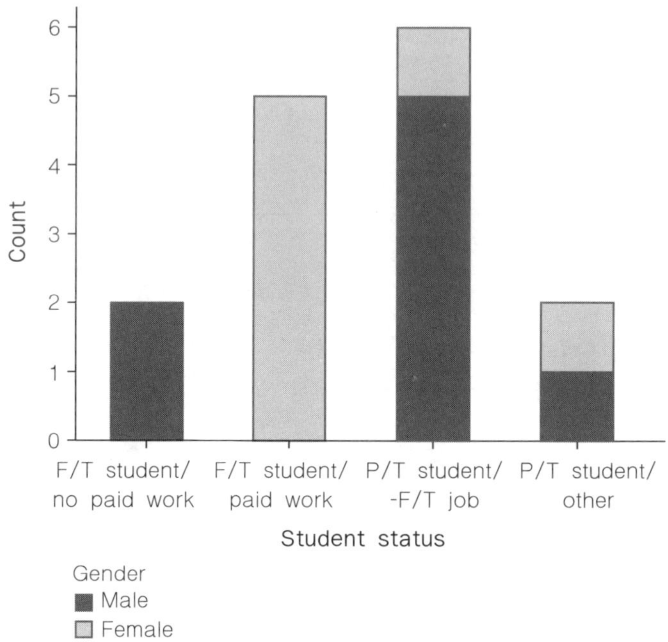

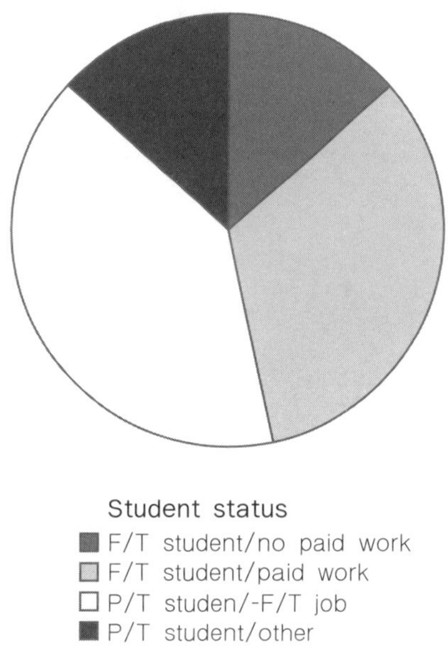

F/T=full-time, P/T=part-time

c. 원도표

1. 화면 상단에 있는 그래프를 선택 하여라.
2. 원도표 선택, 케이스 집단들의 요약값 선택, 정의를 눌러 원도표 정의: 케이스 집단들의 요약값 을 열어라.
3. status를 조각기준변수 박스로 변환하여라.
4. 케이스 수를 선택하거나 케이스 퍼센트를 선택한다. 지금은 케이스 수를 예로 선택했다.
5. 파이 차트를 생산하게 '확인' 을 누른다.

■ 그림 11.12 (계 속)

d. 선도표

1. 화면 상단에 있는 그래프를 선택 하여라.
2. 선도표 선택, 단순을 선택, 정의 선택하여 단순 선도표 정의:케이스 집단들의 요약값 박스를 열어라.
3. age를 범주축 박스로 변환하여라.
4. 케이스 수를 선택하거나 케이스 퍼센트를 선택한다. 지금은 케이스 수를 예로 선택했다.
5. 그래픽을 생산하게 '확인' 을 누른다.

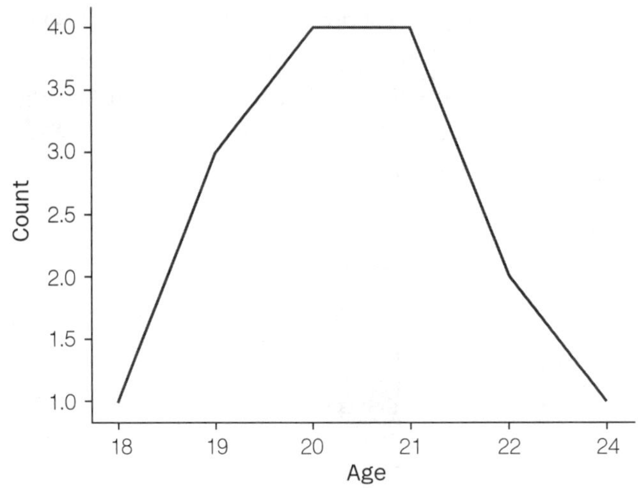

e. 산점도

1. 화면 상단에 있는 그래프를 선택 하여라.
2. 산점도를 선택하고, 단순을 선택하고, 정의를 눌러 단순산점도 상자를 열어라.
3. Spend를 Y축박스로 변환하고, age를 X축박스로 변환하여라.
4. 그래픽을 생산하게 '확인' 을 누른다.

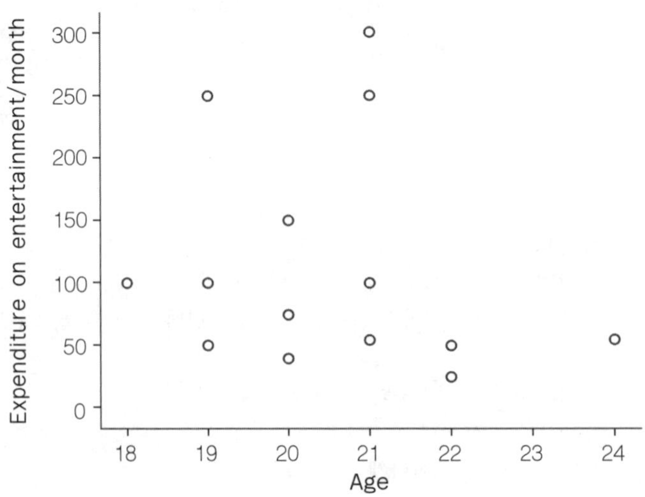

분석 과정

위에는 종합 연구 자료 분석에 대한 간단한 소개이다. SPSS가 더 정교한 분석을 하는 동안, 여기서 나타난 절차의 습득은 깊이 있는 분석 프로그램에 대한 좋은 기초를 제공할 수 있다. 특히 제 1장에 논의 되어 있는 경영의 문맥처럼.

● 요 약

이번 장은 설문조사 데이터 분석을 SPSS 소프트웨어 패키지로 사용할 수 있는 법이 나와 있다. 9장을 기반으로 하여, 변수를 도입한 SPSS 패키지와 설문 데이터를 연구하는 과정을 증명하였다. 여기에는 측정에 대한 토론 수준과 3가지 대응하는 변수 유형: 명목척도, 순서척도, 척도. 다음과 같은 연구 타입과 데이터 분석 타입의 관계를 논쟁 하는 것과, 6가지 SPSS 분석 과정을 이번 장이 다루고 있다. 다음과 같이 빈도는 개별과 다중 변수에 대한 집계와 퍼센티지를 제공한다.

- 다중응답은 다중 응답을 가진 설문지로부터 발생한 두 가지 이상의 변수에 대해 하나의 표를 만든다.
- 코드변환은 척도 변수에 대한 그룹을 형성하고 미리 부호화된 변수를 재 그룹화 하는데 쓰인다.
- 평균비교는 평균이나 변수의 평균을 계산하고 하위 표본에 대한 평균을 비교한다.
- 교차 분석은 두 가지 이상의 변수 간 관계를 보여주는 교차표나 빈번도 표를 만든다.
- 가중치는 10장에서 언급된 것처럼 몇 가지 표준 변수에 따라 데이터를 재는데 쓰인다.
- 그래프는 다양한 형태의 그래픽 데이터를 생성하며, 막대도표, 원도표, 선도표, 그리고 산점도가 있다.

●● Test question

1. 명목, 비율, 등간 척도의 차이점을 논하고, 예를 드시오.
2. 코드화하지 않은 등간척도를 활용하여 설문을 한 경우가 그룹으로 포함하여 코딩한 경우보다 이점은 무엇인가?
3. 2종류의 다중 응답 질문의 특성은 무엇인가?
4. 왜 분석자들은 변수의 재입력을 원하는가?
5. SPSS상에서 평균을 얻을 수 있는 두 방법은 무엇인가?

Exercise

1. 이 장에서 가장 큰 연습은 SPSS 분석의 반복이다. 이 것은 그림 11.3과 11.4의 자료를 입력함으로서 얻어질 수 있으며, 이 장의 지시를 따라 다양한 방법으로 이루어 질 수 있다.
2. 1번의 과정을 반복하고 적어도 한 번이상의 다른 변수들을 입력하여 반복하여야 한다.
3. 그림 9.8의 설문을 활용하여 연구를 실시하고 이 장에서 설명하고 있는 과정으로 SPSS를 통하여 자료를 분석하여야 한다.

Note

1. 이전 버전 책에서는 '비율' 용어가 '비례'보다 많이 사용되었다. SPSS 다음 버전에서는 '비율'은 직관적인 감각적이게 만들기 때문에 이 용어는 이번 에디션에 채택되었다.

부록 11.1 ··· SPSS frequencies output file

Statistics

	무료/싸다	낮시간의 이벤트	다른곳에서 이용불가	사회화	발표의 질	엔터테인먼트/달의 비용지출	휴식-중요	사회상호: 중요	정신적 자극: 중요
N Valid	15	15	15	15	15	15	15	15	15
Missing	0	0	0	0	0	0	0	0	0
Mean	1.80	3.73	1.60	3.20	4.67	115.0	2.20	1.67	1.47

학생상태

		Frequency	Percent	Valid percent	Cumulative percent
Valid	F/T student/no paid work	2	13.3	13.3	13.3
	F/T student/paid work	5	33.3	33.3	46.7
	P/T student-F/T job	6	40.0	40.0	86.7
	P/T student/Other	2	13.3	13.3	100.0
	Total	15	100.0	100.0	

지난 4주 캠퍼스 카페/바

		Frequency	Percent	Valid percent	Cumulative percent
Valid	No	2	13.3	13.3	13.3
	Yes	5	86.7	86.7	100.0
	Total	15	100.0	100.0	

지난 4주 라이브 캠퍼스 음악

		Frequency	Percent	Valid percent	Cumulative percent
Valid	No	7	46.7	46.7	46.7
	Yes	8	53.3	53.3	100.0
	Total	15	100.0	100.0	

지난 4주간 스포츠 시설

		Frequency	Percent	Valid percent	Cumulative percent
Valid	No	10	66.7	66.7	66.7
	Yes	5	33.3	33.3	100.0
	Total	15	100.0	100.0	

지난 4주간 여행 서비스

		Frequency	Percent	Valid percent	Cumulative percent
Valid	No	13	86.7	86.7	86.7
	Yes	2	13.3	13.3	100.0
	Total	15	100.0	100.0	

무료/싸다(서열)

		Frequency	Percent	Valid percent	Cumulative percent
Valid	1	6	40.0	40.0	40.0
	2	6	40.0	40.0	80.0
	3	3	20.0	20.0	100.0
	Total	15	100.0	100.0	

낮시간 이벤트(서열)

		Frequency	Percent	Valid percent	Cumulative percent
Valid	2	2	13.3	13.3	13.3
	3	3	20.0	20.0	33.3
	4	7	46.7	46.7	80.0
	5	3	20.0	20.0	100.0
	Total	15	100.0	100.0	

다른 곳에서 이용 불가(서열)

		Frequency	Percent	Valid percent	Cumulative percent
Valid	1	8	53.3	53.3	53.3
	2	5	33.3	33.3	86.7
	3	2	13.3	13.3	100.0
	Total	15	100.0	100.0	

사회화(서열)

		Frequency	Percent	Valid percent	Cumulative percent
Valid	1	1	6.7	6.7	6.7
	2	2	13.3	13.3	20.0
	3	7	46.7	46.7	66.7
	4	3	20.0	20.0	86.7
	5	2	13.3	13.3	100.0
	Total	15	100.0	100.0	

발표의 질(서열)

		Frequency	Percent	Valid percent	Cumulative percent
Valid	4	5	33.3	33.3	33.3
	5	10	66.7	66.7	100.0
	Total	15	100.0	100.0	

엔터테인먼트/달의 비용지출

		Frequency	Percent	Valid percent	Cumulative percent
Valid	25	1	6.7	6.7	6.7
	40	1	6.7	6.7	13.3
	50	2	13.3	13.3	26.7
	55	2	13.3	13.3	40.0
	75	2	13.3	13.3	53.3
	100	2	13.3	13.3	66.7
	150	2	13.3	13.3	80.0
	250	2	13.3	13.3	93.3
	300	1	6.7	6.7	100.0
	Total	15	100.0	100.0	

휴식기회-중요

		Frequency	Percent	Valid percent	Cumulative percent
Valid	매우 중요	2	13.3	13.3	13.3
	중요	8	53.3	53.3	66.7
	중요하지 않음	5	33.3	33.3	100.0
	Total	15	100.0	100.0	

사회 작용-중요

		Frequency	Percent	Valid percent	Cumulative percent
Valid	중요	5	33.3	33.3	33.3
	중요하지 않음	10	66.7	66.7	100.0
	Total	15	100.0	100.0	

정신적 자극-중요

		Frequency	Percent	Valid percent	Cumulative percent
Valid	매우 중요	8	53.3	53.3	53.3
	중요	7	46.7	46.7	100.0
	Total	15	100.0	100.0	

성별

		Frequency	Percent	Valid percent	Cumulative percent
Valid	남성	8	53.3	53.3	53.3
	여성	7	46.7	46.7	100.0
	Total	15	100.0	100.0	

개선사항 제안-1

		Frequency	Percent	Valid percent	Cumulative percent
Valid	프로그램 항목	5	33.3	41.7	41.7
	시간	3	20.0	25.0	66.7
	시설	2	13.3	16.7	83.3
	비용	2	13.3	16.7	100.0
	Total	12	80.0		
Missing	시스템	3	20.0		
Total		15	100.0		

개선사항 제안-2

		Frequency	Percent	Valid percent	Cumulative percent
Valid	프로그램 항목	2	13.3	25.0	25
	시간	3	20.0	37.5	63.5
	시설	1	6.7	12.5	75
	비용	1	6.7	12.5	87.5
	조직	1	6.7	12.5	100.0
	Total	8	53.3	100.0	
Missing	시스템	7	4637		
Total		15	100.0		

개선사항 제안-3

		Frequency	Percent	Valid percent	Cumulative percent
Valid	비용	1	6.7	50.0	50
	조직	1	6.7	50.0	100.0
	Total	2	13.3	100.0	
Missing	시스템	13	86.7		
Total		15	100.0		

연령

		Frequency	Percent	Valid percent	Cumulative percent
Valid	18	1	6.7	6.7	6.7
	19	3	20.0	20.0	26.7
	20	4	26.7	26.7	53.3
	21	4	26.7	26.7	80
	22	2	13.3	13.3	93.3
	24	1	6.7	6.7	100.0
	Total	15	100.0	100.0	

12 통계분석

소 개

12장은 10장에서 기술되었던 표본추출 이론을 기반으로 통계량에 대한 소개를 하고, 또 11장에서 약술되었던 SPSS 패키지에 대한 소개를 할 것이다. 이 장은 통계에 대한 완벽한 학습을 위한 것이 아닌 단지 소개를 위한 것이다. 이 책에서 다루는 것과 유사한 내용을 좀 더 상세하고 심도 있는 내용으로 다룬 도서들이 많은데, 이들 중 몇몇의 문헌이 12장 마지막 부분에 소개되어 있다. 11장의 연구분석은 수량화와 1세대, 통계적 정보의 분석을 다루었지만, 이번 장에서는 수량화 그 이상의 것을 다룬다. 10장에서 이미 보았던 것처럼, 표본을 기반으로 하는 데이터는 그 표본이 추출된 모집단을 일반화할 때 오차가 생길 수 있다. 이 장에서는 통계적 데이터를 바탕으로 한 표본의 정확도가 어떻게 평가될 수 있는지, 그리고 변수들 사이의 관계가 어떻게 분석될 수 있는지 자세히 알아보도록 한다.

통계적 방법과 관련한 몇 가지의 개념들을 다룬 후에, 다른 종류의 데이터에 적합한 몇 가지의 통계적 테스트에 대해 다룰 것인데, 그것은 카이 제곱 테스트, T 테스트, 평방편차 분석, 상관관계, 선형회귀분석, 복선회귀분석 그리고 다 변수 분석이다. 이 테스트들을 진행하기 위한 SPSS 과정의 각각의 예들이 기술될 것이다.

통계적 접근

특정 통계 모델을 검토하기 이전에, 선행적으로 통계적 개념과 아이디어들이 논의되어야 하는데, 이를 확률적 명제의 이해(the idea of probabilistic statements)라 한다. 이에는 정규분포, 통계적 제시 형식, 유의성, 귀무가설, 그리고 독립변수와 종속변수가 포함된다.

확률적 명제

일반적으로, 추론적 통계과학은 특정 모집단에서 추출된 표본으로부터 얻은 정보를 기반으로 하여, 그 모집단에 대한 확률적 명제를 만들기 위한 것이다.

이 명제는 전망에 입각한 것인데, 10장에서 논의되었던 것처럼, 모집단에서 추출된 표본이 그 모집단을 진실로 대표한다고 확신하기는 불가능하기 때문이다. 그래서 우리는 단지 표본으로부터 얻어진 결과의 확률로 모집단을 추정할 수밖에 없다. 표본설문조사를 기반으로 만들어지는 이 확률적 명제는 서술적이고, 비교적이며, 혹은 관계를 나타낼 수 있다.

- 서술적: 예: 10%의 성인 남녀는 테니스를 친다.
- 비교적: 예: 10%의 성인이 테니스를 치고, 12%의 성인은 골프를 친다.
- 관계적: 예: 고소득층의 사람들이 저소득층의 사람보다 테니스를 많이 친다.

이것들이 표본으로부터 얻어진 데이터를 기반으로 한다면, 이러한 확률적 명제는 수량화 없이는 만들어 질 수 없다. 표본은 이 같은 결과를 나타내지만, 그 표본의 모집단에 정확히 적용시킬 수는 없다. 어떤 표본이라도 항상 의심의 요소를 가지고 있기 때문이다. 통계과학은 위에 기술된 예들을 이 같은 형태로 수정한다.

- 우리는 성인 남녀의 9%~11%가 테니스를 친다는 사실에 95% 확신한다.
- 골프를 치는 사람의 비율은 테니스를 치는 사람의 비율보다 훨씬 높다(95%의 확률).
- 소득 수준과 테니스를 치는가의 여부 사이에는 명백한 관련이 있다(95%의 확률).

정규분포

서술적 명제와 신뢰구간은 10장에서 표본 크기와 관련하여 일반적인 내용으로 이미 논의되었다. 확률 혹은 신뢰구간의 제시는, 같은 모집단으로부터 같은 크기로 반복하여 추출된 표본의 이론적인 개념을 바탕으로 한다. 연구의 어떤 부분에서 추출된 표본이라도, 이는 단지 추출되었을지 모르는 무수히 많은 가능 표본들 중에 하나일 뿐이다. 많은 수의 표본이 추출될 수 있다면, 이 연구 문제는 다양한 결과를 얻어낼 것이다. 대표성이 적은 모집단이라 하더라도, 무작위 표본추출 방법을 사용하면, 그것은 모집단의 정확한 값에 가까운 결과를 얻어내는 경향이 강하다. 통계적 이론(이것을 통해 우리는 아주 상세하게 탐구할 수 있다)은 이 경향을 정량화할 수 있다. 그래서 우리는 표본의 95%~99%에서 얻어진 가치가 정확한 모집단 가치의 양면의 범위 안에 맞아 떨어진다고 말할 수 있는데, 이것이 10장에서 논의된 신뢰구간에 대한 개념이다.

이 이론은 반복 추출된 표본과 통계적 가치(예를 들어 테니스를 치는 사람들의 비율)를 선을 그어 곡선을 만들면 결과로써 생기는 종 모양의 정규분포와 관계가 있다. 이는 그림 12.1에서 볼 수 있다. 많은 수의 표본이 추출된다면 이의 결과로써 생기는 정규곡선은 그림 10.1에 나타나 있다. 모집단의 통계적 가치(확률이나 평균)는 분포의 중앙에 위치하지만, 특정 연구 프로젝트의 표본에서 얻어진 통계적 가치는 단지 모집단에서 추출될지도 모르는 다양한 표본으로부터 나타날지 모르는 다양한 가치들 중 하나일 뿐이다. 확률적 명제는 가능한 표본 가치들 중 이 분포를 기본으로 만들어지고, 이는 이론적으로 서로 다른 표본들과 통계들의 속성을 알려준다.

많은 표본을 추출하는 이론적인 가능성을 토대로 표본결과의 정확성에 대한 통계적 수치의 개념은 이번 장에서 살펴볼 대부분의 통계적 과정에서 일반적으로 사용된다.

통계적 제시 형식

95%나 99%의 통계수치, 때로는 90%나 99.9%의 통계수치를 사용하는 것은 사회적 연구에서 관습적인 것이다. 우리가 일상적으로 매일 쓰는 말에서처럼 우리는 이런 통계적 수치가 어떤 것을 정확히 설명해 준다고 가정한다. 예를 들어 우리가 "90% 확신한다", "50 대 50이다" 혹은 "열 중 아홉은 맞다"라고 말할 때, 우리는 통계적 제시를 만든다. 그래서 이 연구 결과에서 99%의 수치는 아주 중요하다(이 개념

■ 그림 12.1
반복된 샘플과
정규분포

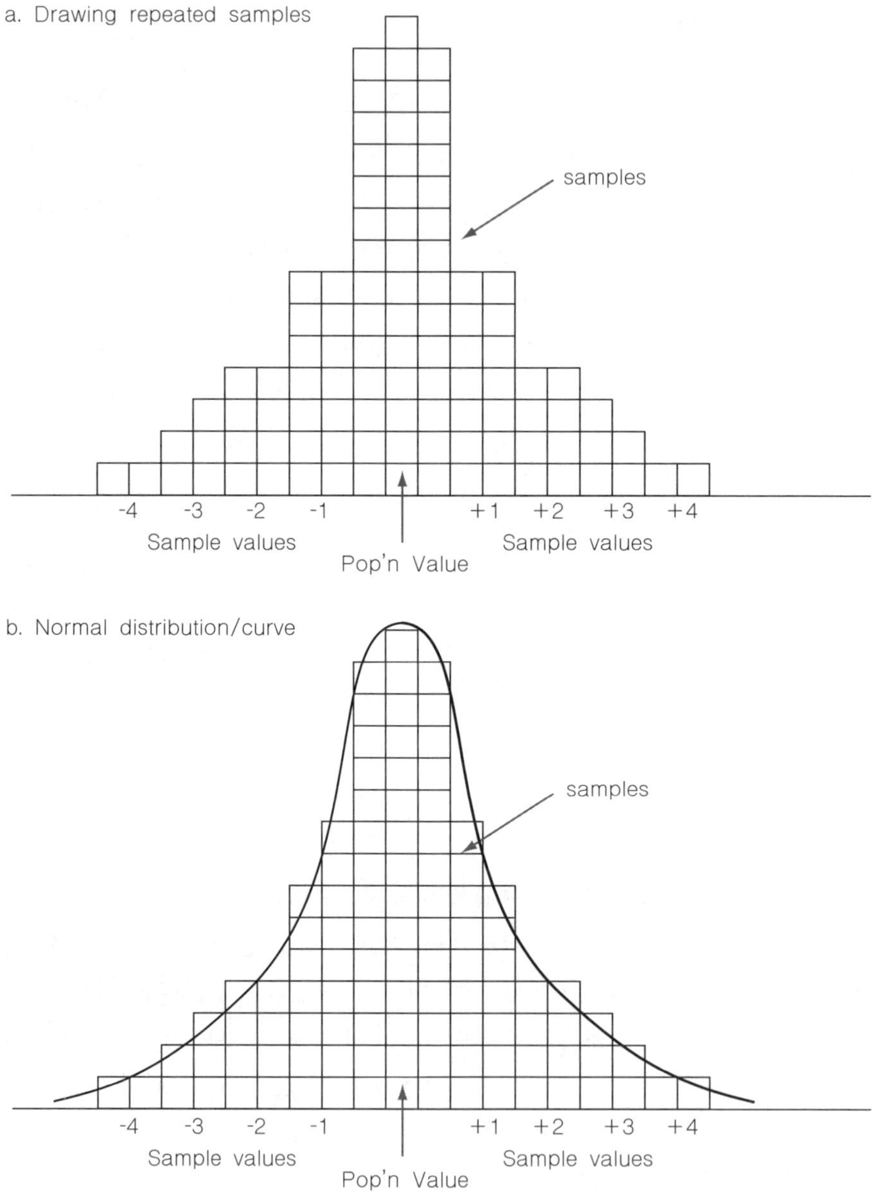

은 아래에 논의되어 있다.) 우리는 우리가 찾아낸 것이 모집단과 정확히 맞을 것이라는 99%의 확신이 있을 때 그렇게 말한다. 그러므로 역으로 생각해볼 때는, 우리가 찾아낸 것에 1%의 확신이 있다면 그것은 정확한 것이 아니라는 것을 의미한다. 만약 우리가 95%정도의 통계수치에서, 어떤 것이 단지 유의성이 있다(significant)고 말한다면 우리의 확신은 떨어지고, 그 연구에서 우리가 발견한 것이 사실이 아닐 것이라는 5%의 가능성이 있는 것이다. 그러므로 '높은 유의성(highly significant)' 이라는 용어는 때때로 결과가 99%의 통계수치를 가진다는 것을 나타내고, 유의성(significant)은 95%의 통계수치를 나타낸다.

몇몇 경우에서는, 이 같은 규정된 절사점을 이용하여 컴퓨터로 얻어낸 결과대신에, 정확한 통계치를 사용한다. 예를 들어, 96.5%나 82.5%의 통계수치의 정확도를 결과로 갖는다. 그 후 이것은 연구자들에게 어떤 통계 수치가 허용될 수 있는지의 판단을 남긴다.

또한 결과는 때로 95%의 수치보다 1%나 99% 혹은 5%의 확률로 표현된다. 앞선 변수는 백분율보다 비율로써 통계치를 표현한다. 예를 들어 5%를 쓰기보다 0.05로 표현하거나, 1%보다 0.01로 표현한다. 유사하게 정확한 계산은 비율로 표현될 수도 있는데, 3.4%나96.5% 보다는 0.035로 표현된다. 따라서 아래에서처럼 각각의 3가지 형태는 동등하다.

5%	95%	0.05
1%	99%	0.01
0.1%	99.9%	0.001
3.5%	96.5%	0.035
7,5%	92.6%	0.075

통계수치가 .0005아래라면, SPSS로부터 컴퓨터로 출력된 정보가 가끔 .000로 나오는 경우가 있는데 이는 컴퓨터가 소수점 아래 3자리까지만 출력을 했기 때문이다. 일반적으로 5%의 통계수치의 의미를 가지는 연구보고서나 컴퓨터 출력정보는 하나의 별표(*)로 나타내며, 1%의 수치의 의미를 가지는 것들 것 두 개의 별표(**)로 표기된다.

통계검정의 유의성

통계적 검정과 절차의 두 번째 일반적 특징은 유의성의 개념을 다룬다는 것이다. 유의성의 차이와 관계는 우연에 의해 일어나는 것이 아니다. 그래서 예를 들어, 두 표본의 백분율 사이의 현저한 차이는 통계적으로 뜻밖에 일어난 것이 아닌 그 차이가 실제인 것과 같다.

예를 들어, 표본으로부터 10.1%의 여성이 테니스를 치고, 10.2%의 남성이 테니스를 친다는 경향을 찾아냈다면, 일반적인 시각으로 보더라도, 이 차이는 유의하지 않다.

만약 다른 표본을 선택한다면 사뭇 다른 양상을 나타낼지도 모르며, 심지어 이는 역으로, 이것은 유의성이 있다고 하기에는 너무 가깝다고 할 수도 있다. 그러나 이 같은 작은 차이가 통계적으로 유의한지 아닌지는 표본의 크기에 달려있다. 만약 결과가 100명 정도의 사람들, 즉 작은 수의 표본에서 얻어졌다면 차이는 유의하지 않을 것이다- 같은 모집단으로부터 추출된 100명의 다른 표본에서 얻은 다른 결과에서는 더 높을지도 모른다(아래에 약술된 통계적 절차는 이것을 성립한다). 그러나 수천 명의 사람들, 즉 표본의 크기가 크다면, 통계적으로 유의한 결과를 얻을지도 모른다. 이것은, 연구의 결과가 큰 수의 표본을 기반으로 얻어졌다면, 우리는 그 결과가 현실적이라는 더 큰 확신을 할 수 있고, 비슷한 크기의 다른 표본을 추출하더라도 비슷한 결과가 나올 것이다.

통계적 이론은 유의성을 정량하고 평가할 수 있게 해준다, 이것은 어떤 크기의 표본에 어떤 크기의 차이가 유의한지를 알려준다.

그러나 통계적 유의성은 사회적, 이론적, 경영적 유의성과 혼동되어서는 안 된다. 예를 들어, 위에서 본 테니스를 치는 남성과 여성에 대한 결과가 10,000명의 사람들로부터 얻어진 것이라고 한다면, 이것은 통계적으로 유의성을 가진다. 그러나 이는 사회적인 관점으로는 어떤 유의성의 차이도 없다. 모든 실용적인 목적으로 말할 때, 우리는 테니스를 치는 남성과 여성의 비율이 같다고 할 것이다. 이것이 바로 우리가 통계를 기반으로 연구의 결과를 얻을 때 마음속에 새겨야 하는 아주 중요한 점이다. 큰 수의 표본은 통계적으로 유의성이 큰 많은 결과를 얻을 수 있지만 이것은 다른 모든 관점에서도 그 결과들이 유의하다는 것을 의미하지는 않는다.

귀무가설

통계적 방법의 일반적인 특징의 하나의 귀무가설의 개념으로 이는 Ho로 표현된다. 이는 서로 양립될 수 없는 두 가지 가설을 세우는 개념을 기반으로 하며, 그렇기 때문에 하나의 가설만이 사실일 수 있다. 예를 들어, 테니스를 치는 사람이 골프를 치는 사람보다 많다는 것 혹은, 테니스를 치는 사람이 골프를 치는 사람보다 적거나 같다는 것 중 하나가 사실이라면, 다른 하나는 사실이 아니다. 귀무가설은 두 가지의 진술된 가치 사이에 차이가 없다거나, 변수들 사이에 관계가 없다는 것을 제안한다. 그러므로 2가지의 가능성을 가진다.

H_0 – 귀무가설: 유의성 있는 차이나 관계가 없다
H_1 – 대립가설: 유의성 있는 차이나 관계가 있다.

보통 연구자들이 관심이 가지는 것은 H1, 대립가설이지만, 통계적 이론은 귀무가설의 관계를 탐구한다.

2장에서 논의된 연구의 종류에 의하면, 이것은 매우 연역적인 접근법이다: 가설은 분석에 앞서서 가능한 한 이론적 틀 안에서 만들어 진다.

귀무가설 개념의 사용은 예에 의해서 설명될 수 있다. 여가사진의 활용 패턴에 관한 연구에서 1,000의 성인을 표본으로 사용하고, 이 연구가 부분적으로 골프와 테니스의 상관된 인기도에 초점을 둔다고 가정해 보자. 귀무가설은 두 스포츠에 대한 참여도의 수치가 같다는 것일 것이다.

H_0 – 테니스와 골프의 참여도는 같다
H_1 – 테니스와 골프의 참여도는 현저히 다르다.

120(12%)의 사람이 테니스를 치고 120(12%)의 사람이 골프를 친다는 결과가 나왔다고 가정해 보자. 명백하게도 여기서는 두 양상 사이에 어떤 차이도 없다 이것은 귀무가설과 일치한다. 귀무가설은 적용되고, 대립 가설은 받아들여지지 않는다.

그러나 테니스를 치는 사람들의 숫자가 121(12.1%)이고 골프를 치는 사람이 120(12%)라고 가정해 보자. 우리는 테니스와 골프의 참여도가 다르다는 대립 가설을 받아들이고 귀무가설은 받아들이지 않아야 할까? 우리가 표본에 대해서 알고 있는 것처럼, 명백히 아니다: 이 유의성을 인정하기에는 그 차이가 너무 작다. 두 가지 양상의 차이가 이처럼 너무 작으면 귀무가설과 일치한다고 하는 것이 맞을 것이다. 그렇다면, 우리가 귀무가설을 받아들이지 않기 위한 차이는 얼마나 커야 하는 것일까? 5,10,15 정도의 차이여야 할까? 바로 여기에서 어떤 것이 유의성을 가지는 차이인지 아닌지를 판단하기 위해 통계적 이론이 필요한 것이다. 그리고 이것은 기본적으로 이번 장(12장)의 나머지 부분에 대한 모든 내용이다: 다른 상황에서 표본의 결과와 귀무가설 사이의 관계를 검증하는 것이다. 귀무가설은 각각의 테스트 검증에서 사용된다.

종속변수와 독립변수

통계용어로써 종속변수와 독립변수는 통계분석에서 자주 사용된다. 만약 종속변수와 독립변수 사이에 유의성이 있는 관계가 있다면, 전에 일어난 변화는 후에 일어난 변화에 의해 일어났다는 것을 의미 한다: 독립변수는 종속변수에 영향을 미친다.

예를 들어, 휴일을 가지는 정도가 개인의 소득 수준에 영향을 받는다고 한다면, 휴일을 가지는 정도는 종속변수이고 개인의 소득 수준은 독립변수이다. 특정 소득 수준의 정도가 사람들이 휴일을 가지는 것을 야기하지 않는다고 하더라도, 개인의 소득 수준은 휴일을 가지는 것을 더 용이하게 하거나 혹은 강요한다고 하는 것이 더 합당할 수 있으며, 그 반대로 말할 수도 있다. 그래서 휴일을 가지는 것은 소득수준에 의존한다고 말하는 것은 말이 된다. 그림 12.2에서 나타난 것처럼 한 가지 변수는 다양한 독립변수에 종속될 수 있다. 예를 들어 휴일을 가지는 것은 소득, 직업, 나이에 의존된다고 가설을 세울 수 있다.

통계적 테스트

무엇을 시험하는가?

측정 수치나 혹은 데이터의 종류에 관한 개념은 11장에서 명목척도와 서열척도와 데이터에 대해 논의할 때 소개되었다. 데이터로부터 얻어질 수 있는 높은 측정치나 큰 분석범위이다. 예를 들어, 서열척도와 척도측정의 기대치/평균을 계산하는 것이 가능하다, 그러나 명목적 데이터로는 할 수 없다. 결과적으로, 다른 통계적 테스트는 다른 측정치와 관련이 있다. 12장의 나머지 부분은 다른 상황에서 사용되는 각기

■ 그림 12.2 종속변수와 독립변수

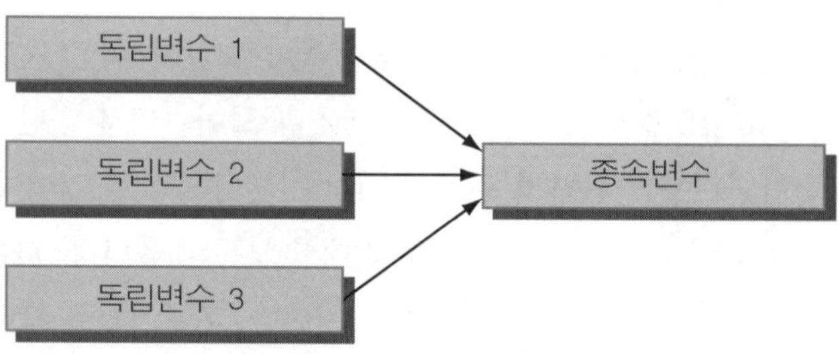

다른 통계적 테스트를 담고 있는데 이는 아래의 표 12.1에 요약되어 있다. 이 테스트들은 모두 각 변수들과, 변수와 그 관계 사이를 비교하는 것과 관계가 있다. 사용되는 적합한 테스트의 종류는 데이터의 형식, 측정 수치, 포함된 변수의 수에 따라 다르다.

가설의 데이터를 따라는 것을 다양한 테스트를 설명하기 위해 사용된다. 데이터는 11장에서 사용된 것과 유사한 설문지 질문문항으로 얻어진다. 그러나 많은 표본과 추가적으로 레저와 관광의 참여도 변수가 더 포함된다.

작 업	자료형식	변수의 수	변수의 종류	분 석
두변수간 관계	빈도의 교차표	2	명목	카이제곱
두평균 차이-paired	평균-모든 샘플	2	2개의 척도/서열	t-test-paired
두평균 차이-독립표본	평균-2개의 하위그룹	2	1. 척도/서열(평균) 2. 명목(2그룹일때만)	t-test-독립표본
두 변수간의 관계	평균-2개의 하위그룹	2	1. 척도/서열(평균) 2. 명목(2그룹)	일원분산분석
3개이상 변수의 관계	평균-교차표	3+	1. 척도/서열(평균) 2. 3개 이상 명목	ANOVA
두 변수간의 관계	개개의 측정	2	2개의 척도/서열	상관분석
두 변수간의 선형관계	개개의 측정	2	2개의 척도/서열	선형회귀
3개이상 변수의 선형관계	개개의 측정	3+	3개이상의 척도/서열	다중회귀
많은 변수간의 관계	개개의 측정	다수	많은 수의 척도/서열	군집분석 요인분석

■ 표 12.1 데이터 유형과 통계적 테스트

사용된 변수와 데이터를 기입하는 것은 부록 12.1에 포함되어 있다. 11장에서처럼, 예들은 윈도우에서 SPSS를 이용해 만들어지고 있다, Version 12.

카이 제곱 테스트(chi-square)

소 개

카이 제곱 테스트 (χ^2 로 표현되고 '카이스퀘어' 라고 발음됨)는 많은 상황에서 사용될 수 있다. 그러나 여기서 카이 제곱 테스트의 사용은 두 개의 명목 변수의 교차하는 도표와의 관계 안에서 설명된다. 이는 SPSS로써 특정 패키지로부터 얻은 친숙한 표이다. 10장에서 논의했던 것처럼, 교차된 도표를 검토할 때 표에 포함된 두 가지 변수 사이에 어떤 종류의 관계가 존재하는지 대략적인 판단을 위해 일반성이나 신뢰구간의 크기의 인지를 사용하는 것이 가능하다. 그러나 패턴이 아주 명백하지 않다면, 결과적인 차이가 유의성이 있는지 아닌지 판단하는 것이 어려울 수 있다. 카이 제곱 테스트는 이 같은 문제를 해결하기 위해 만들어 졌다.

그림 12.3은 카이 제곱 테스트로 교차 도표를 얻어내기 위한 SPSS의 절차와 결과의 산출을 보여준다. 선택된 예는 풀타임/파트타임 직업을 가진 학생들과 성별 사이의 관계를 말해준다. 이 산출의 해석은 아래에 논의되어 있다.

귀무가설

귀무가설은 풀타임/파트타임의 학생들 중, 남성응답자와 여성응답자 사이에 아무런 차이가 없다는 것이다:

H_0 – 학생집단에서 학생들의 신분과 성별 사이에는 아무런 관계가 없다.
H_1 – 학생집단에서 학생들의 신분과 성별 사이에는 어떠한 관계가 있다.

검토될 이 명제는 그러므로 표 12.2에서 보이듯 3가지 방법으로 표현될 수 있다는 것을 유의하자.

기대 빈도

표의 칸들은 11장에서 교차 도표의 관계로 논의되었던 것처럼, 빈도와 백분율의 세로열을 포함한다. 그러나 이것들은 또한 기대빈도를 포함한다. 이것은 풀타임/파트타임 신분의 학생들 중 남성과 여성 사이에 차이가 없다는 귀무가정이 사실이라면, 예상될 빈도를 말한다. 이 같은 예에서는, 표본 안의 남성과 여성의 수가 동등하다는 것이고, 기대 값은 각 신분에서 50:50의 분류를 보일 것이다.

카이 제곱의 값

카이 제곱은 빈도와 기대빈도 사이의 차이의 집합을 기반으로 한 통계값인데, 보다 큰 합은 보다 큰 카이 제곱의 값을 가져온다. 그러나 이 표에서 관찰빈도와 기대빈도 사이에 차이는 단순히 더해진다. 이것은 양의 계수가 음의 계수를 상쇄하는 것을 얻어낼

■ 그림 12.3 카이 제곱 테스트를 위한–SPSS 과정

과정

1. 분석 방법, 기술통계학 그리고 교차 탭 순으로 선택한다.
2. 변수를 표로 작성한다 - 열은 학생의 신분(풀타임/파트타임)이며, 행은 성별이다.
3. 통계량을 선택한 후, 교차 탭 통계 대화상자에서 카이 제곱을 선책하고 계속 한다.
4. 칸을 선택하면 교차 탭의 칸들이 대화상자를 보여준다, 빈도에서 관측치와 예상치를 설정한다, 백분율에서 행을 선택하고 계속한다.
5. 아래의 결과치를 얻기 위해 OK를 선택한다.

출력결과

Student status recoded*Gender Cross-tabulation

			Gender		Total
			Male	Female	
Student status recoded	Full-time	Count	18	9	27
		Expected Count	13.5	13.5	27.0
		% Within gender	72.0%	36.0%	100.0%
	Part-time	Count	7	16	25
		Expected Count	11.5	11.5	25.0
		% Within gender	28.0%	64.0%	100.0%
Total		Count	25	25	50
		Expected Count	25.0	25.0	50.0
		% Within gender	50.0%	50.0%	100.0%

Chi-square tests

	Value	df	Asymp.Sig (2-sided)	Exact.Sig (2-sided)	Exact.Sig (1-sided)
Pearson chi-square	6.522(b)	1	.011		
Continuity Correction(a)	5.153	1	.023		
Likelihood Ratio	6.676	1	.010		
Fisher' s Exact test				.022	.011
Linear-by-Linear Association	6.391	1	.011		
N of Valid Cases	50				

a. Computed only for a 2*2 table

b. 0cells(.0%) have expexted count less than 5. the minimum expexted count is 11.50

것이고, 제로 값을 낸다. 그러므로 카이 제곱은 차이의 제곱 값의 합을 바탕으로 한다.

수학적인 것을 알고 싶은 독자들은 카이 제곱의 식을 부록 12.2에서 참고하기를 바란다. 다행스럽게도 SPSS 패키지는 카이 제곱의 값을 측정하여 제공하므로, 자

세한 공식을 정확히 알 필요는 없다. 카이 제곱의 도표 상의 관측치와 예상치의 차이를 측정하는 통계적인 척도라는 사실을 이해하는 것으로도 충분하다.

그림 12.3의 예에서 볼 수 있듯이, 카이 제곱의 값은 6.522이다. 우리는 통계학자인 Pearson으로부터 고안된 피어슨(Pearson)값을 사용한다. 다른 종류의 값으로는 가능도비(Likelihood ratio), 피셔의 정확 검정(fisher' s exact test) 그리고 선과 선의 관계 등이 있지만 여기서는 다루지 않도록 한다.

카이 제곱 값은 어떻게 해석될 수 있을까? 우리는 관측치와 예상치의 차이가 크면 클수록, 카이 제곱의 값도 커진다는 것을 알고 있다. 귀무가설은 두 개의 값 사이에 차이가 없다는 것을 말한다. 하지만, 명백하게 우리는 두 개의 값 사이의 작은 차이를 인정하고, 귀무가설에서도 마찬가지이다. 그렇지만, 우리가 귀무가설을 허용하지 않기 이전에, 선행되어야 하는 유의성 있는 차이는 얼마나 되어야 하며, 남녀의 풀타임/파트타임의 위치를 어떻게 결론지을 것인가?

수량이 주어져 있는 표에서는 통계학자들은 귀무가설이 사실일 때, 얼마나 다양한 카이 제곱의 값을 얻을 수 있는지를 계산한다. 11장에서 이야기 하였던 평균분포에서처럼, 이것 역시 같은 크기의 많은 표본들의 가설적인 가능성을 바탕으로 한다. 이것은 그림 12.4에서 볼 수 있다. 특정한 도표의 크기에서, 만약 귀무가설이 사실이라고 가정할 때(인구수와 예상치가 같다고 가정), 주어진 인구수의 대부분의 표본들로부터 관측치와 예상치의 차이가 예측될 수 있다. 그러므로 카이 제곱의 값의 범위는 예측 가능하다. 대부분의 카이 제곱의 값은 작은 값으로 예측된다. 다른 큰 값들도 일어날 수 있지만, 이는 매우 드물다.

정규곡선에서는 어떤 것이 가능성을 가지는지 아닌지를 결정하기 위해 5%나 1% 둘 중 하나를 선택하는 것이 일반화 되어있다. 보증된 논의에서는 5%가 사용된다. 그러므로 만약 어떠한 카이 제곱 값이 다이어그램의 5%의 오른쪽 범위 안에 있다면, 그것은 귀무가설과 함께 가능성을 갖고, 일치하지 않는 것으로 간주된다. 만약 그 값이 5%의 왼쪽 범위 안에 있다면 우리는 그 귀무가설을 받아들인다.

그림 12.3에서 보듯이, SPSS의 결과치는 우리에게 표의 6.522의 카이 제곱의 값을 말해준다. 그것은 또한 그 값이 0.011 혹은 1.1 % 가능성을 의미한다. 그러므로 우리의 카이 제곱 값은 가능성을 갖지 않는 것이다(그 값이 일어날 확률은 5%보다 낮다). 그러므로 우리는 귀무가설을 받아들이지 않고, 성별과 풀타임/파트타임 학생 사이에 큰 차이가 있다고 결론짓는다.

옵션 1	옵션 2	옵션 3
귀무가설(H_0): 풀타임 학생/파트타임학생과 학생의 성별은 관계가 없을 것이다.	남성과 여성의 풀타임 학생/파트타임학생의 비율은 같다.	관찰된 그리고 기대된 값은 다르지 않을 것이다.
대립가설(H_1): 풀타임 학생/파트타임학생과 학생의 성별은 관계가 있을 것이다	남성과 여성의 풀타임 학생/파트타임학생의 비율은 다르다.	관찰된 그리고 기대된 값은 다를 것이다.

■ 표 12.2 가설의 대안적 표현

■ 그림 12.4 귀무가설 채택을 위한 카이제곱 분포

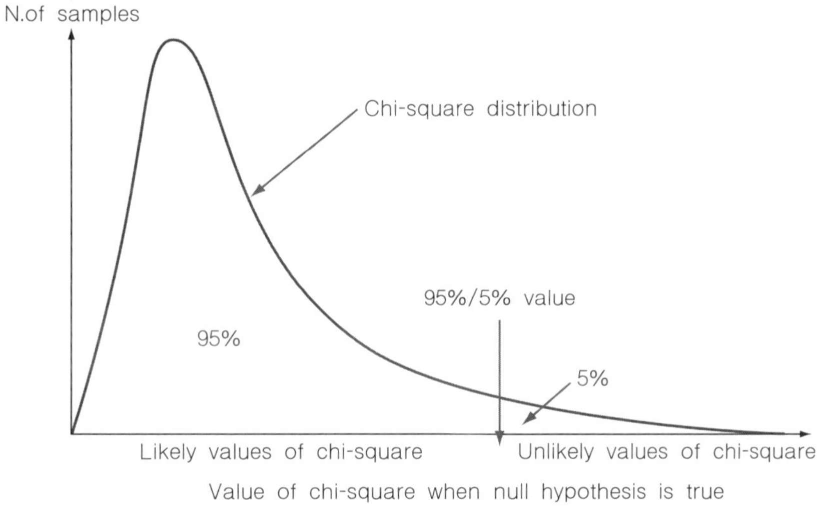

■ 그림 12.5 chi-square 분석 결과

	남 성	여 성	총
상태		%	
Full-time 학생	72.0	36.0	54.0
Part-time 학생	28.0	64.0	46.0
총	100.0	100.0	100.0
표본수	25	25	

x^2=6.52, DF 1, 5%의 수준에서 유의

자유도

카이 제곱의 값은 도표 크기에 좌우 되는데, 자유도가 이것을 간접적으로 측정을 한다. 자유도는 가로 항목 총 개수에서 1을 뺀 값과 세로 항목의 총 개수에서 1을 뺀 값을 서로 곱하면 된다. 그러므로 그림 12.3에 있는 표에서 자유도를 구하는

식은 (2−1)×(2−1)=1×1=1이다. 이것은 SPSS 결과물에 있는 DF항목에 나타내면 된다.

계수 예상 법칙

카이 제곱을 적용하는데 한 규칙이 있는데, 5보다 작은 계수를 표시하는 부분이 표의 5분의1을 넘고, 1보다 작은 예상 계수는 없어야 한다는 것이다. SPSS 결과물은 그러한 단위의 존재여부를 알려준다. 도표 밑에 있는 참고사항을 보면 5보다 작다고 예상되는 단위는 없고 예상되는 최소가 11.5이기 때문에 문제가 없다. 몇 개씩 묶는 방법으로 단위의 수를 줄여 관측도수를 늘리는 방법도 있다. 실은 다시 정리된 변수의 예시에서 행해졌다. 만약에 분석이 새로 정리된 변수로 되어 있지 않다면 예상 계수를 범하기 때문에 유효하지가 않다.

보 고

카이 제곱 같은 통계실험들의 결과는 어떻게 보고를 해야 할까? 다음과 같은 네 가지의 방법이 있다.

1. 그림 12.5처럼 표에 나온 결과들도 연구 보고서에 포함을 시켜라. 그리고 참고에 '5% 수준에서 풀타임과 파트타임과 성별의 관계는 중요하다고 나타났다.'
2. 본문에 실험결과들을 포함시켜라. 예를 들어 '5% 수준에서의 풀타임과 파트타임과 성별의 관계는 중요하다고 나타났다 (x^2 =6.5, 1DF).'
3. 보고서에 단신을 통해 모든 실험들은 5퍼센트 수준에서 실해 되었고 실험 결과는 표 또는 부록에 있다는 표시를 해 통계의 비중을 줄여라.
4. *또는 **을 이용, 중요하거나 결정적인 결과들에 한해 표시를 해라.

두 개의 평균 비교하기: T-test

소 개

지금까지 우리는 단일이든 여러 가지 표로 만들어졌든, 비율과 백분율만을 다루었다. 하지만 많은 연구결과들은 평균으로 되어있다. 예를 들면, 어떤 활동에 참여하는 그룹의 평균 나이, 외국에서 온 손님들의 평균 지출 비용 아니면 어떤 그룹의 리켓 스케일 평균 점수들이다. 통계적인 측면에서 평균은 '평균치(mean)' 라고 지칭하기도 한다. 이런 목적들은 서수와 스케일 변수에 의해서만 계산이 가능하다.

분석 중에서 가장 간단한 방법은 두 개의 평균을 비교하여 어떤 차이점을 갖는지 찾아보는 것이다. 예를 들자면 골프 치는 사람들의 평균 나이와 테니스 치는 사람들의 평균 나이에 큰 차이가 있는지 또는 그룹 단위로 여행을 다니는 사람이 미술 또는 오락을 찾는 사람의 수보다 많은지 비교하는 것이다. 이렇게 가설이 없을 경우, 다음과 같이 표현을 한다.

H_0 – 평균들 간에 차이점이 없다.
H_1 – 평균들 간에 차이점이 있다.

이런 경우에는 't' 라는 통계값을 구하게 된다. 표본의 크기와 두 목적을 비교하는 것을 이용한 공식이다. 예를 들어, 두 평균 간에 모집단에 차이가 없다면 't' 는 선호도에서 넓은 분포를 차지한다는 것을 알 수 있다. 높은 수치는 드물기 때문에 만약에 수치가 높으면, 우리는 H_0을 제외하고 H_1을 적용시킨다. 그러므로 우리는 5%의 수준에는 결정적인 차이가 있다는 것을 결론 내릴 수 있다. 't' 가 양수일 수도 있고 음수일 수도 있기 때문에 분포도에서 두 개의 꼬리를 갖는 다는 것을 알아야 한다.

우리가 평균을 비교 하고 싶은 두 가지의 상황이 있다.

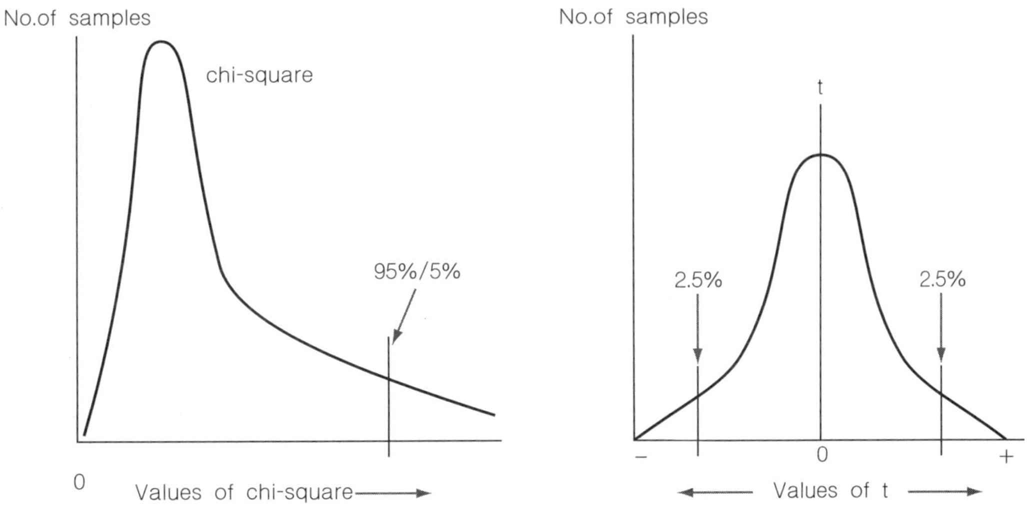

■ 그림 12.6 chi–square와 t 분포

1. 표본 전체에 적용되는 두 변수들을 비교하기 위해
   예를 들자면 여행에 쓰는 평균지출과 미술과 문화에 쓰는 평균지출을 비교한다. 이것은 표본 묶음이라는 실험이다.
2. 두 개의 하위 그룹의 변수를 비교하기 위해
   예를 들어, 어떤 표본에서 남녀의 평균 나이를 비교 하는 것이다. 이 표본은 남자와 여자라는 두 개의 하위 그룹으로 나뉘게 된다. 이런 방법은 그룹 또는 독립적인 표본 실험이라고 한다.

A. 표본 묶음

그림 12.7은 표본 묶음의 두 가지 예를 보여준다. SPSS출력은 지금 여기서 신경 쓸 필요가 없는 수치들을 보여준다. 우리가 신경 써야 할 항목들은 굵은 글씨로 되어있다.

예시1은 운동과 헬스를 하는 빈도와 국립공원을 방문하는 빈도를 비교한 것이다. 여기서 사람들은 3개월 동안 평균 12.2번 운동 또는 헬스를 했고 국립공원에는 9.8번 방문했다고 나왔다. 2.4번의 차이를 보이는 문제는 이 차이가 중요하냐는 것이다. t의 값은 1.245이고 중요도는 0.219 또는 21.9%이다. 귀무가설이 적용된 경우 이 수치는 변함이 없다(0.219는 0.05보다 매우 높은 수치다). 그래서 우리는 귀무가설을 인정하고 하고 운동을 하는 것과 국립공원을 방문하는 수치는 서로 상관이 없다는 것을 알 수 있다.

예시2는 국립공원을 방문하는 수치와 외식을 하는 수치를 비교한 것이다. 이 경우에 차이는 3.26이고 t의 값은 2.431이다. 그리고 중요도의 값은 0.019인데 이것은 0.005보다 작기 때문에 둘 사이에 어떠한 차이가 있을 확률이 높을 거라는 결론을 내린다.

B. 독립적인 표본 실험

그림 12.8은 남녀 학생들이 오락을 위해 쓴 돈을 비교 한 것이다. 남자들은 110파운드를 썼고 여자는138.60파운드를 썼다. 28.60파운드 차이다. t의 값은 -1.25이고 중요도 값은 0.219이다. 0.219가 0.05보다 높기 때문에 남녀가 쓴 돈에는 어떤 영향이 없다고 본다.

■ 그림 12.7 평균의 비교: t-test:paired samples-spss 과정

과정

1. 분석, 평균비교 선택
2. paired samples t-test 선택
3. 현재 선택 박스에서 비교할 두 개의 변수가 강조된 후 paired 변수 박스로 전환
4. t-test 결과을 위한 ok 선택

출력결과

Example 1: Playing sports VS Visiting national parks

Paired samples statistics

		Mean	N	Std.Deviation	Std.Error Mean
Pair 1	Play sports/fitness	12.20	50	13.095	1.852
	Visit national park	9.80	50	8.804	1.245

Paired Samples Correlations(IGNORE)

		N	Correlation	Sig
Pair 1	Play sports/fitness&Visit national park	50	.274	.054

Paired Samples Test

		Paired Differences					t	df	sig (2-tailed)
		Mean	Std. Deviation	Std. Error Mean	95% Confidence Interval of the Difference				
					Lower	Upper			
Pair 1	Play sports /fitness-Visit national park	2.400	13.632	1.928	-1.474	6.274	1.245	49	.219

Example 2: Vist national parks VS Going out for a meal

Paired samples statistics

		Mean	N	Std.Deviation	Std.Error Mean
Pair 1	Visit national park	9.80	50	8.804	1.245
	Go out for meal	6.54	50	3.157	.446

Paired Samples Correlations(IGNORE)

		N	Correlation	Sig
Pair 1	Visit national park&Go out for meal	50	-.044	.759

■ 그림 12.7 (계속)

Paired Samples Test

		Paired Differences					t	df	sig (2-tailed)
		Mean	Std. Deviation	Std. Error Mean	95% Confidence Interval of the Difference				
					Lower	Upper			
Pair 1	Visit national park-Go out for meal	3.260	9.484	1.341	.565	5.955	2.431	49	.019

■ 그림 12.8 평균의 비교: t-test: 독립표본-spss 과정

과정

1. 분석, 평균비교 선택
2. 독립표본 t-test 선택
3. 평균이 필요한 변수 선택(spend), 그리고 실험변수 목록으로 전환
4. 두 개의 그룹으로 나누어질 변수 선택(gender), 그리고 그룹화 변수 박스로 전화
5. 그룹 정의를 선택 그리고 두 개의 그룹으로 나누어질 value 입력(예:남자는 1, 여자는 2), ok 선택하면 두 개의 그룹이 gender [1,2]로 표시됨
6. t-test 결과을 위한 ok 선택

출력결과

Group statistics

	Gender	N	Mean	Std.Deviation	Std.Error Mean
Course costs £.p.a.	Male	25	110.00	77.607	15.521
	Female	25	138.60	84.613	16.923

Independent Samples Test

	t-test for Equality of Means								
	Levene's Test for Equality of Variance		t	df	sig (2-tailed)	Mean Difference	Std.Error Difference	95% Confidence Interval of the Difference	
	F	Sig.						Lower	Upper
Equal variances assumed	.431	.514	−1.245	48	.219	−28.600	22.963	−74.770	17.570
Equal variances not assumed			−1.245	47.646	.219	−28.600	22.963	−74.770	17.579

■ 그림 12.9 평균범위의 비교-spss 과정

과정

비교할 평균을 보여주는 표를 얻기 위해서는

1. 분석, 평균비교 선택
2. 평균 선택
3. 평균이 필요한 변수 선택(sportfit, theatre, npark, meal, hols), 그리고 종속변수 목록으로 전환
4. 그룹화를 위한 변수 선택(status), 그리고 독립변수 목록으로 전환
5. 옵션의 통계량박스안에 케이스 수와 평균이 있는지 확인
6. output 출력을 위한 ok 선택

출력결과

Student status		Play sport /fitness	Visit theatre	Visit national park	Go out for meal	Holiday expenditure
F/T student/no paid work	Mean	9.69	2.62	9.77	6.46	328.46
	N	13	13	13	13	13
F/T student/paid work	Mean	9.64	2.93	8.64	4.00	342.50
	N	14	14	14	14	14
P/T student-F/T job	Mean	19.06	2.25	8.63	8.19	425.63
	N	16	16	16	16	16
P/T student/ Other	Mean	6.29	3.29	14.86	8.00	752.86
	N	7	7	7	7	7
Total	Mean	12.20	2.68	9.80	6.54	422.90
	N	50	50	50	50	50

여러 평균들: 일원분산분석

소 개

t-test는 동시에 두 가지 평균의 차이점을 알아 볼 때 쓰였다. 변화의 분석(ANOVA: Analysis of Variance)은 2개 그룹 이상일 때 쓰인다. 그냥 글로 정리된 표처럼 보이지만 그림 12.9에서처럼, 각 항목들에 계수 대신에 평균들이 들어가 있다. 여기선 학생 그룹의 레저 참여도와 여행비 지출의 비교가 나타난다. 여기서 ANOVA를 통해서 우리가 궁금한 것은, 학생들로 이루어진 그룹이 활동에 지출한 목적과 모든 사람들이 그것에 쓴 돈의 목적이 다른지 알아보는 것이다. 결국 참여/지불이 학생 신분과 연관이 있는지 없는지 말이다.

귀무가설

모든 목적이 전체의 목적과 같다는 것이 귀무가설이다. 이 가설을 부정하기 전에 그룹의 목적이 전체의 목적과 얼마나 틀려야 하는 것인가?

분 산

하나 또는 서로 다른 모집의 목적이 인정 되느냐 마느냐는 목적의 차이에서만 결정 되는 것이 아니라 분산도 영향을 미친다. 그림 12.10은 네 개의 예가 있는데 세 개는 목적과 방금 배운 분산이 적용되어 있다. A의 목적들은 잘 분포 되어 있고 서로 겹치는 부분도 적다. 반면에 C에서는 목적들이 훨씬 가까이 그려져 있고 서로 많이 겹쳐 있어서 같은 모집단에서 나왔을 확률이 높다. B는 A처럼 목적들이 많이 위치해 있는데 A보다 넓게 퍼져있어 겹치는 부분이 많기 때문에 중복된 부분이 있을 것을 예상할 수 있다. D가 가장 심한 중복을 보이고 있다. 그러므로 우리는 A를 통해 서로의 목적 간에 중요한 차이가 있을 것이라고 예상할 수 있는 반면 D는 그렇지 않다는 것을 알 수 있다. B와 C는 겹치는 부분 때문에 불확실한 점이 있다.

이렇게 표본들이 퍼진 것을 분산이라고 지칭하는데, 각각의 관찰/경우 수와 목적의 수를 다 더하면 분산의 값을 구할 수 있다. 분산을 구하는 공식은 부록 12.2에 있다.

■ 그림 12.10 평균과 변수 비교

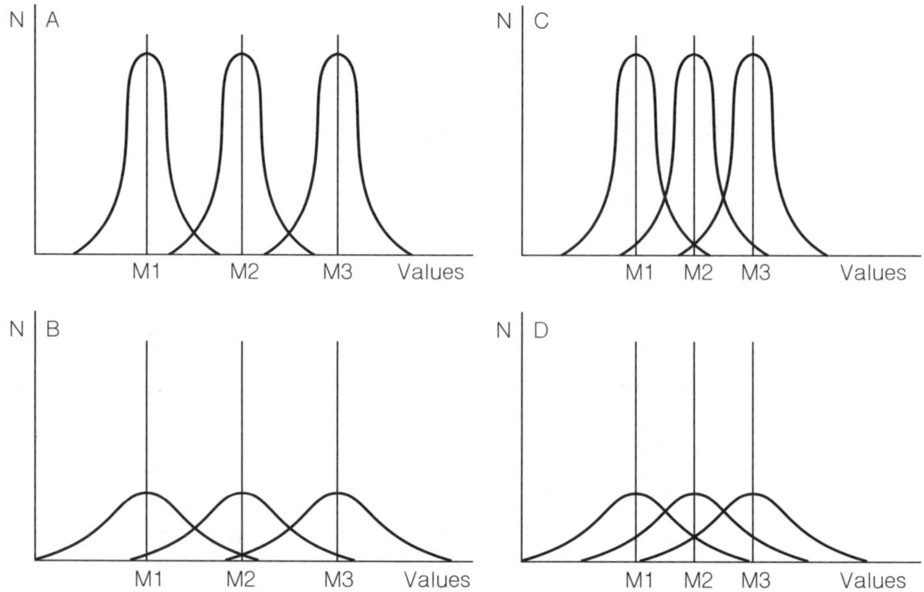

분산 분석

각 목적들이 전체의 목적과 차이점이 있는지는 다음 것들의 의해 정해진다.

1. 하위 그룹 목적 분포도와 전체 목적 분포도 비교 - 그룹 간 분산값
2. 하위 그룹 관찰 분포도와 목적 분포도 비교 - 그룹 내 분산값

그룹 간에 분산이 클수록 어떠한 차이가 있을 확률이 크다. 그룹 내 분산이 클수록 차이가 있을 확률은 작아진다. 분산 분석은 두 개의 비율에 의거한다. 이것은 'F' 라는 통계치로 쓰인다. 다른 통계를 통해 봤듯이, F의 값이 자유도로 주어 졌을 때 귀무가설일 경우에 높은 분배 확률을 가지고 있다. 높은 수치일 경우는 희박하고 결국 귀무가설을 거부하는 결과를 초래한다.

분산 분석의 SPSS절차

SPSS의 절차와 예는 그림 12.11에 있다. 그룹 간 분산값과 그룹 내의 분산값, 자유도, 평균제곱, F값과 F 확률/가능성도 나타나 있다. 그림 12.11 중 처음 세 활동들에 대해 차이가 생길 확률이 0.05를 넘기 때문에 귀무가설이 성립된다. 그리고 이 활동에 대한 참여도와 학생의 상태가 관계없다는 것도 포함되어 있다. 마지막 두 항목, 외식과 여행비는 수치가 0.05보다 낮기 때문에 귀무가설이 성립되지 않고 학생의 상태와 관련이 있다는 결론을 내릴 수 있다.

평균 표: 분산의계승적 분석

소 개

단방향적 분산 분석처럼 계승적 분산 분석도 목적을 이용해서 다룬다. 단방향적 분산 분석은 한 개의 변수로 여러 개의 그룹들에 대해 연구하는 반면 계승적 분산 분석은 한 개 이상의 변수들을 다루기 위해 고안되었다. 그림 12.12에 예시가 있다. 극장 찾는 빈도를 신분과 성별을 통해 보여주고 있다. 신분은 큰 영향을 주지 않는 다는 것을 볼 수가 있다. 가장 낮은 목적 수치가 2.62이고 가장 높은 수치가 3.29이며 성별도 큰 영향을 주지 않다는 것을 볼 수 있다. 하지만 둘을 합쳐서 볼 경우 적잖은 변화가 생기는 걸 발견 할 수 있다. 가장 낮은 수치가 1.40으로 변하고 가장 높은 수

■ 그림 12.11 일원분산분석-spss 과정

과정

1. 분석, 평균비교 선택
2. 일원분산분석 선택
3. 평균이 필요한 변수 선택(sportfit, theatre, npark, meal, hols), 그리고 종속변수 목록에 입력
4. 그룹화를 위한 변수 선택(status), 그리고 독립변수 목록에 입력
5. output 출력을 위한 ok 선택

출력결과

ANOVA

		Sum of Squares	df	Mean Square	F	Sig.
Play sport/ fitness	BetweenGroups	1,171.650	3	390.550	2.485	.072
	Within Groups	7,230.350	46	157.182		
	Total	8,402.000	49			
Visit theatre	BetweenGroups	6.446	3	2.149	.411	.746
	Within Groups	240.434	46	5.227		
	Total	246.880	49			
Visit national park	BetweenGroups	219.871	3	73.290	.942	.428
	Within Groups	3,578.129	46	77.785		
	Total	3,798.000	49			
Go out for meal	BetweenGroups	148.752	3	49.584	6.715	.001
	Within Groups	339.668	46	7.384		
	Total	488.420	49			
Holiday expenditure	BetweenGroups	968,661.162	3	322,887.054	6.644	.001
	Within Groups	2,235,593.338	46	48,599.855		
	Total	3,204,254.500	49			

치도 5.40으로 변한다. 분산 분석은 이 표를 검사하여 발견된 것들이 영향을 주는 판별한다. 단방향적 분산 분석은 그룹 간 목적의 차이와 그룹 내 분포값을 검사한다.

귀무가설

여기서 귀무가설은 변수들 간에 상호작용이 일어나지 않는다는 것이다. 말하자면, 선형모형관점에서 성별이 극장을 찾는 학생들의 신분에 영향을 주지 않는다는 것이다. 귀무가설과 일치한 예상 계수의 표는 카이 제곱 보기로 나타낼 수 있지만 수치로 표현되지 않고 목적으로 나타날 것이다.

■ 그림 12.12 평균 표-spss 과정

과정

1. 분석, 평균비교 선택
2. 종속변수 선택(theatre)
3. 독립변수 선택(status)
4. layer 2 of 2를 얻기 위한 다음 선택, 두 번째 독립변수 입력(gender)
5. output 출력을 위한 ok 선택

출력결과

Visit theatre

Student status	Gender	Mean	N	Std.Deviation
F/T student/no paid work	Male	3.11	9	1.833
	Female	1.50	4	2.380
	Total	2.62	13	2.063
F/T student/paid work	Male	1.56	9	1.130
	Female	5.40	5	2.191
	Total	2.93	14	2.433
P/T student-F/T job	Male	1.40	5	2.074
	Female	2.64	11	2.730
	Total	2.25	16	2.543
P/T student/Other	Male	3.50	2	2.121
	Female	3.20	5	1.643
	Total	3.29	7	1.604
Total	Male	2.24	25	1.786
	Female	3.12	25	2.587
	Total	2.68	50	2.245

Frequency of visiting theatre, by status and gender

Course	Mean number of visits in three months		
	Male	Female	Total
F/T student/no paid work	3.1	1.5	2.6
F/T student/paid work	1.6	5.4	2.9
P/T student-F/T job	1.4	2.6	2.3
P/T student/Other	3.5	3.2	3.3
Total	2.2	3.1	2.7

SPSS 계승적 분산 분석

그림 12.13은 위 자료의 계승적 분산 분석 결과를 보여주고 있다. 밑줄 친 F 가능성이 지칭하는 것은 다음과 같다.

■ 그림 12.13 변수의 요인화 분석-spss 과정

과정

1. 분석, 일반 선형 모델 선택
2. 일변량 선택
3. 종속변수 선택 - 측정될 평균(theatre)
4. fixed factor 선택 - 종속변수에 영향을 미치는 두 개의 변수(status and gender)
5. output 출력을 위한 ok 선택

출력결과

Tests of Between-Subjects Effects
Dependent Variable: Visit theatre

Source	Type IIII Sum of Squares	df	Mean Square	F	Sig.
Corrected Model	66.523(a)	7	9.503	2.213	.052
Intercepts	299.090	1	299.090	69.630	.000
status	18.308	3	6.103	1.421	.250
gender	6.041	1	6.041	1.407	.242
status*gender	47.424	3	15.808	3.681	.019
Error	180.337	42	4.294		
Total	606.000	50			
Corrected Total	246.880	49			

a. R Squared=.269(Adjusted R Squared=.148)

- 극장을 찾는 것과 신분의 관계: 상관없음: sig.=0.250
- 극장을 찾는 것과 성별의 관계: 상관없음: sig.=0.242
- 극장을 찾는 것과 신분 및 성별의 관계 : 5%수준에서 상관있음: sig.=0.019

이 분석에서 두 독립적인 변수를 포함하는 F 가능성이 0.05보다 낮다. 고로, 귀무가설은 적용이 안 되고, 사람들의 신분 및 성별이 극장을 찾는 성향에 5% 수준에 영향을 준다는 결론을 내릴 수 있다.

상관관계

소 개

두 개 또는 그 이상의 변수들의 관계를 알고 싶을 때 상관관계를 쓰면 된다. 어떤 사건들이 우연으로 연관된 것이 아니라면 그들은 서로 상관관계를 가진다고 말할 수 있다. 그것들은 다음과 같다.

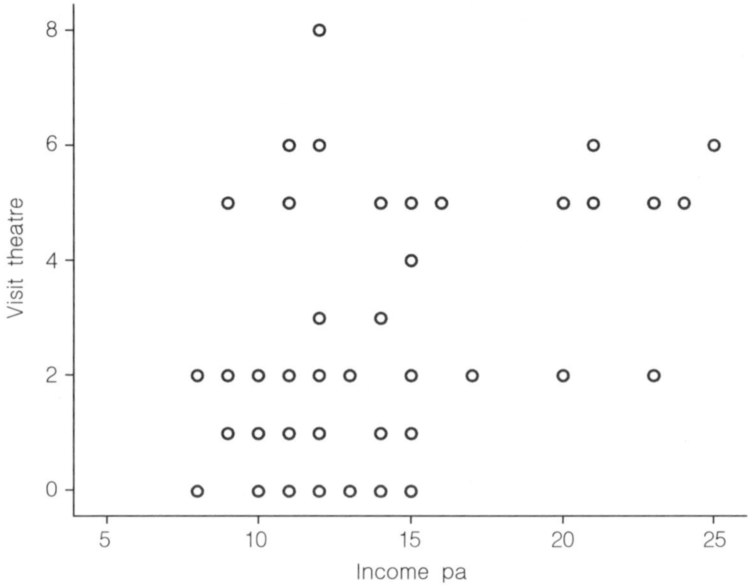

a. Theatre-going increases with income - a moderate positive correlation(r=0.46)

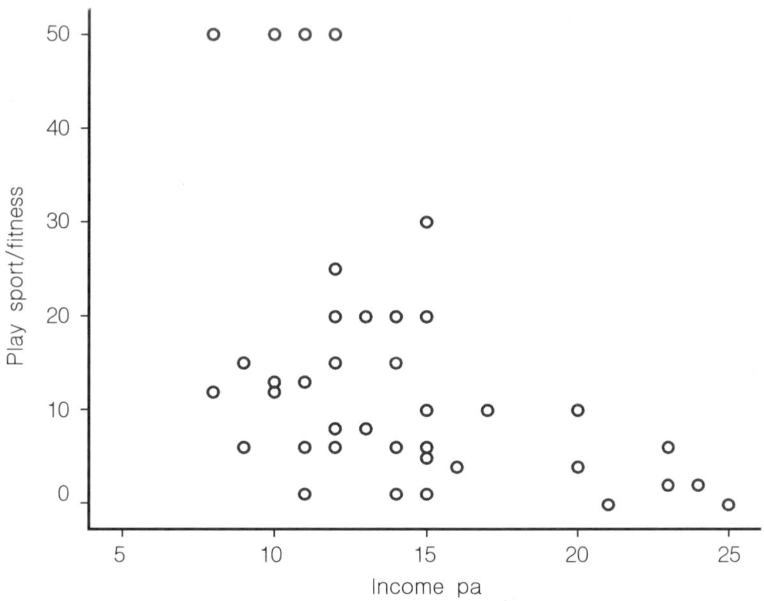

b. Sport/fitness participation declines with income - a moderate megative correlation(r=-.044)

■ 그림 12.14 변수간의 관계

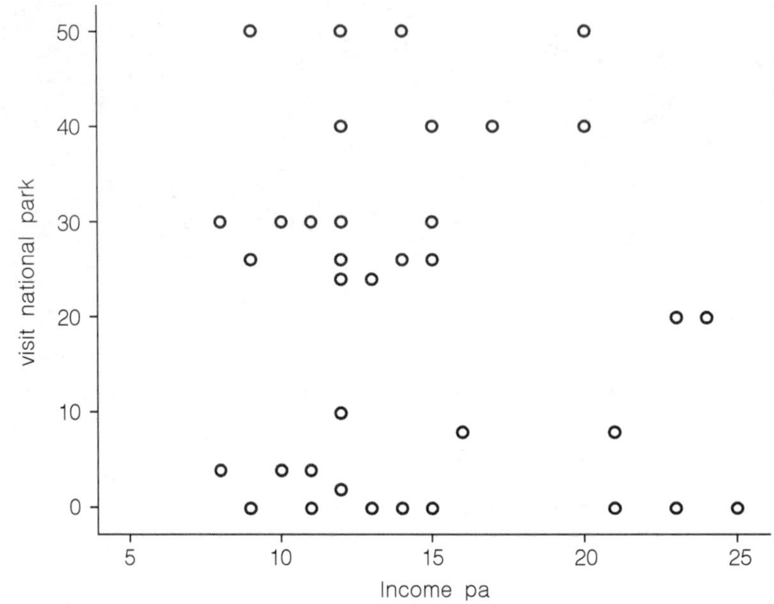

c. No apparent relationship between national park visiting and income - almost zero correlation (r = 0.024)

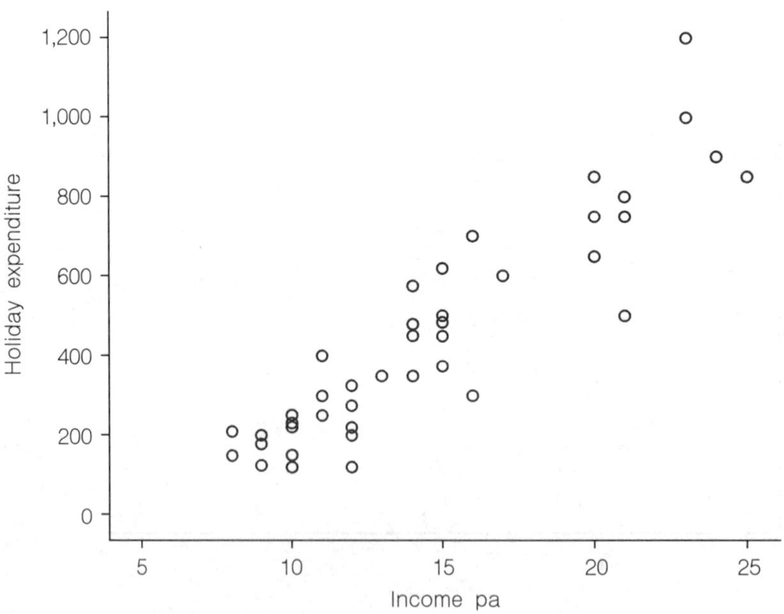

d. Holiday expenditure clearly increases with income - very strong positive correlation (r = 0.91)

■ 그림 12.14 (계 속)

- 양수의 상관관계 (한 변수가 증가하면 다른변수도 증가하는 경우)
- 음수의 상관관계 (한 변수가 증가하면 다른 변수는 감소하는 경우)
- 상관관계가 없음 (서로 간에 관계가 없는 경우)

상관관계는 눈으로 보기 좋게 하는 것이 좋다. 소득과 다른 네 가지의 변수들의 관계가 그림 12.14에 나타나 있다. 이 도표는 SPSS 그래픽 방법으로 만들어졌다. 각 점은 한 사람을 뜻한다. 상관관계 지수, r은 다음과 같이 설명된다.

상관관계 지수 (r)

상관관계는 상관관계 지수를 통해서 나타낼 수 있다. 주로 글자 r로 표현을 한다. 상관관계 지수는 다음과 같이 나타난다.

- 변수들 간 서로 관계가 없을 경우 0이다.
- 변수들 간 완전히 긍정적으로 작용하면 +1.0
- 변수들 간 완전히 부정적으로 작용하면 −1.0
- 변수들 간 약간 긍정적으로 작용하면 0에서 +1.0사이
- 변수들 간 약간 부정적으로 작용하면 0에서 − 1.0사이

이 지수가 1.0에 가까울수록 상관관계도 서로 좋다고 할 수 있다. 예를 들면, 0.9는 높은 양의 상관관계를 가지고 있다고 할 수 있고, 0.2는 낮은 양의 상관관계를 가지고 있다고 할 수 있다. −0.8은 아주 낮은 음의 상관관계이다. 상관관계 지수는 각각의 변수들의 측정점과 목적의 거리 값을 구하고 두 점의 차이 값을 서로 곱하면 나온다.

그림 12.15를 보면 우측 상단에 있는 점들과 좌측 하단(B와C)에 있는 점들은 양의 값이 나올 것을 알 수 있고 남은 두 칸(A와D)은 음의 값이 나온다는 것을 볼 수 있다. 대부분의 측정점들이 B와 C에 있다면 양의 상관관계 결과가 나타날 것이고 A와 D에 있다면 음의 결과가 나타날 것이다. 만약에 측정점들이 넓게 골고루 분포 되어 있다면 음의 상관관계들이 양의 상관관계들을 하나씩 상쇄해 것이다. 결과적으로 낮은 상관관계를 초래하게 된다. 이것으로 양의 상관관계와 음의 상관관계의 개념을 대체적으로 설명하였다. 완전한 상관관계에 대해 설명하는 것은 이 책이 다루는 내용을 넘어선다. 그렇지만 전문적인 수학 실력을 가지고 있는 분들은 부록 12.2에 있는 r의 공식을 이용해서 추론해 낼 수 있을 것이다.

■ 그림 12.15
상관관계

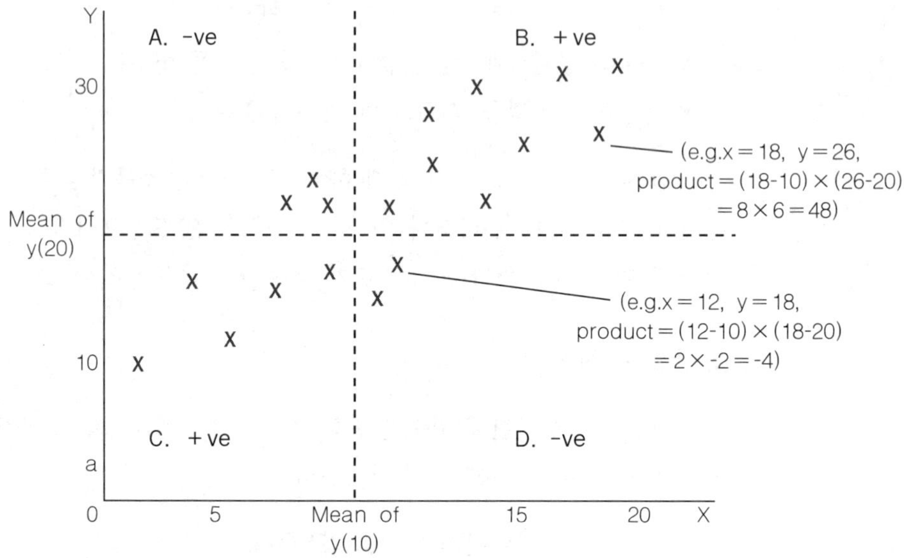

r의 유효성

상관관계 지수의 크기와 표본 크기에 따라 차이점이 발견되는 지를 결정한다. 그리고 t-test로 평가를 받는다.

귀무가설

상관관계가 없다는 것으로 시작한다. t-test는 그러므로 상관관계 지수가 0과 다르다는 것만을 판단해준다. 낮은 상관관계를 가지고 있어도 표본이 크면 영향을 줄 수도 있다.

SPSS와 상관관계

그림 12.16처럼 SPSS를 통해 변수들 간의 상관관계 지수를 구한 수 있다. 결과물은 대칭으로 된 모형을 만들어서 소득과 운동의 항목 상관관계 지수가 운동과 소득 항목 상관관계 지수와 같은 식이다. 모든 변수들의 짝에, 결과물에는 상관관계 지수, 표본 크기와 p, t 테스트와 관련된 가능성이 표시 되었다. 이 방법은 5%와 1% 수준에서의 차이점이 발견되는지 알기 위해 쓰인다. 다른 실험들의 가능성이 0.05와 0.01보다 낮으면 귀무가설을 거부하고 1과 5% 수준에서는 상관관계가 차이를 주는데 영향을 준다고 결론을 내린다.

■ 그림 12.16 상관관계 매트릭스-spss 과정

과정

1. 분석 선택
2. 상관 선택
3. 이변량 선택
4. 포함될 변수 입력(inc, sportfit, theatre, npark, meal, hols)
5. output 출력을 위한 ok 선택

출력결과

Correlation

		Income pa	Play sport	Visit theatre	Visit national park	Go out for meal	Holiday expenditure
Income pa	Pearson Correlation	1.000	-.439**	.460**	.024	.076	.915**
	Sig.(2-tailed)	.	.001	.001	.866	.598	.000
	N	50	50	50	50	50	50
Play sport	Pearson Correlation	-.439**	1.000	-.679**	.274	.454**	-.368**
	Sig.(2-tailed)	.001	.	.000	.054	.001	.008
	N	50	50	50	50	50	50
Visit theatre	Pearson Correlation	.460**	-.679**	1.000	-.292*	-.286*	.379**
	Sig.(2-tailed)	.001	.000	.	.039	.044	.007
	N	50	50	50	50	50	50
Visit national park	Pearson Correlation	.024	.274	-.292*	1.000	-.044	.058
	Sig.(2-tailed)	.866	.054	.039	.	.759	.688
	N	50	50	50	50	50	50
Go out for meal	Pearson Correlation	.076	.454**	-.286*	-.044	1.000	.119
	Sig.(2-tailed)	.598	.001	.044	.759	.	.410
	N	50	50	50	50	50	50
Holiday expenditure	Pearson Correlation	.915**	-.368**	.379**	.058	.119	1.000
	Sig.(2-tailed)	.000	.008	.007	.688	.410	.
	N	50	50	50	50	50	50

선형 회귀

소 개

이 많은 양의 분석 중에서 선형 회귀는 예상 방면으로 한 단계 더 나아가게 해준다. 만약에 한 변수가 꾸준하다면 그것을 이용해서 다른 변수를 예측하는데 쓰일 수가 있다. 특히 쉽게 측정이 가능한 변수(나이나 소득 등)들은 좀 더 어려운 변수(레저와 관광활동의 참여도와 같은)들을 예측하는데 사용할 수 있다. 변수들의 관계를 이용해 예측하는 방법은 다음의 예를 참고한다. 사례연구 6.1과 6.2에도 쓸 수 있는 정교한 방법을 제공한다.

나이와 레저 참여도의 상관관계의 지식을 이용해서 지역사회를 위한 레저 시설을 계획하는데 쓸 수 있는데, 앞의 상관관계 지식을 통해 지역사회의 미래 나이 구조상이 어떻게 형성될지 예측하기 상대적으로 쉽기 때문에 이 정보 가지고 레저 시설 요구도도 예측이 가능하다.

개인당 소득과 다른 나라나 일정한 기간 동안 비행기로 이동하는데 쓰는 돈의 양의 상관관계를 알면 소득의 증가에 따라 비행 산업의 성장을 예측할 수 있을 것이다.

여기서 설명한 방법은 측정 가능한 변수들 간 어떻게 상관을 갖는 보여주는 한 방식일 뿐이다. 만약에 변수들이 측정 가능하면 기술이 알아서 변수들 사이의 강점과 속성들도 측정 가능케 한다.

회귀 모형

어떤 변수를 다른 변수에 기초에 예측하기 위해서는 어떤 모형이나 방정식이 필요하다.

예 1: 레저 참여도 = 계수 곱하기 나이
예 2: 해외여행 요구 = 계수 곱하기 소득

만약에 레저 참여도가 지난 1년 동안 참여자들이 방문하거나 방문한 날의 수로 측정했다거나 해외여행의 요구는 1년 동안 해외에 다녀온 것을 측정 했다고 해보자. 회귀 분석을 통해서 방정식을 추정할 수 있다.

예 1: 참가한 날의 수=a+b 곱하기 나이
예 2: 여행 수=a+b 곱하기 소득

지수나 잣대는 a와 b다. 이것들은 이미 존재한 정보를 토대로 회귀 분석을 통해 추출한 것이다. 이제 이 지수나 잣대의 값을 찾는 절차를 모형의 교정이라고 한다.

보통 이 방정식은 y=a+bx로 표현 된다. y는 참여도 또는 여행 요구 정도를 뜻하고, x는 나이 또는 소득을 뜻한다. 여기서 참여도와 여행 요구 정도는 의존적 변

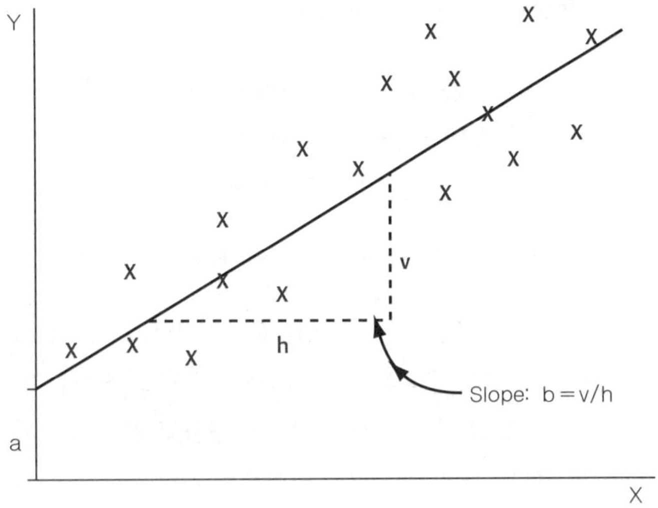

■ 그림 12.17
회귀선

수이고 나이와 소득은 독립적 변수다. 눈으로 볼 수 있게 그림 12.17처럼 회귀선을 그래프 한 가운데를 가로 지르도록 그리는데 a점에서 시작해서 b의 기울기대로 그려진다. 점들의 차이값을 최소화시키는 선을 찾고 a와 b에 값을 줌으로서 회귀선을 긋는다.

SPSS와 회귀

SPSS로부터 나온 회기 결과의 예는 그림 12.18에 나와 있다. SPSS프로그램은 우리가 여기서 관심을 갖지 않는 엄청난 양의 결과도 생산해내는데, 이는 뚜렷하게 보이는 요소들에 대해서만 논의되었다. 그러나 이 결과들은 회귀는 포함된 과정이며 이 책에서는 단지 큰 윤곽선 안에서만 다루어 졌다는 점을 예증한다. 결과는 다음 구획에서 논의된 것처럼 하나 이상의 독립변수를 포함한 다중회귀와 관련이 있다- 그러나 여기에서는 단 한가지의 독립변수' 소득' 만 포함한다.

우리가 관심을 가지는 요소들은 상관계수 r과 유사한 회귀 계수의 값 R과 데이터가 얼마나 회귀선과 잘 맞아 떨어지는 가의 지표인 R^2의 값, 이것의 유의성 검정, 그리고 B 아래 열거된 계수들이다. 소득과 휴가비용의 관계를 보여주는 그림 12.18의 예시 1에서 R의 값은 0.915, R^2의 값은 0.836이고, F 테스트로 측정된 확률은 0.000이다. 이는 높은 유의성을 의미한다. 상수(a)는 323.493이고 소득 기울기의 계수는 52.563이다. 그러므로 회귀 방정식은 다음과 같이 나타날 수 있다.

휴가비용 (£pa)=-323.493+52.563×소득(£' 000s pa)

이 회귀선은 그림 12.19에서 나타나는 것처럼 SPSS곡선 추정 절차를 사용하여 그래프 위에서 발견될 수 있다. 방정식으로, 우리가 학생들의 소득을 알 수 있다면 우리는 그래프를 읽거나 계산을 통해 휴가비용의 수치를 추정할 수 있다.

휴가비용=-323.49+52.56×10=-323.49+525.60=£202.11

그리하여 우리는 이 학생들은 일 년에 휴가비용으로 £202를 쓸 것이라는 추정을 한다. 물론 우리는 그 정도 소득의 모드 학생들이 이 정도의 비용을 쓸 것이라고 말할 수 없다: 회귀선과 방정식은 평균과 같은 것이지 정확한 것이 아니다.

그림 12.18의 예시 2는 영화관을 가는 횟수와 소득 사이의 관계에서의 비슷한 결과를 산출한다. 이 경우에 결과로 생기는 회귀 방정식은 다음과 같다.

영화관을 가는 횟수(3달 동안 가는 횟수)=-0.62+0.23×소득

■ 그림 12.18 회귀분석-spss 과정

과정

1. 분석, 회귀 선택
2. 선형 선택
3. 종속변수와 독립변수 선택
4. output 출력을 위한 ok 선택

출력결과

Example 1: Income(independent) by holiday expenditure(dependent)

Model summary

Model	R	R Square	Adjust R Square	Std. Error of the Estimate
1	.915	.836	.833	104.51

a predictors:(Constant), Income pa

ANOVA

Model		Sum of Squares	df	Mean Square	F	Sig.
1	Regression	2,679,971.336	1	2,679,971.336	245.361	.000
	Residual	524,283.164	48	10922.566		
	Total	3,204,254.500	49			

a predictors:(Constant), Income pa b Dependent Variable: Holiday expenditure

■ 그림 12.18 (계 속)

Coefficients

		Unstandardised Coefficients		Standardised Coeffs	t	Sig.
Model		B	Std. Error	Beta		
1	(Constant)	-323.493	49.890		-6.484	.000
	Income pa	52.563	3.356	.915	15.664	.000

a Dependent Variable: Holiday expenditure

과정

1. 분석, 회귀 선택
2. 선형 선택
3. 종속변수와 독립변수 선택
4. output 출력을 위한 ok 선택

출력결과

Example 2: Income(independent) by theatre-going(dependent)

Model summary

Model	R	R Square	Adjust R Square	Std. Error of the Estimate
1	.460	.212	.195	2.01

a predictors:(Constant), Income pa

ANOVA

Model		Sum of Squares	df	Mean Square	F	Sig.
1	Regression	52.248	1	52.284	12.896	.001
	Residual	194.596	48	4.054		
	Total	246.880	49			

a predictors:(Constant), Income pa b Dependent Variable: Visit theatre

Coefficients

		Unstandardised Coefficients		Standardised Coeffs	t	Sig.
Model		B	Std. Error	Beta		
1	(Constant)	-.617	.961		-.642	.524
	Income pa	.232	.065	.460	3.591	.001

■ 그림 12.19 회귀선-curve fit-spss 과정

과정

1. 분석, 회귀, curve estimation 선택
2. 종속변수와 독립변수 선택(hols and inc)
3. output 출력을 위한 ok 선택

출력결과

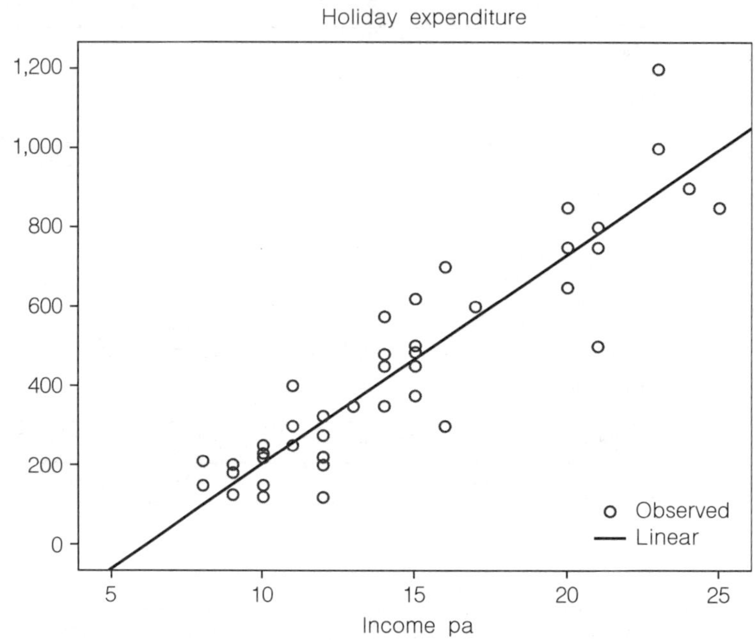

비선형 회귀

두 가지 변수 사이의 관계를 보여주는 그림 12.20은 비선형이다. 이는 이 관계를 나타내는 선이 진선이기보다는 곡선이라는 것이다. SPSS곡선에 적합한 절차는 단순한 한 직선보다 데이터와 더 잘 맞아 떨어지는 직선들과 곡선들을 산출할 수 있는 다수의 모델들을 제공한다. 이론 혹은 실험이나 오류는 적합한 모델을 이끌지도 모른다. 그림 12.20의 큐빅 모델은 독립변수를 세 가지의 거듭 곱으로 곱하였고 이는 곡선으로 나타난 결과를 가지며 R^2값을 0.843으로 조금 증가시켰다.

기준 회귀 절차는 이 데이터들을 한 직선과 맞아떨어지게 하려는, 꼭 필요하지 않은 아주 정확한 관계의 영향을 찾는다. 이것은 이 책에서 한 것처럼 단지 상관계수에만 의존하지 않고, 시각적으로 데이터를 검토하는 것의 중요성을 강조한다. 데이터의 이론이나 관찰이 변수들의 관계가 곡선에 의해 더 잘 표현될 수 있다는 것을

■ 그림 12.20 회귀-curve fit-비선형-spss 과정

과정

1. 분석, 회귀, curve fit 선택
2. 종속변수와 독립변수 입력(hols and inc)
3. models 및 cubic 선택
4. output 출력을 위한 ok 선택

출력결과

Independent: inc

Dependent	Mth	Rsq	d.f.	F	Sigf	b0	b1	b2	b3
hols	CUB	0.843	46	82.43	.000	494.351	-113.10	10.5471	-2.118

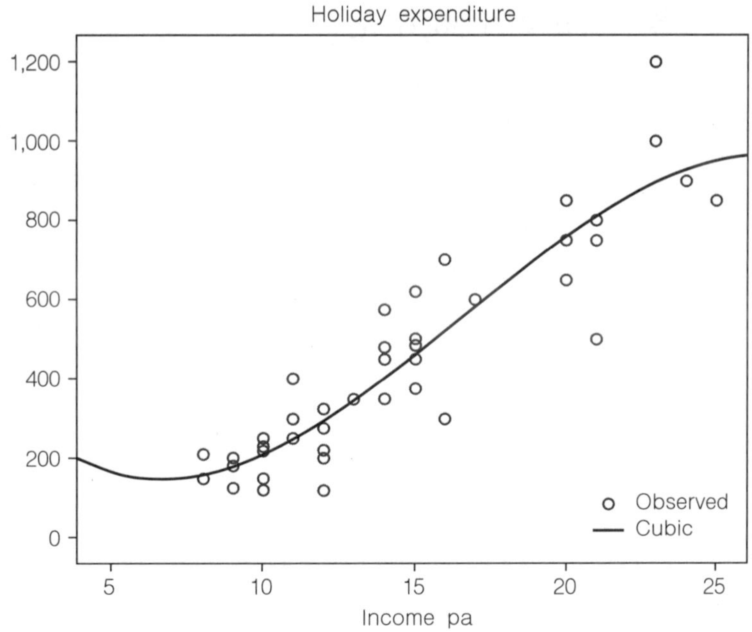

보여주는 곳에서는 비선형 모형이 사용될 것이다. 비선형 회귀 분석은 SPSS에서 사용할 수 있으며 이는 데이터에 대수나 다른 공식들 적용하는 것을 포함한다. 그러나 이 기술을 상세하게 탐색하는 것은 이 교재의 범위 밖이다.

다중회귀

다중회귀는 하나 이상의 독립변수를 포함하는 선형 회귀이다. 예를 들어, 우리는 스포츠 참여도가 단지 소득뿐만이 아니라 연령대에도 영향을 받을 수 있다고 가정

할지도 모른다. 혹은 해외여행은 단지 소득에만 영향을 받지 않고 비행기 값에도 영향을 받는다고 가정할지도 모른다. 그러므로 우리의 모형과 회귀 방정식은 다음과 같다.

예 1: 스포츠 참여도=a+b×소득 +c×나이

예 2: 여행=a+b X 소득+c×비행기 값

위에서 논의된 것처럼 선형회귀에서는, 절차가 데이터와 한 직선(최량적합의 선)으로 맞아 떨어진다-. 다중회귀에서의 절차는 데이터가 표면(최량적합의 표면)과 맞는다. 이것을 중심선들로 된 3차원 상자를 사용해서 입체적(하나의 변수와 2개의 종속변수)으로 시각화 시키는 것이 가능하다, 관측은 공간 안에서 멈춰지고, 회귀표면은 상자 안의 어떤 곳에서 평평한 평면이 된다(SPSS는 산점도 절차 안에서 이것을 나타내기 위해 3-D 그래픽 기능을 제공한다). 추가적인 변수들이 포함되고 4,5 혹은 'n' 차원이 필요할 때는 이 절차를 시각화 시키는 것이 불가능하지만, 회귀 방정식을 얻기 위해 사용되는 수학적 원칙들은 같다.

그림 12.21에서 볼 수 있는 영화관 가는 횟수에 관한 예는 소득과 나이와 관련이 있다. 하나의 변수인 경우에(그림 12.18, 예 2) R값이 0.46에서 0.5799로 올랐다는 것을 알 수 있을 것이다. 이는 이 모형에서 데이터의 적합이 향상되었다는 것을 나타낸다. 이 모형의 방정식은 다음과 같다.

영화관 가는 횟수(3달 동안 가는 횟수)=-0.349+0.056×소득+0.0227×나이

이론상에서는 방정식에 변수들을 계속 추가하는 것이 가능하다. 그러나 이것은 독립변수들이 그들 서로 상관관계를 가지고 있는 다중공선성을 자주 포함하기 때문에, 주의와 함께 행해져야 한다. 독립변수들은 가능한 한, 독립적이어야 한다. 다양한 테스트들이 이 현상을 위한 연구를 위해 존재한다. 레저와 관광에서는 종종, 많은 수의 변수들이 포함되고 많은 것들이 서로 상관되어있다. 그러나 각각 변수들은 연구단계 아래에서 레저 혹은 관광의 현상에게 무엇인가를 기여한다. 아래에 논의된 군집분석과 인자분석 같은 다변수 분석 절차들은 부분적으로, 많은 수의 변수를 다루는 것과 관련된 문제들을 극복하기 위해 만들어진다.

■ 그림 12.21 다중회귀-spss 과정

과정

1. 분석, 회귀 그리고 선형 선택
2. 종속변수(theatre)와 독립변수(하나 이상; age, income) 선택
3. 선택된 모든 변수의 입력위해 enter 선택, 혹은 영향순서에 따른 stepwise 선택
4. output 출력을 위한 ok 선택

출력결과

Variables Entered/Removed

Model	Variables Entered	Variables Removed	Method
1	Age, Income pa		Enter

a Sll requested variables entered b Dependent variable: Visit theatre

Model summary

Model	R	R Square	Adjust R Square	Std. Error of the Estimate
1	.580	.336	.308	1.87

a predictors:(Constant), Age, Income pa

ANOVA

Model		Sum of Squares	df	Mean Square	F	Sig.
1	Regression	83.023	2	41.512	11.907	.000
	Residual	163.857	47	3.486		
	Total	246.880	49			

a predictors:(Constant),Age, Income pa b Dependent Variable: Visit theatre

Coefficients

		Unstandardised Coefficients		Standardised Coeffs	t	Sig.
Model		B	Std. Error	Beta		
1	(Constant)	−3.493	1.316		−2.654	.011
	Income pa	.056	.084	.111	.662	.511
	Age	.227	.076	.497	2.969	.005

군집분석과 요인분석

소 개

군집분석과 인자분석은 SPSS에서 사용하는 기법들인데 이는 독립변수의 수가 크거나 그들은 어떤 방법으로 그룹화 시키려고 할 때 사용된다. 이것에 대한 이론상

의 한 부분은 하나 혹은 두 가지의 변수들로는 측정될 수 없는, 한 벌의 변수가 요구되는 몇몇 복잡한 현상이 있다는 것이다. 각각은 이 현상을 해결하기 위한 몇 가지 양상에 기여한다. 예를 들면 다음과 같다.

- 한 사람의 라이프스타일이나 성격특성도의 그룹(레저나 직무패턴, 소득과 소비패턴, 가치, 나이와 가족상황과 같은 변수들로 만들어진 그룹)
- 관광객으로써의 한 사람의 성향: 관광객 타입(여행경험, 소비패턴, 원하는 상품과 찾는 만족도와 같은 변수들로 만들어진 것)

각각은 종종 아주 많은 데이터들을 사용하여 연구 된다 – 예를 들어, 라이프스타일/성격 특성도는 사람들에게 직업, 정치, 도덕, 레저, 종교 등을 관한 그들의 태도에 대한 300개 정도나 되는 질문을 물어봄으로써 측정한다.

요인분석

요인 분석은 하나의 변수에서 높은 수치를 가지는 사람이 특정한 다른 변수에도 또한 집단을 형성할 수 있는 높은 수치를 가지는 경향이 있으므로, 특정 변수들은 함께 움직인다는 생각을 기초로 한다. 예를 들어 극장을 가는 사람들은 미술관을 방문할 수 있다 라거나 강한 전문적 환경 식견을 가진 사람들은 특정 유형의 휴일에 대한 취향을 가진 것으로 나타날 수 있다. 이런 유형의 현상은 그림 12.22에서 나타낸 것처럼 변수의 상관관계에 기초하는 것과 관련된 간단하면서 단순한 기술을 사용하여 접근 될 수 있다. 그림 12.22에서 변수의 세 그루핑이 가장 높은 상관관계를 지시하는 화살표가 있는 곳에 나타낸다.

이런 절차는 보이는 것처럼 두 번째로 높게 만들어진 몇몇과 함께 가장 높은 상

■ 그림 12.22 간단한 요인분석 메뉴얼

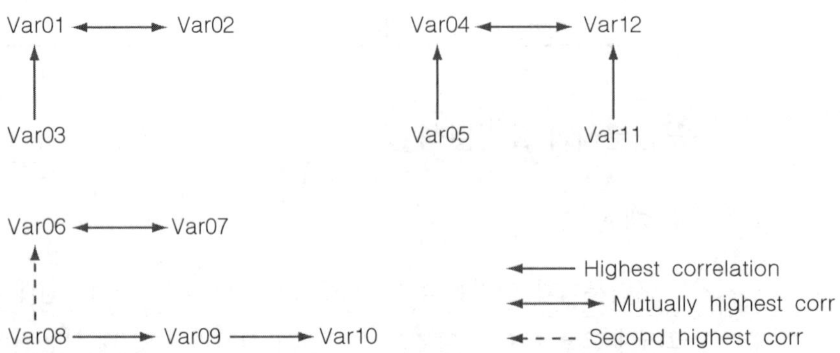

관관계만을 고려한다. 하지만 변수는 상관관계가 더 낮은 상태에서 있어서 이런 방법이 고려할 수 없는 범위에 걸쳐져 있을 것 이다. 많은 수의 하위 상관관계는 단순한 "가장 높은" 상관관계보다 더 누적적으로 중요할 수 있다. 인자 분석은 모든 상관관계를 고려하는 변수를 그룹화 하는 수학적 절차이다. 그러나 그 방법의 세부 사항은 이 책의 영역밖에 있다.

군집분석

군집 분석은 또 다른 '그룹핑(집단화)' 절차이다. 하지만 그것은 변수보다는 직접적으로 개개인에 초점을 둔다. 그림 12.23에서 보이는 것처럼 나이와 행동적 변수라는 두 가지 변수를 가진 상황과, 일반적 방법으로 나타낸 데이터 수치를 보자. 두 개의 젊은 군집과 하나의 나이든 군집으로 응답자의 세 가지 주요한 군집이 있다고 보일 수 있다. 예를 들어 이런 군집은 각자 특정한 시장 구획을 형성 할 수 있다. 두 가지의 변수와 몇 가지의 관측을 바탕으로 해서 시각적으로 군집을 확인하는 것은 비교적 쉽다. 하지만 더 많은 변수와 더 많은 경우가 있다면 이것이 가능하지 않을 수도 있다.

군집 분석은 군집 형성에 대한 규칙을 컴퓨터에게 인식시키는 것과 관련된다. 그것은 처음으로 변수를 지정하는 범위의 관점에서 데이터 수치 사이의 '거리'를 계산한다. 가장 가깝게 모여 있는 수치들이 첫 번째 대강의 군집이 되며 두 가지 가운데의 새로운 '수치'가 자리를 잡게 된다. 이 과정은 두 개의 '수치' 만이 남을 때까지, 두 번째, 세 번째, 네 번째 등의 대강의 군집을 형성하기 위해 반복된다. 그 결과는 그림 12.24에서 보이는 'dendrogram' 에 의해 나타내진다.

■ 그림 12.23
군집의 평면도

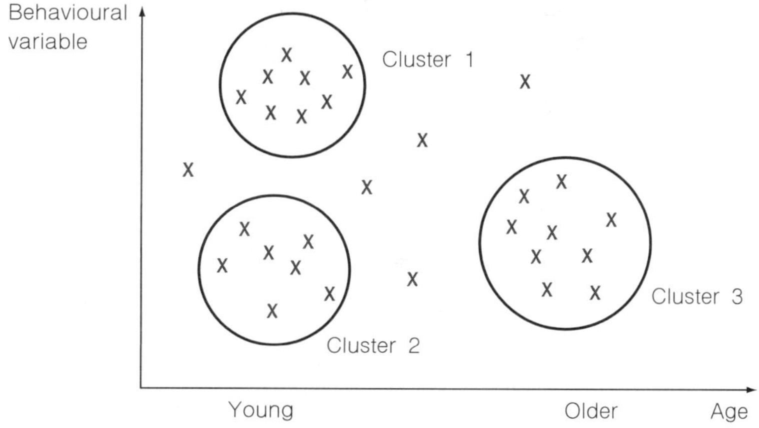

■ 그림 12.24
댄드로그램

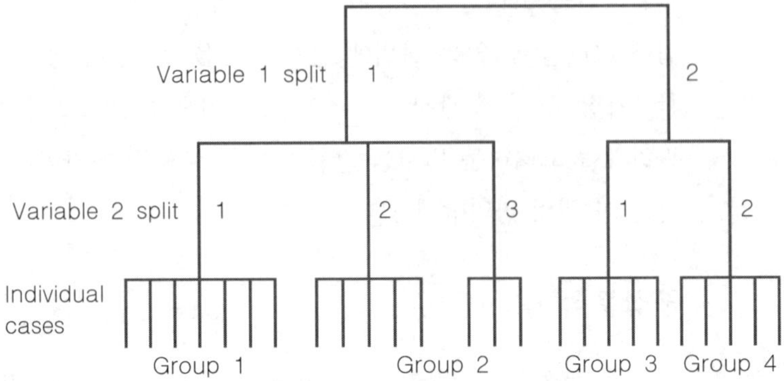

결 론

많은 여가활동과 관광산업에 대한 연구는 심지어 양적 특징에 있어서도 이장에서 다룬 기술들을 사용하지 않고 수행된다. 이것은 1장에서 다루었던 것처럼 연구에 있어서 관련된 데이터의 특징과 연구의 객체나 주체가 요구하는 특징인, 그 영역에 대한 많은 연구의 기술적 특징을 반영한다. 종종 여가활동과 관광산업에서 필요한 것은 "broad brush"이다, 즉 정확도가 요구 되지만 높은 수준의 정밀함은 필요치 않다는 것이다. 정밀함이 삶과 죽음의 문제가 될 수 있는 의학 연구와는 반대이다. 어느 정도의 범위에서 통계학적 기술의 사용 수준은 학문 분야의 전통과 관련되어 있다. 그러므로 예를 들어 미국의 여가활동 연구에 있어서 심리학자들과의 많은 연계로 인해, 미국 여가활동 연구 저널이 통계적 기술을 사용하는 것은 매우 흔한 일이다. 반면 영국 여가활동 연구 저널에서는 질적 사회학의 영국 전통을 반영해서 통계학적 기술이 덜 전개 된다. 관광산업 저널의 경우에서는 관광산업 연구가 가지는 몇 가지 강한 경제적인 면으로 인해 회귀나 상관관계 같은 통계학적 기술이 매우 자주 쓰이는 경향이 있다.

그러므로 많은 여가활동 관광산업에 대한 연구자들이 이 장에서 나타난 기술을 거의 사용하지 않음을 알 수 있다. 하지만 그들은 그것들을 사용한 연구 보고서를 해석 할 수 있어야 하고 또 필요하다면 활용 할 수도 있어야 한다.

이 책을 전반에 걸쳐 강조된 것처럼, 데이터의 수집과 분석은 이론적이고 개념적이며 평가적 틀에 의해 결정 되어야 한다. 분석 단계에서 연구자들은 이론적으로 무엇이 무엇과 관련 있는지 모른다거나 임시방편의 분석이나 변수를 택해서는 안 된다. 귀납적 탐구와 뜻밖의 발견이 어느 정도 있다는 것은 부득이한 일이나, 이론적으로 초기부터 기본적 분석 계획은 있어야 한다. 예를 들어 초기 '개념 매핑' 활동의 결론 같은, 중요 변수와 그것들 사이의 관계에 대한 질문이 미리 생각이 되어 있어야 한다. 그러므로 이 장에서 주어진 보기가 임시방편 책, 혹은 '의도된 데이터' 처럼 보일 수 있으나, 실제 연구 프로젝트에서 사용되는 절차는 이론과 연구 문제 혹은 가설에 의해 이끌어 내져야 한다.

● 요 약

이 장은 샘플링과 그것의 효과에 대한 생각을 언급한 10장과 SPSS를 사용한 설문지 연구 데이터의 분석을 다룬 11장을 기반으로 이루어 졌다. 여기서는 통계학적 분석에 관련된 원칙이나 과정이 언급되어있다. 이 관계에 있어서 통계학적 현상은 수량화뿐 아니라 표본에서 더 광범위한 인구에 이르기까지의 결과를 일반화하기 위해 요구되는 과정도 나타낸다. 통계학적 개념은 개연적 설명, 일반적 분포, 중요도, 무효한 가설, 변수에 대한 종속과 독립의 개념을 포함해서 초기에 소개 되었다. 그리고 이 장은 SPSS 절차의 대요를 그리며 아래에서처럼 많은 통계학적 테스트의 결과를 나타낸다.

- 카이제곱 - 빈번도 표에서 변수 사이의 관계를 분석하기 위함.
- T 검증 - 두 가지 평균간 차이에 대한 중요도를 비교하기 위함.
- 일원 분산 분석(ANOVA) - 평균에 의해 표현된 두 가지 변수 사이의 관계를 연구하기 위함.
- 분산 요인 분석(ANOVA) - 한 가지 종속 변수와 평균을 기반으로 하는 두 가지 독립 변수 사이의 관계를 연구하기 위함.
- 상관 - 두 척도 변수 사이의 관계
- 선형 회귀 - 두 변수 사이의 '최적 관계 선'을 만듦.
- 다중 회귀 - 하나의 종속 변수와 두 가지 이상의 독립 변수 사이의 관계를 연구함.
- 군집 / 요인 분석 - 많은 변수 사이의 관계를 요약 처리 함.

Exercise

독자들은 이 장에서 다루고 있는 다양한 분석을 반복하여야 한다. 첫 번째 부록 12.1에 있는 자료를 이용하고 그 후 자신만의 자료를 활용하여야 분석을 실시하여야 한다. 11장에서 얻어질 수 있는 자료를 기본으로 하고 부록 12.1과 같은 방식으로 설문의 범위가 정해져야 한다.

부록

12.1 … 제공된 자료를 통하여 변수들을 정의하시오

이 름	Type	Width	Decimal	Lab	Values	Missing	Columns	Align	Measure
번호	Numeric	5	0	설문번호	None	None	8	Right	Scale
상태	Numeric	5	0	학생 상태	1 F/T 학생-일하지 않음 2 F/T 학생-일함 3. P/T 학생-F/T 일하고 있음 4, P/T 학생-기타	None	8	Right	Nominal
카페바	Numeric	5	0	지난 4주간 캠퍼스 카페/바	0=No, 1=Yes	None	8	Right	Nominal
음악	Numeric	5	0	지난 4주간 캠퍼스 음악들음	0=No, 1=Yes	None	8	Right	Nominal
스포츠	Numeric	5	0	지난 4주간 스포츠 시설	0=No, 1=Yes	None	8	Right	Nominal
여행	Numeric	5	0	지난 4주간 여행 서비스	0=No, 1=Yes	None	8	Right	Nominal
싸다	Numeric	5	0	무료/싸다(서열)	None	None	8	Right	Ordinal
낮시간	Numeric	5	0	낮시간 이벤트(서열)	None	None	8	Right	Ordinal
비일상적	Numeric	5	0	다른 곳에서 접할 수 없음(서열)	None	None	8	Right	Ordinal
만남	Numeric	5		사회화(서열)	None	None	8	Right	Ordinal
질	Numeric	5	0	발표의 질(서열)	None	None	8	Right	Ordinal
비용	Numeric	5	0	엔터테이먼트/달의 비용	None	None	8	Right	Scale
휴식	Numeric	5	0	휴식기회 중요	1 중요하지 않다 2 중요하다 3 아주 중요하다	None	8	Right	Scale
사회적	Numeric	5	0	사회 상호작용	As above	None	8	Right	Scale

정신적	Numeric	5	0	정신적 자극	As above	None	8	Right	Scale
sug1	Numeric	5	0	첫 번째 제안	1 프로그램의 개요 2 시간 3 시설 4 비용 5 조직	None	8	Right	Nominal
sug2	Numeric	5	0	두 번째 제안	As above	None	8	Right	Nominal
sug3	Numeric	5	0	세 번째 제안	As above	None	8	Right	Nominal
연령	Numeric	5	0	연령	None	None	8	Right	Scale
성별	Numeric	5	0	성별	None	None	8	Right	Nominal
수입	Numeric	5	0	수입	None	None	8	Right	Scale
스포츠	Numeric	5	0	지난 3개월동안 스포츠에 사용한 시간	None	None	8	Right	Scale
극장	Numeric	5	0	지난 3개월동안 극장에 사용한 시간	None	None	8	Right	Scale
공원	Numeric	5	0	지난 3개월동안 공원에 사용한 시간	None	None	8	Right	Scale
hols	Numeric	5	0	휴일 비용지출	None	None	8	Right	Scale

번호	상태	카페바	음악	스포츠	여행	싸다	낮시간	비일상적	만남	질	비용	휴식	사회적	정신적	sug 1	sug 2	sug 3	연령	성별	수입	sport fit	극장	공원	식사	hols
1	2	1	1	0	0	1	4	2	3	5	100	3	3	1	1	–	–	18	1	12	25	1	5	8	220
2	2	1	1	1	0	1	4	2	3	5	50	2	3	1	2	1	–	23	1	15	30	0	15	10	485
3	3	1	0	0	0	2	5	1	3	4	250	2	2	2	3	4	–	28	2	15	5	4	20	2	450
4	4	0	0	0	0	2	3	1	4	5	25	3	2	2	1	2	4	35	2	21	0	5	4	12	750
5	3	1	0	0	1	1	4	3	2	5	55	3	3	1	–	–	–	29	2	20	4	5	25	4	650
6	3	1	1	1	0	2	4	1	3	5	40	2	3	1	2	–	–	29	1	14	20	0	0	8	480
7	2	1	0	0	0	3	2	1	4	5	150	2	3	2	3	–	–	23	2	11	6	6	0	3	250
8	2	1	0	1	0	3	4	2	1	5	250	1	2	2	4	5	–	22	1	12	8	0	12	1	120
9	4	0	1	0	0	1	5	2	3	4	300	2	3	2	–	–	–	22	2	15	10	2	20	6	450
10	3	1	1	0	0	2	3	1	5	4	100	1	2	1	1	1	–	19	2	12	50	0	15	10	220
11	3	1	1	0	1	2	3	1	4	5	75	2	2	1	2	3	–	20	1	11	13	1	2	9	300
12	2	1	0	1	0	1	4	3	2	5	50	2	3	1	–	–	–	19	1	14	6	3	13	5	575
13	1	1	0	1	0	1	5	2	3	4	55	2	3	2	1	2	–	21	2	11	1	5	0	7	300
14	3	1	1	0	0	2	4	1	3	5	75	3	3	2	4	–	–	35	2	25	0	6	0	9	850
15	1	1	1	0	0	3	2	1	5	4	150	3	3	1	1	2	5	22	1	9	15	1	25	6	200
16	2	1	0	1	0	3	4	1	2	5	200	1	2	2	4	5	–	28	2	12	6	8	1	2	220
17	1	0	0	0	0	1	5	2	3	4	175	2	3	2	–	–	–	20	2	12	20	0	20	11	275
18	1	1	1	1	0	2	3	1	5	4	100	1	2	1	1	2	–	21	1	8	12	2	2	8	150
19	4	1	1	0	1	2	3	1	4	5	105	2	3	1	1	3	4	32	2	23	2	5	10	10	1200
20	1	1	0	1	0	1	4	3	2	5	50	2	2	1	2	–	–	23	1	16	4	5	4	0	300
21	1	1	0	0	0	3	2	1	4	5	150	2	3	2	3	–	–	18	1	11	6	2	0	3	250
22	2	1	0	1	0	3	4	2	1	5	250	1	2	2	4	5	–	25	1	12	8	2	12	1	325
23	4	0	1	0	0	1	5	2	3	4	300	2	3	2	–	–	–	22	2	17	10	2	20	6	600
24	3	1	1	0	0	2	3	1	5	4	100	1	2	1	1	1	–	29	2	11	50	0	15	12	400
25	3	1	1	0	1	2	3	1	4	5	75	2	2	1	2	3	–	23	1	10	13	1	2	9	230
26	2	1	0	1	0	1	4	3	2	5	50	2	3	1	–	–	–	19	2	9	6	5	13	5	125

27	1	1	0	1	0	1	5	2	3	4	55	2	3	2	1	2	–	21	1	14	1	5	0	7	350
28	3	1	1	0	0	2	4	1	3	5	75	3	3	2	4	–	–	35	2	21	0	6	0	9	500
29	1	1	1	0	0	3	2	1	5	4	100	3	3	1	1	2	5	22	1	12	15	1	25	6	200
30	3	1	0	0	1	1	4	3	2	5	55	3	3	1	–	–	–	29	1	20	4	5	25	4	850
31	3	1	1	1	0	2	4	1	3	5	40	2	3	1	2	–	–	20	1	13	20	0	0	8	350
32	2	1	0	0	0	3	2	1	4	5	150	2	3	2	3	–	–	23	1	23	6	2	0	3	1000
33	2	1	0	1	0	3	4	2	1	5	250	1	2	2	4	5	–	25	2	12	8	6	12	4	275
34	4	0	1	0	0	1	5	2	3	4	300	2	3	2	–	–	–	22	1	20	10	2	20	6	750
35	3	1	1	0	0	2	3	1	5	4	100	1	2	1	1	1	–	19	2	10	50	0	15	10	150
36	3	1	1	0	1	2	3	1	4	5	75	2	2	1	2	3	–	20	2	10	13	1	2	9	250
37	2	1	0	1	0	1	4	3	2	5	50	2	3	1	–	–	–	19	1	15	6	1	13	5	450
38	1	1	0	1	0	1	5	2	3	4	55	2	3	2	1	2	–	21	1	15	1	5	0	7	500
39	3	1	1	0	0	2	4	1	3	5	75	3	3	2	4	–	–	35	2	21	0	6	0	9	800
40	1	1	1	0	0	3	2	1	5	4	150	3	3	1	1	2	5	22	2	14	15	1	25	6	450
41	1	0	0	0	0	1	5	2	3	4	175	2	3	2	–	–	–	20	2	15	20	0	20	11	375
42	1	1	1	1	0	2	3	1	5	4	100	1	2	1	1	2	–	21	1	10	12	2	2	8	220
43	4	1	1	0	1	2	3	1	4	5	105	2	3	1	1	3	4	32	1	24	2	5	10	10	900
44	1	1	0	1	0	1	4	3	2	5	50	2	2	1	2	–	–	28	1	16	4	5	4	4	700
45	2	1	0	0	0	3	2	1	4	5	150	2	3	2	3	–	–	23	2	9	6	2	0	3	180
46	2	1	0	1	0	3	4	2	1	5	250	1	2	2	4	5	–	25	1	13	8	2	12	1	350
47	4	0	1	0	0	1	5	2	3	4	300	2	3	2	–	–	–	22	2	15	10	2	20	6	620
48	3	1	1	0	0	2	3	1	5	4	100	1	2	1	1	1	–	19	2	8	50	0	15	10	210
49	3	1	1	0	1	2	3	1	4	5	75	2	2	1	2	3	–	20	2	10	13	1	2	9	120
50	2	1	0	1	0	1	4	3	2	5	50	2	3	1	–	–	–	19	1	12	6	3	13	5	220

부록

12.2 ··· Statistical formulae

- **95% Confidence Interval for Normal Distribution for percentage p**

  $C.I.=1.96\surd(p(100-p)/(n-1))$

  Where n=sample size

- **Chi-square**

  $\Pi^2=\surd 3((O-E)/E)^2$

- **t for difference between means**

  $t=\surd((O_1-O_2)/(s_1^2/n_1+s_2^2/n_1))$

- **standard Deviation**

  $SD=\surd 3(x-O^2/n)$

- **Correlation Coefficient**

  $r=3((x-O)(y-\hat{y}))^2/(s_1^2/n_1+s_2^2/n_2)$

- **Value of t for Correlation Coefficient, r**

  $t=r\surd((N-2)/(1-r)^2)$

13 연구 보고서의 준비

소 개

이 장은 내용 · 구조 · 내용설계의 논의를 포함하여, 서류로 된 연구 보고서의 준비와 발표의 주요 양상을 그리고 있다. 이는 다양한 필요조건과 다른 보고 형식의 관례를 고려하는데, 그것은 학술적 기사, 상담 보고서, 서적, 그리고 논문들을 포함한다. 또한 비서면 형식, 특히 구두 발표의 간략한 고찰과 함께 결론짓는다.

연구의 서면 보고서는 경영과 계획의 분야에서 주요 요소이다. 1장에서 논의된 종류의 응용 연구, 말하자면 타당성 연구, 마케팅 기획, 레크리에이션 필요 연구, 관광 개발 계획, 시장 조사, 그리고 업적 평가는 모두 서면의 형식으로 제출되곤 한다. 학술적 연구의 결과는 기사, 보고서, 책, 혹은 논문의 형식으로 만들어진다. 이 장에서 우리는 세 가지 형식을 다루는데, 그것은 운용/입안/기획 보고서, 학술적 기사, 그리고 논문들이다. 이들 중 첫 번째는 운용/입안의 문맥에서 발생하거나, 연구자가 자금을 조달한 조직에 보고할 때의 학술적 기획으로부터 발생할 것인데, 이 양식의 보고서는 아래의 논의에서 기획 보고서라고 명명된다. 이 세 양식의 보고서의 주요 특징적 성격은 표 13.1에 요약되어 있다.

매개체는 메시지이고, 이 경우 매개체는 서면 보고서이다. 보고서를 준비하는 능

특 성	경영/계획/연구 보고서	학술 기사	논 문
저자	조직내의 직원, 외부 컨설턴트 혹은 투자한 대학	대학	학사, 석사, 박사 학생
요소	투자된 보고서 혹은 수수료를 받는 보고서	학술연구보고서	학술연구보고서
개요	위임된 단체에 의해 제공되거나 승인신청을 위한 개요	일반적으로 자발적(비록 수수료를 받을지라도)	일반적으로 자발적(비록 투자된 프로젝트의 일부일지라도)
품질 보증	조직내: 내부의 컨설턴트/대학: 컨설턴트/연구자의 명성	수 많은 참고 과정	감시+외부실험자에 의한 실험
리더십	전문매니저/계획자 그리고 뽑혀진 중역들/의회/커미티멤버	최초 대학	최초 대학
출판상태	대중적인 접근이 가능할 수도 있고 없을 수도 있음	출판된 학술저널에서 볼 수 있음(주로 온라인)	도서관에서 볼 수 있으며, 근래에는 온라인으로도 가능; 일반적으로 하나나 그 이상의 학술 기사에서 요약 형태로 출간
길이	다양함	여가/관광연구를 포함하는 사회경영과학에서는 일반적으로 5000-7000단어	여가/관광연구를 포함하는 사회경영과학에서는: 학사: 20000단어 석사: 40000단어 박사: 70000단어
강조	문헌/이론 그리고 방법론 보다는 발견을 강조(비록 전자가 묘사될 지라도)	방법론, 이론, 문헌을 발견보다 중요	방법론, 이론, 문헌을 발견보다 중요

■ 표 13.1 연구 보고서의 종류

력과, 양질의 보고서와 질 나쁜 보고서를 인식하는 능력은 관리자의 기술 중 주요 요소로서 보아야 한다. 좋은 내용에는 형식이 대체물이 될 수 없지만, 형편없이 제출된 보고서는 양질의 내용을 해치거나 심지어 무효로 만들 수 있다. 대부분의 연구자들의 주의는 양질의 본질적 내용을 달성하는데 물론 맞춰져야 하지만, 이 장에서 야기된 일반적 양상은 또한 중대한 관심을 받을 만하다.

시작하며

3장에서의 연구안 논의에서 연구자들은 계속 보고서 작성에 너무 적은 시간을 할당한다는 것을 알 수 있었다. 심지어 적절한 시간이 시간표에 할당되었을 때에도 이것은 종종 삭감되고, 너무 적은 시간을 남긴 채, 보고서 작성은 지체된다. 보고서 작성은 어렵기 때문에 연기하는 경향이 있고, 종종 약간의 자료 분석과 약간의 문헌 해석이 곁든다면 보고서 작성의 과정은 더 용이해진다고 느껴진다. 그러나 이것은 드문 경우이며, 항상 어려운 일이다.

유감스럽게도 보고서 작성자들에게는, 과정에서 아주 일찍부터 수반되는 자료들을 작성하고 준비하면서, 마감 시한은 아른거리는 한편, 그들의 많은 고갈되는 시간을 보내는 것이 관례이다. 종종 자료 분석이 완료되거나 심지어 시작되기도 전에 작성될 수 있는 보고서의 많은 부분이 있다. 그러한 부분들은 서론, 목표 진술문, 이론적 · 평가적 구성 개요, 문헌 검토와 방법론 기술을 포함한다. 게다가, 만들어져야할 지도 · 삽화 · 표지 디자인의 정리와 같은 시간 소모적인 활동들은 마지막 순간까지 남겨져서는 안 된다.

보고서 구성요소

보고서는 일반적으로 표 13.2에 나타나 있듯이, 비록 몇몇은 어떤 보고서 양식에만 유일하지만, 표준적인 구성요소를 포함한다.

표 지

기획 보고서에서 표지는 최소한의 정보를 포함해야 하는데, 거기에는 제목, 저자, 출판사 혹은 후원인 등이 있다. 풍부함과 디자인 내용은 이용 가능한 자료와 문맥에 따라 다양할 것이다. 보고서를 판매할 수 있다면 그것은 뒷 표지에 국제표준도서번호(ISBN)를 포함해야 한다. 서양의 모든 출판물은 10자리 수 ISBN을 지니고, 첫 5자리 수는 출판사를 말한다(예를 들면, 이 책의 뒷면에서 볼 수 있듯이). ISBN

요 소	내 용	경영/계획/연구 보고서	학술기사	논 문
표지	- 보고서 제목 - 저자 - 협회/발행자 - ISBN	지시한 대로	적용할 수 없음	대학 규정에 따름
제목페이지	- 보고서 제목 - 저자 - 협회/발행자 주소, 전화, 팩스, 이메일, 웹사이트 포함 - 스폰서 주체(예: Report to the Tourism Commission) - 출판일자 - 보고서가 판매된다면: ISBN* (*가끔 제목페이지 뒤에)	지시한 대로	제출하는 기사는 다음을 포함: - 기사의 제목 - 저자 - 협회 가입 - 접촉방법 (불특정 다수에 보내질 경우 저장에 누락할 수 있음)	대학 규정에 따름
목차페이지	그림 13.1의 예를 보라	그림 13.1대로	적용할 수 없음	그림 13.1대로 그러나 섹션번호를 포함하지 않을 수도 있음
요약	전체 리포트의 요약, 배경, 목적, 방법, 주된 발견, 결론 그리고 권고사항(적용할 수 있는)	요약: 길이: 20pp 보고서:1/2-1쪽 21-50pp 보고서: 3-4쪽 50-100pp 보고서: 5-6쪽	초록: 길이: 대체로 300단어	개요: 길이: 대체로 3-4쪽
서언/머리말	추가적임. 때때로 프로젝트에 참여한 저자의 이유의 설명과 배경을 포함. 혹은 프로젝트에 직접적으로 포함되지 않은 개개인에 의해 쓰여질 수 있음. 주석에 정보가 포함될 수 있는 학술기사에는 적용할 수 없음			
감사/인사	- 투자기관 - 투자기관의 사무연락원 - 커미티 멤버 - 정보를 제공한 개인 및 협회 - 고용인원(인터뷰 참여자, 컴퓨터 프로그래머, 비서, 워드프로세서 등) - 조언과 보고서의 논평을 해준 개인(학술 지도자 포함) - 설문에 응답한 개인들			
보고서의 주체	따로 토론됨			
부록	기록을 포함한 글과 통계적 자료, 보고서에 중반에 있기엔 흐름을 방해할 수 있는 사이즈 때문에 부록으로 정리			

■ 표 13.2 보고서 양식과 구성요소

은 국립국회도서관들에 의해 부여되는데, 그것은 그들 나라의 모든 출판물들의 여분의 복사본을 받는다. ISBN은 서점을 통해 출판물들을 주문하는 것을 쉽게 해주고 출판물이 전 세계 도서관 시스템에 목록화되는 것을 가능하게 한다.

속표지

속표지는 기획 보고서 표지 안의 첫 페이지에 있다. 그것은 표 13.2에 나타나듯이, 표지만큼의 많은 정보를 포함할 수도 있고, 혹은 상당히 더 상세할 수도 있다. 어떤 경우에는 상업적으로 출판된 서적들에서처럼, 몇몇 세부 항목들이 속표지의 뒷면에 제공된다.

목 차

목차는 기획 보고서와 논문에서 요구되고 장의 제목들만 포함할 수도 있지만, 대개 소제목들의 세목들을 포함할 수도 있다. 목차의 한 예가 그림 13.1에 나타나 있다. 워드 프로세서 프로그램 패키지는 표와 그림과 같은 내용의 목록을 집계하는 과정도 포함한다.

요 약

매우 짧은 기획 보고서들을 제외하면 세 가지 양식의 모든 보고서들에게 요약은 필요하다. 요약은 문맥에 따라 사업기획 요약, 적요, 혹은 개관으로 불린다. 사업기획 요약은 때때로 보고서 전체를 읽을 시간이 없는 '분주한 임원' 들을 위한 요약으로 간주되지만, 실제로는 보고서에 기초하여 실행적 업무를 취하는 데 필요한 정보를 포함해야 하는 요점을 말한다. 요약은 표 13.2에서 보듯이, 보고서 · 기사 · 논문 전체의 요약을 포함해야 한다. 물론 요약은 마지막에 쓰여 진다.

서문/머리말

서문 혹은 머리말은 다양한 목적으로 이용된다. 보통 그것들은 연구의 발단을 설

■ 그림 13.1 목차 페이지의 예

목 차

요약
서문
감사의 글
1. 소개
  1.1 연구의 배경
  1.2 문제 제기
  1.3 연구의 목적
  1.4 보고서의 개요
2. 문헌 연구
  2.1 청소년과 레저의 일반적 연구
  2.2 학생 레저의 연구
  2.3 결론: 학생과 레저에 대한 지식의 서술
  2.4 연구 되어져야 할 질문들
3. 방법론
  3.1 요구되어지는 자료
  3.2 방법론의 선택
  3.3 2차 자료: 원천과 분석
  3.4 심층인터뷰
  3.5 설문 연구
  3.6 파일럿 테스트
4. 1990년대의 학생 레저
  4.1 자료 원천
  4.2 학교에서의 학생들
  4.3 대학/대학교의 학생들
  4.4 결론
5. 학생 직업과 레저
  5.1 표본 특성
  5.2 학업에 대한 태도
  5.3 보수를 받는 일에 대한 태도
  5.4 레저에 대한 태도
  5.5 일과 레저: 종합
6. 요약과 결론
  6.1 요약
  6.2 결론
참고문헌
부록
  1. 설문지
  2. 심층인터뷰 체크리스트
  3. 학생 인구에 대한 통계연구
  4. 설문 통계 요약
표 목차
  1.1 이름
  1.2 이름
그림 목차
  1.1 이름
  1.2 이름
  기타

명하고 자격이나 한계, 그리고 따로 '감사의 말' 부분이 없다면 도움에 대한 감사의 말의 초안을 그린다. 때때로 중요한 사람이 서문을 쓰도록 요청되는데, 그들은 기관의 관리자, 목자, 혹은 유능한 학술자이다.

감사의 말

연구 기획 과정에서 받은 도움에 대해 인정하는 것은 명백하게 예의의 문제이다. 감사의 말을 받을 사람과 기관은 표 13.2에 나열되어 있다.

보고서의 본문 - 기술적 견해

분명히 보고서의 본문은 가장 중요한 구성요소이다. 독립적인 내용이 다음 부분에 논의되는데, 여기서 우리는 표 13.3에 나열되어 있듯이 발표와 구성의 일련의 기술적 견해를 생각해 본다.

구획 번호 매기기

그림 13.1의 예에서 볼 수 있듯이, 주요 구획/장만 번호를 매기는 것이 아니라, 장에서의 소제목 또한 번호를 매기는 것은 보통 있는 일이다. 번호를 매기는 구획이 생기면 그것은 보고서 전체를 통틀어 일관되게 수행되어야 한다. 워드 프로세서 프

■ 표 13.3 보고서의 본문: 기술적 견해

- 구획 번호 매기기
- 단락 번호 매기기
- '점 부호' 목록
- 쪽 번호 매기기
- 머리말/꼬리말
- 제목 체계
- 글자 배열/간격
- 표와 도해
- 참조
- 누구

로그램 패키지는 종종 이 과정을 촉진하기 위해 '스타일' 템플릿을 제공한다.

기획 보고서에서 구획 번호 매기기는 몇 가지 단계로 이어질 수 있는데, 예를 들어 4.2 구획 내에는 4.2.1, 4.2.2 등과 같은 소제목이 있을 수 있다. 그 이상의 단계들이 부담이 될 수도 있고, 일반적으로 보고서를 통틀어 요구되지는 않기 때문에, 만약 그 이상의 소제목에의 임시적인 필요가 생긴다면 종종 간단한 a.,b.,c. 혹은 (i), (ii), (iii) 등과 같은 것들을 쓰는 것이 권할 만하다.

정기 간행물의 기사들은 구획 번호 매기기를 거의 수반하지 않는데, 수반하는 경우는 전형적으로 한 수준뿐이다. 이러한 장들도 물론 번호가 매겨지고, 장에서의 한 수준의 구획이 가능하지만, 소제목 번호 매기기는 대개 쓰이지 않는다.

단락 번호 매기기

몇몇 보고서에서는 드물긴 하지만, 단락들이 개별적으로 번호 매김 된다. 이것은 보고서가 논의 중에 있을 때와 같은 경우 참조의 목적으로 유용할 수 있다. 단락들은 보고서 전체에 걸쳐 한 계열로 번호 매김 될 수 있거나, 1장: 단락 1.1, 1.2, 1.3, 2장: 단락 2.1, 2.2, 2.3 등과 같이 장마다 매겨질 수도 있다.

'점 부호' 목록

'점 부호' 목록은 관리 보고서에 매우 흔하고, 다른 보고 형식에도 꽤 흔하다. 관리 보고서는 위원회 앞에서 종종 논의되고, 서면 주석들이 종종 다양한 상담 수행에서 제공된다. 이 과정을 용이하게 하기 위해 '점 부호' 보다는 숫자 매겨진 목록이 더 도움이 될 것이다. 주석자에게는 '3페이지의 세 번째 점' 보다 '항목 4' 를 언급하는 것이 더 쉽다.

가능하면, 점 부호 목록에는 문법적인 규칙이 수반되어야 한다. 예를 들어, 표 13.4에서 목록은 사실상 모두 한 문장으로 되어 있다. 그래서 매 항목의 마지막에 세미콜론(;)이 있고, 제일 끝에 종지부를 찍으며 각 항목의 첫 부분에 대문자 표기가 없다. 이 원칙은 각 개별적인 점 부호의 항목이 길 때, 지키기 어려운데, 아마 그것 자체들이 한 문장 이상을 수반하기 때문일 것이다. 만약 이것이 그 경우라면, 일련의 모든 점 부호들은 대문자와 종지부가 포함된 하나 이상의 완전한 문장으로서 다루어져야 한다.

■ 표 13.4
점 부호
목록의 예

연구 보고서 작성 시, 저자는 다음의 사항을 고려해야한다.

- 적합한 독자층
- 연구 지침에 나타난 자금조달 업체의 요구
- 활자체와 또 다른 배열 형식
- 적당한 비용
- 명확한 메시지 전달

쪽 번호 매기기

장문의 보고서를 합치는 데 있어서의 한 문제점은, 특히 다른 저자들이 다른 부분들을 담당할 때, 쪽 번호를 구성하여 장에서 장으로 이어나가게 하는 것이다. 이것은 각 장을 따로따로 번호 매김으로써 피할 수 있는데, 예를 들면, 1장: 페이지 1.1, 1.2, 1.3, 등, 2장: 페이지 2.1, 2.2, 2.3, 등과 같은 것들이다. 그러한 번호 매김 체계는 보고서에서 독자들이 자신들의 위치를 찾는데 도움을 줄 수도 있다. 워드프로세서는 머리말 및 쪽 번호 매기기 기능을 사용하여 그러한 형식으로 쪽 번호를 생성하도록 할 수 있다.

제목 페이지, 목록 페이지, 감사의 글, 요약 페이지들이 이 책에서처럼 로마 숫자를 사용하여 번호 매겨지는 것은 일반적인 관례이며, 1페이지에서부터는 일반(아라비안) 숫자를 사용하여 시작하도록 하는 것이 적당하다. 대부분의 워드 프로세서는 이를 도울 것이다.

머리말/꼬리말

워드 프로세서 패키지는 각 페이지의 위 혹은 아래에 걸쳐 연속적인 머리말이나 꼬리말을 포함하도록 하는 기능을 제공한다. 이는 이 책에서처럼 장이나 부분들을 가리키는 데 사용될 수 있고, 또는 상담 보고서와 같은 경우에는 보고서의 저자와 제목을 가리키는 데 쓰일 수 있으며, 심지어 각 페이지에 상담업 상호를 보여주기도 한다.

제목 체계

보고서의 본문에서는 제목 양식의 체계가 사용되어야 한다. 그것은 주요 장/부분

제목들이 가장 눈에 띄는 양식이고, 소부분 제목에는 점점 덜한 강조를 사용한다. 예를 들면, 다음과 같다.

1. 장 제목

1.1 부분 제목

1.1.1 소부분 제목

이러한 규칙은 독자들이 그들이 문서의 어디쯤에 있는지 알도록 도와준다. 한 조가 보고서 작성에 포함되어 있을 때 미리 이러한 제목 양식을 일치시키는 것은 분명 현명한 일이다. 현대의 워드 프로세서 시스템은 제목 형식과 구획 번호 매기기 체계와 제목 형식을 표준화하는 제목 체계와 보고서 '양식'을 제공하는데, 그것은 내용 목차의 집합에 연결된다.

글자 배열/간격

수필과 서적들은 첫 줄에 들여쓰기를 통해 새 문단의 시작을 관례로 사용하는 경향이 있다. 보고서 양식은 첫 줄에 들여쓰기 하지 않고 한 줄을 비워 문단을 구성하도록 한다. 보고서 양식은 또한 더 많은 제목을 갖곤 한다. 보고서 양식의 문서에서는 보통 많은 여백을 두는데, 그것은 1.5의 줄 간격이나 한 줄 띄어 간격을 두는 형식으로 문서를 인쇄하는 것이 필요한지, 여백 없이 타이핑하는 것이 적당한지(그리고 상황적으로 쓸모 있는지)에 대한 문제를 일으킨다. 다른 정기 간행물들은 기사 제출에 다른 형식을 갖는데, 대개 정기 간행물 그 자체에서나 정기 간행물 웹사이트에서 나타난다. 대학들은 논문들의 페이지 배정에 대한 지침을 제공한다.

표와 도해

균 형

정량적 연구의 결과를 나타낼 때, 표 · 도해와 글 사용 사이에 적절한 균형이 이루어져야 한다. 대부분의 경우, 매우 크거나 복잡한 표는 부록에 첨부되고, 단순화된 형태가 보고서 본문에 들어간다. 모든 표들은 부록에 위치시키고 오로지 독자편의의 도해만 보고서 본문에 넣는 것도 적절할 수 있다. 어떤 접근법을 사용할 지에 대한 결정은 표현될 자료의 복잡성에 부분적으로 달려 있지만, 주로 예상되는 독자층에 달려 있다.

표/도해 vs 글

표, 도해, 그리고 글 각각은 연구 결과 발표에서 담당하는 분명한 역할이 있다. 표는 정보를 제공하고, 도해는 그 정보를 설명하여 양식이 시각적으로 보이게 할 수 있다. 글은 줄거리를 말하거나 주장을 전개하고 그 작업을 보충하기 위해 표와 도해를 조화롭게 편성해야 한다.

보고서의 글에는, 표나 도해에 무엇이 있는지 단순히 되새기는 논점은 거의 없어 보인다. 적어도 글은 자료의 주요 특색을 강조해야하는데, 이상적으로 자료에 기초하여 결론을 도출하거나 논의를 발전시켜야 한다. 그림 13.6에서 주석 A는 표에 무엇이 있는지를 되새기기보다는 조금 더 말하는데, 그것은 남성과 여성의 참여 방식 사이의 차이점에 대해서는 독자들에게 아무런 말도 하지 않지만, 그것은 아마 과제의 목적일 것이다. 주석 B는 반면, 더욱 정보적이고, 표의 자료에 대한 특정한 특징들을 지적하고 있다.

더 정량적인 분야에서는 관례가 있다. 그것은 정기 간행물 기사나 논문들과 같은 학술적 보고서에서, 심지어 정보가 표에서 입수 가능하더라도, 통계적 실험의 결과가 글에서 언급되어야 한다는 것이다. 그러므로 예를 들어 글에서 한 문장이 다음과 같이 쓰일 수 있다고 하자. '남성 평균 1주 참여도(2.1)가 여성보다 크게 높다(1.7, t=5.6, p〈0001, 표 2 참조).' 분명 괄호 안의 정보는 그러한 삽입구가 많이 있다면 그 글을 혼란케 하고 덜 '독자편의적'으로 만든다. 삽입구를 표에서 나타낼 수 있다면 굳이 그것을 글에 포함시킬 필요는 없어 보인다. 그리고 t-실험에서의 정보는 통계적 지식이 없이는 독자들에게 무의미할 수도 있다. 덜 정량적인 분야에서는 괄호 안의 정보(특히 t-실험의 결과)를 표에서 나타내는 것이 가능하다면, 글에 그것을 포함하는 것은 불필요하며, 그것은 일반적으로 관리 보고서에 부적절하다.

발 표

도해와 표는 가능한 한 그 자체로 완벽해야 한다. 그것은 주제가 정보적이고 행 · 열 혹은 축이 충분히 기입되어서 독자가 글을 꼭 참조하지 않더라도 그것들을 이해할 수 있어야 하기 때문이다(예: 표 13.5 참조). 따라서 여가 · 관광 연구나 다른

활 동	인터뷰전 4주간 참여율(가장 인기있는 분기)	
	남 성	여 성
도보	21	18
스누커/당구	17	3
수영-실내	9	10
다트	9	3
풋볼	6	*
몸매 유지/요가	1	5

자료: General Household Surveys, OPCS
* less than 0.05%

■ 표 13.5 표와 주석

자료 원천으로부터의 표나 도해가 포함된 자료들은, 자료와 관련이 있는 모집단 혹은 표본의 지리학적 지역, 연, 성별과 연령 분포에 대한 정보를 포함해야 하고, 타당한 표본의 크기와 측정 단위에 대한 정보 역시 포함해야 한다.

2차적인 자료의 재현은 자료의 원천을 나타내야 하지만, 연구의 1차적인 자료 수집으로부터의 결과를 나타내는 표와 도해들은 모든 표와 도해마다 이를 나타낼 필요는 없다. 그렇지만, 어떤 고문들은 지적 자산을 이유로 이를 하는 경향이 있어서, 만약 한 이용자가 겨우 하나의 표나 도해를 가져다 썼다 하더라도, 그 자료는 역시 진술될 것이다.

참 조

학술적 보고서에서 문헌이나 다른 자료들에 대한 참조는 5장에 설명된 것처럼 참조 관례를 따라야 한다. 그렇지만 이것은 관리보고서의 비학술적 독자층에게는 부적절 할 것이다. 그러한 보고서에서 원천들은 인지되어야 하지만, 너무 눈에 띄지 않는 한에서 그렇게 하는 것이 일반적으로 적절하다. 예를 들어, 저자/날짜 양식의 참조보다 미주를 사용하는 것이 그 예이다. 몇몇 관리보고서에서는 본문에 결론을 드러내고, '문헌 검토' 가 부록으로 분류되기도 한다.

누구?

학술적 보고서에서는, 연구의 결과와 수행을 '비인칭 양식' 으로 작성하는 것이 관례이다. 예를 들면, '나/우리는 연구를 수행했다' 보다는 '한 연구가 수행되었다', 그리고 '나/우리는 ~을 알아냈다' 보다는 '~이 발견되었다' 와 같은 것들이다. 어떤 사람들은 '과학적' 임을 나타내기 위한 이런 시도가 사회 과학, 특히 연구자가 연구 환경에 개인적으로 개입하는 정성적 연구에서는 부적절하다고 말한다. 따라서 1인칭 설명은 흔하지는 않지만, 여가 · 관광 보고서에서 가끔 사용된다. 1인칭 복수는 또한 관리 보고서에서 고문들에 의해 꽤 일반적으로 사용되는데, 특히 그들이 기획에 보이기 위해 특별한 개인적 능력이나 경험을 불러왔다는 인상을 전하려고 할 때 그렇다.

비인칭적 양식은 저자가 그들 자신의 업적을 인용할 때 이상하거나 과장되어 보일 수 있다. 그래서 본인에게는, 'Veal(2002)은 여가가 다원론적이라고 주장하였다' 라는 말이 이상해 보인다. 또, '저자는 여가가 다원론적이라고 주장하였다(Veal, 2002)' 는 과장되어 보인다. 이런 상황에서의 해결책은 1인칭을 사용하는 것인데, '나는 여가가 다원론적이라고 주장한 적이 있다(Veal, 2002)' 나 저자 '탈중심' 에서, '여가가 다원론적이라고 주장되었다(Veal, 2002)' 가 알맞다.

보고서의 본문 - 구조와 내용

구 조

연구 보고서에서 가장 중요한 세 가지 형태는, 첫째도 구조, 둘째도 구조, 셋째도 구조라고 말할 수 있다. 보고서의 구조는 본원적으로 중요하고, 특히 한 팀이 수반될 때 철저하고 논의되고 고려되어야 할 필요가 있다. 모든 보고서들이 공통적으로 구조적 특징을 지니고 있는 반면, 여느 보고서의 중요한 형태는 근원적인 논점을 고려하고, 그것이 연구의 목적에 어떻게 관련되며, 자료 수집과 분석이 어떻게 수반되는지를 고려한다. 이것은 근본적으로 연구 문제, 이론적 · 평가적 구조에 연결되고, 3장에서 논의되었던 전반적인 연구 전략에 연결된다.

작성을 시작하기에 앞서, 보고서의 구조와 형식뿐만 아니라 각 장이나 부분의 목표 글 길이도 일치시키는 것이 유용할 수 있다. 약속된 구조가 필수 시작점이라면, 이는 또한 유연해야할 필요가 있다. 초고가 진행될수록, 한 장이 둘 혹은 세 장으로 나뉠 필요가 있어지면서 원래 착상되었던 것이 무엇인지, 혹은 개별 장이 다른 장과 합쳐지거나 부록으로 통합되면서 무엇이 생각되었었는지 알게 될 것이다. 처음부터 끝까지, 글이나 페이지와 관련하여 보고서의 전반적인 길이에 세심한 고려가 주어질 필요가 있다.

질문서 연구가 수반되는 경우, 질문서에 있는 일련의 질문들에 따라 발표가 구성되는 경향이 있고, 이에 대응하여 컴퓨터 작성이라는 점 때문에 발표는 표의 순서를 따르곤 한다. 이것은 적절한 진행방향이 아니다. 질문서는 면접의 용이성, 즉 면접자와 응답자의 편의성을 위해 구성되었다. 따라서 그것들은 보고서를 위해 적절한 순서와 구조를 제공하지는 않는다.

그림 13.1에서 보듯이, 목차의 표는 독자들에게 보고서의 구성을 나타내는 것이다. 그 예는 관리 보고서와 논문들과 관련이 있는데, 그것들은 내용이 길고, 여러 개의 장으로 나뉘며, 목차 표를 지니는 경향이 있다. 정기 간행물 기사들은 좀 더 짧고 목차 표가 없지만, 구성은 물론 여전히 중요하다. 표 13.6에서 보듯이, 약 6개의 부분으로 수반되는 정기 간행물을 위한 관용적 · 일반적 구조가 있다.

구조에 대하여 분명히 해둘 것은 한 가지이다. 바로 독자들에게 전달하는 것은 정말 다르다는 것이다. 목차 페이지와 보고서의 일반적인 구성이 독자들에게 구조를 인식할 수 있도록 하는 것인 반면, 이는 거의 충분하지 못하므로, 그것은 한 번 이상 설명되어야만 한다. 따라서 이는 특히 장문의 보고서인 경우, 소개의 장에서 전체 보고서의 구조 개요를 제공하는 좋은 이행이 되며, 소개에서 각 장에 대한 윤곽이 된다. 요약은 각 장의 마지막 부분에 유용하고, 이것들은 결론을 함께 이끌어낼 때 보고서의 마지막에서 되새겨서 요약될 수 있다. 앞이나 뒤에 다수의 참조를 제공하는 것도 권할 만한데, 이는 독자들로 하여금 보고서의 전반적인 '이야기' 에서 그들이 어디에 있는지 생각나게 해주는 것이기 때문이다. '요소', '논점', 혹은 '주제' 의 목록들이 논의되려고 할 때에는, 하나씩 논의될 요소나 논점들을 목록화

■ 표 13.6 관용적인 학술적 기사 구조

- 배경/서론/연구의 정당성/문제의 본질
- 문헌 검토
- 방법론
- 결과
- 결론
- 참고 문헌

하는 것이 유용하고, 그 부분의 마지막에서 요소나 논점의 재고가 무엇을 성취하였는지 요약하는 것이 유익하다.

방법론과 결과의 사이에서

형식에 상관없이 모든 실증적인 연구 보고서들은 자료 수집에 사용된 방법론의 명확한 요약을 포함해야 한다. 정기 간행물의 기사들에서는 글 길이의 제한 때문에 그 서술은 종종 매우 짧다. 관리 보고서에서 그 서술은 독자층의 부류로 인해 보고서의 본문에 간략하기도 하지만, 부록에서 더 자세히 제공될 여지가 있다. 논문에서는 광범위하고 '눈에 띄는' 사용된 방법론의 서술이 필수적이다.

모든 형식에서, 특히 논문에서는, 방법론의 선택이 또한 논의되어야 한다. 왜 어느 특정한 방법론이 선정되었는지? 어떤 대안들이 고려되었고 그것들은 왜 뽑히지 않았는지? 그러한 논의는 연구 질문/가설의 특성과 관련이 있다. 선택된 방법론의 장점과 특징들을 단지 나열하는 것은 불충분하지만, 그러한 특정한 특징들이 왜 이 특정 기획에서 적절한지 나타내는 것은 가능하다. 연구 방법론을 선정하는 데 고려해야 할 요소들은 4장에서 논의된 바 있고, 이는 방법론의 선정을 정당화하는데 관련이 있어야 한다.

실증적인 보고서의 결과를 보고하는 부분은 알맞은 표본을 획득하는데 선택된 방법론의 성공에 대한 매우 기본적인 정보의 제공이 수반된다. 본질적으로 이것은 기술적이고 독립된 결과물들과는 직접 관련이 없기 때문에, 그것은 '방법론' 부분에서 보고될 수 있다. 비록 그것이 종종 '결과' 부분의 처음에 보고된다고 할지라도 말이다. 보고서의 이 구성요소는 다음의 사항들에 정보를 제공해야 한다.

- 획득한 표본의 크기
- 응답률과 수용 가능하게 보이고 야기된 치우침을 가질 것 같은지에 대한 징후
- 표본의 특성들, 특히 표본의 대표성을 나타낼 수 있는지에 한해서의 것들 - 그에 따라 가계 혹은 공동체 연구의 표본이 한 지역의 인구 통계 연구로부터의 지역적 모집단의 알려진 연령별/성별 구조와 비교될 수 있다. 반면에 장소 연구 표본의 성별 구조는 어린이/성인 티켓 판매율이나 다른 유사한 연구들로부터의 정보와 비교될 것이다.

- 가중하기의 수단으로 인한 표본 치우침을 바로잡기 위해 취해진 어떤 척도, 그리고 그 과정의 묘사

독자층과 양식

보고서의 양식, 형식, 그리고 길이는 목표로 삼은 독자층의 부류에 의해 큰 영향을 받는다. 쓰인 기술적인 전문 용어의 분량과 자료가 함께 표현된 세부 항목은 독자층의 이 질문에 의해 영향을 받을 것이다. 독자들은 아마도 대중적이거나, 의사결정자들이거나, 전문가들일 것이다.

- 대중적인 독자층은 신문이나 잡지에서 연구 보고서를 읽을 법한 일반적인 대중의 구성원들로 이루어진다. 전체 연구 보고서는 그러므로 일반적으로 대중 독자층을 위해 작성되지는 않는다.
- 의사 결정자들은 의회 선출자, 정부 각료들, 회사 위원회의 구성원들, 혹은 고위 공무원단과 같은 집단인데, 그들은 특정 분야에 대한 전문 지식이 없거나, 혹은 기술적 · 경영적 · 정치적인 전문 지식을 가질 수도 있다.
- 전문가들은 보고서의 주제와 친숙한 지적 전문인이나 학술자이다.

보고서 기능: 기록과 이야기

연구 보고서는 두 가지로 생각해 볼 수 있다. 첫 째는 이야기로서의 보고서이고, 두 번째는 기록으로서의 보고서이다. 이야기는 보고서가 독자에게 이야기를 말해야 한다는 것이다. 보고서의 저자는 따라서 주장('이야기')의 흐름을 소설의 저자가 구성을 생각해야 하는 식으로 생각할 필요가 있다. 기록으로서의 보고서는 또한 종종 미래의 독자가 정보를 찾고 싶을 수도 있는 참조 원천이 된다는 것을 의미한다. 좋은 기록이 되는 것은 '이야기하기'를 방해할 수도 있는 광범위하고 상세한 정보를 포함하는 것을 수반하기도 한다.

이야기로서의 보고서는 가능하다면 도해 형식에서, 주장을 설명하고 묘사하기 위해, 오직 자료의 주요 특징들이나 단순화된 사실 정보의 발표만을 요하기도 한다. 기록으로서의 보고서는 상세한 정보의 발표를 요할 것인데, 그 자료들은 심지어 수

집되었지만 전반적인 연구 결과들에 특별히 타당하다고 증명되지는 않았을 수도 있다. 따라서 결과가 조합되는 것에 따라 이러한 요구들을 조화시키는 것이 주된 과제가 될 수 있다.

이야기로서의 보고서

연구 보고서의 이야기는 보통 그림 13.2에서 보는 것처럼 전개된다. 나열된 항목들은 다양한 장/부분 구성으로 나타날 수도 있다. 예를 들어, A부분과 B부분은 기획의 복합성에 따라 한 개의 장/부분 혹은 서너 개가 될 수도 있다.

소개 부분인 A는 기획의 계획 단계에서 시작 단계를 나타내는 고려를 반영해야 한다(그림 3.1 – 1, 2, 6 참조). '문맥'이라는 용어는 수반된 초기 문헌 검토를 포함하여 연구가 관련된 상황을 포함하는 데 쓰인다. B부분은 연구 계획 단계에서 3–5 단계와 7–8단계를 반영해야 하고 더 나아간 문헌 참조를 수반할 것이다.

B와 C부분에서는 3장에서 논의 되었듯이, 연구 문제와 자료 필요요건 사이의 관계와 이론적이고 평가적인 구조 사이의 관계가 설명되는 것이 중요하다. 왜 자료가 수집되는지 논의에서부터 명백해야 하고, 이것이 어떻게 계획/관리/이론적 논점과

■ 그림 13.2 이야기 구조로서의 보고서

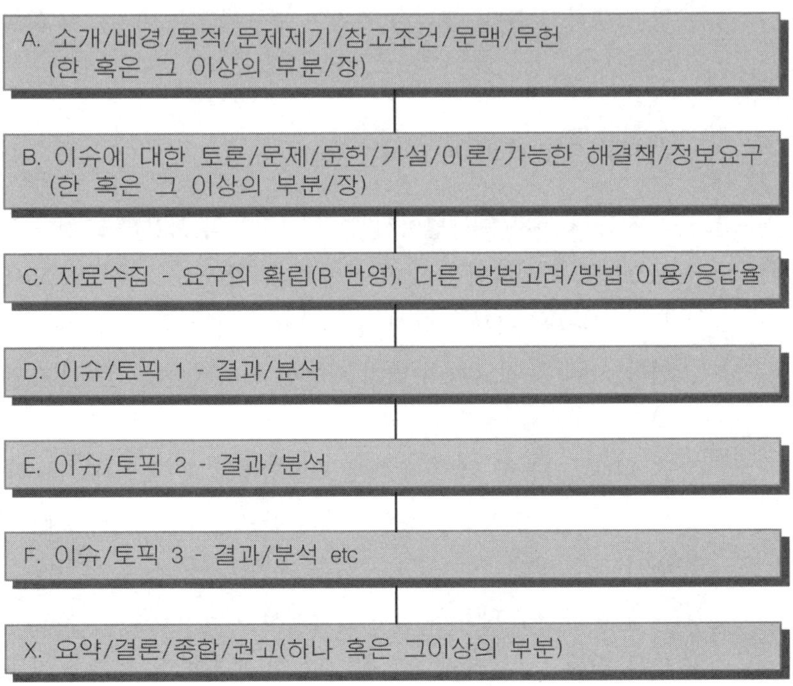

관련이 있는지, 수집된 정보가 야기된 문제/논점을 해결할 것인지, 혹은 의사 결정에 도움을 주는지가 어떻게 예상되는지 명확해야 한다.

C부분에서는 방법론이 자세하게 서술되어야 하는데, 왜 특정 기술이 선정되었는지, 표본과 주제가 어떻게 수집되었는지, 그리고 무슨 자료 수집 도구가 사용되었는지 확실히 해야 한다. 표본 연구가 수반되는 곳에서는, 10장에서 논의 되었듯이, 모든 정보가 응답률과 획득한 표본 크기, 그리고 신뢰 구간이라는 개념에서의 결과로 주어진 징후에 주어져야 한다. 그 어떤 연구 작업 결과라도 이러한 기술적 모습은 결과 부분의 처음이나 보고서의 방법론 부분에 포함될 수 있다.

결과/분석 부분(D, E, F, 등)은 이론적으로 연구 문제의 요소와 논점에 있어서 처음의 개념적, 혹은 이론적 논의 (B)에 의해 구조화되어야 한다.

때때로 결론은 결과/분석 부분 전체에 걸쳐 이루어지고, 최종 결론 부분에서 필요한 것은 오로지 그것들을 끌어오고 되풀이하는 것이다. 다른 경우에는 마지막 부분이 분석의 마지막 단계와 그 분석으로부터의 결론 도출을 포함한다. 마지막 부분 작성에 있어 연구의 참조/목적 개념들을 되풀이하는 것은 모든 목적들이 충족되었다는 것을 확인하기 위하여 중요하다. 모든 연구 보고서들이 '추천' 을 포함하지는 않는다. 추천은 간략함이 명쾌하게 요구되는 평가적 보고서와 관리 보고서에서 가장 발생하기 쉽다. 그러한 추천이 누구에게 보내지는지 확실히 해야 하는 것은 물론이다.

'기록' 으로서의 보고서

작금의 독자층을 넘어서 연구 보고서의 사용과 그것을 또한 수행된 연구의 최종 보고서로서 생각하는 것이 현명하다. 따라서 그것은 보고서의 그 어떤 미래 사용자든 그 사람을 위해 유용한 형식에서 수집된 모든 타당한 자료들의 요약을 포함해야 한다. 이것은 자료들이 읽기 가능한 이야기를 생산해내기 위해 고도로 응집되고 요약된 형식으로 보고서의 주 본문에서 나타내어지기도 하는 반면, 그것은 또한 '기록을 위해' 가능한 한 자세하게 표현되어야 한다. '기록을 위해' 포함된 자료들은 부록에 위치할 수 있고, 혹은 다량의 자료들이 수반될 때에는 분리된 통계학적 서적에 위치할 수 있다.

질문서 연구 자료의 경우 11장에서 논의되었듯이, 질문서에서 나타나는 순서대로 모든 질문으로부터의 표들을 포함한 통계학적 부록을 제공하는 것이 좋은 생각일 수 있다. 자료의 특정한 모습에 관심이 있는 모든 독자는 그것을 사용하고 위치시킬 수 있어야 한다. 보고서의 주된 본문은 논점들 주변에서 구조화 될 수 있고, 질문서의 구조에 의해 구속받지 않을 수 있다.

결 론

궁극적으로 훌륭한 연구 보고서의 작성은 연습으로 발전되는 기술이며 예술이다. 보고서들은 다른 사람들로부터의 언질의 결과로써 매우 향상될 수 있는데, 종종 저자들이 오랜 기간 동안 보고서에 '너무 밀접' 해 있었기 때문에 빤한 결점이나 생략을 볼 수 없기 때문이다. 연구자/저자는 또한, 만약 그 혹은 그녀가 잠깐 휴식을 취하고 '상쾌한 눈' 으로 초안 보고서에 되돌아오면, 향상을 위한 기회를 보통 가질 수 있다. 마지막으로, 보고서의 타이핑, 철자법, 그리고 인쇄상의 결점을 위한 검사와 재확인은 고생스러운 노력을 기울일 가치가 있다.

다른 매개체

작성된 보고서가 여전히 연구 결과 발표를 위한 가장 일반적인 매개체이지만, 이것은 미래에는 바뀔 것도 같다. 특히, 연구자는 개별적으로 종종 연구의 임시 결과나 최종 결과를 제출하도록 요구되고, 어떤 종류의 시청각적인 보조물이 대개 권장될 만하며, 그것은 유인물 · 포스터 · 투시 자료 · 슬라이드 · 비디오 클립 · 컴퓨터 기반 장치 등을 포함한다. 가장 일반적인 매개체는 '파워포인트' 와 같은 패키지를 사용한 컴퓨터 기반 시각 보조물에 의한 구두 발표이다.

기억해야 할 중요한 점은 시청각 발표가 작성된 보고서와 꼭 같지는 않다는 명백한 사실이다. 발표는 그 고유 권리를 갖는 매개체/메시지로서 설계되어야 한다. 발표되어야 할 정보는 할당된 시간에 맞아야 하고 매개체와도 어울려야 한다. 시간 부족 때문에 발표에서 다루어지지 않은 것에 대한 일정한 참조들이나, '공간의 뒤쪽에서 읽는 것이 가능하지 않을' 슬라이드들에 대한 참조들은, 비전문적인 접근법의 징후이다.

발표자가 할당된 시간 안에 마치는 것을 확실히 하기 위해 자료들을 발표하는 연습을 해야 하는 것은 말할 필요도 없다. 그러한 연습 과정은 작성된 보고서의 다양한 도안과 같다고 볼 수 있다. 전형적으로 그러한 발표를 만들기 위해 선택적이 되는 것은 필수적이다. 무엇을 포함하고 무엇을 빼는지 결정하는 데 판단이 꼭 필요하다. 개요나 요약의 작성에 따라, 이것은 상당한 난제가 될 수 있다. 파워포인트와 같은 프로그램들이 발표의 특정 부분에 얼마나 오랜 시간을 쓸 것인지, 그리고 시간의 기저에 무엇을 남겨둘 것인지에 대한 결정을 돕는 '연습 시간' 과정을 포함하기 때문에, 연습은 이 과정에서 도움을 준다. 예를 들어, 연구에서 6가지 '주요 결과물'이 있다고 하면, 6개 모두를 다루려고 급히 진행하기보다는, 대부분의 경우 청중에게 다음과 같이 말하는 것이 나을 것이다. "연구로부터 6가지의 결과물을 얻었습니다만, 이 발표에서 저는 가장 중요한 3가지에 집중하려고 합니다."

파워포인트와 같은 프로그램에서 이용 가능한 표준적인 슬라이드 템플릿(보기판)은 애초의 값의 글자체 크기와 애초의 값의 '점 크기' 숫자를 슬라이드에 제공한다. 여기에는 다 이유가 있다. 1미터도 안 되는 거리로부터 개인용 컴퓨터의 화면에서 영상을 보는 것은 같은 영상을 강의실이나 회의실의 화면에 비추어 보는 것과는 다르다. 따라서, 30줄의 자료로 된 표나 도해는 인쇄된 보고서나 개인용 컴퓨터 화면에서는 읽을 수 있는 반면, 영사 화면으로부터 20미터 떨어진 사람에게는 읽힐 수 없을 것이다. 그러한 상황에서는 도해의 가장 중요한 10개 항목이나 표의 10줄을 선정하거나, 표나 도해를 두 개로 나누어 연속된 두 개의 슬라이드에 표현해야 한다. 다시 말해, 전체 크기 화면에서의 예행연습이 권장된다고 하겠다.

● 요 약

이 장은 연구 기획의 마지막 결과물(말하자면 작성된 보고서)이 일반적으로 무엇인지에 대한 준비를 고찰한다. 이는 세 종류 보고서의 다양한 요건을 다루는데, 그것은 관리/계획/연구 기획 보고서, 학술적 정기 간행물 기사, 그리고 논문이다. 그것들은 각각 다른 독자, 다른 압박, 다른 관행을 수반한다. 이 장은 보고서의 다양한 부수적 구성요소를 검토하는데, 그것은 표지, 표지 페이지, 속표지, 목차, 개요/요약/임원용 요약, 머리말/서언 그리고 감사의 말이다. 다음으로는 기술적 모습으로서 형식, 구조, 그리고 내용과 관련이 많은 보고서의 본문을 다룬다. 구조는 연구 보고서의 주요 요소로서, 특히 장문의 형태에서 강조된다.

제 언

노베르트 엘리아스의 말을 인용하면 '현재까지 알려지지 않았던 것을 알리는 것이다. 더 확실하게.... 더 알맞게.... 목적은 발견이다.' 연구는 창조적인 과정이다. 발견하는데 있어 이 책이 약간의 도움이 되었기를 바라며, 또한 가치있는 연구가 되는데 있어 독자가 만족할 수 있는데 도움이 되었기를 바란다.

Test question / Exercise

여기에는 특별한 연습문제는 없다. 독자는 연구 프로젝트의 시작과 끝에서 연구의 세계를 탐구할 수 있는 능력을 가져야 할 것이다.

Memo

참고문헌

ABS see Australian Bureau of Statistics.

Adler, P.A. and Adler, P. (1994) Observational techniques. In N.K. Denzin and Y.S. Lincoln (eds) *Handbook of Qualitative Research*. Thousand Oaks, CA: Sage, 377–92.

Age, The (1982) *The Age Lifestyle Study for the Eighties*. Melbourne: D. Syme & Co.

Aitchison, C. (2000) Poststructural feminist theories of representing Others: a response to the 'crisis' in leisure studies' discourse. *Leisure Studies*, 19(3), 127–45.

Aitchison, C. (2003) Gender and Leisure: *Social and Cultural Perspectives*. London: Routledge.

Aitchison, C., MacLeod, N.E. and Shaw, S.J. (2000) *Leisure and Tourism Landscapes: Social and Cultural Geographies*. London: Routledge.

American Psychological Association (2001) *Publication Manual of the American Psychological Association*, 5th edn. Washington, DC: APA.

Anderson, H.-C. and Robinson, M. (eds) (2002) *Literature and Tourism: Reading and Writing Tourism Texts*. London: Continuum.

Anderson, R. (1975) *Leisure: An Inappropriate Concept for Women*? Canberra: AGPS.

Archer, B.H. (1994) Demand forecasting and estimation. In J.R.B. Ritchie and C.R. Goeldner (eds) Travel, *Tourism and Hospitality Research*, 2nd edn. New York: John Wiley, 105–14.

Atkinson, R. (1998) *The Life Story Interview.* London: Sage.

Australian Bureau of Statistics (ABS) (1994) *How Australians Use their Time,* 1992. (Cat. No. 4153.0), Canberra: ABS.

Australian Bureau of Statistics (ABS) (1998) *How Australians Use their Time,* 1997. (Cat. No. 4153.0), Canberra: ABS.

Australian Bureau of Statistics (ABS) (2000a) *Children's Participation in Cultural and Leisure Activities.* (Cat. No. 4901.0), Canberra: ABS.

Australian Bureau of Statistics (2005) 2003–04 *Household Expenditure Survey, Detailed Expenditure Items.* (Cat. No. 6535.0), Canberra: ABS.

Australian Bureau of Statistics (ABS) (2003a) *Participation in Sport and Physical Activities, Australia, 2002.* (Cat. No. 4177.0), Canberra: ABS.

Australian Bureau of Statistics (ABS) (2003b) *Sports Attendance, Australia, 2002.* (Cat. No. 4174.0), Canberra: ABS.

Australian Bureau of Statistics (ABS) (2003c) *Attendance at Selected Cultural Venues, Australia, 2002.* (Cat. No. 4114.0), Canberra: ABS.

Australian Bureau of Statistics (ABS) (2004) *Work in Selected Culture and Leisure Activities.* (Cat. No. 6281.0), Canberra: ABS.

Bachman, J.G. and O'Malley, P.M. (1981) When four months equal a year: inconsistencies in student reports of drug use. *Public Opinion Quarterly*, 45(4), 536–48.

Bailey, P. (1978) *Leisure and Class in Victorian England.* London: Routledge.

Bailey, P. (1989) Leisure, culture and the historian: reviewing the first generation of leisure historiography in Britain. *Leisure Studies*, 8(2), 107–28.

Baretje, R. (1964) *Bibliographie Touristique*, Aix-en-Provence: Centre d'Etudes du Tourisme.

Barnett, L.A. (ed.) (1988) *Research about Leisure: Past, Present and Future.* Champaign, IL: Sagamore Publishing.

Barry, P. (1990) *The Rise and Fall of Alan Bond.* Sydney: Bantam/ABC Books.

Barry, P. (1994) *The Rise and Rise of Kerry Packer.* Sydney: Bantam/ABC.

Bazeley, P. and Richards, L. (2000) *The NVivo Qualitative Project Book*. London: Sage.

Bennett, T. and Frow, J. (1991) *Art Galleries: Who Goes?* Redfern, NSW: Australia Council.

Bennett, T., Emmison, M. and Frow, J. (1999) *Accounting for Tastes: Australian Everyday Cultures*. Cambridge: Cambridge University Press.

Bertaux, D. (ed.) (1981) *Biography and Society*. London: Sage.

Bickmore, D., Shaw, M. and Tulloch, T. (1980) Lifestyles on maps. *Geographical Magazine*, 52(11), 763–9.

Billings, A.C. and Tyler Eastman, S. (2002) Selective representation of gender, ethnicity and nationality in American television coverage of the 2000 Summer Olympics. *International Review for the Sociology of Sport*, 37(3/4), 351–70.

Birenbaum, A. and Sagarin, E. (eds) (1973) *People in Places*: The Sociology of the Familiar. London: Nelson.

Bitgood, S., Patterson, D. and Benefield, A. (1988) Exhibit design and visitor behaviour. *Environment and Behaviour*, 20(4), 474–91.

Bittman, M. (1998) The land of the lost weekend? Trends in free time among working age Australians, 1974–1992. *Society and Leisure*, 21(2), 353–78.

BMRA see British Market Research Association.

Boothby, J. (1987) Self-reported participation rates: further comment. *Leisure Studies*, 6(1), 99–104.

Borman, K.M., LeCompt, M.D. and Goetz, J.P. (1986) Ethnographic and qualitative research design and why it doesn' t work. *American Behavioral Scientist*, 30(1), 42–57.

Botterill, T.D. (1989) Humanistic tourism? Personal constructions of a tourist: Sam visits *Japan. Leisure Studies*, 8(3), 281–94.

Bramham, P. and Henry, I. (1985) Political ideology and leisure policy in the United Kingdom. *Leisure Studies*, 4(1), 1–19.

Bramham, R., Henry, I., Mommaas, H. and Van Der Poel, H. (eds) (1993) *Leisure Policies in Europe*. Wallingford, UK: CAB International.

Brandenburg, J., Greiner, W., Hamilton-Smith, E., Scholten, H., Senior, R. and

Webb, J. (1982) A conceptual model of how people adopt recreation activities. *Leisure Studies*, 1(3), 263–76.

British Broadcasting Corporation (BBC) (1978) *The People's Use of Time*. London: BBC.

British Market Research Association (BMRA) (n.d.) *Code of Business Practice*.

London: BMRA. (Available at: www.bmra.org.uk, accessed October 2005–search under 'Code of Practice'.)

Bromley, D.B. (1986) *The Case Study Method in Psychology and Related Disciplines*. New York: John Wiley & Sons.

Brown, P. (1995) Women, sport and the media: an historical perspective on sports coverage in the *Sydney Morning Herald*, 1890–1990. In C. Simpson and B. Gidlow (eds) *Australian and New Zealand Association for Leisure Studies, Second Conference–Leisure Connexions*, Canterbury, New Zealand: Lincoln University, 44–50.

Brown, P.R., Brown, W.J. and Powers, J.R. (2001) Time pressure, satisfaction with leisure and health among Australian women. *Annals of Leisure Research*, 4, 1–16.

Brukner, P., Khan, K. and John Kron, J. (eds) (2003) *Encyclopedia of Exercise*, Sport and Health. Crows Nest, NSW: Allen & Unwin.

Bruner, G.C. and Hensel, P.J. 1992, *Marketing Scales Handbook: A Compilation of Multi-Item Measures*. Chicago, IL: American Marketing Assoc.

Bryman, A. and Bell, E. (2003) Breaking down the quantitative/qualitative divide, and Combining quantitative and qualitative research. *Business Research Methods*. Oxford: Oxford University Press, 465–94.

Bryman, A. and Cramer, D. (2005) *Quantitative Data Analysis with SPSS 12 and 13: A Guide for Social Scientists*. London: Routledge.

BTA/Keele University (1967) *Pilot National Recreation Survey*. Keele: University of Keele/British Travel Association.

Bryman, A. (1995) *Disney and his Worlds*. London: Routledge.

Bryman, A. and Bell, E. (2003) *Business Research Methods*. Oxford: Oxford University Press.

Bulmer, M. (ed.) (1982) *Social Research Ethics*. London: Macmillan.

Burch, W.R., Jr. (1964) *A New Look at an Old Friend–Observation as a Technique for Recreation Research*. Portland, OR: Pacific Northwest Forest and Range Experiment Station.

Burch, W.R. (1981) The ecology of metaphor: spacing regularities for humans and other primates in urban and wild habitats. *Leisure Sciences*, 4(3), 213–30.

Burdge, R. (1989) The evolution of leisure and recreation research from multidisciplinary to interdisciplinary. In E.L. Jackson and T.L. Burton (eds) *Understanding Leisure and Recreation: Mapping the Past and Charting the Future*, State College, PA: Venture, 29–48.

Bureau of Tourism Research (2002) *National Visitor Survey, 2001*. Canberra: BTR. Summary tables available at: Tourism Research Australia: www.tra.australia.com/ (accessed Feb. 2005).

Burgess, R.G. (ed.) (1982) *Field Research: A Sourcebook and Field Manual*. London: Allen & Unwin.

Burkart, A.J. and Medlik, S. (1981) *Tourism: Past, Present and Future*, 2nd edn. London: Heinemann.

Burns, R.B. (1994) *Introduction to Research Methods*, 2nd edn. Melbourne: Longman Cheshire.

Buzan, T. (1995) *The Mind Map Book*. London: BBC Books.

Cairns, J., Jennet, N. and Sloane, P.J. (1986) The economics of professional team sports: a survey of theory and evidence. *Journal of Economic Studies*, 13(1), 3–80.

Calantone, R.J., Di Benedetto, C.A. and Bojanic, D. (1987) A comprehensive review of the tourism forecasting literature. *Journal of Travel Research*, 26(2), 28–39.

Calder, A. and Sheridan, D. (1984) *Speak for Yourself: A Mass Observation Anthology, 1937–49*, London: Jonathan Cape.

Calder, B. (1977) Focus groups and the nature of qualitative marketing research. *Journal of Marketing Research*, 14, 353–64.

Campbell, F.L. (1970) Participant observation in outdoor recreation. *Journal of Leisure Research*, 2(4), 226–36.

Carty, V. (1997) Ideologies and forms of domination in the organization of the global production and consumption of goods in the emerging postmodern era: a case study of Nike Corporation and the implications for gender. *Gender, Work and Organization*, 4(4), 189–201.

Carver, R.H. and Nash, J.G. (2005) *Doing Data Analysis with SPSS Version 12.0*. Belmont, CA: Thomson/Brooks/Cole.

Casey, B., Dunlop, R. and Selwood, S. (1996) *Culture as Commodity? The Economics of the Arts and Built Heritage in the UK*. London: Policy Studies Institute.

Chadwick, R.A. (1994) Concepts, definitions, and measures used in travel and tourism research. In J.R.B. Ritchie and C.R. Goeldner (eds) *Travel, Tourism and Hospitality Research*, 2nd edn. New York: John Wiley, 65–80.

Chase, D.R. and Godbey, G.C. (1983) The accuracy of self-reported participation rates. *Leisure Studies*, 2(2), 231–6.

Chase, D. and Harada, M. (1984) Response error in self-reported recreation participation. *Journal of Leisure Research*, 16(4), 322–9.

Child, E. (1983) Play and culture: a study of English and Asian children. *Leisure Studies*, 2(2), 169–86.

Chisnall, P.M. (1991) Market segmentation analysis. *The Essence of Marketing Research*, New York: Prentice-Hall, 76–91.

Christensen, J.E. (1980) A second look at the informal interview. *Journal of Leisure Research*, 12(2), 183–6.

Christensen, J.E. (1988) Statistical and methodological issues in leisure research. In Barnett, L.A. (ed.) *Research about Leisure: Past, Present and Future*. Champaign, IL: Sagamore Publishing, 175–92.

Clarke, J. and Critcher, C. (1985) *The Devil Makes Work: Leisure in Capitalist Britain*, London: Macmillan.

Claxton, J.D. (1994) Conjoint analysis in travel research: a manager's guide. In J.R.B. Ritchie and C.R. Goeldner (eds) *Travel, Tourism and Hospitality Research*, 2nd edn. New York: John Wiley, 513–22.

Coakes, S.J. and Steed, L.G. (1999) *SPSS Analysis Without Anguish: (Version 11.0 for Windows)*. Brisbane: John Wiley & Sons.

Coalter, F. (with Long, J. and Duffield, B.) (1988) *Recreational Welfare*. Aldershot: Avebury/Gower.

Coalter, F. (1990) Analysing leisure policy. In I. Henry (ed.) *Management and Planning in the Leisure Industries*. London: Macmillan, 149–78.

Coalter, F. (1993) Sports participation: price or priorities? *Leisure Studies*, 12(3), 171–82.

Cohen, E. (1972) Towards a sociology of international tourism. *Social Research*, 39(1), 164–82.

Cohen, E. (1984) The sociology of tourism: approaches, issues, and findings. *Annual Review of Sociology*, 10, 373–92.

Cohen, E. (1988) Traditions in the qualitative sociology of tourism. *Annals of Tourism Research*, 15(1), 29–46.

Cohen, E. (1993) The study of touristic images of native people: mitigating the stereotype of a stereotype. In D.G. Pearce and R.W. Butler (eds) *Tourism Research: Critiques and Challenges*. London: Routledge, 36–69.

Connell, J. and Lowe, A. (1997) Generating grounded theory from qualitative data: the application of inductive methods in tourism and hospitality management research. *Progress in Tourism and Hospitality Research*, 3, 165–73.

Coopers & Lybrand Associates (1981) *Service Provision and Pricing in Local Government*. London: HMSO.

Coppock, J.T. (1982) Geographical contributions to the study of leisure. *Leisure Studies*, 1(1), 1–28.

Coppock, J.T. and Duffield, B.S. (1975) *Recreation in the Countryside: A Spatial Analysis*. London: Macmillan.

Cordell, H.K., McDonald, B.L., Teasley, R.J., Bergstrom, J.C., Martin, J., Bason, J. and Leeworthy, V.R. (1999) Outdoor recreation participation trends. In H.K. Cordell (ed.) *Outdoor Recreation in American Life: A National Assessment of Demand and Supply Trends*. Champaign, IL: Sagamore Publishing, 219–32.

Cordell, H.K., Green, G.T., Leeworthy, V.R., Stephens, R., Fly, M.J. and Betz, C.J. (2005) United States of America: outdoor recreation. In G. Cushman,

A.J. Veal and J. Zuzanek (eds) *Free Time and Leisure Participation: International Perspectives.* Wallingford, UK: CAB International, 245–64.

Corley, J. (1982) Employment in the leisure industries in Britain 1960–80. *Leisure Studies*, 1(1), 109–11.

Cowling, D. *et al.* (1983) *Identifying the Market: Catchment Areas of Sports Centres and Swimming Pools.* Study 24, London: Sports Council.

Craig Smith, N. (1991) The case study: a vital yet misunderstood research method. In N. Smith and P. Dainty (eds) *The Management Research Handbook*. London: Routledge, 145–58.

Critcher, C. (1992) Is there anything on the box? Leisure studies and media studies. *Leisure Studies*, 11(2), 97–122.

Crouch, D. (ed.) (1999) *Leisure/Tourism Geographies: Practices and Geographical Knowledge.* London: Routledge.

Crouch, G.I. and Shaw, R.N. (1991) *International Tourism Demand: A Meta-Analytical Integration of Research Findings.* Management Paper No. 36, Melbourne: Graduate School of Management, Monash University.

Crouch, G.I., Perdue, R.R., Timmermans, H.J.P. and Uysal, M. (eds) (2004) *Consumer Psychology of Tourism, Hospitality and Leisure*, Vol. 3. Wallingford: CABI Publishing.

Csikszentmihalyi, M. (1990) *Flow: The Psychology of Optimal Experience.* New York: Harper & Row.

Csikszentmihalyi, M. and Larson, R. (1987) Validity and reliability of the experience-sampling method. *Journal of Nervous and Mental Disease*, 175, 526–36.

Cumming, E. and Henry, W. (1961) *Growing Old: The Process of Disengagement.* New York: Praeger.

Cuneen, C. and Lynch, R. (1988) The social meaning of conflict in riots at the Australian Grand Prix motorcycle races. *Leisure Studies*, 7(1), 1–20.

Cuneen, C., Findlay, M., Lynch, R. and Tupper, V. (1989) *Dynamics of Collective Conflict: Riots at the Bathurst' Bike Races.* North Ryde, NSW: Law Book Co.

Cunningham, H. (1980) *Leisure in the Industrial Revolution*, London: Croom Helm.

Cushman, G., Veal, A.J. and Zuzanek, J. (eds) (2005a) *Free Time and Leisure Participation: International Perspectives*, Wallingford, UK: CAB International.

Cushman, G., Veal, A.J. and Zuzanek, J. (2005b) National leisure participation and time-use surveys: a future. In G. Cushman, A.J. Veal and J. Zuzanek, J. *Free Time and Leisure Participation: International Perspectives*, Wallingford, UK: CAB International, 283-92.

Dale, T. and Ford, I. (2002) *Participation in Exercise, Recreation and Sport, 2001*. Canberra: Australian Sports Commission, available at: www.ausport.gov.au/scorsresearch/research.asp (accessed March 2005).

Dann, G.M.S. (ed.) (2002) *The Tourist as a Metaphor of the Social World*. Wallingford, UK: CAB International.

Dann, G. and Cohen, E. (1991) Sociology and tourism. *Annals of Tourism Research*, 18(1), 155-69.

Dann, G., Nash, D. and Pearce, P. (1988) Special issue: methodological issues in tourism research. *Annals of Tourism Research*, 15(1).

Darcy, S. (1994) Australian leisure participation: the monthly data. *Australian Journal of Leisure and Recreation*, 4(1), 26-32.

Darcy, S. (1998) *People with a Disability and Tourism: A Bibliography*. School of Leisure and Tourism Studies, University of Technology, Sydney, On-line Bibliography 7, available at: www.business.uts.edu.au/lst/research/bibs.html (accessed March 2005).

Davies, B. (2003) The role of quantitative and qualitative research in industrial studies of tourism. *Journal of Travel Research*, 30(1), 59-63.

Dawson, J. and Hillier, J. (1995) Competitor mystery shopping: methodological considerations and implications for the MRS Code of Conduct. *Journal of the Market Research Society*, 37(4), 417-43.

Deem, R. (1986) *All Work and No Play? The Sociology of Women and Leisure*. Milton Keynes: Open University Press.

Denzin, N.K. and Lincoln, Y.S. (eds) (1994) *Handbook of Qualitative Research*, Thousand Oaks, CA: Sage.

Department of the Arts, Sport, the Environment, Tourism and Territories

(DASETT) (1988a) *The Economic Impact of Sport and Recreation-Household Expenditure*. Technical Paper No. 1, Canberra: AGPS.

Department of the Arts, Sport, the Environment, Tourism and Territories (DASETT) (1988b) *The Economic Impact of Sport and Recreation-Regular Physical Activity*. Technical Paper No. 2, Canberra: AGPS.

Dillman, D.A. (2000) *Mail and Telephone Surveys: The Total Design Method*, 2nd edn. New York: Wiley.

Douglas, J.D., Rasmussen, P.K. and Flanagan, C.A. (1977) *The Nude Beach*. Beverley Hills, CA, Sage.

Driver, B.L. and Bruns, D.H. (1999) Concepts and uses of the benefits approach to leisure.

In E.L. Jackson and T.L. Burton (eds) *Leisure Studies: Prospects for the Twenty-First Century*. State College, PA: Venture, 349-70.

Driver, B.L., Brown, P.J. and Peterson, G.L. (eds) (1991) *Benefits of Leisure*. State College, PA: Venture.

Driver, B.L., Tinsley, H.E.A. and Manfredo, M.J. (1991) The 'Paragraphs About Leisure' and 'Recreation Experience Preference' scales: results from two inventories designed to assess the breadth of perceived psychological benefits of leisure. In B.L. Driver, P.J. Brown and G.L. Peterson (eds) *Benefits of Leisure*. State College, PA: Venture, 263-301.

Duffy, M.E. (1987) Methodological triangulation: a vehicle for merging qualitative and qualitative research methods. *IMAGE: Journal of Nursing Scholarship*, 19, 130-3.

Dunne, S. (1995) *Interviewing Techniques for Writers and Researchers*. London: A & C. Black.

During, S. (ed.) (1993) *The Cultural Studies Reader*. London: Routledge.

Dyer, R. (1993) Entertainment and utopia. In S. During (ed.) *The Cultural Studies Reader*, London: Routledge, 271-83.

Eadington, W.R. and Redman, M. (1991) Economics and tourism. *Annals of Tourism Research*, 18(1), 41-56.

Echtner, C.M. and Ritchie, J.R.B. (1993) The measurement of destination image: an empirical assessment. *Journal of Travel Research*, 21(1), 3-13.

Edwards, A. (1991) The reliability of tourism statistics. *Economist Intelligence Unit: Travel and Tourism Analyst*, 1, 62–75.

Elias, N. (1986) Introduction. In Elias, N., and Dunning, E. *Quest for Excitement: Sport and Leisure in the Civilizing Process*. Oxford: Basil Blackwell, 19–62.

Elias, N. and Dunning, E. (1986) Quest for Excitement: Sport and Leisure in the Civilizing Process. Oxford: Basil Blackwell.

Ely, M. (1981) Systematic observation as a recreation research tool. In D. Mercer (ed.) *Outdoor Recreation: Australian Perspectives*. Malvern, Vic.: Sorrett, 57–67.

Faulkner, B., Pearce, P., Shaw, R. and Weiler, B. (2003) Tourism research in Australia: confronting the challenges of the 1990s and beyond. In L. Fredline, L. Jago and C. Cooper (eds) *Progressing Tourism Research–Bill Faulkner*. Channel View Publications, Clevedon, UK, 303–40.

Field, D.N. (1972) The telephone interview in leisure research. *Journal of Leisure Research*, 5(1), 51–9.

Finn, M., Elliott–White, M. and Walton, M. (2000) *Tourism and Leisure Research Methods*. Harlow, UK: Longman.

Fiske, J. (1983) Surfalism and sandiotics: the beach in Oz popular culture. *Australian Journal of Cultural Studies*, 1(2), 120–49.

Fogleson, R.E. (2001) *Married to the Mouse: Walt Disney World and Orlando*. New Haven, CN: Yale University Press.

Foucault, M. (1979) *Discipline and Punish*. Harmondsworth: Penguin.

Franklin, A. (2003) *Tourism; An Introduction*. London: Sage.

Geary, C., Taylor, T., Toohey, K. and Lynch, R. (1996) *Leisure, Sport and Ethnicity: A Bibliography*. School of Leisure and Tourism Studies, University of Technology, Sydney, On–line Bibliography 6, available at: www.business.uts.edu.au/lst/research/ bibs.html (accessed March, 2005).

George, D. and Mallery, P. (2005) *SPSS for Windows Step by Step: A Simple Guide and Reference, 12.0 Update*. Boston, MA: Pearson Education.

Gibbs, G. (2002) *Qualitative Data Analysis: Explorations with NVivo*. London: Open University Press.

Giddens, A. (ed.) (1974) *Positivism and Sociology*. London: Heinemann.

Giddens, A. (1993) *Sociology*. Cambridge: Polity Press.

Glancy, M. (1986) Participant observation in the recreation setting. *Journal of Leisure Research*, 18(2), 59-80.

Glancy, M. (1993) Achieving intersubjectivity: the process of becoming the subject in leisure research. *Leisure Studies*, 12 (1), 45-60.

Glaser, B. and Strauss, A.L. (1967) *The Discovery of Grounded Theory: Strategies for Qualitative Research*, Chicago, IL: Aldine.

Glass, G.V., McGaw, B. and Smith, M.L. (1981) *Meta-Analysis in Social Research*. Beverley Hills, CA: Sage.

Glyptis, S.A. (1981a) People at play in the countryside. *Geography*, 66, 277-85.

Glyptis, S.A. (1981b) Room to relax in the countryside. *The Planner*, 67(5), 120-22.

Godbey, G. and Scott, D. (1990) Reorienting leisure research-the case for qualitative methods. *Society and Leisure*, 13(1), 189-206.

Goeldner, C.R. (1994) Travel and tourism information sources. In J.R.B. Ritchie and C.R. Goeldner (eds) *Travel, Tourism and Hospitality Research*, 2nd edn. New York: John Wiley, 81-90.

Goeldner, C.R. and Dicke, K. (1980) *Bibliography of Tourism and Travel Research*. (9 vols), Boulder, CO: University of Colorado.

Goffman, I. (1959) *The Presentation of Self in Everyday Life*. Garden City, NY: Doubleday/ Anchor.

Gold, S.M. (1972) The non-use of neighbourhood parks. *Journal of the American Institute of Planners*, November, 369-78.

Graburn, N.H.H. and Jafari, J. (1991) Introduction: tourism social sciences. *Annals of Tourism Research*, 18(1) (Special Issue: Tourism Social Sciences), 1-11.

Graburn, N.H.H. and Moore, R.S. (1994) Anthropological research on tourism. In J.R.B. Ritchie and C.R. Goeldner (eds) *Travel, Tourism and Hospitality Research*, 2nd edn. New York: John Wiley, 233-42.

Grant, D. (1984) Another look at the beach. *Australian Journal of Cultural Studies*, 2(2), 131-8.

Gratton, C. and Taylor, P. (1995) From economic theory to leisure practice via empirics: the case of demand and price. *Leisure Studies*, 14(4), 245–62.

Gratton, C. and Taylor, P. (2000) Economics of Sport and Recreation. London: E & F N Spon.

Gratton, C. and Tice, A. (1994) Trends in sports participation in Britain 1977–1987. *Leisure Studies*, 13(1), 49–66.

Gratton, C. and Veal, A.J. (2005) Great Britain. In G. Cushman, A.J. Veal and J. Zuzanek (eds) *Free Time and Leisure Participation: International Perspectives*. Wallingford, UK: CAB International, 109–26.

Green, E., Hebron, S. and Woodward, B. (1990) *Women's Leisure, What Leisure?* London: Macmillan.

Green, H., Hunter, C. and Moore, B. (1990) Application of the Delphi technique in tourism. *Annals of Tourism Research*, 17(2), 270–9.

Greenbaum, T.L. (1998) *The Handbook for Focus Group Research*, 2nd edn. Thousand Oaks, CA: Sage.

Greenbaum, T.L. (2000) *Moderating Focus Groups: A Practical Guide for Group Facilitation*. Thousand Oaks, CA: Sage.

Grichting, W.L. and Caltabiano, M.L. (1986) Amount and direction of bias in survey interviewing. *Australian Psychologist*, 21(1), 69–78.

Griffin, C., Hobson, D., MacIntosh, S. and McCabe, T. (1982) Women and leisure. In J. Hargreaves (ed.) *Sport, Culture and Ideology*. London: Routledge, 99–116.

Hall, S. and Jefferson, T. (eds) (1976) *Resistance through Rituals: Youth Culture in Post-war Britain*. London: Hutchinson.

Hamilton-Smith, E. (ed.) (1994) Play: a reflection of society. Theme issue of *Society and Leisure*, 17(1).

Hantrais, L. and Kamphorst, T.J. (1987) *Trends in the Arts: A Multinational Perspective*. Amersfoot, Holland: Giordano Bruno.

Harper, J.A. and Balmer, K.R. (1989) The perceived benefits of public leisure services: an exploratory investigation. *Society and Leisure*, 12(1), 171–88.

Harper, W. and Hultsman, J. (1992) Interpreting leisure as text: the whole. *Leisure Studies*, 11(3), 233–42.

Harris, R. and Leiper, N. (eds) (1995) *Sustainable Tourism: An Australian Perspective*. Melbourne: Butterworth-Heinemann.

Harvard Business School (n.d.), Harvard Business School Case Studies. Cambridge, MA: Harvard University, available at: www.hbsp.harvard.edu (accessed Oct. 2004).

Hatry, H.P. and Dunn, D.R. (1971) *Measuring the Effectiveness of Local Government Services: Recreation*, Washington, DC: The Urban Institute.

Havitz, M.E. and Sell, J.A. (1991) The experimental method and leisure/recreation research: promoting a more active role. *Society and Leisure*, 14(1), 47-68.

Hedges, B. (1986) *Personal Leisure Histories*. London: Sports Council/Economic and Social Research Council.

Hemingway, J. (1995) Leisure studies and interpretive social inquiry. *Leisure Studies*, 14(1), 32-47.

Henderson, K.A. (1990) Reality comes through a prism: method choices in leisure research. *Society and Leisure*, 13(1), 169-88.

Henderson, K.A. (1991) *Dimensions of Choice: A Qualitative Approach to Recreation*, Parks, and Leisure Research, State College, PA: Venture.

Henderson, K.A. and Bialeschki, D. (1995) *Evaluating Leisure Services: Making Enlightened Decisions*. State College, PA: Venture.

Henderson, K.M., Bialeschki, D., Shaw, S.M. and Freysinger, V.J. (1989) *A Time of One's Own: A Feminist Perspective on Women's Leisure*. State College, PA: Venture.

Henley Centre for Forecasting (1986) *The Economic Impact and Importance of Sport in the United Kingdom*. London: Sports Council.

Henley Centre for Forecasting (quarterly) *Leisure Futures*, London: HCF.

Henry, I.P. (1993) *The Politics of Leisure Policy*. Basingstoke: Macmillan.

Henry, I.P. (2001) *The Politics of Leisure Policy*, 2nd edn. Basingstoke: Palgrave.

Henry, I. and Paramio Salcines, J.L. (1998) Sport, culture and urban regimes: the case of Bilbao. In M.F. Collins and I.S. Cooper (eds) *Leisure Manage ment: Issues and Applications*. Wallingford, UK: CAB International, 97-112.

Henry, I. and Spink, J. (1990) Planning for leisure: the commercial and public sectors. In I.P. Henry (ed.) *Management and Planning in the Leisure Industries*. London: Macmillan, 33–69.

Hodder, I. (1994) The interpretation of documents and material culture. In N.K. Denzin and Y.S. Lincoln (eds) *Handbook of Qualitative Research*. Thousand Oaks, CA: Sage, 393–402.

Hollands, R.G. (1985) Working class youth, leisure and the search for work. In S.R. Parker and A.J. Veal (eds) *Work, Non-work and Leisure*. London: Leisure Studies Association, 3–29.

Howard, K. and Sharp, J.A. (1983) *The Management of a Student Research Project*. Aldershot, UK: Gower.

Howat, G., Crilley, G., Absher, J. and Milne, I. (1996) Measuring customer service quality in sports and leisure centres. *Managing Leisure*, 1(2), 77–90.

Howat, G., Crilley, G., Mikilewicz, S., Edgecombe, S., March, H., Murray, D. and Bell, B. (2003) Service quality, customer satisfaction and behavioural intentions of Australian aquatic centre customers, 1999–2001. *Annals of Leisure Research*, 5, 52–65.

Howe, C.Z. (1991) Considerations when using phenomenology in leisure inquiry: beliefs, methods and analysis in naturalistic research. *Leisure Studies*, 10(1), 49–62.

Howell, S. and Badmin, P. (1996) *Performance, Monitoring and Evaluation in Leisure Management*. London: Pitman.

Huberman, A.M. and Miles, M.B. (1994) Data management and analysis methods. In N.K. Denzin and Y.S. Lincoln (eds) *Handbook of Qualitative Research*. Thousand Oaks, CA: Sage, 428–44.

Hudson, S. (1988) *How to Conduct Community Needs Assessment Surveys in Public Parks and Recreation*. Columbus, OH: Publishing Horizons.

Hudson, S., Snaith, T., Miller, G. and Hudson, P. (2001) Distribution channels in the travel industry: using mystery shoppers to understand the influence of travel agency recommendations. *Journal of Travel Research*, 40(2), 148–54.

Huizinga, J. (1955) Homo Ludens: *A Study of the Play Element in Culture*. Boston, MA: Beacon Press.

Hultsman, J. and Harper, W. (1992) Interpreting leisure as text: the part. *Leisure Studies*, 11(2), 135–46.

Hurst, F. (1994) En route surveys. In J.R.B. Ritchie and C.R. Goeldner (eds) *Travel, Tourism and Hospitality Research*, 2nd edn. New York: John Wiley, 453–72.

Iacocca, L.A. (1984) *Iacocca: An Autobiography*. Toronto: Bantam Books.

Ingham, R. (1986) Psychological contributions to the study of leisure–Part One. *Leisure Studies*, 5(3), 255–80.

Ingham, R. (1987) Psychological contributions to the study of leisure–Part Two. *Leisure Studies*, 6(1), 1–14.

Iso-Ahola, S.E. (1980) *The Social Psychology of Leisure and Recreation*. Dubuque, IA: Wm. C. Brown.

Jackson, E.L. and Burton, T.L. (eds) (1989) *Understanding Leisure and Recreation: Mapping the Past and Charting the Future*. State College, PA: Venture.

Jackson, E.L. and Burton, T.L. (eds) (1999) Leisure Studies: Prospects for the Twenty-First Century. State College, PA: Venture.

Jackson, E.L. and Scott, D. (1999) Constraints to leisure. In E.L. Jackson and T.L. Burton (eds) *Leisure Studies: Prospects for the Twenty-First Century*. State College, PA: Venture, 299–322.

Jafari, J. (ed.) (2000) *Encyclopedia of Tourism*. London: Routledge.

Jafari, J. and Aaser, D. (1988) Tourism as the subject of doctoral dissertations. *Annals of Tourism Research*, 15(3), 407–29.

James, K. and Embrey, L. (2002) Adolescent girls' leisure: a conceptual framework highlighting factors that can affect girls' recreational choices. *Annals of Leisure Research*, 5, 14–26.

Jarvie, G. and Maguire, J. (1994) *Sport and Leisure in Social Thought*. London: Routledge.

Jenkins, J. and Pigram, J. (eds) (2003) *Encyclopedia of Leisure and Outdoor Recreation*. London: Routledge.

Jenkins, J. and Stolk, P. (2003) Statutory authorities dancing with enterprise: WA Inc., the Western Australian Tourism Commission and the 'Global

Dance Affair'. *Annals of Leisure Research*, 6(3), 222-44.

Jordan, F. and Gibson, H. (2004) Let your data do the talking: researching the solo travel experiences of British and American women. In J. Phillimore and L. Godson (eds) *Qualitative Research in Tourism: Ontologies, Epistemologies and Methodologies*. London: Routledge, 215-35.

Kamphorst, T.J. and Roberts, K. (eds) (1989) *Trends in Sports: A Multinational Perspective*. Culemborg, Holland: Giordano Bruno.

Kamphorst, T.J., Tibori, T.T. and Giliam, M.J. (1984) Quantitative and qualitative research: shall the twain ever meet? *World Leisure & Recreation*, 26, 25-7.

Kasprzyk, D., Duncan, G., Kalton, G. and Singh, M.P. (1989) *Panel Surveys*. New York: John Wiley & Sons.

Keirle, I. and Walsh, S. (1999) Objective assessment of countryside recreation by observation. *Journal of Environmental Planning and Management*, 42(6), 875-87.

Kellehear, A. (1993) The Unobtrusive Researcher: A Guide to Methods. Sydney: Allen & Unwin.

Kelly, G.A. (1955) *The Psychology of Personal Constructs*. New York: Norton.

Kelly, J.R. (1980) Leisure and quality: beyond the quantitative barrier in research. In T.L. Goodale and P.A. Witt (eds) *Recreation and Leisure: Issues in an Era of Change*. State College, PA: Venture, 300-14.

Kelly, J.R. (1983) *Leisure Identities and Interactions*. London: Allen & Unwin.

Kelly, J.R. (1987a) *Freedom to Be: A New Sociology of Leisure*. New York: Macmillan.

Kelly, J.R. (1987b) *Recreation Trends-Toward the Year 2000*. Champaign, IL: Management Learning Laboratories.

Kelly, J.R. (1994) The symbolic interaction metaphor and leisure: critical challenges. *Leisure Studies*, 13(2), 81-96.

Kelly, J.R. (1997) Leisure as life: outline of a poststructuralist reconstruction. *Loisir et Société/Society and Leisure*, 20(2), 401-18.

Kelly, J.R. and Godbey, G. (1992) *The Sociology of Leisure*. State College, PA: Venture.

Kelsey, C. and Gray, H. (1986a) *The Citizen Survey Process in Parks and Recreation*. Reston, VA: American Alliance for Health, P.E., Recreation and Dance.

Kelsey, C. and Gray, H. (1986b) *The Feasibility Study Process for Parks and Recreation*. Reston, VA: American Alliance for Health, P.E., Recreation and Dance.

Kidder, L.H. (1981) *Selltiz, Wrightsman and Cook's Research Methods in Social Relations*. New York: Holt, Rinehart & Winston.

Kimmel, A.J. (1988) *Ethics and Values in Applied Social Research*. Newbury Park, CA: Sage.

Kleiber, D. (1999) *Leisure Experience and Human Development*. New York: Basic Books.

Klein, N. (1999) *No Logo: Taking Aim at the Brand Bullies*. New York: Picador.

Klugman, K., Kuenz, J., Waldrop, S. and Willis, S. (1995) *Inside the Mouse: The Project on Disney*. Durham, NC: Duke University Press.

Kraus, R. and Allen, L. (1987) *Research and Evaluation in Recreation, Parks, and Leisure Studies*. Columbus, OH: Publishing Horizons.

Kraus, R. and Allen, L. (1998) *Research and Evaluation in Recreation, Parks, and Leisure Studies*, 2nd edn. Boston, MA: Allyn & Bacon.

Krejcie, R.V. and Morgan, D.W. (1970) Determining sample size for research activities. *Educational and Psychological Measurement*, 30, 607–10.

Krenz, C. and Sax, G. (1986) What quantitative research is and why it doesn't work. *American Behavioral Scientist*, 30(1), 58–69.

Krippendorf, J. (1987) *The Holiday Makers: Understanding the Impact of Leisure and Travel*. Oxford: Heinemann.

Krueger, R.A. (1988) *Focus Groups: A Practical Guide for Applied Research*. Newbury Park, CA: Sage.

Labovitz, S. and Hagedorn, R. (1971) *Introduction to Social Research*. New York: McGraw-Hill.

Ladkin, A. (2004) The life and work history methodology: a discussion of its potential use for tourism and hospitality research. In J. Phillimore and L. Godson (eds) Qualitative *Research in Tourism: Ontologies, Epistemologies and Methodologies*. London: Routledge, 236–54.

Langer, M. (1997) *Service Quality in Tourism*. Frankfurt: Peter Lang.

Lainsbury, A. (2000) *Once upon an American Dream: The Story of Euro Disneyland*. Lawrence, KS: University of Kansas Press.

LaPage, W.F. (1981) A further look at the informal interview. *Journal of Leisure Research*, 13(2), 174–6.

LaPage, W.F. (1994) Using panels for tourism and travel research. In J.R.B. Ritchie and C.R. Goeldner (eds) *Travel, Tourism and Hospitality Research*, 2nd edn. New York: John Wiley, 481–6.

Lavrakas, P.K. (1993) *Telephone Survey Methods: Sampling, Selection and Supervision*, 2nd edn. Newbury Park, CA: Sage.

Leiper, N. (1995) *Tourism Management*. Collingwood, Vic.: RMIT Press/TAFE Publications.

Levinson, D. and Christensen, K. (eds) (1996) *Encyclopedia of World Sport: From Ancient Times to the Present*. Santa Barbara, CA: ABC–CLIO.

Lofland, J. and Lofland, L.H. (1984) *Analyzing Social Settings: A Guide to Qualitative Observation and Analysis*, 2nd edn. Belmont, CA: Wadsworth.

Long, P. (2000) Tourism development regimes in the inner city fringe: the case of Discover Islington, London. In B. Bramwell and B. Lane (eds) *Tourism Collaboration and Partnerships: Politics, Practice and Sustainability*. Clevedon, UK: Channel View Publications, 183–99.

Loomis, R.J. (1987) *Museum Visitor Evaluation: New Tool for Management*. Nashville, TN: American Association for State and Local History.

Lucas, R.C. (1970) *User Evaluation of Campgrounds*. St. Paul, MN: US Forest Service.

Lundberg, G.A., Komarovsky, M. and McInerny, M.A. (1934) *Leisure: A Suburban Study*. New York: Columbia University Press.

Lynch, R. and Brown, P. (1995) *An Australian Leisure Research Agenda*. Canberra: AGPS.

Lynch, R. and Brown, P. (1999) Utility of large–scale leisure research agendas. *Managing Leisure*, 4(2), 63–77.

Lynch, R. and Veal, A.J. (1996) *Australian Leisure*. Melbourne: Longman Australia.

MacCannell, D. (1976) *The Tourist: A New Theory of the Leisure Class*. London: Macmillan.

MacCannell, D. (1993) *The Empty Meeting Grounds*. London: Routledge.

McCall, G.J. and Simmons, J.L. (eds) (1969) *Issues in Participant Observation*. Reading, MA: Addison-Wesley.

McFee, M. (1992) *LSA Publications Index Book*. Eastbourne: Leisure Studies Association.

McGuiggan, R.L. (2000) The Myers-Briggs Type Indicator and leisure attribute preference. In Woodside, A.G., Crouch, G.I., Mazanec, J.A., Oppermann, M. and Sakai, M.Y. (eds) *Consumer Psychology of Tourism, Hospitality and Leisure*. Wallingford, UK: CAB International, 245-67.

McNiff, J. and Whitehead, J. (2002) *Action Research: Principles and Practice*. London: Routledge/Falmer.

McRobbie, A. (1994) *Postmodernism and Popular Culture*. London: Routledge.

Maguire, J. (1988) Doing figurational sociology: some preliminary observations on methodological issues and sensitizing concepts. *Leisure Studies*, 7(2), 187-94.

Mallon, B. (1984) *The Olympics: A Bibliography*. New York: Garland.

Marans, R.W. and Mohai, P. (1991) Leisure resources, recreation activity, and the quality of life. In B.L. Driver, P.J. Brown and G.L. Peterson (eds) *Benefits of Leisure*. State College, PA: Venture, 351-64.

Marriott, K. (1987) *Recreation Planning: A Manual for Local Government*, Adelaide: Dept. of Recreation and Sport, South Australia.

Marsh, P., Rosser, E. and Harré, R. (1978) *The Rules of Disorder*. London: Routledge.

Martilla, J.A. and James, J.C. (1977) Importance-performance analysis. *Journal of Marketing*, 41(1), 77-9.

Matthews, H.G. and Richter, L. (1991) Political science and tourism. *Annals of Tourism Research*, 18(1), 120-35.

Mazanec, J.A., Crouch, G.I., Brent Ritchie, J.R. and Woodside, A.G. (eds) (2001) *Consumer Psychology of Tourism, Hospitality and Leisure*, Vol. 2. Wallingford, UK: CAB International.

Meyersohn, R. (1958) A comprehensive bibliography on leisure. In E. Larrabee and R. Meyersohn (eds) *Mass Leisure*. Glencoe, IL: Free Press, 389–420.

Miles, M.B. and Huberman, A.M. (1994) *Qualitative Data Analysis*, 2nd edn. Thousand Oaks, CA: Sage.

Miles, M. and Weitzman, E. (1994) *Computer Programs for Qualitative Data Analysis*. Thousand Oaks, CA: Sage.

Mitchell, A. (1985) *The Nine American Lifestyles*. New York: Collier Macmillan.

Mitchell, L.S. (1994) Research on the geography of tourism. In J.R.B. Ritchie and C.R. Goeldner (eds) *Travel, Tourism and Hospitality Research, 2nd edn*. New York: John Wiley, 197–208.

Mitchell, L.S. and Murphy, P.E. (1991) Geography and tourism. *Annals of Tourism Research*, 18(1), 57–70.

Moeller, G.H., Meschner, M.A., More, T.A. and Shafer, E.L. (1980a) The informal interview as a technique for recreation research. *Journal of Leisure Research*, 12(2), 174–82.

Moeller, G.H., Meschner, M.A., More, T.A. and Shafer, E.L. (1980b) A response to 'A second look at the informal interview'. *Journal of Leisure Research*, 12(2), 187–8.

Moeller, G.H. and Shafer, E.L. (1994) The Delphi technique: a tool for long-range tourism and travel planning. In J.R.B. Ritchie and C.R. Goeldner (eds) *Travel, Tourism and Hospitality Research*, 2nd edn. New York: John Wiley, 473–80.

Moorhouse, H.F. (1989) Models of work, models of leisure. In C. Rojek (ed.) *Leisure for Leisure*. London: Macmillan, 15–35.

Morgan, D.L. (ed.) (1993) *Successful Focus Groups: Advancing the State of the Art*. Newbury Park, CA: Sage.

Morgan, D. (1994) It began with the piton: the challenge to British rock climbing in a post-modernist framework. In I. Henry (ed.) *Leisure: Modernity, Postmodernity and Lifestyles*. Eastbourne, Sussex: Leisure Studies Association, 341–54.

Morse, J. and Richards, L. (2002) *Readme First for a User's Guide to Qualitative Methods*. Thousand Oaks, CA: Sage.

Murphy, P. (1991) Data gathering for community-oriented tourism planning: a case study of Vancouver Island, British Columbia. *Leisure Studies*, 10(1), 65–80.

Myerscough, J. (1988) *The Economic Importance of the Arts in Britain*. London: Policy Studies Institute.

Nash, D. and Smith, V.L. (1991) Anthropology and tourism. *Annals of Tourism Research*, 18(1), 170–7.

Noonan, D.S. (2003) Contingent valuation and cultural resources: a meta-analytic review of the literature. *Journal of Cultural Economics*, 27(3/4), 159–70.

O'Brien, S. and Ford, R. (1988) Can we at last say goodbye to social class? An examination of the usefulness and stability of some alternative methods of measurement. *Journal of the Market Research Society*, 30(3), 289–332.

O'Connor, B. and Boyle, R. (1993) Dallas with balls: televised sport, soap opera and male and female pleasures. *Leisure Studies*, 12(2), 107–20.

OECD–Organisation for Economic Cooperation and Development (annual) *International Tourism and Tourism Policies in OECD Member Countries*. Paris: OECD.

Office for National Statistics (ONS) (Annual (a)) *Family Spending: A Report on the Family Expenditure Survey*. London: ONS.

Office for National Statistics (ONS) (Annual (b)) *General Household Survey*. London: ONS.

Office for National Statistics (ONS) (1996) *Living in Britain, 1996*. London: HMSO.

Office for National Statistics (ONS) (1997) *General Household Survey*. London: ONS.

Office for National Statistics (ONS) (2004a) *Travel Trends 2003: A Report on the International Passenger Survey*. London: Office for National Statistics.

Office for National Statistics (ONS) (2004b) *Family Spending: A Report on the 2002–2003 Expenditure and Food Survey*. London: HMSO.

Office of Population Censuses and Surveys (OPCS) (annual) *General Household Survey*. London: HMSO.

Olszewska, A. and Roberts, K. (eds) (1989) *Leisure and Lifestyle: A Comparative*

Analysis of Free Time. Sage: London.

Oppenheim, A.N. (1992) *Questionnaire Design, Interviewing and Attitude Measurement*. London: Pinter.

Oppermann, M. (1998) *Sex Tourism and Prostitution: Aspects of Leisure, Recreation and Work*. Elmsford, NY: Cognizant.

Pallant, J.F. (2004) *SPSS Survival Manual: A Step by Step Guide to Data Analysis Using SPSS*. Sydney: Allen & Unwin.

Palmer, I. and Dunford, R. (2002) Managing discursive tension: the co-existence of individualist and collaborative discourses in Flight Centre. *Journal of Management Studies*. 39(8), 1045–70.

Parker, S. (1971) *The Future of Work and Leisure*. London: Palladin.

Parker, S.R. (1976) *The Sociology of Leisure*. London: George Allen & Unwin.

Parker, T. (1988) *Red Hill: A Mining Community*. London: Coronet.

Parry, N.C.A. (1983) Sociological contributions to the study of leisure. *Leisure Studies*, 2(1), 57–82.

Parsons, W. (1995) *Public Policy*. Cheltenham: Edward Elgar.

Patmore, A. (1983) *Recreation and Resources*. Oxford: Basil Blackwell.

Pearce, D. (1987) *Tourism Today: A Geographical Analysis*. Harlow: Longman.

Pearce, D.G. and Butler, R.W. (eds) (1993) *Tourism Research: Critiques and Challenges*. London: Routledge.

Pearce, P.L. (1982) *The Social Psychology of Tourist Behaviour*. Oxford: Pergamon.

Pearce, P.L. (1988) *The Ulysses Factor: Evaluating Visitors in Tourist Settings*. New York: Springer-Verlag.

Pearce, P.L. and Stringer, P.F. (1991) Psychology and tourism. *Annals of Tourism Research*, 18(1), 136–54.

Pendergast, T. and Pendergast, S. (eds) (1999) *St James Encyclopedia of Popular Culture*. Detroit, MI: St James Press.

Pentland, W.E., Harvey, A.S., Powell Lawton, M. and McColl, M.A. (eds) (1999) Time Use *Research in the Social Sciences*. New York: Kluwer/Plenum.

Perdue, R.R. and Botkin, M.R. (1988) Visitor survey versus conversion study. *Annals of Tourism Research*, 15(1), 76–87.

Perkins, H.C. and Cushman, G. (eds) (1993) *Leisure, Recreation and Tourism*, Auckland: Longman Paul.

Perkins, H.C. and Cushman, G. (eds) (1998) *Time Out? Leisure, Recreation and Tourism in New Zealand and Australia*. Auckland: Longman.

Peterson, K.I. (1994) Qualitative research methods for the travel and tourism industry. In J.R.B. Ritchie and C.R. Goeldner (eds) *Travel, Tourism and Hospitality Research*, 2nd edn. New York: John Wiley, 487-92.

Philips, D. (2004) Stately pleasure domes-nationhood, monarchy and industry: the celebration exhibition in Britain. *Leisure Studies*, 23(2), 95-108.

Phillimore, J. and Godson, L. (eds) (2004a) *Qualitative Research in Tourism: Ontologies, Epistemologies and Methodologies*. London: Routledge.

Phillimore, J. and Godson, L. (eds) (2004b) Progress in qualitative research in tourism. In *Qualitative Research in Tourism: Ontologies, Epistemologies and Methodologies*. London: Routledge, 3-29.

Pieper, J. (1963) Leisure: *The Basis of Culture*. New York: Random House.

Pigram, J. (1983) *Outdoor Recreation and Resource Management*. London: Croom Helm.

Pizam, A. (1994) Planning a tourism research investigation. In J.R.B. Ritchie and C.R. Goeldner (eds) *Travel, Tourism and Hospitality Research*, 2nd edn. New York: John Wiley, 91-104.

Pollard, W.E. (1987) Decision making and the use of evaluation research. *American Behavioral Scientist*, 30(6), 661-76.

Prior, L. (2003) *Using Documents in Social Research*. London: Sage.

Project on Disney (1995) *Inside the Mouse: Work and Play at Disney World*. Durham, NC: Duke University Press.

Punch, M. (1994) Politics and ethics in qualitative research. In N.K. Denzin and Y.S. Lincoln (eds) *Handbook of Qualitative Research*. Thousand Oaks, CA: Sage, 83-98.

Rapoport, R. and Rapoport, R.N. (1975) *Leisure and the Family Life Cycle*. London: Routledge.

Reason, P. and Bradbury, H. (eds) (2001) *Handbook of Action Research: Participative Inquiry and Practice*. London: Sage.

Reynolds, F. and Johnson, D. (1978) Validity of focus group findings. *Journal of Advertising Research*, 19(1), 3-24.

Richards, T.J. and Richards, L. (1994) Using computers in qualitative research. In N.K. Denzin and Y.S. Lincoln (eds) *Handbook of Qualitative Research*. Thousand Oaks, CA: Sage, 445-62.

Richter, L.K. (1989) *The Politics of Tourism in Asia*. Honolulu, HA: University of Hawaii Press.

Richter, L.K. (1994) The political dimensions of tourism. In J.R.B. Ritchie and C.R. Goeldner (eds) *Travel, Tourism and Hospitality Research*, 2nd edn. New York: John Wiley, 219-32.

Riley, R.W. and Love, L.L. (2000) The state of qualitative tourism research. *Annals of Tourism Research*, 27(1), 164-87.

Ritchie, J.R.B. (1994) Tourism research: policy and managerial priorities for the 1990s and beyond. In Pearce, D.G. and Butler, R.W. (eds) *Tourism Research: Critiques and Challenges*. London: Routledge, 201-16.

Ritchie, J.R.B. and Goeldner, C.R. (eds) (1994) *Travel, Tourism and Hospitality Research*, 2nd edn. New York: John Wiley.

Roberts, B. (2002) *Biographical Research*. Buckingham, UK: Open University Press.

Roberts, K. (1978) *Contemporary Society and the Growth of Leisure*. London: Longman.

Roberts, K. (1983) *Youth and Leisure*. London: Allen & Unwin.

Roberts, K. (1999) *Leisure in Contemporary Society*. Wallingford, UK: CAB International.

Robertson, R.W. and Veal, A.J. (1987) *Port Hacking Visitor Use Study*, Sydney: Centre for Leisure and Tourism Studies, University of Technology, Sydney.

Rojek, C. (1985) *Capitalism and Leisure Theory*. London: Tavistock.

Rojek, C. (1989) Leisure and recreation theory. In E.L. Jackson and T.L. Burton (eds) *Understanding Leisure and Recreation: Mapping the Past and Charting the Future*. State College, PA: Venture, 69-88.

Rojek, C. (1993) *Disney culture*. *Leisure Studies*, 12(2), 121-36.

Rojek, C. (1995) *Decentring Leisure: Rethinking Leisure Theory*. London: Sage.

Rojek, C. (2000) *Leisure and Culture*. Basingstoke: Macmillan.

Rose, D. (ed.) (2000) *Researching Social and Economic Change: the Uses of Household Panel Studies*. London: Routledge.

Rose, H. (1991) Case studies. In G. Allen and C. Skinner (eds) *Handbook for Research Students in the Social Sciences*. Brighton: Falmer, 190–202.

Rowe, D. (1995) *Popular Cultures: Rock Music, Sport and the Politics of Pleasure*. London: Sage.

Rowe, D. (ed.) (2004) *Critical Readings: Sport, Culture and the Media*. Maidenhead: Open University Press.

Rowe, D. and Brown, P. (1994) Promoting women's sport: theory, policy and practice. *Leisure Studies*, 13(2), 97–110.

Ruddell, E.J. and Hammit, W.E. (1987) Prospect refuge theory: a psychological orientation for edge effect in recreation environments. *Journal of Leisure Research*, 19(4), 249–60.

Ryan, C. (1991) *Recreational Tourism: A Social Science Perspective*. London: Routledge.

Ryan, C. (1995) *Researching Tourist Satisfaction: Issues, Concepts, Problems*. London: Routledge.

Ryan, C. and Hall, C.M. (eds) (2001) *Sex Tourism: Marginal People and Liminalities*. London: Routledge.

Sahlins, M. (1972) *Stone Age Economics*. New York: Aldine.

Saunders, D.M. and Turner, D.E. (1987) Gambling and leisure: the case of racing. *Leisure Studies*, 6(3), 281–300.

Schneider, B., Ainbinder, A.M. and Csikszentmihalyi, M. (2004) Stress and working parents. In J.T. Haworth and A.J. Veal (eds) *Work and Leisure*. London: Routledge, 145–67.

Scraton, S. (1994) The changing world of women and leisure: feminism, 'postfeminism' and leisure. *Leisure Studies*, 13(4), 249–61.

Seaton, A.V. (1994) Intimations of modernity: the cocktail cult between the wars. In I. Henry (ed.) *Leisure: Modernity, Postmodernity and Lifestyles*. Eastbourne, Sussex: Leisure Studies Association, 323–40.

Semeneoff, B. (1976) *Projective Techniques*. London: John Wiley & Sons.

Settle, J.G. (1977) *Leisure in the North West: A Tool for Forecasting*. London: Sports Council.

Shadish, W.R.Jr., Cook, T.D. and Leviton, L.C. (1991) *Foundations of Program Evaluation:* Theories of Practice. Newbury Park, CA: Sage.

Shaw, M. (1984) *Sport and Leisure Participation and Life-styles in Different Residential Neighbourhoods*. London: Sports Council/SSRC.

Sherrow, V. (ed.) (1996) *Encyclopedia of Women and Sports*. Santa Barbara, CA: ABC-CLIO.

Shih, D. (1986) VALS as a tool of tourism marketing research. *Journal of Travel Research*, 25(1), 2-11.

Shrestha, R.K. and Loomis, J.B. (2003) Meta-analytic benefit transfer of outdoor recreation economic values: testing out-of-sample convergent validity. *Environmental and Resource Economics*, 25(1), 79-100.

Sieber, J.E. (1992) *Planning Ethically Responsible Research*. Newbury Park, CA: Sage.

Sillitoe, K.K. (1969) *Planning for Leisure*. London: HMSO.

Silverman, D. (1993) *Interpreting Qualitative Data: Methods for Analysing Talk, Text and Interaction*. London: Sage.

Skelton, A., Bridgwood, A., Duckworth, K., Hutton, L., Fenn, C., Creaser, C. and Babbidge, A. (2002) *Arts in England: Attendance, Participation and Attitudes in 2001: Findings of A Study Carried Out by Social Survey Division of the Office for National Statistics*. London: Arts Council of England, available at: www.artscouncil.org.uk/information/publications.html (accessed Oct. 2004).

Small, J. (2004) Memory work. In J. Phillimore and L. Godson (eds) *Qualitative Research in Tourism: Ontologies, Epistemologies and Methodologies*. London: Routledge, 255-72.

Smith, M. (1985) A participant observer study of a 'rough' working class pub. *Leisure Studies*, 4(3), 293-306.

Smith, S.L.J. (1983) *Recreation Geography*. Harlow: Longman.

Smith, S.L.J. (1989) *Tourism Analysis: A Handbook*. Harlow: Longman.

Snape, R. (2004) The Co-operative Holidays Association and the cultural formation of countryside leisure practice. *Leisure Studies*, 23(2), 143–58.

Snooks and Co. (2002) *Style Manual for Authors, Editors and Printers*, 6th edn. Milton, Qld: John Wiley & Sons.

Sömez, S., Shinew, K., Marchese, L., Veldkamp, C. and Burnett, G.W. (1993) Leisure corrupted: an artist's portrait of leisure in a changing society. *Leisure Studies*, 12(4), 266–76.

Spatz, C. and Johnston, J.O. (1989) *Basic Statistics: Tales of Distribution*, 4th edn. Pacific Grove, CA: Brooks/Cole Publishing.

Sport Industries Research Centre (annual) *Leisure Forecasts and Sport Market Foreacasts*. Sheffield: SIRC, Sheffield Hallam University.

Stake, R.E. (1994) Case studies. In N.K. Denzin and Y.S. Lincoln (eds) *Handbook of Qualitative Research*. Thousand Oaks, CA: Sage, 236–47.

Stake, R.E. (1995) *The Art of Case Study Research*. Thousand Oaks, CA: Sage.

Standing Committee on Recreation and Sport (SCORS) (2003) *Participation in Exercise, Recreation and Sport 2002*. Canberra: Australian Sports Commission/SCORS, available at: www.ausport.gov.au info/scorsresearch /scors.asp (accessed March 2005).

Standing Committee on Recreation and Sport (SCORS) (2004) *Participation in Exercise, Recreation and Sport 2003*. Canberra: Standing Committee on Recreation and Sport, available at: www.ausport.gov.au info/scorsresearch /scors.asp (accessed March 2005).

StarUK (2003) *UK Tourism Facts*. London: Statistics on Tourism and Research (Star) UK, available at: www.staruk.org.uk (accessed Jan. 2005).

Stebbins, R. (1992) *Amateurs, Professionals and Serious Leisure*. Montreal: McGill–Queen's University Press.

Stewart, D.W. and Shamdasani, P.N. (1990) *Focus Groups: Theory and Practice*. Newbury Park, CA: Sage.

Stockdale, J. (1984) People's conceptions of leisure. In A. Tomlinson (ed.) *Leisure: Politics, Planning and People*. London: Leisure Studies Association, 86–115.

Storey, W.K. (2004) *Writing History: A Guide for Students*. New York: Oxford University Press.

Strauss, A.L. (1987) *Qualitative Analysis for Social Scientists*. Cambridge: Cambridge University Press.

Strauss, A. and Corbin, J. (1994) Grounded theory methodology. In N.K. Denzin and Y.S. Lincoln (eds) *Handbook of Qualitative Research*. Thousand Oaks, CA: Sage, 273–85.

Straw, W. (1993) Characterising rock music culture: the case of heavy metal. In S. During (ed.) *The Cultural Studies Reader*. London: Routledge, 368–81.

Sydney Morning Herald (1996) Our green future. 7 June, p. 12.

Szalai, A. (ed.) (1972) *The Use of Time: Daily Activities of Urban and Suburban Populations in Twelve Countries*. The Hague: Mouton.

Tomlinson, A. (ed.) (1990) *Consumption, Identity, and Style: Marketing, Meanings, and the Packaging of Pleasure*. London: Comedia/Routledge.

Toohey, K. (1990) A content analysis of the Australian television coverage of the 1988 Seoul Olympics. Paper to the *Commonwealth and International Conference of Physical Education, Sport, Health, Dance, Recreation and Leisure*, January, Auckland.

Torkildsen, G. (2005) *Leisure and Recreation Management*, 5th edn. London: Routledge.

Tourism and Recreation Research Unit (TRRU) (1983) *Recreation Site Survey Manual: Methods and Techniques for Conducting Visitor Surveys*. London: E & FN Spon.

Tourism Australia (2004) *Inbound Tourism Trends, Year Ended 30 June 2004*. Sydney: Tourism Australia, accessed from: www.tourism.australia.com (accessed Jan. 2005).

Towner, J. and Wall, G. (1991) History and tourism. *Annals of Tourism Research*, 18(1), 71–84.

Treuren, G. and Lane, D. (2003) The tourism planning process in the context of organised interests, industry structure, state capacity, accumulation and sustainability. *Current Issues in Tourism*, 6(1), 1–22.

Tyre, G.L. and Siderelis, C.D. (1978) Instant-count sampling–a technique for estimating recreation use in municipal settings. *Journal of Leisure Research*, 10(2), 173–80.

United Nations Statistics Division (n.d.) *Time Use Classifications*. New York: United Nations. (Available at: http://unstats.un.org/unsd/methods/timeuse/tuaclass.htm; accessed October 2005.)

Urry, J. (1990) *The Tourist Gaze: Leisure and Travel in Contemporary Societies*. London: Sage.

Urry, J. (1994) Cultural change and contemporary tourism. *Leisure Studies*, 13(4), 233–8.

Van der Zande, A.N. (1985) Distribution patterns of visitors in large areas: a problem of measurement and analysis. *Leisure Studies*, 4(1), 85–100.

Van Doren, C.S. and Solan, D.S. (1979) Listing of dissertations and theses in leisure and recreation: August 1975 to August 1977. *Journal of Leisure Research*, 10(3), 219–44.

Van Doren, C.S. and Stubbles, R. (1976) Listing of dissertations and theses in leisure and recreation. *Journal of Leisure Research*, 7(1), 69–80.

Veal, A.J. (1984) Leisure in England and Wales. *Leisure Studies*, 3(2), 221–30.

Veal, A.J. (1987) The leisure forecasting tradition. *Leisure and the Future*. London: Allen & Unwin, 125–56.

Veal, A.J. (1988) Are user surveys useful? In J. and N. Parry (eds) *Leisure, The Arts and the Community*. Conference papers No. 30, Eastbourne, UK: Leisure Studies Association, 20–7.

Veal, A.J. (1989a) Leisure, lifestyle and status: a pluralistic framework for analysis. *Leisure Studies*, 8(2) 141–54.

Veal, A.J. (1989b) The doubtful contribution of economics to leisure management. *Society and Leisure*, 12(2), 147–56.

Veal, A.J. (1993a) The concept of lifestyle: a review. *Leisure Studies*, 12(4), 233–52.

Veal, A.J. (1993b) Leisure participation in Australia, 1985–1991: a note on the data. *Australian Journal of Leisure and Recreation*, 3(1), 37–43.

Veal, A.J. (1993c) Leisure surveys in Australia. *ANZALS Leisure Research Series*, 1, 197–210.

Veal, A.J. (1994) Intersubjectivity and the transatlantic divide: a comment on Glancy (and Ragheb and Tate). *Leisure Studies*, 13(3), 211–16.

Veal, A.J. (1995) Leisure studies: frameworks for analysis. In H. Ruskin and A. Sivan (eds) *Leisure Education: Towards the 21st Century*. Provo, UT: Brigham Young University Press, 124–36.

Veal, A.J. (1997) *Recreational Use of Beaches: Bibliography*. School of Leisure and Tourism Studies, University of Technology, Sydney, On-line Bibliography 1, available at: www.business.uts.edu.au/lst/research/bibs.html (accessed March 2005).

Veal, A.J. (2000) *Lifestyle and Leisure: A Bibliography and Review*. School of Leisure and Tourism Studies, University of Technology, Sydney, On-line Bibliography 8, available at: www.business.uts.edu.au/lst/research/bibs.html (accessed March 2005).

Veal, A.J. (2002) *Leisure and Tourism Policy and Planning*. Wallingford, UK: CAB International.

Veal, A.J. (2003a) *Education, Training and Professional Development in Leisure: A Bibliography*. School of Leisure and Tourism Studies, University of Technology, Sydney, On-line Bibliography 10, available at: www.business.uts.edu.au/lst/ research/bibs.html (accessed March 2005).

Veal, A.J. (2003b) Tracking change: leisure participation and policy in Australia, 1985–2002. *Annals of Leisure Research*, 6(3), 246–78.

Veal, A.J. (2004) *Urban Parks and Open Space Planning and Management: A Bibliography*. School of Leisure and Tourism Studies, University of Technology, Sydney, On-line Bibliography 9, available at: www.business.uts.edu.au/lst/research/bibs.html (accessed March 2005).

Veal, A.J. (2005) Australia. In G. Cushman, A.J. Veal and J. Zuzanek (eds) *Free Time and Leisure Participation: International Perspectives*. Wallingford, UK: CAB International, 17–40.

Veal, A.J. and Lynch, R. (2001) *Australian Leisure*, 2nd edn. Sydney: Longman.

Veal, A.J. and Toohey, K. (2003) *The Olympic Games: A Bibliography*. School of Leisure and Tourism Studies, University of Technology, Sydney, On-line Bibliography 5, available at: www.business.uts.edu.au/lst/research/bibs.html (accessed March 2005).

Vickerman, R.W. (1983) The contribution of economics to the study of leisure.

Leisure Studies, 2(3), 345–64.

Walker, J.C. (1988) *Louts and Legends*. Sydney: Allen & Unwin.

Walker, J.R. and Taylor, T. (1998) *The Columbia Guide to Online Style*. New York: Columbia University Press.

Walle, A. (1997) Quantitative versus qualitative tourism research. *Annals of Tourism Research*, 24(3), 524–36.

Ware, J.E., Kosinski, M. and Keller, S.D. (1994) *SF 36 Physical and Mental Health Summary Scales: A User's Manual*. Boston, MA: The Health Institute, New England Medical Centre.

Wearing, B. (1998) *Leisure and Feminist Theory*. London: Sage.

Weaver, D. (ed.) (2000) *Encyclopedia of Ecotourism*. Wallingford, UK: CAB International.

Weiler, B. and Hall, C.M. (eds) (1992) *Special Interest Tourism*. London: Belhaven.

Wells, W.D. (ed.) (1974) *Life Style and Psychographics*. Chicago, IL: American Marketing Assn.

West, P. (1989) Urban regional parks and black minorities: subculture, marginality, and interracial relations in park use in the Detroit metropolitan area. *Leisure Sciences*, 11(1), 11–28.

White, J. (2004) Gender, work and leisure. In J.T. Haworth and A.J. Veal (eds) *Work and Leisure*. London: Routledge, 67–84.

Whyte, W.F. (1955) *Street Corner Society*. Chicago, IL: University of Chicago Press.

Whyte, W.F. (1982) Interviewing in field research. In R.G. Burgess (ed.) *Field Research: A Sourcebook and Field Manual*. London: Allen & Unwin, 111–22.

Williams, A.M. and Shaw, G. (1988) *Tourism and Economic Development: Western European Experience*. London: Belhaven.

Williams, C. (1998) Is the SERVQUAL model an appropriate management tool for measuring service delivery quality in the UK leisure industry? *Managing Leisure*, 3(2), 98–110.

Williams, E.A., Jenkins, C. and Neville, A.M. (1988) Social area influences on leisure activity–an exploration of the ACORN classification with reference to sport. *Leisure Studies*, 7(1), 81–95.

Williams, R.C. (2003) *The Historian's Toolbox: A Student's Guide to the Theory and Craft of History*. Armonk, NY: M. E. Sharpe.

Williams, S. (1995) *Outdoor Recreation and the Urban Environment*. London: Routledge.

Williamson, J.B., Barry, S.T. and Dorr, R.S. (1982) *The Research Craft*. Boston, MA: Little, Brown.

Wilson, J. (1988) *Politics and Leisure*. London: Allen & Unwin.

Wilson, K. (1995) Olympians or lemmings? The postmodernist fun run. *Leisure Studies*, 14(3), 174–85.

Wimbush, E. and Talbot, M. (eds) (1988) *Relative Freedoms: Women and Leisure*. Milton Keynes: Open University Press.

Witt, C.A. and Wright, P.L. (1992) Tourist motivation: life after Maslow. In P. Johnston and B. Thomas (eds) *Choice and Demand in Tourism*. London: Mansell, 33–55.

Woodside, A.G. and Ronkainen, I.A. (1994) Improving advertising conversion studies. In J.R.B. Ritchie and C.R. Goeldner (eds) *Travel, Tourism and Hospitality Research, 2nd edn*. New York: John Wiley, 545–58.

Woodside, A.G., Crouch, G.I., Mazanec, J.A., Oppermann, M. and Sakai, M. (eds) (1999) *Consumer Psychology of Tourism, Hospitality and Leisure*, Vol. 1. Wallingford: CAB International.

World Tourism Organisation (annual) *Yearbook of Tourism Statistics*. Madrid: WTO.

Wynne, D. (1986) Living on 'The Heath'. *Leisure Studies*, 5(1), 109–16.

Wynne, D. (1998) *Leisure, Lifestyle and the New Middle Class: A Case Study*. London: Routledge.

Yin, R.K. (2003) *Case Study Research: Design and Methods*, 3rd edn. Thousand Oaks, CA: Sage.

Young, M. and Willmott, P. (1973) *The Symmetrical Family*. London: Routledge.

Young, C.H., Savola, K.L. and Phelps, E. (1991) *Inventory of Longitudinal Studies in the Social Sciences*. Newbury Park, CA: Sage.

Zikmund, W.G. (1997) *Business Research Methods*, 5th edn. Orlando, FL: Dryden Press.

Zuzanek, J. and Mannell, R. (1998) Life-cycle squeeze, time pressure, daily stress, and leisure participation: a Canadian perspective. *Loisir et Société/Society and Leisure*, 21(2), 513-44.

Zuzanek, J. and Veal, A.J. (eds) (1998) Time pressure, stress, leisure participation and
well-being. Special issue of *Loisir et Société/Society and Leisure*, 21(2).

Zukin, S. (1990) Socio-spatial prototypes of a new organization of consumption: the role of real cultural capital. *Sociology*, 24(1), 37-55.

찾아보기

■ 저 / 자 / 약 / 력

신 홍 철

· 학사: 스위스 호텔대학 졸업(ICHA: International College of Hospitality Administration : 호텔경영학)
· 학사: 미국 메사츄세츠 대학(University of Massachusetts at Amherst: 호텔관광경영학, 학사)
· 석사: 미국 UNLV대학(University of Nevada, Las Vegas: 호텔관광경영학, 석사)
· 박사: 미국 펜실베니아주립대학(Pennsylvania State University : 레져관광마케팅, 박사)
· 박사: 연세대학교 응용통계학 박사(ABD, 2009. 08)
· 호텔등급심사에 따른 무형요소의 필요성과 평가기준모델연구(2004.03.01~2005. 02.28) 경희대학교
· Residence Hotel 입법화 필요성 검토 보고서(2003.06.01~2003.08.31) 리앤리에셋주식회사
· 여행업 진출을 위한 사업타당성 검토 연구용역(2001.03.28~2001.06.08) 대한교원공제회
· 아시아지역 크루즈 산업 진출의 사업타당성과 활성화 방향에 관한 연구(2001.03.01~ 2002.02.28) 경희대학교 외 다수
· 현) 경희대학교 호텔관광대학 호텔경영학과 부교수

여가 · 관광 연구방법론

2009년 9월 05일 초판1쇄 인쇄
2009년 9월 10일 초판1쇄 발행

저 자 신 홍 철
펴낸이 임 순 재
펴낸곳 한올출판사
등록 제11-403호
121-849
주 소 서울특별시 마포구 성산동 133-3 한올빌딩 3층
전 화 (02)376-4298(대표)
팩 스 (02)302-8073
정 가 27,000원

저자와의 협의하에 인지생략

홈페이지 www.hanol.co.kr
e - mail hanol@hanol.co.kr

□ ISBN 978-89-8325-829-8